AF862353

ÖSTERREICHISCHE AKADEMIE DER WISSENSCHAFTEN
PHILOSOPHISCH-HISTORISCHE KLASSE
SITZUNGSBERICHTE, 411. BAND

VERÖFFENTLICHUNGEN DER KOMMISSION
FÜR SOZIAL- UND WIRTSCHAFTSWISSENSCHAFTEN

HERAUSGEGEBEN VON WILHELM WEBER
NR. 18

DIETER RÜCKLE

NORMATIVE THEORIE DER STEUERBILANZPOLITIK

VERLAG
DER ÖSTERREICHISCHEN AKADEMIE DER WISSENSCHAFTEN

WIEN 1983

Vorgelegt von w. M. Wilhelm Weber
in der Sitzung am 29. November 1979

Gedruckt mit Unterstützung durch
den „Fonds zur Förderung der wissenschaftlichen Forschung"

Alle Rechte vorbehalten

ISBN 3 7001 05797

Copyright © 1983 by
Österreichische Akademie der Wissenschaften
Wien

Druck: Buch- und Offsetdruckerei G. Grasl, 2540 Bad Vöslau

VORWORT

Unter „normativer Theorie der Steuerbilanzpolitik“ ist zweierlei zu verstehen: Einerseits können dem bilanzierenden Steuerpflichtigen Handlungsanweisungen zur zielkonformen Gestaltung der Steuerbilanzen gegeben werden, andererseits bilden die aus dem Rationalverhalten des Steuerpflichtigen ableitbaren Bilanzgestaltungen einen geeigneten Ausgangspunkt für die Beratung des Gesetzgebers. Die Beratung des bilanzierenden Steuerpflichtigen hat vom geltenden bzw. erwarteten künftigen Recht als Datum auszugehen, während die Beratung des Gesetzgebers in der Empfehlung von Gesetzesänderungen besteht. Den Hauptinhalt der vorliegenden Arbeit bildet die Ableitung rationaler Bilanzentscheidungen des Steuerpflichtigen, doch werden die Ergebnisse auch zu Empfehlungen an den Gesetzgeber benutzt.

Die Analyse der Steuerbilanzpolitik mit Hilfe formalisierter Entscheidungsmodelle gehört zu den jüngeren Forschungsgebieten der betriebswirtschaftlichen Steuerlehre. Der Grundgedanke besteht darin, die Wahlmöglichkeiten bei der Erstellung einer Steuerbilanz mit Hilfe des Instrumentariums der normativen Investitions- und Entscheidungstheorie zu optimieren. Die Probleme der Übertragung der allgemeinen Ansätze auf die Steuerbilanzgestaltung bestehen zu einem guten Teile in der Wahl eines geeigneten Abstraktionsgrades: Eine zu große Abstraktion vom geltenden Recht macht die Untersuchung inhaltsleer, ein zu enges Anschließen an das positive Steuerrecht mit seinen oft sehr kasuistischen Verästelungen verhindert eine betriebswirtschaftliche Durchdringung des Planungsprozesses. Der Verfasser hat sich daher bemüht, den Grundzügen des geltenden Steuerrechts zu folgen und auf steuerrechtliche Einzelheiten nur so weit einzugehen, als es für die Herausarbeitung der Problemstruktur der betriebswirtschaftlichen Steuerbilanzplanung erforderlich schien.

Für die Abfassung dieser Arbeit habe ich viele Anregungen empfangen; auf einiges, das nicht in angemessener Weise in Fußnoten angeführt werden kann, möchte ich hier hinweisen. Vor allem danke ich meinem verehrten Lehrer, Herrn Prof. Dr. h. c. Erich Loitlsberger für entscheidende Denkanstöße, von denen ich drei hervorheben möchte: die Weckung des Interesses an der Bilanztheorie, die ich früher — wohl einer Modeströmung folgend — für antiquiert hielt; die Vermittlung einer die bloße Rechtskommentierung überwindenden Sicht der betriebswirtschaftlichen Steuerlehre; die Problematisierung der Basiswerturteile der betriebswirtschaftlichen Forschung. Für manche klärende Diskussion zu Dank verpflichtet bin ich neben Herrn Prof. Dr. Erich Loitlsberger auch meinen ehemaligen Kollegen am Institut für Betriebswirtschaftslehre der Universität Wien, den Herren Dr. Heinrich Haumer, Prof. Dr. Gerhard Knolmayer und Prof. Dr. Gerwald Mandl.

Die vorliegende Arbeit geht auf eine Habilitationsschrift zurück, die im Wintersemester 1978/79 von der Wirtschafts- und Sozialwissenschaftlichen Fakultät der Universität Wien angenommen wurde. Die Drucklegung war zunächst wegen finanzieller Schwierigkeiten nicht möglich, nach deren großzügiger Beseitigung durch den Fonds zur Förderung der wissenschaftlichen Forschung verzögerte sich die Drucklegung dann nochmals durch meine Belastung beim Aufbau eines neuen Lehrstuhls. Für die erforderliche Kürzung mußte ich — trotz Unbequemlichkeiten für den Leser — vor allem die Zitiertechnik ändern. Außerdem waren mittlerweile veränderte steuerrechtliche Grundlagen zu berücksichtigen; Änderungen des Steuerrechts bis Ende 1981 konnten eingearbeitet werden. Weitgehend verändern und erweitern mußte ich die Ausführungen über Verlustbeteiligungsgesellschaften; es ist aber zu befürchten, daß sie wegen der anhaltenden Diskussion bis zum Erscheinen der Arbeit wiederum von der Rechtsentwicklung teilweise überholt werden. Auch für andere Teilfragen konnten weitere, insbesondere seit 1978 erschienene Arbeiten und Neuauflagen von Büchern (z. T.) herangezogen werden. Ich bedaure, daß ich einige wichtige neuere Arbeiten nicht mehr oder nur unangemessen kurz einarbeiten konnte; ihre systematische Berücksichtigung hätte die Publikation weiter verzögert.

Im Zuge der Überarbeitung wurde mir weitere Hilfe zuteil. Für kritische Hinweise danke ich den Herren Prof. Dr. Jörg Baetge, Dr. Robert Blaich, Prof. Dr. Karl Vodrazka und — in besonderem Maße — Dr. Josef Schlager. Anregungen verdanke ich auch einigen meiner Fakultätskollegen in Münster. Bei den umfangreichen Aktualisierungs- und Drucklegungsarbeiten unterstützten mich meine Mitarbeiter an der Westfälischen Wilhelms-Universität Münster, Dipl.-Kfm. Volkmar Klatte, Dipl.-Kfm. Beate Löffler, Dipl.-Kfm. Josef Rick, Dipl.-Kfm. Regine Seifert und Dipl.-Kfm. Klaus Terhart; neben technischer Hilfe erhielt ich auch manchen inhaltlichen Verbesserungsvorschlag. Besonderer Dank gebührt Frau Seifert für die umsichtige Koordination. Die umfangreichen Schreibarbeiten bewältigten vor allem Frau Rita Ruziczka und Frau Resi Biegansky, denen ich ebenfalls herzlich danke.

Münster, im August 1982 DIETER RÜCKLE

INHALT

ABKÜRZUNGSVERZEICHNIS*

AbgÄG	Abgabenänderungsgesetz
Acc.Rev.	The Accounting Review
AER	American Economic Review
AfA	Absetzung für Abnutzung
AICPA	American Institute of Certified Public Accountants
AktG	Aktiengesetz
a. M.	am Main
An	Anrechnungsverfahren
AO	Abgabenordnung
AÖFV	Amtsblatt der österreichischen Finanzverwaltung
APB	Accounting Principles Board
ASVG	Allgemeines Sozialversicherungsgesetz
BAO	Bundesabgabenordnung
BB	Der Betriebs-Berater
BdF	Bundesminister der Finanzen
bearb.	bearbeitet(e)
Beil.	Beilage(n)
BewG	Bewertungsgesetz
BFH	Bundesfinanzhof
BFuP	Betriebswirtschaftliche Forschung und Praxis
BMF	Bundesministerium für Finanzen
BMJ	Bundesminister der Justiz
BStBl.	Bundessteuerblatt
C	Copyright
const.	konstant
c. p.	ceteris paribus
DB	Der Betrieb

* Bei Gesetzen, Verordnungen und dergleichen ist, wenn nichts Gegenteiliges angegeben wird, die österreichische Vorschrift (Stand Ende 1981, vor AbgÄG 1981 – BG v. 15. 12. 1981, BGBl. 620) gemeint. Den Abkürzungs- und Zitierregeln der österreichischen Rechtssprache (im Auftrag des Österreichischen Juristentages herausgegeben von G. FRIEDL, Wien 1970) bin ich wegen sprachlicher Bedenken und möglicher Verständnisschwierigkeiten nur teilweise gefolgt. Im „Duden" enthaltene Abkürzungen sind nicht angeführt.

DBW	Die Betriebswirtschaft
Diss.	Dissertation
DStZ (A)	Deutsche Steuer-Zeitung, Ausgabe A
DVB	Dienstanweisung Veranlagung und Betriebsprüfung
Ec. Jl.	The Economic Journal
ed.	edition
EDV	Elektronische Datenverarbeitung
erg.	ergänzt(e)
Erk.	Erkenntnis
Erl.	Erlaß
EStDV	Einkommensteuer-Durchführungsverordnung
EStG	Einkommensteuergesetz
EStR	Einkommensteuer-Richtlinien
et al.	et alii
EvBl	Evidenzblatt der Rechtsmittelentscheidungen (Beilage zur Österreichischen Juristen-Zeitung)
F	Finanzrechtlicher Teil
Fn.	Fußnote
FR	Finanz-Rundschau
GE	Geldeinheit(en)
gem.	gemäß
Ges. m. b. H.	Gesellschaft mit beschränkter Haftung
GesRZ	Der Gesellschafter (Zeitschrift für Gesellschaftsrecht)
GewStG	Gewerbesteuergesetz
GewStR	Gewerbesteuer-Richtlinien
GoB	Grundsätze ordnungsmäßiger Buchführung
GP.	Gesetzgebungsperiode
GSPVG	Gewerbliches Selbständigen-Pensionsversicherungsgesetz
GSVG	Gewerbliches Sozialversicherungsgesetz
H.	Heft
Habil.-	Habilitations-
Halbbd.	Halbband
HdSW	Handwörterbuch der Sozialwissenschaften, hrsg. v. E. v. Beckerath et al., Stuttgart - Tübingen - Göttingen 1956ff.
HdWW	Handwörterbuch der Wirtschaftswissenschaften, hrsg. v. W. Albers et al., Stuttgart und New York, Tübingen, Göttingen und Zürich, erscheint in Lieferungen ab 1976
hektogr.	hektographiert

HfW	Hochschule für Welthandel (nunmehr Wirtschaftsuniversität)
HG	Handelsgericht
HS	Hebesatz
HWB²	Handwörterbuch der Betriebswirtschaft, 2. Aufl., hrsg. v. H. Nicklisch, Stuttgart 1938/39
HWB³	Handwörterbuch der Betriebswirtschaft, 3. Aufl., hrsg. v. H. Seischab und K. Schwantag, Stuttgart 1956–1962
HWB⁴	Handwörterbuch der Betriebswirtschaft, 4. Aufl., hrsg. v. E. Grochla und W. Wittmann, Stuttgart 1974–1976
HWR	Handwörterbuch des Rechnungswesens, hrsg. v. E. Kosiol, Stuttgart 1970
i. a.	im allgemeinen
i. Br.	im Breisgau
i. d. F.	in der Fassung
i. d. R.	in der Regel
i. e. S.	im engeren Sinne
insbes.	insbesondere
i. S. v.	im Sinne von
i. V. m.	in Verbindung mit
i. w. S.	im weiteren Sinne
JbFfSt	Jahrbuch der Fachanwälte für Steuerrecht
JfB	Journal für Betriebswirtschaft, vormals: Der Österreichische Betriebswirt
JoB	Journal of Business
JPE	Journal of Political Economy
KöStG	Körperschaftsteuergesetz
KRP	Kostenrechnungspraxis
Lfg.	Lieferung
LP	Linear Programming
max.	Maximum
min.	Minimum
NB	Neue Betriebswirtschaft
NF	Neue Folge
n. F.	neue(r) Fassung
N. J.	New Jersey
NJW	Neue Juristische Wochenschrift
No.	Number
ÖBW	Der Österreichische Betriebswirt

ÖStWK	Österreichische Steuer- und Wirtschaftskartei
ÖStZ	Österreichische Steuer-Zeitung
ÖStZB	Die finanzrechtlichen Erkenntnisse des VwGH und des VfGH, Beilage zur Österreichischen Steuer-Zeitung
OGH	Oberster Gerichtshof
o. V.	ohne Verfasser
p. q.	pro Quartal
Pr	Freistellung mit Progressionsvorbehalt
QHGZ	Quartalshefte der Girozentrale
rev.	revidiert(e)
RFH	Reichsfinanzhof
RGBl.	Reichsgesetzblatt
RStBl.	Reichssteuerblatt
S. C.	South Carolina
schriftl.	schriftlich
SEC	Securities and Exchange Commission
Slg.	Sammlung a) der Erkenntnisse und wichtigsten Beschlüsse des Verfassungsgerichtshofes, NF — b) Erkenntnisse und Beschlüsse des Verwaltungsgerichtshofes, NF
StbJb	Steuerberater-Jahrbuch
Sten. Prot.	Stenographische(s) Protokoll(e)
StuW	Steuer und Wirtschaft
SzU	Schriften zur Unternehmensführung
Tz.	Textzahl
Univ.	Universität
unv.	unverändert(e)
unveröff.	unveröffentlicht(e)
Urt.	Urteil
US(A)	United States (of America)
UStG	Umsatzsteuergesetz
Var.	Variante
Verf.	Verfasser
veröff.	veröffentlicht
VfGH	Verfassungsgerichtshof
VStR	Vermögensteuer-Richtlinien
VwGH	Verwaltungsgerichtshof
WiPolBl	Wirtschaftspolitische Blätter
WiSt	Wirtschaftswissenschaftliches Studium
Wpg	Die Wirtschaftsprüfung

Z.	Zahl, Ziffer; in deutschen Rechtsquellen auch statt Nummer
ZfB	Zeitschrift für Betriebswirtschaft
ZfbF	Schmalenbachs Zeitschrift für betriebswirtschaftliche Forschung
ZfhF	Zeitschrift für handelswissenschaftliche Forschung
ZfN	Zeitschrift für Nationalökonomie
zit.	zitiert

ERSTES KAPITEL

PROBLEMBESTAND, LÖSUNGSANSÄTZE UND PROBLEMVERKNÜPFUNGEN EINER NORMATIVEN THEORIE DER STEUERBILANZPOLITIK

A. EINFÜHRUNG

I. Ausgangspunkt der Untersuchung und Problemstellung

1. Bilanztheorie und Bilanzpolitik

Die Bilanztheorie, die lange Zeit im Zentrum betriebswirtschaftlicher Forschung stand, dann aber „moderneren" Untersuchungsthemen wich, erlebt in den letzten Jahren eine Renaissance[1]. Diese Bilanztheorie ist großteils normativ konzipiert und fragt, wie die Bilanz zu gestalten ist, wenn gewissen Interessen Unternehmungsexterner und/oder der „Unternehmung an sich" optimal gedient werden soll. Die auf RATHENAU zurückgehende Vorstellung von der „Unternehmung an sich"[2] ist im Aktiengesetz von 1937 und in dem hierauf basierenden österreichischen Aktiengesetz von 1965 verankert. Sie wird im neueren Schrifttum überwiegend als ideologiebehaftete Legitimierung der Machtansprüche der Verwaltungsträger abgelehnt[3]; dem folgend werden auch für die Bilanz die Interessengegensätze und der erforderliche Kompromiß besonders herausgestellt[4].

Die betriebswirtschaftliche Bilanztheorie ist, gemessen an der tatsächlichen Behandlung des Themas, weitaus überwiegend an der Handelsbilanz interessiert. Unter „Handelsbilanz" ist hierbei zunächst ein Jahresabschluß nach geltendem Handelsrecht zu verstehen[5], wobei die Untersuchungen häufig die insbesondere durch das Aktienrecht gebotenen Erläuterungen zum Jahresabschluß einbeziehen; darüber hinaus soll unter „Handelsbilanz" auch jedes Rechenwerk verstanden werden, das einige oder alle Ziele, welche der jetzigen Handelsbilanz bei weitester Auslegung zugeschrieben werden, in veränderter, nach Meinung der jeweiligen Verfechter verbesserter, Form erfüllen soll.

Weitgehend unabhängig von der so verstandenen, seit etwa Mitte der sechziger Jahre im deutschen Sprachraum wieder intensiver dis-

---

[1] So formuliert plastisch SCHNEIDER, D. (1973b)

[2] Vgl. RATHENAU (1917), bes. S. 23ff.; HAUSSMANN (1928), S. 27ff.

[3] Vgl. MESTMÄCKER (1958), S. 14f. mit weiteren Nachweisen.

[4] Zu den Bilanzinteressenten vgl. z. B. HEINEN (1980b), S. 29f.; WÖHE (1979), S. 38ff. — Zum erforderlichen Interessenausgleich vgl. z. B. SCHILDBACH (1975); BAETGE (1976), bes. S. 23ff.

[5] Vgl. BOUFFIER (1967), S. 8ff.

kutierten Bilanztheorie erfolgte eine Bearbeitung des Gebietes der Bilanzpolitik. Obwohl eine große Anzahl von Definitionen und Umschreibungen der Bilanzpolitik vorliegt, auf die im einzelnen nicht eingegangen werden kann[6], wird doch die zentrale Frage des Verhältnisses von Bilanzpolitik und Bilanztheorie im Großteil der Arbeiten zur Bilanzpolitik gar nicht gestellt[7]. Für die Bilanzpolitik kann folglich in der Regel keine befriedigende Abgrenzung zur Bilanztheorie gegeben werden; dafür mag auch mitbestimmend sein, daß ein Großteil der bilanzpolitischen Literatur die Interessen der „Unternehmung an sich“, „des Betriebes“, nicht weiter analysiert und einfach der Bilanzpolitik vorgibt.

Zwei Handwörterbuchartikel zum Thema „Bilanzpolitik“ mögen als besonders repräsentative Belege dienen. So erwähnt BOUFFIER zwar die Diskussion der Bilanztheorien, geht aber später hierauf nicht mehr ein und definiert die Bilanzpolitik als „Festlegung jener Grundsätze ..., nach denen die Erstellung sich wiederholender Vermögens- und Erfolgsausweise ... zu erfolgen hat, sowie die zur Verwirklichung dieser Grundsätze durchgeführten Maßnahmen“[8]. Anschließend unterscheidet er folgende (Nah-)Ziele der Bilanzpolitik: 1. Ausweis des tatsächlichen Vermögens und des tatsächlichen Erfolges; 2. Beeinflussung des auszuweisenden Gewinnes; 3. Beeinflussung Dritter[9]. Diese Aussagen sind z. T. problematisch; insbesondere wäre zu diskutieren: Was ist unter „tatsächlichem“ Erfolg oder Vermögen zu verstehen? Erfolgt nicht die Beeinflussung des auszuweisenden Gewinnes weitgehend gerade in der Absicht der Beeinflussung Dritter? Jedenfalls kann festgestellt werden, daß die erstgenannte Zielsetzung wohl identisch mit der Zielsetzung der Bilanztheorie ist.

SANDIG wiederum geht in seiner Darstellung der Bilanzpolitik unmittelbar von der Führungsmacht aus, setzt die Interessen von Unternehmungsleitung und Unternehmung gleich und kommt nach einer Aufzählung der divergierenden Interessen vieler Bilanzempfänger zu folgender Umschreibung der Aufgaben der Bilanzpolitik: „Es ist somit die Aufgabe der Bilanzpolitik, eine Darstellung der Vermögens- und Ertragslage einer Unternehmung und des Geschäftsverlaufes in der abgelaufenen Periode derart zu geben, daß die Interessen der Unter-

---

[6] Vgl. insbes. die ausführlichen Literaturangaben bei KAPPLER (1971), S. 23f., und bei VODRAZKA (1974b), bes. Sp. 925–927.

[7] Als bemerkenswerte Ausnahmen vgl. bes. KOFAHL (1953); HARDER (1962), S. 25ff.

[8] BOUFFIER (1956), Sp. 1145.

[9] Ebendort, Sp. 1146f.

nehmung im Rahmen des Möglichen gewahrt werden und doch möglichst viele Bilanzinteressenten einen Einblick in die Lage der Unternehmung erhalten.[10]“ Eine Abgrenzung gegen die Bilanztheorie wird nicht versucht. Daß die Qualität des den Bilanzinteressenten gewährten Einblickes in die Lage der Unternehmung gerade durch die bilanzpolitische Aufbereitung zur Wahrung der „Interessen der Unternehmung“ reduziert wird, bleibt unausgesprochen.

Der Inhalt der Bilanzpolitik wird aber gerade im Kontrast zu jenem der Bilanztheorie deutlich. Eine brauchbare Gegenüberstellung beider Gebiete gibt WÖHE[11]: Zunächst hat die Bilanztheorie unter Beachtung der vom Gesetzgeber fixierten Zielvorstellungen die formellen und materiellen Anforderungen an eine Bilanz zu beschreiben; weiters hat die Bilanztheorie zu untersuchen, inwieweit gesetzliche Rechnungslegungsvorschriften die Ziele des Gesetzgebers verwirklichen können, wie das Verhältnis zwischen gesetzlichen Rechnungslegungsvorschriften und Erreichung anderer betrieblicher Ziele (z. B. Substanzerhaltung) ist und wie gegebenenfalls die Vorschriften zur Erreichung solcher Ziele zu verändern wären. Bilanzpolitik im Sinne einer Gestaltbarkeit des Ausweises vorgegebener Ereignisse wird hingegen erst dadurch ermöglicht, daß die gesetzlichen Vorschriften über die Rechnungslegung nicht durchwegs zwingend sind, vielmehr für Gliederung, Aktivierung und Passivierung sowie Bewertung gewisse Wahlrechte offen lassen[12]. Da verschiedene betriebliche Entscheidungen auch vor dem Bilanzstichtag im Hinblick auf die Beeinflussung des Bilanzbildes gefaßt werden, definiert WÖHE die Bilanzpolitik als Zusammenfassung „alle(r) betrieblichen Entscheidungen ..., deren Ziel es ist, den Erfolgs-, Vermögens- und Schuldenausweis im handels- und steuerrechtlichen Jahresabschluß sowie in Zwischen- oder Sonderbilanzen unter Anwendung der Erkenntnisse der Bilanztheorie durch Ausnutzung der durch den Gesetzgeber eingeräumten Bilanzierungs- und Bewertungswahlrechte so zu gestalten, daß als Folge dieser Gestaltung bestimmte betriebliche Zielsetzungen optimal realisiert werden können[13]“.

Diese Definition ist geeignet, den Unterschied zwischen Bilanzpolitik und Bilanztheorie zu verdeutlichen. Für diese Beurteilung braucht man nicht auf problematische „Wesens“-Aussagen zurückgehen, vielmehr

---

[10] SANDIG (1970), Sp. 231f.
[11] WÖHE (1977), bes. S. 216—218.
[12] Vgl. ebendort, S. 218.
[13] Ebendort, S. 218; vgl. auch KOFAHL/POHMER (1950), bes. S. 541.

ist entscheidend, daß die Definition eine zutreffende Beschreibung der Forschungen, welche üblicherweise und überwiegend mit diesen Bezeichnungen versehen werden, bildet[13a]. Nicht einheitlich in der Literatur akzeptiert ist allerdings die a-priori-Beschränkung auf „vom Gesetzgeber eingeräumte" Wahlrechte. Nur ein Teil der Wahlrechte wird vom Gesetzgeber ausdrücklich eingeräumt, ein anderer Teil der Wahlrechte besteht, weil der Gesetzgeber nicht in der Lage ist, für alle denkbaren Geschäftsfälle eindeutige Abbildungsregeln festzulegen; ferner wird Bilanzpolitik von einem Teil der Literatur nicht a priori auf gesetzlich zulässige Gestaltungen beschränkt, vielmehr wird auf den faktischen, möglicherweise auch den gesetzlichen Bestimmungen widersprechenden, Gestaltungsspielraum abgestellt. Auf das Problem der Beschränkung der Bilanzpolitik auf rechtlich zulässige Maßnahmen, im folgenden auch kurz „Legalitätsproblem" genannt, wird noch ausführlich einzugehen sein.

Wenn man die Bilanztheorie nicht an den Interessen der „Unternehmung an sich", die in Wahrheit häufig mit den Interessen des Managements zusammenfallen, sondern an den Informations- und Zahlungsansprüchen Externer orientiert, so ist die Beschreibung bilanzpolitischer Möglichkeiten zugleich ein Hinweis auf Unzulänglichkeiten der Rechnungslegung. (Handels-)Bilanzpolitik setzt voraus, daß ein Informationsgefälle zwischen Bilanzerstellern und Bilanzadressaten besteht. Aus der Aufzeigung bilanzpolitischer Spielräume kann daher auch durchaus der bilanztheoretische Schluß gezogen werden, daß de lege ferenda solche Spielräume ganz oder teilweise beseitigt werden sollten[14]. Wollte man im Extremfall fordern, Bilanzpolitik auch mittels stiller Legung und Auflösung von Reserven zu betreiben, damit „Mißdeutungen" des ausgewiesenen Gewinnes zur Vermeidung von „Trugschlüssen und verfehlten Dispositionen" verhindert werden[15], und auch noch behaupten, daß dies im Interesse der Empfänger der Information sei, so wäre dies für den Bilanztheoretiker gleichbedeutend mit der Unterstellung eines Intelligenzgefälles zwischen den Verfassern und Lesern von Bilanzen[16]. Bilanzpolitische Untersuchungen haben daher nach hier vertretener Auffassung zumindest ergänzend auf Überlegungen de lege ferenda (Verbesserungen der Bilanzvorschriften) einzugehen.

[13a] Im Sinne von Kuhn (o. J.) könnte vom Sprachgebrauch der „normalen Wissenschaft" gesprochen werden.

[14] Vgl. Baetge/Ballwieser (1977), bes. S. 201 und S. 212ff.

[15] So Bouffier (1956), Sp. 1147.

[16] Stützel (1967), S. 338.

2. Steuerbilanzpolitik, Handelsbilanzpolitik und Unternehmungspolitik

Die vorliegenden bilanzpolitischen Untersuchungen beschränken sich großteils auf die Handelsbilanzpolitik und gehen auf die Steuerbilanzpolitik gar nicht oder nur am Rande ein[17]. Daneben existieren gesonderte Arbeiten zur Steuerbilanzpolitik, weil auch bei der Ermittlung des Gewinnes als Besteuerungsgrundlage Wahlrechte und Unschärferelationen auftreten[18]. Die Unschärferelationen bestehen aus jenen Ermessens-, insbesondere Schätzungsspielräumen, welche der Gesetzgeber wegen der Unmöglichkeit der Schaffung erschöpfender Normen für jeden Einzelfall nicht ausräumen kann. Hier ist beispielsweise auf die Schätzung der Nutzungsdauer von Anlagen oder auf die Schätzung der angemessenen Höhe von Rückstellungen zu verweisen. Das bilanzpolitische Problem ist diesbezüglich gleichartig wie jenes in der Handelsbilanzpolitik. Darüber hinaus räumt der Steuergesetzgeber aus außerfiskalischen Gründen — insbesondere zum Zwecke der Wirtschaftslenkung (z. B. im Interesse der Konjunkturpolitik oder des Umweltschutzes) — ausdrücklich Wahlrechte ein, die eine bewußte Verzerrung des ansonsten angestrebten „periodenrichtigen" Gewinnes mit sich bringen. Auch können betriebliche „Maßnahmen vor dem Bilanzstichtag" den in der Steuerbilanz auszuweisenden Gewinn beeinflussen.

Für das Verhältnis von Theorie der Steuerbilanz und Steuerbilanzpolitik resultieren aus Wahlrechten und Unschärfen ähnliche Probleme wie für das Verhältnis von Theorie der Handelsbilanz und Handelsbilanzpolitik. Unterschiede ergeben sich jedoch daraus, daß eine steuerliche Bilanzpolitik wegen der ausdrücklichen Einräumung von Wahlrechten durch den am Steuereingang Interessierten auch ohne Informationsvorsprung des Bilanzerstellers möglich ist. Die de-lege-ferenda-Beurteilung dieses Teiles der Steuerbilanzpolitik wird daher nicht dieselben Argumente benutzen können wie die Beurteilung der Handelsbilanzpolitik.

Da die Höhe des Steuerbilanzgewinnes nicht eindeutig determiniert ist, können die Ertragsteuerzahlungen[19] mindestens dem Zeitpunkt

---

[17] Diese Literaturdiagnose stellt auch Wöhe (1977), S. 219.

[18] Vgl. zu diesen Termini im Zusammenhang mit der Steuerbilanz Loitlsberger (1975), S. 103f.; vgl. ähnlich Wöhe (1977), S. 226.

[19] Unter „Ertragsteuern" werden die an das wirtschaftliche Ergebnis anknüpfenden Steuern (insbesondere Einkommensteuer, Körperschaftsteuer und Gewerbeertragsteuer) verstanden: vgl. z. B. Rose (1978), S. 21f.

nach variabel gestaltet werden. Die Gesamtsteuerschuld in der Totalperiode ist auch der Höhe nach variabel, wenn der Steuertarif nichtproportional ist oder im Zeitablauf geändert wird oder die Bemessungsgrundlage der Totalperiode variiert; letzteres ist z. B. beim Investitionsfreibetrag nach § 10 EStG oder bei Maßnahmen vor dem Bilanzstichtag möglich. Die Beeinflussung des Steuerbilanzgewinnes führt zu variablem Finanzmittelabfluß, was wiederum Auswirkungen insbesondere auf das mögliche Investitionsvolumen und auf das Maß der Zielerreichung hat.

Die exakteste Abbildung der zieladäquaten Gestaltung des Steuerbilanzgewinnes ist von einem langfristigen simultanen Totalplanungs-Entscheidungsmodell zu erwarten, weil nur in solchen Modellen alle Interdependenzen richtig berücksichtigt werden können. Die steuerbilanzpolitischen Forschungen sind aber — hauptsächlich mit dem Argument der praktischen Anwendbarkeit — überwiegend nicht diesen Weg gegangen, vielmehr hat man sich überwiegend bemüht, ein isoliertes Entscheidungsfeld für die Steuerbilanzpolitik zu konstruieren. Hieraus resultieren beträchtliche Probleme der Abgrenzung und Gestaltung von Partialmodellen.

Besonders zu beachten ist, daß Steuerbilanzpolitik überall dort, wo die Maßgeblichkeit der Handelsbilanz für die Steuerbilanz gegeben ist, nicht unabhängig von der Handelsbilanz betrieben werden kann. Jene Autoren, welche die Steuerbilanzpolitik isoliert bearbeiten wollen, erklären gerne, daß die Steuerbilanz praktisch die Handelsbilanz dominiere oder daß beide Rechnungen praktisch gleich seien, wodurch allerdings die zusätzlich behauptete Irrelevanz der handelsbilanzpolitischen Überlegungen auch noch nicht ausreichend begründet wäre. Nur ausnahmsweise finden sich Bemühungen, die Handels- und die Steuerbilanzpolitik einigermaßen gleichmäßig zu bearbeiten[20]. Ein geschlossenes Modell von Handels- und Steuerbilanzpolitik liegt bisher nicht vor.

Die Aufgabe der vorliegenden Arbeit ist es, die ausdrücklichen und faktischen Wahlrechte bei Erstellung der Steuerbilanz (sowie auch die „Maßnahmen vor dem Bilanzstichtag") zu analysieren. Dabei wird durchgehend der präskriptive Standpunkt eingenommen. Der Bilanzaufsteller soll beraten werden, wie er die Steuerbilanzpolitik im Hinblick auf übergeordnete unternehmungspolitische Ziele gestalten soll. Er soll also bei der Aufstellung von Entscheidungsmodellen unterstützt werden.

---

[20] Z. B. VODRAZKA (1974b).

Im Sinne der Praktikabilität werden steuerbilanzpolitische Partialmodelle im Vordergrund stehen. Bei deren Gestaltung muß jedoch immer berücksichtigt werden, daß die wirklich optimale Entscheidung — zumindest bei Vernachlässigung der Planungskosten — nur im umfassenden Simultanplanungsmodell gefunden werden kann. Der Zusammenhang mit der betrieblichen Gesamtplanung ist daher im Auge zu behalten. Ein Optimierungsmodell, das sowohl die Steuer- als auch die Handelsbilanzpolitik umfaßt, wird nicht in extenso vorgelegt. Das würde zwar keine grundsätzlichen Schwierigkeiten bereiten, jedoch eine beträchtliche Umfangerweiterung der Arbeit bewirken. Da aber die Beziehungen zwischen Handels- und Steuerbilanzpolitik in die steuerbilanzpolitischen Entscheidungsmodelle einbezogen werden, muß auf die Handelsbilanzpolitik überblicksweise eingegangen werden. Da für die Steuerbilanzpolitik mehr quantitative Ansätze vorliegen[21], müßte auch ein Gesamtmodell der Bilanzpolitik zweckmäßigerweise von den steuerbilanzpolitischen Arbeiten ausgehen.

Die Analyse der einzelwirtschaftlich zielentsprechenden Beeinflussung der Steuerbilanz legt es nahe, ergänzende Überlegungen über die Rechtfertigung steuerbilanzpolitischer Wahlrechte und anderer steuerrechtlicher Vorschriften anzustellen.

Eine ausführliche und ins einzelne gehende Behandlung der Steuerbilanzpolitik ist zugleich Paradigma der allgemeinen Steuerpolitik. Die folgenden Überlegungen zum Planungsverfahren und zu einzelnen Bestandteilen der steuerbilanzpolitischen Entscheidungsmodelle sind daher auch für die anderen Bereiche der betrieblichen Steuerpolitik weitgehend verwendbar[22].

II. Die Lösungsansätze in der Literatur

Überblickt man die bisherige Bearbeitung des Problems, so sind zwei Entwicklungslinien festzustellen. Einerseits wurden mit zunehmender Verfeinerung der Investitionsrechnung in diese die Steuern integriert, und zwar auf eine immer differenziertere Art; andererseits besteht die Entwicklungslinie der an der Bilanz orientierten Literatur.

Terminologisch sei bemerkt, daß die Investitions(programm)-planung nur als Sonderfall der Investitionsrechnung aufgefaßt wird[23]. Innerhalb der investitionsrechnerisch beziehungsweise investitions- und finanzierungstheoretisch orientierten Arbeiten sind — im Hinblick auf

---

[21] Vgl. die Literaturdarstellung im folgenden Abschnitt II.

[22] In diesem Sinne auch HEIGL/MELCHER (1974), S. V.

[23] Vgl. RÜCKLE (1975b), bes. S. 241.

die in dieser Arbeit zu behandelnden Probleme — zwei Entwicklungsstufen zu unterscheiden: in der ersten Gruppe von Arbeiten werden die Steuern als gegebene Größen eingeführt, während in der zweiten Gruppe beachtet wird, daß die Steuern gestaltbar, variabel sind; in dieser zweiten Gruppe werden also einzelne oder — zumindest der Absicht nach — alle steuerbilanzpolitischen Aktionsparameter in die Planung einbezogen. Darüber hinaus sind in der sehr umfangreichen Literatur zur Berücksichtigung der Steuern in der Investitionsplanung viele weitere Unterscheidungsmöglichkeiten anzutreffen, insbesondere ob das tatsächliche Steuersystem oder ein mehr oder weniger vereinfachtes Modellsteuersystem benutzt wird; da dies im vorliegenden Zusammenhang als sekundär erscheint, braucht hierauf im Literaturüberblick nicht näher eingegangen zu werden.

Innerhalb der an der Bilanz orientierten Literatur sind zwei Gruppen zu unterscheiden. Von der akademischen Betriebswirtschaftslehre wurde bisher am meisten die allgemeine Theorie der Bilanzpolitik behandelt, die vorwiegend an der Handelsbilanz orientiert ist und die Steuerbilanzpolitik nur nebenbei miterfaßt, und auch das nicht durchwegs. Als zweite Gruppe ist eine isolierte Theorie der Steuerbilanzpolitik zu nennen, die eine möglichst realistische Darstellung und Auswahl aus den steuerbilanzpolitischen Aktionsmöglichkeiten vornehmen will, wobei die langfristigen Wirkungen und die Verbindungen mit anderen betrieblichen Teilplänen systematisch beachtet werden. Als Vorstufe dieser etwa seit 1970 intensivierten Problembehandlung sind auch einfachere, teils ausschließlich an statischen Vorstellungen orientierte, teils nur verbal-dynamische Arbeiten zu nennen, die in der Steuerpraxis eine große Resonanz gefunden haben.

Im folgenden sollen die Literaturansätze kurz charakterisiert werden. Vollständigkeit der Darstellung ist nicht möglich; insbesondere zur Darstellung der weitverzweigten Literatur zur Einbeziehung der Steuern in die Investitionsrechnung ohne Berücksichtigung steuerbilanzpolitischer Wahlrechte und zur Handelsbilanzpolitik können nur Grundzüge der Entwicklung, soweit sie für das vorliegende Thema von besonderer Bedeutung sind, angegeben werden. Dementsprechend ist die Literaturauswahl zu diesen Themen keinesfalls wertend zu verstehen.

Einige jüngst erschienene Arbeiten konnten im folgenden Überblick nicht mehr angemessen gewürdigt werden. Hervorzuheben sind integrative Ansätze, von denen die Schwerpunkte aufgezeigt seien: Die Eignung unterschiedlicher Operations-Research-Ansätze, insbesondere der mathematischen Optimierung und der deterministischen Simulation, für die Steuerplanung wurde unter Berücksichtigung der derzeitigen rechentechnischen Möglichkeiten untersucht[23a]. Für investitionsrechnerische Partialmodelle wurde ein Konzept auf der Basis von Periodengewinnen entwickelt, das der Einbeziehung der an periodisierte Größen anknüpfenden Steuern grundsätzlich entgegenkommt[23b]. Handels- und Steuerbilanzpolitik wurden stärker verknüpft, steuerliche Bilanzen und Bilanzpolitiken für unterschiedliche Anlässe und Steuerarten wurden im systematischen Zusammenhang dargestellt[23c].

1. Die an der Investitionsrechnung orientierte Literatur

a) Vorstufe: Einbeziehung von Steuern in die Investitionsrechnung ohne bilanzpolitische Aktionsparameter

Bei der Einbeziehung von Steuern in die Investitionsrechnung werfen insbesondere die erfolgsabhängigen Steuern Probleme auf[24], und gerade diese sind für die vorliegende Arbeit von zentralem Interesse. Im wesentlich kleineren Teil der Literatur, die sich überhaupt mit dem Problem der Einbeziehung von erfolgsabhängigen Steuern in die Investitionsrechnung befaßt, wird diese Einbeziehung abgelehnt[25]. Die wesentlichen Argumente sind die Irrelevanz der Steuern, weil mit und ohne Einbeziehung dieselbe Entscheidung resultieren würde, und der fehlende Zusammenhang zwischen dem Erfolg einer Investition und den erfolgsabhängigen Steuern.

Dem ersten Argument ist zu entgegnen, daß bereits mit Hilfe einer stark vereinfachten modellmäßigen Betrachtung gezeigt werden kann, daß unter denselben restriktiven Prämissen, unter denen eine Erfolgssteuer bei einperiodischer Betrachtung noch irrelevant ist, diese Erfolgssteuer bei mehrperiodischen Entscheidungsalternativen (Investitionen!) entscheidungsrelevant wird[26]. Allerdings wäre es dennoch

---

[23a] HEINHOLD (1979).

[23b] STEINER (1980).

[23c] KOSCHMIEDER (1980); BAUER (1981).

[24] Für einen Überblick über die Probleme der Berücksichtigung verschiedener Steuerarten in der Investitionsrechnung vgl. z. B. WÖHE (1965), S. 184ff.; LÜTTICKEN/WÜRTTEMBERGER (1969); ALBACH (1970), einschließlich makroökonomischer Aspekte; LOITLSBERGER (1976); WAGNER/DIRRIGL (1980), S. 23ff.

[25] Generell ablehnend: JONAS (1964), S. 81ff.; nach SCHWARZ (1962) und SCHWARZ (1967), S. 172ff., ist die Einbeziehung der Steuern nur ausnahmsweise notwendig, sie sollten jedenfalls nicht allzu detailliert einbezogen werden.

[26] STROBEL (1977b), bes. S. 276, zeigt dies für das Ziel gegebener Konsumpräferenzen selbst unter den strengen Prämissen der homogenen

möglich, daß die Steuern in der Investitionsplanung vernachlässigt werden können, weil der maximale Fehler aus ihrer Nichtberücksichtigung in Anbetracht der erhöhten Planungskosten praktisch irrelevant ist[26a].

Das zweite Argument geht tiefer und trifft tatsächlich alle Investitionsrechnungen, die abgrenzbare Erfolge einzelner Investitionsobjekte zugrunde legen wollen. Das sind einerseits die isolierenden Investitionsrechnungen, die einzelne Investitionsobjekte für sich beurteilen wollen, aber auch Investitionsprogrammplanungen, die trotz der Berücksichtigung gewisser Interdependenzen innerhalb der mathematischen Programmierungsmodelle den Investitionsobjekten nicht nur Auszahlungen (insbesondere für ihre Anschaffung), sondern auch Einzahlungen (insbesondere aus den mit Hilfe dieser Investitionsobjekte erstellten Leistungen) zurechnen[27]. Im Regelfall können aber Einzahlungen aus der Nutzung der Investitionen diesen nicht einzeln zugerechnet werden, sondern nur einem Verbund von Investitionen und Produkten[28]. Unter diesem Aspekt sollte man „produktionstheoretische" Investitionsmodelle[29] bevorzugen. Bleibt man aber bei der isolierten Beurteilung von Investitionen oder bei „projektorientierten" Investitionsprogrammplanungsmodellen, so muß man sich bei jeder Einbeziehung von Steuern darüber im klaren sein, daß die Gültigkeit von Annahmen über die Gewinnsituation des restlichen Entscheidungsfeldes[30] abhängig ist, weil der anzuwendende Steuersatz bei Steuer-

---

Erfolgsbesteuerung und der Existenz eines vollkommenen Kapitalmarktes; SCHNEIDER, D. (1975a), S. 314ff., beweist, daß nur unter einer außerordentlichen Vielzahl von Bedingungen (zufällig) die erfolgsabhängigen Steuern *keinen* Einfluß auf die Investitionsentscheidung haben. Für den einperiodischen Fall vgl. bes. GEESE (1972), S. 15ff. und S. 102ff.

[26a] So MELLWIG (1980); kritisch hierzu WAGNER, F. W. (1981).

[27] Vgl. den Überblick über die sog. „kapitaltheoretischen Investitionsmodelle" bei SEELBACH (1967), S. 23ff.; da möglichst alle Zahlungen dem einzelnen Investitionsprojekt zugerechnet werden sollen, kann man auch von „projektorientierten" Modellen sprechen (so HABERSTOCK [1971], S. 92).

[28] Zur Kritik an Investitionsprogrammplanungen, die den Investitionen Einzahlungen zurechnen, vgl. insbes. SWOBODA (1961); SWOBODA (1964), S. 168ff.; JACOB (1964).

[29] Zum Terminus und für einen Überblick vgl. SEELBACH (1967), S. 9ff.; HABERSTOCK (1971), S. 91f., spricht von „produktorientierten" Modellen, weil so viele Zahlungen wie möglich nicht den an der Produktion (mit)beteiligten Investitionsobjekten, sondern den erstellten Leistungen zugerechnet werden.

[30] Unter einem „Entscheidungsfeld" wird in Anlehnung an ENGELS (1962), S. 93ff., die Gesamtheit der Aktionsmöglichkeiten und ihrer (die Ergebnisse der Aktionen beeinflussenden) Umwelt verstanden.

progression vom Gesamtgewinn abhängt[31], ja bereits bei einer proportionalen Einkommensteuer die Belastung mit dieser Steuer jedenfalls voraussetzt, daß die Steuerbemessungsgrundlage (z. B. Gewinn des Gesamtbetriebes) nicht negativ ist.

Der Großteil der hier zu besprechenden Literatur diskutiert die Einbeziehung der Steuern in die Investitionsrechnung für Modelle der isolierenden Investitionsrechnung[32]. Es kann jedoch auch mit geringen Schwierigkeiten die Besteuerung in simultane Investitionsprogrammplanungsmodelle integriert werden. Hierzu liegen sowohl Ansätze auf Basis der „projektorientierten" als auch auf Basis der „produktorientierten" Simultanplanungsmodelle vor[33]. Das produktionstheoretische Modell ist bei Einbeziehung erfolgsabhängiger Steuern in verstärktem Maße dem projektorientierten Modell überlegen, weil die Steuerbemessungsgrundlage im produktorientierten Modell richtigerweise als vom gesamtbetrieblichen Gewinn abhängig dargestellt wird.

Bei Beachtung der (mitunter stillschweigend gemachten) Prämissen über die „Umgebung" kann jedoch auch die Integration der erfolgsabhängigen Steuern in isolierte Investitionsrechnungen wichtige Erkenntnisse liefern; insbesondere das Problem des Kalkulationszinsfußes wurde mit fortschreitender Diskussion tiefschürfend analysiert[34]. Zwei grundlegend verschiedene Methoden wurden entwickelt, die gröbere „Bruttomethode" und die genauere „Nettomethode"[35]. Die Bruttomethode will den Einfluß der Steuern dadurch berücksichtigen, daß ein um die Steuerwirkungen erhöhter (Brutto-)Kalkulationszinsfuß

---

[31] Generell wäre statt von „Steuerprogression" von „nichtproportionalen Tarifen" zu sprechen, weil dieselben Effekte auch bei Degression auftreten. Da progressive Tarife aber wesentlich häufiger als degressive sind und in der Literatur in der Regel nur der progressive Fall erwähnt wird, soll vereinfachend hier und im folgenden von „Steuerprogression" gesprochen werden.

[32] Vgl. u. a. Brown (1959); Mertens (1962); Schneider, D. (1962); Schneider, D. (1969); Schneider, H. (1964); Schwarz (1967), bes. S. 172ff.; Wöhe (1965), S. 180ff.

[33] Zu „projektorientierten" Ansätzen vgl. etwa Lütticken/Württemberger (1969), S. 227ff.; Laux (1969b), bes. S. 17ff. und S. 167ff.; Hax, H. (1979), S. 114ff. Auch in die zu bevorzugenden „produktionstheoretischen" Ansätze wurden die Ertragsteuern schon früh einbezogen: vgl. Köck (1965).

[34] Vgl. die Übersicht über die unterschiedlichen Lösungen in der Literatur und die zusammenfassende Problembehandlung bei Haberstock (1970).

[35] Zur Gegenüberstellung vgl. z. B. Wöhe (1965), S. 198ff.; Swoboda (1977), S. 53ff. und S. 64f.; Schneider, D. (1975a), S. 297ff.

für den Eigenkapitalanteil angesetzt wird. Demgegenüber verrechnet die Nettomethode die Gewinnsteuerzahlungen explizit bei den der Investition zugeordneten Zahlungen und berücksichtigt bei der Bemessungsgrundlage auch allfällige Fremdkapitalzinsen; der Kalkulationszinsfuß wird im Regelfall — wenn auch die Alternativanlage steuerpflichtig ist — als Maß für die Opportunitätskosten *nach* Steuern aufgefaßt und um einen Faktor zur Berücksichtigung der erfolgsabhängigen Steuern reduziert. Bei noch genauerer Analyse werden auch ertragsunabhängige Steuern in die Nettomethode integriert[36]. Die Nettomethode hat sich weitgehend in der Literatur durchgesetzt. Speziell ihre Ergebnisse sind für die weitere Arbeit zu beachten.

b) Die Einbeziehung von Steuern in die Investitionsrechnung unter Berücksichtigung steuerbilanzpolitischer Aktionsparameter

Mit fortschreitender Behandlung der durch die Erfolgsbesteuerung in der Investitionsrechnung aufgeworfenen Probleme wurde auch der Tatsache Rechnung getragen, daß die Bemessungsgrundlage für die Erfolgsbesteuerung nicht eindeutig durch die nicht-steuerlichen Zahlungen determiniert ist. Zunächst und besonders intensiv wurden unterschiedliche steuerliche Abschreibungsverfahren oder Investitionsbegünstigungen diskutiert, wobei insbesondere nach deren Wirkungen auf die Investitionsentscheidungen (z. B. auf die optimale Nutzungsdauer von Investitionen) gefragt wurde[37].

In Fortentwicklung dieser Ansätze und der Möglichkeit, in ein produktionstheoretisches Investitionsprogrammplanungsmodell Steuern einzubeziehen, wurden im Rahmen der zunehmenden Verfeinerung der von der Investitionstheorie ausgehenden simultanen Totalplanungsmodelle auch Modelle entwickelt, welche die in der Realität der Besteuerung existierenden vielfältigen Wahlrechte abzubilden versuchen[38]. In einer simultanen Unternehmungstotalplanung sollten die Ertragsteuern nicht als eindeutig durch die Konstanten und die nichtsteuerlichen Aktionsvariablen determinierte Größen, sondern ebenfalls als Aktionsvariable abgebildet werden. Es sind daher insbesondere unterschiedliche (steuerlich anerkannte) Abschreibungspläne als Variable in die Planung einzuführen. Grundsätzlich sind zwar sämtliche existierenden steuerlichen Wahlrechte in die Untersuchung miteinzubeziehen,

---

[36] Vgl. insbes. Breuker (1971); Breuker (1972).

[37] Vgl. etwa Swoboda (1964); Albach (1970), S. 137ff.; Schneider, D. (1975a), S. 320ff.

[38] Vgl. insbes. Jääskelainen (1966); Haberstock (1971); Haegert (1971); Rosenberg (1975).

und die Modelle sind hierfür auch geeignet, doch wird den Abschreibungen bisher ein besonderes Augenmerk zugewendet.

Die Unternehmungstotalmodelle werden im allgemeinen so aufgestellt, daß zwar das Gesamtsystem mit seinen grundlegenden Interdependenzen abgebildet, jedoch ein Großteil der Unternehmungsbereiche nur sehr vereinfacht dargestellt wird und sich die detaillierte Analyse auf einen oder einige wenige Teilbereiche beschränkt. So wird etwa in Arbeiten, die den Zusammenhang zwischen Ertragsteuern und Investitionen behandeln, die Produktionsplanung entweder gar nicht oder nur in der Einschränkung auf zum Beispiel ein einziges Produkt und/oder eine einzige Erzeugungsanlage behandelt.

Der immer wieder geäußerten Kritik an solchem Vorgehen muß bereits jetzt entgegengehalten werden, daß die detaillierte Analyse von Teilbereichen eines Simultanplanungsmodelles bei gleichzeitigen groben Vereinfachungen in anderen Bereichen sehr wohl zu einer realitätsnahen Beschreibung des tatsächlichen Entscheidungsproblems beiträgt: Die in der jeweiligen Spezialuntersuchung vereinfacht abgebildeten Bereiche können durch Hereinnahme der Ergebnisse aus anderen Spezialuntersuchungen leicht nach einem „Baukastenprinzip" zusammen mit den Ergebnissen der jeweiligen Spezialuntersuchung zu einem realistischen Gesamtmodell zusammengefügt werden[39]. Der Anspruch, mit dem vorgelegten Gesamtmodell „alle Bereiche eines Unternehmens möglichst vollständig und gleichgewichtig" zu erfassen, wird nur selten erhoben[40]; ohne zu prüfen, ob dieser Anspruch allenfalls zu Recht besteht, kann jedenfalls festgestellt werden, daß eine „gleichgewichtige" Darstellung aller Unternehmungsbereiche neue Erkenntnisse nur entweder in den Einzelbereichen selbst oder in der besonderen Verknüpfung der Einzelbereiche bringen kann.

In Parenthese ist ein Modellansatz zu erwähnen, der zwar nicht unmittelbar zur Einbeziehung der Steuern in die simultane Total-, insbesondere Investitionsplanung gerechnet werden kann, der aber die Ausübung der steuerlichen Wahlrechte im Rahmen eines relativ großen Partialmodelles der Finanzierung simultan mit anderen Finanzierungsmaßnahmen plant, wobei jedoch die Investitionen bereits als feststehend unterstellt werden[41]. Dieser Ansatz, der sich zwar nicht durchsetzen konnte, weil überwiegend entweder Totalmodelle oder kleinere Partial-

---

[39] Vgl. hierzu sehr deutlich Haegert (1971), S. 11; Haberstock (1976b), S. 134f.

[40] So aber wörtlich Rosenberg (1975), S. 1.

[41] Schneeloch (1972), bes. S. 148ff.

modelle untersucht werden, gehört auch deshalb in den Zusammenhang der simultanen Investitionsplanungsmodelle, weil bei diesen in der Regel auch die Finanzierungsplanung simultan mit der Investitionsplanung durchgeführt wird. Im folgenden sollen jedoch in diesem Abschnitt nur auf Totalmodelle abzielende simultane Investitionsplanungen weiter besprochen werden.

Was die Einbeziehung der Steuern in die Simultanplanungsmodelle betrifft, kann die Kritik an den bisherigen Lösungen in zwei Argumentgruppen zusammengefaßt werden:

Die erste Gruppe von Einwendungen zielt auf den Abstraktionsgrad. Die wichtigsten Argumente, die teilweise verschiedene Modelle betreffen und daher untereinander nicht unbedingt kompatibel sind, sind folgende: Die untersuchten Steuern seien Modellsteuern und entsprächen nicht einem konkreten geltenden Steuerrecht, oder die steuerlichen Vorschriften würden nur vereinfacht abgebildet[42]. Es würden nicht alle Steuern, sondern nur Ertragsteuern behandelt[43]. Ausgehend von einer Selbstbescheidung mancher Autoren, die ausdrücklich auf die Verbesserungsbedürftigkeit ihrer Simultanplanungsmodelle hinweisen, werden vorgelegte Ansätze sogar als bloße Erklärungsmodelle mißverstanden[44].

Es ist aber festzuhalten, daß die vorgelegten Simultanplanungsmodelle unter Einbeziehung von Steuern, insbesondere von Ertragsteuern, Entscheidungsmodelle darstellen, denn immer dann, wenn ein wirtschaftliches Sein *gestaltet* werden soll, wenn nicht nur das Funktionieren eines Systems *beschrieben*, sondern zugleich eine im Hinblick auf irgendeine Zielvorstellung optimale Handlungsweise determiniert werden soll, spricht man von „Entscheidungsmodellen"[45]. Die Unter-

---

[42] Vgl. etwa HEIGL/MELCHER (1974), S. V; ROSENBERG (1975), S. 68. — Dieser Einwand wird auch gegenüber einem Großteil der steuerberücksichtigenden isolierten Investitionsmodelle vorgebracht.

[43] Vgl. etwa ROSENBERG (1975), S. 68.

[44] So EISENACH (1974), S. 35f., in seiner Darstellung von HABERSTOCK (1971); dieser leistet der Fehlinterpretation aber Vorschub, indem er selbst (S. 241) seine Ansätze als „Erklärungs- und noch nicht als Entscheidungsmodelle" bezeichnet, obwohl er durchgehend (modellanalytisch) optimale Entscheidungen ableitet.

[45] Vgl. z. B. DINKELBACH (1969), S. 5f.; HAX, H. (1974), S. 13. — Die Unterscheidung von Entscheidungs-, Erklärungs- und Verifikationsmodellen, wie sie ANGERMANN (1963), S. 15ff., im Hinblick auf die unterschiedlichen verwendeten Daten vornimmt, ist nicht zweckmäßig. Es hat sich durchgesetzt, nach der Verwendungsart des Modelles Entscheidungs- und Beschreibungsmodelle zu unterscheiden.

scheidung ist wichtig, denn der häufig vertretenen Ansicht, das *gleiche* Modell könne je nach Fragestellung Erklärungs- oder Entscheidungsmodell sein, kann nicht generell zugestimmt werden. Damit diese Übereinstimmung gültig ist, muß nämlich noch für das Erklärungsmodell rationales Verhalten desselben Typs, wie im Entscheidungsmodell unterstellt wird, hinzukommen, was im allgemeinen aber nicht zutrifft[46]. Es ist zweckmäßig, von der Zielsetzung des Modelles die Art der verwendeten Daten zu unterscheiden. Wenn die im Modell benötigten Daten leicht oder sogar unmittelbar verfügbar sind, so kann man von „operablen" Modellen als in der Praxis unmittelbar anwendbaren Modellen sprechen[47]. Die vorliegenden Simultanplanungsmodelle mit Einbeziehung der Steuern sind somit als Entscheidungsmodelle zu klassifizieren, die allerdings in gewissen Modellteilen nicht genügend operabel sind, um unmittelbar anwendbar zu sein. Die aus Simultanplanungsmodellen gewonnenen Erkenntnisse sind daher grundsätzlich für die weitere Behandlung des Themas zu beachten.

Die zweite Gruppe von Einwendungen geht genau in die entgegengesetzte Richtung: Den Simultanplanungsmodellen wird vorgehalten, daß sie nur schwer zugänglich seien, was ihrer Anwendung in der Praxis entgegenstehe[48]. Dieses Argument ist schwerwiegend, weil die tatsächliche Rechenbarkeit großer Simultanplanungsmodelle auch auf modernsten Rechenanlagen keineswegs gegeben ist, ohne daß von den komplexen Modellen wieder Abstriche gemacht werden müssen. Gleichwohl verspricht die Analyse komplexer Totalmodelle auch Einsichten in die Problemstruktur und somit Hilfen für die Aufstellung guter Partialmodelle, welche eher für die Praxis anwendbar sind[49]. Die Theorie einer optimalen Komplexion beziehungsweise optimalen Vergröberung von Entscheidungsmodellen, welche auch die Informationsbeschaffungs-

---

[46] Vgl. insbes. MENGES (1974), S. 80ff.; GÄFGEN (1974), S. 50ff., wo die logische, die explikative und die normative Verwendung der Entscheidungstheorie unterschieden werden. — Sehr deutlich auch GROCHLA (1969), wo für Entscheidungsmodelle als praxeologische Aussagensysteme zwei Komponenten, nämlich eine „empirische" und eine „logisch-analytische" festgestellt werden: „Der empirische Bezug folgt aus der Abhängigkeit einer Aussage über die Zweckmäßigkeit einer Handlung von dem zugrunde liegenden empirisch-kognitiven Zusammenhang (Prognosezusammenhang). Die logisch-analytische Funktion ergibt sich aus der Ableitung der Auswirkungen alternativer Handlungen und der Auswahl der im Hinblick auf die Zielfunktion optimalen Handlung." (S. 389)

[47] Vgl. hierzu sehr deutlich ALBACH (1963), bes. S. 207.

[48] HEIGL/MELCHER (1974), S. V.

[49] So HABERSTOCK (1971), S. 242.

und -verarbeitungskosten zu berücksichtigen hat, liegt jedoch für die allgemeine Betriebswirtschaftslehre erst in Ansätzen vor[50] und ist für die Frage der Einbeziehung der Steuern in Simultanplanungsmodelle noch gänzlich ungelöst.

Ein Hindernis für die Anwendung der Simultanplanungsmodelle in der Praxis liegt darüber hinaus sicherlich auch darin, daß die Vertreter der steuerberatenden Berufe, aber auch die als Angestellte in den Unternehmungen arbeitenden Steuerfachleute häufig nicht über die erforderlichen mathematischen Kenntnisse verfügen, während andererseits in der Ausbildung der Operations-Research- und EDV-Fachleute in der Regel die erforderlichen steuerlichen Kenntnisse fehlen werden. Trotz der Bedeutung dieses zweiten Haupteinwandes gegen die Simultanplanungsmodelle kann hierauf später aus folgenden Gründen nicht weiter eingegangen werden: Die Grundlagen für die Optimalkomplexion von Entscheidungsmodellen sind noch zu wenig tragfähig; die Schaffung der Ausbildungsvoraussetzungen für den (eventuell praktisch zweckmäßigen) Einsatz komplizierter Modelle in der Praxis führt zu weit vom gestellten Thema ab, ebenso eine Diskussion des (sich überdies rasch ändernden) Standes der numerischen Lösbarkeit von Entscheidungsmodellen gewisser Struktur auf EDV-Anlagen.

2. Die an der Bilanz orientierte Literatur

a) *Allgemeine, vorwiegend an der Handelsbilanz orientierte Theorie der Bilanzpolitik*

Auf dem Gebiete der allgemeinen Bilanzpolitik beziehungsweise der Handelsbilanzpolitik existiert reichhaltige Literatur; auf einige grundlegende Arbeiten, die auch weitere Quellen enthalten, wurde bereits eingangs hingewiesen. Da eine ins einzelne gehende Darstellung zu weit führen würde[51], soll die grundsätzliche Frage gestellt werden, was von der Literatur zur allgemeinen Bilanzpolitik beziehungsweise zur Handelsbilanzpolitik für die Probleme der Steuerbilanzpolitik zu erwarten ist, ob die Behandlung der allgemeinen, besonders an der Handelsbilanz orientierten Theorie der Bilanzpolitik überhaupt für die Steuerbilanzpolitik erforderlich oder zumindest nützlich erscheint.

---

[50] Vgl. u. a. LAUX (1971), S. 78ff.; GÄFGEN (1974), S. 199ff.; ZENTES (1976).

[51] Vgl. für die ältere Literatur insbes. HARDER (1962), S. 33ff.; für Darstellungen, welche bis in die siebziger Jahre führen, vgl. insbes. KAPPLER (1972), S. 23ff. und VODRAZKA (1974b).

Als erstes Argument ist hier vorzubringen, daß die Existenz einer besonderen Steuerbilanz in der Literatur teilweise geleugnet wird; die „sogenannte Steuerbilanz“ sei eine nur unvollständige Rechtsfigur, die nur als Modifikation der „Bilanz“ schlechthin verstanden werden könne[52]; dementsprechend wird auch unter Berufung auf das Maßgeblichkeitsprinzip, wonach jede wirksame Gestaltung der Steuerbemessungsgrundlage (bis auf wenige vom Gesetzgeber ausdrücklich zugelassene Ausnahmefälle) sich auf die Handelsbilanz auswirken müsse, die Existenz einer gesonderten „Steuerbilanzpolitik“ verneint[53]. Ohne daß auf die Schlüssigkeit dieses Argumentes an dieser Stelle eingegangen werden müßte, kann aus dieser Ansicht jedenfalls gefolgert werden, daß die in der allgemeinen Bilanzpolitik enthaltenen Aussagen möglicherweise auch die Steuerbilanz betreffen und daher berücksichtigt werden müssen. Bei allen Aussagen wird allerdings zu prüfen sein, ob sie auf die Steuerbilanzpolitik übertragbar sind.

Geht man von der Zweckmäßigkeit der selbständigen Behandlung der Steuerbilanzpolitik aus, was später noch zu begründen ist, so erhält die Handelsbilanzpolitik wiederum über das Maßgeblichkeitsprinzip für die Steuerbilanzpolitik Bedeutung. Hierauf ist in Abschnitt D näher einzugehen. Vorweg seien hier in stärkster Zusammenfassung nach VODRAZKA als Ziele der Handelsbilanzpolitik die Gewinnermittlungspolitik und die Informationspolitik genannt[54]. Da überall dort, wo die Handelsbilanz eine eigenständige Bedeutung hat, die Steuerbilanzpolitik auf die Handelsbilanzpolitik Rücksicht zu nehmen hat, ist auch in der Steuerbilanzpolitik auf die arteigenen Wirkungen der Handelsbilanz einzugehen, weil „in weitem Umfange von der Handels- und Steuerbilanzpolitik die gleichen Instrumente — aber für verschiedene Ziele — eingesetzt werden“[55].

Ein weiterer Grund für die Heranziehung der handelsbilanzpolitischen Untersuchungen besteht darin, daß formale Planungsverfahren, insbesondere quantitativer Art, existieren könnten, die in sinngemäßer Umformung für die Steuerbilanzpolitik möglicherweise verwendbar wären. Dieses Forschungsinteresse, das sich auf die Aufstellung von Entscheidungsmodellen richtet, könnte andererseits aber auch durch grundsätzliche Kritik im Rahmen der handelsbilanzpolitischen Literatur in Frage gestellt werden.

---

[52] So etwa ILLETSCHKO (1967), S. 70f. und S. 89.
[53] So etwa HARDER (1962), S. 85.
[54] VODRAZKA (1974b), Sp. 911.
[55] WÖHE (1977), S. 228.

Im Sinne der Ausführungen des letzten Absatzes sollen die (handels-) bilanzpolitischen Arbeiten in dieser Richtung untersucht werden.

Der Großteil der vorliegenden Literatur ist nach KAPPLER als stark juristisch ausgerichtete Kasuistik zur Problemlösung für Einzelfälle anzusehen[56]. Obwohl die bilanzpolitische Literatur zum Großteil entscheidungslogisch ausgerichtet ist, wird nur selten ein Versuch zur Ableitung der spezifischen Ziele der Bilanzpolitik aus den übergeordneten unternehmenspolitischen Zielen gemacht[57].

Da die vorhandene handelsbilanzpolitische Literatur von der Fragestellung her der Entscheidungslogik angehört, wäre die Existenz von mathematischen Entscheidungsmodellen auf diesem Gebiete naheliegend. Eine Durchsicht in dieser Richtung erbringt jedoch ein dürftiges Ergebnis. An formalen Entscheidungsmodellen für die Handelsbilanzpolitik liegt im wesentlichen nur eine Arbeit von MÜNSTERMANN vor[58]. Hier wird eine vollständige Problembeschreibung der Optimierungsaufgabe einschließlich eines Lösungsverfahrens angegeben; nebenbei wird auch zur Steuerbilanzpolitik Wesentliches ausgesagt[59]. Ansätze zur Formulierung bilanzpolitischer Entscheidungsmodelle, insbesondere eine sehr ausführliche Beschreibung der bei der Bilanzoptimierung zu beachtenden Ziele und Einflußgrößen liefert zwar bereits BERGER, doch verbleibt er bei der rein verbalen Darstellung und lehnt quantitative Methoden sogar ausdrücklich ab[60].

Da BERGERS Einwendungen gegen die Anwendung quantitativer Verfahren auf die Bilanzpolitik typisch sind, sollen sie kurz erörtert werden. Soweit es die „Optimalbilanzen" betrifft (und nur diese interessieren im vorliegenden Zusammenhang), definiert BERGER die Optimalität einer Bilanz „mittels einer gewinndeterminierten Zielfunktion unter strukturellen Nebenbedingungen", wobei diese Nebenbedingungen gewissen wünschenswerten Strukturen der Bilanz entsprechen[61]. Erstaunlicherweise wird unter den „Grenzen der Optimierungsbilanz"

---

[56] KAPPLER (1972), S. 25.

[57] NETH (1971), S. 13ff., bildet eine Zielhierarchie der Unternehmung und ordnet die Bilanzpolitik teils der Finanz-, teils der Publizitätspolitik unter; aus deren Zielen, die wiederum aus übergeordneten unternehmungspolitischen Zielen abgeleitet werden, leitet er die Ziele der Bilanzpolitik ab. Vgl. ergänzend zur Ableitung von Subzielen HEINEN (1971), S. 102ff.

[58] MÜNSTERMANN (1970).

[59] So der Hinweis, daß die Bilanz im Hinblick auf steuerbilanzpolitische Maßnahmen ein Investitionsobjekt ist, dem Steuerberatungskosten und Steuerersparungen zugerechnet werden können (ebendort, S. 258).

[60] BERGER (1965).

[61] Ebendort, S. 136.

als interner Lenkungsbilanz unter anderem die Quantifizierung einzelner Risiken und adäquater Reserven angeführt[62]. BERGER hat auch Bedenken, ob die Publizitätsstrategien der Unternehmung (quantitativ) optimierbar seien, weil „gültige Maßgrößen und Indikatoren ... nur unter unzumutbaren Prämissen denkbar"[63] erschienen. Die Vorbehalte gegen kardinales Messen, die diesen Bedenken zugrundeliegen, erscheinen dem Verfasser aber gerade für die Bilanz, die durch kardinale Messung groschengenaue Werte liefert, problematisch. Doch selbst wenn man die Ansicht vertritt, daß die *Wirkungen* alternativer Bilanzstrukturen teilweise nur mit nominalen oder höchstens ordinalen Skalen meßbar seien[64], so sind auch diese Messungen immerhin noch quantitativ. Auch für den Fall einer teilweise nur nominalen oder ordinalen Wirkungsmessung bleiben für die Bilanzgestaltung komplexe Optimierungsrechnungen verwendbar, wie exemplarisch für den Zusammenhang von bilanzbezogenen Verschuldungsgraden und Fremdkapitalkosten noch gezeigt wird[64a]. Darüber hinaus lassen die Ergebnisse der neueren Finanzierungstheorie die Aussagen über die Nichtquantifizierbarkeit von Risiken und Liquiditätsreserven als überholt erscheinen[64b]: Alternativen Bilanzstrukturen kann ein exakt angebbares unterschiedliches Konkursrisiko zugeordnet werden. Würde man die Bilanzgestaltung dem „Fingerspitzengefühl" des Entscheidenden überlassen, so würden alle als so problematisch angesehenen Quantifizierungen ebenso erfolgen, nun allerdings implizit und ohne daß dem Entscheidungsträger ein rationales Verfahren für die Informationsverarbeitung zur Verfügung gestellt würde. Die gesamte Problemlösung in die amorphe Psyche des Entscheidenden zu verlagern, erscheint mir noch mehr „unzumutbar" als die Aufforderung, auch unexakte Vorstellungen über die Wirkungen bilanzpolitischer Maßnahmen quantitativ auszudrücken.

Quantitative Untersuchungen existieren aber auf verwandten Gebieten, auf die deshalb noch einzugehen ist. Insbesondere in den USA liegt eine Vielzahl quantitativer empirischer Untersuchungen über die *Wirkung* alternativer Bilanzausweise, vor allem auf den Kapitalmarkt, vor[65]. Solche Untersuchungen sind zwar keine Entscheidungsmodelle

---

[62] Ebendort, S. 141.

[63] Ebendort, S. 141 und S. 143.

[64] Zu den Arten des Messens vgl. u. a. SZYPERSKI (1962); MATTESSICH (1970), bes. Sp. 1110.

[64a] Vgl. Abschn. I. 3, Exkurs, besonders die Fälle der Abb. 2 und 3.

[64b] Vgl. etwa SWOBODA (1973), S. 44ff.

[65] Vgl. die ausführliche Darstellung bei COENENBERG (1969), bes. S. 94ff. und S. 215ff.; in Kurzfassung vgl. auch COENENBERG (1979), S. 562–564.

für die Bilanzpolitik, sie liefern aber die empirischen Grundlagen, die für die Abschätzung der Wirkungen bilanzpolitischer Maßnahmen benötigt werden und in wirklichkeitsnahe Entscheidungsmodelle eingehen müssen; es handelt sich teilweise gerade um jene Daten, deren Rechenbarkeit BERGER als „nur unter unzumutbaren Prämissen denkbar" erschien.

Eine weitere Gruppe quantitativer Bilanzplanungsmodelle muß innerhalb dieses Literaturüberblickes besprochen werden. Unter dem Titel „Planbilanzen" wurden quantitative Ansätze vorgelegt, die jedoch im allgemeinen nicht zur bilanzpolitischen Literatur zu rechnen sind. Die Darstellung ist in diesen Arbeiten üblicherweise auf die (eindeutig determinierte) *Ableitung* zukünftiger Bilanzen *aus anderen Teilplänen* ohne Optimierungsabsicht gerichtet[66]. Auch die Stochastisierung dieser Ansätze, etwa durch Auswertung der Verweilzeitverteilungen einzelner Bestände[67], bleibt bei der derivativen Ermittlung von Bilanzwerten und kann nicht der Kategorie der Entscheidungsmodelle zugerechnet werden. Bilanzpläne, die aus vorgelagerten Entscheidungen anderer Unternehmungsbereiche als „eine Art Nebenprodukt" entwickelt werden, können mit BERGER mit dem deutlicheren Terminus „Prognosebilanzen" versehen und den „Lenkungsbilanzen" gegenübergestellt werden[67a]. Nur letztere interessieren im vorliegenden Zusammenhang unmittelbar. Indirekte Bedeutung für die Bilanzpolitik können Prognosebilanzen allerdings gewinnen, wenn sie Externen zugänglich gemacht werden.

Schließlich ist im Rahmen der Literatur zur allgemeinen Bilanzpolitik noch von grundsätzlichem Interesse, daß der entscheidungslogische Ansatz, der in der Literatur bisher eindeutig dominierte, neuerdings in Frage gestellt wurde und die Ersetzung, mindestens aber Ergänzung um eine verhaltensorientierte Analyse gefordert beziehungsweise in Angriff genommen wurde[68]. Dies könnte auch für die Beurteilung steuerbilanzpolitischer Entscheidungsmodelle grundsätzlich von Bedeutung sein.

b) Isolierung einer besonderen Theorie der Steuerbilanzpolitik

Im Jahre 1970 setzte eine intensive Behandlung der besonderen Probleme der Steuerbilanzpolitik ein, die seither andauerte. Im Gegen-

---

[66] Vgl. zu solchen zwar quantitativ ausgerichteten, dennoch aber nicht der Bilanzpolitik zurechenbaren Arbeiten insbesondere v. ZWEHL (1968), bes. S. 65ff.; LÜCKE/HAUTZ (1973), bes. S. 58ff.

[67] Vgl. hierzu SCHMITT (1971) und die dort angegebene Literatur.

[67a] BERGER (1965), S. 126.

[68] Siehe dazu KAPPLER (1972), Vorwort und passim.

satz zu den vorherigen Arbeiten wird hier — teils mit, teils ohne Begründung — auf die Probleme der Handelsbilanz beziehungsweise der Handelsbilanzpolitik entweder überhaupt nicht eingegangen oder diese Probleme werden als einem anderen Teilbereich der Planung zugehörig ausgeklammert und allenfalls durch Vorgabe von Restriktionen für die Steuerbilanzpolitik indirekt berücksichtigt. Die Initiatoren der seither recht umfangreichen Diskussion sind HEIGL und MARETTEK[69]. Bevor auf ihre teilweise kontroversen Ansätze näher eingegangen wird, sollen jedoch Vorläufer dargestellt werden.

In der Wirtschaftspraxis ist häufig die Tendenz festzustellen, Steuerzahlungen soweit wie möglich hinauszuschieben. Demgegenüber wurde bereits in der Frühzeit der betriebswirtschaftlichen Steuerlehre erkannt, daß bei Geltung eines progressiven Steuertarifs in der Totalperiode die Steuerzahlungssumme dadurch minimiert wird, daß die Periodengewinne soweit wie möglich einander angeglichen werden[70]. Besonders nachhaltig und mit großem Einfluß auf die Steuerpraxis hat diesen Gedanken in der Folge VOGT vertreten und für die hieraus resultierende, empfohlene Handlungsweise der Gewinnivellierung den plastischen Ausdruck des „Gesetzes der Normallinie bzw. Normalzone" geprägt[71]. Seine Verhaltensempfehlung lautet, nach Möglichkeit einen konstanten Gewinn auszuweisen. In der neueren steuerbilanzpolitischen Literatur wird diese Empfehlung auch häufig mit VOGTS Namen in Zusammenhang gebracht. Zwar weist VOGT auch darauf hin, daß Tarifänderungen in Folgejahren Modifikationen bewirken können, doch wird dies gerne so gedeutet, daß hierdurch „vom Prinzip der Normalzone nicht abgewichen ..., sondern vielmehr eine neue, angepaßte Normalzone eingeleitet" wird[72]. Da i. a. auch keine konkretisierten Änderungen der Verhaltensempfehlung angegeben werden, ist der Sekundärliteratur zuzustimmen, wenn diese Verhaltensempfehlung verkürzt einfach als Gewinnivellierungsempfehlung referiert wird[73]. Eine konkrete Rechenanweisung, wie die Vogtsche Normallinie bei im Zeitablauf variierenden Steuersätzen zu modifizieren ist, legte allerdings kürzlich KAEFER vor[74].

---

[69] Die ersten Arbeiten sind HEIGL (1970); MARETTEK (1970).

[70] Vgl. bereits FINDEISEN (1922), S. 183f.

[71] Vgl. VOGT (1963), bes. S. 17 und S. 30f.; blumenreich macht FLICK hieraus sogar eine „goldene" Regel: FLICK (1963), S. 54.

[72] MELLEROWICZ (1978), S. 487.

[73] Vgl. z. B. HEIGL/MELCHER (1974), S. 41 (mit Hinweis, daß „nahezu sämtliche Beiträge zu Steuerbilanzpolitik, Steuertaktik u. dgl." diese Zielfunktion verwenden); OKRASS (1973), S. 492.

[74] KAEFER (1974), S. 320ff.

Eine Verallgemeinerung der VOGTschen Regel ist bei BORKOWSKY zu finden. Er geht vom Schweizer Steuerrecht aus, das auch Steuertarife kennt, die am oberen Ende *sinkende* Grenzsteuersätze aufweisen. Er empfiehlt als „Grundregel", „Gewinnteile aus dem Bereich hoher in denjenigen niedriger Grenzsteuersätze zu verlagern"[75]; bei entsprechendem Steuertarif kann dies auch bedeuten, daß möglichst stark *schwankende* Periodenergebnisse anzustreben sind[76].

Auch Hinweise auf die durch Gewinnverlagerungen ermöglichten Steuerstundungseffekte, insbesondere auf Liquiditätsverbesserungen und/oder die Gewährung eines „zinslosen Steuerkredites" finden sich bisweilen in der älteren Literatur, ohne daß im Regelfall konkretisierte Modifikationen der Empfehlung zur Gewinnivellierung gegeben werden[77]. Ausnahmsweise berechnet BORKOWSKY die durch Steuerverschiebungen erzielbaren Zinsgewinne wenigstens überschlägig und folgert, daß die in der Praxis zu beobachtende Tendenz, die Gewinnbesteuerung möglichst weit in die Zukunft zu verschieben, „ihre guten Gründe" hat[78]; seine Überlegungen sind jedoch durch die spezielle Struktur der Schweizer Steuertarife maßgeblich bestimmt und führen ebenfalls zu keinem allgemeinen Kalkül. In anderen Arbeiten werden die Ziele der Steuerersparnis einerseits und des Steueraufschubes andererseits nebeneinandergestellt und die bei der Verfolgung des einen Zieles für das andere Ziel auftretenden Nachteile rein verbal erörtert, ohne daß eine exakte Begründung für die Wahl der einen der beiden Zielfunktionen gegeben wird und ohne daß auch gesehen wird, daß das Gesamtoptimum in einer teilweisen Verfolgung beider Ziele zugleich liegen kann[79].

Das Schwergewicht der älteren und der vor allem an die Steuerpraktiker gerichteten Untersuchungen zur Steuerbilanzpolitik, Steuertaktik u. dgl. liegt aber auf der detaillierten Darstellung der Beeinflussungsmöglichkeiten des ausgewiesenen Bilanzgewinnes, auf einer möglichst realitätsnahen Aufzeigung der steuerbilanzpolitischen Aktionsparameter[80].

---

[75] BORKOWSKY (1967), S. 294.

[76] Ebendort, S. 296ff.

[77] So z. B. WÖHE (1966), bes. S. 102. KOTTKE (1967), S. 34ff. (Die Neubearbeitung — KOTTKE [1978], bes. S. 84ff. — rezipiert auch die neueren „investitionsrechnerischen" Konzepte.)

[78] BORKOWSKY (1967), S. 321ff.

[79] So HARDER (1962), S. 83ff., der zwar eine gesonderte Steuerbilanzpolitik ablehnt, sich jedoch in diesem Abschnitt ausschließlich mit den steuerlichen Wirkungen der Bilanzpolitik befaßt.

[80] Vgl. hierzu auch JAHRMARKT (1977), S. 33ff.; DIECKMANN (1972), bes. S. 81ff. — DIECKMANN nennt noch 1972 als Zielsetzung der Steuer-

Zusammenfassend sind die Vorläufer der Theorie der Steuerbilanzpolitik wie folgt zu kennzeichnen: Die Verhaltensempfehlung der Gewinnivellierung entspricht einer statischen Grundhaltung. Nur in einer zinslosen Wirtschaft, in der sich auch die Steuertarife nicht ändern, wäre sie zu akzeptieren. Es werden zwar Hinweise auf Steuer(tarif)-änderungen, auf vorteilhafte Wirkungen des Steueraufschubes gegeben, doch erfolgt hierdurch nur eine verbale Dynamisierung, weil kein quantitatives Konzept zur gleichzeitigen Berücksichtigung dieser Einflußfaktoren vorgelegt wird. Die Verhaltensempfehlung der „VOGTschen Normallinie" ist daher nur als Faustregel anzusprechen.

Die differenzierte Untersuchung der Steuerbilanzpolitik, die sowohl auf eine operationale Darstellung der ökonomischen Wirkungen der Ausübung von Wahlrechten als auch auf eine systematische Abstimmung mit anderen betrieblichen Teilbereichen abstellt, setzte, wie erwähnt, etwa 1970 ein. Gemeinsames Merkmal dieser Untersuchungen ist ein dynamisches Konzept; denn die Ausübung von Wahlrechten führt nicht nur (bei nichtkonstanten Steuersätzen) zu unterschiedlichen Steuerhöhen, sondern auch zu im Zeitablauf variablen Steuerzahlungen[81]. Da eine solche Betrachtungsweise auch für die Investitionstheorie typisch ist, kann man auch von einem „Investitionskonzept" der Steuerplanung sprechen, mit dessen Hilfe die Gestaltungsmöglichkeiten der Steuerbemessungsgrundlagen als je eine einzelne Investition aufgefaßt werden können[82]. Hierbei erfolgte eine Konzentration der Forschungsbemühungen auf die einfacheren Investitionsrechnungsverfahren für Entscheidungen über isolierte Investitionsprojekte, insbesondere auf die Kapitalwertmethode. Wegen der bevorzugten Verwendung der Kapitalwertmethode wurde der Ansatz auch einschränkend als „Barwertkonzept"[83] oder „Barwerthypothese"[84] bezeichnet.

Die Interpretation, daß durch die Barwertberechnung „der Zinseffekt eliminiert und der reine Steuerbelastungseffekt sichtbar (wird)"[85], ist allerdings mißverständlich, denn die Barwertberechnung verdeut-

---

bilanzpolitik nur die VOGTsche Normallinie (S. 69f.); da sich bei der Zieldeterminierung kaum Schwierigkeiten ergäben, sei die differenzierte Erörterung der bilanzpolitischen Maßnahmen viel interessanter (S. 71).

[81] Zur Definition „dynamischer" Modelle vgl. (im Anschluß an R. FRISCH) SCHNEIDER, E. (1972), S. 274 und die dort angegebene Literatur.

[82] Vgl. HEIGL (1971), bes. S. 129ff.; HEIGL/MELCHER (1974), S. 35ff., sprechen von „Steuerplanung als investitionsrechnerische(m) Ansatz".

[83] EISENACH (1974), S. 177ff.

[84] MARETTEK (1971), S. 169ff.

[85] EISENACH (1974), S. 178ff.

licht gerade den „Zinseffekt“, und zwar — zum Unterschied von den oben erwähnten rein verbalen Modifikationen der „Normallinie“ — in exakter Weise. Deshalb muß aber andererseits der Wahl des richtigen Kalkulationszinsfußes in den vorgelegten Partialmodellen besonderes Augenmerk zugewendet werden, was nicht immer geschieht[86]. Bereits aus diesen Bezeichnungen wird ersichtlich, daß sich diese Entwicklungslinie der Literatur mit der oben (vgl. Abschnitt 1) aufgezeigten an der Investitionsrechnung orientierten Entwicklungslinie trifft. Gegenüber den oben (unter 1.) angeführten Arbeiten besteht jedoch der Unterschied, daß von vornherein eine große Realitätsnähe durch möglichst exakte Berücksichtigung steuerlicher Wahlrechte angestrebt wird.

In der bisherigen Diskussion sind zwei Schwerpunkte hervorzuheben: Erstens wurde die Abgrenzbarkeit des steuerbilanzpolitischen Entscheidungsfeldes, zweitens die für die Steuerbilanzpolitik anzuwendende Zielfunktion ausführlich behandelt.

Um die Etablierung einer relativ isolierbaren Steuerbilanzpolitik hat sich besonders MARETTEK bemüht[87]. Das Problem besteht darin, inwieweit aussagefähige Partialmodelle gewonnen werden können. MARETTEKS Ansicht, daß diese Isolierung überzeugend möglich sei, wurde auch scharf kritisiert[88]. Die hieran anschließende Auseinandersetzung[89] zeigte einerseits die Notwendigkeit einer Isolierung von Partialmodellen für die Steuerplanung, andererseits (wegen der Schwierigkeit der Verknüpfung einer nicht-simultanen Steuerbilanzpolitik mit der übrigen Unternehmenspolitik) die „Problematik einer mal simultanen, mal isoliert-partiellen Lösung“[90]. Für praktische Zwecke ist das Partialmodell dem Totalmodell zwar vorzuziehen; ersteres ist aber wesentlich schwieriger aufzustellen, weil über alles nicht explizit in die Planung Eingeführte einigermaßen brauchbare Pauschalannahmen gemacht werden müssen — nur so kann eine im Hinblick auf das Gesamtsystem akzeptable Suboptimierung gelingen[91].

HEIGLS Kritik an einer allzu eingeschränkten Auffassung von der Steuerbilanzpolitik geht auch auf seine eigene wesentlich weiter gefaßte Auffassung von der „Steuerpolitik“ zurück. Abgesehen von einmaligen

---

[86] So spricht HAASE (1976) in einer umfangreichen, teilweise der Steuerbilanzpolitik zuzurechnenden Arbeit nur ganz allgemein und ohne nähere Erläuterungen von „bilanzpolitischer Zeitpräferenz“ (insbes. S. 239ff.).

[87] MARETTEK (1971), bes. S. 22ff.

[88] Vgl. bes. HEIGL (1973).

[89] MARETTEK (1974b); HEIGL (1974).

[90] HEIGL (1974), S. 130.

[91] Vgl. vor allem HAX, H. (1967); SCHNEIDER, D. (1975a), bes. S. 191ff.

(konstitutiven) Entscheidungen bezieht Heigl nämlich nicht nur die Steuerbilanzpolitik im engeren Sinne, das sind die Überlegungen hinsichtlich des Einsatzes der sogenannten „Manövriermasse“[92], in seine Überlegungen ein, sondern auch andere „progressionsbedingte Aktionsparameter betrieblicher Ertragsteuerpolitik“, wie zum Beispiel die Festlegung der Einbehaltungs-Ausschüttungsrelation, die für die Körperschaftsteuerbelastung einer Kapitalgesellschaft relevant ist[93]. Es muß in diesem Stadium der Arbeit — Aufzeigung der Literaturentwicklung — noch durchaus offen gelassen werden, ob eine Isolierung einer Steuerbilanzpolitik im engeren Sinne gelingt.

Auch im Hinblick hierauf müssen in Parenthese systematische Vorarbeiten aus der allgemeinen Steuerplanung, die für steuerbilanzpolitische Entscheidungsmodelle verwendbar erscheinen, erwähnt werden. Verbale Modelle der Steuerplanung legten u. a. Junger und Wehmeyer vor, wobei letzterer besonders umfassend auch Ungewißheitsprobleme behandelte[94]. Andererseits arbeitete Bareis ein quantitatives Steuerplanungsmodell aus, das zwar auch auf steuerbilanzpolitische Wahlrechte eingeht, aber insofern nicht in die allgemeine Entwicklungslinie der Literatur paßt, als Bareis nach dem Vorbild der analytischen Wissenschaftslehre die betriebswirtschaftliche Steuerlehre als empirische Wissenschaft begründen und demgemäß eine *Prognoserechnung* vorlegen will[95]. Obwohl von dieser Grundkonzeption her nicht auf Entscheidungsmodelle eingegangen wird, enthält das Werk doch wesentliche Grundlagen für die empirische Auffüllung derartiger Modelle[96]. Auf weitere allgemeine Steuerplanungsliteratur kann nicht eingegangen werden[97].

Als zweiter Schwerpunkt der bisherigen Diskussion in der neueren Literatur zur Steuerbilanzpolitik wurde die Frage der für die Steuerbilanzpolitik zu verwendenden Zielfunktion angesprochen. Auch hier liegen von Anfang an zwei gegensätzliche Konzepte von Heigl und Marettek vor: Ersterer verwendet ursprünglich als Zielfunktion nur die Maximierung der Summe der abgezinsten Nettogewinne, das heißt

---

[92] Hierunter sei zunächst nur die Ausübung steuerbilanzpolitischer Wahlrechte verstanden. — Auf die Problematik des Begriffes der „Manövriermasse“ wird im Zweiten Kapitel, Abschn. F. I eingegangen.

[93] Vgl. im einzelnen Heigl/Melcher (1974), S. 13ff.; im Ansatz auch schon Heigl (1970).

[94] Junger (1958); Wehmeyer (1967).

[95] Bareis (1969), bes. S. 12ff.

[96] Hervorgehoben seien die vorbildlich klaren Ausführungen zur Datenprognose aufgrund der Rechtsordnung, ebendort, S. 40ff.

[97] Vgl. etwa Wagner/Dirrigl (1980) mit Literaturhinweisen.

der Gewinne nach Ertragsteuerzahlungen; diese Zielfunktion wurde später als „Nettoergebniskapitalwertmaximierung" bezeichnet[98]. Marettek hingegen führte als Zielfunktion die Minimierung der Summe der Barwerte der Steuerzahlungen ein[99], was später auch als „Steuerkapitalwertminimierung" bezeichnet wurde[100]. Im Anschluß an die ersten Veröffentlichungen entbrannte eine erbitterte Diskussion, welches Ziel anwendbar sei; hierbei muß geradezu von einer „Schulenbildung" gesprochen werden[101]. Im weiteren Verlauf wurde besonders herausgearbeitet, daß die Formulierung der adäquaten Zielfunktion mit dem Problem der Abgrenzung des besonderen Entscheidungsfeldes der Steuerbilanzpolitik verwandt ist, daß insbesondere die Zielfunktion der Steuerbilanzpolitik als jene eines Subproblems konform mit dem Oberziel der Gesamtunternehmung sein muß. Noch immer umstritten ist die Frage, ob jedes der beiden Ziele für gewisse konkrete Problemstellungen (das heißt Kombinationen bestimmter Oberziele und Datenkonstellationen) zu wählen oder ob durchgehend nur eines der beiden Ziele (und zwar die Steuerkapitalwertminimierung) für steuerbilanzpolitische Partialmodelle sinnvoll ist.

In einem Teil der neueren bilanzpolitischen Literatur wird auch eine Formalisierung der einzelnen bilanzpolitischen Aktionsparameter angestrebt[102]. Insofern sind wieder enge Beziehungen zu den Investitionsplanungsmodellen, und zwar den Simultanplanungsmodellen mit Berücksichtigung steuerlicher Aktionsparameter, gegeben. Vom größeren Teil der neueren bilanzpolitischen Literatur wird jedoch nur eine pauschale Planung des Einsatzes der „Manövriermasse" vorgenommen, dies auch im Hinblick auf möglichst einfache Rechenverfahren, welche wiederum die leichte praktische Zugänglichkeit der Planungsmodelle sicherstellen sollen[103]. Ein Konflikt zwischen möglichst exakter Beschreibung der steuerbilanzpolitischen Aktionsparameter und einfachen Rechenverfahren muß aber konstatiert werden.

---

[98] Heigl (1970), bes. S. 113ff.; Heigl/Melcher (1974), S. 35.

[99] Marettek (1970); Marettek (1971).

[100] So bei Heigl/Melcher (1974), S. 35.

[101] Vgl. insbes. Melcher (1971); Heigl (1971); Gintrowski/Marettek (1972); Melcher (1972); Scherrer (1973); Siegel (1973); Marettek/Gintrowski (1973); Melcher (1973); Eisenach (1974), S. 258ff.; Heigl/Melcher (1974), bes. S. 8ff. und S. 44ff.; Siegel (1974); Siegel (1976), bes. S. 224f.

[102] Der Absicht nach werden *sämtliche* wesentlichen Aktionsparameter bei Müller-Kröncke (1974), S. 131ff., formalisiert.

[103] Vgl. u. a. Siegel (1972); Okrass (1973); Marettek (1971), S. 191ff.; Heigl/Melcher (1974), S. V; Schult (1972), bes. S. 527ff.

Im Zusammenhang mit den Bemühungen um leichte praktische Anwendbarkeit ist eine weitere Entwicklungslinie aufzuzeigen: Die unübersichtlichen Steuergesetze mit zahlreichen wechselseitigen Abhängigkeiten der einzelnen Steuern untereinander führten zur „Teilsteuerrechnung", die das Steuerrecht betriebswirtschaftlich aufbereitet, u. a. die abhängigen Steuern von denselben Bemessungsgrundlagen kombiniert und zu „Multifaktoren" zusammenfaßt, die jeweils angeben, wieviel Steuern insgesamt mit einer (Teil-)Bemessungsgrundlage verbunden sind[104]; diese Teilbemessungsgrundlagen, die als der betriebswirtschaftlichen Disposition zugängliche Größen definiert werden, können auch als „Steuerträger" bezeichnet werden[105]. Die Teilsteuerrechnung ist geeignet, die steuerlichen Konsequenzen verschiedenster betrieblicher Aktionen aufzuzeigen, somit auch geeignet zur Analyse alternativer Erfolgsausweisstrategien.

Dem steht ursprünglich entgegen, daß die Teilsteuerrechnung als statische Rechnung konzipiert war. In weiterer Folge wurden jedoch auch dynamische Ansätze entwickelt. Nach einem ersten Versuch, der nur Interdependenzen zwischen verschiedenen Perioden, jedoch noch ohne Kalkulationszinsfuß, aufzeigt[106], wurde später das erwähnte „Investitionskonzept" mit der Teilsteuerrechnung verbunden[107]. Auch die Probleme der Steuerprogression, die im ursprünglichen Ansatz der Teilsteuerrechnung nicht befriedigend bewältigt werden können, wurden (unter Benutzung von EDV) in diese Ansätze einbezogen[108], wobei offen bleiben mag, ob hier noch von „Teilsteuerrechnung" zu sprechen ist.

Die Teilsteuerrechnung wurde auch in mathematische Optimierungsmodelle einbezogen. Auf den Ansatz von ROSENBERG, der insgesamt der simultanen Investitionsplanung zuzurechnen ist, wurde in Abschnitt 1.b bereits hingewiesen. Darüber hinaus ist noch eine Arbeit von HAASE zu nennen, der sich „die Einbeziehung der Teilsteuerrechnung in ertragsteuerliche Kalküle unter weitestgehender Verwendung mathematischer Planungsmodelle" zum Ziel setzt[109]. HAASE beschäftigt sich mit der

---

[104] Vgl. zusammenfassend ROSE (1973b); Kurzdarstellungen geben die ausführlichen Rezensionen von JACOBS (1974); SCHNEIDER, D. (1974b); VODRAZKA (1975b); WACKER (1975).

[105] Diesen Ausdruck prägt KAEFER (1974), S. 178.

[106] HÖFER (1971).

[107] Insbes. EISENACH (1974), passim, siehe bes. S. 244; KAEFER (1974), bes. S. 325ff.

[108] KAEFER (1974), S. 114ff.; vgl. auch TISCHER (1975), bes. S. 46ff.

[109] HAASE (1976), S. 7.

möglichst exakten Bestimmung der Ertragsteuerbelastung von Kapitalgesellschaften vorzüglich in Abhängigkeit von steuerpolitischen konstitutiven Entscheidungen im Konzern (unter besonderer Beachtung von Schachtelbeteiligung und Organschaft). Dynamische Planungsmodelle werden nur skizziert[110], wobei allgemeine Probleme der Modellformulierung (Kalkulationszinsfuß, Modellstruktur, Modellabgrenzung usw.) nicht behandelt werden; jedoch werden einige ausgewählte Aktionsmöglichkeiten der laufenden Steuerbilanzpolitik sehr genau erörtert[111]. Grundsätzlich bleibt jedoch offen, ob es zweckmäßig ist, die ursprünglich zur *raschen, überschlägigen* Beurteilung steuerlicher Alternativen entwickelte Teilsteuerrechnung in Modelle zu integrieren, die derart komplex sind, daß zu ihrer Lösung ohnehin EDV-Anlagen benötigt werden.

Neben den bisher referierten Entscheidungsmodellen, die auf eine Steuerbilanzoptimierung für das *Gesamt*unternehmen abzielen (wiewohl in manchen Arbeiten nur einige Aktionsparameter ausführlich behandelt werden), wurden auch Modelle zur Optimierung des Einsatzes *einzelner* steuerbilanzpolitischer Aktionsparameter aufgestellt. Die typische Fragestellung lautet hier: Es existieren zwei oder mehrere einander ausschließende Wahlrechte hinsichtlich einer konkreten Transaktion beziehungsweise eines konkreten Wirtschaftsgutes. Es soll entschieden werden, welches Wahlrecht unter dynamischem Aspekt ausgeübt werden soll. In neueren derartigen Untersuchungen werden i. d. R. die alternativen Bemessungsgrundlagenänderungen in der entsprechenden zeitlichen Gewichtung gegenübergestellt und die wichtigsten weiteren Einflußgrößen der Entscheidung, nämlich der Kalkulationszinsfuß und der Steuersatz parametrisch variiert.

Zwei typische Beispiele für derartige Untersuchungen seien angeführt: Sowohl in Deutschland als auch in Österreich besteht unter gewissen Umständen ein Wahlrecht für die Versteuerung aufgelöster stiller Rücklagen. Diese können entweder gemäß § 12 EStG auf andere Wirtschaftsgüter übertragen werden oder gemäß § 37 Abs. 3 EStG mit einem begünstigten Steuersatz versteuert werden; ähnliche, allerdings nicht so weit reichende Begünstigungen enthalten die §§ 6b und 34 dt. EStG. Eine Optimierungsrechnung kann aufzeigen, welche der Begünstigungen in Anspruch genommen werden soll[112]. Ein anderes viel

---

[110] Ebendort, S. 233ff.

[111] Ebendort, S. 253ff.

[112] Vgl. zu den österreichischen und deutschen gesetzlichen Regelungen und zur Entstehungsgeschichte der Vorschriften Vodrazka (1976b) und (1975a); zum Optimierungsproblem vgl. u. a. Büschgen (1966b), bes.

behandeltes Wahlrecht ist jenes zwischen Investitionsfreibetrag gemäß § 10 EStG und vorzeitiger Abschreibung gemäß § 8 EStG. Das Wahlproblem resultiert daraus, daß der Investitionsfreibetrag de facto eine Abschreibung von über 100 % ermöglicht, während die vorzeitige Abschreibung nur eine insgesamt 100%ige Abschreibung zuläßt, diese jedoch weit vorzieht; selbst bei konstantem Ertragsteuersatz tritt das typische dynamische steuerbilanzpolitische Problem auf, daß absolute Minderungen der Steuerlast (beim Investitionsfreibetrag) gegen größere zeitliche Verschiebungen der Steuerzahlungen (bei der vorzeitigen Abschreibung) abgewogen werden müssen. Da diese beiden Begünstigungen nicht nur einander ausschließen, sondern auch beide inkompatibel mit der natürlichen Personen gewährten Begünstigung des nicht entnommenen Gewinnes gemäß § 11 EStG sind, wird in Vorteilhaftigkeitsvergleiche teilweise auch letztere Begünstigung einbezogen[113].

Trotz aller Unterschiede im einzelnen ist den behandelten Arbeiten zur Steuerbilanzpolitik gemeinsam, daß das Unsicherheitsphänomen zwar meistens nicht ausdrücklich ausgeklammert, jedoch i. d. R. gar nicht oder nur mittels verbaler Hinweise behandelt wird. Solche rein verbale Hinweise finden sich zum Beispiel bei Marettek, der angesichts der Ungewißheit der künftigen Entwicklung im Anschluß an Engels die Elastizität des Entscheidungsfeldes als Möglichkeit, Entscheidungen zu revidieren, auffaßt[114] und die einzelnen steuerbilanzpolitischen Aktionsparameter hinsichtlich ihres Einflusses auf die Elastizität des Entscheidungsfeldes untersucht und klassifiziert[115]. Die Kritik, daß dies eine unzureichende Lösung des Unsicherheitsproblems sei[116], geht in dieser Allgemeinheit zu weit, weil solche Klassifizierungen zumindest für die pauschale Planung des Einsatzes der Aktionsparameter Hinweise liefern können, welche Aktionsparameter bevorzugt zu verwenden sind, wenn die Auswahl aus mehreren getroffen werden kann. Gleichwohl bleibt eine formalisierte Lösung des Problems wünschenswert. Einen

---

S. 350ff.; Dellmann (1973); Vodrazka (1976b), S. 64f. (alle mit weiterer Literatur).

[113] Zu Vorteilhaftigkeitsvergleichen zwischen vorzeitiger Abschreibung und Investitionsfreibetrag, teilweise auch zwischen diesen und der Rücklage für nicht entnommenen Gewinn vgl. u. a. Brandner (1971); Stremitzer (1972); Dobretsberger (1972); Stöber (1973); Platzer/Kros (1980), S. 282ff.; Weiler (1975); Gasselsberger (1977), bes. S. 52ff.

[114] Engels (1962), S. 101.

[115] Marettek (1971), S. 74ff. Vgl. auch Dieckmann (1972), S. 78f.; Börner/Krawitz (1977), S. 183ff.

[116] Heigl (1974), S. 131.

ersten derartigen Ansatz legten HEIGL/MELCHER vor, die das Konzept der flexiblen Planung im Anschluß an LAUX und HAX[117] auf die Steuerbilanzpolitik anwendeten[118].

Interessanterweise steht aber sowohl bei MARETTEK als auch bei HEIGL/MELCHER die Unsicherheit über die zukünftigen Gewinne sowie über die zukünftigen Umfänge steuerbilanzpolitischer Erfolgsverschiebungsmöglichkeiten im Vordergrund, während das näherliegende Problem der Anerkennung der gewählten Bilanzansätze durch die Finanzverwaltung beziehungsweise durch die Gerichte nur nebenbei erwähnt wird. Überhaupt ist — wohl im Gefolge der handelsbilanzpolitischen Literatur — das „Legalitätsproblem" in der steuerbilanzpolitischen Literatur unterrepräsentiert.

Eingehende Untersuchungen von Aktionen des Steuerpflichtigen, die sich auch auf möglicherweise nicht anerkannte (oder auf bewußt gesetzwidrige) Maßnahmen, insbesondere Bilanzansätze, beziehen, sind nur in zwei Arbeiten zu finden, die vom Titel her nicht ohne weiteres für die Steuerbilanzpolitik relevant erscheinen und — vielleicht auch deshalb — in der steuerbilanzpolitischen Literatur bisher keine Resonanz fanden. Sie behandeln auch allgemeinere Fragen, beziehen sich jedoch teilweise ausdrücklich auf die Steuerbilanzpolitik und konzipieren auch für die Steuerbilanzpolitik verwendbare Entscheidungsmodelle.

Die erste hier anzuführende Arbeit stammt von SEIDL[119]. Bei ihm werden die *illegalen* Aktionen in den Vordergrund gestellt. Soweit die von ihm vorgelegten Modelle im vorliegenden Zusammenhang (Untersuchung einzelwirtschaftlicher Entscheidungsmodelle) relevant sind, können sie als kurzfristige (statische) Entscheidungsmodelle unter besonderer Berücksichtigung illegaler Aktionen charakterisiert werden. Da illegale Aktionen im Vordergrund der Betrachtung stehen und bei diesen mit der möglichen Entdeckung der Illegalität und hieraus folgend mit Nichtanerkennung und eventuell sogar mit Strafen gerechnet werden muß, kann von vornherein nur die Theorie der Entscheidungen unter Ungewißheit benutzt werden. Trotz der andersartigen Terminologie liegt ein Entscheidungsmodell zur Steuerbilanzpolitik vor. Die *legalen* Wahlrechte lassen sich rein formal als *Sonder*fall der steuerbilanzpolitischen Aktionen schlechthin auffassen. SEIDLS Untersuchung ist im übrigen weitgehend an den formalen Methoden interessiert und geht

---

[117] Vgl. u. a. LAUX (1969a); HAX, H. (1979), S. 165ff.; LAUX (1971); HAX/LAUX (1972).

[118] HEIGL/MELCHER (1974), S. 59ff.

[119] SEIDL (1974), bes. S. 17–85.

auch auf keine steuerbilanzpolitischen Wahlrechte ein[120]; jedoch wird das Abgabenverfahren in den Grundzügen realistisch betrachtet, was für einen Großteil der oben erwähnten steuerbilanzpolitischen Literatur nicht zutrifft. Die Aufzeigung der Formalstruktur der *allgemeinen* steuerbilanzpolitischen Entscheidung ohne a-priori-Beschränkung auf „anerkannte" Maßnahmen ist jedenfalls ein wesentlicher Beitrag in Richtung auf eine realistischere Theorie der Steuerbilanzpolitik. Daß ein so allgemeines Modell auch dann benötigt wird, wenn der Bilanzaufsteller gar keine Steuerverkürzungen *beabsichtigt*, wird später noch zu zeigen sein.

Ähnliche Probleme behandelt Loitlsberger[121]. Seine Analyse verwendet allerdings die Minimax-Regel der Spieltheorie, also eine besondere Entscheidungsregel, die weniger geeignet erscheint als die Verwendung allgemeinerer Entscheidungsfunktionen der Risikonutzentheorie[122]. Loitlsberger behandelt trotz des Titels „Zur Theorie der Steuerberatung" nicht die spezifischen Probleme der Steuerberatung, die aus einem Interessenkonflikt zwischen Steuerberater und beratenem Unternehmen resultieren[123], sondern die allgemeinen Fragen der Steuerplanung. Da seine Untersuchung weniger auf die formalen Aspekte eingeht, ist das Abstellen auf die Spieltheorie kein Hindernis, seine Untersuchung auch dann zu verwenden, wenn andere Entscheidungsfunktionen bevorzugt werden. Im Hinblick auf die Steuerbilanzpolitik ist vor allem seine ausführliche Darstellung der „Steuerminderungsinstrumente" wertvoll; unter diesen sind die auf den verschiedenen Stufen des Abgabenverfahrens bestehenden Entscheidungsmöglichkeiten, die in extenso dargestellt werden, hervorzuheben.

Zum Abschluß der Darstellung der Vielfalt von bisherigen Beiträgen zur Steuerbilanzpolitik sollen die besprochenen Ansätze zusammen-

---

120 Seidl geht vielmehr irrealerweise davon aus, daß mit dem Ablauf des Geschäftsjahres die Steuerschuld schon feststehe (ebendort, S. 25).

121 Loitlsberger (1975).

122 Vgl. Seidl (1974), S. 21f. Zu den in der Risikonutzentheorie verwendeten Entscheidungsfunktionen vgl. z. B. Schneeweiss (1967), S. 61ff.; Hax, H. (1974), S. 58ff. — Auch die Annahme, daß über die Umweltzustände Wahrscheinlichkeitsverteilungen angegeben werden können, ist problematisch. Am realistischsten, allerdings besonders schwierig zu handhaben, wäre die Vorstellung, daß für einige Bestandteile der Umwelt Wahrscheinlichkeitsverteilungen vorliegen, nicht aber für alle; zur Beschreibung derart allgemeiner Informationsstrukturen und adäquater Entscheidungsregeln vgl. bes. Menges (1966).

123 Ausdrücklicher Ausschluß dieses Interessenkonfliktes bei Loitlsberger (1975), S. 97f.

fassend systematisiert werden. Drei Gesichtspunkte erscheinen besonders wichtig:

1. Werden statische oder dynamische Modelle entwickelt?
2. Wird die Gesamtmanövriermasse geplant oder werden nur über einzelne Aktionsparameter Aussagen angestrebt?
3. Wird die Planung unter Sicherheit vorgenommen — diese Frage ist eng verwandt mit jener, ob die Planung auf „anerkannte" (legale) Maßnahmen eingeschränkt wird — oder wird die Unsicherheit in das Planungsverfahren eingeschlossen (Einbeziehung auch „illegaler" Maßnahmen)?

Zur Beschreibung der Ansätze in der Literatur soll ein 3-komponentiger Vektor benutzt werden. Die in den obigen Fragen jeweils erstgenannte Möglichkeit sei mit A, die zweitgenannte Möglichkeit mit B bezeichnet. Innerhalb der Antwort A auf Frage 2 sind noch die zwei Ausprägungen zu unterscheiden, daß die gesamte Manövriermasse pauschal geplant wird (Aa) und daß sie differenziert geplant wird (Ab).

Grundsätzlich sind Entscheidungsmodelle aufstellbar, die allen Kombinationen von Merkmalsausprägungen entsprechen, womit 12 Gruppen von Entscheidungsmodellen unterschieden werden könnten. Bisher wurden jedoch nicht alle Kombinationen bearbeitet. Tatsächlich behandelt wurden bisher vor allem vier Kombinationen:

A—Aa—A	(= die faustregelartigen Verfahren à la VOGT)
B—A*—A	(= der Großteil der in der neueren Literatur üblicherweise als „steuerbilanzpolitische Entscheidungsmodelle" bezeichneten Arbeiten)
B—B—A	(= die isolierten Optimierungsrechnungen für einzelne Wahlrechte)
A—Aa—B	(= die Untersuchung der „Steuerdisziplin" bzw. der „Steuerberatung" durch SEIDL und LOITLSBERGER)

III. Der Gang der weiteren Untersuchung

Bisher wurde noch kein Modell untersucht, das dem Typ B—Ab—B entspricht. Dieses Entscheidungsmodell hat die größte Realitätsnähe und wird daher angestrebt. Einfacher strukturierte Modelle sind jedoch ebenfalls zu untersuchen, weil sie Bausteine komplexerer Modelle liefern und unter bestimmten Voraussetzungen hilfs- oder ersatzweise verwendet werden können.

Im Ersten Kapitel werden die Probleme der Steuerbilanzpolitik in relativ generalisierender Weise untersucht. Im Zweiten Kapitel

* Vorwiegend Aa, aber auch Ab.

werden die wesentlichen Bestandteile der bevorzugten steuerbilanzpolitischen Modelle genauer analysiert; dabei sind u. a. Ausführungen des Ersten Kapitels zu vertiefen. Ferner wird dort die Änderung der Problemstruktur behandelt, die sich aus Konflikten zwischen mehreren Entscheidungsträgern ergeben.

Im Ersten Kapitel ist zunächst zu klären, was unter normativer Theorie der Steuerbilanzpolitik zu verstehen ist und ob die „traditionelle" Erörterung von Entscheidungsmodellen wissenschaftsstrategisch sinnvoll ist. Die Bilanzpolitik entscheidungslogischer Prägung wurde nämlich von einigen Fachvertretern als Forschungsansatz grundsätzlich in Frage gestellt. Anschließend werden verschiedene Ebenen normativer Betrachtungen je nach dem angesprochenen Adressaten unterschieden; dabei sind auch die Arten von Wertungen in alternativen normativen Betrachtungen der Steuerbilanzpolitik zu diskutieren.

Die Erörterung der Stellung der Steuerbilanzpolitik im Gefüge der Gesamtunternehmungspolitik setzt voraus, den Inhalt der Steuerbilanzpolitik abzugrenzen. Nach definitorischen Klärungen („Steuerbilanz", „Politik") werden die zu planenden Steuerarten erörtert. Hieran schließt eine Untersuchung der Planungsanlässe an: Welche Bedeutung haben „einmalige" Entscheidungen einerseits, „laufende" Entscheidungen andererseits für die Steuerbilanzpolitik? Trotz der Auffassung, daß Steuerbilanzpolitik auch bei konstitutiven Entscheidungen betrieben werden kann und muß, wird doch die weitere Untersuchung — in Übereinstimmung mit der Literatur — vorwiegend der laufenden Steuerbilanzpolitik gewidmet. Besonders wichtige Einflüsse der konstitutiven Entscheidungen auf die Daten der laufenden Steuerbilanzpolitik werden aber noch anläßlich einer Untersuchung der Organisationsformen der Einzelwirtschaften herausgestellt; die steuerbilanzpolitischen Planungsprobleme können im Anschluß an Organisationsformen klassifiziert werden.

Auch der räumliche Bereich der Untersuchung ist festzulegen. Die steuerlichen Vorschriften sind grundsätzlich jeweils auf einen nationalen Bereich beschränkt. Ein Großteil der folgenden Untersuchung behandelt zwar allgemeine methodische Probleme der Steuerbilanzpolitik und ist insofern nicht an ein nationales Steuerrecht gebunden, doch können konkrete steuerliche Vorschriften arteigene Probleme ergeben. Deshalb wird im folgenden das österreichische Steuerrecht zugrunde gelegt[124].

---

[124] Stand Ende 1981. — Das Abgabenänderungsgesetz 1981 (großteils mit Wirkung ab 1982) wird nicht mehr berücksichtigt.

Da das österreichische Steuerrecht in weiten Bereichen gleiche oder ähnliche Vorschriften wie das deutsche Recht aufweist, können und müssen ergänzend aus Deutschland stammende Werke auch zur Abklärung steuerrechtlicher Einzelfragen herangezogen werden. Im einzelnen ist freilich die Übertragung nur mit Vorsicht zulässig, weil die österreichischen Höchstgerichte zu manchen Bestimmungen trotz gleichlautender steuerrechtlicher Vorschriften eine zur BRD mitunter geradezu konträre Rechtsprechung entwickelt haben. Die detaillierte Untersuchung der steuerbilanzpolitischen Möglichkeiten soll auf nationale Unternehmungen eingeschränkt werden — dies allerdings nur wegen der Begrenzung des Umfanges der Arbeit. Auf einige für den Steuerpflichtigen besonders reizvolle und de lege ferenda bedenkliche Aspekte der internationalen Steuerbilanzpolitik wird indessen hingewiesen.

Bereits in der Literaturübersicht wurde auf den Gegensatz zwischen zwei „Richtungen" hingewiesen. Einerseits wurde die Steuerbilanzpolitik in Simultanplanungsmodelle der Gesamtunternehmung einzubauen versucht, andererseits wurde viel Mühe darauf verwendet, sie als selbständige Teilpolitik zu konstituieren. Beide Konzepte werden erörtert.

Da der Großteil der eigentlichen steuerbilanzpolitischen Literatur die Konstituierung als selbständige Teilpolitik, die mit den übrigen Teilpolitiken sukzessiv abzustimmen sei, vertritt, wird dieser Ansatz besonders ausführlich untersucht. Im einzelnen ist der These von der Selbständigkeit der Steuerbilanzpolitik (bei gleichzeitig vertretener These der *Un*selbständigkeit der Steuerpolitik im allgemeinen) nachzugehen. Für ein System relativ selbständiger Teilpläne mit sukzessiver Planabstimmung ist zu untersuchen, ob in der Gesamtheit dieser Teilpläne die Steuerbilanzpolitik einen festen Rang in einer feststehenden Hierarchie von Teilplänen einnimmt. Die bisher vorgelegten isolierten steuerbilanzpolitischen Modelle haben teilweise eine unterschiedliche Struktur; die drei Typen isolierter steuerbilanzpolitischer Modelle werden einander gegenübergestellt, die Vor- und Nachteile der drei Modelltypen werden erörtert.

Dem Konzept der isolierten steuerbilanzpolitischen Modelle ist anschließend jenes der Steuerbilanzpolitik als Teil einer simultanen Unternehmungstotalplanung gegenüberzustellen. Deren Struktur wird mittels vereinfachter mathematischer (insbesondere linearer) Optimierungsansätze beschrieben; die Probleme der Einbeziehung der (Ertrag-)Steuern in diesen Modelltyp werden diskutiert. Die Gegenüberstellung isolierter steuerbilanzpolitischer Entscheidungsmodelle und der Einbeziehung der Steuern in Totalmodelle wird durch die

Aufzeigung der Zusammenhänge zwischen beiden Haupttypen von Modellen abgeschlossen.

Den Abschluß des Ersten Kapitels bildet die Analyse der besonderen Beziehungen zwischen Steuerbilanzpolitik und Handelsbilanzpolitik. Ausgangspunkt ist die beide Teilpolitiken verknüpfende „Maßgeblichkeit der Handelsbilanz für die Steuerbilanz". Der Grundsatz erweist sich hinsichtlich der steuerlichen „Begünstigungsvorschriften" als besonders problematisch. Zu erörtern sind in diesem Zusammenhang auch die faktische Umkehrung des Maßgeblichkeitsprinzips und deren Auswirkung auf die Handelsbilanz. Die Steuerbilanzpolitik hat nämlich gerade infolge der „Maßgeblichkeit" einen großen Einfluß auf den Inhalt der Handelsbilanz. Bei vielen, vor allem kleineren Betrieben wird sogar de facto nur eine Steuerbilanz aufgestellt (und als „Handelsbilanz" mitverwendet). Die Untersuchung zeigt aber, daß auch in diesem Falle handelsbilanzpolitische Zielsetzungen nicht irrelevant sind.

Da die Steuerbilanz also über die Umkehrung des Maßgeblichkeitsprinzips häufig den Inhalt der Handelsbilanz maßgeblich beeinflußt, müssen diese indirekten Wirkungen der Steuerbilanzpolitik auch in steuerbilanzpolitischen Modellen wenigstens grob berücksichtigt werden. Daher sind die hauptsächlichen Funktionen der Handelsbilanz, durch welche die möglichen Zielrichtungen der Handelsbilanzpolitik und zugleich die eventuell unerwünschten Nebenwirkungen steuerbilanzpolitischer Maßnahmen beschrieben werden, zu erörtern. Es muß auch untersucht werden, wie diese Wirkungen in Entscheidungsmodellen abgebildet werden können. Wegen der Nebenwirkungen der steuerbilanzpolitischen Maßnahmen auf die Handelsbilanz kann es dazu kommen, daß die Steuerbilanzpolitik durch handelsbilanzpolitische Erwägungen beeinflußt oder sogar ausschließlich durch sie determiniert wird. Die Rückwirkungen der Handelsbilanzpolitik auf die Steuerbilanzpolitik können sowohl aus der Sicht des Gesetzgebers als auch unternehmungspolitisch unerwünscht sein, weshalb Versuche zur Beseitigung dieser Rückwirkungen zu untersuchen sind.

Im Zweiten Kapitel werden die Bestandteile isolierter Modelle der Steuerbilanzpolitik im einzelnen untersucht. Dabei wird das Augenmerk nicht nur dem formalen Konzept gewidmet. Zu diesem liegen teils in der steuerbilanzpolitischen Literatur brauchbare Ansätze vor, teils können Ansätze aus der allgemeinen Entscheidungstheorie übertragen werden. Dementsprechend ist auch nicht die Ausformulierung eines einzelnen geschlossenen Modelles beabsichtigt, vielmehr sollen die Bestandteile der Entscheidungsmodelle erörtert werden. Diese Vorgangsweise ermöglicht es, *verschiedene Typen* steuerbilanzpolitischer Entscheidungsmodelle nebeneinander abzuhandeln.

Die bisher verwendeten formalen Planungsgerippe bedürfen einer *materiellen* Auffüllung, während andererseits die die Realität genau beschreibenden Arbeiten zur Steuerbilanzpolitik in der Regel keine ausreichende Verbindung zu formalen Planungskonzepten herstellen. Im Interesse theoretischer Analyse muß allerdings vermieden werden, die materielle Auffüllung allzu eng den steuerrechtlichen Vorschriften und insbesondere der Kasuistik der Verwaltungsanweisungen, Erlässe, höchstgerichtlichen Erkenntnisse etc., folgen zu lassen. Andererseits sind aber die Ausgestaltung und die Auslegung des Steuerrechts essentiell für die Ableitung der steuerbilanzpolitischen Aktionsmöglichkeiten und für die Beurteilung der Adäquanz der verwendeten Planungsmethoden. Daher müssen in gewissem Ausmaße doch die steuerrechtlichen Grundlagen, einschließlich der Handhabung durch Finanzbehörden und Höchstgerichte, dargestellt werden. Der Verfasser kann nur hoffen, einen brauchbaren Kompromiß zwischen gebotener Abstraktion und inhaltlich noch gehaltvollen Aussagen gefunden zu haben.

Zunächst werden die bei den Individualentscheidungen auftretenden Probleme erörtert. Der Anwendungsbereich der steuerbilanzpolitischen Individualentscheidungen geht allerdings weit über die Einzelunternehmung hinaus.

Ausgangspunkt jeder Optimierung ist die Zielfunktion. Eingangs dieses Themenkreises ist auf die in der betriebswirtschaftlichen Steuerlehre im allgemeinen diskutierten Zielfunktionen einzugehen. Anschließend erfolgt eine Erörterung der in neueren steuerbilanzpolitischen Untersuchungen bevorzugt zugrunde gelegten Zielfunktionen. Im Hinblick auf die leichte Verwendbarkeit für die Praxis sind auch Konzepte zur Vereinfachung der Zielfunktion zu behandeln. Die Lösung der kontroversiellen Standpunkte zu den für die Steuerbilanzpolitik vorzugebenden Zielen muß jedoch einerseits auf die Ziele des übergeordneten Systems zurückgehen und andererseits die Abgrenzung des speziellen Entscheidungsfeldes in Modifikationen der aus dem Ziel des Obersystems abgeleiteten Zielfunktion einzufangen suchen. Es ist somit zu fragen, welche allgemeinen gewinnorientierten Zielfunktionen der Betriebswirtschaftslehre in Zielfunktionen der Steuerbilanzpolitik transformierbar sind und wie die Adaption für das Subsystem erfolgen soll.

In der bisherigen steuerbilanzpolitischen Literatur ist großteils eine Einengung der Betrachtung der Zielfunktion festzustellen, weil zum Unterschied von der allgemeinen Betriebswirtschaftslehre nicht gewinnorientierte Zielfunktionen nur wenig erörtert wurden. Am meisten wurde noch untersucht, ob das Liquiditätsziel in steuerbilanzpolitischen Entscheidungen gegenüber dem Erfolgsziel dominant werden könne und wie sich bejahendenfalls dies auf die Gestaltung der Steuerbilanzpolitik auswirke. Während aber die vorrangige Beachtung eines Liquiditätszieles eher eine vorübergehende Krisensituation der Einzelwirtschaft widerspiegelt, mögen andere nicht gewinnorientierte Ziele der langfristigen „Unternehmungsphilosophie" entsprechen. Zu denken ist an Umsatzziele oder an die vorrangige Verfolgung von Sachzielen zum Unterschied von den bisher erörterten Formalzielen. Die Analyse kann durchaus zum Resultat führen, daß bei derartigen Zielen keine nennenswerten steuerbilanzpolitischen Probleme auftreten, immerhin ist aber eine Untersuchung dieses bisher vernachlässigten Problemkreises geboten. Rückkehrend zu den gewinnorientierten Zielfunktionen soll noch untersucht werden, wie diese bei expliziter Berücksichtigung der Unsicherheit zu modifizieren sind.

Da die Mehrzahl steuerbilanzpolitischer Entscheidungsmodelle auf mehrperiodische Planungen ausgerichtet ist, kommt der zeitlichen Erfassung der Steuerzahlungen große Bedeutung zu. Im Hinblick auf einfache Planungen wurde von den exakten Steuerzahlungsterminen, die sich aufgrund des Abgabenverfahrensrechtes ergeben, häufig abstrahiert. Es ist zu untersuchen, welche Ungenauigkeit hierdurch in die Steuerplanung hineingetragen wird.

Bei mehrperiodischen Entscheidungsmodellen ist die zeitliche Erstreckung des Modelles eine der wesentlichen Modellkomponenten. Hierbei ergibt sich zuvörderst die Frage, ob das Entscheidungsfeld zeitlich beschränkt oder unbeschränkt ist, bezogen auf das Gesamtunternehmen, ob dieses auf endliche oder unendliche Lebensdauer geplant ist. Während in der allgemeinen Betriebswirtschaftslehre der Fall des „unsterblichen" Entscheidungsfeldes im Vordergrund steht, besitzt für die Steuerbilanzpolitik der Fall endlicher Lebensdauer eine relativ große Bedeutung; dies resultiert aus der Anknüpfung der Besteuerung an die Person. Überall dort, wo *natürliche* Personen als Unternehmungsträger auftreten, ergibt deren Ausscheiden aus dem Erwerbsleben ertragsteuerliche Zäsuren. Bei beabsichtigter unendlicher Lebensdauer der Unternehmung wie auch bei endlicher, jedoch über die Erstreckung der langfristigen Planung hinausgehender Lebensdauer ist der Planungszeitraum zu bestimmen. Wird der Planungszeitraum kürzer gewählt als die Lebensdauer der Unternehmung, so sind Bestände am Planungshorizont zu bewerten; dieses Problem wurde in der steuerbilanzpolitischen Literatur bisher nicht immer gebührend beachtet.

Ein in den vorliegenden steuerbilanzpolitischen Arbeiten bisher weitgehend ausgespartes Problem ist die Untersuchung des Wertevorrates der steuerbilanzpolitischen Aktionsparameter. Die Einbeziehung „nicht anerkannter" Maßnahmen wird vielfach als „unethisch", „illegal" usw. einfach aus der Betrachtung ausgeschlossen. Abgesehen davon, daß ein in der Realität vorkommendes Verhalten nicht einfach durch eine Grundsatzentscheidung des Wissenschaftlers hinwegdiskutiert werden kann, gebietet ein weiterer Umstand die Erörterung sogenannter „illegaler" Aktionen: Es ist bei vielen steuerbilanzpolitischen Aktionen gar nicht von vornherein klar, ob sie von der Finanzbehörde beziehungsweise von den Gerichten anerkannt werden. In die Planung des Einsatzes der steuerbilanzpolitischen Aktionsparameter ist daher die Unsicherheit bezüglich der Anerkennung einzubeziehen. Die verschiedenen Gründe und die möglichen Folgen der Nichtanerkennung sind zu systematisieren. Die Wahrscheinlichkeit der Anerkennung der steuerbilanzpolitischen Maßnahmen steht nicht von vornherein fest; daher sind auch bezüglich der Beeinflussung dieser Wahrscheinlichkeit Optimierungsüberlegungen anzustellen.

Eine exakte Ableitung des Umfanges zukünftiger Beeinflussungsmöglichkeiten des steuerbilanziellen Ergebnisses erfordert zunächst eine Präzisierung der Situation, von der ausgehend eine „Manövriermasse" definiert werden kann. Ferner ist der vielfach verwendete Begriff der „Manövriermasse" sachlich und zeitlich exakt zu fassen. Da die künftigen Beeinflussungsmöglichkeiten des Steuerbilanzgewinnes mit der Entwicklung von Bruttoergebnissen eng zusammenhängen, sind die künftigen Dispositionsspielräume aus Bilanzplänen abzuleiten. Dabei kann die Ungewißheit über die künftigen Dispositionsspielräume nicht unabhängig von der Ungewißheit über Gewinnverlauf und Unternehmenswachstum gesehen werden. Bei der Ableitung der Manövriermasse ist schließlich zu berücksichtigen, daß der Einsatz der steuerbilanzpolitischen Aktionsparameter in Folgeperioden zu Gewinnen führt, die für die Ermittlung der Steuerbilanzgewinne der Folgeperioden beachtet werden müssen. Die hierbei auftretenden, im Partialmodell nicht voll befriedigend lösbaren Probleme gewinnen bei langfristigen Steuerbilanzplanungen an Bedeutung.

Die Untersuchung der Besonderheiten der einzelnen steuerbilanzpolitischen Aktionsparameter könnte für sich mehrere Untersuchungen füllen. Die einschlägigen Rechtsvorschriften, vor allem die teilweise sehr kasuistische Rechtsprechung, können nur kursorisch dargestellt werden. Für eine Systematisierung der steuerbilanzpolitischen Aktionsparameter werden eingangs die in der handelsbilanzpolitischen Literatur üblichen Gliederungen auf ihre Verwendbarkeit hin untersucht. Eine spezifisch steuerliche Gliederung der Aktionsparameter kann zunächst nach dem Normzweck erfolgen; diese Unterscheidung ist sowohl für die Beurteilung der Wahrscheinlichkeit der Anerkennung steuerbilanzpolitischer Maßnahmen als auch für die Prognose der Entwicklung der Normen wichtig. Für die formale Abbildung der Aktionsparameter in Entscheidungsmodellen ist die Unterscheidung von Aktionsparametern, welche nur in Abhängigkeit vom Gesamtergebnis dargestellt werden können, und von Aktionsparametern, welche relativ isoliert (d. h. nur in Abhängigkeit von Existenzmodalitäten bestimmter Wirtschaftsgüter) definierbar sind, klassenbildend.

Bei der Darstellung der einzelnen steuerbilanzpolitischen Aktionsparameter werden drei Schwerpunkte gebildet: Es werden ausgewählte Probleme der formalen Abbildung diskutiert; zweitens wird auf Unterschiede zwischen deutscher und österreichischer Rechtslage besonders verwiesen; schließlich wird die steuertarifliche Behandlung anläßlich der Betriebsaufgabe für diejenigen Aktionsparameter herausgestellt, bei welchen diese Behandlung die entscheidende Komponente der Optimierungsüberlegung sein kann. Zwischen einigen Wahlrechten bestehen Beziehungen dergestalt, daß die Inanspruchnahme des einen Wahlrechtes diejenige des anderen verbietet oder beeinträchtigt. Die formale Darstellung solcher Ausschließungsbeziehungen wird erörtert. Ein geschlossenes Modell hierzu, das die Relationen zwischen den wichtigsten Aktionsparametern ausreichend genau darstellt, würde jedoch für sich eine Arbeit füllen.

Die detaillierte Betrachtung der steuerbilanzpolitischen Aktionsparameter legt es schließlich nahe, diese auch de lege ferenda zu beurteilen. Dabei werden die Aussagen differenziert einerseits in solche über die „normalen", fiskalisch bestimmten, Aktionsparameter, andererseits in solche über die in Begünstigungsabsicht vom Gesetzgeber eingeräumten Wahlrechte.

Im folgenden Abschnitt werden die Bestimmungsgrößen der Steuerfunktion abgehandelt. Da die Planung mehrperiodisch ist, sind sowohl das geltende Steuersystem, als auch Erwartungen über künftige Änderungen darzustellen. Ein Steuerbetrag wird durch die Anwendung eines Steuertarifes auf Bemessungsgrundlagen berechnet; dies ergibt bereits die Grobgliederung der weiteren Behandlung. Da die Einkommenbesteuerung bei uns teilweise bis auf die Person des Gebildeträgers durchgreift, müssen auch Daten aus der persönlichen Sphäre in die Steuerfunktion eingebracht werden. Der Schwerpunkt der Darstellung liegt auf den Steuertarifen. Für das Ergebnis der Optimierungsrechnung, aber auch für die Verwendbarkeit bestimmter Algorithmen ist die Tarifform von Bedeutung. Darzustellen sind sowohl geltende als auch erwartete künftige Tarife. Hierbei sind mindestens der geltende Einkommensteuer- und der geltende Körperschaftsteuertarif zu erfassen. Tarifmodifikationen, die im Rahmen der steuerbilanzpolitischen Untersuchungen nicht immer beachtet werden, ergeben sich für begünstigte Einkünfte, etwa bei Betriebsaufgabe, aber auch bei einem Zusammentreffen inländischer und ausländischer Einkünfte. Zu erörtern ist auch, wie Erwartungen über künftige Änderungen der Steuertarife zu bilden sind.

Nach Abhandlung dieses „Minimalprogrammes" an Steuertarifproblemen der Steuerbilanzpolitik wird in zwei weiteren Schritten eine größere Realitätsnähe zu erreichen versucht: Zunächst werden die Probleme der Einbeziehung der Gewerbeertragsteuer diskutiert. Ein für die Steuerbilanzpolitik unmittelbar verwendbarer Steuertarif, der sowohl die Einkommensteuer als auch die Gewerbeertragsteuer berücksichtigt, wird abgeleitet. Eine alternative Möglichkeit der Einbeziehung der Gewerbeertragsteuer in LP-Modelle wird aufgezeigt. Während für die Gewerbeertragsteuer in steuerbilanzpolitischen Untersuchungen in der Regel wenigstens auf die Notwendigkeit der Berücksichtigung und die auftretenden Probleme hingewiesen wird, ist der zweite Schritt in Richtung auf eine größere Realitätsnähe meines Wissens noch nicht getan worden: Dieser betrifft die Einbeziehung der gesetzlichen Sozialversicherung der Selbständigen. Zahlungen an einen Parafiskus sind wie die Steuern im engeren Sinne Gegenstand der betriebswirtschaftlichen Steuerlehre und gehören in ein Steuerplanungskonzept. Da die Zahlungen an den Träger der Sozialversicherung und von diesem an den Bilanzersteller durch die Gestaltung der Steuerbilanz beeinflußbar sind, gehören diese Wirkungen in den Planungszusammenhang der Steuerbilanzpolitik. Die Einbeziehung der Zahlungen an die und von der gesetzlichen Sozialversicherung in die Steuerbilanzplanung ist daher geboten.

Der nächste Abschnitt ist dem Kalkulationszinsfuß gewidmet. Hier ist eine ausführliche Grundlegung geboten, weil in der steuerbilanzpolitischen Literatur beträchtliche Mißverständnisse über die Aufgaben und die richtige Höhe des Kalkulationszinsfußes aufscheinen. Als Ausgangspunkt wird die Behandlung des Kalkulationszinsfußes in der Investitionstheorie gewählt, weil auf diesem Gebiete die umfassendste Analyse erfolgte und auch ziemlich allgemein anerkannte Aussagen über den Kalkulationszinsfuß erzielt wurden. Zunächst wird die Aufgabe des Kalkulationszinsfußes in Total- und Partialmodellen besprochen. Auch zur Modifikation des Kalkulationszinsfußes bei Einbeziehung von Steuern in die Rechnung kann auf Ergebnisse der Investitionstheorie zurückgegriffen werden. Anschließend werden spezielle Fragen des Kalkulationszinsfußes im steuerbilanzpolitischen Partialmodell einschließlich vermeintlicher Besonderheiten erörtert. Dabei ist die Frage besonders umstritten, ob ein Brutto- oder ein Nettokalkulationszinsfuß verwendet werden soll.

Im letzten Abschnitt werden die bei Kollektiventscheidungen erforderlichen Modifikationen der steuerbilanzpolitischen Entscheidungsmodelle dargestellt, wobei die Probleme der Personengesellschaften im Vordergrund stehen. Bei diesen Unternehmungsformen treten die potentiellen Interessengegensätze der Steuerpflichtigen untereinander besonders deutlich hervor, weil der ertragsteuerliche Erfolg einheitlich mit Wirkung für alle Gesellschafter festgestellt wird; in der steuerrechtlichen Literatur wurde für diese Verknüpfung der Besteuerungsgrundlagen verschiedener Personen der einprägsame Terminus „Bilanzbündeltheorie" geprägt. An rechtlichen Grundlagen sind die „Bilanzbündeltheorie" und deren Infragestellung in neueren steuerrechtlichen Arbeiten, aber auch die handelsrechtlichen Probleme der Bilanzfeststellung und der Entnahmeregelung in Personengesellschaften darzustellen.

Die Betrachtung der eigentlichen Steuerbilanzpolitik unter der Herrschaft der Bilanzbündeltheorie muß die für die einzelnen Gesellschafter bei bestimmten bilanzpolitischen Strategien auftretenden Nachteile quantifizieren. Der (steuer-)bilanzpolitische Kompromiß ist allerdings durch die bisherigen Erwägungen noch nicht determiniert. Auf die vielfältigen Ansätze der allgemeinen Literatur zum Bargaining-Problem wird nicht eingegangen, sondern es werden nur Vorschläge zur Findung „fairer" Lösungen gemacht. Es werden formale Verfahren angegeben, durch die die Gesellschafter eine von ihnen selbst als „fair" aufgefaßte Lösung, welche zugleich die Gesamtsteuerbelastung optimiert, auffinden können.

B. ZUM INHALT UND ZUR RECHTFERTIGUNG NORMATIVER AUSSAGEN AUF DEM GEBIETE DER STEUERBILANZPOLITIK

I. Alternative Theoriekonzepte: Steuerbilanzpolitische Entscheidungsmodelle im Lichte der Kritik wissenschaftstheoretischer und verhaltenswissenschaftlicher Observanz

1. Die Notwendigkeit der methodologischen Reflexion

Es wird immer wieder bemängelt, daß akademische Arbeiten nicht ohne einen „methodologischen" Vorspann auskommen. Trotz der Fülle der zu behandelnden Sachprobleme und der knappen Zeit der Leser ist eine Diskussion der Grundposition „Modellanalyse" aber nicht zu vermeiden, weil diese in den letzten Jahren aus verschiedener Sicht als „antiquiert", „überholt" oder gar „atheoretisch" abgestempelt wurde.

Den Kritikern an der Modellanalyse ist — bei allem Dissens im einzelnen — zuzugeben, daß ein Betriebswirtschaftler, der „nach außen hin sein Desinteresse an den methodologischen Fragen seines Faches sehr deutlich demonstrier(t), ... dennoch *implizite* [!] irgendeine, und zwar dann unreflektierte Wissenschaftsauffassung (vertritt)"[125]. Deshalb soll auf die zwei wichtigsten Argumentationsfiguren zur Kritik an der (Steuer-)Bilanzpolitik entscheidungslogischer Prägung eingegangen werden, die einander nahestehen, mitunter ineinander übergehen. Es handelt sich erstens um die Infragestellung des Forschungskonzeptes aus neopositivistischer wissenschaftstheoretischer Sicht, wobei insbesondere das Modell der (primär an den Naturwissenschaften orientierten) Forschungslogik im Gefolge POPPERS Pate steht; zweitens wird die verstärkte Einbeziehung verhaltenswissenschaftlicher Forschungen gefordert, teilweise unter ausdrücklichem Verzicht auf das Suchen nach Optimallösungen.

---

[125] FISCHER-WINKELMANN (1973b), S. 373 (Hervorhebung im Original).

2. Empirisch-nomologische oder entscheidungslogische Untersuchungen

Auf die steuerbilanzpolitischen Entscheidungsmodelle im besonderen wurde die grundsätzliche Kritik der Rezipienten der neopositivistischen Wissenschaftstheorie literarisch nachweisbar bisher nur in geringem Ausmaß gerichtet. Daher ist ergänzend auf Ausführungen zur betriebswirtschaftlichen Steuerlehre im allgemeinen einzugehen.

Die steuerbilanzpolitischen Entscheidungsmodelle selbst kritisiert FISCHER-WINKELMANN in einer Besprechung von MARETTEK (1971), einer für die steuerbilanzpolitische Literatur wichtigen und typischen Arbeit[126]. Diese Rezension ist zwar unnötig provokant abgefaßt und die anschließende Replik[127] blieb ebensowenig wie die Duplik[128] frei von Argumenten ad personam, doch ist für die Sache wesentlich, daß auch für die Steuerbilanzpolitik — einem stereotypen Muster des Rezensenten folgend — die wissenschaftstheoretischen Forderungen der modernen analytischen Philosophie zum Maßstab erhoben wurden: „Entscheidend ist, daß von MARETTEK das faktische steuerbilanzpolitische Verhalten in Betrieben weder beschrieben noch erklärt noch zur Überprüfung der Aussagen herangezogen wird"[129]. „Wenn die empirisch-kognitive Teilproblematik steuerpolitischer Entscheidungen nicht berücksichtigt wird, dann hat es wenig Sinn, formale ... Entscheidungsmodelle für die Steuerbilanzpolitik zu entwerfen"[130]. Demgegenüber sagt MARETTEK in seiner Entgegnung ähnlich apodiktisch, daß die vorherige Darstellung des faktischen Verhaltens im unternehmenspolitischen Bereich „für die Aufstellung von Normen jedoch keinesfalls erforderlich (ist)[131]". So kann FISCHER-WINKELMANN insistieren, daß seine Argumente gegen das kritisierte Problemlösungsverhalten zutreffend seien, daß die Entwicklung operabler Verhaltensnormen nicht auf modellanalytischer Basis erfolgen könne, daß „sich die Realisierbarkeit und Effizienz von Entscheidungskonzepten (Kalkülen) nicht haltbar beurteilen lassen, wenn die Praxis aus der Analyse herausgehalten wird bzw. wenn ein bewährtes Wissen über strukturelle Zusammenhänge im tatsächlichen

---

[126] FISCHER-WINKELMANN (1973a).
[127] MARETTEK (1973).
[128] FISCHER-WINKELMANN (1974).
[129] FISCHER-WINKELMANN (1973a), S. 542.
[130] Ebendort, S. 543.
[131] MARETTEK (1973), S. 881.

Entscheidungsverhalten fehlt[132]". In diesem Zusammenhang erfolgt noch ein Verweis auf KIRSCH, wonach die von der Betriebswirtschaftslehre empfohlenen Planungsverfahren „von der Praxis nicht aufgegriffen wurden, weil diese Empfehlungen von naiven Vorstellungen darüber getragen wurden, wie die betrieblichen Entscheidungsprozesse tatsächlich verlaufen"[133].

Eine Analyse der angeführten kontroversiellen Standpunkte zeigt, daß bei FISCHER-WINKELMANN mindestens zwei Fragen miteinander vermischt werden: Der erste Argumentationskreis betrifft das Verhältnis von normativen und empirisch-nomologischen Aussagen: muß oder kann eine steuerbilanzpolitische Verhaltensempfehlung mittels Untersuchungen über das faktische steuerbilanzpolitische Verhalten überprüft werden? Ganz allgemein: Ist das POPPERsche Falsifikationskriterium für entscheidungslogische Aussagen berechtigt? Im weiteren: Wird einer nichtempirischen Analyse von Entscheidungsmodellen das Prädikat „theoretisch" oder auch nur „wissenschaftlich" verweigert?

Sauber von diesem Problemkreis zu trennen ist die Frage nach der Operabilität oder Effizienz der Entscheidungsmodelle, nach ihrer Beurteilung durch die Praxis. Dieses Akzeptanzproblem besteht tatsächlich in hohem Maße, auch in anderen betriebswirtschaftlichen Teilbereichen[134]. Wenn man sich diesbezüglich auf die Praxis beruft, dann übersehe man aber nicht, daß diese zwar einfach handhabbare Modelle, aber immer *Optimierungen*, nicht aber empirisch-nomologische Theorien um ihrer selbst willen sucht.

Zurückkehrend zum ersten Problemkreis beginnen wir mit der Beantwortung der letzten Frage: Ob Aussagesysteme als „theoretisch" zu qualifizieren sind, kann nur vom Spannungsfeld zwischen Theorie und Praxis her beantwortet werden[135]. Unleugbar erachtet sich die Praxis für nicht zuständig für die allgemeine Entwicklung der von ihr benötigten Entscheidungsmodelle. Das immer wieder von betriebswirtschaftlichen Rezipienten der „Wissenschaftstheorie" als trivial ausgegebene tautologische Umformulieren von richtigen Ausgangs-

---

[132] FISCHER-WINKELMANN (1974), S. 623.

[133] KIRSCH (1972b), S. 225.

[134] Vgl. etwa die Diskussion um die geringe Akzeptanz der komplexen Marketing-Planungsmodelle und das von LITTLE entwickelte Konzept des simplifizierten „decision calculus": Zur Darstellung und Kritik vgl. MAZANEC (1975).

[135] Zu den Kooperationsformen von Wissenschaft und Praxis vgl. CHMIELEWICZ (1979), bes. Abb. 1/1 und S. 15f.

sätzen bzw. von Normen und Präferenzen in konkrete Handlungsanweisungen ist eben nicht so einfach, wie übrigens auch ein Blick in die Mathematik lehrt: Auch sie gewinnt aus sehr wenigen, höchst einfach strukturierten Axiomen durch bloße logisch richtige Umformulierung so komplexe Aussagen wie etwa das Integral einer Winkelfunktion; bei solchen mathematischen Aussagen ist noch niemand auf die Kritik verfallen, diese Formeln oder Lehrsätze sagten nichts anderes aus als das, was man vorher in die Axiome hineingesteckt habe. (Mit diesem Hinweis auf die Formalwissenschaft Mathematik soll natürlich nicht die empirische Komponente einer Realwissenschaft wie der Betriebswirtschaftslehre geleugnet werden. Da aber jede Realwissenschaft neben einem Teil, in welchem ihre Theoreme mit empirischen Beobachtungen verknüpft werden, einen rein logischen Teil hat[135a], sind für letzteren Analogien zu Formalwissenschaften zulässig.)

Es erscheint daher terminologisch zweckmäßig, die Erstellung allgemein verwendbarer Entscheidungsmodelle der „Wissenschaft" zuzuordnen. Ob man diese praxeologische Aufgabe der Sozialwissenschaften mit dem Terminus „Theorie" belegt, erscheint als nebensächliche definitorische Frage, für die ich aus Gründen des innerdisziplinär eingeführten Sprachgebrauchs vorschlage, von dem in der Wissenschaftstheorie möglicherweise vorherrschenden Sprachgebrauch abzugehen und auch nicht-empirisch-nomologische Aussagensysteme als „Theorien" zu bezeichnen[136].

Nun zur einleitenden Frage nach der empirischen Überprüfbarkeit entscheidungslogischer Aussagen: Es ist logisch unmöglich, die *Verhaltensempfehlung*, die mittels eines normativ konzipierten Entscheidungsmodelles logisch richtig entwickelt wurde, in der Realität zu verifizieren oder zu falsifizieren. Die Behauptung des Modelles ist ja keine andere, als daß unter bestimmten Umständen eine Verhaltensweise die *optimale* ist. Werden genau dieselben Umstände zugrundegelegt, so ist die Falsifikation durch Aufzeigung einer real existenten besseren Alternative nicht möglich, denn das wäre ein Widerspruch entweder zur Konstanz der Umstände (Umwelt, verfügbare

---

[135a] Vgl. z. B. STEGMÜLLER (1958).

[136] Auch der Sprachgebrauch in der Wissenschaftstheorie ist nicht einhellig auf die empirisch-nomologischen Aussagensysteme als „Theorien" fixiert: vgl. im gegenteiligen Sinne KRAFT (1960), S. 185ff.; zur für die Betriebswirtschaftslehre zweckmäßigen Terminologie vgl. RUFFNER (1970), bes. S. 108f.; um die Prüfungs-„Theorie" ist diese methodologische Kontroverse besonders entbrannt: vgl. RÜCKLE (1975a), bes. S. 534.

Aktionen) oder zur vorausgesetzten logisch richtigen Ableitung. Die empirische Überprüfung könnte höchstens in einem umgekehrten Sinne zur Evaluierung der Entscheidungsmodelle dienen: Könnte man beobachten, daß Entscheidungsträger, welche die Verhaltensempfehlungen des Entscheidungsmodelles nicht kennen, dieselben Handlungen setzen wie Entscheidungsträger, welche die aus den Entscheidungsmodellen gewonnenen Verhaltensanweisungen befolgen, so wäre damit nicht erwiesen, daß das Entscheidungsmodell richtig, sondern daß es *überflüssig* ist! Empirisch-nomologische Forschung soll damit nicht abgelehnt werden, aber sie darf nicht mit praxeologischen Modellen in einen Topf geworfen werden.

Gewisse empirisch-nomologische Kenntnisse werden für die Aufstellung von Entscheidungsmodellen benötigt, sonst würden diese von falschen Datenkränzen ausgehen. Hierauf wird bei Besprechung der „verhaltenswissenschaftlichen" Kritik noch eingegangen. Jedenfalls können aus dem *faktischen* Problemlösungsverhalten nicht auch *optimale* Lösungen ohne weiteres entnommen werden. Für Entscheidungsmodelle ist lediglich entscheidend, daß die *Fakten* des Entscheidungsfeldes (hierzu gehören natürlich auch Personen und deren Ziele, Verhaltensweisen usw.) *ausreichend* genau beschrieben werden[137]. Leider konnte diese Forderung bisher nicht befriedigend präzisiert werden.

In diesem Lichte gelingt auch eine Zurückweisung des Vorwurfes, daß es „ein uralte(s) *Vor*urteil" sei, „Unternehmenspolitik sei auf die obersten Leitungsinstanzen beschränkt"[138]. Ein Sich-Zurück-Ziehen auf die Definitionsfreiheit des Autors[139] läßt die Frage offen, ob die von eigenen Zielen geleiteten Handlungen der unteren Hierarchieebenen völlig unerörtert bleiben sollen.

Für die Bildung von Entscheidungsmodellen ist diese Frage so zu lösen, daß die Unternehmensleitung (wenn diese mit dem Entscheidungsmodell beraten werden soll) in ihr Modell die von eigenen Zielen geleiteten Handlungen der unteren Hierarchieebenen einzubeziehen hat, wobei zunächst noch offen bleibt, wie genau dieses Einbeziehen erfolgen muß und wie geartet dementsprechend das Entscheidungsmodell sein muß. Dasselbe (steuerbilanzpolitische) Problem kann etwa in einem monistischen Entscheidungsmodell mit nur einem „unabhängigen" Aktor oder in einem explizit mehrere Personen und

---

[137] Isomorphie von Modell und Realität, wie sie etwa KOSIOL (1961), bes. S. 321, fordert, wäre ein zu hoher Anspruch.

[138] FISCHER-WINKELMANN (1973a), S. 543.

[139] So MARETTEK (1973), S. 883.

deren Interessengegensätze berücksichtigenden spieltheoretischen Modell dargestellt werden. Letzteres ist viel genauer, dafür sind aber konkrete Lösungen nur schwer oder gar nicht ableitbar. Deshalb greift man dort, wo die Interessengegensätze zwischen den beteiligten Entscheidungseinheiten (Personen) nicht essentiell sind, wo nicht der Kampf *zwischen diesen Entscheidungseinheiten* im Vordergrund des Interesses steht, zu einfacheren Modellen mit nur einem Entscheidungsträger. Dieser muß dann mindestens Standardannahmen über Verhaltensmuster der nicht explizit als Aktoren aufgenommenen Personen in sein Modell einbeziehen[140]. Selbstverständlich ist dieses Modell gröber als die vorhandene Kenntnis über die Realität. Aber glaubt man ernstlich, etwa in ein steuerbilanzpolitisches Entscheidungsmodell eines Großbetriebes die persönlichen Stimmungen, Zu- und Abneigungen usw. jedes einzelnen Mitarbeiters aufnehmen zu können? Die Vergröberung durch monistische Modelle führt in Richtung der Operabilität, die von denselben Kritikern an den entscheidungslogischen Modellen immer wieder vermißt wird, und in Richtung der Ableitbarkeit konkreter Ergebnisse.

Der Stellenwert der entscheidungslogischen und der empirisch-nomologischen Forschungskonzeption ist damit jedoch noch nicht bestimmt. Da aus der Kritik an steuerbilanzpolitischen Entscheidungsmodellen nicht im einzelnen ersichtlich ist, womit sich die geforderte empirisch-nomologische Theoriebildung befassen soll und welcher Art die geforderten Theoreme sind, soll ergänzend auf die gleichartige allgemeine methodologische Diskussion in der betriebswirtschaftlichen Steuerlehre zurückgegriffen werden. Für die Steuerwirkungslehre wurde formuliert, daß „unter einem theoretischen (= explikativ-prognostischen) Ziel ... die Formulierung strikt universeller Hypothesen und Hypothesensysteme (= Theorien) über empirische Regelmäßigkeiten im Objektbereich das angestrebte Resultat" sei[141]. Konkretisierte Beispiele werden auch hier kaum gegeben. Ein Hinweis findet sich auf die Erforschung „der Auswirkungen bestimmter Steuerrechtsgestaltungen auf die Willens- und Entscheidungsbildungsprozesse in Unternehmen"[142].

Kritisch ist hierzu folgendes anzumerken: Raumzeitlich invariante Strukturen sind für die Naturwissenschaften typisch; für die

---

[140] In kritischer Intention gegenüber der Forschungspraxis der Betriebswirtschaftslehre, jedoch durchaus zutreffend beschreiben dies auch HUNDT/LIEBAU (1972), bes. S. 232f.

[141] FISCHER-WINKELMANN (1973b), S. 368.

[142] Ebendort, S. 369.

Sozialwissenschaften wird man sich von vornherein mit eingeschränkten Geltungsbereichen nomologischer Aussagen begnügen müssen. Darüber hinaus dürfte es speziell für den Steuerbereich nur wenige überhaupt interessante nomologische Hypothesen geben[143]. Am Beispiel FISCHER-WINKELMANNS läßt sich aber nochmals der Antagonismus zwischen entscheidungslogischer und empirisch-nomologischer Theorie aufzeigen.

Die nomologische Forschung wird wohl davon ausgehen, das Verhalten der nicht von irgendeiner (entscheidungslogischen) Theorie beratenen Betriebsangehörigen, unter anderem und insbesondere auch der Unternehmensleitung, zu erklären. Der entscheidungslogische Ansatzpunkt ist aber gerade der, eine im Hinblick auf existente Ziele optimale Anpassung an die Steuerrechtsgestaltung zu normieren. Diese Anpassung wird bis in die Organisation des Unternehmens reichen, aber auch mittels rechnerischer Empfehlungen etwa bestimmte Ansätze in der Steuerbilanz umfassen. Es ist nicht ersichtlich, wie ein so offenbar *keineswegs invariantes* Verhalten von einer nomologischen Theorie beschrieben werden könnte, es sei denn, die verwendeten entscheidungslogischen Kalküle würden mit in die erklärenden Variablen aufgenommen.

Eine oberflächliche Übertragung des empirisch-nomologischen Wissenschaftsprogrammes auf Probleme der betriebswirtschaftlichen Steuerlehre im allgemeinen und auf jene der Steuerbilanzpolitik im besonderen würde einen Großteil des — auch von der Praxis als relevant angesehenen — Problembestandes eliminieren. Die besonderen wissenschaftstheoretischen Probleme liegen für die betriebswirtschaftliche Steuerlehre gerade in den normativen Aussagen, wobei besonders die Struktur der Rechtsnormen untersuchenswert ist[144]. Für die Festlegung eines bestimmten Wissenschaftsprogrammes und somit auch für die Art der aufzustellenden Aussagensysteme kann neben dem gesellschaftlich nicht recht zugkräftigen Argumentieren mit der freien Basisentscheidung des Wissenschaftlers nur das Zweckmäßigkeitsargument verwendet werden. Was zweckmäßigerweise zu untersuchen ist, kann aus den „Beratungsbedürfnisse(n) der betrieblichen Praxis und der Institutionen der Steuerrechtsgewinnung und Steuerrechtsdurchführung“ abgeleitet werden[145]. Von diesen Erwartungen hat

---

[143] Vgl. ebenso WACKER (1973), S. 405.

[144] Ähnlich — in Auseinandersetzung mit FISCHER-WINKELMANN - WACKER (1973), S. 406; vgl. insbes. auch die dort in den Fußnoten 23—25 gegebenen Literaturhinweise sowie ferner CORNIDES (1974).

[145] KLEINEIDAM (1973), S. 390.

daher die betriebswirtschaftliche Steuerlehre und im besonderen die Behandlung der Probleme der Steuerbilanzpolitik auszugehen.

3. Der mögliche Beitrag der Verhaltenswissenschaften

Die zweite grundlegende Kritik an der entscheidungslogischen Behandlung steuerbilanzpolitischer Probleme, die auch im Zuge der Besprechung „wissenschaftstheoretischer" Einwände bereits anklang, geht davon aus, daß das Problemlösungsmuster der Verhaltenswissenschaften zu verwenden sei, was in letzter Konsequenz zur Ablehnung der gängigen Entscheidungsmodelle führt. Die verhaltenswissenschaftlich orientierte Kritik an der entscheidungslogischen Behandlung der Bilanzpolitik wurde ausführlicher nicht speziell für die Steuerbilanzpolitik, sondern — besonders prägnant von KAPPLER — für die allgemeine Bilanzpolitik (mit Schwerpunkt Handelsbilanzpolitik) vorgetragen. Wegen der Maßgeblichkeit der Handelsbilanz für die Steuerbilanz wirkt die Handelsbilanzpolitik auf die Steuerbilanzpolitik zurück, weshalb die Behandlung der Argumente für die Untersuchung der Steuerbilanzpolitik selbst dann geboten ist, wenn sie für die Steuerbilanzpolitik selbst nicht unmittelbar gälten. Die Übertragbarkeit der Argumente auf die Steuerbilanzpolitik kann daher unerörtert bleiben. Allerdings ist es erforderlich, auf KAPPLERS Argumente insoweit einzugehen, als sie den Aufbau oder die Aufstellbarkeit bilanzpolitischer Entscheidungsmodelle betreffen[146].

Zunächst kritisiert KAPPLER an der bisherigen bilanztheoretischen Diskussion unter anderem die Vernachlässigung der Tatsache, daß die Attitüden der Bilanzinteressenten durch Bilanzinformationen beeinflußbar seien und daß die bilanzbezogenen Attitüden der Bilanzinteressenten auf das bilanzpolitische Verhalten der Bilanzierenden Rückwirkungen hätten[147]. Diesem Einwand ist mindestens entgegenzuhalten, daß er nicht allgemein zutrifft. Wie in der einleitenden Literaturübersicht dargestellt wurde, sind für die steuerbilanzpolitischen Fragen auch Ansätze aus der Investitions- und Finanzierungstheorie relevant. Hier findet sich aber bereits früh die explizite Berücksichtigung praktisch vorgefundener „Finanzierungsregeln" im Entscheidungsmodell[148]. Da in eben diesen Arbeiten die Problematik dieser

---

[146] KAPPLER (1972), passim.

[147] Ebendort, S. 16.

[148] Vgl. WISSENBACH (1964); zum Einbau von Finanzierungsregeln in simultane Totalplanungsmodelle vgl. MEYHAK (1970), S. 465; HAEGERT (1971), bes. S. 65ff.

Regeln dargestellt, ihre Berücksichtigung aber mit ihrer faktischen Geltung begründet wird, ist dies nichts anderes als die von KAPPLER geforderte Rückwirkung der bilanzbezogenen Attitüden der Bilanzinteressenten auf das bilanzpolitische Verhalten der Bilanzierenden. Auch jede ,,Bilanzfrisur" setzt Vermutungen über das Informationsverhalten der Bilanzempfänger voraus. Der schon oben im Zusammenhang mit der ,,wissenschaftstheoretischen" Kritik an Entscheidungsmodellen vorgebrachte Gedanke soll nochmals präzisiert werden: Die Attitüde und deren Beeinflußbarkeit sind quasi *,,technologische"* Bedingungen, die in ein *normatives* Modell eingehen müssen; werden sie nur unzureichend beachtet, dann ist die Beschreibung der ,,Technologie" (insbesondere der Umwelt) falsch. Die Folge ist, daß das normative Modell auf die Umwelt nicht mehr angewendet werden kann. Insofern existiert auch kein Gegensatz zwischen empirischer Forschung und normativem Modell; dasselbe Wissen wird in verschiedener Intention verwendet[149].

KAPPLERS ,,Thesen zur Überwindung der ,bilanzpolitischen Entscheidungslogik'"[150] können daher wohl auf Mängel vorhandener Entscheidungsmodelle aufmerksam machen, nicht aber diese grundsätzlich in Frage stellen. Kritisch gegenüber der ,,bislang nahezu ausschließlich normativen Betrachtung der Bilanzpolitik" meint KAPPLER: ,,Der Versuch einer unmittelbaren deduktiven Ableitung bilanzpolitischer Maßnahmen aus den bilanzpolitischen Zielen ... mag für partielle Teilentscheidungen (!), unter weitgehender Ausklammerung der Probleme der Bilanzdarbietung, d. h. ... der Überweisung der Darbietungsprobleme in eine eigenständige Publizitätspolitik erfolgreich sein."[151] Diese Kritik schlägt aber fehl, wenn das entscheidungslogische Problem umfassend inkl. aller Strategien der Bilanzdarbietung beschrieben ist. Das so entstehende Entscheidungsmodell ist auch nicht notwendigerweise derart überdimensioniert, daß es praktisch unlösbar wird, denn es können Voroptimierungen, Heuristiken u. ä. verwendet werden, die zumindest eine ,,gute" Lösung sicherstellen.

Die Kritik an dem in Entscheidungsmodellen unterstellten Rationalverhalten übersieht den Unterschied zwischen der normativen Zielsetzung und dem tatsächlichen Verhalten. Präskriptive und deskriptive Entscheidungstheorie sind kein Gegensatz, sondern ergän-

---

[149] Vgl. auch CHMIELEWICZ (1979), S. 182ff. (mit Hinweisen auch auf Gegenpositionen).

[150] KAPPLER (1972), S. 55ff.

[151] Ebendort, S. 249.

zen einander[152]. Betriebswirtschaftslehre als angewandte, zumindest aber anwendbare Wissenschaft entwickelt bevorzugt operationale Entscheidungsmodelle; für diese gibt es aber keinen Gegensatz zwischen *angestrebter* Rationalität und *tatsächlicher* Irrationalität der handelnden Personen. Hervorragend klar ist die Nicht-Existenz dieses oft behaupteten Antagonismus bei MENGES nachzulesen: „Nachdem in einem gegebenen Problem die normative Zielsetzung fixiert ist, muß zur Erzielung von Operationalität nur noch die *wahre* „Kausalstruktur" des betreffenden Phänomens identifiziert werden; diese *kann durchaus* auf *irrationalem* Verhalten beruhen. Über diesen Punkt herrscht große Konfusion in der Literatur."[153]

Der verhaltenswissenschaftliche Ansatz führt auch zum Argument, daß die Bilanzpolitik ein schlecht-strukturiertes Problem darstelle, das durch Anlehnung an eine (normative) Bilanztheorie unrichtigerweise in ein wohl-strukturiertes Problem umformuliert werde[154]. Unter einem wohl-strukturierten Problem ist hierbei eine Problemstellung zu verstehen, die durch eine gegebene Anzahl von Alternativen, hinreichende Kenntnis der Konsequenzen der Alternativen, klar formulierte Ziele sowie Regeln zur Ermittlung einer eindeutigen Rangordnung der Alternativen charakterisiert ist; einem schlecht-strukturierten Problem fehlt mindestens eines der Kennzeichen eines wohlstrukturierten Problems[155]. Dem Argument muß fürs erste zugestimmt werden; allerdings sind wohl alle betriebswirtschaftlichen Probleme, wenn man sie genau genug analysiert, schlecht-strukturiert. KAPPLER meint überdies, daß ein Algorithmus zur Auswahl einer „optimalen" Bilanzpolitik fehle und daß deshalb das Streben nach einer optimalen Bilanzpolitik, die bilanzpolitische Entscheidungslogik, aufgegeben werden solle und eine Beschränkung auf eine deskriptive Theorie angebracht sei[156]. Selbst die Unmöglichkeit der Deduktion einer all-

---

[152] So auch sehr klar BAMBERG/COENENBERG (1977), S. 10f.; ähnlich RAFFÉE (1974), S. 42ff., wenn auch mit Schwergewicht auf der empirisch-nomologischen Aufgabe; eine ausführliche Darstellung diverser entscheidungstheoretischer Ansätze unter besonderer Berücksichtigung solcher der Psychologie gibt REBER (1973).

[153] MENGES (1974), S. 82 („wahre" im Original hervorgehoben, restliche Hervorhebung von mir).

[154] KAPPLER (1972), S. 44.

[155] HEINEN (1972b), S. 359f.; vgl. ferner u. a. HEINEN (1972a); KIRSCH (1970), S. 25ff. und S. 61ff.; NEWELL (1969), S. 360ff.

[156] KAPPLER (1972), S. 66.

gemeinen Theorie der Strategien bilanzpolitischer Attitüdenstrukturierung wird behauptet[157].

Andererseits stellt KAPPLER fest, daß sich der Gegensatz zwischen mathematisch-statistischer und sozial-wissenschaftlicher (= verhaltenswissenschaftlicher, deskriptiver) Entscheidungstheorie abschwäche, weil die Entscheidungsmodelle als Handhabungsformen bei schlechtstrukturierten Problemen geeignet seien[158]. Gerade angesichts dieses Standpunktes will nicht recht einleuchten, weshalb richtige, besser gesagt, einigermaßen der erkannten Problemstruktur adäquate Entscheidungsmodelle unter Einbeziehung der wesentlichen verhaltenswissenschaftlichen Erkenntnisse unmöglich sein sollen. Die bei KAPPLER mehrmals angesprochene „angewandte" Bilanzpolitik auf der Basis der deskriptiven Theorie der Bilanzpolitik will doch nichts anderes als eine Optimierung — selbstverständlich unter Beachtung verhaltenswissenschaftlicher Erkenntnisse und realistischerweise unter Berücksichtigung beschränkter Informationsverarbeitungskapazität und ähnlicher Modifikationen der sicher verbesserungsbedürftigen klassischen Optimierungskalküle. Die Einsicht in die äußerst komplexe Struktur der bilanzpolitischen Probleme braucht nicht — wie bei KAPPLER — zur Forderung nach Verzicht auf eine normative Theorie führen. Befriedigender ist es, nach Verbesserungen dieser Theorie zu suchen, wobei die Vielfalt der Aussagen der deskriptiven Theorie allerdings eine Reduktion der Ansprüche an die normative Theorie erzwingt. Man hat die normativen bilanzpolitischen Modelle, die sich auf die exakte Erfassung der für *wesentlich* erachteten Umstände beschränken müssen, damit die Rechenbarkeit gewahrt bleibt, eben nur als Lieferanten *einigermaßen* richtiger Aussagen für Einzelfälle zu verstehen.

Daß diese Vorgangsweise einem gänzlichen Verzicht auf normative bilanzpolitische Theorien überlegen ist, kann anhand der von KAPPLER selbst gegebenen Handlungsanweisungen gezeigt werden: Bevor er die Unmöglichkeit der Deduktion einer allgemeinen Theorie der Strategien bilanzpolitischer Attitüdenstrukturierung behauptet, gibt er folgende Anweisungen für bilanzpolitisches Verhalten: „Soweit sich Attitüden der Bilanzinteressenten erkennen lassen (z. B. durch empirische Untersuchungen), kann durch die Maßnahmen vor dem Bilanzstichtag versucht werden, bestimmte Bilanzrelationen

---

[157] Ebendort, S. 234; das von KAPPLER angeführte Zitat aus CHAMBERS (1966), S. 362, kann diese Behauptung m. E. aber nicht stützen.

[158] KAPPLER (1972), S. 59f.

zu erfüllen, die beispielsweise für die Aktienkursentwicklung, die Lohnforderungen oder die Fremdkapitalgeber von Bedeutung sind. Gelingt die Erfüllung auf diese Weise nicht, so treten die Instrumente der aktiven Attitüdenstrukturierung in den Vordergrund."[159] Für den „Modellschreiner", zu welcher Kategorie sich der Verfasser rechnet, ist nicht ersichtlich, wie diese Rangordnung der Verhaltensempfehlungen zustande kommt. Wieso soll eine aktive Bilanzpolitik erst dann in den Vordergrund treten, wenn die reaktive nicht möglich ist? Der am Entscheidungsmodell orientierte Betriebsführer wird vielmehr fragen: Welchen Zielerreichungsbeitrag bringt die Erfüllung der erwarteten Relationen einerseits, was bringt die Veränderung der Attitüden andererseits? Dabei sind bei der Erfüllung der Relationen die Opportunitätskosten der nur im Hinblick auf die zu erfüllenden Relationen realisierten Maßnahmen anzusetzen. Die tatsächliche Struktur des Entscheidungsproblemes sei anhand der Möglichkeiten zur Fremdkapitalbeschaffung erörtert:

Exkurs: Aktive und reaktive Bilanzpolitik bei verschuldungsgradabhängigem Fremdkapitalgeberverhalten

Wenn man von einem tatsächlichen Verhalten der Kreditgeber ausgeht, das an bilanzbezogenen Verschuldungsgradtheorien[160] orientiert ist, so läßt sich ein funktionaler Zusammenhang zwischen Verschuldungsgrad und für Fremdkapital gefordertem Zinsfuß feststellen[161]. Über die konkrete Gestalt dieses Zusammenhanges liegen verschiedene Vorstellungen vor, die in den folgenden drei Graphiken skizziert seien.

Gemeinsame Legende zu den folgenden Abbildungen:

FK	... (bilanzielles) Fremdkapital
GK	... (bilanzielles) Gesamtkapital
p	... Zinsfuß für Kredite
$\alpha, \alpha_1, \alpha_2, \alpha_3$	... Höchstverschuldungsgrade

[159] Ebendort, S. 222f.; unter „aktiver" Bilanzpolitik versteht KAPPLER die Änderung der Attitüdenstruktur, während er die Anpassung an die vorhandene Attitüdenstruktur als „passive" Bilanzpolitik bezeichnet (ebendort, S. 67); diese Unterscheidung ist von großer Bedeutung, jedoch möchte ich den Ausdruck „passive" Bilanzpolitik durch „reaktive" Bilanzpolitik ersetzen, der m. E. aussagekräftiger ist.

[160] Vgl. LOITLSBERGER (1971), bes. S. 18ff.

[161] Vgl. GUTENBERG (1980), S. 197ff.

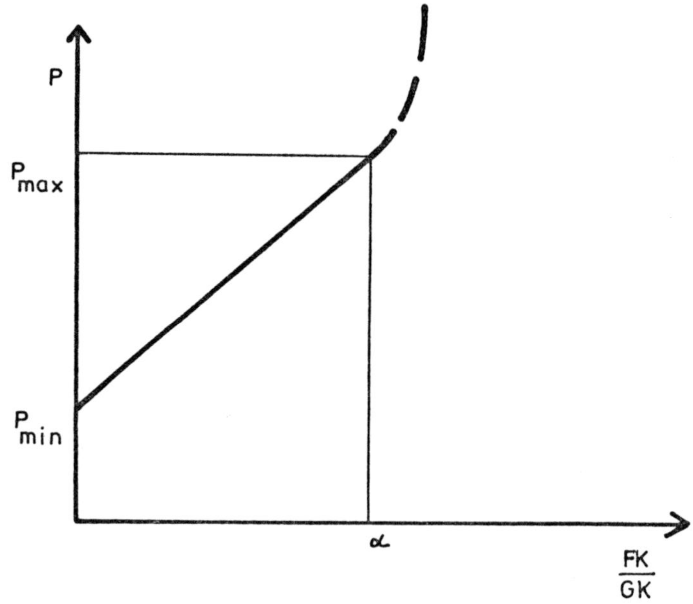

Abb. 1: Zinsfuß als kontinuierliche Funktion der Verschuldungsgrades

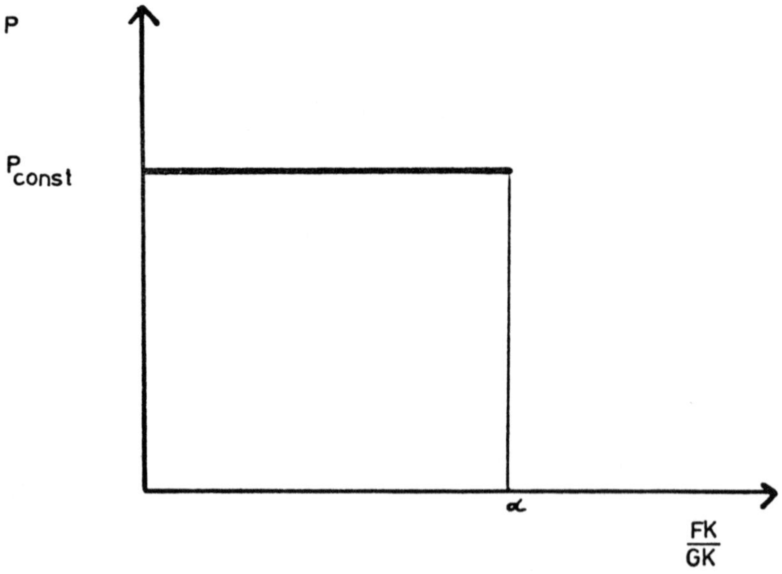

Abb. 2: Zinsfuß konstant, starre Verschuldungsgrenze

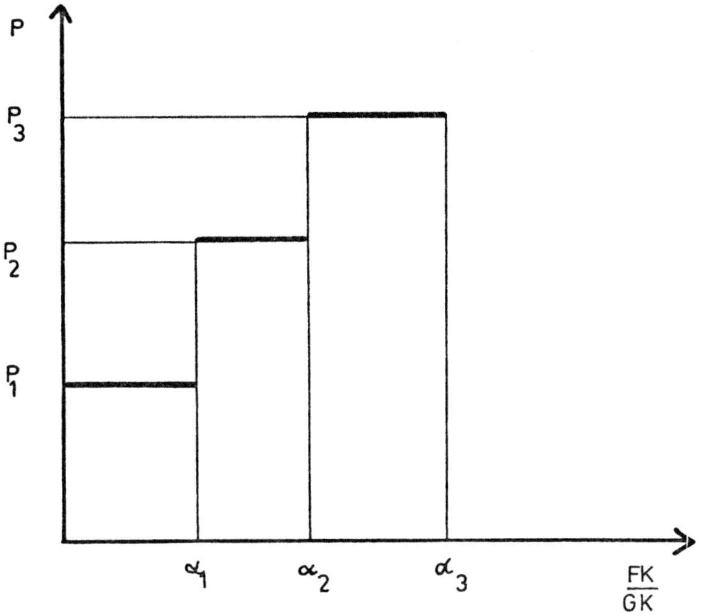

Abb. 3: Zinsfuß abschnittsweise konstant, kritische Verschuldungsgrade

Abb. 1 beschreibt die Vorstellung, daß mit zunehmendem Verschuldungsgrad kontinuierlich der geforderte Zinsfuß p ansteigt. (Dies braucht nicht — wie in der Abbildung — linear zu sein.) Es existieren zwei Varianten dieser Vorstellung: entweder existiert eine Obergrenze der Verschuldung α, der auch ein endlicher Höchstzinssatz $p_{\max}$ entspricht, oder aber es gilt:

$$p \to \infty \text{ für } \frac{FK}{GK} \to 1$$

Abb. 2 drückt die Vorstellung aus, daß der Zinsfuß vom Verschuldungsgrad unabhängig ist, daß also ein konstanter Marktzinsfuß existiert, zu dem bis zum starren Maximal-Verschuldungsgrad α Kredite beschaffbar sind.

Abb. 3 vermittelt zwischen diesen Vorstellungen: für Verschuldungsgrade $\frac{FK}{GK} \leqq \alpha_1$ gilt der Zinsfuß p_1, für Verschuldungsgrade $\alpha_1 < \frac{FK}{GK} \leqq \alpha_2$ gilt der Zinsfuß p_2, usw. Hierbei sind als Varianten die Vorstellungen möglich, daß bei Überschreitung von α_1 der *gesamte* Kreditbestand zu p_2 verzinst werden muß oder aber nur die *zusätzliche Schicht* an Kredit; letztere Vorstellung entspricht einer schlechteren Sicherung der als letzte hinzugekommenen Gläubiger.

Welche dieser Vorstellungen tatsächlich die Realität am besten abbildet, kann hier unerörtert bleiben. Zu zeigen ist nur, wie die erfolgreiche aktive Bilanzpolitik (Änderung der Attitüdenstruktur) diese Funktionen beeinflußt. Im Interesse der Kürze wird die Betrachtung auf die Änderung der in Abb. 1 dargestellten Funktion eingeschränkt; die Verhältnisse gemäß Abb. 2 und Abb. 3 sind einfacher und können hieraus leicht durch Analogie gewonnen werden.

Diese Bilanzpolitik kann u. a. erreichen, daß der Minimalzinsfuß $p_{\min}$ auf $\bar{p}_{\min}$ und der Maximalzinsfuß $p_{\max}$ auf $\bar{p}_{\max}$ gesenkt werden; dies zeigt die folgende Abbildung:

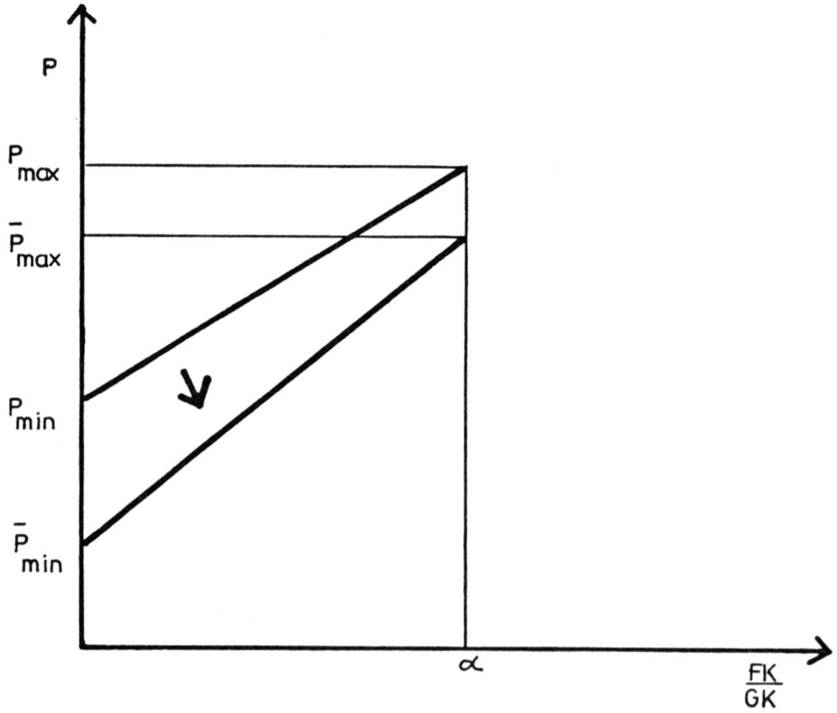

Abb. 1′: Zinsfußreduktion durch Bilanzpolitik

Ferner kann durch aktive Bilanzpolitik der Höchstverschuldungsgrad α auf $\bar{\alpha}$ erhöht werden, wobei $p_{\min}$ und $p_{\max}$ konstant bleiben mögen (vgl. Abb. 1″).

Aus der Kombination dieser Möglichkeiten ersieht man, daß jedenfalls die Fremdkapitalkostenfunktion durch die aktive Bilanzpolitik nach rechts unten verschoben wird. Allen weiteren Berechnungen im Optimierungskalkül ist die entsprechend veränderte Funktion

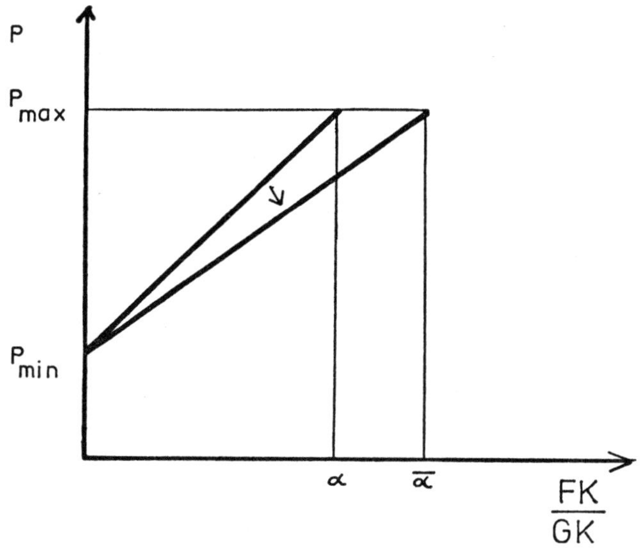

Abb. 1'': Erhöhung der Verschuldungsgrenze durch Bilanzpolitik

zugrunde zu legen. Die aktive Bilanzpolitik bewirkt also eine parametrische Datenvariation, wie sie etwa in der Preistheorie schon früh für den alternativen Verlauf von Preis-Absatz-Funktionen bei unterschiedlichem Einsatz von Werbemaßnahmen oder anderen „qualitativen" Aktionsparametern beschrieben wurde[162]. Die tatsächlich optimale Bilanzpolitik besteht in der Auffindung des optimum optimorum derart, daß — angewendet auf das oben skizzierte Problem, bei Gültigkeit des Zieles der Gewinnmaximierung — für jede Art aktiver Bilanzpolitik, aber auch für die bloß reaktive Bilanzpolitik die Kosten und Erträge ermittelt werden; insbesondere sind gegenüberzustellen: die objektiven Kosten aktiver Bilanzpolitik, die Verminderungen der Zinssätze für die tatsächlich beanspruchten Kredite und allenfalls die Grenzergiebigkeit des durch Hinausschieben der Verschuldungsgrenze beschaffbaren zusätzlichen Fremdkapitals[163]. Es kann nicht a priori angegeben werden, ob die aktive der reaktiven Bilanzpolitik vorzuziehen ist. Die richtige Optimierung muß daher sowohl die *Anpassung* an vorhandene Attitüden der Bilanzempfänger als auch die Attitüden*veränderung simultan* planen. Für die Steuer-

---

[162] Vgl. u. a. SCHNEIDER, E. (1972), S. 142; KRELLE (1961), S. 118ff. und S. 204ff.

[163] Vgl. genauer die Analyse der Wirkung bilanzieller Finanzierungsregeln bei HAEGERT (1971), S. 98 und S. 120ff.

bilanzpolitik im engeren Sinne bestehen die Schwierigkeiten nur in eingeschränktem Maße, doch wirkt die „Maßgeblichkeit" auch auf die Steuerbilanz zurück. Eine aktive Bilanzpolitik ist insbesondere zur „Aufbrechung" der Maßgeblichkeit durch eine freiwillige Erhöhung der in der Handelsbilanz gegebenen Informationen über steuerbilanzpolitisch motivierte Ansätze diskutierenswert. Auf diesen Problemkreis wird in Abschnitt D. III. 2. b eingegangen.
(Ende des Exkurses)

Aus dem sozialwissenschaftlichen deskriptiven Ansatz lassen sich also keine haltbaren Einwendungen gegen eine normative, handlungstheoretische Analyse der Bilanzpolitik vorbringen. Die wissenschaftliche Arbeitsteilung wie auch die Beratungsaufgabe der Betriebswirtschaftslehre sprechen sogar gegen eine zu weitgehende Befassung mit verhaltenswissenschaftlichen Ansätzen[164]. Erwartetes Verhalten der Bilanzinteressenten ist in ein realistisches bilanzpolitisches Verhalten einzubeziehen, weshalb soll das in genügend komplexen entscheidungslogischen Modellen nicht möglich sein?

II. Die Adressaten normativer Betrachtungen in der Steuerbilanzpolitik — Stufenbau normativer Aussagen

Als Adressaten normativer Aussagen auf dem Gebiete der Steuerbilanzpolitik kommen insbesondere der bilanzierende Steuerpflichtige und der Gesetzgeber in Betracht. Was unter „bilanzierendem Steuerpflichtigen" (im folgenden auch kurz: „Bilanzierenden" oder „Bilanzaufsteller") im einzelnen zu verstehen ist, wird anschließend präzisiert.

Der Bilanzierende hat ein Interesse daran, seinen Zielen entsprechende Handlungsanweisungen zur Steuerbilanzgestaltung zu erhalten; hierbei ist vom geltenden Bilanzsteuerrecht und sonstigen relevanten Normen auszugehen. Diese Betrachtung kann allerdings nur vergröbert als Untersuchung „de lege lata" bezeichnet werden, weil nicht nur derzeit geltendes, sondern auch für die Zukunft erwartetes Recht der Planung zugrunde zu legen ist.

Für die Beratung des Gesetzgebers andererseits, auch als Untersuchung „de lege ferenda" zu bezeichnen, besteht in der betriebswirtschaftlichen Steuerlehre kein gleichartiger Konsens, von welchen Wertprämissen bzw. Zielvorstellungen auszugehen ist. Welche Be-

---

[164] Vgl. VODRAZKA (1976a).

deutung das Werturteilsfreiheitsproblem und die Begründung von Werten für die zwei Arten von beratenden Aussagen haben, soll im folgenden ebenfalls untersucht werden.

1. Beratung des Bilanzierenden — Untersuchung de lege lata (et expectata)

a) *Präzisierung des beratenen „Bilanzierenden"*

Die Beratung des „Bilanzierenden" ist ein methodologisch weitgehend anerkanntes Anliegen der betriebswirtschaftlichen Steuerlehre. Normative Betrachtungen im Sinne einer Ausarbeitung von Empfehlungen aufgrund einer *gegebenen* Präferenzstruktur sind somit auch für die Steuerbilanzpolitik anzustellen. Das Verfahren ist als „praktisch-normativ"[165] anzusehen und entspricht dem häufig vertretenen Werturteilsfreiheitspostulat MAX WEBERS[166]. Auf die Grundsatzdiskussion, ob eine Verbannung von Werten aus dem Aussagenbereich überhaupt einwandfrei möglich und wissenschaftlich zweckmäßig ist, kann hier nicht eingegangen werden[167].

Allerdings ist die Bestimmung des Adressaten derartiger praktisch-normativer Gestaltungsempfehlungen nicht ganz so problemlos, wie dies mitunter dargestellt wird. Daß „die bilanzierenden Steuerpflichtigen ... ganz selbstverständlich Adressaten der steuerbilanzpolitischen Entscheidungsmodelle" seien, weil nur die Steuerpflichtigen „letztlich über die Gestaltung der Steuerbilanzen ... entscheiden"[168], ist eine recht grobe Sicht. Bilanzierender und Steuerpflichtiger fallen sehr häufig nicht zusammen. Obwohl für den Großteil der weiteren Untersuchung an dieser vergröbernden Identität von Bilanzierendem und Steuerpflichtigem festgehalten wird, ist es doch zweckmäßig, die hierdurch in das Modell hineingetragene Abstraktion von der Realität (und gleichzeitig die damit verdeckten Interessenkonflikte) aufzuzeigen.

---

[165] Vgl. hierzu z. B. HEINEN (1980a), S. 28f.; WÖHE (1978b), S. 41ff.

[166] Vgl. WEBER, M. (1968); ALBERT (1971). Diese Beratung der Entscheidungsträger in Betriebswirtschaften ist (relativ — d. Verf.) problemlos: Vgl. KLEINEIDAM (1973), S. 393.

[167] Vgl. hierzu CHMIELEWICZ (1979), bes. S. 292ff.; HUNDT/LIEBAU (1972), bes. S. 226ff.; RAFFÉE (1974), S. 59ff.; SCHANZ (1975), S. 112ff. (alle mit weiteren Literaturhinweisen).

[168] MÜLLER-KRÖNCKE (1974), S. 74.

Ein Auseinanderfallen von Steuerpflichtigem und Bilanzaufsteller ist erstens gegeben, wenn (wirtschaftlicher) Eigentümer[169] und Geschäftsführer nicht identisch sind. Das kann insbesondere für Vorstand bzw. Geschäftsführer von Kapitalgesellschaften gelten. Überdies könnte der Aufsichtsrat Kompetenz für die Steuerbilanzerstellung beanspruchen[169a]. Der Aufsichtsrat soll jedoch nicht explizit in die Überlegungen einbezogen werden; man kann annehmen, daß sein möglicher Einfluß im Handeln des Vorstandes widergespiegelt wird.

Falls der Vorstand zugleich Alleineigentümer einer Kapitalgesellschaft ist, so stört die rechtliche Diversität zwischen juristischer Person und Eigentümer nicht, weil für die Steuerplanung die ökonomische Identität genügt. Wenn jedoch auch nur Minderheitsanteile anderer Personen bestehen oder gar der Vorstand nur angestellter Manager ist, so ist nicht a priori klar, an wen sich die Beratungsaussagen der steuerbilanzpolitischen Entscheidungsmodelle richten. Man muß daher präzisieren, daß sich die Beratungsaussagen an die betrieblichen Entscheidungsträger richten — gleichgültig, ob diese Steuerpflichtige sind oder nicht. Ob die Ziele dieser Entscheidungsträger mit jenen der Eigentümer identisch sind oder überhaupt sein können, wäre hierbei zu klären. Großteils wird im weiteren Verlauf auf Interessenkonflikte zwischen Entscheidungsträgern und (wirtschaftlichen) Eigentümern nicht eingegangen. Insoweit wird der (häufig nur impliziten) Annahme des Handelns der Entscheidungsträger im Interesse der (wirtschaftlichen) Eigentümer gefolgt[170].

Ein Auseinanderfallen von Steuerpflichtigem und Bilanzaufsteller ist aber auch in Personengesellschaften zu beobachten, wenn nicht alle Gesellschafter an der Geschäftsführung teilnehmen oder eine Arbeitsteilung zwischen den geschäftsführenden Gesellschaftern vereinbart wurde, die die Bilanzerstellung einem oder einigen Gesellschaftern zuweist[171]. Im Zweiten Kapitel werden in Abschnitt J

---

[169] Dem terminologischen Vorschlag von HEIGL/MELCHER (1974), S. 8 Einzelunternehmer, Gesellschafter und Anteilseigner als „Gebildeträger" zu bezeichnen, wird nur teilweise gefolgt; obwohl die Ausdrücke „Eigentümer" und „Steuerpflichtiger" z. T. unexakt sind, werden sie wegen größerer Anschaulichkeit weiter benutzt.

[169a] BÖRNER/KRAWITZ (1977), S. 67, weisen auf die Brisanz dieser Frage, insbesondere aufgrund des Mitbestimmungsgesetzes, hin.

[170] Vgl. auch die Erörterung des Anwendungsbereiches von steuerbilanzpolitischen „Individualentscheidungen" im Zweiten Kapitel, Abschnitt A.

[171] Vgl. KASTNER (1979), bes. S. 71 und S. 82f.

die besonderen Probleme, die sich für die Steuerbilanzpolitik aus dem teilweisen Auseinanderfallen von Bilanzerstellung und durch die Bilanz begründeter Steuerpflicht ergeben, untersucht.

Nachdem der erste Adressat der beratenden Aussage steuerbilanzpolitischer Entscheidungsmodelle, der „Bilanzaufsteller", als der Entscheidungsträger identifiziert wurde, ist zur unterstellten inneren Organisation des Bilanzaufstellers Stellung zu nehmen. Bereits in Abschnitt B. I wurde der Einwand gegen die gängigen steuerbilanzpolitischen Modelle diskutiert, diese hegten das „uralte *Vor*urteil, ... Unternehmenspolitik sei auf die oberen Leitungsinstanzen beschränkt"[172]. Diesem Einwand entspricht in der Theorie der allgemeinen Bilanzpolitik die Herausarbeitung der Tatsache, daß neben der externen auch eine interne Bilanzpolitik existiert, die etwa von Segmentleitern divisionalisierter Unternehmungen oder Konzerne im Interesse von Beförderungen, Tantiemen, Zuteilung von Investitionsmitteln betrieben wird[173]. Daß es bei internen Bilanzen keinen bilanzpolitischen Spielraum geben könne, weil Zielsetzer der Bilanz und Bilanzierender identisch wären[174], ist deshalb nicht immer richtig, weil an der Bilanzerstellung auch mehrere Personen beteiligt sein können[175]. Wie oben bereits abgeleitet wurde, ist es aber für die steuerbilanzpolitischen Modelle dennoch eine im Interesse der Operationalität vertretbare Abstraktion, diese organisationsinternen Interessenkonflikte zu vernachlässigen bzw. nur in der oben angeführten vereinfachten Art abzubilden.

Für die *Steuer*bilanzpolitik ist jedoch ein Spezialproblem der inneren Organisation des Bilanzaufstellers von besonderem Interesse, nämlich das Verhältnis von Steuerpflichtigem und externem Berater. Da dieses Verhältnis große Bedeutung für die Präzisierung der untersuchten Entscheidungsmodelle hat und da überdies in diesem Zusammenhang Aussagen zum noch weitgehend unentwickelten Stand der Theorie der Steuerberatung angebracht sind, soll dieser Frage im folgenden Exkurs nachgegangen werden.

b) Exkurs: Zum Verhältnis von Steuerplanung und Steuerberatung

Sieht man von den unteren Hierarchieebenen ab, so können mehrere interne Organisationsstrukturen des Bilanzaufstellers auftreten. Bis-

---

172 Fischer-Winkelmann (1973a), S. 543.

173 Münstermann (1970), S. 257f.; vgl. ferner u. a. Sieben/Haase (1971); Vodrazka (1974b), Sp. 910.

174 Wöhe (1979), S. 50.

175 So auch Baetge/Ballwieser (1977), S. 204.

her wurden unterschieden: Ein oder mehrere Entscheidungsträger, die alle (wirtschaftliche) Eigentümer sind. In beiden Fällen können der tatsächliche Entscheidungsprozeß und das anzuwendende Entscheidungsmodell jedoch durch das Hinzukommen eines externen Beraters, des „Steuerberaters“[176], wesentlich modifiziert werden. Nur unter gewissen idealistischen Voraussetzungen würde diese Modifikation wegfallen.

Die Aussagen der normativen Entscheidungstheorie kann man unter diesen Voraussetzungen als Empfehlungen eines Beraters bezeichnen: „Man kann sich ... die Entscheidungstheorie personifiziert denken in einem Berater, der überzeugt ist, seinen Klienten zu dessen eigenem Wohle in bezug auf einige der Entscheidungselemente festlegen zu müssen. Die Entscheidungstheorie stellt also als normative Disziplin so etwas wie eine Theorie der Wirtschaftsberatung dar.“[177] Eine Gleichsetzung von Wirtschaftsberatung, insbesondere Steuerberatung, und den Ergebnissen von im Interesse des Beratenen aufgestellten Entscheidungsmodellen ist jedoch nur möglich, wenn die Eigeninteressen des Beraters völlig zurücktreten.

Wenn LOITLSBERGER die ex-ante-Steuerberatung als „Steuerplanung“ bezeichnet[178], so muß dem entgegengehalten werden: Die Steuerplanung, die vorzugsweise mit Hilfe von Entscheidungsmodellen erfolgt, ist nicht mit der „Steuerberatung“ im Sinne des allgemeinen Sprachgebrauches zu identifizieren. Einerseits kann die Steuerplanung durch den Steuerpflichtigen selbst erfolgen, wobei in Großbetrieben Steuerabteilungen mit dieser Aufgabe betraut werden. Andererseits aber können bei Heranziehung eines externen Steuerberaters Steuerberatung und Steuerplanung (im Sinne einer Ermittlung von Planzahlen anhand von Entscheidungsmodellen, die am Interesse des Beratenen orientiert sind) nur dann gleichgesetzt werden, wenn eine völlig *idealistische* Beratung unterstellt wird, eine Beratung also, die ausschließlich im Interesse des Beratenen erfolgt.

Daß diese idealistische Beratungssituation in der Realität nicht vorliegt, zeigt LOITLSBERGER selbst später auf, wenn er auf einen Interessengegensatz zwischen Steuerberater und Steuerpflichtigem

---

[176] Unter den Terminus „Steuerberater“ werden im folgenden nicht nur die Inhaber dieser standesrechtlich geschützten Berufsbezeichnung, sondern alle auf dem Gebiete der Steuerberatung tätigen externen Berater subsumiert.

[177] GÄFGEN (1974), S. 86.

[178] LOITLSBERGER (1975), S. 83.

hinweist[179]. Bei voller Identifizierung des Steuerberaters mit dem von LOITLSBERGER für den Steuerpflichtigen unterstellten Ziel (Minimierung der Steuerzahlungen bei gegebenem wirtschaftlichen Erfolg) ergibt sich für den Steuerberater erhebliche Mehrarbeit. Die Eigeninteressen des Steuerberaters können bei ihm eine nur *satisfizierende* Lösung des Steuer*planungs*problems induzieren; im Ergebnis würden die Steuern vom Berater so deklariert, daß sich keine Rückfragen der Finanzverwaltung ergeben, daß die Betriebsprüfungen kürzer ausfallen und keine größeren Nachzahlungen auftreten; diese Verhaltensweise des Steuerberaters sei besonders bei Vereinbarung eines Pauschalhonorars zu erwarten[180]. In Ergänzung und Verdeutlichung von LOITLSBERGERS Argument, der Steuerberater suche Konflikte mit dem Fiskus zu vermeiden, ist auf das besondere finanzstrafrechtliche Risiko des Steuerberaters hinzuweisen. Während die Strafen nach dem Finanzstrafrecht im Regelfall für den Steuerpflichtigen nur zusätzliche Geldausgaben bewirken, ist der Steuerberater in seiner wirtschaftlichen Existenz bedroht, dies deshalb, weil ihn die berufsrechtlichen Vorschriften bei qualifizierten Finanzdelikten mit dem Verlust der Berufszulassung bedrohen[181].

Da die Entscheidungsmodelle nicht nur den Steuerpflichtigen, sondern auch den Steuerberater technologisch zu beraten vermögen, liegt es nahe, den Steuerberater für seine eigene Zielfunktion ein Entscheidungsmodell aufstellen zu lassen. Eine Theorie der Steuerberatung müßte daher von den Zielen des Steuerberaters ausgehen und müßte hinsichtlich des Ergebnisses der Beratungstätigkeit nicht unbedingt die für den Steuerpflichtigen optimale Lösung unterstellen. Wenn LOITLSBERGER die „Steuerberatung“ auf ein Zweipersonenspiel reduziert, indem er u. a. eine volle Identifizierung der Ziele des Steuerberaters mit jenen des Steuerpflichtigen unterstellt[182], so werden die

[179] Ebendort, S. 85.

[180] Ebendort, S. 97.

[181] Die Wirtschaftstreuhänder-Berufsordnung normiert „Erfordernisse für die Erlangung der Berufsbefugnisse sowie für die Berufsausübung“ (§§ 3ff.) und verlangt u. a. die „besondere Vertrauenswürdigkeit“, die nach § 5 „insbesondere dann nicht vor(liegt), wenn der Berufswerber wegen eines Verbrechens, wegen eines aus Gewinnsucht begangenen Vergehens, einer ebensolchen Übertretung oder wegen eines Abgabendeliktes von einem Gericht rechtskräftig verurteilt worden und die Strafe nicht getilgt ist. Gleiches gilt, wenn der Berufswerber wegen Abgabenhinterziehung, Bannbruch oder Abgabenhehlerei von einer Finanzbehörde rechtskräftig bestraft worden ist und seit der Rechtskraft der Strafe nicht mehr als fünf Jahre vergangen sind“.

[182] LOITLSBERGER (1975), S. 97f.

spezifischen Probleme der Steuer*beratung* hierdurch eliminiert. Im Ergebnis verbleibt, wie schon in der einleitenden Literaturanalyse herausgestellt, der Steuer*planungs*-Ansatz, der den *Steuerpflichtigen* berät. Die von Loitlsberger im Anschluß an diese Problemeinschränkung untersuchten Strategien des Steuerpflichtigen treten nämlich mit der einzigen Ausnahme der Wahl des Beraters[183] durchwegs auch bei der Steuerplanung des Steuerpflichtigen ohne Hinzuziehung eines Steuerberaters auf. Der wesentliche Fortschritt gegenüber dem Großteil der übrigen Literatur besteht in der Aufnahme realitätsnäherer Strategien der Steuerplanung.

Eine (normative) Theorie der Steuer*beratung*, die von den Zielen des Steuerberaters ausgeht, hätte etwa von der Zielfunktion der persönlichen Gewinnmaximierung des Steuerberaters auszugehen. Wegen der Ungewißheit wäre das Gewinnziel um die Berücksichtigung der Risikoneigung zu ergänzen. Die im Entscheidungskalkül des Steuerberaters zu planenden alternativen Aktivitäten bilden die Leistungen des Steuerberaters, die u. a. verschiedene Qualitäten der Steuerberatung umfassen, darunter sowohl Beratungsleistungen, die für den beratenen Steuerpflichtigen optimierende Lösungen, als auch solche, die für ihn nur satisfizierende Lösungen ergeben. Die Einschätzung der Leistungen des Beraters durch den Beratenen, die zumindest auf lange Sicht maßgeblich für die Honorarerzielung ist (Auftragsbeibehaltung, Auftragserlangung bei neuen Klienten), kann durch „Werbemaßnahmen" des Beraters beeinflußt werden. So kann der Berater bei Empfehlung von Strategien, die zu umfangreichen Betriebsprüfungen und relativ hohen Nachzahlungen anläßlich der Betriebsprüfung führen, den Beratenen im vorhinein hierauf aufmerksam machen und ihm erläutern, daß diese Strategie dennoch günstiger ist als eine Bilanzierungsweise, die zu keinen Beanstandungen in der Betriebsprüfung führt. Die Bewertung der Aktivitäten des Steuerberaters in seinem Entscheidungskalkül hat insbesondere das Honorar und die Risiken zu umfassen: Das Honorar kann für den einzelnen Beratungsauftrag variierbar oder konstant sein, wodurch unterschiedliche Honorarvereinbarungen abbildbar sind. Das Risiko des Steuerberaters, das mit manchen Aktivitäten verbunden ist, kann durch die nach dem Finanzstrafrecht verhängbaren Strafen quantifiziert werden. Diese möglichen Strafen gehören ebenso zur Bewertung der Aktivitäten wie die unterschiedlichen akquisitorischen Wirkungen der Art der Auftragsausführung.

---

[183] Ebendort, S. 104.

Näher kann hier auf eine normative Theorie der Steuerberatung nicht eingegangen werden. Eine Theorie der Steuerberatung steht noch aus; Ansätze aus dem Schrifttum zum Wirtschaftsprüfungswesen wären übertragbar[184]. Die weitere Untersuchung der Steuerbilanzpolitik geht von der Prämisse aus, daß keine Steuerberatung stattfindet oder allenfalls eine „idealistische", die keine von den Zielen des Steuerpflichtigen abweichenden Ziele des Steuerberaters in das Problem einbringt.

c) Steuerbilanzpolitische Entscheidungsmodelle erfordernde Datenkonstellationen

Es ist noch zu klären, für welche Situationen der Bilanzaufsteller vordringlich Aussagen der steuerbilanzpolitischen Entscheidungsmodelle benötigt. Für welche Datenkonstellationen treten komplexe Steuerbilanzplanungsprobleme auf? In Umkehrung kann die Frage auch so gestellt werden: Wann sind die Datenkonstellationen so günstig, daß richtige Empfehlungen für die Gestaltung der Steuerbilanz auch ohne Benutzung eines komplexen Modells gegeben werden können?

Eine häufig vertretene, einfache steuerbilanzpolitische Verhaltensempfehlung ist die weitestmögliche Hinausschiebung der Steuerzahlungen. Diese Empfehlung ist gerechtfertigt, wenn die Gestaltung der Steuerzahlungen keinen Einfluß auf andere betriebliche Bereiche hat und überdies der Erfolg homogen besteuert wird[185]. Wenn a priori eine maximale Nachverlagerung der Steuern als optimal erkannt wird, dann ist ein komplexer Optimierungskalkül überflüssig. In diesem Falle genügt die Empfehlung, Aufwendungen so früh wie möglich und Erträge so spät wie möglich zu verrechnen. Z. B. braucht man dann in Investitionsrechnungen unter Einbeziehung der Steuern nur eine einzige steuerliche Abschreibungsstrategie, nämlich das Abschreibungsverfahren mit der frühestmöglichen Aufwandverrechnung, zu berücksichtigen; analoge Vereinfachungen ergeben sich für alle anderen steuerlichen Wahlrechte.

In welchen konkreten Situationen die Bedingungen für einen Verzicht auf komplexe steuerbilanzpolitische Kalküle gegeben sind, darüber existieren teilweise recht unklare Vorstellungen. So ist die Ansicht anzutreffen, daß für körperschaftsteuerpflichtige Unternehmungen, insbesondere für die AG, das allgemeine Ziel der Steuerbilanzpolitik die Reduzierung des ausgewiesenen Gewinnes, die weitestge-

---

[184] Vgl. SORENSEN (1969), RÜCKLE (1975a), S. 522–524, mit weiteren Literaturhinweisen.

[185] Vgl. STROBEL (1977a), S. 398.

hende Verschiebung der Steuerzahlung sei[186]. Ausgangspunkt dieser Ansicht ist der in Deutschland für die sogenannte „allgemeine" Kapitalgesellschaft bereits vor 1977 geltende einheitliche Körperschaftsteuersatz[187]. Für den (geltenden) österreichischen Körperschaftsteuertarif ist die Voraussetzung einer homogenen Erfolgsbesteuerung nicht gegeben[188].

Ein komplexes steuerbilanzpolitisches Modell wird jedenfalls bei Geltung progressiver Steuertarife benötigt. Damit ist als Anwendungsgebiet die Steuerbilanzpolitik der Einkommensteuerpflichtigen erschlossen. Allerdings kann bei einem Durchschnittseinkommen jenseits der Progressionszone wiederum eine Vereinfachung der Steuerbilanzpolitik erfolgen, weil nur mehr ein Jahreseinkommen in einer Höhe von *mindestens* dem Beginn der oberen Proportionalzone auszuweisen ist[189]. Auch diese Aussage ist jedoch nicht generell gültig. Die spezielle Tarifform muß untersucht werden. Für die österreichische Körperschaftsteuer etwa kann man zeigen, daß bei einem Durchschnittseinkommen von z. B. S 1,150.000, das bereits der oberen Proportionalzone angehört, Schwankungen des ausgewiesenen Gewinnes eine bessere Strategie darstellen. Hierdurch gelingt es, den extrem hohen Grenzsteuersatz von 90% für Einkommen zwischen S 1,000.100 und S 1,142.800 teilweise zu vermeiden und durch den „Spitzensatz" von 55% zu substituieren. Jedoch selbst dann, wenn aufgrund der Tarifstruktur die Empfehlung zum Mindestausweis eines bestimmten Gewinnes richtig ist, so bleibt diese Situation ein Anwendungsgebiet für die komplexen steuerbilanzpolitischen Modelle, sofern Gewinnschwankungen bis unter diesen Mindestgewinn auftreten oder der Durchschnittsgewinn nur geringfügig über dem angestrebten Mindestgewinn liegt.

Die Notwendigkeit des Einsatzes steuerbilanzpolitischer Entscheidungsmodelle besteht also immer dann, wenn Steuersatzeffekte auftreten, d. h. wenn durch den variablen Erfolgsausweis verschiedene Steuersätze zur Anwendung gelangen. Dies ist aber nicht nur dann der Fall, wenn progressive (oder degressive) Abschnitte des Steuer-

---

[186] Vgl. etwa NETH (1971), S. 19 (als Modifikation wird lediglich der drohende Verlust des Verlustabzuges genannt); MARETTEK (1971), S. 198.

[187] Daneben kannte das alte deutsche Körperschaftsrecht für die sog. „personenbezogenen" Kapitalgesellschaften eine progressive Besteuerung der einbehaltenen Gewinne: § 19 Abs. 1 Z. 2 dt. KöStG 1975; vgl. auch die Darstellung bei WÖHE (1976), S. 126ff. oder TIPKE (1975), S. 265.

[188] Vgl. die Analyse des österreichischen Körperschaftsteuer-Tarifs im 2. Kapitel, Abschnitt H. III. 3.

[189] So SIEGEL (1972), S. 65.

tarifs existieren, sondern auch dann, wenn sich die Steuersätze im Zeitablauf ändern. In der Wirkung einer Variabilität der Steuersätze gleichzusetzen ist die nur zeitlich oder betraglich begrenzte Vor- bzw. Rücktragsfähigkeit von Verlusten: Gehen durch entsprechende bilanzpolitische Maßnahmen Verluste endgültig verloren (d. h. können sie nicht mehr mit steuerlicher Wirkung geltend gemacht werden), so entspricht dies einer Erhöhung des Steuersatzes. Eine besondere Variabilität der Steuersätze ergibt sich ferner bei Auslandsaktivitäten der besteuerten Unternehmung[190]. Darüber hinaus können sogar die steuerlichen Bemessungsgrundlagen in der Totalperiode durch den Bilanzausweis variabel gestaltet werden — man vergleiche in Österreich insbesondere das Wahlrecht zwischen Investitionsfreibetrag und vorzeitiger Abschreibung. In diesem Falle wäre die Empfehlung zu frühestmöglicher Aufwandverrechnung (im Beispielsfalle die Empfehlung, die vorzeitige Abschreibung und nicht den Investitionsfreibetrag in Anspruch zu nehmen) möglicherweise unrichtig, weil die hohe Aufwandverrechnung in der frühen Periode durch einen Verzicht auf eine insgesamt höhere, wenngleich zeitlich später zentrierte Aufwandverrechnung erkauft werden muß. Die richtige Verhaltensempfehlung kann in allen genannten Fällen selbst bei ansonsten proportionaler Erfolgsbesteuerung nur mittels komplexer steuerbilanzpolitischer Entscheidungsmodelle ermittelt werden.

Selbst wenn jedoch homogene Erfolgsbesteuerung vorläge, würde die Steuerbilanzpolitik bei Interdependenzen mit anderen betrieblichen Teilplänen, insbesondere mit dem Finanzplan, sowie bei einer Bindung der Ausschüttung an ausgewiesene bilanzielle Gewinne ein komplexes Entscheidungsmodell erfordern.

Über das in der Literatur in den Vordergrund gestellte Gebiet der Steuerbilanzpolitik hinaus, nämlich die Beratung des Einkommensteuerpflichtigen, der mit seinem Einkommen im Progressionsbereich liegt, ergeben sich somit für eine umfassend verstandene steuerbilanzpolitische Beratung weitreichende Anwendungsmöglichkeiten.

2. Beratung des Gesetzgebers — Untersuchung de lege ferenda

a) Untersuchungen de lege ferenda und Werturteilsproblem

Untersuchungen de lege ferenda machen Aussagen darüber, wie Gesetze gestaltet werden *sollten*[191]. Zum Unterschied von der Bera-

[190] Vgl. Zweites Kapitel, Abschnitt H. III. 4.

[191] Diese Untersuchungen sind streng zu unterscheiden von der Prognose der wahrscheinlichen Entwicklung des Steuerrechts; in diesem Sinne

tung betrieblicher Entscheidungsträger ist diese Art von Untersuchungen der betriebswirtschaftlichen Steuerlehre sehr umstritten. Während von einem Großteil der Literatur Untersuchungen de lege ferenda ohne nähere Diskussion der Zweckmäßigkeit oder Berechtigung solcher Stellungnahmen einfach als wesentlicher Teil der betriebswirtschaftlichen Steuerlehre angesehen werden[192], wenden andere Autoren ein, solche Untersuchungen seien geeignet, Gruppeninteressen zu fördern[193]. Die Untersuchungen de lege ferenda durch die betriebswirtschaftliche Steuerlehre sind daher zu rechtfertigen, wobei auch die „Wertfreiheit" im Sinne Max WEBERS zu diskutieren ist.

Auch wenn man das Werturteilsfreiheitspostulat vertritt, werden Werturteile im Objektbereich durch dieses Postulat nicht aus wissenschaftlichen Untersuchungen ausgeschlossen. Steuerrechtliche Normen fallen in den Objektbereich der Sozialwissenschaften. Sie sind daher anhand der Untersuchung ihrer *Wirkungen* in wertfreier Weise untersuchbar[194]. Da die Betriebswirtschaftslehre, insbesondere die betriebswirtschaftliche Steuerlehre, die Wirkungen der steuerrechtlichen Normen auf das unternehmerische Handeln erforscht, ist sie auch für die Umformung dieser Aussagen zu „informativen Beratungsaussagen" zuständig[195]. Diese Zuständigkeit kann zwar keine ausschließliche sein, doch ist immerhin der mitunter erhobene Ausschließlichkeitsanspruch der Rechtswissenschaft für die Gestaltung von Rechtsnormen infolge der sachlichen Kompetenz für Wirkungsanalysen zurückzuweisen.

Wenn alternative Ziele des Gesetzgebers auf ihre betriebswirtschaftlichen Wirkungen hin untersucht werden, so bleibt die Untersuchung wertfrei. Es ist jedoch für Betrachtungen de lege ferenda m. E. deshalb schwierig, diesen Standpunkt beizubehalten, weil der

---

jedoch EISENACH (1974), S. 204. — Abzulehnen ist auch die Einordnung von Untersuchungen de lege ferenda unter die rechtskommentierenden Abhandlungen; so jedoch FISCHER (1974), S. 8f. Eine gewisse Berechtigung hätte die Einordnung von Untersuchungen de lege ferenda unter die rechtskommentierenden Abhandlungen nur dann, wenn die *verfassungsrechtliche* Zulässigkeit untersucht wird: Nur in diesem Falle liegt gleichermaßen eine Rechtskommentierung hinsichtlich der Verfassungsbestimmungen und eine Untersuchung de lege ferenda hinsichtlich der einfachgesetzlichen Bestimmungen vor.

[192] Vgl. insbes. die bei ROSE (1973b), S. 19, angegebene zahlreiche Literatur.

[193] Vgl. insbes. SWOBODA (1967).

[194] Vgl. CHMIELEWICZ (1979), S. 221ff. und S. 282ff.

[195] KLEINEIDAM (1973), S. 395.

Gesetzgeber seine Ziele häufig nicht offen bekanntgibt, diese Ziele vielmehr erst analytisch erschlossen werden müssen. Auch dann, wenn der Gesetzgeber Ziele offenlegt, werden i. d. R. mehrere einander widerstreitende Ziele verfolgt, deren Gewichtung fast nie angegeben wird. Außerdem können von der betriebswirtschaftlichen Steuerlehre auch Rechtsnormen untersucht werden, die noch keinem bisher nachweisbaren Ziele des Gesetzgebers entsprechen.

Werden solcherart Ziele des Gesetzgebers erschlossen oder Zielvorgaben aufgrund einer vermuteten oder vom Wissenschaftler für wünschenswert gehaltenen gesellschaftlichen Entwicklung der Analyse zugrunde gelegt, so nähert sich die Untersuchung de lege ferenda einer *Begründung* von Normen im Aussagenbereich. Es ist durchaus offen, ob nicht eine derartige normative Analyse moralisch besser zu rechtfertigen und eventuell auch forschungsökonomisch zweckmäßiger ist als eine Beibehaltung des klassischen Wertfreiheitspostulats. Damit aber der Wissenschaftler seine subjektiven Wertungen nicht unter dem Deckmantel der wissenschaftlichen Autorität in die Analyse einbringt, ist zu fordern, daß die Wertungen *offen* erfolgen[196]. Natürlich sind besondere Argumentationsweisen erforderlich, damit die Analyse nicht im rein Subjektiven bleibt und somit wissenschaftlichen Anspruch erheben kann.

Die Untersuchungen der Erlanger Schule der Konstruktiven Philosophie und Wissenschaftstheorie zielen darauf, die methodische Rechtfertigung von Normen wissenschaftlich abzusichern. Leider steht die Rezipierung dieser Forschungen in der Betriebswirtschaftslehre erst am Anfang[197], und in der betriebswirtschaftlichen Steuerlehre erfolgte nach Kenntnis des Verfassers bisher überhaupt noch keine Nutzung dieser Richtung der Wissenschaftstheorie. Da die vorliegende Arbeit nicht schwerpunktmäßig Untersuchungen de lege ferenda behandelt, kann deren mögliche Fundierung durch die Konstruktive Philosophie und Wissenschaftstheorie nicht untersucht werden. Es sei jedoch die Hypothese formuliert, daß die Erlanger Schule für diesen Teilbereich der betriebswirtschaftlichen Steuerlehre ein gutes Fundament abgeben könnte. Soweit ich sehe, könnte das Rekurrieren auf „Besteuerungsgrundsätze" zur Begründung der Zweckmäßigkeit steuerlicher Vorschriften (wie es auch in der vorliegenden

---

[196] Eine Kritik an offenen Wertungen ist unverständlich. Die offen normative Argumentation wird kritisiert bei Horváth (1975), S. 77f.; vgl. die zutreffende Kritik bei Schneider, D. (1977), S. 74.

[197] Vgl. die instruktive Darstellung von Steinmann/Böhm/Braun Gerum/Schreyögg (1976).

Arbeit erfolgt) durch die methodischen Untersuchungen der Erlanger Schule vertieft werden. Die methodische Absicherung der „Besteuerungsgrundsätze“[198] wäre umso wichtiger, als diese Grundsätze von den Anhängern des kritischen Rationalismus scharfer Kritik unterzogen wurden[199].

b) Maßstäbe für die Beurteilung steuerlicher Normen

Von welchem Maßstab soll eine Analyse de lege ferenda ausgehen? Hier stehen einander im wesentlichen zwei Auffassungen gegenüber. Nach der ersten Auffassung soll ein „betriebswirtschaftlicher“ Standpunkt eingenommen werden; nach der zweiten Auffassung sollen Ziele „des Gesetzgebers“, „der Gesellschaft“ o. ä. den Ausgangspunkt bilden.

Bei Zugrundelegung eines „betriebswirtschaftlichen“ Maßstabes sollen die Steuergesetze an abstrakten Erkenntnissen der Betriebswirtschaftslehre gemessen werden. Besonders ausgeprägt wird dieser Standpunkt von LAUSBERG vertreten. Dieser fordert, die betriebswirtschaftliche Steuerlehre solle „betriebswirtschaftlich zweckmäßige Besteuerungsgrundsätze und -tatbestände“ formulieren[200], „ein für Betriebswirtschaften optimales Steuersystem“ konzipieren und zu diesem Zwecke u. a. „die (noch zu erarbeitenden) betriebswirtschaftlichen Besteuerungsgrundsätze“ entwickeln[201]. Wesentlicher Inhalt dieser Grundsätze, die ein „wertfreies (!), ‚ökonomisch rationales‘ Steuersystem“ stützen sollen und die „nur auf wissenschaftlicher erkenntnistheoretischer Grundlage ... aufgestellt“ werden, ist die Forderung nach „Betriebsneutralität der Besteuerung“: Diese Normen genügen dem Anspruch betriebswirtschaftlicher Rationalität dadurch, daß sie betriebliche Entscheidungen nicht ‚steuerlich modifizieren‘.“[202]

LAUSBERGS Ansicht ist aus mehreren Gründen unhaltbar. Erstens ist zu fragen, wieso der Gesetzgeber seine sämtlichen anderen Ziel-

---

[198] Zu „Besteuerungsgrundsätzen“ wie z. B. der Steuergerechtigkeit oder der Besteuerung nach der wirtschaftlichen Leistungsfähigkeit als Basis von Untersuchungen der betriebswirtschaftlichen Steuerlehre vgl. insbes. SCHNEIDER, D. (1974a), S. 40ff.

[199] Vgl. insbes. HORVÁTH (1975), S. 35ff.; zur Antikritik vgl. SCHNEIDER, D. (1977), S. 76f., mit konkreten Beispielen, daß bereits für die Steuerwirkungslehre Werturteile über Besteuerungsgrundsätze nötig sind.

[200] LAUSBERG (1972), S. 426.

[201] Ebendort, S. 428f.

[202] Ebendort, S. 432f.

vorstellungen zugunsten eines Steuersystems, das am Prinzip des Laissez-faire orientiert ist, aufgeben sollte. Zumindest aber ist die Forderung, das Steuersystem so einzurichten, daß die betrieblichen Aktionen dadurch nicht verändert werden, keineswegs — wie behauptet — wertfrei; da die Wertung nicht offen erfolgt, ist die Aussage sogar als ideologisch zu klassifizieren. Ein Steuersystem müßte nach Lausberg so konzipiert sein, daß sämtliche Handlungen in einer Welt vor und nach Steuern gleichermaßen erfolgen[203]. Das ist aber gar nicht möglich. Selbst wenn man die Forderung als allgemeine proportionale Kürzungen (bei Konsum, Investitionen usw.) interpretiert, so tritt immer noch das Problem auf, daß viele Aktionen nicht beliebig teilbar sind, daß Nutzenverläufe nichtlinear sein können usw. Die proportionale Kürzung ist also vielfach unmöglich oder widerspricht den Nutzenvorstellungen der handelnden Personen. Entgegen Lausberg läuft seine Forderung nach ,,Betriebsneutralität der Besteuerung" auf utopische Neutralität in Verbindung mit dem gesellschaftlichen Werturteil des Laissez-faire hinaus.

Der zweite Einwand gegen die Forderung nach einem ,,betriebswirtschaftlichen" Bewertungsmaßstab muß darin gesehen werden, daß dieser Maßstab gar nicht in der geforderten Allgemeinheit feststellbar ist; die Betriebswirtschaften können verschiedensten Zielvorstellungen folgen, und je nach der zugrunde gelegten Präferenzordnung wird die Besteuerung unterschiedliche Wirkungen haben. Es ist daher Kleineidam zuzustimmen, daß ein ,,betriebswirtschaftlicher" Standpunkt keinen geeigneten Beurteilungsmaßstab abgibt, daß diese Auffassung vielmehr ein ,,logisch unmögliche(s) Kunststück" versucht[204].

Da ein ,,betriebswirtschaftlicher" Maßstab für die Untersuchungen de lege ferenda nicht gefunden werden kann, muß die zweite Möglichkeit, die Zugrundelegung von Zielen des ,,Gesetzgebers", weiterverfolgt werden. Es soll hierbei unerörtert bleiben, daß der ,,Gesetzgeber" in Wirklichkeit nicht eine einzelne Person darstellt und wegen der bei kollektiven Entscheidungen zu beobachtenden Schwankungen in der aggregierten Zielsetzung[205] sowie wegen der Verfolgung nicht

---

[203] Ebendort, S. 433; gefordert wird u. a., daß die Besteuerung keinen Einfluß auf die Auswahl der Produktionsfaktoren, der rechtlichen Unternehmensformen, der möglichen Finanzierungsverfahren sowie auf die Präferenzskalen der Konsumenten haben solle.

[204] Kleineidam (1973), S. 397; zur Kritik an Lausberg vgl. auch Horváth (1972), bes. S. 748.

[205] Vgl. insbes. Arrow (1963).

offen eingestandener Ziele durch parlamentarische und außerparlamentarische Gruppen die in Rechtsnormen enthaltenen Anweisungen nicht einmal den offen erklärten Zielen einiger (oder gar aller) am politischen Prozeß beteiligten Gruppen entsprechen müssen. Vielmehr soll hier in vereinfachender Weise ein idealisierter „Gesetzgeber" zugrunde gelegt werden, der weithin anerkannte Ziele verfolgt und allenfalls einen intrapersonellen Zielkonflikt kennt.

Als derartige Zielvorstellung des Gesetzgebers wird in der betriebswirtschaftlichen Steuerlehre die Gleichmäßigkeit der Besteuerung, insbesondere die Besteuerung nach der Leistungsfähigkeit, hervorgehoben[206]. Dem entspricht aus steuerrechtssystematischer Sicht der Verweis auf das aus dem verfassungsrechtlichen Gleichheitsgebot ableitbare Prinzip der Besteuerung nach der Leistungsfähigkeit[207]. Sofern nicht überhaupt „Besteuerungsprinzipien" abgelehnt werden, ist diese Zielvorstellung allgemein anerkannt. Dies trifft auch auf die SMITHsche Forderung nach „Willkürfreiheit" zu, die als Prinzip der „Rechtssicherheit und Tatbestandsmäßigkeit" präzisiert werden kann[208].

Umstritten ist jedoch die Benutzung der Steuern zu wirtschaftspolitischen Zwecken. Der Ausrichtung der Steuern auf „nicht-fiskalische" Zwecke ist ein Konflikt mit dem Postulat der gerechten oder „rationalen fiskalischen" Besteuerung immanent, insbesondere bei Verfolgung strukturpolitischer Ziele[209]. Gänzliche Ablehnung dieses Zweckes[210] widerspricht der Realität aller modernen Staaten. Jedoch werden auch bei grundsätzlicher Anerkennung der wirtschaftspolitischen Intervention verschiedene Ausprägungen wirtschaftspolitisch motivierter Steuernormen immer wieder in Frage gestellt, wenn sie den Grundsätzen der Steuergerechtigkeit widersprechen[211]. Dieser

---

[206] Vgl. SCHNEIDER, D. (1974a), S. 40ff., unter Rückgriff auf ältere finanzwissenschaftliche Autoren, insbes. auf die vier klassischen Besteuerungsprinzipien Adam SMITH'.

[207] Vgl. TIPKE (1979), S. 25ff. und S. 39ff. Auf den verfassungsmäßigen Grundsatz der Gleichmäßigkeit der Besteuerung verweist auch die *betriebswirtschaftliche* Arbeit von JACOBS (1971), S. 12ff.

[208] JACOBS (1971), S. 24ff. (mit Hinweis, daß für die Steuerbilanz ein Konflikt mit dem Ziel der Besteuerung nach der Leistungsfähigkeit vorliegt). Vgl. auch TIPKE (1979), S. 28f. (Folgerungen aus dem „Rechtsstaatsprinzip") — SCHNEIDER, D. (1974a), S. 42 und S. 57ff., weist die „Willkürfreiheit" der Forderung nach formaler Gleichmäßigkeit der Besteuerung zu und will sie durch das Verfahrensrecht gewährleistet sehen, was jedoch eine etwas zu enge Sicht darstellt.

[209] Vgl. TIMM (1968), bes. S. 101ff.

[210] Wie etwa bei LAUSBERG (1972).

[211] So SCHNEIDER, D., (1974a), S. 43ff.

Argumentation ist mit Vorsicht zu begegnen, denn sie sucht eine Lösung des Zielkonfliktes, indem sie ein Ziel am anderen mißt. Es wäre vorzuziehen, ausschließlich den wirtschaftspolitischen Effekt bei den wirtschaftspolitisch motivierten steuerlichen Maßnahmen zu eruieren und unabhängig davon die Frage der Vergrößerung oder Verringerung der Gleichmäßigkeit der Besteuerung zu untersuchen. Die Trennung der Ziele wird allerdings dadurch erschwert, daß unter den nicht fiskalisch bestimmten Zielen des Gesetzgebers auch die mittels Umverteilung angestrebte höhere Gerechtigkeit zu finden ist[212].

Der SMITHsche Grundsatz der Wirtschaftlichkeit oder Wohlfeilheit der Besteuerung kehrt wieder in den von juristischer Seite so genannten technischen oder ökonomischen Prinzipien: Die Steuererhebung soll billig sein, was zu Vereinfachungen, Pauschalierungen u. ä. führt. TIPKEs Ansicht, daß hier keine Wertung vorliege[213], übersieht aber, daß die Feststellung, ab wann eine größere Steuergerechtigkeit infolge differenzierterer Vorschriften zu „unverhältnismäßigem Verwaltungsaufwand" führt, erst nach einer komplexen Wertung entschieden werden kann; diese Wertung muß u. a. die Höhe der erhobenen Steuer, deren Bedeutung für die Einnahmenerzielung des Staates und das Ausmaß des Abweichens von der vorgestellten gleichmäßigen Belastung der Steuerpflichtigen gegenüberstellen. Für die Betriebswirtschaftslehre ergeben sich als vorbereitende Arbeiten zur Lösung des Zielkonfliktes zwischen Leistungsfähigkeit und Praktikabilität wichtige Aufgaben; insbesondere die Kosten der Vollziehung alternativ differenzierter Vorschriften (und zwar sowohl Kosten bei der staatlichen Verwaltung als auch bei den besteuerten Betrieben) sind zu ermitteln, damit eine fundierte und nicht nur formelhafte Abwägung der Praktikabilität gegen das Gerechtigkeitspostulat erfolgen kann. Zu beachten ist auch, daß bei hochdifferenzierten Normen in rechtlich anfechtbarer Weise die Vereinfachung häufig zwar nicht im Gesetz, dann aber von der Verwaltungsübung vorgenommen wird[214].

Die Frage nach den grundsätzlich möglichen Maßstäben für Betrachtungen de lege ferenda scheint damit ausreichend geklärt. Nochmals sei darauf verwiesen, daß eine ausschließliche Orientierung am

---

[212] TIPKE (1979), S. 18 und S. 27f., spricht von Sozialzwecknormen (im weitesten Sinne), die er in wirtschaftslenkende Normen, Umverteilungsnormen u. a. einteilt. Die rein terminologische Frage, ob nicht auch Umverteilungsnormen zu den wirtschaftslenkenden Normen zu rechnen sind, soll nicht diskutiert werden.

[213] Ebendort, S. 17.

[214] Vgl. die bemerkenswerte Monographie von ISENSEE (1976).

Prinzip der Gerechtigkeit, wie immer dieses im einzelnen gefaßt wird, nicht zielführend ist, weil die übrigen oben genannten Ziele des Gesetzgebers ebenfalls zu berücksichtigen sind. Gleichwohl ist die Aufzeigung einer Verletzung der Gleichmäßigkeit der Besteuerung ein wichtiges Argument für Änderungen der Gesetzeslage.

Obwohl oben der rein „betriebswirtschaftliche" Standpunkt für die Beurteilung de lege ferenda abgelehnt wurde, können in einer modifizierten Weise Auswirkungen auf die Betriebe bei Empfehlungen für die Gestaltung der Steuerrechtsnormen berücksichtigt werden: Unbeabsichtigte Auswirkungen, die zur Erreichung der Ziele des Gesetzgebers nicht erforderlich sind, können den Anlaß für Empfehlungen an den Gesetzgeber bilden[215]. Dabei darf aber nicht übersehen werden, daß die Postulate, die aus betriebswirtschaftlichen Untersuchungszusammenhängen heraus erhoben werden, häufig eine versteckte Wertung enthalten und überdies in der Regel in einer Terminologie abgefaßt sind, die für die Beeinflussung des Gesetzgebers wenig Appellwirkung hat. Wollen die Vertreter der betriebswirtschaftlichen Steuerlehre in wissenschaftlich einwandfreier und in praxiswirksamer Weise Aussagen de lege ferenda machen, so sollten sie einerseits die versteckten Wertungen in offene überführen und andererseits die Aussagen in eine für die Akzeptierung durch die Beratenen geeignete Form bringen.

Als Beispiel sei die Forderung nach Betriebserhaltung (etwa auch im Zusammenhang mit der Forderung nach Beseitigung der Scheingewinnbesteuerung) genannt. Die Forderung nach Betriebserhaltung nimmt im betriebswirtschaftlichen Schrifttum einen hohen Rang ein und wird sogar bisweilen als Auswahlprinzip für die Konstituierung der Betriebswirtschaftslehre als Wissenschaft angeführt[216]. Gleichwohl enthält diese Forderung eine versteckte Wertung. Wenn keine geeigneten Gründe vorgebracht werden, ist nicht einzusehen, warum Betriebe erhalten werden sollten, zumal das Zugrundegehen von Betrieben auch positiv als Durchsetzung der Tüchtigen am Markt interpretiert werden könnte. In eine offene Wertung und damit in eine der Interessenabwägung zugängliche Form wird diese Forderung überführt, wenn als Gründe z. B. die Kapitalvernichtung bei Zerschlagung einer Betriebsorganisation, die Notwendigkeit der Beschaffung von

---

[215] In diesem Sinne auch WÖHE (1978a), S. 8f. (WÖHES Beschränkung auf die langfristige Gewinnmaximierung als Zielsetzung der Betriebe und die Einschränkung der Nebenwirkungen auf Wirtschaftlichkeitsverminderungen ist aber m. E. zu eng.)

[216] WALTHER (1947), S. 9; SONDEREGGER (1950).

Ersatzarbeitsplätzen u. ä. angeführt werden. Aus dieser Umformulierung wird ersichtlich, daß die (evtl. durch die Besteuerung ausgelöste) Betriebsvernichtung nicht nur am originären Wert der Betriebserhaltung, sondern auch an Kosten meßbar ist, die der Gesetzgeber nunmehr relativ leicht seinen übrigen Interessen gegenüberstellen kann.

c) Grundsätzliches zur Anknüpfung von Aussagen de lege ferenda an steuerbilanzpolitische Wahlrechte

Steuerbilanzpolitik ist an die Existenz von steuerlichen Wahlrechten gebunden. Unter dem Gesichtspunkt der steuerlichen Gerechtigkeit ist Steuerbilanzpolitik als die Eröffnung von Wahlrechten bei gleicher steuerlicher Leistungsfähigkeit abzulehnen[217]. Allerdings müßte zur Herbeiführung der steuerlichen Gerechtigkeit die besondere Unsicherheit der Ermittlung der durch Bilanzen ermittelten Einkünfte beachtet werden. Ich möchte zwar nicht behaupten, daß alle derzeit existierenden Wahlrechte durch die Unsicherheit der Bilanzgewinne motiviert oder gar ausreichend begründet wären. Die Unsicherheitsbehaftung der durch Bilanzen ermittelten Einkünfte ist aber ein Argument zur Rechtfertigung von Wahlrechten. Daneben werden zu ihrer Rechtfertigung vor allem die anderen oben erwähnten Ziele des Gesetzgebers heranzuziehen sein. Eine generelle Ablehnung steuerbilanzpolitischer Wahlrechte de lege ferenda kommt insbesondere für die mit dem Motiv der Wirtschaftslenkung erlassenen Wahlrechte nicht in Betracht. Jedoch wird mindestens dort eine Änderung der Wahlrechte zu empfehlen sein, wo die Gleichmäßigkeit der Besteuerung verletzt wird und auch für die anderen Ziele des Gesetzgebers nichts Wesentliches gewonnen wird.

Im Verlauf der weiteren Untersuchung werden de-lege-ferenda-Überlegungen als „Nebenprodukt" der entscheidungslogischen Beratung des Bilanzaufstellers zur Nutzung der Wahlrechte angestellt. Wie schon oben bei der Darstellung von Besteuerungsprinzipien dargestellt, stehen diese Prinzipien in einem engen Zusammenhang mit verfassungsrechtlichen Grundnormen; es wären daher auch Betrachtungen über die Verfassungsmäßigkeit der besprochenen Wahlrechte naheliegend. Hierauf muß jedoch verzichtet werden, wenngleich auch dieses Problem nicht ausschließlich der Steuerrechtswissenschaft vorzubehalten ist[218]. In der Rechtswirklichkeit aber spielt der ver-

[217] Vgl. ausführlich Schneider, D. (1971), bes. S. 354.

[218] Zu den Pro- und Kontra-Argumenten für eine Behandlung der Steuerrechtsauslegung durch die betriebswirtschaftliche Steuerlehre vgl. die Literaturübersicht bei Schlager (1978), S. 27ff.

fassungsrechtliche Gleichheitsgrundsatz keine große Rolle, weil in Steuersachen bisher fast alle Ungleichheiten toleriert wurden[219]; betriebswirtschaftliche Argumentationen werden daher selbst dann, wenn sie besondere Ungereimtheiten aus dem Zusammenwirken mehrerer Normen aufzeigen, nur selten in der Rechtswirklichkeit durchzusetzen sein. Dieser Hinweis erscheint erforderlich, weil die angestellten Überlegungen de lege ferenda den Steuerpflichtigen zur Bekämpfung von Steuergesetzen beim Verfassungsgerichtshof anregen könnten. Die Argumentation de lege ferenda ist zwar auch für Verfassungsbeschwerden grundsätzlich verwendbar; die Erfolgsaussichten sind aber gering, weil das Leistungsfähigkeitsprinzip durch viele andere nach Rechtsprechung zulässige Motive des Gesetzgebers unterlaufen wird[220].

Die mit Hilfe der steuerbilanzpolitischen Modelle gewonnene instrumentelle Aussage ist auch zur Gewinnung von Steuerwirkungsaussagen geeignet. Anderer Ansicht ist hierzu STROBEL, der meint, eine Steuerwirkungsanalyse sei nur im Wege einer Globalanalyse möglich, während die Steuerplanungsanalyse bei Zugrundelegung finanzieller Restriktionen so weit ins Detail gehe, daß sie für die Gewinnung von Steuerwirkungsaussagen unergiebig werde[221]. Ausgangspunkt für diese Ansicht ist offenbar die Tatsache, daß bei Vorhandensein von Restriktionen — nicht nur die finanziellen Restriktionen wären hier zu nennen — die Steuerwirkungsaussagen vielfältig und weitgehend situationsabhängig werden. Wenn man aber glaubt, mit der durch die Globalanalyse angestrebten „Wesenserkenntnis" überlegene, weil allgemeingültige Wirkungsaussagen ableiten zu können, so muß zunächst einmal gefragt werden, ob diese Aussagen bei Einführung finanzieller oder sonstiger Restriktionen anwendbar bleiben. Es müßte der Beweis geführt werden, daß die „Gesetze", die durch die Global-

---

219 Vgl. für die BRD u. a. KRUSE (1976), S. 72; TIPKE (1974), S. 86. Für Österreich vgl. u. a. GASSNER (1969); RUPPE (1970). — Übersichten über die Verfassungsrechtsprechung in Steuersachen geben WEBER-FAS (1971) und ROESSLER/EGGER (1972); zur Herausarbeitung der Unterschiede zwischen BRD und Österreich vgl. STOLL (1975).

220 Für Österreich vgl. besonders drastisch das Erk. d. VfGH zum 2. AbgÄG 1977 v. 14. 12. 1978, G 82/78. — Das deutsche Bundesverfassungsgericht hat mehrmals entschieden, daß der Gesetzgeber nicht zu einer reinen Verwirklichung der Besteuerung nach der Leistungsfähigkeit verpflichtet sei, so daß die unterschiedliche Belastung je nach Verwendung des Einkommens oder Gewinns zulässig ist. Vgl. WALZ (1980) S. F 57 mit Rechtsprechung und weiterer Literatur.

221 STROBEL (1977b), S. 273.

analyse gefunden werden, auch bei geringerer Abstraktion von der Realität gelten[222].

Da die realistisch — mit Nebenbedingungen — konzipierten Steuerplanungsmodelle aber manche unter größeren Abstraktionen gewonnene „Steuerwirkungen" bis zur Unkenntlichkeit modifizieren, sollte versucht werden, auch für die Beratung des Gesetzgebers die Erkenntnisse aus den für die Beratung des Bilanzierenden erstellten Steuerplanungsmodellen zu nutzen. Hierfür spricht neben der Arbeitsökonomik vor allem die Tatsache, daß die Zugrundelegung eines *realistischen* Optimierungsverhaltens der Steuerpflichtigen die geeignete Grundlage für Diskussionen der Änderung der in eben diese Optimierungsrechnungen eingehenden steuerrechtlichen Rahmenbedingungen darstellt.

Ergänzend zu den Untersuchungen de lege ferenda zur Steuerbilanzpolitik sei darauf hingewiesen, daß auch für die Handelsbilanz immer wieder eine Verschärfung der gesetzlichen Vorschriften gefordert wird; selbst in den modernsten handelsrechtlichen Rechnungslegungsvorschriften wie dem deutschen Aktiengesetz von 1965, die eine weitgehende Reduzierung der Wahlmöglichkeiten für Bilanzansätze brachten, bestehen noch sehr viele unterschiedliche, rechtlich zulässige Ansätze[223]. Aus verschiedenen Gründen wird gefordert, daß die Bilanzen „objektiver" werden sollten, die Bilanz*politik* somit eingeschränkt, zumindest der Absicht nach unmöglich gemacht wird[224]. Andererseits werden — insbesondere von den Bilanzpraktikern der publizitätspflichtigen Unternehmungen — die existierenden Wahlrechte in der Handelsbilanz mit den verschiedensten Argumenten verteidigt; ein Eingehen hierauf würde den Rahmen der vorliegenden Arbeit sprengen, zumal die einschlägige Literatur außerordentlich umfangreich ist.

---

[222] Vgl. z. B. die These von STROBEL (1976), daß vom steuerlichen Jahresabschluß herkömmlicher Art keine Erhaltungsgefährdung ausgehe und somit dieses Argument nicht für Reformvorschläge geeignet sei. Die Analyse wird unter der Annahme der völligen Fremdfinanzierung der Anlagen und der Geltung der kapitalwertanalytischen Implikationen gewonnen. Da aber Fremdkapital *nicht* in beliebiger Höhe beschafft werden kann und die Besteuerung der Scheingewinne bei Inflation die Ansammlung des erforderlichen Eigenkapitals erschwert, sind die unter derart irrealen Prämissen abgeleiteten Aussagen m. E. für eine Diskussion de lege ferenda ungeeignet.

[223] Vgl. z. B. die instruktive Darstellung bei ADLER/DÜRING/SCHMALTZ (1968); MOXTER (1976), bes. S. 409ff.

[224] Vgl. insbes. BAETGE (1970).

C. DIE STEUERBILANZPOLITIK ALS TEIL DER UNTERNEHMUNGSPOLITIK

I. Zum Inhalt der Steuerbilanzpolitik

1. Theorie der Steuerbilanz und der Steuerbilanzpolitik

Bereits in der Herausarbeitung der Problemstellung wurde der Gegensatz zwischen normativer Bilanztheorie und Theorie der Bilanzpolitik aufgezeigt. Die vertiefte Behandlung des Informationsverhaltens in Organisationen führte zu einer Erweiterung des Begriffs der Bilanzpolitik. So definiert KAPPLER die Bilanzpolitik als die „Gestaltung aller Arten von Bilanzen, Gewinn- und Verlust-Rechnungen und des Geschäftsberichts einschließlich weiterer bilanzbezogener Kommentierungen mit dem Ziel, durch Bilanzinformationen bei Bilanzinteressenten Einstellungen zu erhalten und/oder zu erzeugen, die ein vom Bilanzierenden als wünschenswert erachtetes Verhalten induzieren. Bilanzpolitische Maßnahmen erstrecken sich daher nicht nur auf die Ausfüllung gesetzlich eindeutig definierter Spielräume, sondern insbesondere auf interpretationsbedürftige Tatbestände"[225].

So weit diese Definition der Bilanzpolitik einerseits ist, so erscheint sie andererseits doch als zu eng. Den Bilanzen und insbesondere den Steuerbilanzen kommt neben der Informationsfunktion auch noch eine Ausschüttungsbemessungsfunktion zu. Es bedarf recht gewaltsamer Interpretationen, auch die Ausschüttungsbemessung als Folge aus der Informationsvermittlung anzusehen[226]. Für die Steuerbilanzpolitik im besonderen wäre daher die Beeinflussung der Ausschüttung an den Fiskus besonders hervorzuheben. Die von KAPPLER aufgezeigten manipulativen Techniken sind aber auch für die Steuerbilanzpolitik von Bedeutung, weil die zahlreichen den Steuerbilanzansätzen zugrunde liegenden Schätzungen dem Fiskus gegenüber mit mehr oder weniger Überzeugungskraft vertreten werden können[227].

---

[225] KAPPLER (1972), S. 74.

[226] Während bei KAPPLER die Steuerbilanz in diesem Zusammenhang übersehen worden sein mag, vgl. aber neuerdings in eben diesem Sinne expressis verbis auch für die Steuerbilanz FREERICKS (1976).

[227] Auf die Schätzung, welche die Steuerbilanz darstellt, verweist besonders deutlich FETTEL (1970), bes. Sp. 210.

Für die Handelsbilanzpolitik wird als eine der grundsätzlich möglichen Zielsetzungen auch aufgezeigt, daß das „tatsächliche“ Vermögen und der „tatsächliche“ Erfolg ausgewiesen werden sollen[228]. Bei solcher Interessenharmonie würden die Bilanztheorie und die Theorie der Bilanzpolitik zusammenfallen. Indessen sind „tatsächlicher“ Erfolg beziehungsweise „tatsächliches“ Vermögen gar nicht eindeutig angebbar, weil die Schätzungen, die angesichts der Unsicherheit der Zukunft erfolgen müssen, teilweise subjektiv sind und weil das Periodisierungsproblem kausal unlösbar ist[229]; beim Übergang auf objektivierte Schätzungen und auf Konventionen tritt wiederum das Dilemma zwischen Objektivierung und Berücksichtigung der vorhandenen subjektiven Kenntnisse des Bilanzierenden auf[230]. Ein Wegfall der Handelsbilanzpolitik wäre daher auch bei dieser Zielsetzung nicht zu erwarten, sondern nur eine Reduzierung des genutzten Spielraums.

Für die Steuerbilanzpolitik und ihr Verhältnis zur Steuerbilanztheorie stellt sich das Problem in modifizierter Form. Theorie der Steuerbilanz kann zweierlei beinhalten: Erstens kann sie ein System de lege lata entwickeln. In diesem Falle ist die Theorie der Steuerbilanz als rechtskommentierende Disziplin aufzufassen und ist primär der Rechtswissenschaft zugehörig. Wegen der Objektkenntnisse hat die Betriebswirtschaftslehre eine Sachverständigenfunktion, ähnlich wie zum Beispiel die Medizin oder die Pharmazie für das Arzneimittelrecht; für die Lückenfüllung, besonders auch für die verfassungsrechtliche Beurteilung, wird die Sachverständigenfunktion der Betriebswirtschaftslehre besondere Bedeutung erlangen. Darüber hinaus wird die Theorie der Steuerbilanz teilweise unmittelbar von Vertretern der Betriebswirtschaftslehre bearbeitet. Den Gründen hiefür soll nicht nachgegangen werden, auch nicht der Streitfrage, ob solche Untersuchungen eine primäre Aufgabe der Betriebswirtschaftslehre darstellen.

Theorie der Steuerbilanz kann aber auch de lege ferenda betrieben werden, wobei hier Überlegungen anzustellen sind, ob mit der Steuerbilanz überhaupt gerechte und/oder wirtschaftspolitisch zweckmäßige Besteuerungsgrundlagen gefunden werden können. Bei solchen Untersuchungen wird das (nationale) Steuersystem nicht mehr

---

228 BOUFFIER (1956), Sp. 1146.

229 Vgl. näher RÜCKLE (1977), S. 114, mit Literatur (z. T. gegenteiliger Ansicht).

230 MOXTER (1976), S. 256f.

als gegeben hingenommen. Für die Gewinnermittlung mit Hilfe der Steuerbilanz wird etwa gefragt, ob das so ermittelte Einkommen überhaupt mit einem anders (z. B. mit einer Einnahmen-Ausgaben-Überschußrechnung) ermittelten Einkommen vergleichbar ist[231].

Hingegen wendet sich die Theorie der Steuerbilanzpolitik an den Bilanzierenden und geht von der Struktur des geltenden Rechts aus, wobei, wie bereits erwähnt, die Befolgung der Rechtsvorschriften zunächst offen zu lassen ist. Die Zielsetzung der Steuerbilanzpolitik ist aus der Zielsetzung des Entscheidungsträgers bzw. der Entscheidungsträger abzuleiten. Daß die Ergebnisse der so verstandenen steuerbilanzpolitischen Untersuchungen sekundär auch dem Gesetzgeber zur Verfügung gestellt werden können, wurde in Abschnitt B. II. 2 gezeigt.

Ist nun ein Zusammenfallen von Theorie der Steuerbilanz und Theorie der Steuerbilanzpolitik möglich? Um diese Frage zu beantworten, müssen zunächst die in Steuerbilanzen auftretenden Aktionsmöglichkeiten differenziert werden. Die Steuerrechtsnormen dienen nur teilweise der Einnahmenerzielung, teilweise aber auch der Wirtschaftslenkung im weitesten Sinne[232]. Die Wirtschaftslenkung erfolgt zu einem Großteil mittels *ausdrücklich* eingeräumter Wahlrechte, die wiederum — speziell in Österreich — bei Inanspruchnahme i. d. R. in der Bilanz ihren Niederschlag finden. Diese Wahlrechte seien als „Begünstigungen" bezeichnet. Soweit die steuerlichen Normen jedoch der Einnahmenerzielung dienen, soweit es sich also um die „normalen" steuerlichen Bestimmungen handelt, bestehen die Wahlrechte — mindestens der Konzeption nach — nur unfreiwillig, weil die verbindliche Fixierung des Bilanzinhaltes für den Einzelfall im Gesetz nicht gelingt. Auf die unterschiedliche Bedeutung dieser zwei Arten von Wahlrechten für die betriebliche Steuerbilanzpolitik, insbesondere im Hinblick auf die Anerkennung durch die Finanzbehörde, wird im Zweiten Kapitel, Abschn. G. I. 2. a, noch eingegangen.

Darüber hinaus umfaßt die Steuerbilanzpolitik (ebenso wie die Handelsbilanzpolitik) noch eine dritte Gruppe von Aktionsmöglichkeiten, nämlich die im Hinblick auf die Bilanzbeeinflussung erfolgenden materiellen Maßnahmen, die sogenannte „Bilanzpolitik vor dem Bilanzstichtag"[233]. Diese Aktionsmöglichkeiten werden zwar von

---

[231] Vgl. Tipke (1973a); Schneider, D. (1974a), S. 88ff.

[232] Vgl. Tipke (1979), S. 18.

[233] Bei diesen Maßnahmen wird zum Unterschied von der „Bilanzpolitik nach dem Bilanzstichtag" das der Bilanz zugrunde liegende Mengengerüst beeinflußt (vgl. Sieben/Haase [1971], S. 54f.). Zur Darstellung der

manchen Autoren aus der (Steuer-)Bilanzpolitik ausgeschlossen, weil auf diese Weise eine leichtere Abgrenzung einer (selbständigen) Bilanzpolitik gelingt. Da jedoch in der Praxis immer wieder zu beobachten ist, daß *mindestens* der *Zeitpunkt* solcher Maßnahmen (wie etwa Anschaffung sofort absetzbarer geringwertiger Wirtschaftsgüter im Sinne des § 13 EStG kurz vor dem Bilanzstichtag) durch bilanzielle Erwägungen determiniert wird, sollten diese Maßnahmen nicht aus der Bilanzpolitik hinwegdefiniert werden.

Die Theorie der Steuerbilanz beschränkt sich oft auf die Interpretation der *fiskalisch* bestimmten Normen und Änderungsvorschläge zu diesen. Solange jedoch wirtschaftspolitisch bestimmte Normen im Steuerrecht enthalten sind, solange also der Gesetzgeber von den steuerbilanziellen „begünstigenden", absichtlich eingeräumten Wahlrechten, nicht abgeht, können die Theorie der Steuerbilanz und die Theorie der Steuerbilanzpolitik nicht zusammenfallen.

Als Ziele der Steuerbilanz können aus den allgemeinen Besteuerungsgrundsätzen sowie aus verfassungsrechtlichen Geboten die periodengerechte Erfolgsermittlung und die damit in Konkurrenz stehende Rechtssicherheit und Tatbestandsmäßigkeit der Besteuerung abgeleitet werden[234]. Der Gedanke der Periodenrichtigkeit scheint dabei beherrschend zu sein. Vielfach ist auch die Ansicht zu finden, daß der Steuerbilanzgewinn im Gegensatz zu jenem der Handelsbilanz ein „wahrer", unmanipulierter Gewinn sei[235]. Die steuerbilanzpolitischen Möglichkeiten werden durch das in der Theorie der Steuerbilanz erkennbare Streben nach Beseitigung der unbeabsichtigten Wahlrechte, der Unschärfen, eingeschränkt. Steuerliche Wahlrechte sollten nach den Vorstellungen der deutschen Steuerreformkommission abgeschafft werden[236], doch konnten sich diese Bestrebungen nicht durchsetzen. Im Vergleich mit der BRD gewährt das österreichische Steuerrecht generell weniger Wahlrechte[237]. Im Vergleich zum deutschen Steuer-

---

hierunter fallenden Maßnahmen vgl. z. B. HARDER (1962), S. 154ff., oder kurzgefaßt VODRAZKA (1974b), Sp. 921f.

[234] JACOBS (1971), S. 12ff. und S. 24ff.

[235] DIECKMANN (1972), S. 57ff., spricht plastisch von der „Legende vom periodisch ‚richtigen' Steuerbilanzgewinn", mit ausführlichen Literaturhinweisen für diese Ansicht. — Zum Beweis der Unmöglichkeit der richtigen Periodisierung vgl. Fn. 229.

[236] Insbesondere sollte die Steuerbilanz keine Wahlrechte enthalten, die losgelöst von der Handelsbilanz ausgeübt werden können: vgl. Gutachten (1971), Tz. V/23 und V/152; ferner THIEL (1971).

[237] VODRAZKA (1975a), S. 322: Als Beispiel weist VODRAZKA auf die Besteuerung der Einkünfte aus einem verpachteten Gewerbebetrieb

recht kommt dem Streben nach Periodenrichtigkeit im österreichischen Steuerrecht eine erhöhte, ja zentrale Rolle zu. Wenn Betriebsausgaben nicht rechtzeitig geltend gemacht werden, so gehen sie endgültig verloren. Hierzu einige Beispiele: Wenn ein nach § 5 EStG Bilanzierender keine Pensionsrückstellung bildet, so kann er auch die später erfolgenden tatsächlichen Zahlungen nach Ansicht der Einkommensteuerrichtlinien 1975 nicht als Betriebsausgaben verrechnen[238]; Teilwertabschreibungen auf Forderungen müssen in dem Jahre vorgenommen werden, in dem die Wertminderung eintritt[239]. Der Verwaltungsgerichtshof hat sogar für die Einnahmenseite analog entschieden: Erträge aufgrund des Wegfalls einer Schuld sind nur im Jahre des Wegfalles der Schuld anzusetzen, nicht erst in einem späteren Jahre, in welchem der Steuerpflichtige dem Finanzamt den Wegfall der Schuld nachweist[240]; dieses Erkenntnis ist umso bemerkenswerter, als im vorliegenden Falle für das Jahr des Wegfalles der Schuld bereits Abgabenbemessungsverjährung eingetreten war.

Die Periodenrichtigkeit des Ansatzes der Erfolgskomponenten wird selbst auf Kosten des Bilanzzusammenhanges hergestellt. Formell wird dieser Zusammenhang zwar gewahrt, doch materiell wird

---

hin; in Österreich erfolgt die Zuordnung zu den Einkünften aus Gewerbebetrieb oder zu jenen aus Vermietung und Verpachtung nach „objektiven" Kriterien, während sie in Deutschland von der Abgabe oder Nichtabgabe einer „Betriebsaufgabeerklärung" abhängt (Fundstellen bei VODRAZKA [1975a]). — Ich möchte ein weiteres, für die Steuerbilanz sehr wichtiges Beispiel anführen: In Österreich besteht für protokollierte Gewerbetreibende (Gewinnermittlung nach § 5 EStG) gemäß einem Erkenntnis des VfGH vom 3. 7. 1965, V 9/65, für Pensionsrückstellungen Passivierungs*pflicht*. In Deutschland hingegen bilden die Variationsmöglichkeiten bei Ansatz und Bewertung von Pensionsrückstellungen eines der wichtigsten bilanzpolitischen Mittel (trotz existierender Einschränkungen der Verlagerungsmöglichkeiten im einzelnen). Vgl. § 6a dt. EStG. — Vgl. auch Zweites Kapitel, Abschn. G. II. 1. d.

[238] EStR 1975, Abschn. 40, Abs. 5 Unterabs. 3 unter Berufung auf das in Fn. 237 zit. Erkenntnis des VfGH und den Grundsatz der periodengerechten Gewinnermittlung. (Die Aussage der EStR 1979 wurde umformuliert, weil sie unmittelbar nicht verständlich ist: Es wird nur von der gewinnerhöhenden Auflösung der Pensionsrückstellung gesprochen, wobei die Verrechnung der Pensionszahlungen als Betriebsausgabe offenbar unterstellt wird.) Neuerdings verneint die Finanzverwaltung wieder die Passivierungspflichtigkeit von Pensionszusagen bei § 5—Bilanzierenden. Vgl. Zweites Kapitel, Abschn. G. II. 1. d.

[239] Erk. d. VwGH v. 8. 6. 1962, 172/62; v. 3. 2. 1967, 1667/66; v. 3. 7. 1968, 1067/66; v. 21. 12. 1971, 285/69.

[240] Erk. d. VwGH v. 3. 12. 1975, 1521/75.

er durchbrochen. Es wird nämlich die Bilanz jenes Jahres, in dem die Betriebsausgabe bzw. Betriebseinnahme anzusetzen gewesen wäre, berichtigt, was sich jedoch auf die Gewinnermittlung des alten Jahres nicht mehr auswirkt, wenn die Veranlagung bereits rechtskräftig ist. Nur im Falle der Wiederaufnahme des Verfahrens aus einem anderen Grunde könnte die Berücksichtigung bei der Gewinnermittlung für das alte Jahr noch erfolgen[241].

In voller Schärfe tritt das Problem der richtigen Periodisierung auch dann auf, wenn bei einer Betriebsprüfung Steuernachforderungen auftreten, die schon verjährt sind. Dazu meint Stoll — unter Zurückweisung der gegenteiligen deutschen Rechtsprechung und des Schrifttums —, die Bilanzen müßten auf jeden Fall für diejenige Periode geändert werden, für die sich die Steuernachforderung bei richtiger Periodisierung ergebe; die Steuernachforderung für sich bilde als Vorfrage einen Wiederaufnahmegrund. Bei eingetretener Veranlagungsverjährung könne sich das allerdings steuerlich nicht mehr auswirken, der Bilanzenzusammenhang werde dadurch aber nicht durchbrochen, vielmehr konsequent gewahrt[242]. Daß eine derart rigorose Haltung zur periodenrichtigen Gewinnermittlung allerdings beträchtliche Probleme aufwirft, wird auch von steuerjuristischer Seite gesehen[243].

Für die betriebswirtschaftliche Steuerbilanzpolitik ergeben sich aus der aufgezeigten Tendenz zur Einschränkung der Wahlrechte Einengungen des Spielraumes: Im Interesse der Steuerbelastungsminderung vorgenommene oder auch unabsichtliche, in den Augen der Finanzverwaltung und der Rechtsprechung unrichtige Periodisierungen beinhalten die Gefahr einer endgültigen Erhöhung der Steuerbemessungsgrundlage der Totalperiode.

Im Zusammenhang mit der Forderung nach Periodenrichtigkeit wird auch der problematische Begriff des „Steuerkredites" verständlich. Die Ausnutzung steuerlicher Wahlrechte, vor allem von Steuerbegünstigungen, wird als Gewährung eines „Steuerkredites" durch den Fiskus apostrophiert[244]. Da dieser Terminus auch für Überlegun-

---

[241] So Schubert/Pokorny/Schuch (1973), Anm. 11 B zu § 6, im Anschluß an die in Fn. 239 zit. Erkenntnisse.

[242] Stoll (1972), S. 117ff., wobei zur These von der Nichtdurchbrechung des Bilanzzusammenhanges auch das Erk. d. VwGH v. 7. 5. 1965, 2208/63 zitiert wird; so auch EStR 1979, Abschn. 12 Abs. 1, mit weiterer Judikatur.

[243] Vgl. insbes. Philipp (1973), S. 81.

[244] Vgl. u. a. Swoboda (1973), S. 128; Lexa (1975b), S. 4f. Beide Arbeiten zeigen die Vorteilhaftigkeitskomponenten der Inanspruchnahme solcher „Steuerkredite" auf.

gen de lege ferenda benutzt wird, ist er einer kritischen Bedeutungsanalyse zu unterziehen.

Damit eine steuerliche Bestimmung als „Steuerbegünstigung" klassifiziert werden kann, braucht man zunächst „irgendeine Norm oder ein Modell, um die betreffende Steuervorschrift als Abweichung davon identifizieren zu können"[245]. Dieser „Normalgewinn", vor dessen Hintergrund sich die „Steuerkredite" abheben, ist offenbar der „periodenrichtige", der aber bereits oben zumindest für die Steuerbilanz als nicht haltbare Wunschvorstellung erkannt wurde. „Steuerkredite" sollen z. B. bereits dann vorliegen, wenn bei den Abschreibungen eine schnellere Aufwandsverrechnung als mittels der linearen Methode erfolgt. Solange aber die betriebswirtschaftlich richtige Abschreibung nicht eindeutig als lineare bewiesen wird, wäre es nicht gerechtfertigt, aus Vorstellungen über einen so gewonnenen „Normalgewinn" de lege ferenda Forderungen nach Beseitigung dieser „Steuerkredite" aufzustellen.

In entscheidungstheoretischer Sicht muß sogar in umgekehrter Richtung argumentiert werden: Steuerzahlungen auf der Basis von Gewinnen, in deren Berechnung noch keine volle Amortisation des investierten Kapitals eingegangen ist, sind Steuerzahlungen von *nicht realisierten Gewinnen*. Das investierte Kapital ist ja zunächst als verloren anzusehen; es wurde in der Hoffnung investiert, es später (mindestens) wieder zurückzubekommen. *Realisierte* Gewinne liegen erst dann vor, wenn das investierte Kapital amortisiert ist.

Erst wenn die abweichende gesetzliche Regelung in der Einkommensbesteuerung als gedanklicher Ausgangspunkt gewählt wird, kann die Bezeichnung „Steuerkredit" gerechtfertigt werden. In entscheidungstheoretischer Sicht wäre es jedoch vorzuziehen, nicht von „Steuerkrediten" zu sprechen, sondern von einem Verzicht des Fiskus auf Vorgriffe auf erst später realisierte Gewinne[246]. Der Terminus „Steuerkredit" ist nur als Kurzbezeichnung für eine Steuerminderung gegenüber einer Steuerzahlung, die aus einem durch Konventionen fixier-

---

[245] AULT (1974).

[246] Vgl. auch SCHNEIDER, D. (1976): Die richtige Fundierung im Einkommensbegriff müsse zur Verwerfung der Konvention führen, daß der Gewinn mit dem Umsatz am Absatzmarkt realisiert sei; vielmehr sei auch das Zufließen der Einnahmen für die Realisation erforderlich. — SCHNEIDERS Analyse, aus der die Aufwandsberechnung leider ausgeschaltet bleibt (S. 116), entspricht der hier vorgetragenen These. Vgl. auch ALBACH (1971) zur Problematik des Realisationsprinzips bei der Besteuerung von „Gewinnen" aus der Veräußerung zu ersetzender Anlagegüter.

ten „Normalgewinn“ resultieren würde, zu verstehen. Die Beseitigung von „Steuerkrediten“ kann somit erst dann gefordert werden, wenn der zugrunde liegende „Normalgewinn“ als gerechter oder auf andere Weise zu rechtfertigender Maßstab begründet wurde.

Für die Theorie der Steuerbilanz spielt auch das Verhältnis der Steuerbilanz zur Handelsbilanz eine große Rolle. Die für protokollierte Gewerbetreibende in § 5 EStG normierte Maßgeblichkeit der Handelsbilanz für die Steuerbilanz bewirkt eine Verzahnung von Handels- und Steuerbilanz, aus der teilweise die Nichtexistenz einer selbständigen Steuerbilanz und in weiterer Folge die Nichtexistenz einer gesonderten Steuerbilanzpolitik gefolgert wurde. Eine Auseinandersetzung mit diesen Argumenten setzt aber eine Darstellung des Maßgeblichkeitsgrundsatzes voraus. Ob Steuerbilanzpolitik für sich überhaupt existiert und ob sie bejahendenfalls unabhängig von Handelsbilanzpolitik betrieben werden kann, wird wegen der besonderen Bedeutung dieser Frage unten in Abschnitt D gesondert untersucht.

2. Zum „politischen“ Element der Steuerbilanzpolitik — Terminologisches

Die Steuerbilanzpolitik ist eine betriebswirtschaftliche Teilpolitik. Zur Umschreibung des hier verwendeten Politikbegriffes kann auf die allgemeine Betriebswirtschaftspolitik zurückgegriffen werden. „Betriebswirtschaftspolitik ... ist die Lehre von den tatsächlichen und den möglichen Zielsetzungen und Entscheidungen, die von der Führung einer Betriebswirtschaft ... getroffen werden“[247]. Nachdem eine Zeit lang die Zweckmäßigkeit einer Abgrenzung der „Betriebswirtschaftspolitik“ bzw. „Unternehmungspolitik“ gegen die allgemeine Betriebswirtschaftslehre diskutiert wurde[248], ist heute — wenn man überhaupt in diesem Zusammenhang auf Terminologisches Wert legt — eher das Verhältnis von „Politik“ und „Planung“ von Interesse.

Unter „Planung“ wird recht Verschiedenartiges verstanden[249]; vielfach wird sie als jene Art der Willensbildung aufgefaßt, die in einer Festlegung von Handlungen vor dem Zeitpunkt des Eintrittes der zugrunde liegenden Datenkonstellationen besteht[250]. „Planung“ und

---

[247] SANDIG (1966), S. 6; vgl. ferner u. a. MELLEROWICZ (1976), S. 79; MARETTEK (1971), S. 20f.; HARDER (1962), S. 49.

[248] Vgl. SANDIG (1966), S. 2—4.

[249] Vgl. insbes. KOCH (1961), S. 9ff.; WEBER, H. (1964).

[250] Vgl. KOCH (1961), S. 9; KOCH (1975), bes. Sp. 3002f.

„Improvisation" bilden in dieser Sicht zusammen die „Unternehmungspolitik"[251]. Einer solchen Unterscheidung soll für die Steuerbilanzpolitik nicht gefolgt werden; vielmehr sollen die Termini „Planung" und „Politik" als ähnlich betrachtet werden. Essentialistische Begriffsuntersuchungen sind nicht fruchtbar, deshalb soll für die Bevorzugung des Terminus „Steuerbilanzpolitik" gegenüber dem Terminus „Steuerbilanzplanung" nur ein recht pragmatischer Grund angeführt werden: Der erstere Terminus wird von der Mehrzahl der vorliegenden einschlägigen Arbeiten benutzt.

Ausgangspunkt jeder „Politik" oder „Planung" ist die Zielsetzung. Die Begründung von Oberzielen, „letzten" Zielen der Unternehmung führt in ethisch-normative Bereiche oder in empirische Untersuchungen; beides ist nicht das Ziel dieser Arbeit. Hingegen ist die Ableitung von Unterzielen für die Teilpolitik „Steuerbilanzpolitik" in Konformität mit vorgegebenen oder alternativen hypothetischen Oberzielen der Gesamtunternehmung einer der hauptsächlichen Problemkreise für eine Theorie der Steuerbilanzpolitik. Die Ziele müssen auf den unteren Ebenen der Unternehmungspolitik operationalisiert werden. Für Unternehmungspolitik, die in das Detail der Organisation eindringt, würde auch eine sozialwissenschaftliche Durchdringung der Interessendurchsetzung von Organisationsteilnehmern naheliegen; diesem von den Verhaltenswissenschaften inspirierten Politikkonzept wird nicht näher nachgegangen[252].

Die Theorie der Steuerbilanzpolitik wird als Analyse von Planungsmodellen verstanden. Daß die Realität in einem solchen Modell nicht völlig richtig abgebildet wird, ist unbestritten. Daraus braucht aber nicht gefolgert werden, daß durch die Modellösung das „Tathandeln" nicht bestimmt, sondern nur eine Grundlage für die zu fällende Entscheidung geliefert würde[253]; würde man die Entscheidung anders treffen, als dies der Modellösung entspricht, so könnte dies rationalerweise nur durch die absichtliche Ungenauigkeit der langfristigen Planung begründet sein, die für die kurzfristig, improvisatorisch zu treffende und der tatsächlichen Situation anzupassende Entscheidung einen Spielraum offen läßt. Würde man darüber hinausgehend Abweichungen von Modellösung und „Tathandeln" vorsehen, so würde das bedeuten, daß der Aktor ein besseres „Modell" hat, als es der explizit dargestellten Planung entspricht. In Wahrheit ist dies aber nur die

---

[251] Koch (1961), S. 12.

[252] Vgl. hierzu etwa Kirsch (1969). — Zur vergröberten Einbeziehung in Entscheidungsmodelle vgl. oben Abschnitt B. I. 3.

[253] Rosenberg (1975), S. 8, im Anschluß an Kosiol und Sabel.

Verlagerung von der expliziten Artikulation von Präferenzen, Strukturvorstellungen usw. zur impliziten Informationsverarbeitung in der „Fingerspitzengefühl"-Lösung. Diese ist zwar für den Aktor bequemer, weil er das technologische Modell nicht explizit zum Ausdruck bringen muß. Von dieser Lösung kann aber wegen der begrenzten Informationsverarbeitungskapazität des Aktors keine Rationalität (= Konsistenz mit dem Wertsystem des Aktors) erwartet werden. Vielmehr ist dies die schon oben angesprochene Einbruchstelle für „politisches" Verhalten von Organisationsteilnehmern: Ziele, die der Aktor sich nicht öffentlich zu artikulieren getraut, können in die Entscheidung außerhalb der Modellösung eingebracht werden; die Bemäntelung von Sonderinteressen ist möglich.

„Politik" spielt in der vorliegenden Arbeit schließlich auch im landläufigen Sinne der auf den Staat bezogenen Gestaltung[254] eine Rolle. Die staatliche Politik ist bestimmend für die Gestaltung und Änderung des Steuersystems, insbesondere auch der Steuersätze. Der Zusammenhang mit der Steuerbilanzpolitik besteht allerdings nur darin, daß für die betriebliche Steuerbilanzpolitik möglichst zutreffende Prognosen über die staatliche Steuerpolitik gewonnen werden müssen, denn nur in Ausnahmefällen wird die betriebliche Steuerpolitik, insbesondere die Steuer*bilanz*politik, die Möglichkeit eines Einflusses auf die staatliche Steuerpolitik ins Kalkül ziehen.

3. Die in steuerbilanzpolitischen Modellen vorzugsweise geplanten Steuerarten

Die bisherige Untersuchung ging unter Verwendung des Zusammenhanges mit der Handelsbilanz von der stillschweigenden Annahme aus, daß die „Steuerbilanz" jenes Rechenwerk ist, durch welches die Ertragsteuern bestimmt werden. Dementsprechend würde sich „Steuerbilanzpolitik" von vornherein nur auf Ertragsteuern beziehen. Die Durchsicht der Literatur zur Steuerbilanzpolitik zeigt auch, daß fast ausschließlich diese Betrachtungsweise anzutreffen ist. Es ist aber sowohl eine Präzisierung des Begriffes der „Steuerbilanz" als auch eine Diskussion der von der „Steuerbilanzpolitik" zu erfassenden Steuerarten angebracht.

Der Terminus „Steuerbilanz" ist in den Steuergesetzen nicht enthalten, sondern wurde von der Literatur entwickelt. Er wird nicht einheitlich verwendet; im Ergebnis sind die Unterschiede in den Begriffsbildungen aber nur geringfügig.

---

[254] Vgl. z. B. FREUND (1964).

Die erste Ansicht[255] versteht unter „Steuerbilanz“ jede Art von Bilanz, die als Grundlage für die Besteuerung dient und unterscheidet weiter nach ordentlichen (laufenden) und außerordentlichen (gelegentlichen) Steuerbilanzen. Innerhalb der ordentlichen Steuerbilanzen werden nach den Steuerarten, für deren Ermittlung diese Steuerbilanzen dienen sollen, Ertragsteuer- und Vermögensteuerbilanzen (bzw. Substanzsteuerbilanzen) unterschieden. Die Ertragsteuerbilanz wird hervorgehoben, auch als „Steuerbilanz i. e. S.“ bezeichnet, während für die Vermögensteuerbilanz in Anlehnung an Abschn. 4 (dt.) VStR 1977 zunehmend der Terminus „Vermögensaufstellung“ empfohlen wird.

Damit kommt man im Ergebnis fast zur selben Terminologie, wie sie die zweite Ansicht, besonders rigoros WÖHE[256], vertritt: die „Vermögensaufstellung“ wird gar nicht als „Steuerbilanz“ bezeichnet, letzterer Terminus wird vielmehr sogar auf die Gewinnermittlung nach § 5 EStG beschränkt, es wird also auch nicht der unvollständige Betriebsvermögensvergleich gemäß § 4 Abs. 1 EStG als „Steuerbilanz“ bezeichnet[257]; auch den Begriff der „Gewerbesteuerbilanz“ lehnt WÖHE ab, weil es sich nur um die durch Korrekturen ergänzte Übernahme von Werten aus der „Steuerbilanz“ bzw. Vermögensaufstellung handle.

WÖHEs Terminologie trifft den Kernpunkt dessen, was allgemein unter „Steuerbilanz“ verstanden wird. Der Steuerpflichtige ist nicht verpflichtet, eine gesonderte „Steuerbilanz“ dem Finanzamt einzureichen. Vielmehr kann er nach einer der drei folgenden Möglichkeiten verfahren: Er kann die Handelsbilanz einreichen, sofern bei deren Aufstellung auch die steuerlichen Vorschriften beachtet wurden (Einheitsbilanz); er kann zweitens die Handelsbilanz einreichen und die zur Berücksichtigung zwingender steuerlicher Vorschriften erforderlichen Modifikationen außerbücherlich vornehmen (Handelsbilanz mit steuerlichen Mehr-Weniger-Rechnungen) oder auch drittens eine gesonderte Steuerbilanz aus einer gesonderten steuerlichen Buchfüh-

---

[255] Vgl. z. B. BÜHLER/SCHERPF (1971), S. 141; FEDERMANN (1979), S. 21f.; SCHULT (1977a), S. 16f.

[256] Vgl. insbes. WÖHE (1978a), S. 333ff., S. 343ff., S. 682ff.; WÖHE (1979), S. 39.

[257] Demgegenüber spricht ROSE (1978), S. 52f., beim Vermögensvergleich nach § 4 Abs. 1, bei dem nur steuerliche Vorschriften zu beachten sind, von einer Verwendung „originärer oder reiner Steuerbilanzen“ zum Unterschied von den „derivativen oder abgeleiteten Steuerbilanzen“ beim Vermögensvergleich nach § 5.

rung ableiten. Alle drei Formen der Unterlagen zur Steuererklärung werden als „Steuerbilanz" bezeichnet[258].

Es wäre jedoch unzweckmäßig, auf diese rein terminologische Weise den Inhalt der Steuerbilanzpolitik allzu einschränkend zu bestimmen. Festzuhalten bleibt, daß die ordentlichen Ertragsteuerbilanzen unter Beachtung der Maßgeblichkeit der Handelsbilanz für die Steuerbilanz gemäß § 5 EStG den Kernpunkt der Steuerbilanzpolitik bilden. Darüber hinaus ist mindestens die Gewerbeertragsteuer als weitgehend von dieser ordentlichen Ertragsteuerbilanz abhängig einzubeziehen.

Auch wenn man der Gewinnermittlung nach § 4 Abs. 1 EStG den Terminus „Steuerbilanz" vorenthält, so treten gleichartige Aktionsmöglichkeiten wie für die Gewinnermittlung gemäß § 5 EStG auf. Eine gesonderte Behandlung erübrigt sich allerdings weitgehend, die Probleme werden bei der Steuerbilanzpolitik für § 5-Gewinn-Ermittler miterledigt; einige Unterschiede für die Möglichkeiten der Steuerbilanzpolitik ergeben sich lediglich aus den Unterschieden in den gesetzlichen Regelungen für die § 4 Abs. 1- und die § 5-Gewinnermittlung.

Schließlich gehören auch außerordentliche Steuerbilanzen (Sonderbilanzen) zu einer realistischen Steuerbilanzpolitik, allein schon deshalb, weil die Wertansätze in den Sonderbilanzen mit den nachfolgenden Wertansätzen in den ordentlichen Bilanzen verknüpft sind und diese weitgehend determinieren; dies betont interessanterweise WÖHE selbst[259]. Wenn daher in der weiteren Untersuchung die ordentlichen Steuerbilanzen der § 5-Gewinnermittler im Vordergrund stehen, dann ist dies einerseits in der größeren Komplexität der Probleme gegenüber der Gewinnermittlung nach § 4 Abs. 1 begründet, andererseits — hinsichtlich der Vernachlässigung der Steuerbilanzpolitik anläßlich von Sonderbilanzen — eine nur im Hinblick auf den sonst zu groß werdenden Umfang der Arbeit vorgenommene Einschränkung; die entwickelte Planungsmethodik ist jedoch auf beide genannten Problemkreise anwendbar.

Trotz der überwiegenden Einschränkung des Begriffes „Steuerbilanz" im beschriebenen Sinne könnten aber auch andere Steuern,

---

[258] BÜHLER/SCHERPF (1971), S. 279ff.; FEDERMANN (1979), S. 41f. — Abzulehnen ist aber die Begriffsbildung bei THIEL (1966), der unter „Steuerbilanz" die auf statistische Weise ermittelte Übersicht über die Abweichungen der nach Steuerrecht gebotenen Ansätze von der Handelsbilanz versteht.

[259] WÖHE (1977), S. 222.

insbesondere die Substanzsteuern, den Gegenstand einer Steuerbilanzpolitik bilden; für die übrigen Steuern (Verkehrs- und Verbrauchsteuern) wird eine Erweiterung der Steuer(bilanz-)planung nur selten gefordert. Zwar kann auch eine ,,Umsatzsteuerbilanz" im Rahmen der ordentlichen Steuerbilanzen definiert und wegen verschiedener Wahlrechte im Umsatzsteuerrecht auch eine ,,umsatzsteuerliche Bilanzpolitik" betrieben werden[260], doch sind die durch die Ausübung von Wahlrechten des Umsatzsteuerrechtes erlangbaren Vorteile nur in Ausnahmefällen von Bedeutung.

Als Begründung dafür, daß die Substanzsteuern gegenüber den Ertragsteuern in steuer(bilanz)-politischen Untersuchungen vernachlässigt werden, können zwei Argumente vorgebracht werden: Die Ertragsteuern dominieren ganz wesentlich einerseits hinsichtlich der Gestaltungsmöglichkeiten, andererseits hinsichtlich des Steuervolumens[261]. Das Argument der geringeren Gestaltungsmöglichkeiten bei den Substanzsteuern wird allgemein anerkannt, doch wird jenes des geringeren Auswirkungsvolumens nicht generell akzeptiert. Vor allem bei schlecht rentierenden Unternehmungen erlangen die vermögensabhängigen Steuern ein relativ hohes Gewicht[262]. Für Österreich gilt dieses Gegenargument in erhöhtem Ausmaß, weil hier in den letzten Jahren eine Tendenz zu beträchtlicher Steigerung der vermögensabhängigen Steuern festzustellen ist. Nachdem für die Vermögensteuer lange Zeit ein Steuersatz von 0,5% bestanden hatte, wurde dieser über zunächst 0,75 ab 1. 1. 1977 auf 1% angehoben.

Bei gewinnerzielenden Unternehmungen sind die Gestaltungsmöglichkeiten bei den vermögensabhängigen Steuern wesentlich geringer als bei den Ertragsteuern, wie bereits aus einer groben Abschätzung ersichtlich ist. Es sei vereinfachend ein Erfolgsteuersatz von 50% unterstellt. Wenn man von allen Bewertungsunterschieden zwischen Handelsbilanz, (Ertrag-)Steuerbilanz und Vermögensaufstellung absieht, so können die wichtigsten laufend erhobenen Substanzsteuern, nämlich die Vermögensteuer und die Gewerbekapitalsteuer, welche beide als Nettovermögenssteuern ausgestaltet sind, als Steuern auf das betriebliche Eigenkapital angesehen werden. (Von den gewerbesteuerlichen Hinzurechnungen und Kürzungen sei hier ebenfalls abgesehen.) Gewinndifferenzen schlagen nur ,,nach Steuern" auf die substanzsteuerliche Bemessungsgrundlage durch, bei einem Erfolgsteuer-

260 SCHULT (1977a), S. 16 und S. 36.

261 HEIGL/MELCHER (1974), S. 6; vgl. auch STROBEL (1977a), S. 392 und S. 398.

262 Hierauf hat G. ROSE immer wieder hingewiesen, u. a. ROSE (1974).

satz von z. B. 50% nur zur Hälfte. Hinzu kommt noch, daß der Steuersatz der Substanzsteuern wesentlich niedriger ist (einschließlich Gewerbekapitalsteuer, je nach Hebesatz, etwa 1,35%).

Wie die Variation des Erfolgsausweises auf das steuerpflichtige Nettovermögen durchschlägt, hängt von der Eigenkapitalrendite und vom Erfolgsteuersatz ab. Z. B. seien die Beziehungen für eine Eigenkapitalrentabilität von ca. 10% betrachtet: Eine Senkung des steuerpflichtigen Gewinnes durch bilanzpolitische Maßnahmen um 20% bewirkt bei einem Erfolgsteuersatz von 50% lediglich eine Senkung des steuerpflichtigen Vermögens von 0,9%. Bei niedriger Eigenkapitalrentabilität (und niedrigen erfolgsabhängigen Steuern) werden die substanzsteuerlichen Bemessungsgrundlagen c. p. allerdings stärker verändert. Solange ein Betrieb aber nicht ganz oder fast ertragslos ist, sind die relativen Änderungsmöglichkeiten der Bemessungsgrundlage bei den Substanzsteuern entscheidend niedriger.

Aufgrund vorstehender Überlegungen ist es gerechtfertigt, in den steuerbilanzpolitischen Modellen — zumindest in den einfacher konzipierten — auf die Substanzsteuern zu verzichten. Falls eine Parallelität zwischen den Änderungen der Substanzsteuern und jenen der Ertragsteuern besteht, kann auf eine explizite Planung der Substanzsteuern überhaupt verzichtet werden. Zunächst scheint diese Parallelität nicht gegeben, weil die substanzsteuerliche Bewertung tageswertbezogen ist[263] und unabhängig von jener laut Einkommensteuerrecht erfolgt. Die Selbständigkeit der Einheitsbewertung betonen etwa Bühler/Scherpf, nach denen „die Wertansätze der Steuerbilanz in den seltensten Fällen in die Vermögensaufstellung übernommen werden (können)"[264].

Trotz der prinzipiellen Unabhängigkeit der Einheitswerte von den Ertragsteuerbilanzwerten wirkt aber ein Teil der bilanzpolitischen Maßnahmen für die Einkommensteuerbilanz auch auf die Einheitswerte; dies ist daraus verständlich, daß aus Gründen der Arbeitsökonomie die gesonderte Bewertung gemäß Bewertungsgesetz nicht durchgehalten werden kann.

So legen die VStR 1980 in Abschnitt 4.2 u. a. folgende Bewertungen fest: Roh- und Hilfsstoffe, Halb- und Fertigerzeugnisse sind i. d. R. wie in der Ertragsteuerbilanz zu bewerten. Nur wenn bei Anschaffung oder Herstellung am Stichtag eine Abweichung von mehr als 20% von diesem Wert auftritt, dann ist der aktuelle Wiederbeschaffungs-

---

[263] Vgl. §§ 12 und 68 BewG.

[264] Bühler/Scherpf (1971), S. 627.

wert anzusetzen. Praktisch bedeutet das, daß z. B. die bilanzpolitischen Maßnahmen bei der Ermittlung der Herstellungskosten in die Einheitswerte hinüberwirken. Für bewegliche abnutzbare Anlagegüter wird bestimmt, daß die Anschaffungs- oder Herstellungskosten abzüglich der einkommensteuerlichen Absetzung für Abnutzung zu übernehmen sind, mindestens aber ein Ansatz von 20% der Anschaffungs- oder Herstellungskosten erfolgen muß; vorzeitige Abschreibungen und Sonderabschreibungen dürfen ebenso wie Vollabschreibungen geringwertiger Wirtschaftsgüter nicht übernommen werden. Aus dieser Bestimmung kann u. a. die Fortwirkung degressiver Abschreibungen aus der Ertragsteuerbilanz in die Einheitswertberechnung gefolgert werden; derzeit hat dies allerdings nur geringe Bedeutung, weil gemäß § 7 Abs. 4 EStG bei Inanspruchnahme einer vorzeitigen Abschreibung oder eines Investitionsfreibetrages oder einer entsprechenden Auflösung einer Investitionsrücklage die degressive Abschreibung nicht zulässig ist.

Eine ins einzelne gehende Untersuchung der Auswirkungen ertragsteuerbilanzpolitischer Maßnahmen auf die Einheitswerte hat Marettek vorgelegt[265], dessen Ergebnisse aber nicht ohne weiteres auf Österreich übertragbar sind. Zusätzlich von Interesse und im Prinzip gegenläufiger Wirkung ist die Beeinflussung der Substanzsteuern durch die Ertragsteuern infolge der Tatsache, daß Minderungen der Ertragsteuern in Form verminderter Steuerabflüsse c. p. das Eigenkapital erhöhen und somit grundsätzlich die Substanzsteuerbelastung vergrößern können[266].

Obwohl, wie gezeigt wurde, die substanzabhängigen Steuern wesentlich weniger planungsbedürftig als die erfolgsabhängigen Steuern sind, soll doch untersucht werden, wie bei verfeinerter Planung die substanzabhängigen Steuern in die Steuerbilanzpolitik einzubeziehen wären. Völlig exakt wäre dies in simultanen Totalplanungsmodellen möglich. Ansätze hierzu liegen in der Literatur bereits vor, allerdings sind nicht alle auftretenden Probleme bisher befriedigend gelöst.

Ein simultanes Totalplanungsmodell, das auch die Substanzsteuern explizit plant, hat u. a. Haegert vorgelegt, dessen Vorgangsweise kritisch dargestellt sei[267]: Im Rahmen des Totalplanungsmodells

---

[265] Marettek (1971), S. 108ff.; die Wiedergabe bei Müller-Kröncke (1974), S. 65, ist unvollständig und teilweise unrichtig. — Vgl. auch Schneeloch (1972), S. 40 u. S. 76; Biergans/Sigloch (1977); Koschmieder (1980); Bauer (1981).

[266] Vgl. dazu Marettek (1971), S. 88ff.; Höfer (1971).

[267] Haegert (1971), S. 57f., S. 85ff. und Ungleichung (24.44) auf

kann eine Variable für den Einheitswert x_{Ej} definiert werden. x_{Ej} wird als Rohvermögen abzüglich Schulden definiert und formal als Summe der einzelnen Vermögensbestandteile und — negativ genommen — Schuldpositionen definiert[268]. Die Vermögensbestandteile und die Schuldpositionen können mit Hilfe der im übrigen Totalplanungsmodell auftretenden Variablen für die Erzeugnisse, die Materialvorräte, für die Kreditarten usw. dargestellt werden.

Die Bewertung der Einzelpositionen ist jedoch grob vereinfacht. Es wird unterstellt, daß die Teilwerte der Wirtschaftsgüter des Vorratsvermögens mit ihren Anschaffungs- oder direkten Herstellungskosten übereinstimmen und daß die Teilwerte der Gegenstände des abnutzbaren Anlagevermögens gleich ihren (ertrag-)steuerlichen Restbuchwerten sind. Dagegen ist einzuwenden, daß die Bewertung des Vorratsvermögens, soweit es sich um Halb- und Fertigfabrikate handelt, selbst den einkommensteuerlichen Vorschriften widerspricht. Die Bewertung zu direkten Kosten wurde zwar in der betriebwirtschaftlichen Literatur immer wieder gefordert, ist jedoch zum Unterschied von den USA sowohl in Deutschland als auch in Österreich unzulässig[269]. Für das Simultanplanungsmodell wirft dies bedeutende Schwierigkeiten auf, weil für die Ermittlung von steuerlich zulässigen Vollkosten Gemeinkostenschlüsselungen vorgenommen werden müssen und diese je nach dem erzielten Produktionsumfang, der allerdings erst durch das Modell zu bestimmen ist, verschieden ausfallen werden. Eine exakte Abbildung im LP-Modell scheint nicht möglich zu sein, liegt jedenfalls bisher nicht vor. Man kann aber eine wesentliche Verbesserung von HAEGERTS Ansatz erzielen, wenn man statt der ohnehin in Form von Konstanten vorgegebenen Lohneinzelkosten pro Erzeugnis Lohneinzelkosten zuzüglich Normalgemeinkostenzuschlägen verwendet. Allenfalls wären die Zuschläge parametrisch zu variieren, wenn die vom

---

S. 102; einen ähnlichen Ansatz legte später ROSENBERG (1975), S. 123ff. vor. Obwohl dieser Ansatz die Vorschriften der Einheitsbewertung wesentlich genauer abbildet als jener HAEGERTS, soll auf ihn nicht eingegangen werden, weil HAEGERTS Darstellung knapper ist und die Verknüpfung mit dem übrigen Modell deutlicher erkennen läßt.

[268] j ist bei HAEGERT ein Periodenindex. Näheres siehe unten S. 114 bis 116.

[269] Zur Auslegung des Herstellungskostenbegriffes im Einkommensteuerrecht sowie in betriebswirtschaftlichen Reformvorschlägen vgl. insbes. PIEPER (1975) (berücksichtigt nur deutsches Recht); MUGLER (1975) (berücksichtigt deutsches und österreichisches Recht). — Zahlreiche weitere Literaturangaben in beiden zitierten Arbeiten.

Modell realisierten Produktionsumfänge und die damit variierenden Istgemeinkostenzuschläge allzu ungenau abgeschätzt wurden[270].

Die zweite erforderliche Verbesserung von Haegerts Bewertung betrifft die Gegenstände des abnutzbaren Anlagevermögens. Die für diese Gegenstände vorgenommene Bewertung gleich dem steuerlichen Restbuchwert müßte mehrfach korrigiert werden: Haegert setzt für diese Gegenstände im Ausdruck für den Einheitswert generell an:

$$\sum_{i=-q}^{j} b_{j-i+1}\, a_i\, x_{cij}$$

Dabei bedeuten:

x_{cij} ..... die Variablen, die angeben, wieviele aus dem Jahr i stammende Produktionsanlagen im Jahre j noch zur Verwendung im Unternehmen bestimmt sind;

a_i ...... die Anschaffungskosten einer Produktionsanlage im Jahre i (Koeffizienten);

b_{j-i+1} .. den Anteil des steuerlichen Restbuchwertes einer Produktionsanlage an ihren Anschaffungskosten nach der Absetzung für Abnutzung des $(j - i + 1)$-ten Nutzungsjahres (Koeffizienten).

Einzuwenden ist gegen diese Bewertung folgendes: Erstens kann sie grundsätzlich nur für *bewegliches* abnutzbares Anlagevermögen akzeptiert werden, beim unbeweglichen abnutzbaren Anlagevermögen müßten hingegen Wiederbeschaffungswerte an die Stelle der Koeffizienten a_i treten; diese Modifikation bereitet jedoch keine rechentechnischen Schwierigkeiten. Zweitens ist bei den beweglichen wie bei den unbeweglichen abnutzbaren Anlagegütern zu beachten, daß vorzeitige Abschreibungen und Sonderabschreibungen für die Einheitsbewertung nicht den Anschaffungs- bzw. Wiederbeschaffungswert mindern dürfen[271]. Diese Schwierigkeit, die allerdings für Österreich typisch ist, kann dadurch beseitigt werden, daß bei der Berechnung von steuerlichen Abschreibungen zwischen der Absetzung für Ab-

---

[270] Ähnlich Rosenberg (1975), S. 117f. und S. 125, der aber offenbar nicht sieht, daß die anzusetzenden Vollkosten nicht exakt außerhalb der Simultanplanung bestimmt werden können, vielmehr selbst als abhängige Variable eingeführt werden müssen.

[271] Für die beweglichen abnutzbaren Anlagegüter siehe Abschn. 4.2 VStR 1980; für die unbeweglichen abnutzbaren Anlagegüter siehe § 53 Abs. 6 BewG mit der zusätzlichen Normierung der für die Einheitsbewertung absetzbaren Abschreibung sowohl hinsichtlich der Methode (nur linear) als auch hinsichtlich der Nutzungsdauern (nach Arten von Bauwerken im Gesetz differenziert).

nutzung und den vorzeitigen Abschreibungen unterschieden wird und als Restbuchwert im Sinne von HAEGERTS oben zitiertem Ausdruck nur jener definiert wird, der sich nach Abzug ausschließlich der ordentlichen steuerlichen Abschreibungen ergibt. Drittens muß berücksichtigt werden, daß ein „Anhaltewert“ von derzeit 20% der Anschaffungs- oder Herstellungskosten (bzw. bei unbeweglichen abnutzbaren Wirtschaftsgütern des Neuherstellungswertes) den Mindestbetrag für den Ansatz in der Vermögensaufstellung darstellt[272]. Es müßten daher alle Koeffizienten

$$b_{j-i+1} < 0{,}2$$

durch 0,2 ersetzt werden. Auch dies bereitet keine rechentechnischen Schwierigkeiten[273].

Es konnte somit gezeigt werden, daß eine einigermaßen richtige Abbildung der Bewertungsvorschriften des Bewertungsgesetzes in einem Simultanplanungsmodell möglich ist. Aut weitere Einzelheiten, wie insbesondere auch die exakte Berücksichtigung der Wertfortschreibungsgrenzen des § 21 Abs. 1 BewG kann nicht eingegangen werden[274].

Für die Abbildung von Substanzsteuern in Simultan-Totalplanungsmodellen sind in einem mehrjährigen Entscheidungsmodell Variable

$$x_{Ej} = \Sigma\, k_{ij}\, x_{ij} + c_j$$

zu definieren, wobei die x_{ij} die auch in anderen Teilen des Totalplanungsmodells verwendeten Aktionsvariablen der positiven und negativen Wirtschaftsgüter der i-ten Art, soweit sie im j-ten Jahr vorhanden sind, darstellen. Daneben treten infolge zeitlicher oder sachlicher Begrenzungen des Entscheidungsfeldes planungsunabhängige positive und negative Wirtschaftsgüter auf, die in den Konstanten c_j zusammengefaßt seien. Die Bewertung der variablen Wirtschaftsgüter x_{ij}

---

272 Rechtsquellen wie in Fn. 271.

273 Vgl. dazu auch die Modellformulierung bei ROSENBERG (1975), S. 125.

274 Gemäß § 20 BewG erfolgt eine Hauptfeststellung für die wirtschaftlichen Einheiten des Betriebsvermögens alle drei Jahre. Eine Fortschreibung, d. h. eine Änderung des zum Hauptfeststellungszeitpunkt festgestellten Einheitswertes, erfolgt gemäß § 21 Abs. 1 Z. 1 lit. c für gewerbliche Betriebe nur dann, wenn die Veränderung des Einheitswertes mehr als 20%, mindestens aber 50.000 S, oder mehr als 1 Mio. S beträgt. Die exakte Abbildung dieser Bedingungen für die Wertfortschreibung ist ohne weiteres im LP-Modell möglich, wenn auch rechentechnisch unbequem.

erfolgt mit k_{ij}. Diese Koeffizienten müssen den Vorschriften von Theorie und Praxis der Einheitsbewertung entsprechen; soweit es zutrifft, sind diese Koeffizienten mit jenen der Ertragsteuerbilanz identisch. Nicht für alle Koeffizienten gelingt aber die exakte Darstellung im linearen Entscheidungsmodell, weshalb teilweise auf Approximationen, eventuell in Verbindung mit parametrischer Variation dieser Approximationen, überzugehen ist.

In wesentlich einfacher zu gestaltenden isolierten Steuerplanungsmodellen werden die vermögensabhängigen Steuern i. d. R. aber überhaupt nicht geplant. Die vermögensabhängigen Zahlungen gehen dann als unbeeinflußbare Größen in die Prognosen der Bruttogewinne ein; eine Berücksichtigung der vermögensabhängigen Steuern in isolierten steuerbilanzpolitischen Modellen wäre jedoch in jenen Fällen angebracht, in welchen die ertragsteuerliche Bilanzpolitik auch auf die Einheitsbewertung durchschlägt. Ein Ansatz hierzu wird im Anschluß an die Darstellung der gängigen isolierten steuerbilanzpolitischen Modelle in Abschnitt C. II. 4. e gegeben.

Noch schwieriger wäre die Abbildung aperiodisch anfallender Steuern wie Erbschaft- und Schenkungsteuern oder bestimmter Verkehrsteuern. Sie sind im Rahmen konstitutiver Entscheidungen beeinflußbar und somit grundsätzlich in die Analyse einzubeziehen. Hierzu kann die vorliegende Arbeit jedoch keinen Ansatz liefern[274a].

4. Konstitutive oder laufende Entscheidungen als Gegenstand der Steuerbilanzpolitik

Konstitutive Entscheidungen sind langfristig wirksam und betreffen den Gesamtaufbau des Betriebes, während die laufenden Entscheidungen in den durch die konstitutiven Entscheidungen festgelegten Rahmen einzufügen sind[275]. Diese Unterscheidung von Entscheidungstypen ist auch auf die Planung als Voraus-Entscheidung übertragbar. In weiterer Auffächerung kann die Unternehmungspolitik (= -planung) mit Koch in Grundsatz- und Maßnahmenplanung und letztere hinsichtlich ihrer zeitlichen Erstreckung in strategische, operative und taktische Planung gegliedert werden[276].

[274a] Hinsichtlich der Belastungswirkung der Erbschaftsteuer (nach dt. Recht) vgl. Albach (1970), bes. S. 319ff.

[275] Vgl. z. B. Raffée (1974), S. 145 und S. 166; diese Unterscheidung findet sich auch in vielen anderen systematischen Darstellungen der betriebswirtschaftlichen Entscheidungen.

[276] Koch (1975), Sp. 3005f.

Diese zeitliche Planungsteilung stellt eine Konzession an die praktisch begrenzte Informationsverarbeitungskapazität dar. Das Totaloptimum — ohne Berücksichtigung der Planungskosten — wäre so aufzufinden, daß bereits in der Grundsatzplanung alle Einzelheiten bis hin zur taktischen Planung in den Planungsvorgang einbezogen werden. Wegen der praktischen Unmöglichkeit derart differenzierter Totalplanungen müssen Planungsstufen eingeführt werden, wobei selbstverständlich auf *allen* Stufen entweder infolge vergröbernder Planung der Einzelmaßnahmen oder aber infolge von Konstanthaltung von Parametern, die in der Langfristbetrachtung variabel sind, Abweichungen vom Totaloptimum auftreten. Dieses Planungsdilemma ist aus dem Verhältnis von Investitionsplanung und entscheidungsorientierter Kostenrechnung her bekannt: Eine exakte Investitionsbeurteilung kann nur mit gleichzeitiger Planung aller künftigen Produktionsprogramme erfolgen, was i. d. R. nicht mehr errechenbar ist, weil das Programm zu groß wird; es entsteht der Zwang zu Durchschnittsannahmen. Eine (kurzfristige) entscheidungsorientierte Kostenrechnung geht andererseits von fixierten Kapazitäten aus, was ebenfalls nicht richtig ist.

Wo ist die Steuerbilanzpolitik (= -planung) in dieser zeitlichen Hierarchie von Planungen einzuordnen?[277] Die Grundsatzplanung befaßt sich u. a. mit der Festlegung der Branche, der Unternehmungsgröße, des Standortes, der Rechtsform, der Ausschüttungskonzeption (grundsätzliche Möglichkeiten: Ausschüttung und Eigenfinanzierung oder Einbehaltung und Selbstfinanzierung). Im Rahmen dieser Grundsatzplanung sind auch die Steuern zu berücksichtigen. Steuerbilanzpolitik, wie sie in der Literatur behandelt wurde, bezieht diese Grundsatzentscheidungen (konstitutiven Entscheidungen) im allgemeinen nicht als Variable ein, sondern geht von fixierter Unternehmungsstruktur aus. Da die ertragsmäßig bedeutendsten Konsequenzen für die Steuerbelastung jedoch aus dieser Grundsatzentscheidung folgen und überdies die in der kürzerfristigen Steuerbilanzpolitik auftretenden Parameter durch diese Grundsatzentscheidung weitgehend determiniert werden, ist auf die wichtigsten steuerlich (mit-)bestimmten Grundsatzplanungen einzugehen.

Durch die Grundsatzentscheidung werden (ceteris paribus hinsichtlich der Ergebnisse der wirtschaftlichen Tätigkeit und der hierfür benötigten mit Steuern belasteten Produktionsfaktoren) die anzu-

---

[277] Vgl. STROBEL (1977a), S. 395ff., wo die KOCHsche zeitliche Planungsteilung systematisch auf die Steuerplanung angewendet wird.

wendenden Steuertarife nach der Art (z. B. Einkommen- oder Körperschaftsteuertarif) bestimmt. Ferner ist die Grundsatzentscheidung mitbestimmend dafür, in welchen Bereich eines nicht-konstanten Steuertarifs die künftigen Betriebsergebnisse fallen. In gewissem, allerdings geringem Ausmaß bestimmt die Grundsatzentscheidung (selbst c. p.) die Höhe der Bemessungsgrundlage der Totalperiode (z. B. kann eine Rücklage für nichtentnommene Gewinne gemäß § 11 EStG von Kapitalgesellschaften nicht gebildet werden). Die Grundsatzentscheidung hat auch Einfluß auf das Ausmaß der interperiodischen Variationsmöglichkeiten von Bemessungsgrundlagen. So kann die Wahl der Branche zu einer anderen Gewinnermittlungsart führen (Gewinnermittlung nach § 4 Abs. 1 EStG oder § 5 EStG); bei Einbeziehung internationaler Wanderungen in die Grundsatzentscheidung entstehen unterschiedliche interperiodische Variationsmöglichkeiten (selbst bei gleichen Totalbemessungsgrundlagen) durch die von verschiedenen nationalen Steuerrechtssystemen (einschließlich der Verwaltungsübung) in unterschiedlichem Ausmaß gehandhabte Strenge der Periodenzurechnung des erzielten Erfolges; ein markantes Beispiel bilden die jeweils zulässigen Abschreibungsverfahren.

Innerhalb der konstitutiven Entscheidungen haben zwei Maßnahmen herausragende steuerliche Konsequenzen, nämlich die Wahl des Standortes und die der Organisationsform[278]; unter letzterer ist, wie bereits oben dargestellt, die Verallgemeinerung der Rechtsform zu verstehen. Auf beide konstitutiven Entscheidungen soll im anschließenden Abschnitt 5 eingegangen werden, dies auch im Hinblick auf die Möglichkeit, ein Totalmodell der Steuerbilanzpolitik einschließlich der steuerlich relevanten konstitutiven Entscheidungen aufzustellen. Beim Standort ist die Unterscheidung in nur national tätige Unternehmungen einerseits und Unternehmungen, die mehreren Steuerrechtssystemen unterliegen, andererseits steuerpolitisch am wichtigsten, doch treten auch im nationalen Bereich Belastungsunterschiede auf, so z. B. in Österreich bei der Gewerbesteuer infolge des bundesländerweise verschiedenen Zuschlages, der zugunsten der Kammern der gewerblichen Wirtschaft eingehoben wird. Hinsichtlich beider konstitutiver Elemente, nämlich des Standortes und der Organisationsform, muß für die weitere Untersuchung der laufenden Steuerbilanzpolitik eine Einschränkung vorgenommen werden.

---

[278] Standort und Organisationsform werden auch von Heigl/Melcher (1974), S. 6f., als die steuerlich wichtigsten Grundsatzplanungen hervorgehoben; ähnlich Selchert (1975), S. 446.

Die Steuerbilanzpolitik, deren Inhalt vor allem in der zeitlichen Variierbarkeit des Bilanzausweises und der hieran anknüpfenden Steuern gesehen wird, ist in die strategische oder in die operative Planung einzubeziehen. Strategische Planung hat einen praktisch unbegrenzten zeitlichen Planungsabschnitt, jedoch werden praktisch die ersten 8 bis 10 Jahre periodenweise festgelegt[279]. Die Zuordnung der Steuerbilanzpolitik vorwiegend zur operativen Planung unter Angabe eines Zeitabschnittes von zirka 3 bis 5 Jahren[280] erscheint als zu eng, weil viele steuerbilanzpolitische Maßnahmen wesentlich längere Auswirkungen haben — man denke etwa an die Wiederauflösung der durch vorzeitige Abschreibungen gelegten Reserven (gegenüber einer Nichtinanspruchnahme der vorzeitigen Abschreibungen) oder an die Ausrichtung der Steuerbilanzpolitik an dem von einem Einzelunternehmer geplanten Zeitpunkt der Betriebsaufgabe. Auf die Bestimmung der Länge des Planungszeitraumes und auf die Abgrenzung des Entscheidungsfeldes durch „Horizont"-Bedingungen wird aber im Zweiten Kapitel noch einzugehen sein.

Obgleich die Steuerbilanzpolitik ihren Schwerpunkt in den laufenden und jährlich wiederkehrenden Entscheidungen über die ordentlichen Ertragsteuerbilanzen hat, tauchen doch ganz gleichartige Probleme auch anläßlich der Erstellung gewisser Sonderbilanzen auf. So können z. B. bei Umwandlungsbilanzen (Bilanzen anläßlich der Änderung der Rechtsform) oder bei Neubewertungsbilanzen (z. B. Schillingeröffnungsbilanzen) regelmäßig vorhandene Wahlrechte nur dann optimal genutzt werden, wenn diese Sonderbilanzen in einer mehrperiodischen Planung zusammen mit den nachfolgenden ordentlichen Ertragsteuerbilanzen geplant werden. Zumindest dann, wenn die Art der strukturellen Entscheidung bereits feststeht und die aufzustellende Sonderbilanz mit nachfolgenden ordentlichen Ertragsteuerbilanzen verknüpft ist, ist die Problemstellung dieselbe wie für die Planung der laufenden Ertragsteuerbilanzen. Der Unterschied zur Planungssituation, welche ohne Hinzukommen einer mit folgenden ordentlichen Steuerbilanzen verknüpften Sonderbilanz gegeben ist, besteht nur darin, daß durch die Sonderbilanz zusätzliche Wahlrechte entstehen; dabei können sich diese zusätzlichen Wahlrechte auch auf die Höhe der Totalbemessungsgrundlage oder auf die anzu-

---

[279] KOCH (1975), Sp. 3009; STROBEL (1977a), S. 389, spricht von einer Festlegung auf etwa 6 bis 10 Jahre.

[280] STROBEL (1977a), S. 398 und S. 389.

wendenden Steuersätze beziehen[281]. Die steuerbilanzpolitischen Möglichkeiten, die anläßlich der Aufstellung von Sonderbilanzen entstehen, können zwar nicht im einzelnen dargestellt werden, doch ist für die mit ordentlichen Steuerbilanzen verknüpften Sonderbilanzen dasselbe Planungsinstrumentarium wie für die ordentlichen Steuerbilanzen anzuwenden[282].

Einen Aktionsparameter besonderer Art bildet die Wahl des Bilanzstichtages[283]. Diese ist eher unter die konstitutiven als unter die laufenden Entscheidungen zu subsumieren. Durch die Wahl des Stichtages wird das Ausmaß der für die laufende Steuerbilanzplanung verfügbaren Manövriermasse beeinflußt; als Beispiel sei etwa die Höhe der Vorräte angeführt. Aus der Umstellung von Wirtschaftsjahren auf einen anderen Stichtag (unter Einschub von Rumpfwirtschaftsjahren) können beachtliche Steuervorteile entstehen; durch die Umstellung des Wirtschaftsjahres ist geradezu eine „Steuerpause" erzielbar. Die Änderung des Bilanzstichtages ist jedoch kein Aktionsparameter der laufenden Steuerbilanzpolitik, weil diese Änderung gemäß § 2 Abs. 5 Unterabs. 2 EStG der Zustimmung des Finanzamtes bedarf und die Zustimmung nur bei gewichtigen betrieblichen Gründen gegeben werden muß[284].

Die weitere Untersuchung schließt trotz der großen Bedeutung der konstitutiven Entscheidungen diese aus der Steuerbilanzpolitik aus, geht vielmehr von gegebenen Strukturen aus.

---

[281] Beispielsweise besteht bei einer Einbringung eines Betriebes in eine Kapitalgesellschaft das Wahlrecht, entweder die im eingebrachten Betrieb vorhandenen stillen Reserven (zu verstehen als Unterschreitungen des Tageswertes) aufzulösen und mit einem begünstigten Steuersatz zu versteuern oder aber diese Gewinnrealisation zu vermeiden, indem die Kapitalgesellschaft die Buchwerte der Wirtschaftsgüter des eingebrachten Betriebes fortführt. Für einen Vorteilhaftigkeitsvergleich mittels eines — wenn auch vereinfachten — bilanzpolitischen Modelles vgl. DELLMANN (1973); zu den österreichischen Rechtsquellen dieses und ähnlicher Wahlrechte vgl. z. B. SEICHT (1974), S. 274ff., bes. S. 296ff.; PLATZER (1979); EStR 1979, Abschn. 33, Abs. 4; hinsichtlich der nur zeitlich begrenzt eröffneten Wahlmöglichkeiten vgl. das Strukturverbesserungsgesetz, insbesondere Artikel III.

[282] Der definitorische Ausschluß der Steuerbilanzpolitik anläßlich von Sonderbilanzen, wie ihn DIECKMANN (1972), S. 64f., vornimmt, wird daher abgelehnt.

[283] Vgl. die Analyse dieses oft vernachlässigten steuerpolitischen Aktionsparameters durch FEDERMANN (1973).

[284] Vgl. die im wesentlichen auch auf Österreich anwendbare Darstellung von Gründen ebendort, S. 74ff.

5. Grundriß steuerbilanzpolitisch relevanter konstitutiver Entscheidungen — Abgrenzungen des Untersuchungsgegenstandes der laufenden Steuerbilanzpolitik

a) Nationale und internationale Steuerbilanzpolitik

Bereits im vorstehenden Abschnitt 4 wurden die wichtigsten steuerlichen Gestaltungsmöglichkeiten bei Einbeziehung international variabler Standorte aufgezeigt. Obwohl zuzugeben ist, daß für die internationale Standortentscheidung auch zahlreiche außersteuerliche Faktoren zu beachten sind, scheint doch die Aussage, daß für die Standortwahl „der steuerliche Belastungspunkt von recht begrenzter Bedeutung" sei, u. a. weil die Standortvariabilität des Unternehmungseigentümers zu selten gegeben sei[285], recht gewagt zu sein.

Ihr könnte allenfalls zugestimmt werden, wenn jede Art von Unternehmungsaufspaltungen ausgeschlossen würde. Derartige Unternehmungsstrukturen werden aber in der Realität immer seltener[286]. Es ist vielmehr zu beobachten, daß die Abspaltung einzelner betrieblicher Funktionen, wie Finanzierung, Vertrieb, Forschung usw., immer mehr zunimmt; selbst mittlere und kleine Unternehmungen machen von den Steuerersparungsmöglichkeiten der Betriebsaufspaltung unter teilweiser Verlagerung einzelner betrieblicher Funktionen ins Ausland Gebrauch. Auf diese Weise gelingt eine „künstliche" Verlagerung eines Teiles des Betriebsstandortes in das Ausland, selbst dann, wenn die Betriebstätigkeit im Inland verbleibt. Wegen zu großer Komplexität der auftretenden Probleme kann den Möglichkeiten der internationalen funktionsweisen Betriebsaufspaltung in ihrer Auswirkung auf die Steuerbilanzpolitik nicht nachgegangen werden.

Wenn die Betriebstätigkeit auch das Ausland umfaßt, so sind für die Gestaltung der wirtschaftlichen und zugleich steuerrechtlich relevanten Beziehungen zwischen Inland und Ausland drei Grundmodelle zu unterscheiden: Entweder werden alle Geschäfte vom Inland aus abgewickelt, oder es wird im Ausland eine rechtlich unselbständige Betriebsstätte unterhalten, oder es wird eine rechtlich selbständige Tochtergesellschaft gegründet[287]. Die Steuerbilanzpolitik inter-

---

[285] STROBEL (1977a), S. 395.

[286] Zur Betriebsaufspaltung als Instrument der Steuerminderung vgl. z. B. LEXA (1975a). Bereits vor Jahrzehnten wurden die besonderen Steuerminderungsmöglichkeiten bei Betriebsaufspaltung mit Verlagerung einzelner Funktionen in das Ausland behandelt: vgl. z. B. BÜHLER/HASENACK (1935).

[287] Vgl. zu diesem Wahlproblem insbes. FISCHER/WARNEKE (1978),

national tätiger Unternehmungen kann natürlich grundsätzlich konstitutive und laufende Entscheidungen simultan in einem langfristigen Optimierungsansatz verbinden, wobei die Standortwahl und die Wahl der Organisationsform einschließlich der Strukturierung des internationalen Konzerns mitbestimmt werden. Ein umfassender Optimierungsansatz liegt hierzu bereits vor[288].

Im Sinne der Ausführungen im vorstehenden Abschnitt 4 erscheint aber eine Trennung von konstitutiven und laufenden Entscheidungen für praktisch bewältigbare Modelle erforderlich. Wenn in diesem Sinne die steuerrechtlich relevante internationale Strukturierung des Unternehmens bereits als vorgegeben unterstellt wird, so ist zu fragen, ob spezifische Probleme für die laufende Steuerbilanzpolitik eines internationalen Unternehmens verbleiben.

Selbst wenn für den internationalen Konzern unterstellt wird, daß er nur aus je einer inländischen und einer ausländischen Einheit besteht, werden die steuerbilanzpolitischen Probleme gegenüber einer auf den nationalen Bereich beschränkten Unternehmung noch immer vervielfacht: Zunächst ist die Steuerbilanzpolitik für die inländische Einheit und für die ausländische Einheit zu erstellen, wobei natürlich die aus der unterschiedlichen Ausgestaltung der Steuerrechtsordnungen resultierenden unterschiedlichen rechtlichen Möglichkeiten zu beachten sind. Dazu kommen aber noch zusätzliche Wahlrechte und bilanzpolitische Strategien, die durch das *Zusammentreffen* mehrerer Steuerrechtssysteme verursacht werden[289]. Die weitere Untersuchung wird insofern auf eine nationale Steuerbilanzpolitik beschränkt, als auf die Einzelfragen der Gewinnermittlung (und -beeinflussung) ausländischer Teileinheiten nicht eingegangen wird[290].

Jedoch ist die Grundstruktur des durch Auslandsbeziehungen eröffneten bilanzpolitischen Wahlproblems aufzuzeigen. In der steuerbilanzpolitischen Literatur wird nämlich m. W. generell übersehen, daß die bloße Existenz von Einkommensteilen, die im Ausland besteuert werden, bereits beträchtliche steuerbilanzpolitische Möglichkeiten eröffnet, die aus den Besonderheiten der Zusammenrechnung in- und ausländischer Einkünfte resultieren. Gerade dann, wenn die Auslandsaktivitäten rechtlich nicht verselbständigt sind, bewirken

---

S. 248ff.; Haberstock (1976b), bes. S. 94ff. — Für Österreich liegen keine vergleichbaren umfassenden Untersuchungen vor.

[288] Haberstock (1976b), S. 124ff.

[289] Vgl. ebendort, passim; im einzelnen ergeben sich je nach Struktur des Konzerns verschiedene Wahlmöglichkeiten.

[290] Vgl. hierzu etwa Bähr (1971).

die Verfahren zur Vermeidung der Doppelbesteuerung gewichtige zusätzliche steuerbilanzpolitische Gestaltungsmöglichkeiten. Dies gilt vor allem für die Freistellung mit Progressionsvorbehalt, die häufigste Methode zur Vermeidung der Doppelbesteuerung[291]. Die Freistellung mit Progressionsvorbehalt bewirkt eine Modifikation der für die Besteuerung des inländischen Einkommens zu verwendenden Steuersätze und wird daher im Zusammenhang mit der Analyse der Steuertarife im Zweiten Kapitel in Abschnitt H. III. 4 abgehandelt.

b) Systematik der Organisationsformen — mit Exkursen über Schachtelbeteiligungen und Verlustbeteiligungsgesellschaften

„Es ist eine Crux des geltenden deutschen (und ebenso des österreichischen — d. Verf.) Steuerrechts, daß die gewinnabhängigen Steuern, die im Rahmen der gesamten Steuerbelastung für das Unternehmen von besonderer Bedeutung sind, nicht einheitlich auf den Tatbestand des Unternehmens bezogen sind."[292] Vielmehr ist die Besteuerung von der Rechtsform und überdies bei manchen Rechtsformen von den persönlichen Verhältnissen der Eigentümer abhängig; die weit zurückreichenden Versuche, eine rechtsformunabhängige „Unternehmungssteuer" oder „Betriebs(-ertrags)-steuer" zu schaffen[293], haben bisher keinen Erfolg gehabt. Deshalb ist zum Unterschied von vielen ausländischen Steuerrechtssystemen die Rechtsformentscheidung die insgesamt wohl wichtigste steuerbelastungsrelevante konstitutive Entscheidung.

In der Steuerrechtssystematik sind zwei grundlegende Fälle zu unterscheiden, einmal der Fall, daß der Erfolg des Unternehmens unmittelbar einem oder mehreren Eigentümern zugerechnet wird (Fall der selbst nicht steuerpflichtigen Einzelunternehmung oder der „Mitunternehmerschaften"[294], insbesondere der Personengesellschaften des Handelsrechts), dann der Fall, daß die Unternehmung selbst steuerpflichtig ist (körperschaftsteuerpflichtige juristische Person). Die Gewerbeertragsteuer hingegen, als die zweite erfolgsabhängige Steuer der Unternehmungen, hat immer das Unternehmen als Steuerobjekt; hier besteht nur ein geringfügiger Belastungsunterschied der Körperschaften gegenüber den anderen Steuerpflichtigen. In wirtschaftlicher Betrachtungsweise besteht für die (indirekten) Eigentümer

---

[291] Lager (1964), S. 9f.

[292] Knobbe-Keuk (1979a), S. 1.

[293] Vgl. die Literaturangaben ebendort, S. 2.

[294] Vgl. Dornbach (1976). Keine Mitunternehmerschaft liegt insbes. für den typischen stillen Gesellschafter vor.

von Körperschaften das Problem der „Doppelbesteuerung", weil ausgeschüttete Einkünfte noch einmal der Einkommensteuer unterworfen werden[294a]. (Analoges gilt für die Vermögensteuer.)

Für die Steuerplanung muß aber die Körperschaft je nach der Struktur der Kapitalbeteiligungsverhältnisse und damit Einflußmöglichkeiten auf die Geschäftsführung ganz verschieden gesehen werden. So ist im Falle der Aktiengesellschaft bei Vorhandensein eines oder mehrerer Großaktionäre die Steuerplanung i. d. R. unter Beachtung der zusätzlichen Steuerbelastung des Aktionärs bzw. der Aktionäre vorzunehmen; wenn hingegen eine Publikums-AG mit Finanzierung über den Kapitalmarkt vorliegt, so kann auch die Beschränkung auf die bloße Steuerplanung der Körperschaft sinnvoll sein, was für die Steuerbilanzpolitik den Wegfall der Doppelbelastungs-Überlegungen bedeutet. Für andere Rechtsformen wäre analog zu argumentieren[294b].

Das Problem der Rechtsformen wird dadurch wesentlich verkompliziert, daß das Handelsrecht eine weitgehende Gestaltungsfreiheit in der Anwendung der Grundtypen von Rechtsformen kennt und auch Gestaltungsformen, die kaum dem ursprünglichen Leitbild des Gesetzgebers entsprechen dürften, durch die höchstgerichtliche Rechtsprechung handels- und steuerrechtlich als zulässig erklärt wurden (vgl. insbes. die Ges. m. b. H. & Co. KG[295]). Dies führt dazu, daß neben den „reinen" oder „einfachen" Rechtsformen auch „Grundtypvermischungen" auftreten. Die als Beispiel bereits angeführte Ges. m. b. H. & Co. KG ist als Kommanditgesellschaft selbst nicht steuerpflichtig. Sie ist aus Gesellschaftern zusammengesetzt, die teilweise einkommen-, teilweise körperschaftsteuerpflichtig sind; bei einer häufig anzutreffenden Konstruktion sind sogar *dieselben* Personen Kommanditisten und Anteilseigner der Ges. m. b. H.

Den steuerlich höchsten Komplexitätsgrad erreicht die Unternehmungsform im Falle der Unternehmungsverbindungen, insbesondere des Konzerns[296]. Die Unternehmungsverbindungen können hier-

---

[294a] Nicht einmal nach dem dt. Anrechnungsverfahren (KöStG 1977) tritt eine generelle Beseitigung der Doppelbelastung ein. Vgl. z. B. TIPKE (1979), S. 267.

[294b] Vgl. Zweites Kapitel, Abschnitt A.

[295] Vgl. u. a. STRAUBE (1977); DORALT, R. (1977); GASSNER (1977b).

[296] Zum Überblick über die Besteuerung der Unternehmungsverbindungen vgl. z. B. BÜHLER (1956); NIEMANN (1968), S. 97ff. — Kurzgefaßte aktuelle Darstellungen der österreichischen Besonderheiten geben etwa KOTRNOCH (1977); GASSNER (1977a) (hier werden auch steuergünstige Gestaltungsmöglichkeiten, einschließlich der Grundtypvermischung, dargestellt).

bei durchaus durch Aufspaltung eines — ohne den Einfluß der Erfolgsbesteuerung — einheitlich strukturierten Unternehmens zu verschiedenen rechtlich selbständigen Unternehmungen entstehen. Die Einbeziehung der Unternehmungsverbindungen in die Betrachtung bringt eine Potenzierung der möglichen Steuerplanungssituationen, weil jede der oben genannten Möglichkeiten (Einzelunternehmung, Personenvereinigung, juristische Person, Grundtypvermischung) Bestandteil der Unternehmungsverbindung sein kann. Die These, daß „in der Praxis wichtig und steuerlich interessant nur die Kombination zwischen Personen- und Kapitalgesellschaft" sei[297], ist nicht richtig, wie anschließend gezeigt wird.

Wegen der Vielfalt der möglichen Strukturen von Unternehmungsverbindungen scheidet eine systematische Behandlung der laufenden Steuerbilanzpolitik in diesen oft kompliziert strukturierten Gebilden aus. Ebenso muß auf die Darstellung der spezifischen steuerbilanzpolitischen Gestaltungsmöglichkeiten bei Grundtypvermischungen verzichtet werden.

In Parenthese sei bemerkt, daß solche und viel weitergehende Themenbeschränkungen in steuerbilanzpolitischen Arbeiten die Regel darstellen[298], daß jedoch häufig auf die Einschränkung der untersuchten Organisationsformen gar nicht hingewiesen wird. Es seien jedoch einige steuergünstige Organisationsstrukturen, die ohne Kombination von Personen- und Kapitalgesellschaft auskommen, aufgezeigt.

Schon bei Einzelunternehmungen, aber auch bei anderen Organisationsformen, können Teile des Vermögens nicht in die Unternehmung eingebracht, sondern im Privatvermögen oder in einem Sondervermögen eines Gesellschafters belassen werden. Dadurch können z. B. Veräußerungsgewinne steuerfrei bleiben oder gewisse Teile des laufenden Betriebsgewinnes zumindest der Gewerbesteuerbelastung entzogen werden, was jedoch im Hinblick auf § 23 Z. 2 EStG der herrschenden Auslegung widerspricht[299].

Mit Hilfe einfacher Organisationsformen, nämlich der Personengesellschaften, können beträchtliche steuerliche Vorteile durch die konsequente Ausnutzung der Individualbesteuerung erzielt werden. Der anzuwendende Steuersatz des Einkommensteuergesetzes kann

---

[297] Heidinger (1970), S. 25.

[298] Vgl. z. B. Haase (1976), S. 7, mit einer recht weitgehenden Einschränkung.

[299] Die klassische „Bilanzbündeltheorie" steht den zuletzt angeführten Vorteilen entgegen. Vgl. zur neueren Diskussion 2. Kapitel, Abschn. J I.

durch die Aufspaltung des Gesamteinkommens auf alle Familienmitglieder gesenkt werden[300].

Da der österreichische Körperschaftsteuertarif einen relativ großen progressiven Anfangsteil aufweist, wird bei Körperschaften durch eine Aufspaltung in Parallelgesellschaften der auf den Gesamtgewinn anzuwendende Steuersatz ebenfalls beträchtlich gesenkt.

Während aber die beiden vorstehend genannten Möglichkeiten in ihrer Effizienz durch Machtverschiebungen, Gefahr familiärer Zwistigkeiten, Angemessenheitsprüfungen durch die Finanzverwaltung, Erschwerungen des Geschäftsverkehrs u. ä. beeinträchtigt werden, existiert für zu thesaurierende Gewinne in Österreich eine organisatorische Gestaltungsmöglichkeit, die ausschließlich Vorteile für die sie benutzenden Betriebe hat.

Exkurs 1: Schachtelbeteiligungen

Es ist dies die konsequente Ausnutzung des gespaltenen Körperschaftsteuersatzes in Verbindung mit der Schachtelbegünstigung. Gemäß § 22 Abs. 2 KöStG werden Ausschüttungen (unter bestimmten, genau definierten Bedingungen) mit der Hälfte des Normalsteuersatzes versteuert, und gemäß § 10 KöStG sind Gewinnanteile aus Schachtelbeteiligungen steuerfrei.

Die Besonderheit der österreichischen Regelung gegenüber der ganz ähnlichen, die früher in Deutschland gegolten hat[301], besteht darin, daß keine „Nachsteuer“ erhoben wird. Da das Motiv des Gesetzgebers zur Einführung eines begünstigten Steuersatzes für ausgeschüttete Gewinne die Förderung des Kapitalmarktes war[302], müßte eigentlich sichergestellt sein, daß die ausgeschütteten Gewinne auch tatsächlich bis zum Kapitalmarkt gelangen und nicht etwa die Gewinnaus-

---

[300] Vgl. Ruppe (1976); für die auch bei Zusammenveranlagung von Ehegatten verbleibenden Möglichkeiten von Familienverträgen vgl. etwa die auf deutsche Verhältnisse bezogene Darstellung bei Jahrmarkt (1977), S. 157ff.; Mittelbach (1977).

[301] In dem seit 1. 1. 1977 auf das Anrechnungsverfahren umgestellten deutschen Körperschaftsteuerrecht sind der begünstigte Steuersatz für Ausschüttungen und das Rechtsinstitut der Schachtelbegünstigung entfallen. Vgl. etwa Tipke (1979), S. 265ff.

[302] Die Einführung des gespaltenen Körperschaftsteuersatzes in Österreich im Jahre 1966 geschah in der ausdrücklichen Absicht, den Aktienmarkt zu beleben und die Gesellschaften ausschüttungsfreudiger zu machen: Vgl. Sten. Prot., 18. Sitzung des Nationalrates, XI. GP., vom 6. 7. 1966, S. 1385ff.

schüttungen nur dazu dienen, daß die Tochtergesellschaften an die Muttergesellschaften ausschütten und diese dann thesaurieren. Folgerichtig sah die Regelung des alten deutschen Körperschaftsteuerrechtes vor, daß die Muttergesellschaft für empfangene Schachtelerträge eine ,,Nachsteuer" in Höhe der Differenz zwischen begünstigtem und normalem Körperschaftsteuersatz entrichten mußte, insoweit sie die Schachtelerträge nicht weiterausschüttete, sondern thesaurierte. Die österreichische, noch in Geltung befindliche Regelung sieht jedoch eine ,,Nachsteuer" für thesaurierte Schachtelerträge nicht vor.

Die Konsequenz für rationale Steuerplanung kann nur darin bestehen, für alle zu thesaurierenden Gewinne eine Konzerngestaltung mit Schachtelbegünstigungen zu wählen. Eine vorher einheitliche Aktiengesellschaft braucht nur in eine Holdinggesellschaft und in eine Betriebsgesellschaft umgewandelt zu werden, dann können alle bei der Betriebsgesellschaft erzielten Gewinne mit dem begünstigten Steuersatz an die Holdinggesellschaft ausgeschüttet und bei dieser (steuerfrei) thesauriert werden. Es ist eigentlich erstaunlich und spricht nicht eben für die Beweglichkeit der Unternehmensleitungen oder für die Qualität ihrer Steuerberater, daß diese Konstruktion noch immer nicht allgemein üblich ist. Für die Steuerplanung bedeutet die Aufspaltung in Muttergesellschaft und Schachteltochter, daß der Körperschaftsteuersatz sowohl für ausgeschüttete als auch für einbehaltene Gewinne ganz wesentlich gesenkt werden kann.

Eine Senkung auf die Hälfte des Normalsteuersatzes, wie sie die Bestimmung des § 22 Abs. 2 KöStG vorsieht, kann allerdings nur in Ausnahmefällen erreicht werden: Da die Körperschaftsteuer selbst nicht Betriebsausgabe ist und auch keine begünstigte Ausschüttung darstellt, müßte die Ausschüttung durch steuerfreie Erträge (insbesondere durch die Auflösung von versteuerten Rücklagen) auf den Betrag des körperschaftsteuerpflichtigen Einkommens (= Einkommens *vor* Körperschaftsteuer) ergänzt werden, damit tatsächlich auf die gesamte Ausschüttung der Steuersatz auf die Hälfte reduziert wird. Der Effektivsteuersatz bestimmt sich aus folgenden Beziehungen:

(1) $$S_k = Au \cdot \frac{s_k}{2} + (\overline{G} - Au) \cdot s_k$$

(2) $$s_{k\,eff} = \frac{S_k}{\overline{G}}$$

Legende:

S_k ... Körperschaftsteuer

s_k .... Körperschaftsteuer-(Normal-)Satz beim Einkommen $\overline{G}$ laut KöSt-Tarif

Au ... begünstigte Ausschüttung
$\overline{G}$ .... körperschaftsteuerpflichtiges Einkommen (vor Körperschaftsteuer), zugleich Gewinn der Steuerbilanz nach Durchführung bilanzpolitischer Maßnahmen
s_{keff} .. Effektivsteuersatz für das Einkommen $\overline{G}$

Dieser Effektivsteuersatz wird u. a. dadurch variabel, daß das körperschaftsteuerpflichtige Einkommen $\overline{G}$ in aller Regel nicht mit dem provisorischen handelsrechtlichen Gewinn (= Gewinn vor Körperschaftsteuer) G_{hprov} übereinstimmt. Vielmehr treten regelmäßig Abweichungen auf, selbst wenn die Kapitalgesellschaft bestrebt ist, Handels- und Steuerbilanz einander anzugleichen. Zumindest sind an Abweichungen zu verzeichnen die steuerlich nicht abzugsfähige Vermögensteuer und die nicht abzugsfähigen Aufsichtsratsvergütungen.

Es ist daher nur von begrenztem Wert, aus einer Formel, in der $\overline{G}$ mit G_{hprov} gleichgesetzt wird, die maximale ohne Auflösung von Rücklagen mögliche Ausschüttung $Au_{\max}$ zu berechnen und hieraus in numerisch konkretisierter Weise die „Schattenwirkung“[303] der Körperschaftsteuer zu berechnen. Zwar kann aus dem Ansatz

$$Au_{\max} = G_{hprov} - S_k \tag{3}$$

in Verbindung mit den Gleichungen (1) und (2) der Effektivsteuersatz richtig berechnet werden, doch gilt eben im allgemeinen

$$G_{hprov} \neq \overline{G} \text{ (auf lange Sicht } G_{hprov} < \overline{G}\text{)},$$

weshalb die üblicherweise berechneten „Effektivsteuersätze“ der Körperschaftsteuer zu niedrig sind. Der dem Höchststeuersatz von 55% zugehörige „Effektivsteuersatz“ für Ausschüttungen von 37,93% gilt nur für den Fall, daß

$$G_{hprov} = \overline{G}.$$

Auf lange Sicht kann die Senkung des Körperschaftsteuersatzes auf den nominellen Satz (in Höhe der Hälfte des Normalsatzes) nur dann gelingen, wenn steuerfreie Gewinnbestandteile ausgeschüttet werden können. Solche Gewinnbestandteile können etwa aus Kapitalerhöhungen über pari oder Zuschüssen der Gesellschafter einer Ges. m. b. H. stammen. Es wurde zwar eingewendet, daß die Mißbrauchsvor-

---

303 Die Termini „Schattenwirkung“, „Schattenquote“ u. ä. sollen die Erhöhung des nominellen begünstigten Satzes für Ausschüttungen durch die Nichteinbeziehung der Körperschaftsteuer in die begünstigten Ausschüttungen ausdrücken: Vgl. z. B. LUTZ (1971); SCHNEIDER, D. (1974a), S. 235; TIPKE (1975), S. 263f.; WÖHE (1976), S. 125f.

schrift des § 22 BAO auf solche Gestaltungen anzuwenden sei[304], doch hat der Verwaltungsgerichtshof festgestellt, daß die Begünstigung auch dann voll zu gewähren sei, wenn die Ausschüttung nur durch körperschaftsteuerfreie Zuschüsse eines Gesellschafters ermöglicht wurde[304a].

Eine zusätzliche Förderung erfahren Schachtelkonstruktionen dadurch, daß der Aufbau bzw. die Kapitalaufstockung von Schachtelbeteiligungen ganz oder teilweise durch die Möglichkeit der Übertragung stiller Rücklagen gemäß § 12 EStG verbilligt wird. Realisiert nämlich die Muttergesellschaft aus dem Verkauf von Anlagen Buchgewinne, so können diese (falls die veräußerten Anlagen mindestens 7 bzw. im Falle unbeweglicher Wirtschaftsgüter 15 Jahre zum Anlagevermögen des Betriebes gehört haben) auf Neuanschaffungen von Anlagegütern übertragen werden. Als solche neu angeschaffte Anlagegüter eignen sich in besonderer Weise Beteiligungen, denn bei Übertragung der aufgelösten stillen Reserven auf Beteiligungen löst sich die stille Reserve nicht von selbst im Zeitablauf auf. Auch diesbezüglich eröffnet das österreichische Steuerrecht wesentlich mehr Möglichkeiten als das deutsche[305].

De lege ferenda ist die leichte Reduktionsmöglichkeit der Körperschaftsteuer durch Einschaltung von Schachtelbeteiligungen abzulehnen. Solange nicht alle Betriebe von dieser Möglichkeit Gebrauch machen, liegt eine unsachliche Differenzierung vor; die einfacher konstruierten wirtschaftlichen Einheiten zahlen für thesaurierte Gewinne wesentlich mehr Körperschaftsteuer. Die Begünstigung der bei der Mutter thesaurierten Gewinne widerspricht auch der Absicht des Gesetzgebers, den Kapitalmarkt zu fördern. Von den besteuerten Betrieben wird freilich diese Möglichkeit der Senkung der Effektivsteuersätze der Körperschaftsteuer als willkommene Kompensation

---

[304] Vgl. insbes. die Diskussion zwischen GASSNER und CAPEK; GASSNER (1976c), bes. S. 162f.; CAPEK (1976); GASSNER (1976b). (GASSNER verneint den Mißbrauch).

[304a] Erk. v. 12. 4. 1978, 314/77.

[305] § 6b Abs. 1 dt. EStG schränkt die Übertragungsmöglichkeit stiller Reserven insbesondere in der Richtung ein, daß je nachdem, aus welchen bisherigen Anlagegütern die aufgelösten stillen Reserven stammen, nur bestimmte Arten von neu angeschafften Anlagegütern begünstigungsfähig sind. Für die Übertragung stiller Reserven auf Anteile an Kapitalgesellschaften kommen überhaupt nur Gewinne aus der Veräußerung von Anteilen an Kapitalgesellschaften in Frage, und es muß überdies vom Bundesminister für Wirtschaft eine besondere volkswirtschaftliche Förderungswürdigkeit bescheinigt werden.

dafür aufgefaßt, daß die Körperschaften in Österreich, gemessen am internationalen Niveau, außerordentlich hoch besteuert sind.

Es ist indessen zu erwarten, daß die zunehmend zu beobachtende „Flucht in die Holding“[306] wegen der budgetären Schwierigkeiten zu Änderungen dieser Vorschrift führt. Dabei sollte der Gesetzgeber allerdings beachten, daß die bloße Einführung einer „Nachsteuer“ für bei der Muttergesellschaft nicht weiter ausgeschüttete Gewinne die aufgezeigten Steuersparmöglichkeiten nicht völlig beseitigt. In Deutschland war unter der Geltung des alten Körperschaftsteuerrechtes trotz der Vorschrift über die Nachsteuer der gleiche Steuersatzeffekt erzielbar; jedoch mußten hierzu komplizierte Gestaltungen gewählt werden: Der Steuersatzeffekt war zum Beispiel erreichbar, indem in einer Schachtelkette jährlich eine neue Schachtelgesellschaft gegründet wurde, an die die Schachtelgewinne im Rahmen des Konzernes weiter ausgeschüttet wurden; eine weitere Möglichkeit bestand darin, eine „Schachtelrotation“ durchzuführen, d. h. in einem Konzern ohne Neugründung von Gesellschaften die Abhängigkeiten so zu wechseln, daß die Ausschüttungen innerhalb des Konzerns unter Inanspruchnahme der Steuerbegünstigung ad infinitum fortgesetzt werden konnten[307].

(Ende von Exkurs 1)

Der weiteren Untersuchung werden einfache Organisationsformen zugrunde gelegt. Die Steuerbilanzpolitik wird für die Einzelunternehmung, die Kapitalgesellschaft (insbesondere die Publikums-AG) und die Personengesellschaft (insbesondere die OHG) untersucht. Unter dem Planungsaspekt ist hierbei vor allem wichtig, ob ein Entscheidungsträger oder mehrere Entscheidungsträger auf die Planung der Unternehmensleitung Einfluß nehmen können. Letzterer Fall ist i. d. R. bei den Personengesellschaften gegeben, an denen die Beson-

---

[306] Wenngleich auch andere Motive für die Umwandlung der Organisationsstruktur unter Einschaltung von Holdinggesellschaften und/oder vermehrte Verlagerung des Geschäftes auf Tochtergesellschaften eine Rolle spielen können, so ist doch für viele Betriebe die steuerliche Komponente maßgebend für den Umbau der Konzernstruktur. — Zwei prominente Beispiele seien hervorgehoben: Die Leipnik-Lundenburger-Industrie AG, die früher selbst die Zuckererzeugung und den Verkauf besorgte, übertrug gemäß Beschluß der Hauptversammlung vom 7. 11. 1972 diese und andere Aufgaben auf Tochtergesellschaften und fungiert seither als Holding; die Wienerberger Baustoff-Industrie AG investiert seit Jahren bevorzugt in Tochtergesellschaften derselben Branche, so daß 1978 bereits mehr als die Hälfte des Gewinnes auf Schachtelerträge entfiel.

[307] Zu Einzelheiten vgl. Haase (1976), S. 397f.

derheiten des kollektiven Entscheidungsprozesses in ihrer Auswirkung auf die Steuerbilanzpolitik interessieren.

Die Ergebnisse der Untersuchung unter Zugrundelegung einfacher Organisationsformen sind auf die komplexen Unternehmungsformen übertragbar, jedoch bestehen durch die jeweilige Kombination zusätzliche Gestaltungsmöglichkeiten, die im einzelnen für den konkreten Fall zu untersuchen sind. Einer Sonderuntersuchung müssen auch die Fragen der Steuerbilanzpolitik der Verlustbeteiligungsgesellschaften vorbehalten werden. Anschließend werden die Hauptfragen dieser Unternehmungen, die als die institutionelle Verselbständigung der Ausnutzung steuerbilanzpolitischer Vorteile[307a] angesehen werden können, skizziert.

Exkurs 2: Verlustbeteiligungsgesellschaften

Verlustbeteiligungs- oder Verlustzuweisungsgesellschaften werden regelmäßig als Personengesellschaften konstruiert und sollen durch gezielte Ausnutzung steuerbilanzpolitischer Wahlrechte, insbesondere der Investitionsbegünstigungen (vorzeitiger Abschreibungen u. ä.) den Beteiligten steuerliche Vorteile verschaffen. Sie werden deshalb auch als Abschreibungsgesellschaften bezeichnet. Die Verlustbeteiligungsgesellschaft ist häufig als KG konstruiert (vorzugsweise als Ges. m. b. H. & Co KG), zunehmend wird auch die atypische stille Gesellschaft benutzt. Durch Ausnutzung hoher steuerlicher Abschreibungen im Anfangsstadium der Finanzierung von Projekten entfallen bei geringem Eigenkapitalanteil auf die als Mitunternehmer geltenden (Publikums-)Kommanditisten bzw. die atypischen stillen Gesellschafter Verlustanteile, die weit über 100% ihrer Einlage hinausgehen können. Bei hohen Grenzsteuersätzen der Kommanditisten bzw. stillen Gesellschafter infolge anderweitiger hoher Einkünfte bewirkt die Verlustzuweisung, daß die Steuerminderung die Zahlung für den Erwerb der Beteiligung fast erreichen, in manchen Fällen sogar übersteigen kann.

Sei s' der Grenzsteuersatz des Kommanditisten bzw. stillen Gesellschafters (als Bruch), so kann die „kritische" Verlustzuweisung $\bar{v}$ (in Prozent des Nominales der Beteiligung), bei der die Beteiligung zur Gänze aus Einkommensteuerersparnis finanziert werden kann, aus der Gleichung

$$s' \cdot \bar{v} = 100 \qquad (4)$$

berechnet werden.

[307a] Zur Verselbständigung von Steuersparbetrieben vgl. RÜCKLE (1967), S. 44f.

Die Steuervorteile werden durch die Werbeschriften jedoch häufig stark übertrieben dargestellt[308]. Die Steuerpflicht der späteren Gewinne aus der Beteiligung ist zu beachten.

Ein spezifisches steuerliches Risiko entsteht daraus, daß die konkrete Vertragsgestaltung von der Finanzverwaltung bzw. den Gerichten nicht als Mitunternehmerschaft anerkannt wird und damit die Verlustzuweisung (möglicherweise ex post) nicht eintritt. Die BFH-Rechtsprechung ist davon abgegangen, *jeden* OHG- oder KG-Gesellschafter als Mitunternehmer zu qualifizieren, vielmehr wurde diese Eigenschaft in Einzelfällen versagt[308a]. Die österreichische Lehre und Rechtsprechung sind aber (wie ein Teil der deutschen Literatur) der Ansicht, daß OHG und KG gemäß § 23 Z. 2 EStG *generell* als Mitunternehmerschaften zu qualifizieren seien[308b]; für die stille Gesellschaft kommt die Versagung der Mitunternehmerschaft in Betracht[308c].

Besondere steuerliche Probleme treten beim Konkurs auf. Nach deutscher Rechtsprechung bewirkt der Wegfall des negativen Kapitalkontos beim Kommanditisten einen Veräußerungsgewinn[309], die ältere österreichische Rechtsprechung verneint trotz vorheriger Anerkennung der vollen Verlustzuweisung das Auftreten eines Veräußerungsgewinnes im Konkursfall[310].

Die Steuerwirkungen des Konkurses sind — wenn auch aus unterschiedlichen Gründen — sowohl in Deutschland als auch in Österreich, hier in besonderem Maße, als unerträglich anzusehen. In Deutschland ist im Konkursfall der Steuervorteil dahin, d. h. gleichzeitig mit dem Offenbarwerden, daß die Beteiligung nicht nur buchmäßig, sondern auch tatsächlich nichts mehr wert ist, wird der Veräußerungsgewinn fingiert und die vorher eingesparte Steuer muß nun wiederum bezahlt werden; da das Verlustzuweisungsmodell die versprochene steuerliche

---

[308] Zu realistischen Berechnungen vgl. u. a. SCHULT (1973); SCHNEIDER, D. (1975b); WEILER (1977).

[308a] Vgl. HERRMANN/HEUER (1950/77), § 15 EStG Anm. 27c mit Nachweisen.

[308b] Vgl. Nachweise bei SCHULZE-OSTERLOH (1979), S. 134f.; a. A. aber STOLL (1977a), S. 24ff.

[308c] Vgl. NEUNER (1975), S. 13ff., mit Judikatur und Literatur.

[309] Urt. d. BFH VI 343/61 v. 13. 3. 1964; IV 307/65 v. 25. 8. 1966; IV R 77/72 v. 8. 3. 1973. — Allerdings ist auf diesen Veräußerungsgewinn nur der auf die Hälfte des Normaltarifs ermäßigte begünstigte Steuersatz für Veräußerungsgewinne anzuwenden und überdies kommen Freibeträge für Veräußerungsgewinne in Betracht.

[310] Erk. d. VwGH v. 26. 6. 1968, 1225/65. Vgl. aber die unten noch zu besprechende Änderung der Rechtsprechung ab 1980.

Wirkung aber nur bei hohem Fremdkapital-Anteil erbringen kann, ist der Konkursfall (auch ohne wirtschaftskriminelle Absichten der Gründer der Verlustbeteiligungs-KG) nicht unwahrscheinlich.

Nach älterer österreichischer Rechtsprechung tritt die im Hinblick auf die Gleichmäßigkeit der Besteuerung unerträgliche Konsequenz ein, daß durch hohe Verlustzuweisungen und möglichst sofortigen Konkurs dem Kommanditisten absolute und endgültige Zahlungen aus der Staatskasse zufließen. Es betrage z. B. der Grenzsteuersatz des Kommanditisten 60% und die Verlustzuweisung 200%. Dann erhält der Kommanditist vom Fiskus an Steuerminderung bei seinem übrigen Einkommen über den vollen Betrag der Beteiligung hinaus noch 20%; bei einer Verlustzuweisung von 250% würde er 50% über das Nominale der Beteiligung hinaus erhalten, usw. Wenn gemäß Rechtsprechung im Konkursfall kein steuerpflichtiger Veräußerungsgewinn eintritt, so sind diese Zahlungen vom Fiskus an den Kommanditisten *endgültig*, es kann auch in den folgenden Perioden kein Ausgleich mehr erfolgen!

Die Verlustbeteiligungsgesellschaften stießen in der öffentlichen Meinung auf ständig zunehmende Ablehnung, u. a. wegen gehäufter wirtschaftskrimineller Umtriebe anläßlich der Gründung von Verlustzuweisungsgesellschaften, wegen des negativen Image der Werbung mit Steuervorteilen und wegen der offensichtlichen Verletzung der Gleichmäßigkeit der Besteuerung. Aus diesen Gründen wurden die Möglichkeiten der Verlustbeteiligung in Österreich wie in Deutschland zunehmend eingeschränkt.

In Deutschland erfolgte dies zunächst durch eine Änderung des Einkommensteuergesetzes, indem ab 1. 1. 1975 in Abs. 6 des § 7a EStG eine allgemeine Verlustklausel eingeführt wurde, die erhöhte Abschreibungen oder Sonderabschreibungen für Wirtschaftsgüter, die zu einem Betriebsvermögen gehören, nur insoweit zuließ, als kein Verlust entstand oder erhöht wurde[311]. Verluste, die in Verbindung mit speziellen Förderungsmaßnahmen (etwa Berlinförderung) entstanden, wurden von dieser Bestimmung aber nicht betroffen[311a], auch konnten Verluste weiterhin aufgrund „normaler" Bewertungswahlrechte (u. a. auch aufgrund degressiver Abschreibungen) entstehen. Die steuerwirksame Verlustzuweisung wurde somit nur dem Ausmaße, nicht

---

[311] Für Hinweise auf wenige verbliebene Ausnahmen vgl. LANG (1974b), S. 309.

[311a] Vgl. Abschn. 45 Abs. 6 dt. EStR.

aber dem Prinzip nach eingeschränkt[311b]. Die „Abschreibungsbranche“ fand jedoch hiervon nicht getroffene Gestaltungen.

Die in der Öffentlichkeit anhaltende Diskussion um die Abschreibungsgesellschaften führte ab 1980 zu einer völligen Neuregelung:[311c] Die bisherige generelle Verlustklausel des § 7a Abs. 6 EStG wurde gestrichen. Ein neuer § 15a über „Verluste bei beschränkter Haftung“ wurde in das Einkommensteuergesetz aufgenommen. Diese neue Bestimmung geht davon aus, daß auch an beschränkt haftende Gesellschafter Verluste in unbegrenzter Höhe zugewiesen werden können. Ein sofortiger Ausgleich des Verlustes mit anderen Einkünften oder ein Verlustabzug nach § 10d EStG (= Verlustrücktrag) ist jedoch bei negativem Kapitalkonto nur mehr dann möglich, wenn der beschränkt Haftende (insbes. der Kommanditist) eine über seine Einlage hinausgehende Haftung übernimmt. Andere Verluste können erst in späteren Jahren mit zukünftigen Gewinnanteilen des beschränkt Haftenden steuerwirksam verrechnet werden.

Ob durch die Neuregelung die eigentliche Zielgruppe (nämlich die „Verlustzuweisungsbranche“) erreicht wird, muß bezweifelt werden[311d], auch werfen restriktive Ausnahmeregeln immer die Frage auf, ob diese Regelungen noch mit dem Gesamtsystem des Steuerrechts vereinbar sind. Der Einwand, daß durch die Erzwingung der erweiterten Haftung nur das Risiko der Kapitalanleger wachse[311e], geht m. E. fehl: Es ist natürlich *eine* mögliche Grundposition, den Publikums-Kommanditisten als besonders schutzwürdig zu betrachten und das Kapitalmarktrecht im Sinne des Anlegerschutzes auszu-

---

[311b] So hielt zuletzt noch der Große Senat des BFH an der Möglichkeit der Verlustzuweisung fest: vgl. Beschluß des BFH v. 10. 11. 1980 — Gr. S. 1/79. — Der BFH räumte in wiederholter Rechtsprechung den Gesellschaftern einer KG ein Wahlrecht ein, ob die Verluste dem Kommanditisten zugewiesen wurden oder das negative Kapitalkonto als reiner Rechnungsposten behandelt wurde und die Verluste sofort dem Komplementär angelastet wurden (vgl. DORNFELD [1981]).

[311c] Gesetz zur Änderung des Einkommensteuergesetzes, des Körperschaftsteuergesetzes und anderer Gesetze vom 20. 8. 1980. (Nach den Übergangsregelungen des § 52 Abs. 20a EStG treten die neuen Bestimmungen i. a. für Verluste ab dem Jahr 1980 in Kraft.) Vgl. auch RICHTER (1980); BORDEWIN, A./SÖFFING, G./UELNER, A. (1980). — Die neuen Bestimmungen sind allerdings von Anfang an wegen vieler Ungereimtheiten stark kritisiert worden: vgl. etwa KNOBBE-KEUK (1980).

[311d] RICHTER (1980), S. 5f., berichtet schon im Juli 1980 über Ausweichkonstruktionen; 95% aller Anlageofferten würden von der Neuregelung nicht berührt.

[311e] So BOPP (1978), S. 48.

gestalten[311f]. Akzeptiert man diese Position, so kann man vom Steuerrecht verlangen, es solle dem einheitlichen wirtschaftsrechtlichen ordre public nicht widersprechen und keinen Anreiz zu Gestaltungen geben, die den Anlegerschutz schwächen[311g]. Man kann aber ebensogut die Grundposition beziehen, daß das unternehmerische Element, insbesondere die Risikotragung bei den Publikums-Kommanditisten verstärkt werden müsse. Die Weckung des Risikobewußtseins würde eine „Anleger"-Mentalität verhindern. Die deutsche Reform wäre daher vom ordnungspolitischen Grundgedanken her zu begrüßen, weil die steuerwirksame Verlustzurechnung eine Haftungsübernahme voraussetzt und somit die Interessen der Publikums-Kommanditisten, des Fiskus und der Gläubiger gleichgerichtet werden. Das eigentliche Ärgernis der Verlustzuweisungsgesellschaften besteht doch darin, daß (mindestens vermeintlich) risikolose Gewinne zu Lasten des Fiskus und allenfalls der Gläubiger erzielbar sind.

In Österreich sind (bzw. waren) nach Lehre und älterer Rechtsprechung durch Verlustbeteiligung und möglichst sofortigen Konkurs der Verlustzuweisungsgesellschaft endgültige Steuervorteile des Kommanditisten zu erzielen. Andererseits erwachsen den Komplementären ebenfalls keine nachteiligen steuerlichen Folgen aus dem Ausscheiden der Kommanditisten[312]. Sofern die Komplementäre (bzw. die Geschäftsführer der Komplementär-Ges. m. b. H.) nicht strafrechtlich belangt und/oder aus dem Titel des Schadenersatzes haftbar gemacht werden können, was im allgemeinen zu bezweifeln ist, ergibt sich eine „unheilige Allianz" zwischen den Komplementären und den Kommanditisten. Ihre Interessen sind einigermaßen gleich gelagert, geschädigt werden der Fiskus und die ungesicherten Gläubiger. Deshalb vermag ich STOLL nicht zu folgen, der glaubt, man könne unseriösen Verlustbeteiligungsgesellschaften durch gesellschaftsrechtliche Maßnahmen, wie Einführung einer Gründungsprüfung und einer verbindlichen Jahresabschlußprüfung beikommen, weil die präsumtiven Gesellschafter durch negative Gründungsberichte von der Beteiligung abgehal-

---

[311f] In diesem Sinne wurde 1978 in Deutschland ein Regierungsentwurf eines Gesetzes über den Vertrieb von Anteilen an Vermögensanlagen vorgelegt.

[311g] So WALZ (1980), S. F 54.

[312] Zu dieser von der herrschenden österreichischen Lehre anerkannten „Inkongruenz" vgl. RUPPE/JUD (1975), S. 62. Nach jüngster Rechtsprechung des VwGH wird jedoch Kongruenz hergestellt (siehe unten, insbes. Fn. 313a). Zum Kongruenzpostulat und seiner Realisierung in Deutschland und Österreich vgl. auch SCHULZE-OSTERLOH (1979), S. 172ff.

ten würden[312a]. Wie oben gezeigt, würde ein rationaler Anleger gerade durch die Aussicht auf baldigen Konkurs angelockt.

Im Unterschied zu Deutschland erfolgte in Österreich eine Einschränkung der Anerkennung von Verlustzuweisungen bisher nur auf dem problematischen Wege von Erlaßregelungen und Rechtsprechung. Die Finanzverwaltung stellte in einem Erlaß dem Tenor der Ausführungen nach fest, daß — auch abweichend von handelsrechtlichen Ergebnisverteilungen — eine steuerlich relevante Minderung des Vermögens des Kommanditisten über den Buchwert seiner Einlage nur dann eintreten könne, wenn er eine zusätzliche Haftung übernehme. Dem Kommanditisten nicht zurechenbare Verluste träfen im Ergebnis die Komplementäre[312b]. Obwohl diese Auslegung im Widerspruch zur herrschenden Handelsrechtslehre steht und auch aus steuerlicher Sicht mit ausführlicher Argumentation mehrfach als unhaltbar klassifiziert wurde[313], entschied der Verwaltungsgerichtshof im Sinne der Finanzverwaltung[313a]. Die massive Kritik an dieser höchstgerichtlichen Auffassung[313b] erscheint schon deshalb sehr beachtlich, weil dem BFH bei völlig gleichen handels- und steuerrechtlichen Vorschriften eine derartige Interpretation unmöglich erschien. Wie oben dargestellt, mußte erst eine Änderung des Einkommensteuergesetzes vorgenommen werden, damit die Haftungserweiterung des Kommanditisten als Voraussetzung für die sofortige Steuerwirksamkeit der Verlustzuweisung an ihn verlangt werden konnte.

Eine gesetzliche Neuregelung erschiene daher angebracht. (Für Deutschland) forderte z. B. auch UELNER, der de lege lata (*vor* § 15a dt. EStG) wie der VwGH die steuerliche Verlustzuweisung bei beschränkter Haftung für unmöglich ansah, aus Gründen der Rechtsklarheit

---

312a STOLL (1977b), S. 459f.

312b Erlässe des BMF v. 4. 5. 1977, 06 1301/2—IV/6/77 und v. 4. 6. 1978, 06 1301/1—IV/6/78; ähnlich bereits früher POKORNY (1976). Gem. Abschn. 78 Abs. 12 EStR 1979 ist der Erlaß v. 4. 5. 1977 sinngemäß auch auf die „steuerlich anerkannte unechte stille Gesellschaft" anzuwenden.

313 Vgl. insbes. RUPPE/JUD (1975), S. 23ff.; GASSNER (1976a); STOLL (1977b), in Übereinstimmung mit dem Großteil der deutschen Literatur und der Rechtsprechung des BFH (vgl. Fn. 309). — Zur Gegenmeinung vgl. insbes. FLUME (1964); THIEL (1964); Gutachten (1971), Tz. V/334ff. (de lege lata!); jüngst etwa KNOBBE-KEUK (1980), S. 2557.

313a Erk. d. VwGH v. 15. 4. 1980, 1661/79.

313b Vgl. u. a. GASSNER (1981) mit Zitierung weiterer Erkenntniskritiken. — Zu erwähnen ist aber auch die Gegenmeinung, dieses Erkenntnis sei „souverän": KNOBBE-KEUK (1981), S. 97 (allerdings ohne explizite Analyse).

eine gesetzliche systematische Neuregelung der Verlustverrechnungsmöglichkeiten bei negativem Kapitalkonto beschränkt haftender Unternehmer[313c]. Eine umfassende gesetzliche Neuregelung müßte auch Ungereimtheiten beseitigen, die sich aus dem Zusammenwirken älterer und neuerer Auslegung ergeben; wie GASSNER gezeigt hat, könnten aus dem Übergang wiederum besondere steuerliche Anreize zur Herbeiführung von Konkursen resultieren[313d].

Eine Beschränkung der Verlustzuweisungen könnte auf der Basis des geltenden Rechts auch mit Hilfe des Instituts der „Liebhaberei" erfolgen. Einkünfte aus einer Einkunftsart liegen nur dann vor, „wenn der Steuerpflichtige eine Einkunftsquelle in der Absicht unterhält oder besitzt, aus ihr — ohne Berücksichtigung steuerlicher Be- oder Entlastungen — nachhaltig positive Einkünfte zu erzielen", andernfalls liegt Liebhaberei vor[314]. Für Deutschland ist freilich diese Klassifizierung der Verlustzuweisungsgesellschaften durch die „Baupaten"-Rechtsprechung des Großen Senates des BFH versperrt[314a]. Unabhängig von dieser Schwierigkeit ist auch zu bedenken, daß die Klassifizierung einer Aktivität als Liebhaberei außerordentlich umstritten und daher schwer zu judizieren ist[314b].

Eine tragfähige Alternative könnte de lege ferenda darin bestehen, die Publikumspersonengesellschaften als körperschaftsteuerpflichtig zu erklären, wie dies etwa im französischen Steuerrecht vorgebildet ist[315]. Auf diese Weise können Verluste überhaupt nicht mehr an die einzelnen Gesellschafter zugewiesen werden. Grundlagen für diese Sicht sind in der neueren Rechtsprechung des BFH zur Publikums-KG und zur kapitalistischen Personengesellschaft im allgemeinen zu sehen[315a]. Wegen ihrer körperschaftlichen Eigenschaften wird die

---

313c UELNER (1980/81), S. 373.

313d GASSNER (1981), S. 57.

314 SÖFFING (1980/81), S. 188.

314a Der BFH nahm einen Gewerbebetrieb (und damit Gewerbesteuerpflicht) für Baubetreuungsverträge an, die der Vertragsgestaltung nach keine Gewinne erbringen konnten. Die Möglichkeit des Steuerpflichtigen, seine Verluste aus dem Vertrag mit anderen positiven Einkünften auszugleichen, sei entscheidend (BFH Gr. S. 1/79 v. 10. 11. 1980). Aufgrund dieser Rechtsprechung ist nach SÖFFING (1980/81), S. 193f. u. a. die Klassifizierung des sog. Kölner Bauherrenmodells als Liebhaberei, wie sie das BdF-Schreiben vom 7. 12. 1979 vornahm, bedenklich.

314b Vgl. KRUSE (1980/81).

315 Vgl. PÖLLATH (1978). — In diesem Sinne auch WALZ (1980), S. F 86 u. 93f. und die Empfehlung des 53. Deutschen Juristentages, in: Verhandlungen (1980) Bd. II, S. O 182.

315a Vgl. die Übersicht bei KUHLMANN (1980), S. 259.

Publikums-KG gegenüber der „normalen" KG anders behandelt. Sie kann sogar als nicht-rechtsfähiger wirtschaftlicher Verein angesehen werden[315b]. Da der BFH nicht jede OHG oder KG per se als Mitunternehmerschaft klassifiziert, wurde für Deutschland sogar schon de lege lata (!) argumentiert, daß die Beteiligung an einer Anlagegesellschaft wegen der atypisch schwachen Gesellschafterstellung (im wesentlichen nur Akzeptierung vorformulierter Verträge) keine Mitunternehmerschaft, sondern nur eine (typische) stille Gesellschaft begründe[316]. Damit würde die Verlustzurechnung auf die Kommanditisten entfallen, weil sie nur Einkünfte aus Kapitalvermögen bezögen und deshalb keinen Betriebsvermögensvergleich, sondern nur eine Einnahmen-Überschuß-Rechnung vorzunehmen hätten. Auch die kapitalistische KG wurde bereits de lege lata als nichtrechtsfähige Personenvereinigung (Kapitalverein) und somit körperschaftsteuerpflichtig qualifiziert[316a].

Die Diskussion der letzten Jahre um die Verlustzuweisungsgesellschaften ist in starkem Maße vom Gleichheitsgrundsatz geprägt. Die Minderung der Steuerbelastung eines Kommanditisten, dem Verluste über den Betrag seiner Einlage hinaus zugewiesen werden, wird als ungerecht angesehen, weil keine entsprechende Minderung der Leistungsfähigkeit vorliegt. Diese Argumentation löst sich (z. T. schon de lege lata) von formalen Gewinnermittlungsvorschriften[316b].

Die rechtspolitische Wertung ist deshalb zu einseitig, weil der Steuergesetzgeber in weiten Bereichen Wirtschaftslenkung betreibt und dabei sehr häufig in Konflikt mit dem Gerechtigkeitspostulat gerät[316c]. Soweit Verlustbeteiligungsgesellschaften vom Gesetzgeber bewußt geschaffene steuerliche Anreize systematisch ausnutzen, sollte dies dem Gesetzgeber eigentlich recht sein[316d]. Ohne Verlustbeteiligungsgesellschaften können z. B. manche Umweltschutzanlagen überhaupt nicht finanziert werden[316e]. Gesetzgebungsinitiativen in Deutschland zur Begrenzung der Verlustzuweisungen stießen auf den erbitterten Widerstand einiger Bundesländer, die befürchteten, daß ganze Branchen (z. B. der Schiffsbau oder der soziale Wohnungsbau in Berlin) zum Erliegen kommen würden[316f].

[315b] So für die Publikums-GmbH & Co GROSSFELD (1977), S. 42ff.

[316] So SCHULZE-OSTERLOH (1979), S. 151 u. S. 156f.

[316a] UELNER (1980/81), S. 370.

[316b] Vgl. RAUPACH (1978), S. 120.

[316c] Vgl. Abschnitt B. II. 2 b.

[316d] So explizit etwa STRECK (1978), S. 111.

[316e] Vgl. DORALT, W. (1974).

[316f] Vgl. Nachweise bei STRECK (1978), S. 106f.

Meines Erachtens ist hiermit aber gerade das entscheidende wirtschaftspolitische Argument *gegen* die unbegrenzte Verlustzuweisung gegeben: Steuerliche Investitionsanreize in Form der Reduktion der Ertragsteuerbemessungsgrundlage können — trotz Verstoßes gegen den Gleichheitsgrundsatz — so lange als wirtschaftspolitisch zweckmäßig angesehen werden, als Investitionen im begünstigten Unternehmen bzw. in der begünstigten Branche erfolgversprechend sind. In diesem Falle sind die steuerlichen Anreize marktkonform; *allein* aus steuerlichen Gründen werden die begünstigten Investitionen nicht vorgenommen. Falls jedoch Investitionen *ausschließlich* durch die Steuerminderungen, die durch Verrechnung der Negativeinkünfte mit positiven Einkünften aus *anderen* Betrieben bzw. Branchen resultieren, vorteilhaft werden, führt die Steuerbegünstigung der „Verlustbranchen" mit hoher Wahrscheinlichkeit zu einer volkswirtschaftlichen Fehlleitung von Kapital. Das entscheidende wirtschaftspolitische Argument *für* die bilanziellen Steuerbegünstigungen ist ja, daß solche Unternehmen am meisten gefördert werden, die sich schon bisher am Markt als die Tüchtigsten herausgestellt haben und daher auch in Zukunft eine gute Kapitalverwendung erwarten lassen. Gerade dieses Argument gilt aber für die „Verlustbranche" nicht. Sollen dennoch gewisse Maßnahmen wie z. B. Umweltschutzanlagen gefördert werden, so wäre die offene Subvention systemkonform. Dabei wird natürlich nicht übersehen, daß eine offene Subvention politisch schwerer als eine versteckte durchzusetzen ist und daß eine versteckte Subvention in Form einer Steuerbegünstigung auch aus der Sicht des Finanzausgleichs zwischen Bund, Ländern und Gemeinden die Lasten ganz anders verteilt. Jedoch ist indirekten Subventionen auch für positiv bewertete generelle Förderungsziele (z. B. Umweltschutz) die Verschwendungstendenz immanent, wenn zum fehlenden politischen Regulativ der Genehmigung der Einzelmaßnahme das Fehlen des Marktregulativs hinzutritt.

Die Verlustzuweisungsmöglichkeiten sollten aus den aufgezeigten Gründen reduziert werden. Eine gesetzliche Regelung scheint unerläßlich. Aus den dargestellten wirtschaftlichen Gründen sollte diese Regelung zwischen den Verlustbeteiligungsgesellschaften und „normalen" Mitunternehmerschaften, bei denen Verluste ausnahmsweise anfallen, differenzieren[316g]. Ein grundsätzliches Überdenken der zivilrechtlichen Stellung sowie der systemkonformen Besteuerung der kapitalistischen Personengesellschaft erscheint angebracht. Die bis-

---

[316g] Vgl. auch SCHULZE-OSTERLOH (1979), S. 133f.

herigen Lösungen (vgl. insbes. neuere deutsche Gesetzgebung und österreichische Rechtsprechung) erscheinen noch zu wenig durchdacht. Ein abschließender Vorschlag zu dieser komplexen Materie kann im Rahmen dieser Arbeit jedoch nicht vorgelegt werden.
(Ende von Exkurs 2)

II. Steuerbilanzpolitik in einem System sukzessiver Teilpläne

Organisationen können nur selten in unabhängige Teilbereiche zerlegt werden, vielmehr wirken sich i. d. R. die Handlungen in einem Teilbereich auch auf die Optimalität der Handlungen in anderen Teilbereichen aus[317]. Bereits für sehr einfache Entscheidungssituationen kann man zeigen, daß durch sukzessive Planung gegenüber einer simultanen Planung der Aktionsvariablen aller Teilbereiche das Gesamtoptimum verfehlt wird[318]. Dennoch ist es wegen der begrenzten Rechenkapazität i. a. erforderlich, die Planung zeitlich und sachlich zu teilen. Die folgenden Ausführungen beziehen sich auf die Problematik der sachlichen Planungsteilung.

Die Begriffe „sukzessive" und „simultane" Planung werden in der Literatur jedoch auch auf die zeitliche Planungsteilung bezogen. So unterscheidet WILD für mehrstufig bedingte Planungsprobleme sukzessive und simultane Planung in dem Sinne, daß bei ersterer nur über die Alternativen der ersten Periode entschieden wird, während bei letzterer die späteren Entscheidungsmöglichkeiten bereits in früheren Perioden in der Entscheidung berücksichtigt werden[319]. Die Beschränkung der folgenden Überlegungen auf die *sachliche* Planungsteilung liegt nahe, weil eine zeitlich sukzessive Planung den Rückschritt zur einperiodischen Steuer„planung" ohne Rücksicht auf die Auswirkungen in künftigen Perioden bedeuten würde. Somit ist die Stellung der Steuerbilanzplanung bei der sachlichen Planungsteilung und der anschließenden Abstimmung der Teilpläne zu untersuchen[320].

Für die Aufteilung der Gesamtplanung in sukzessive Teilpläne kann weder für die Wahl der Reihenfolge der Teilpläne noch auch für die Art der sachlichen Teilung eine exakte Begründung gegeben werden[321]. Bekannte heuristische Regeln gehen etwa vom „wichtigsten" Teilplan aus, der häufig mit dem „Engpaßsektor" identifiziert wird.

---

317 Vgl. HAX, H. (1965a), S. 104ff.
318 Vgl. u. a. RÜCKLE (1968), S. 123ff.; SCHWEIM (1969), S. 19ff.
319 WILD (1974), S. 76ff.
320 STROBEL (1977a), S. 387f.
321 Vgl. u. a. GUTENBERG (1965), S. 118; STROBEL (1977a), S. 388.

Ein kürzlich vorgelegter Ansatz sucht eine Verbesserung der Planungssituation dadurch zu erreichen, daß Teile des gesamtbetrieblichen Entscheidungssystems simultan und andere wiederum sukzessiv geplant werden; hierfür wird der Ausdruck „simultan-sukzessive Struktur des Entscheidungsprozesses" eingeführt[322]. Simultan sollen gemäß dieser Konzeption wegen der besonders engen Beziehungen Produktion und Absatz einerseits, Handels- und Steuerbilanz andererseits geplant werden, während für die sonstigen Entscheidungen eine sukzessive Abstimmung angesetzt wird. Auch für diesen Ansatz gilt jedoch, daß er sicherlich gegenüber einer völlig sukzessiven Planung bessere Ergebnisse liefern wird, daß aber ohne Differenzierung der Planungssituation nicht zwingend begründet werden kann, warum Teile der Pläne simultan, andere wiederum sukzessiv abgestimmt werden sollen. So erscheint es insbesondere im Hinblick auf die Bilanzpolitik nicht einsichtig, warum die Finanzierung der Handelsbilanzpolitik vorgelagert sein soll; durch simultane Analyse dieser beiden Bereiche lassen sich erwägenswerte Strategien auffinden, wie in Abschnitt B. I gezeigt wurde.

Mit der Unmöglichkeit einer allgemeingültigen, von den Besonderheiten des jeweiligen Betriebes und seiner Gesamtsituation abstrahierenden Begründung der Art der sukzessiven Planung sind die im folgenden dargestellten Versuche der Konstituierung einer *selbständigen* Steuerbilanzpolitik und die Ansätze zu ihrer Abgrenzung gegen die allgemeine Steuerpolitik zu konfrontieren.

1. Zur Abgrenzbarkeit von Steuerbilanzpolitik und Steuerpolitik

Ein Versuch, die Steuerbilanzpolitik als autonomen Planungsbereich innerhalb der Gesamtplanung der Unternehmung zu begründen, muß davon ausgehen, daß die Gesamtplanung aus praktischen Gründen der Durchführbarkeit geteilt und an selbständig entscheidungsbefugte Instanzen vergeben werden muß. Einen ausführlichen Begründungsversuch für eine (relative) Autonomie der Steuerbilanzpolitik hat Marettek vorgelegt. Sein Verständnis der Unternehmenspolitik ist durch Hierarchievorstellungen geprägt, wonach die einzelnen Teilpolitiken in einer gesamtbetrieblichen Hierarchie feste Ränge mit Über- und Unterordnungen bzw. Vor- und Nachlagerungen haben[323].

---

[322] Schult (1977b), S. 30ff.
[323] Marettek (1971), S. 22ff.

Auf dieser Grundlage kommt er zu folgenden Ergebnissen: Eine betriebliche Teilpolitik sei dadurch gekennzeichnet, daß

1. eine entscheidungsfeldeigene, oberzielkonforme oder oberzielneutrale Zielfunktion formuliert werden kann, daß
2. entscheidungsfeldspezifische Aktionsvariable existieren und daß
3. eine Instanz die entscheidungsfeldspezifischen Aktionsvariablen innerhalb vorgegebener Restriktionen frei fixieren könne und hierdurch auch keine Aktionsvariable anderer Entscheidungsfelder einschränke[324].

Zum Unterschied von der übrigen Steuerpolitik erfülle die Steuerbilanzpolitik die Bedingungen für eine selbständige Teilpolitik, weil sie in Form der interperiodischen Verlagerung steuerpflichtiger Gewinnteile „ausschließlich steuerliche Aktionen" besitze, die die Realisierbarkeit von Entscheidungen anderer Entscheidungsgebiete nicht beeinträchtige; die Restriktionen würden der Steuerbilanzpolitik von der übergeordneten betrieblichen Finanzpolitik vogegeben, z. B. als Festsetzung von Höchst- oder Mindestbilanzansätzen[325].

Im Widerspruch zur Forderung nach Formulierbarkeit einer entscheidungsfeldeigenen, oberzielkonformen oder oberzielneutralen Zielfunktion soll die Steuerbilanzpolitik jedoch *nicht* der Restriktion unterworfen sein, daß die angestrebte Minimierung der Steuerbelastung die Erreichung oberster gesamtbetriebsbezogener Ziele nicht beeinträchtigen dürfe; eine solche Restriktion gehöre vielmehr einer höheren Zielhierarchieebene als jener der Steuerbilanzpolitik an[326]. Die Auswirkungen des Einsatzes der steuerbilanzpolitischen Aktionsparameter seien als Kapitalbeschaffungs- bzw. Gewinnverwendungsvorgänge im Rahmen des größeren Entscheidungsfeldes der Finanzpolitik zu behandeln; die Finanzpolitik gebe (auch im Interesse des Gewinnausweises in der Handelsbilanz) auszuweisende Gewinne und bereitzustellende Steuerkredite vor[327]. Hiergegen ist allerdings einzuwenden, daß dieses Konzept nur eine sehr grobe Abstimmung der sukzessiv erstellten Teilpläne zuläßt, wie anhand der Beziehungen zwischen Steuerbilanz- und Handelsbilanzpolitik gezeigt werden soll.

---

[324] Ebendort, S. 28.

[325] Ebendort, S. 30.

[326] Ebendort, S. 26f.

[327] Ebendort, S. 157f. und S. 162; zur iterativen Abstimmung von Steuerbilanz- und Finanz- und Investitionspolitik vgl. ebendort, S. 164f.; vertiefend Marettek (1974a). — Zur Abgrenzbarkeit einer isolierten Steuerbilanzpolitik vgl. auch die Kontroverse zwischen Marettek und Heigl (siehe Fn. 87 bis 90).

Auch wenn man die Steuerbilanzpolitik aus praktischen, organisatorischen Gründen als relativ selbständigen Planungsbereich konstituieren will, so können doch die aus der Inanspruchnahme von „Steuerkrediten“ resultierenden Einflüsse z. B. auf das Bild der Handelsbilanz auch in der Zielfunktion der isoliert betrachteten Steuerbilanzpolitik abgebildet werden. Die Vorgabe starrer Grenzen (Restriktionen) ist die allergröbste Abbildung des Zusammenhanges mit den übrigen Teilplänen. Eine zwar immer noch nicht exakte, aber verbesserte Abbildung besteht darin, bei Überschreitung gewisser Grenzen für Bilanzansätze oder Bilanzrelationen die Zielfunktion um einen (negativen) Beitrag zu ergänzen, der pauschal die Zielbeeinträchtigung in den übrigen Teilbereichen, insbesondere die vom Handelsbilanzausweis beeinflußten sonstigen Finanzierungsmöglichkeiten, einfängt. Diese Vorgangsweise entspricht der Lenkung interdependenter Teilbereiche eines Betriebes durch implizite Verhaltensnormen[328], wobei freilich bekanntlich diese Lenkgrößen exakt nur durch die Beseitigung der Dezentralisierung gefunden werden könnten.

Die Abgrenzung einer selbständigen Steuerbilanzpolitik gegenüber der Handelsbilanzpolitik bereitet überhaupt Schwierigkeiten; Abgrenzungsversuche in dieser Richtung führen zu außerordentlich engen Begrenzungen des Feldes der Steuerbilanzpolitik, wenn etwa nach dem *Motiv* unterschieden wird und nicht einmal „die bewußte Beeinflussung des steuerlichen Erfolgsausweises genügt ..., um von Steuerbilanzpolitik sprechen zu können, vielmehr dafür auch entscheidend (ist), daß diese Beeinflussung *unmittelbar* gewollt ist“[329]. Für den Aufbau eines Planungssystems ist es nicht operational, nur im Einzelfall aufgrund der konkreten Interessenlage eine Zuordnung selbst ein- und desselben bilanzpolitischen Aktionsparameters zur Handels- oder zur Steuerbilanzpolitik vorzunehmen[330]. Bilanzpolitik müßte bei solchem Vorgehen in psychologische Motivforschung umschlagen; wie wäre vorzugehen, wenn zwei Ziele gleichzeitig verfolgt werden sollen?

Wenn die Handelsbilanz nicht überhaupt im konkreten Fall eine Kümmerbildung darstellt, dann können die Aktionsvariablen der Steuerbilanzpolitik nicht generell einem autonomen steuerbilanzpolitischen Entscheidungsfeld zugeordnet werden. Die Aktionspara-

---

328 Vgl. Hax, H. (1965a), S. 129ff.

329 Mann (1973), S. 115 (Hervorhebung im Original).

330 Dies wird ebendort, S. 116, vorgeschlagen; ebenso Wöhe (1977), S. 226ff.

meter der Steuerbilanzpolitik können bei nicht verkümmerter Handelsbilanz nur in bestimmtem situativem Kontext autonom eingesetzt werden. Autonome steuerbilanzpolitische Disposition ist dann möglich, wenn in früheren Handelsbilanzen die steuerlich zulässigen Ansätze so weit unterschritten wurden, daß die nun zu planenden steuerbilanziellen Ansätze ohne Auswirkung auf die Handelsbilanz sind[330a]. Existiert dieser „Freiraum" der Steuerbilanzpolitik nicht, so ist wegen der Maßgeblichkeit entweder die gesamte Bilanzpolitik zu einem Entscheidungsfeld zusammenzufassen oder es kann — bei Dominieren des Interesses an der Steuerbilanz — die Bezeichnung „Steuerbilanzpolitik" mit der Rechtfertigung beibehalten werden, daß die Handelsbilanzwirkungen wesentlich gröber als die leichter quantifizierbaren Steuerbilanzwirkungen abgebildet werden.

Der Versuch, die Steuerbilanzpolitik als autonome Teilpolitik darzustellen, führt auch zur (definitorischen) Eingrenzung auf die Maßnahmen *nach* dem Bilanzstichtag[331]. Eine solche definitorische Einengung der Steuerbilanzpolitik stellt jedoch keine problemadäquate Abgrenzung dar: Zwar ist die Steuerabteilung sicher nicht entscheidungsbefugt für Maßnahmen vor dem Bilanzstichtag, wie etwa die Anschaffung geringwertiger Wirtschaftsgüter, die Verschiebung von Auslieferungen verkaufter Ware in das neue Jahr, die Durchführung von bereits geplanten Anlagenverkäufen vor oder nach dem Bilanzstichtag; doch wird es Aufgabe der Steuerabteilung sein, den hierfür anordnungsbefugten Abteilungen entsprechende Hinweise zu geben bzw. über Empfehlungen an die Unternehmensleitung die Anordnung der Maßnahmen vor dem Bilanzstichtag zu bewirken. Auch eine Steuerbilanzpolitik, die als selbständige Teilpolitik konstituiert wird, muß daher materielle Gestaltungen, die durch das *Motiv* der Steuerbilanzbeeinflussung ausschließlich oder überwiegend bestimmt werden, einbeziehen[332].

[330a] Dieser „Freiraum" wird von Börner/Krawitz (1977), S. 61f., deutlich herausgearbeitet.

[331] Die Definition bei Marettek (1971), S. 33, in Verbindung mit Fn. 5, bleibt diesbezüglich zunächst unklar, doch ergibt die Darstellung der steuerbilanzpolitischen Aktionsparameter, S. 35ff., daß diese Einschränkung beabsichtigt ist; ebenso wohl Börner/Krawitz (1977), S. 38 in Verbindung mit der späteren Darstellung der Aktionsparameter. Ausdrücklich grenzen die Steuerbilanzpolitik auf Maßnahmen *nach* dem Bilanzstichtag u. a. ein: Müller-Kröncke (1974), S. 11, S. 33 und S. 72; Schult (1977b), S. 25f. unter fälschlicher Reklamierung von Dieckmann (1972), S. 65 (vgl. aber Dieckmann, S. 66).

[332] In diesem Sinne auch eine Zuordnung von Maßnahmen vor dem

Die Abgrenzung nach dem Motiv wurde zwar oben für die Unterscheidung von Handels- und Steuerbilanzpolitik abgelehnt, doch kann auf sie in diesem Zusammenhang nicht verzichtet werden. Andere Kennzeichnungen der Bilanzpolitik mittels Maßnahmen vor dem Bilanzstichtag sind entweder zu eng oder es gelingt keine Abgrenzung mehr zu den operativen Plänen: Wollte man die materiellen Bilanzbeeinflussungsmöglichkeiten auf bloße zeitliche Verschiebungen von Aufwands- oder Ertragsentstehung beschränken, wäre dies zu eng, weil auch Maßnahmen getätigt werden können, die ohne Absicht der Beeinflussung der Bilanz gar nicht in Betracht gezogen worden wären (z. B. Verschönerung des Liquiditätsbildes); auch eine Abgrenzung nach dem Umfang der materiellen Maßnahmen ist nicht möglich, weil — wie später noch ausgeführt wird — die (Steuer-)Bilanzpolitik auch primärer Plan sein kann und das Ausmaß der durch sie bewirkten materiellen Bilanzgestaltungen von der Zielfunktion abhängt.

Werden Maßnahmen vor dem Bilanzstichtag in die Steuerbilanzpolitik einbezogen, so müssen auch die Nebenwirkungen dieser Maßnahmen in der steuerbilanzpolitischen Zielfunktion erfaßt werden. Wählt man z. B. als Zielfunktion der Steuerbilanzpolitik (für die rein deklaratorischen Maßnahmen nach dem Bilanzstichtag) die Minimierung der Barwerte der Steuerzahlungen, so ist diese Zielfunktion für die Maßnahmen *vor* dem Bilanzstichtag zu ergänzen: Es sei z. B. aufgrund einer irgendwie gearteten Optimierung außerhalb der Steuerbilanzpolitik die Beschaffung einer bestimmten Anzahl von als geringwertige Wirtschaftsgüter abschreibbaren Werkzeugen für April des Jahres $t + 1$ oder die Vornahme eines Werbefeldzuges für Februar des Jahres $t + 1$ geplant; dann sind im steuerbilanzpolitischen Entscheidungsmodell der Vorziehung dieser Maßnahmen auf z. B. Dezember des Jahres t als Zielfunktionswerte nicht nur die Unterschiede in den Steuerzahlungen zuzuordnen, sondern es ist auch anzusetzen, daß für beide Maßnahmen zusätzliche Zinskosten anfallen, daß in der Zwischenzeit die Werkzeuge gelagert und eventuell gewartet werden müssen, daß die Wirkung des Werbefeldzuges im Dezember des Jahres t geringer als im Februar des Jahres $t + 1$ ist[333].

Bilanzstichtag (zur Steuer-)Bilanzpolitik, wenn das Motiv der Bilanzbeeinflussung vorherrscht, bei WÖHE (1977), S. 227; WÖHE (1979), S. 57f.; vgl. auch HEIGL/MELCHER (1974), S. 23, mit Hinweis auf enge Grenzen der primär materiellen Gestaltungsmöglichkeiten.

[333] Vgl. ähnlich VODRAZKA (1976b), S. 52.

Während die herrschende Ansicht die Steuerbilanzpolitik der Finanzpolitik unterordnet[334], wird die Steuerbilanzpolitik auch dem Supersystem Steuerpolitik untergeordnet[335], von dem allerdings auch wiederum behauptet wird, daß es gar nicht existiere, weil die Steuerpolitik alle betrieblichen Teilbereiche betreffe[336]. Obwohl dieses Problem in die Grundsatzdiskussion des wissenschaftssystematischen Standortes der betriebswirtschaftlichen Steuerlehre hineinführt, muß hierauf eingegangen werden; ein Teil der Literatur gewinnt nämlich aus „Wesensbestimmungen" der betriebswirtschaftlichen Steuerlehre (teilweise bewußt kontrastierende) Aussagen über die Abgrenzbarkeit der Steuerbilanzpolitik.

Die Ansicht, eine besondere Steuerpolitik existiere gar nicht, entspricht der heute in der betriebswirtschaftlichen Steuerlehre herrschenden These, daß diese Disziplin nur Teil der allgemeinen Betriebswirtschaftslehre sei[337]. Die Argumentation verläuft hierbei großteils essentialistisch, empirische Gegenbeispiele aus der betrieblichen Realität und aus der Praxis des Forschungsbetriebes werden nicht zur Kenntnis genommen. Wenn etwa beklagt wird, daß „die" Allgemeine Betriebswirtschaftslehre keine Steuerfragen behandelt[338], dann könnte dies doch auch als Indiz dafür genommen werden, daß eine gewisse Eigenständigkeit und Isolierbarkeit der Probleme der betriebswirtschaftlichen Steuerlehre besteht, oder man müßte die andere Konsequenz ziehen und den Vertretern der Allgemeinen Betriebswirtschaftslehre offen den Vorwurf machen, daß sie aus bloßem Traditionalismus oder aus Faulheit die Steuern aus ihren Untersuchungen ausklammern. Die isolierte Behandlung der Steuern ist jedenfalls weithin Realität des Forschungsprozesses.

Die Frage nach der Selbständigkeit der betriebswirtschaftlichen Steuerlehre (und somit auch nach der Selbständigkeit einer betriebs-

---

[334] Im Anschluß an MARETTEK (1971) in zahlreichen Arbeiten zur Steuerbilanzpolitik. Für die Bilanzpolitik im allgemeinen vgl. auch MÜNSTERMANN (1970), S. 259f. und S. 261. — Trotz Einwendungen gegen die Verallgemeinerung halte ich die Verknüpfung der Steuerbilanzpolitik mit der Finanzpolitik ebenfalls für die wichtigste.

[335] MÜLLER-KRÖNCKE (1974), S. 29.

[336] Interessanterweise im Widerspruch zu sich selbst auch MÜLLER-KRÖNCKE (1974), S. 29; vgl. ferner u. a. MARETTEK (1971), S. 28ff.; SCHULT (1977b), S. 26.

[337] Die These wird in ausführlicher Auseinandersetzung mit abweichenden Ansichten von WÖHE (1978a), S. 10ff., formuliert und von der weitaus überwiegenden Mehrzahl der Fachvertreter übernommen.

[338] FISCHER (1974), S. 7.

wirtschaftlichen Steuerpolitik) sollte nicht absolut, in Absicht einer „Wesens"-Ermittlung verstanden werden, vielmehr sollte gefragt werden, ob die betriebswirtschaftliche Steuerlehre ebenso selbständig ist wie andere betriebswirtschaftliche Funktions- und Institutionslehren. Argumente, daß die Steuern keine betriebliche Funktion darstellen, daß sie *alle* betrieblichen Funktionen überlagern, können somit ganz einfach durch Analogie entkräftet werden. Ebenso wie die Steuern überlagern zum Beispiel die Informations- und die Finanzierungsvorgänge alle operativen Bereiche[339]. Daß das Steuerzahlen keine Funktion darstellt, kann im Hinblick auf die zwar von der Betriebswirtschaftslehre vernachlässigte, immerhin aber existierende betriebswirtschaftliche Ertragsverteilungslehre im Sinne von NICKLISCH oder LEHMANN[340] nicht a priori aufrechterhalten werden. Auch die Aussage, daß die Unternehmensleitungen im allgemeinen kein Interesse am Steuerzahlen hätten, ist nur unter bestimmten gesellschaftlich-historischen Umständen richtig. So sind bis in die neueste Zeit hinein Gesellschaftsordnungen belegbar, in denen das Ansehen, aber auch das Ausmaß der Bürgerrechte an die Steuerleistung geknüpft ist; für öffentliche Unternehmungen wird oft die Steuerleistung als Maß ihres Erfolges angeführt.

Die Behauptung, daß die betriebswirtschaftliche Steuerlehre als Teil der Allgemeinen Betriebswirtschaftslehre aufzufassen sei, ist auch daran zu prüfen, was man als Gegenstand der Allgemeinen Betriebswirtschaftslehre ansieht. Es dürfte heute die überwiegende Ansicht sein, daß die Allgemeine Betriebswirtschaftslehre „jenen Teil der Forschungsaktivität des Faches dar(stellt), der auf die Integration der Teilaussagen (der Spezialdisziplinen) zu einem einheitlichen Ganzen gerichtet ist, um die Unvollkommenheit der spezialisierten Aussagengewinnung zu beseitigen"[341]. Gemäß dieser Auffassung werden in der Allgemeinen Betriebswirtschaftslehre keine neuen Aussagen in den Teilgebieten, sondern nur in der Gesamtansicht gewonnen. Als Spezialdisziplinen sind dabei freilich Disziplinen von genügend hohem Abstraktionsgrad vorauszusetzen. Damit kann für die betriebswirtschaftliche Steuerlehre — unabhängig von der Diskussion, welche Art von Spezialdisziplin sie nun sei — die Konstituierung als Teildisziplin allein unter dem forschungsstrategischen Prinzip der Effizienz der Aussagengewinnung erfolgen[341]. Damit wird nicht auf Wesensschau,

---

339 Vgl. z. B. GUTENBERG (1980), S. 1f.

340 Vgl. u. a. NICKLISCH (1938); LEHMANN (1954).

341 STROBEL (1977b), S. 272.

sondern auf Effizienz der Arbeitsteilung abgestellt. Leider ist diese Sicht der betriebswirtschaftlichen Steuerlehre durchaus nicht allgemein akzeptiert, vielmehr dominiert nach wie vor die Vorstellung von der Nichtselbständigkeit eines steuerpolitischen Bereiches.

Von Selbständigkeit der Steuerbilanzpolitik bei gleichzeitiger Unselbständigkeit der Steuerpolitik zu sprechen, ist gemäß obigen Überlegungen nicht gerechtfertigt. Trotz der aufgezeigten Bedenken gegen die Existenz entscheidungsfeldspezifischer Aktionsparameter der Steuerbilanzpolitik und gegen die generelle Autonomie im Einsatz dieser Parameter erlaubt das Prinzip der Effizienz der Forschung eine gedankliche Isolierung einer Steuerbilanzpolitik. Inwiefern Steuerbilanzpolitik und Steuerpolitik in konkreten Instanzen einer Organisation auffindbar sind, soll anschließend besprochen werden. Zur Frage der Isolierbarkeit von Steuerbilanzpolitik und Steuerpolitik werden sich hieraus weitere Argumente ergeben. Ob die Steuerbilanzpolitik besser als die Steuerpolitik isolierbar ist, kann daher erst im folgenden Abschnitt 2 abschließend beantwortet werden.

2. Zur Stellung der Steuerbilanzpolitik und der Steuerpolitik in einer Hierarchie von Teilpolitiken

Offenbar ausgehend von der These der Nichtselbständigkeit der Steuerpolitik unterscheidet MANN innerhalb der die Steuerbelastung beeinflussenden Wahlmöglichkeiten „Sachverhaltsgestaltungsalternativen“, die „als solche nicht dem steuerlichen Operationsbereich zugeordnet“ sind, und „steuerpolitische Mittel“ („Aktionsparameter des steuerlichen Operationsbereiches“), die erst nach Erfüllung oder Vermeidung eines Tatbestandes einsetzen[342]. Die „steuerpolitischen Mittel“ sollen — ohne daß dies ausdrücklich gesagt wird — eine Verallgemeinerung der Steuerbilanzpolitik nach dem Bilanzstichtag darstellen. Die Zuordnung der „Sachverhaltsgestaltungsalternativen“ mit unterschiedlichen steuerlichen Konsequenzen zur Steuerpolitik würde „dem Selbstverständnis der die Unternehmenspolitik tragenden Personen widersprechen“[342].

An dieses Zitat anknüpfend kann m. E. eine nicht-essentialistische, situative Lösung der Frage nach der Selbständigkeit der Steuerpolitik erfolgen. Wann widerspricht oder entspricht es dem Selbstverständnis der die Unternehmenspolitik tragenden Personen, unterschiedliche Sachverhaltsgestaltungen als der Steuerpolitik zugehörig zu betrachten? Ob die Steuerplanung tatsächlich weitgehend Sekun-

---

[342] MANN (1973), S. 114.

därplanung ist[343], kann nur vom *relativen* Gewicht der Steuern abhängen. Je höher die Steuerbelastung ist, desto eher werden auch bei „Sachverhaltsgestaltungsalternativen“ die steuerlichen Überlegungen dominieren. Dazu ein Beispiel: Nach altem Umsatzsteuerrecht war die Steuerbegünstigung von Lieferungen im Großhandel von der Bestimmung bedroht, daß durch Zusammenstellung von „Sachgesamtheiten“ eine steuerschädliche Bearbeitung entstehen konnte und dadurch der Steuersatz von 2% durch einen solchen von 5,5% ersetzt wurde. Falls nun die Handelspanne nur etwa 5% betrug, lag es dann nicht nahe, derartige Geschäfte, deren Erfolg weitaus überwiegend von der steuerlichen Beurteilung abhing, der Steuerpolitik zuzuordnen, d. h. etwa dem Steuerfachmann die Entscheidung zu überlassen, welche Teilsortimente überhaupt gebildet werden durften?

Nach definitorischer Festlegung der Zugehörigkeit der betriebswirtschaftlichen Steuerlehre zur Allgemeinen Betriebswirtschaftslehre weist Fischer auf folgendes hin: „Aus der Wirtschaftspraxis sind zahlreiche Entscheidungstypen bekannt, die sich vorrangig am Ziel der Steuerminimierung orientieren“, wofür im Bereich der kleinen und mittleren Unternehmungen Rechtsform-, Standort- und Erbfolgeentscheidungen angeführt werden[344]. Wenn aber die Zielfunktion Steuerminimierung empirisch für manche Entscheidungstypen nachweisbar ist, so sind meines Erachtens jedenfalls diese Entscheidungstypen am zwanglosesten einer „Steuerpolitik“ zuzuordnen. Selbst für die Steuerminimierung als Oberziel gibt Fischer in den Abschreibungsgesellschaften ein Beispiel, meint jedoch, daß diese Unternehmungen vorrangig den Zweck einer Steuerlastminderung der beteiligten Gesellschafter verfolgten, das Ziel der Steuerminimierung sich daher in einem Zielsystem, das durch die ökonomischen Interessen der jeweiligen Gesellschafter gebildet wird, an nachgeordneter Stelle befinde[344]. Mit dem gleichen Argument müßte man dann aber auch die weitaus überwiegend in der betriebswirtschaftlichen Analyse verwendete Zielfunktion für Betriebe, die gegenüber dem Konsumbereich verselbständigt sind, nämlich die Gewinnmaximierung, ablehnen. Auch sie ist den persönlichen Zielen der Personen, die an das Unternehmen Ansprüche stellen können, nachgelagert; auch die Gewinnmaximierung ist als Ersatzziel des verselbständigten Betriebes gegenüber den eigentlichen Zielen der dahinterstehenden Personen anzusehen. Die unvoreingenommene Konsequenz aus diesen empirischen Befunden muß

---

343 So Flick (1963), S. 49.
344 Fischer (1974), S. 15.

vielmehr darin bestehen, zumindest bestimmte Planungssituationen und Betriebstypen mit starker Dominanz des steuerlichen Aspektes unter eine besondere Steuerpolitik zu subsumieren.

Teilpolitiken sind nicht apriorisch abgrenzbar, und ebensowenig erscheint es allgemein möglich, die Existenz oder Nichtexistenz einer besonderen Steuerpolitik zu behaupten. Wenn man vom Ideal der simultanen Totalplanung abgeht, dann müssen für die Bildung von Teilpolitiken die relative Wichtigkeit der Fragen, die Gleichartigkeit von Verrichtungen oder die erforderlichen Qualifikationen den Maßstab bilden. Für die Bildung von Teilpolitiken sind — allgemeiner formuliert — dieselben Kriterien maßgebend, welche auch in der Organisationstheorie für die Aufgabenzuteilung erarbeitet wurden[345]. Ohne auf Details einzugehen, kann als bekannt vorausgesetzt werden, daß ein- und dieselbe Totalmaterie auf die verschiedenartigsten Weisen organisierbar ist. Daraus folgt die Nichtexistenz einer eindeutigen Zerlegung der Unternehmenspolitik. Es gibt auch keine a-priori-Abgrenzung der Steuerpolitik, dieselbe Aufgabe ist vielmehr im Rahmen der gesamtbetrieblichen organisatorischen Regelung im konkreten Einzelfall zu lösen[346]. Steuerabteilungen existieren in der Realität[347]; daß die steuerlichen Aspekte im unternehmerischen Entscheidungsprozeß generell unter- oder übergewichtig berücksichtigt werden[348], kann gerade als Indiz dafür genommen werden, daß die organisatorische Eingliederung der Steuerfragen ein bisher im wesentlichen ungelöstes Problem darstellt. Die Frage nach der Autonomie der Steuerbilanzpolitik verliert im Lichte dieser Erkenntnisse an Bedeutung.

Je enger das Gebiet einer Teilpolitik gefaßt wird, desto weniger Interdependenzen mit anderen Teilpolitiken brauchen dann zur Erreichung gesamtbetrieblich satisfizierender Lösungen beachtet werden. Die Behauptung der Selbständigkeit der Steuerbilanzpolitik bei gleichzeitiger Unselbständigkeit bzw. Nichtexistenz der Steuerpolitik ist somit dann am ehesten zu begründen, wenn die Steuerbilanzpolitik sehr eng gefaßt wird. Die vorstehende Analyse sollte jedoch die Relativität aller derartigen Aussagen und die Verknüpfung dieser Frage mit dem organisatorischen Strukturierungsproblem aufzeigen.

Aus der Nichtexistenz einer vorgegebenen Teilung der Unternehmenspolitik in Teilpolitiken folgt auch, daß die Steuerbilanzpolitik

---

[345] Dies arbeitet SELCHERT (1975), S. 434ff., deutlich heraus; vgl. auch HAHN (1974), S. 47.

[346] Vgl. SELCHERT (1975), S. 437.

[347] BLOHM (1968).

[348] HAUSCHILDT/WACKER (1974).

allgemeingültig und zwingend weder einem Supersystem Finanzpolitik noch einem Supersystem Steuerpolitik noch auch einem Supersystem Bilanzpolitik untergeordnet werden kann. Wenn $\underline{U}$ die Universalmenge aller in einem Betrieb zu organisierenden Elemente darstellt, so kann diese Menge nach verschiedenen Gesichtspunkten gegliedert werden. Im einfachsten Falle seien zwei derartige Gliederungen die nach den Merkmalen $\underline{A}$ und $\underline{B}$. Jedes der beiden Merkmale führe zu einer Gliederung von $\underline{U}$ in zwei Bereiche, wie die folgende Abbildung 4 darstellt:

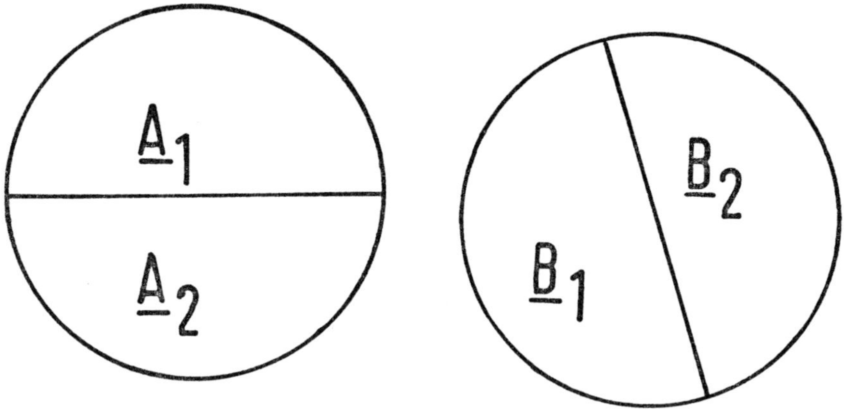

Abb. 4: Gliederungen von $\underline{U}$ nach unterschiedlichen Merkmalen $\underline{A}$ und $\underline{B}$

Es gilt:

$$\underline{A}_1 \cup \underline{A}_2 = \underline{U}$$

und

$$\underline{B}_1 \cup \underline{B}_2 = \underline{U}$$

Betrachtet man z. B. die Menge

$$\underline{A}_1 \cap \underline{B}_1 = : \underline{S},$$

so kann diese als Bestandteil einer feineren Zerlegung von $\underline{U}$ jedem der beiden Einteilungsgesichtspunkte untergeordnet werden. Sei nun $\underline{S}$ der Gegenstand der Steuerbilanzpolitik, so ist es ersichtlich, daß je nachdem, ob der betrachtete Betrieb nach dem Merkmal $\underline{A}$ oder nach dem Merkmal $\underline{B}$ seine Organisation gliedert, ein Subordinationsverhältnis von $\underline{S}$ entweder zu $\underline{A}_1$ oder zu $\underline{B}_1$ festzustellen ist. Denkt man an die Möglichkeit einer Matrixorganisation[349], so wird die Entweder-Oder-Unterordnung vollends als unzulässige Verallgemeinerung er-

[349] Vgl. z. B. Grochla (1975), Sp. 2857ff.

sichtlich. Die Eingliederung der Steuerbilanzpolitik in die Hierarchie betrieblicher Teilpolitiken ist nicht generell bestimmbar. Es ist eine empirische Frage, zu welchem Supersystem die engeren Verknüpfungen bestehen.

Es ist aber der herrschenden Lehre nicht einmal darin zuzustimmen, daß die Steuerbilanzpolitik überhaupt untergeordnete Teilpolitik sein müsse. Bei gewissen Formalzielen, wie insbesondere der Umsatzmaximierung unter der Nebenbedingung der Erreichung eines Mindestgewinnes, kann die Steuerbilanzplanung sogar primärer und übergeordneter Plan werden. Wie Loitlsberger gezeigt hat, werden — ausgehend von einer Bilanzprognose — von der Steuerbilanzpolitik auch umfangreiche Investitionen induziert[350].

Zusammenfassend muß die Ansicht, daß die Steuerbilanzpolitik in einer Hierarchie betrieblicher Teilpläne einen festen Platz einnehme, als nicht allgemein haltbar zurückgewiesen werden. Als Konsequenz für die Durchführung der isolierten Steuerbilanzpolitik ergibt sich daraus, daß aus *verschiedenen* anderen Teilpolitiken der Steuerbilanzpolitik Restriktionen vorzugeben sind und daß die Nebenwirkungen auf *verschiedene* andere Teilpolitiken zumindest pauschal in Restriktionen und/oder Zielfunktionsbeiträgen der Steuerbilanzpolitik zu erfassen sind.

3. Die Formalstruktur der Abstimmung der Steuerbilanzpolitik mit den übrigen Teilpolitiken

Bei der sukzessiven Planung der betrieblichen Teilbereiche werden die Pläne für die Teilbereiche nacheinander aufgestellt. Eine Optimierung kann nur für den jeweils in Arbeit befindlichen Teilplan erfolgen. Hierbei gehen die Ergebnisse der früher aufgestellten Teilpläne in die Aufstellung der späteren Teilpläne ein. Das darf allerdings nicht so verstanden werden, daß die vorherigen Pläne für die Aufstellung der nachfolgenden unumstößlich wären. Vielmehr erfolgt eine iterative Abstimmung, bei der alle Teilpläne auch mehrmals durchlaufen werden können[351]. Die Literatur behandelt vorwiegend die — zugegeben besonders wichtige — Abstimmung der Steuerbilanzpolitik mit der Finanzpolitik, doch sollen die folgenden Überlegungen für den allgemeinen Fall formuliert werden.

---

[350] Loitlsberger (1976), bes. S. 322ff. — Auch der Handelsbilanzplan kann zum Primärplan werden: Berger (1965), S. 146.

[351] Vgl. u. a. Marettek (1974a), S. 329; Müller-Kröncke (1974), S. 31f. und S. 223ff.; Siegel (1976), S. 229.

Zweckmäßigerweise beginnt man die Planung mit jenen Teilbereichen, in welchen die einschneidendsten Restriktionen des Aktionsraumes vorliegen. Die Teilpläne seien der Reihenfolge ihrer Aufstellung nach indiziert[351a] und mit $\overline{P}_i$ $(\overline{i} = 1, 2, \ldots, \overline{k}, \ldots, \overline{l}, \ldots, \overline{n})$ bezeichnet. Die Menge der Restriktionen der Planung, welche für die Teilpläne $\overline{P}_i$ ursprünglich gegeben sind, sei mit $\overline{B}^o{}_i$ bezeichnet. Dann kann die Menge der zulässigen Aktionen $\overline{A}_i$ jedes Teilplanes als Funktion der Menge der Beschränkungen ausgedrückt werden:

$$\overline{A}_i = \overline{A}_i\ (\overline{B}^o{}_i).$$

Ganz $\overline{A}_l$ steht jedoch nur zur Verfügung, wenn der Teilplan $\overline{P}_l$ als erster geplant wird oder — was i. a. unrealistisch ist — die Optimierung von $\overline{P}_k$ $(\overline{k} < \overline{l})$ keine Verschärfung der Restriktionen $\overline{B}_l$ bewirkt hat. I. a. gilt aber, daß eine derartige Verschärfung von Restriktionen stattfindet. Sei $\overline{B}^k{}_l$ die Menge der für den Teilbereich $\overline{P}_l$ durch die Optimierung von $\overline{P}_k$ hinzugekommenen Restriktionen, wobei es sich sowohl um artmäßig neue als auch um artmäßig bereits vorhandene, jedoch quantitativ verschärfte Restriktionen handeln kann, so gilt allgemein, daß

$$\bigcup_{i=o}^{l-1} B^i{}_l \supseteq B^o{}_l$$

sowie

$$\overline{A}_l\ (\bigcup_{i=o}^{l-1} \overline{B}^i{}_l) \subseteq \overline{A}_l\ (\overline{B}^o{}_l).$$

Interdependenzen zwischen den Teilplänen können *nicht systematisch* berücksichtigt werden; sie können nur in grober Form derart in die Planung eingehen, daß die *vermuteten* Einflüsse später geplanter Teilbereiche bereits bei der Aufstellung der früher optimierten Teilpläne als zusätzliche Restriktionen vorgegeben werden. Ein Beispiel hierfür: Der Bilanzplan soll als letzter aufgestellt werden. In der Bilanz sollen wegen günstiger Gewinnlage möglichst keine außerordentlichen Erträge ausgewiesen werden. Hieraus kann für die *vorher* durchgeführte Investitionsplanung folgen, daß jene Ersatzinvestitionen aus den Planungsüberlegungen der Periode ausscheiden, bei denen für das zu ersetzende Wirtschaftsgut ein Buchgewinn entstünde und bei denen auch der Verkauf der Altanlage nicht hinausgeschoben werden kann.

[351a] Aus drucktechnischen Gründen entfallen im folgenden Querstriche bei oberen und unteren Indices; der Leser wird gebeten, bei allen Indices in diesem Abschnitt 3 die Querstriche in Gedanken zu ergänzen.

Im einzelnen erfolgt die Abstimmung mit den übrigen Teilbereichen aber nicht nur mittels Restriktionen, sondern es kommen auch andere Elemente des Planungskalküls für diese Abstimmung in Frage, was nicht immer erkannt wird. So wird der Steuerbilanzpolitik als typische Restriktion vorgegeben, sie solle einen Mindestbetrag an Kapital („Steuerkredit") für eine gewisse Anzahl von Perioden zur Verfügung stellen[352]. Es wird sogar die Forderung nach Zurverfügungstellung von „Steuerkrediten" für ganz bestimmte Perioden in Abweichung von der durch das Modell ermittelten Optimallösung (für die Steuerbilanzpolitik) erhoben[353]. Diese Forderung basiert anscheinend auf der Vorstellung, daß in bestimmten Perioden besonders erfolgversprechende Investitionsprojekte vorliegen, für deren Finanzierung der „Steuerkredit" benötigt wird. Wenn dies zutrifft, so müßte sich dies aber im Ansatz des Kalkulationszinsfußes niederschlagen. Wenn die Kapitalbeschaffungsmöglichkeiten insgesamt knapp sind, so müßte der Kalkulationszinsfuß für die betreffende Periode entsprechend hoch angesetzt werden. Die Optimallösung des steuerbilanzpolitischen Entscheidungsmodells müßte dann nicht abgeändert werden, die Abstimmung mit den anderen Teilpolitiken würde in diesem Falle über den Kalkulationszinsfuß als Lenkpreis erfolgen. Investitionen, die *auf jeden Fall* durchgeführt werden sollen, gehen als Konstante in die Liquiditätsbedingung ein[354].

Aus der Sukzessivität der Planung folgt, daß bei fortschreitendem Durchlaufen aller Teilpläne — insbesondere dann, wenn der Aktionsraum der früheren Teilpläne nicht vorweg eingeschränkt wurde —

---

[352] MARETTEK (1971), S. 168.

[353] MÜLLER-KRÖNCKE (1974), S. 227.

[354] SIEGEL (1976), S. 229, sieht zwar die Problematik der Vorgabe eines fixen „Steuerkredites" im Rahmen der Restriktionen, doch ist ihm zu widersprechen, daß die konkrete Einbeziehung der geplanten Investitionen mit ihren Zahlungen genauer sei als die Erfassung über den Kalkulationszinsfuß. Dies ist nur richtig, wenn die Investitionen unter allen Umständen durchgeführt werden sollen, dann entfallen allerdings jedwede Vorstellungen über die Kapitalbewirtschaftung und damit auch überhaupt die Verwendung eines Kalküls mit Kalkulationszinsfuß. Im allgemeinen Fall aber, daß zwar Investitionsvorhaben vorliegen, diese aber *nicht um jeden Preis* realisiert werden sollen, führt die ursprüngliche Verletzung der Liquiditätsbedingung bei der iterativen Planabstimmung u. a. zu einer Erhöhung des Kalkulationszinsfußes, wodurch einerseits einige Investitionen ausscheiden, andererseits etwa im Rahmen der steuerbilanzpolitischen Optimierung *bis zu einem gewissen, durch die Optimierungsrechnung bestimmten Ausmaß* für die betreffende Periode erhöhte „Steuerkredite" zur Verfügung gestellt werden.

der Aktionsraum des $\bar{l}$-ten Teilplanes durch die isolierte Optimierung der vorangegangenen Teilpläne 1 bis $\bar{l}$-1 laufend eingeschränkt werden kann. Für $\overline{P}_l$ kann sogar gelten:

$$\overline{A}_l \, (\bigcup_{i=o}^{l-1} \overline{B}^i{}_l) = \varnothing ,$$

obwohl

$$\overline{A}_l \, (\overline{B}^o{}_l) \neq \varnothing .$$

In diesem Falle muß eine Rückkoppelung dergestalt erfolgen, daß durch die Neuaufrollung der Planung einiger oder aller $\overline{P}_i$ ($\bar{i} < \bar{l}$) mittels zusätzlicher Bedingungen $\overline{B}^l{}_i$ (für einige oder alle $\bar{i} < \bar{l}$) *zumindest* erreicht wird, daß aufgrund neuer Restriktionen $\overline{B}'^i{}_l$ ($\bar{i} < \bar{l}$)

$$\overline{A}_l \, (\bigcup_{i=o}^{l-1} \overline{B}'^i{}_l) \neq \varnothing$$

wird. Durch strengere Bedingungen $\overline{B}^l{}_i$ wird c. p.

$$\overline{A}_i \, (\bigcup_{h=o}^{i-1} \overline{B}^h{}_i \cup \overline{B}^l{}_i)$$

reduziert, wodurch jedoch andererseits bei Konkurrenz der Teilpläne um gemeinsame knappe Ressourcen

$$\overline{A}_l \, (\bigcup_{i=o}^{l-1} \overline{B}'^i{}_l)$$

ausgeweitet wird; der Wert des Entscheidungsfeldes $\bar{i}$ sinkt bei gleichzeitigem Steigen des Wertes von $\bar{l}$.

Bei der sukzessiven Planung muß durch *Schätzung* getrachtet werden, die Grenzwerte der Entscheidungsfelder einander anzugleichen. Zu den Mengen $\bigcup_{i=o}^{l-1} \overline{B}'^i{}_l$, welche die ursprünglich vorhandenen und die aus den vorher durchgeführten Teilplanungen abgeleiteten Beschränkungen umfassen, treten jeweils Mengen $\bigcup_{m=l+1}^{n} \overline{B}^m{}_l$ hinzu, die geschätzte (evtl. der Erfahrung entstammende) Beschränkungen des $\bar{l}$-ten Teilplanes auf Grund der Erfordernisse der nachfolgenden Teilpläne darstellen. Werden die $\overline{B}^m{}_l$ so gewählt, daß gerade alle $\overline{A}_m \neq \varnothing$ sind, so ist damit nur eine zulässige Lösung des Gesamtplanes sichergestellt, erst die Wahl strengerer $\overline{B}^m{}_l$ wird eine Annäherung an die optimale Totallösung bringen.

4. Aufbau und Elemente der gängigen isolierten steuerbilanzpolitischen Modelle im Überblick

Im folgenden sollen aus den im Literaturüberblick (Abschnitt A. II. 2b) in verbaler Form dargestellten isolierten steuerbilanzpolitischen Modellen die in der derzeitigen Diskussion bevorzugt behandelten in ihrer Formalstruktur gegenübergestellt werden. Es handelt sich dabei in der Terminologie der zusammenfassenden Systematisierung der bisherigen Literatur (S. 52) um Modelle des Typs B–A–A sowie des Typs B–B–A. Die übrigen dort behandelten Modelltypen werden aus den folgenden Gründen ausgeschlossen: Typ A–Aa–A ist als überholt anzusehen; rein formal betrachtet wäre A–Aa–A als Sonderfall in B–Aa–A enthalten, wenn man in letzterem Modell den Kalkulationszinsfuß gleich Null setzt. Modell A–Aa–B wiederum wird deshalb ausgeschlossen, weil es einerseits nur wenig behandelt wurde und weil andererseits der in diesem Modelltypus enthaltene Fortschritt (explizite Berücksichtigung der Unsicherheit) nach hier vertretener Ansicht in Verbesserungen der Modelltypen B–A–A und B–B–A eingebracht werden sollte.

Auf die inhaltliche Erläuterung der auftretenden Modellelemente muß weitgehend verzichtet werden; diese erfolgt ausführlich im Zweiten Kapitel. Deshalb muß auch die anschließende Gegenüberstellung der Vor- und Nachteile der behandelten Modelltypen kursorisch und vorläufig bleiben. Der Vor- und Nachteilsvergleich bezieht sich überdies nur auf das Verhältnis der in diesem Abschnitt behandelten Modelle zueinander, nicht auf das Verhältnis der isolierten steuerbilanzpolitischen Modelle zu den Totalplanungsmodellen. Abschließend wird gezeigt, wie in die bewußt einfach gehaltenen Modelle, die sich üblicherweise auf die Ertragsteuerplanung beschränken, unter Beibehaltung der Formalstruktur die Substanzsteuern eingebaut werden können.

a) Modelle mit pauschaler Planung des gesamten Manövriermasseneinsatzes

Dieser Modelltypus (in der Terminologie der Systematisierung von S. 52: B–Aa–A) beherrscht die steuerbilanzpolitische Diskussion[355]. Entsprechend den beiden vorwiegend verwendeten Zielfunktionen der „Nettoergebniskapitalwertmaximierung" sowie der „Steuerkapitalwertminimierung" sind von diesem Modelltypus zwei Varianten zu unterscheiden. Zunächst wird die „Steuerkapitalwertminimierung" dargestellt. Der Einfachheit halber wird hier ein im Zeitablauf kon-

[355] Vgl. die Literaturnachweise in den Fußnoten 98 bis 101.

stanter Kalkulationszinsfuß unterstellt; von Differenzen der Bemessungsgrundlage von Einkommen- (Körperschaft-)steuer und Gewerbeertragsteuer wird abstrahiert. Für die rein formale Gegenüberstellung in diesem Abschnitt wird auch nicht erörtert, ob der Zinssatz vor oder nach Steuern anzusetzen ist. Wesentlich für diese Modelle ist, daß nichtlineare Steuertarife abgebildet werden sollen. Folgende Symbole werden verwendet:

t .... Periodenindex ($t = 1, 2, \ldots, n$)

n .... Anzahl der Perioden (Planungshorizont)

i .... Zinssatz

$v = \frac{1}{1+i}$ .... Abzinsungsfaktor

G .... (vorläufiger) Gewinn der Steuerbilanz

M .... Manövriermasse (= Summe der durch steuerbilanzpolitische Maßnahmen erreichbaren Änderungen des Gewinnes der Steuerbilanz)[356]

M_t .... die in Periode t tatsächlich eingesetzte Manövriermasse

$s_t\,(G_t - M_t)$ .. (periodenabhängiger) Steuersatz in Abhängigkeit vom ausgewiesenen Gewinn, im folgenden abgekürzt mit s_t bezeichnet

Das Modell lautet dann:

$$\sum_{t=1}^{n} s_t \cdot (G_t - M_t) \cdot v^t \rightarrow \min. \tag{4}$$

unter gewissen Nebenbedingungen betreffend M.

Diese Nebenbedingungen betreffen sowohl die steuerrechtliche Möglichkeit als auch die aus der Abstimmung mit den übrigen Bereichen der Unternehmungspolitik resultierenden Einschränkungen.

Die Formulierung der M betreffenden Nebenbedingungen bereitet für das relativ grobe Modell dieses Typs Schwierigkeiten. Definiert man ergänzend

$M_{t\,\max}$ .... die in Periode t maximal einsetzbare Manövriermasse,

$M_{\max}$ .... die im Planungszeitraum ($1, 2, \ldots, n$) vorhandene Manövriermasse,

---

[356] Der Begriff der Manövriermasse wird im 2. Kapitel, Abschnitt F. I, präzisiert.

so gilt nämlich im allgemeinen, daß $M_{t\,\max}$ für irgendeine Periode nicht unabhängig von jenen für die anderen Perioden definiert werden kann, weshalb auch

$$M_{\max} < \sum_{t=1}^{n} M_{t\,\max}.$$

Die Interdependenzen zwischen den $M_{t\,\max}$ werden in den steuerbilanzpolitischen Modellen dieses Typs nicht befriedigend abgebildet. In den kleinen Demonstrationsbeispielen, die hierzu vorgelegt werden[357], können die Interdependenzen noch ohne formale Hilfsmittel überblickt werden, für größere und realistische Modelle erscheint dies kaum möglich.

Charakteristisch für die Modelle dieses Typs ist, daß die vorhandenen steuerbilanzpolitischen Aktionsmöglichkeiten periodenweise gesammelt werden, in Summe pro Periode eine (potentielle) Manövriermasse bilden und das Optimierungsmodell die tatsächliche Ausnutzung der Manövriermasse in den einzelnen Perioden bestimmt, ohne jedoch Aussagen darüber zu machen, welche bilanzpolitischen Aktionsparameter im einzelnen zur Erreichung der gewünschten Gewinne $G_t - M_t$ eingesetzt werden sollen. Diese Charakterisierung gilt auch für die zweite Ausprägung dieses Modelles, bei der der Barwert des Nettoergebnisses maximiert wird:

$$(5) \qquad \sum_{t=1}^{n} [(G_t - M_t) - s_t\,(G_t - M_t)] \cdot v^t \rightarrow \max,$$

wiederum unter Nebenbedingungen bezüglich M.

Gegenüber den älteren nivellierenden Lösungen der Steuerbilanzpolitik (VOGTsche Normallinie) wird in diesen Modellen ein „Barwert"-Konzept verwendet, es wird bevorzugt die Kapitalwertmethode verwendet. Daß die *Ab*zinsung problemimmanent sei, wie gelegentlich behauptet wird, trifft allerdings nicht zu.

Wenn EISENACH meint, die Abzinsung sei erforderlich, weil der Planungszeitpunkt stets am Anfang der betrachteten Periode stehe[358], so ist dies aus zwei Gründen unzutreffend: Sofern die Steuerbilanzpolitik auf formell-deklaratorische Gestaltungen beschränkt wird, was in der Literatur überwiegend entweder als alleiniger oder zumindest als wichtigster Inhalt der Steuerbilanzpolitik angesehen wird, so ist

---

[357] Vgl. z. B. HEIGL/MELCHER (1974), S. 37ff.
[358] So EISENACH (1974), S. 178.

im Planungszeitpunkt ein Teil der Planungsperiode bereits verflossen[359]. Darüber hinaus besteht aber grundsätzlich gar kein Zusammenhang zwischen dem Planungszeitpunkt und dem anzuwendenden Verfahren. Selbst wenn der Planungszeitpunkt tatsächlich am Anfang der betrachteten Periode läge, wären identische Ergebnisse auch mit Endwertmodellen (und *Auf*zinsung der Zahlungen) ermittelbar[360]. Somit besteht kein grundsätzlicher Unterschied zu Modellen, die einen Endwert (Vermögenswert) maximieren[361].

Unzutreffend ist auch die Kritik an der verwendeten Kapitalwertmethode, daß die Zurechnung von einzelnen Einnahmen und Ausgaben zu Investitionen für die Kapitalwertmethode typisch sei sowie daß die Ungewißheit mangelhaft berücksichtigt würde[362]. Einmal lassen sich ohne weiteres auch für ungewisse Erwartungen Kapitalwerte ermitteln, die allerdings — weil aus ungewissen Daten gewonnen — nach den Regeln der Ungewißheitstheorie interpretiert und weiterverarbeitet werden müssen[363].

Zum Zurechnungsproblem: Die Kapitalwertmethode ist auch auf Investitionen ohne Einnahmenzurechnung anwendbar, es existieren z. B. Kapitalwertkalküle zur Berechnung der besten Alternative, wenn keiner der Investitionen Einnahmen zugerechnet werden können; es existieren ferner Programmierungsmodelle, bei denen den Investitionsausgaben der einzelnen Anlagen die Kapitalwerte der mit dem ganzen Verbund von Anlagen erzeugten Produkte gegenübergestellt werden; schließlich aber gilt, was im Zusammenhang mit der Anwendung der Kapitalwertmethode auf die Steuerplanung besonders wichtig ist: selbst wenn den einzelnen Projekten in unrichtiger Weise Einnahmen und Ausgaben zugerechnet würden, so würde doch die Tatsache, daß für die Ertragsteuerplanung alle Erfolgsbeiträge des Betriebs aufsummiert werden müssen, alle unrichtigen Gewinnzurechnungen wieder eliminieren. Die grundsätzlichen Einwände gegen die Kapitalwertmethode sind daher nicht aufrechtzuerhalten. Gültige Einwände könnten nur daraus abgeleitet werden, daß in kapi-

---

[359] Vgl. Müller-Kröncke (1974), S. 127ff., wo deutlich herausgearbeitet wird, wie der Planungszeitpunkt mitten *in* der zu planenden Periode liegt.

[360] Vgl. Schneider, D. (1975a), S. 201; Rückle (1970), S. 62f.; vgl. auch Fn. 388. — Nur bei Modellstrukturen, die hier nicht zur Diskussion stehen, können durch Auf- oder Abzinsung unterschiedliche Optimallösungen resultieren: vgl. Buchner (1970).

[361] Vgl. u. a. Scherrer (1973), S. 84ff.

[362] Eisenach (1974), S. 255.

[363] Vgl. z. B. Swoboda (1977), S. 127ff.

talwertanalytischen Modellen nicht die eigentlichen Ziele des Entscheidenden, sondern finanzielle Ersatzgrößen geplant werden[364] oder daß die Kapitalwertmethode die „Umgebung" der Investitionen zu grob abbildet.

Die Lösung des skizzierten Modelles ergibt einen optimalen Ausgleich zwischen den in weiten Bereichen gegenläufigen Zins- und Steuersatzeffekten[365]. Bei Geltung der Zielfunktion „Steuerkapitalwertminimierung" würde der Zinseffekt ein weitgehendes Hinausschieben des Gewinnausweises und damit der Steuerzahlungen ergeben, bei der Zielfunktion „Nettoergebniskapitalwertmaximierung" gilt das Gegenteil. Der Steuersatzeffekt würde — falls nur ein im Zeitablauf gleichbleibender nichtlinearer (insbesondere progressiver) Steuertarif unterstellt wird — eine Nivellierung der in den einzelnen Perioden ausgegewiesenen Gewinne bewirken. Die gleichzeitige Berücksichtigung beider Komponenten im Modell ergibt einen optimalen Ausgleich.

Zum Steuersatzeffekt ist noch zu ergänzen, daß er sich entweder aufgrund der Struktur des Steuertarifs ergibt (insbesondere Progressionswirkung) oder auch auf Steuertarifänderungen im Zeitablauf zurückzuführen ist. Sofern Steuertarifänderungen im Zeitablauf vernachlässigt werden, was in der steuerbilanzpolitischen Literatur öfters geschieht, würden sich die Zielfunktionen (4) und (5) zu den folgenden vereinfachen:

$$(4') \qquad \sum_{t=1}^{n} s\,(G_t - M_t) \cdot v^t \rightarrow \min$$

$$(5') \qquad \sum_{t=1}^{n} [(G_t - M_t) - s\,(G_t - M_t)] \cdot v^t \rightarrow \max$$

In diesem Spezialfall braucht die Steuerfunktion daher nur als Tabelle vorgegeben werden (Definition eines Vektors der Länge $\bar{q}$, wenn es $\bar{q}$ Tarifstufen gibt); im allgemeinen Fall jedoch, in dem auch unterschiedliche Steuersätze in jeder Periode zugelassen werden, ist eine $(n, \bar{q})$-Matrix zur Abbildung der Steuerfunktion erforderlich. Bei Verwendung geeigneter Algorithmen zur Optimierung wird der Ausgleich zwischen dem Zinseffekt und den Steuersatzeffekten beider beschriebenen Arten hergestellt.

Auf Verfeinerungen dieses Modelltyps wird unter d) noch einzugehen sein.

---

364 Vgl. SCHNEIDER, D. (1975a), S. 194ff.

365 Zu deren ausführlicher Analyse vgl. HEIGL/MELCHER (1974), S. 84ff.

b) Modelle mit differenzierter Planung des gesamten Manövriermasseneinsatzes

Die Struktur der Modelle vom Typ B–Ab–A ist jener der Modelle vom Typ B–Aa–A ähnlich. Im folgenden soll nur der Unterschied zum zuvor behandelten Typ B–Aa–A herausgearbeitet werden. Im Interesse der Kürze wird die Darstellung auf den Fall der Steuerkapitalwertminimierung beschränkt; die Nettoergebniskapitalwertmaximierung wäre analog abzuhandeln.

Den umfangreichsten Ansatz dieses Typs hat Müller-Kröncke vorgelegt[366]; er verfeinert das steuerbilanzpolitische Entscheidungsmodell auch insofern, als er eine exakte zeitliche Unterscheidung zwischen dem Zeitraum, *für den* die Steuer entrichtet wird, und den tatsächlichen Zahlungszeitpunkten einführt[367]. Obgleich diese Differenzierung auch nach hier vertretener Ansicht für die Steuerplanung von großer Bedeutung sein kann[368], wird zum Zwecke der Herausarbeitung des Unterschiedes zum Modelltypus B–Aa–A an dieser Stelle vereinfachend eine Übereinstimmung zwischen Zeitpunkt der Steuerentstehung und Zeitpunkt der Steuerentrichtung unterstellt.

Ausgehend von dem im Abschnitt a formulierten Modell (4) unter gewissen Nebenbedingungen wird beim nunmehrigen Modelltyp nach Aktionsparametern differenziert. Es werden „Manövrierteilmassen“ unterschieden (z. B. Gewinnverlagerungsmöglichkeiten aufgrund unterschiedlicher Abschreibungen, aufgrund unterschiedlichen Ansatzes der Herstellungskosten usw.). Sei j der Index der Manövrierteilmassen ($j = 1, 2, \ldots, \bar{j}$), dann stellt sich das Problem so:

$$(4'') \qquad \sum_{t=1}^{n} s_t \left(G_t - \sum_{j=1}^{\bar{j}} M_{tj}\right) \cdot v^t \rightarrow \min$$

unter gewissen Bedingungen bezüglich der M_{tj}.

Diese Bedingungen seien beispielhaft erläutert. Es sei etwa die durch verschiedene Abschreibungsmethoden zur Wahl stehende Manövrierteilmasse beschrieben (deren Index j sei $= 1$). Ausgangspunkt für deren Bestimmung ist der Investitionsplan, der eine bestimmte Anzahl und Art von Beschaffungen vorsieht; zum Beispiel sollen laut Beschaffungsplan im Jahr 1 Maschinen mit einer betriebsgewöhnlichen Nutzungsdauer von 5 Jahren und mit einem Anschaffungswert von S 1 Million angeschafft werden. Dann geht eine irgendwie standardi-

[366] Müller-Kröncke (1974).
[367] Ebendort, insbes. S. 104ff.
[368] Vgl. 2. Kapitel, Abschnitt C.

sierte Abschreibung (hier etwa die lineare) in die Werte G_1 bis G_5 ein. Diese Basis- oder Normalabschreibung sei mit $a_{10}, a_{20}, \ldots, a_{50}$ bezeichnet. Es seien $\overline{V}$ zusätzliche Abschreibungsverfahren (z. B. $\overline{V} = 2$) möglich (auf die steuerrechtliche Zulässigkeit wird hier nicht eingegangen):

1. Verrechnung einer vorzeitigen Abschreibung von 50% im ersten Jahr, sonst lineare Abschreibung;
2. Verrechnung einer geometrisch-degressiven Abschreibung von 50%, wobei im letzten Jahr der gesamte Restbuchwert abgeschrieben wird.

Die zusätzlichen Abschreibungsverfahren führen gegenüber der verrechneten Normalabschreibung zu Mehr- bzw. Minderabschreibungen ($a_{tV} - a_{t0}$). Für das erste Verfahren ergibt sich der Vektor

$$(500.000,\ 0,\ -100.000,\ -200.000,\ -200.000),$$

während das zweite Abschreibungsverfahren analog durch den Vektor

$$(300.000,\ 50.000,\ -75.000,\ -137.500,\ -137.500)$$

beschrieben wird.

Im Modell muß noch zum Ausdruck gebracht werden, daß eines der drei Verfahren durchgehend durch alle Perioden verwendet werden muß, weil die Methode im Zeitablauf nicht willkürlich geändert werden darf, sowie daß von den zusätzlichen Verfahren höchstens eines angewendet werden darf. Zur Sicherstellung dieser Bedingungen werden Hilfsvariable u_V definiert.

Die Manövrierteilmassen M_{11} bis M_{51} lauten:

$$(6)\qquad \left\{\begin{aligned} M_{11} &= 500.000\, u_1 + 300.000\, u_2 \\ M_{21} &= 50.000\, u_2 \\ M_{31} &= -100.000\, u_1 - 75.000\, u_2 \\ M_{41} &= -200.000\, u_1 - 137.500\, u_2 \\ M_{51} &= -200.000\, u_1 - 137.500\, u_2 \end{aligned}\right.$$

Ferner ist zu fordern

$$(7)\qquad \sum_{V=1}^{2} u_V \leqq 1$$

sowie

$$(8)\qquad u_1, u_2 = \begin{cases} 0 \\ 1 \end{cases}$$

Hierdurch wird erreicht, daß nur höchstens eines der zusätzlichen Abschreibungsverfahren benutzt wird. Falls u_1 den Wert 1 annimmt, so muß u_2 den Wert 0 annehmen. In diesem Falle bestimmt die Modelllösung M_{11} zu 500.000, M_{21} zu 0, M_{31} zu $-$ 100.000 usw. Die Lösung des Modelles gibt also zugleich exakt an, welche steuerbilanzpolitischen Aktionen in den einzelnen Perioden vorzunehmen sind.

Würde man zulassen, daß ein Teil der angeschafften Maschinen nach dem einen und ein anderer Teil nach dem anderen Verfahren abgeschrieben wird, was in manchen Fällen zweckmäßig sein kann, so hätte man die Bedingungen zu variieren. Falls der Anschaffungswert von S 1 Million auf etwa 8 gleiche Maschinen entfällt, könnte man formulieren:

(7′) $$\sum_{V=1}^{2} u_V \leqq 8$$

sowie

(8′) u_V ganzzahlig!

Man könnte jedoch auch bei der ursprünglichen Formulierung bleiben, bezüglich u_V nur die Ungleichung (7) ansetzen und auf (8) verzichten. In diesem Falle erhielte man aber nur eine Näherungslösung, weil die Lösung für u_1 und u_2 beliebige Brüche ergeben kann und nur die Vielfachen von 0,125 ganzen Maschinen entsprechen würden.

Dieses Beispiel möge zur Veranschaulichung der Gemeinsamkeiten und Unterschiede der Modellstrukturen von B–Aa–A und B–Ab–A genügen. Die Erweiterung auf die durch die Anschaffungen in späteren als der ersten Periode eröffneten Wahlmöglichkeiten wäre ohne weiteres möglich. Ebenso können mit Modellen des Typs B–Ab–A Beziehungen zwischen verschiedenen Manövrierteilmassen (etwa einander ausschließenden Wahlrechten) abgebildet werden. Man denke etwa an die vorzeitige Abschreibung, den Investitionsfreibetrag und die Investitionsrücklage einerseits sowie die Begünstigung des nichtentnommenen Gewinnes andererseits. Hierzu sind für die M_{tj} ähnliche Bedingungssysteme aufzustellen, wie sie oben für Abschreibungsverfahren in den Systemen (6)—(8) gezeigt wurden[369].

c) Modelle zur Optimierung des Einsatzes einzelner steuerbilanzpolitischer Aktionsparameter

Für diese besonders einfach strukturierten steuerbilanzpolitischen Modelle des Typs B–B–A wurden in der Literaturanalyse (Seite 48f.) einige Beispiele angeführt. Der formale Zusammenhang mit den bisher behandelten Modellen wird im folgenden dargestellt. Hierbei wird — entsprechend der in diesen Modellen vorherrschenden Zielfunktion — die Zielfunktion der Steuerkapitalwertminimierung zugrunde gelegt.

[369] Vgl. z. B. Müller-Kröncke (1974), S. 219ff.

Geht man von der Zielfunktion (4″) des Modelltyps B–Ab–A aus, so werden bei Modellen des Typs B–B–A Vereinfachungen vorgenommen, die allerdings verschieden weit gehen können.

Da nur *einzelne* Aktionsparameter, nicht aber die gesamte Manövriermasse untersucht werden, sind auch für Größen, die in den Modellen des Typs B–A–A noch exakt abgebildet werden konnten, Pauschalannahmen erforderlich. Insbesondere ist es bei den nun betrachteten Modellen nicht mehr sinnvoll, die durch den Einsatz der betrachteten Aktionsparameter ausgelösten Steuersatzeffekte bei nichtlinearem Tarif abzubilden. Definiert man die einander ausschließenden Maßnahmen, zwischen denen die Wahl getroffen werden soll, als zu derselben Manövrierteilmasse j^* gehörig, so kann man davon ausgehen, daß in (4″) die

$$G_t - \sum_{j=1}^{\bar{j}} M_{tj} + M_{tj^*} \tag{9}$$

konstant gehalten werden. Dann ist es aber in (4″) auch nicht mehr sinnvoll, s_t als Funktion von

$$G_t - \sum_{j=1}^{\bar{j}} M_{tj} \tag{10}$$

zu definieren, weil durch Konstanthaltung von (9) in Wahrheit nur mehr eine Abhängigkeit von M_{tj^*} bestünde.

Mit vorgegebenem, konstant gehaltenem s_t erhält man die Zielfunktion

$$\sum_{t=1}^{n} s_t \cdot M_{tj^*} \cdot v^t \rightarrow \max. \tag{11}$$

Falls s_t nicht nur in den einzelnen Perioden, sondern auch interperiodisch konstant bleibt (also $s_1 = s_2 = \ldots = s_n =: s$), dann kann (11) weiter vereinfacht werden; s kann vor die Summe gezogen werden, hat als konstanter Faktor keinen Einfluß auf die Lage des Optimums und kann auch weggelassen werden. Dann kann gleichwertig mit dem Bisherigen

$$\sum_{t=1}^{n} M_{tj^*} \cdot v^t \rightarrow \max \tag{11'}$$

bestimmt werden. Es wird also nach der zinseszinsmäßig gewichteten größtmöglichen Aufwandsvor- bzw. Ertragsnachverlagerung gefragt. Dies ist die Struktur vieler isolierter steuerbilanzpolitischer Modelle vom Typ B–B–A.

Genau genommen werden häufig in solchen Modellen (z. B. Auswahl zwischen vorzeitiger Abschreibung und Investitionsfreibetrag) die Manövrierteilmassen M_{j*} etwas anders als in den Modellen zur Planung des gesamten Manövriermasseneinsatzes definiert: Die entsprechende Komponente des Basis- oder Normalgewinnes $M^o{}_{j*}$ (z. B. die Verrechnung von Basisabschreibungen) wird auch gar nicht angesetzt; die konstant gehaltene Umgebung (9) wird zu

$$(9') \qquad G_t - \sum_{j=1}^{\bar{j}} M_{tj} + M_{tj*} + M^o{}_{tj*}$$

abgeändert. Die Zielfunktion lautet dann:

$$(11'') \qquad \sum_{t=1}^{n} s_t \cdot (M_{tj*} + M^o{}_{tj*}) \cdot v^t \rightarrow \max.$$

Da sich (11″) von (11) nur um den konstanten Summanden

$$\sum_{t=1}^{n} s_t \cdot M^o{}_{tj*} \cdot v^t$$

unterscheidet, führt diese Formulierung aber zum gleichen Optimum, weshalb der Unterschied in der Modellformulierung unbeachtlich ist.

Einige Modelle vom Typ B–B–A sind nicht ganz so einfach strukturiert wie die bisher beschriebenen. Es kann nämlich auch vorkommen, daß bei einander ausschließenden steuerbilanzpolitischen Aktionsparametern je nachdem, welcher von diesen eingesetzt wird, unterschiedliche Steuersätze anzuwenden sind. Diese Situation liegt z. B. vor, wenn aufgelöste stille Reserven entweder gemäß § 12 EStG auf andere Wirtschaftsgüter übertragen oder gemäß § 37 Abs. 3 EStG mit einem begünstigten Steuersatz versteuert werden. Nach wie vor aber wird (9) bzw. (9') als konstant gehaltene Umgebung vorausgesetzt. (Damit möglichst wenige zusätzliche Symbole benötigt werden, wird im folgenden die Konstanthaltung von (9) unterstellt.) Es werden also Steuersatzeffekte, die aus dem unterschiedlichen Gesamtgewinn resultieren (insbesondere Progressionswirkungen) nicht abgebildet.

Wenn unterschiedliche Steuertarife auftreten, ist es erforderlich, die Manövrierteilmasse M_{j*} in so viele Teilmengen zu zerlegen, wie Steuertarife existieren. Die Teilmengen seien mit $1, \ldots, \beta, \ldots, \bar{\beta}$ oben indiziert (unter diesen auch der „Normalsteuertarif"). Die entsprechenden Steuersätze seien $s^1, \ldots, s^\beta, \ldots, s^{\bar{\beta}}$, falls sie in den einzelnen Perioden variieren, noch mit unterem Index t zu schreiben. Die Zielfunktion (11) wird dann zu

$$(12) \qquad \sum_{t=1}^{n} \sum_{\beta=1}^{\bar{\beta}} s\beta_t \cdot M\beta_{tj*} \cdot v^t \rightarrow \max.$$

Bei den Modellen vom Typ B–B–A werden über die konstant gehaltene Umgebung recht weitreichende Voraussetzungen gemacht. Sie sind unmittelbar dann anwendbar, wenn keine tarifform- (insbesondere progressions-)bedingten Steuersatzeffekte auftreten können. Dies ist immer dann der Fall, wenn sich das Unternehmen mit Sicherheit in einem Steuertarifbereich befindet, in dem die Grenzsteuer proportional ist. Für Österreich gilt dies bei entsprechend hohen Einkommen bzw. Gewerbeerträgen sowohl für die Einkommen- als auch für die Körperschaft- und die Gewerbeertragsteuer[370]. Wenn diese Voraussetzung gegeben ist, so können exakte Aussagen gemacht werden.

Wenn jedoch die oberen Proportionalzonen nicht durchgehend erreicht werden, so müssen die anzuwendenden Steuersätze geschätzt werden. Für die Modellanalyse kann dann eine parametrische Variation der anzuwendenden Steuersätze vorgenommen werden. Da es genügt, den Bereich festzulegen, innerhalb dessen der jeweilige unter den einander ausschließenden steuerbilanzpolitischen Aktionsparametern am vorteilhaftesten ist, genügt es, kritische Werte für die Steuersätze zu bestimmen. Ergänzend werden in Modellen dieser Struktur auch häufig die verwendeten Kalkulationszinsfüße parametrisch variiert bzw. werden für sie kritische Werte ermittelt. Dies ist jedoch nur insoweit angebracht, als der Kalkulationszinsfuß durch die sehr weitgehenden Pauschalannahmen über die Umgebung einschließlich der steuerlichen Sphäre nur ungenau bestimmt werden kann; grundsätzlich sollte der Kalkulationszinsfuß aber nach den üblichen Regeln für investitionstheoretische Partialmodelle abgeleitet werden[371].

d) *Vor- und Nachteile der Modelltypen*

Zunächst seien die Modelle des Typs B–Aa–A mit jenen des Typs B–Ab–A verglichen. Die Modelle dieser beiden Typen bilden allerdings keinen so strengen Gegensatz, wie dies bisher dargestellt wurde. Die pauschale Planung beim Typ B–Aa–A muß nämlich dann wenigstens grob differenziert werden, wenn Teile des Entscheidungsfeldes mit unterschiedlicher steuerlicher Belastung zu unterscheiden sind. So existiert bei Einkommensteuerpflichtigen neben der betrieblichen Manövriermasse eine private (z. B. Verrechnung von Sonderausgaben).

---

[370] Vgl. § 33 Abs. 1 EStG, § 22 Abs. 1 KöStG, § 11 GewStG.

[371] Vgl. 2. Kapitel, Abschnitt I.

Der Belastungsunterschied besteht darin, daß für den privaten Bereich die Gewerbeertragsteuer entfällt[372]. Wenn Auslandsbeziehungen vorliegen, so wird zumindest nach in- und ausländischen Teilen der Einkünfte zu differenzieren sein, weil unterschiedliche Steuertarife anzuwenden sind. Die Modellstruktur wird in den geschilderten Fällen zu modifizieren sein. (4) wird (unter Benutzung der für (12) entwickelten Symbole) zu

$$(13) \qquad \sum_{t=1}^{n} \sum_{\beta=1}^{\bar{\beta}} s^{\beta}_{t} \cdot (G^{\beta}_{t} - M^{\beta}_{t}) \cdot v^{t} \rightarrow \min.$$

Probleme treten hierbei allerdings dann auf, wenn die s_t nicht voneinander unabhängig formuliert werden können; dies ist bei Auslandsbeziehungen bei der Freistellungsmethode mit Progressionsvorbehalt der Fall. Auch begünstigte Steuersätze für gewisse Einkommensteile werden oft als Prozentsatz des allgemeinen Steuersatzes definiert, der wiederum vom Gesamteinkommen abhängt. — Immer jedoch soll von pauschaler Planung des Einsatzes der Manövriermasse gesprochen werden, wenn die Planung nicht bis zu Aussagen über den Einsatz einzelner Aktionsparameter vordringt. Der Vorteil der pauschalen Planung des Einsatzes der Manövriermasse gegenüber der differenzierten Planung besteht in der wesentlich einfacheren Modellformulierung; verbunden damit ist die einfache numerische Lösbarkeit. Für die relativ grobe Vorausplanung für einen längeren Zeitraum ist der Modelltyp B–Aa–A auch deshalb nützlich, weil er Hinweise auf die Einleitung von Maßnahmen vor dem Bilanzstichtag geben kann. Der Nachteil liegt darin, daß nach Lösung des Modelles erst noch bestimmt werden muß, welche Aktionsparameter im einzelnen zu benutzen sind. Durch die grobe Modellstruktur können außerdem komplexe Beziehungen zwischen den Manövriermassen verschiedener Art sowie zwischen deren periodenbezogenen Elementen nicht befriedigend abgebildet werden. Damit werden bereits die Prognosen über die in den einzelnen Perioden verfügbaren Manövriermassen schwierig, vor allem können bestehende Interdependenzen bei der nachfolgenden Umsetzung der Modellösung in die Realität (Auswahl konkreter steuerbilanzpolitischer Aktionsparameter) nur außerhalb des Modelles berücksichtigt werden. Die Gefahr des Übersehens von Zusammenhängen liegt nahe.

Die Auswahl, welche konkreten Aktionsparameter eingesetzt werden sollen, muß bei den Modellen des Typs B–Aa–A außerhalb

---

[372] Vgl. HEIGL/MELCHER (1974), S. 88.

des Modelles erfolgen. Hierzu werden Vorteilhaftigkeitsreihenfolgen zu entwickeln sein, die insbesondere auch die Ungewißheit der Zukunft berücksichtigen. Die ungewissen Erwartungen können in Modelle beider Typen integriert werden. Wenn Modelle mit differenzierter Planung der gesamten Manövriermasse stochastisiert werden (etwa mit dem Konzept der flexiblen Planung), so gibt die Modellösung in Abhängigkeit von der Wahrscheinlichkeit der für möglich gehaltenen Entwicklungen die günstigsten Aktionsparameter an; dabei werden reversible Maßnahmen gegenüber irreversiblen bevorzugt[373]. Derartige Überlegungen müssen bei Modellen mit pauschaler Planung der Manövriermasse — außerhalb des formalen Modelles — ebenfalls angestellt werden. Vorliegende Empfehlungen von Rangfolgesystemen für die Verrechnung von Teilen der Manövriermasse beachten die unterschiedliche Elastizität (Reversibilität) der einzelnen Aktionsparameter nicht immer[374].

Die pauschale Planung des Manövriermasseneinsatzes ist infolge der beschriebenen Eigenschaften eher für die Grobplanung, für eine längerfristige Umrißplanung geeignet, hingegen ist die differenzierte Planung des Manövriermasseneinsatzes für die operative und taktische Planung vorzuziehen, sofern es gelingt, die erforderlichen umfangreichen Modelle rechentechnisch zu bewältigen. Bei der differenzierten Planung des Manövriermasseneinsatzes können die teilweise sehr komplexen steuerrechtlichen Bestimmungen über die einzelnen Aktionsparameter beliebig genau abgebildet werden, und das Modell liefert unmittelbare Handlungsempfehlungen. Ein weiterer Vorzug der differenzierten Planung liegt darin, daß die derart aufgebauten steuerbilanzpolitischen Entscheidungsmodelle — wie unter IV. noch zu zeigen ist — mit geringfügigen Umformulierungen als Bausteine integrierter, simultaner Totalplanungsmodelle verwendbar sind.

Die Modelle zur Optimierung des Einsatzes einzelner steuerbilanzpolitischer Aktionsparameter (Typ B–B–A) unterscheiden sich von beiden vorher genannten durch zusätzliche Voraussetzungen über die konstant zu haltende Umgebung; dies ist zugleich der hauptsächliche Nachteil der Optimierung einzelner steuerbilanzpolitischer Aktionsparameter. Gegenüber der pauschalen Planung der gesamten Manövriermasse besitzen diese Modelle den Vorteil, daß sie konkrete Aussagen über den zweckmäßigen Einsatz ganz bestimmter steuerbilanz-

---

[373] Vgl. u. a. MARETTEK (1971), S. 82f. und S. 86f.

[374] So etwa OKRASS (1973), S. 500f. (es wird nicht einmal unter sicheren Erwartungen das Optimum verläßlich erreicht).

politischer Aktionsparameter machen, gegenüber den Modellen zur differenzierten Planung der gesamten Manövriermasse besitzen sie den Vorteil der wesentlich einfacheren Strukturierung und leichteren rechentechnischen Bewältigbarkeit.

Die Modelle des Typs B–B–A besitzen jedoch auch für eine umfassend konzipierte Steuerbilanzpolitik Bedeutung: Die isolierten Optimierungsrechnungen zeigen häufig bei parametrischer Variation der zugrunde gelegten Daten (insbesondere Steuersätze und Kalkulationszinsfüße) recht stabile Lösungen. Unter diesen Bedingungen sind die Modelle zur isolierten Optimumbestimmung aber auch dazu geeignet, in einem Vorauswahl-Verfahren die in das Modell des Typs B–Ab–A/B[375] eingehenden Aktionsmöglichkeiten zu reduzieren. Beispielsweise kann die Vorauswahl getroffen werden, ob die vorzeitige Abschreibung oder der Investitionsfreibetrag in Anspruch genommen werden. Unter Abschätzung der für die Optimallösung des Modells B–Ab–A auftretenden Daten (z. B. Steuersätze, Kalkulationszinsfüße) kann mit Hilfe von Modellen des Typs B–B–A eine Vorauswahl getroffen werden. Die im Modell B–B–A dominierten Strategien werden in das Modell B–Ab–A gar nicht mehr eingebracht. Zur Abschätzung der Bedingungen für B–B–A kann überdies noch ein Modell vom Typ B–Aa–A benutzt werden. Zur Lösung konkreter Fragen der Steuerbilanzpolitik sind daher alle drei Arten von Modellen nebeneinander nützlich.

Hervorgehoben sei aber noch, daß die richtige Vorauswahl mittels B–B–A wesentlich von der Vorausschätzung der Optimallösung des Gesamtmodelles abhängt; es ist auch möglich, daß im umfassenderen Modell infolge der Rückwirkungen der vielfältigen Restriktionen einzelne in der Vorauswahl ausgeschiedene Aktionen doch die vorzuziehenden wären. Derartige Fehler müssen aber bei jedem heuristischen Verfahren — und ein solches ist die Modellvereinfachung mittels Vorauswahl — in Kauf genommen werden, weil das Ideal der exakten Simultanplanung aller denkbaren Aktionen nicht verwirklichbar ist.

Immerhin können mit den isolierten Vorteilhaftigkeitsvergleichen zwischen steuerbilanzpolitischen Aktionsparametern unter Berücksichtigung der geringeren Zeit zur Aufstellung und Lösung dieser Modelle zufriedenstellende Lösungen gefunden werden. Im Hinblick auf die steuerbilanzpolitische Forschung ist an den vorliegenden Unter-

---

[375] Das B in der dritten Komponente des Modellbeschreibungsvektors soll ausdrücken, daß dieses Modell auch auf ungewisse Erwartungen erweiterbar ist. Im folgenden wird hierauf i. a. nicht ausdrücklich hingewiesen.

suchungen des Typs B–B–A noch bemerkenswert, daß diese Modelle z. T. sehr weit ins Detail gehende Formalisierungen einzelner steuerbilanzpolitischer Aktionsparameter darstellen, die als Bausteine für Modelle des Typs B–Ab–A verwendbar sind.

e) Modifikation der gängigen isolierten steuerbilanzpolitischen Modelle durch die Einbeziehung von Substanzsteuern

Wie in Abschnitt I.3 dargestellt wurde, werden die steuerbilanzpolitischen Überlegungen in den gängigen isolierten steuerbilanzpolitischen Modellen auf Ertragsteuern beschränkt. Die Manövriermasse wird daher in bezug auf Einwirkungen auf den ertragsteuerpflichtigen Gewinn definiert. Wie eine Verfeinerung des Modelles durch Berücksichtigung substanzsteuerlicher Wirkungen, jedoch unter Beibehaltung der Grundstruktur des Modelles, erreicht wird, soll im folgenden untersucht werden.

Wie in I.3 gezeigt wurde, hängen trotz der Verschiedenheit der ertrag- und substanzsteuerlichen Bemessungsgrundlagen de facto letztere teilweise von den ersteren ab. Daher hat der Einsatz der ertragsteuerlichen Manövriermasse auch substanzsteuerliche Folgewirkungen. Diese seien im folgenden zunächst anhand eines Beispieles erläutert. Das Beispiel dient nur der Veranschaulichung, die gewonnenen Ergebnisse sind eine allgemeingültige Beschreibung der Vorgangsweise zur Einbeziehung von Substanzsteuerwirkungen.

In Periode $t = 1$ seien ein ,,Normalgewinn" G_1 sowie eine maximale Manövriermasse $M_{1\,\max}$ gegeben. Von $M_{1\,\max}$ hat ein Teil Folgewirkungen auf den Einheitswert und damit auf die Substanzsteuern. *Welcher* Teil Folgewirkungen hat, hängt u. a. davon ab, welche konkreten steuerlichen Aktionsparameter eingesetzt werden. Nur bei differenzierter Planung des Einsatzes der Manövriermasse kann der Anteil der eingesetzten Manövriermasse, der Folgewirkungen auf die Substanzsteuern hat, bereits bei Modellformulierung und vor Auswahl der einzusetzenden Aktionsparameter in allgemeiner Form angegeben werden. In bezug auf die in Anspruch genommene Manövriermasse M_1 ist der Anteil zu definieren, der zum Ausdruck bringt, welcher Teil von M_1 auch den Einheitswert beeinflußt.

Die Folgewirkungen seien zunächst für den einfacheren Fall eines *proportionalen* Ertragsteuertarifes dargestellt. Betrachtet sei der Einsatz einer Einheit der Manövriermasse mit Folgewirkung auf den Einheitswert. Der Ertragsteuersatz s_e sei in allen Perioden gleich 60%, der Substanzsteuersatz s_s bestehe in allen Perioden aus dem Gewerbekapitalsteuersatz s_g von 3‰ und dem Vermögensteuersatz s_v von

1%. Die durch die Ausübung des ertragsteuerlichen Wahlrechtes in Periode 1 gelegte Reserve (gegenüber dem „Normalgewinn") soll sich zur Gänze in Periode $t_a = 5$ wieder auflösen. Für die Substanzsteuern soll gelten, daß die Wertfortschreibungsgrenzen jeweils überschritten werden. Als Periode wird das Jahr gewählt, alle Zahlungen eines Jahres werden in einem Zeitpunkt zusammengefaßt.

Im angeführten Beispiel führt der Einsatz einer Einheit der Manövriermasse in der Periode 1 zu einer Senkung der Ertragsteuer um 0,6, ferner aber in den Folgeperioden *jeweils* zu Senkungen bei den Substanzsteuern von 0,003 (Gewerbekapitalsteuer) und 0,01 (Vermögensteuer). Diese Senkungen gelten bis in das Jahr t_a, in dem sich die in der ersten Periode gelegte Reserve wieder auflöst. Die Folgewirkung des Manövriermasseneinsatzes für die Einheitswerte kann somit durch die unter Umständen lang andauernde Wirkung trotz der im Verhältnis zu den Ertragsteuern niedrigen Substanzsteuersätze recht bedeutend werden. Eine gewisse Abschwächung tritt aber dadurch ein, daß die Gewerbekapitalsteuer bei den Ertragsteuern wiederum abzugsfähig ist, so daß von der Ersparnis von 0,003 bei der Gewerbekapitalsteuer wiederum Mehrsteuern bei den Ertragsteuern von 0,0018 abgezogen werden müssen.

Der Einsatz einer Einheit Manövriermasse im Zeitpunkt 1 löst im vorliegenden Beispiel zusammengefaßt die folgenden Steuerdifferenzen aus, die auf der Zeitlinie eingetragen sind:

Steuerminderungen:

(14)

	0,6	0,0112	0,0112	0,0112	−0,5888*	0
0	1	2	3	4	5	6

* $-0{,}5888 = -0{,}6 + 0{,}0112$

Würde sich die durch die Ausnutzung des ertragsteuerlichen Aktionsparameters erzielte Reserve (gegenüber dem Vergleichsmaßstab „Normalgewinn") nur allmählich auflösen, so würde auch die Substanzsteuerminderung nur allmählich Null werden. Eine Reduktion des substanzsteuerlichen Vorteiles vor dem Zeitpunkt t_a kann jedoch durch früher erreichte „Anhaltewerte" eintreten. Hiervon sei jedoch abstrahiert, wenn anschließend eine Formalisierung der Einbeziehung von Substanzsteuern in Modelle zur differenzierten Planung des gesamten Manövriermasseneinsatzes erfolgt. (Für Modelle zur pauschalen Planung des gesamten Einsatzes der Manövriermasse und Modelle zur isolierten Wahl zwischen einzelnen steuerbilanzpolitischen Aktionsparametern lohnt die formale Darstellung einer solchen Verfeinerung weniger.)

Die Formalisierungsüberlegungen gehen vom konkreten Beispiel aus; von den bisherigen Prämissen wird lediglich die Proportionalität der Ertragsteuer aufgehoben.

Ausgegangen sei hierzu von der Zielfunktion (4''). Die Manövrierteilmasse j^* sei betrachtet. Für sie gelte, daß alle (einander eventuell gegenseitig ausschließenden) Aktionsparameter Folgewirkungen auf die Einheitswerte haben. Die zur Manövrierteilmasse j^* gehörigen steuerbilanzpolitischen Aktionen A_{j^*a} werden, wenn zunächst nur die Ertragsteuern betrachtet werden, durch ihre periodenbezogenen Wirkungen charakterisiert. Die Durchführung einer Aktion z. B. in Periode 1 hat wegen des Bilanzenzusammenhanges i. a. in einer späteren Periode eine gegenteilige Wirkung. Es ist daher die Zugehörigkeit zu bis zu t_a Perioden gegeben. Die Beschreibung des Aktionsparameters muß in Vektorform geschehen, wie dies beispielsweise für die Abschreibungen im System (6) gezeigt wurde. Die periodenbezogenen Wirkungen von A_{j^*a} seien durch A_{tj^*a} bezeichnet. Da nicht alle A_{j^*a} tatsächlich gewählt werden, gilt

(15) $$M_{tj^*} = \sum_{a=1}^{\bar{a}} A_{tj^*a} \cdot u_a \qquad (t = 1, 2, \ldots, n).$$

Dabei sind die u_a Hilfsvariable, die eventuell auch auf ganzzahlige Werte beschränkt werden müssen, wenn die steuerbilanzpolitischen Aktionen nicht beliebig teilbar sind.

Für ein bestimmtes $a = a^*$ kann die Wirkung des Einsatzes einer Einheit von $A_{j^*a^*}$ auf die Bemessungsgrundlage der Ertragsteuern für das obige Beispiel zunächst durch den 5-komponentigen Vektor

(16) $$(1\ ,\ 0\ ,\ 0\ ,\ 0\ ,\ -1)$$

beschrieben werden. (Im allgemeinen Fall müßte der Vektor ebensoviele Komponenten haben, wie Perioden bis zur vollständigen Wiederauflösung der durch die Aktion bewirkten Veränderung des „Normalgewinnes" vergehen.) Daneben besteht eine Wirkung auf die Substanzsteuern, die sofort durch die bei diesen ausgelösten Steuerminderzahlungen beschrieben sei:

(17) $$(0\ ,\ 0.013\ ,\ 0.013\ ,\ 0.013\ ,\ 0.013)$$

Man beachte, daß zum Unterschied von der obigen Darstellung (14) bei nicht-proportionalem Steuersatz die Abzugsfähigkeit der Gewerbekapitalsteuer bei den Ertragsteuern nicht mit konkreten numerischen Werten berücksichtigbar ist, denn die Belastung ist je nach dem noch unbekannten anzuwendenden Ertragsteuersatz verschieden groß. Damit die Rückwirkung der Minder-Gewerbekapitalsteuer auf die Ertragsteuern beschrieben werden kann, muß daher der Vektor (16) zu

$$(16') \qquad (1\ ,\ -0.003\ ,\ -0.003\ ,\ -0.003\ ,\ -1.003)$$

geändert werden. (16′) geht komponentenweise in $M_{1j*}, \ldots, M_{5j*}$ ein. Die Zielfunktion (4″) muß nur geringfügig abgeändert werden. Wenn man die durch steuerbilanzpolitische Aktionen ausgelösten Folgewirkungen auf die Einheitswerte zusammenfassend mit $\bar{E}_{tj}$ bezeichnet, (wobei diese Werte im einzelnen aus den A_{ja} abzuleiten sind), so kann man statt (4″) die verfeinerte Zielfunktion

$$(18) \qquad \sum_{t=1}^{n} [s_{et}(G_t - \sum_{j=1}^{\bar{j}} M_{tj}) + s_{st} \sum_{j=1}^{\bar{j}} \bar{E}_{tj}] \cdot v^t \rightarrow \min$$

benutzen.

Dabei ist zu beachten, daß in den M_{tj} auch die Rückwirkungen der Abzugsfähigkeit der Gewerbekapitalsteuer auf die Ertragsteuerbemessungsgrundlage nach Art des Vektors (16′) enthalten sind. Da die $\bar{E}_{tj}$ im allgemeinen negativ sind, sind die Substanzsteuern, *soweit* sie in den Partialkalkül eingehen, meistens negativ. (Daneben ist der große Sockelbetrag an Substanzsteuern, soweit diese durch die Ertragsteuerpolitik nicht beeinflußt werden und ertragsteuermindernd verrechnet werden können, bereits in den prognostizierten vorläufigen Gewinnen G_t enthalten; als entscheidungsunabhängige Größe braucht dieser Teil der Substanzsteuern jedoch im Optimierungskalkül nicht herausgestellt werden.)

III. Steuerbilanzpolitik als Teil einer simultanen Unternehmungsgesamtplanung

Bereits in der Literaturanalyse (Abschnitt A. II. 1, S. 29ff.) wurde gezeigt, daß die Einbeziehung der Ertragsteuerpolitik in Modelle der simultanen Unternehmungsgesamtplanung möglich ist und hierzu auch bereits einschlägige Arbeiten vorliegen. Ausgangspunkt dieser Modelle ist immer die investitionstheoretische Fragestellung, wobei Investitions*programme* zentrales Planungsobjekt sind. Von Interesse ist hier die langfristige Planung der *gesamten* Manövriermasse. Dies ist deshalb zu betonen, weil in die Investitionsprogrammplanungen, die bereits ohne Berücksichtigung von Steuern sehr umfangreiche Modelle darstellen, z. T. nur *einzelne* steuerbilanzpolitische Aktionsparameter einbezogen werden. Die Beschränkung auf einzelne Aktionsparameter erfolgt aber nur zum Zwecke der vereinfachten Darstellung; es wird üblicherweise darauf hingewiesen, daß die Abbildung der steuerbilanzpolitischen Beeinflußbarkeit gewisser Teile der steuerlichen Bemessungsgrundlagen als Beispiel für die Abbildung aller Wahlmöglichkeiten anzusehen ist. In der Modellterminologie von S. 51f. sind die behandelten Verfahren als Modelle vom Typ B–Ab–A mit Erweiterungsmöglichkeit zu B–Ab–B zu bezeichnen.

Die folgende Darstellung wird auf den Modelltypus der produktionstheoretischen Investitionsprogrammplanungsmodelle eingeschränkt[376]. Das Gesamtmodell wird nur so weit skizziert, wie es für die besonderen Probleme der Einbeziehung der Steuerbilanzpolitik erforderlich erscheint. Zur Aufzeigung der Modellstruktur genügt es weitgehend, eine verbale Modellformulierung vorzunehmen. Für ausführliche formalisierte Darstellungen der Unternehmungstotalplanung muß auf die Literatur verwiesen werden[377].

1. Die Struktur des Modelles einer langfristigen simultanen Unternehmungsgesamtplanung

Den Modellen zur langfristigen simultanen Unternehmungsgesamtplanung ist gemeinsam, daß sie als Rechengröße bevorzugt möglichst exakt die Ein- und Auszahlungen ansetzen, nicht aber periodisierte Größen. Dies führt für die Einbeziehung von Steuern zu Komplikationen.

Die Unternehmungsgesamtplanung kann zunächst in ein güterwirtschaftliches System, ein Finanzsystem und ein Zielsystem gegliedert werden[378].

Hinsichtlich des Zielsystems ist für die formale Abbildung in den Entscheidungsmodellen zu bemerken, daß bei Nebeneinanderverfolgung mehrerer Ziele diese i. a. nicht alle in die Zielfunktion des Entscheidungsmodelles eingehen, vielmehr einige Ziele auch zusammen mit den güterwirtschaftlichen und finanziellen Bedingungen in den Nebenbedingungen des Entscheidungsmodelles auftreten.

---

[376] Diese Modelle beschreiben die Realität genauer und sind für die Einbeziehung von Steuern vorzuziehen. Vgl. S. 31—33 (mit Literatur).

[377] Vgl. u. a. JACOB (1964); BLUMENTRATH (1969), bes. S. 334ff.; SCHWEIM (1969); ferner die in Fn. 38 genannten Arbeiten, in denen auch steuerbilanzpolitische Fragen im Rahmen der Unternehmungsgesamtplanung behandelt werden.

[378] Vgl. ROSENBERG (1975), S. 4ff. und passim.

Im Rahmen des güterwirtschaftlichen Systems können die Produktionsprozesse, Beschaffung und Lagerung von Produktionsfaktoren sowie der Absatz abgebildet werden. Die vom Unternehmen verwendete Technologie ist hier zu beschreiben. Sie drückt sich in Beziehungen zwischen Mengengrößen aus. Im allgemeinen Fall ist davon auszugehen, daß mit Hilfe mehrerer Produktionsfaktoren gemeinsam in mehrstufiger Produktion mehrere Produkte erzeugt werden. In der Investitionsprogrammplanung werden vorwiegend mehrere Maschinen betrachtet, doch ist in derselben Weise für andere gemeinsam benutzte Produktionsfaktoren, z. B. dispositive Arbeit, zu planen. Wie viele Einheiten von den einzelnen Produkten erzeugt werden können, hängt von den Produktionskoeffizienten ab, die sich im Zeitablauf — durch Lernprozesse — ändern können; weiters hängt die mögliche Produktion von den Produktionsfaktorbeständen ab, die durch Investitionen und Evestitionen verändert werden können. Den simultan zu planenden Investitionen können in solchen Modellen nur die Kapazitätserweiterung und im Rahmen des Finanz- und eventuell des Zielsystems die Auszahlungen für Beschaffung und Erhaltung, unter Umständen die Einzahlungen für Evestitionen, direkt zugerechnet werden, nicht aber der durch sie ermöglichte Nutzen, weil die Art der Verwendung der Investitionen erst durch die Optimallösung des Modelles bestimmt wird. Wie im einzelnen die Stufen des Produktionsprozesses und der Absatzprozeß verknüpft werden, kann hier nicht erörtert werden[379].

Die im Finanzsystem erfaßten Zahlungen können in drei Gruppen eingeteilt werden: 1. die den güterwirtschaftlichen Prozessen entsprechenden Zahlungen, 2. die Kapitalbeschaffungsmaßnahmen und die mit diesen verbundenen Zahlungen (Zinsenzahlungen, Dividenden u. ä.), 3. die Steuern. In die Abbildung des Finanzsystems gehen auch Bedingungen für die Kapitalbeschaffung wie Finanzierungsregeln u. dgl. ein.

Das Zielsystem eines langfristigen simultanen Unternehmungsgesamtplanungsmodelles kann beliebig komplex sein. In der Literatur überwiegen gewinnorientierte Ziele verschiedener Ausprägung. Die tatsächlich in der Realität angetroffenen Zielvorstellungen werden für die Modellformulierung häufig vereinfacht. Bevorzugt werden untersucht die Ziele „Maximierung des Nutzens der Entnahmen“ oder „Maximierung des Endvermögens unter Nebenbedingungen für die

[379] Vgl. vor allem ROSENBERG (1975), S. 13ff. und S. 48ff., mit Diskussion abweichender Ansätze.

Entnahmen“[380]. Im Hinblick auf eine Annäherung an die Realität ist zu diesen Zielvorstellungen allerdings kritisch zu bemerken, daß die Ausschüttungen bei verschiedenen Unternehmungsformen an den Ausweis eines handelsrechtlichen Gewinnes gebunden sind. Das Abstellen auf Entnahmen, z. B. Ausschüttungen, ist daher eine Modellanalyse auf sehr hoher Abstraktionsstufe, wenn nicht mindestens in den Nebenbedingungen zum Ausdruck gebracht wird, daß die Entnahme bzw. Ausschüttung an den Ausweis eines mindestens gleich hohen handelsrechtlichen Gewinnes gebunden ist. Diese Bedingung wird nur teilweise beachtet. Eine vereinzelt vorgetragene, jedoch realistische Variante von steuerberücksichtigenden Totalplanungsmodellen geht davon aus, daß der nach ertragsteuerrechtlichen Vorschriften ermittelte Gewinn in die Zielfunktion eingeht und daß streng genommen zusätzlich ein handelsrechtlicher Gewinn benötigt würde[381]. Gegen diese Zielformulierung ist allerdings wiederum einzuwenden, daß sie zwar die rechtlichen Bedingungen relativ leicht abzubilden erlaubt, jedoch i. a. nicht die eigentlich gewollte Zielgröße darstellen wird. In voller Allgemeinheit müßten daher gewinnorientierte Zielfunktionen nutzengewichtete Entnahmen und Entwicklung des Vermögens (ökonomisch bewertet) unter Berücksichtigung der handels- und steuerrechtlichen Restriktionen umfassen.

Obwohl die Umsatzmaximierung, insbesondere als Umsatzmaximierung mit Bedingung der Erzielung eines Mindestgewinnes, in der Wirtschaftspraxis große Bedeutung hat, wird diese Zielfunktion der langfristigen simultanen Unternehmungsgesamtplanung nur selten zugrunde gelegt[382], sie bereitet aber keine grundsätzlichen Schwierigkeiten. Auch weitere Ziele sind in die besprochenen Modelle zur Simultanplanung integrierbar. Insbesondere ist auch das bei mehrwertigen Erwartungen auftretende Problem der Entscheidungen unter Risiko in langfristige komplexe Simultanplanungsmodelle integrierbar; die Einbeziehung der Risikonutzen in die Zielfunktion und Nebenbedingungen des Modelles führt jedoch zu außerordentlich unhandlichen Modellen[383].

---

[380] Vgl. etwa die Literaturübersicht bei HABERSTOCK (1971), S. 29f.; einen vorzüglichen Überblick über die Probleme bei Vereinfachung der allgemeinen am Nutzen der Entnahmen orientierten Zielfunktion geben LAUX/FRANKE (1970).

[381] ROSENBERG (1975), S. 104ff. und S. 131.

[382] Zum Überblick über die auftretenden Probleme vgl. RÜCKLE (1970), S. 67ff. und S. 74ff.; vgl. auch ROSENBERG (1975), S. 97ff. und S. 137ff.

[383] Vgl. vor allem JACOB (1974).

An Aktionsvariablen (= von der Modellösung zu bestimmenden Unbekannten) kommen alle kurz- und langfristigen Handlungen in Betracht. Die Idealvorstellung des Wissenschaftlers mag darauf gerichtet sein, alle Bereiche des Unternehmens gleich fein strukturiert abzubilden. Ein Versuch zur gleichmäßig detaillierten Erfassung aller betrieblichen Teilbereiche im Rahmen eines Simultanplanungsmodelles ist nützlich, weil manche betriebliche Teilbereiche und Interdependenzen bisher regelmäßig im Vordergrund der Darstellung der Simultanplanungsmodelle standen und andere vernachlässigt wurden. Insbesondere die Beziehungen zwischen Produktion und Investition, hier wiederum vor allem die mit maschinellen Anlagen verbundenen Probleme, sowie die Beziehungen zwischen Investition und Finanzierung wurden im Rahmen der Behandlung von Simultanplanungsproblemen häufig in den Vordergrund gestellt.

Für die tatsächliche Einsetzbarkeit der Simultanplanungsmodelle wird man aber die betrieblichen Teilbereiche wiederum vergröbert abbilden müssen. Die durch die wissenschaftliche Problemisolierung nahegelegte verfeinerte Abbildung eines einzelnen Teilbereiches und die grobe Abbildung der übrigen Teilbereiche kann in zweifacher Weise nutzbar gemacht werden: Als Fernziel — in Abhängigkeit von der Entwicklung der Rechentechnik — erscheint die bausteinartige Zusammensetzung und numerische Lösung eines gleichmäßig detaillierten Gesamtmodelles möglich; unmittelbar aber wird die Lösung von Partialmodellen unter wenigstens grober Berücksichtigung der Interdependenzen mit anderen Teilbereichen gefördert.

Nachdem die Eigenschaften der langfristigen simultanen Totalplanungsmodelle in möglichst großer Allgemeinheit, wenn auch in der gebotenen Kürze, skizziert wurden, wird nun zur Darstellung der Einbeziehung der Steuerbilanzplanung in derartige Totalplanungsmodelle ein möglichst einfach strukturiertes Totalplanungsmodell benutzt, das die Problemstruktur leicht erkennen läßt und auch gut geeignet ist, Gemeinsamkeiten mit den oder Unterschiede gegenüber den isolierten steuerbilanzpolitischen Optimierungsmodellen erkennen zu lassen.

2. Einfaches Modell einer simultanen Gesamtplanung mit Steuerbilanzpolitik

Das im folgenden dargestellte simultane Gesamtplanungsmodell ist an ein Modell von Haberstock angelehnt[384], enthält gegenüber

[384] Haberstock (1971), S. 38ff. und S. 119ff.

diesem jedoch noch weitere Vereinfachungen, damit der Modellumfang möglichst klein gehalten werden kann.

Das Modell setzt als Zielfunktion die Endwertmaximierung voraus. Es wird ein Produktionsunternehmen dargestellt, das mehrere Produktarten auf einem einzigen Maschinentyp herstellt. (Nur hier wird über das Haberstocksche Modell hinausgegangen; dort wird nur eine einzige Produktart erzeugt.) Von der expliziten Abbildung der Rohstoffbeschaffung und -lagerung wird zum Unterschied von Haberstock abgesehen. Produktion und Absatz müssen nicht notwendigerweise übereinstimmen. Für die in den einzelnen Perioden zu konstanten Preisen absetzbaren Produktmengen werden Höchstwerte angegeben. Die Produktionskoeffizienten sind im Zeitablauf konstant. Investitionen können in Produktionsanlagen getätigt werden, Evestitionen werden nicht abgebildet. Zur Vereinfachung der Abbildung des Finanzsystems werden keinerlei Kreditbeziehungen zugelassen, woraus auch folgt, daß vorübergehende Kassenüberschüsse nicht zinsbringend angelegt werden können; die Entnahmen werden in fester Höhe vorgegeben, Eigenkapitalzuführungen sind nicht möglich. Nur eine einzige Ertragsteuer wird im Modell abgebildet. Die nachstehend verwendeten Symbole werden teilweise gegenüber Haberstock geändert, vor allem im Interesse der Kompatibilität mit den für die Darstellung der isolierten steuerbilanzpolitischen Modelle verwendeten Symbolen. Die Modellformulierung weicht auch deshalb ab, weil durch den Verzicht auf die Interpretation des Duals auf die Herausstellung verschiedener Schlupfvariabler verzichtet werden kann.

Für die Abbildung des güterwirtschaftlichen Systems benötigt man folgende Daten und Variablen:

B_0 .... Periodenkapazität der bei Beginn des Planungszeitraumes vorhandenen Maschinen

B .... Periodenkapazität einer zugekauften Maschine

b_k .... Produktionskoeffizienten ($k = 1, 2, \ldots, K$), die angeben, wieviele Kapazitätseinheiten zur Herstellung des k-ten Produktes benötigt werden

x_{Bt} .... Anzahl der in Periode t anzuschaffenden Maschinen

x_{Pkt} .... Anzahl der in Periode t vom Produkt k herzustellenden Einheiten

x_{Akt} .... Anzahl der in Periode t vom Produkt k abzusetzenden Einheiten

l_{ko} .... Lagerbestand von Fertigprodukt k zu Beginn der Planungsperiode (Datum)

L_{kt} .... Absatzhöchstmenge für Produkt k in Periode t

Hiermit können zunächst die Kapazitätsrestriktionen formuliert werden:

(19) $$\sum_{k=1}^{K} b_k \cdot x_{Pkt} - B \cdot \sum_{\tau=1}^{t} x_{B\tau} \leqq B_o \qquad (t = 1, 2, \ldots, n).$$

Die Beziehungen zwischen Produktion, Absatz und Lagerung von Produkten werden folgendermaßen beschrieben:

(20) $$\sum_{\tau=1}^{t} x_{Ak\tau} - \sum_{\tau=1}^{t} x_{Pk\tau} \leqq l_{ko} \qquad (k = 1, 2, \ldots, K; \; t = 1, 2, \ldots, n).$$

Die Höchstabsetzmengen betragen

(21) $$x_{Akt} \leqq L_{kt} \qquad (k = 1, 2, \ldots, K; t = 1, 2, \ldots, n).$$

In die Abbildung des Finanzsystems gehen erstmals die Steuern ein. Es werden ergänzend zu den bisherigen Symbolen folgende Größen benötigt:

E_t .... Entnahmen (Ausschüttungen) der Periode t ($t = 1, 2, \ldots, n$)

x_{Gt} .... steuerpflichtiger Gewinn der Periode t
Anmerkung: Zum Unterschied von den isolierten steuerbilanzpolitischen Modellen kann nicht mehr die dort benutzte Größe G_t verwendet werden, weil x_{Gt} jetzt Variable des Modelles ist (und bereits als endgültiger steuerlicher Gewinn nach Ausnutzung aller Wahlrechte zu definieren ist). x_{Gt} entspricht auch nicht genau der früher benutzten Größe ($G_t - M_t$), weil in dieser der Bestandteil G_t modellexogen bestimmt wurde.

$s_t\,(x_{Gt})$ ...... Steuersatz der Periode t in Abhängigkeit vom Gewinn x_{Gt}

f_o .... Anfangsbestand an finanziellen Mitteln

h_{Pkt} .... variable Herstellkosten einer Einheit von Produkt k in Periode t

P_{Bt} .... Anschaffungspreis einer in Periode t gekauften Maschine

e_{Akt} .... Erlös einer in Periode t vom Produkt k abgesetzten Einheit

Es muß gelten:

$$(22) \qquad \sum_{\tau=1}^{t} \Big[\sum_{k=1}^{K} e_{Ak\tau} \cdot x_{Ak\tau} - h_{Pk\tau} \cdot x_{Pk\tau} - p_{B\tau} \cdot x_{B\tau} - \\ - s_{\tau}(x_{G\tau})\Big] \geqq \sum_{\tau=1}^{t} E_{\tau} + f_o \qquad (t = 1, 2, \ldots, n).$$

Hierbei sind die üblichen Vereinfachungen hinsichtlich der exakten zeitlichen Abbildung kontinuierlicher Zahlungsströme gemacht. Zahlungen, die durch Aktionen vor dem Planungszeitraum induziert wurden, könnten ebenso wie periodenabhängige Fixkosten durch konstante Glieder analog E_t berücksichtigt werden.

Entscheidend für das hier gestellte Thema ist jedoch die Spezifizierung der Größen x_{Gt} und E_t in (22). Für E_t, das überdies auch als Variable definiert werden könnte, muß in manchen Rechtsformen gelten, daß es höchstens so hoch wie der ausgewiesene handelsrechtliche Gewinn x_{Ht} ist:

$$(23) \qquad E_t \leqq x_{Ht} \qquad (t = 1, 2, \ldots, n).$$

x_{Gt} ist Variable des Modelles und muß mit den übrigen Modellteilen durch geeignete Relationen verknüpft werden. Die Abbildung des steuerlichen Gewinnes stößt ebenso wie die Abbildung des handelsrechtlichen Gewinnes in zahlungsorientierten Simultanplanungsmodellen auf Schwierigkeiten. Für die Gewinne sind periodisierte Größen erforderlich und selbst dort, wo gleichnamige Variable in die Gewinndefinition und in die übrigen (zahlungsorientierten) Modellgrößen eingehen, muß in jedem einzelnen Falle geprüft werden, ob nicht zwingende handels- oder steuerrechtliche Bestimmungen andere Bewertungen erfordern. Selbstverständlich wird man trachten, in einem überblicksartigen Modellentwurf — und um einen solchen handelt es sich hier — nur dort zu periodisieren, wo zwischen periodisierten und nichtperiodisierten Größen zu große Abweichungen auftreten, und nur dann unterschiedliche Bewertungen in die einzelnen Modellteile einzuführen, wenn der Unterschied zwischen den Wertkategorien erheblich ist.

x_{Gt} kann in einzelne Komponenten („Betriebsausgaben" und „Betriebseinnahmen") zerlegt werden. Zur formelmäßigen Darstellung von x_{Gt} werden noch folgende Symbole benutzt:

d_{Akt} .... Deckungsbeitrag einer Einheit k in Periode t

l_{kt} .... Lagerbestand (mengenmäßig) des am Ende von Periode t vorhandenen Produktes k (diese Variablen sind die Schlupfvariablen in den Ungleichungen (20))

h_{kt} .... steuerliche Herstellungskosten einer Einheit von Produkt k in Periode t

x_{Dt} .... die in Periode t verrechnete Absetzung für Abnutzung

F_t .... die von den im Modell betrachteten Aktionsparametern unabhängigen (fixen) Betriebseinnahmen und Betriebsausgaben

Es gilt:

$$\text{(24)} \quad \sum_{k=1}^{K} (d_{Akt} \cdot x_{Akt} + h_{kt} \cdot l_{kt} - h_{k,t-1} \cdot l_{k,t-1}) - - x_{Dt} + F_t = x_{Gt} \qquad (t = 1, 2, \ldots, n).$$

In (24) wird der steuerpflichtige Gewinn x_{Gt} in die Komponenten Gesamtdeckungsbeitrag plus Bestandsveränderungen minus Absetzung für Abnutzung plus Saldo der planungsunabhängigen fixen Betriebseinnahmen und Betriebsausgaben zerlegt. Für steuerbilanzpolitische Aktionen kommen hierbei die steuerlichen Herstellungskosten der Fertigerzeugnisse und die Absetzungen für Abnutzung in Betracht. Die steuerlichen Herstellungskosten sollen jedoch hier nicht als Variable behandelt werden. Dabei macht man — wie bereits in Abschnitt I. 3 gezeigt wurde — auf jeden Fall einen Fehler, weil die steuerlichen Herstellungskosten in einem simultanen Totalplanungsmodell selbst dann, wenn keinerlei Wahlrechte bei ihrer Berechnung bestünden, nicht exakt exogen bestimmt werden können. Zur Abbildung der Abschreibungen, die als Beispiel für steuerbilanzpolitische Aktionsvariable besprochen werden, sind Modellvarianten möglich. Man kann z. B. die Variablen x_{Bt} in so viele Subvariable x_{BtV} aufspalten, wie Abschreibungsverfahren möglich sind. Jeder Einheit $x_{B\tau V}$ ist dann in allen Perioden $t \geqq \tau$ ein ganz bestimmter Abschreibungsbetrag $a_{B\tau Vt}$ zugeordnet. Dann kann man schreiben:

$$\text{(25)} \quad x_{Dt} = \sum_{\tau=1}^{t} \sum_{V=1}^{\overline{V}} x_{B\tau V} \cdot a_{B\tau Vt} \qquad (t = 1, 2, \ldots, n).$$

Durch die Beziehung

$$\text{(26)} \quad \sum_{V=1}^{\overline{V}} x_{BtV} = x_{Bt}$$

wird die Verknüpfung mit dem restlichen bisher formulierten Modell hergestellt[385].

[385] Vgl. ähnlich HAEGERT (1971), S. 77; dort werden jedoch die Abschreibungen für jedes Wirtschaftsgut gesondert formuliert, so daß nur je eine Variable vom Programm gewählt werden darf. Bei der hier vor-

Vernachlässigt wurde die Möglichkeit, daß ein steuerlicher Verlust auftreten könnte. In Ausnahmefällen ist es möglich, daß (23) erfüllt ist und dennoch ein steuerlicher Verlust x_{vt} auftritt. Die Berücksichtigung dieser Möglichkeit im Simultanplanungsmodell ist grundsätzlich gelöst. Auf die Wiedergabe wird hier aber verzichtet[386].

Zur Formulierung von (22) ist noch zu bemerken, daß in völlig analoger Weise, wenn auch mit großem zusätzlichen Bedarf an Daten und Variablen, auch andere Steuern (insbesondere Substanzsteuern) exakt planbar und auch in ihrer eventuellen Verknüpfung mit anderen Steuern darstellbar sind.

Für die Abbildung der gewählten Zielfunktion werden noch folgende Variablen benötigt:

R_t .... Restwert einer in Periode t angeschafften Maschine zum Planungshorizont

$k_{k,n+1}$ ...... Bewertungssatz für eine Einheit des Produktes k, die zum Planungshorizont noch vorhanden ist

f_{n+1} .... die zum Horizont vorhandenen liquiden Mittel (= die Schlupfvariable in (22) für $t = n$)

Die Zielfunktion lautet hiermit:

$$\sum_{t=1}^{n} R_t \cdot x_{Bt} + \sum_{k=1}^{K} k_{k,n+1} \cdot l_{kn} + f_{n+1} \rightarrow \max. \tag{27}$$

Von der Möglichkeit eines Verlustvortrages am Horizont wird abstrahiert; er würde jedoch keine Schwierigkeiten für die Modellformulierung bringen. Die zum Horizont vorzunehmende Bewertung, die sich in den Größen R_t und $k_{k,n+1}$ niederschlägt, muß von Schätzungen über die nach dem Planungshorizont mögliche Verwendung der

---

getragenen Formulierung können aber von jedem Wirtschaftsgut mehrere Exemplare beschafft werden, und die Abschreibungsbedingungen können für jede *Art* von gekauften Maschinen zusammengezogen werden. Für die x_{BtV} werden jedoch für eine exakte Planung Ganzzahligkeitsbedingungen erforderlich. Auf diese kann nur dann verzichtet werden, wenn relativ große Anzahlen zu kaufender Maschinen in jeder Periode zur Diskussion stehen; in diesem Falle wird durch die Vernachlässigung der Ganzzahligkeitsbedingung das Optimum nur geringfügig verfehlt. — Zu einer Alternativformulierung mit genauer Herausarbeitung aller in Deutschland (bzw. Österreich) geltenden Bedingungen für die steuerlichen Abschreibungen (so etwa Gebot der Planmäßigkeit) vgl. HABERSTOCK (1971), S. 125ff.; HABERSTOCK benötigt allerdings viele ganzzahlige Variable, weshalb sein Ansatz rechentechnisch aufwendiger ist.

[386] Vgl. u. a. HAX, H. (1979), S. 114ff.

x_{Bt} und der l_{kn} ausgehen, wobei in diese Bewertungsüberlegungen auch der Einfluß der nach dem Horizont zu erwartenden Ertragsbesteuerung eingeht[387].

Zu (27) ist hinsichtlich der Ertragsteuern zu bemerken, daß diese indirekt den Wert der Zielfunktion beeinflussen. Da die Ertragsteuern in die Bedingungen des finanziellen Gleichgewichtes (22) eingehen, limitieren sie c. p. die möglichen am Horizont vorhandenen Bestände an Maschinen, Fertigerzeugnissen und Bargeld. Für den späteren Vergleich mit isolierten steuerbilanzpolitischen Modellen ist es noch nützlich zu beachten, daß bei vollständiger Modellformulierung die Endwert- und die Barwertmaximierung zum selben Ergebnis führen[388].

Mit Hilfe des bewußt einfach strukturierten Modelles konnte die Integrierbarkeit der Steuerbilanzpolitik in die simultane Totalplanung gezeigt werden. Da bereits ein so einfaches Modell sehr umfangreich wird, werden in Simultanplanungsmodellen Steuer- und Handelsbilanz gleichgesetzt. Damit könnte in (23) statt x_{Ht} $x_{Gt} \cdot [1 - s_t(x_{Gt})]$ gesetzt werden. Diese Vereinfachung ist für Kapitalgesellschaften recht grob (man denke nur an die nicht abzugsfähige Vermögensteuer, an die Aufsichtsrattantiemen und an die gerade bei Publikumsaktiengesellschaften aus publizitätspolitischen Gründen verselbständigte Handelsbilanzpolitik), doch bestünde die Alternative im zusätzlichen Aufbau handelsbilanzieller Gewinn- und Verlustrechnungen unter Einbeziehung aller Restriktionen aufgrund der Maßgeblichkeit der Handelsbilanz für die Steuerbilanz. Auch die handelsrechtliche Schlußbilanz könnte entsprechend abgebildet werden. Ihre Werte werden speziell in Publizitäts- und Finanzierungsbedingungen eingehen, sofern nicht Attitüden des Kapitalmarktes bestehen, die — aus Mißtrauen gegenüber „frisierten" Handelsbilanzen — an die ausgewiesenen Steuern anknüpfen. Die konkrete Aufstellung eines so komplexen Modelles würde jedoch zu weit führen.

In Simultanplanungsmodellen, in denen auch Eigenkapitalzuführungen und Kapitalherabsetzungen als Handlungsmöglichkeiten zugelassen werden, würden für die Abbildung der Steuern zusätzliche Probleme auftreten, die zu wesentlich umfangreicheren Formulierungen führen müßten. Die Hauptfragen seien skizziert[389].

In Kapitalgesellschaften können Ausschüttungen entweder aus (körperschaftsteuerpflichtigen) Gewinnen oder aus körperschaftsteuer-

387 Vgl. Haberstock (1971), S. 172f.

388 Vgl. den allgemeinen Beweis für komplexe Modelle bei Schweim (1969), S. 57ff.; vgl. auch Fn. 360.

389 Vgl. Laux (1969b), S. 31ff.; Wöhe (1965), S. 252ff.

freien Kapitalherabsetzungen erfolgen. Für den Investor, der vollkommene Information hat, wäre beides gleichwertig. Wenn nicht Zielfunktion oder Restriktionen dem entgegenstehen, würde das Modell zur Bereitstellung steuerlich möglichst günstiger Ausschüttungen die Kapitalrückzahlungen gegenüber den Gewinnausschüttungen bevorzugen. Dem steht allerdings entgegen, daß die Rechtsprechung (schon des RFH) für ein solches Vorgehen einen Mißbrauch von Formen und Gestaltungsmöglichkeiten des bürgerlichen Rechts im Sinne von § 6 Steueranpassungsgesetz (bzw. nunmehr § 42 dt. AO 1977 und für Österreich § 22 BAO) annimmt und aufgrund dieser Qualifizierung eine Besteuerung der verdeckten Gewinnausschüttung vornimmt, sofern nicht besondere Umstände die Kapitalherabsetzung rechtfertigen. Im Totalplanungsmodell müßten daher diese besonderen Bedingungen der Steuerpflicht oder Steuerfreiheit für Kapitalherabsetzungen abgebildet werden, oder aber es müssen Möglichkeiten der Kapitalherabsetzung von vornherein ausgeschlossen werden.

Letztere Lösung ist für die Abbildung der Kapitalmarktbedingungen häufig ohnehin geboten, weil ein wachsendes Unternehmen bei unvollkommener Information des Kapitalmarktes kaum abwechselnd Kapitalerhöhungen mit Agio und Kapitalherabsetzungen durchführen kann. Man wird daher das Totalmodell in der vereinfachten Weise aufstellen, daß Kapitalherabsetzungen zunächst nicht zugelassen werden, und nur dann, wenn auf diese Weise keine zulässige Lösung erzielbar ist, die Möglichkeit von Kapitalherabsetzungen in das Modell aufnehmen[390].

Zum Vergleich mit den isolierten steuerbilanzpolitischen Optimierungsmodellen sind jedenfalls keine Totalplanungsmodelle erforderlich, die die geschilderten Erweiterungen aufweisen, weil diese Erweiterungen ohnehin in den Partialmodellen nicht entsprechend behandelbar sind und daher in diesem Punkt des Vergleiches von vornherein die begrenzte Leistungsfähigkeit der Partialmodelle offenbar wird.

IV. Beurteilung der Steuerbilanzpolitik im Rahmen einer simultanen Unternehmungsgesamtplanung im Verhältnis zu isolierten steuerbilanzpolitischen Modellen und Verbindungsmöglichkeiten zwischen beiden Modellhaupttypen

In simultanen Gesamtunternehmungsplanungen können alle Aktionsvariablen, darunter auch die steuerbilanzpolitischen Aktionen

[390] Vgl. LAUX (1969b), S. 37f.

beliebig genau abgebildet werden. Alle Teilbereiche können untereinander so exakt wie gewünscht verknüpft werden. Insbesondere sind auch alle Arten von Steuern einschließlich ihrer Interdependenzen beliebig genau erfaßbar. Wenn von Vertretern der Teilsteuerrechnung behauptet wird, die Interdependenzwirkungen der Teilsteuerbemessungsgrundlagen seien allgemein nicht kalkülisierbar[391], so ist dies durch vorliegende Totalplanungsansätze widerlegt[392], überdies wurde in Abschnitt II. 4. e gezeigt, daß Interdependenzen mit den Substanzsteuern auch im isolierten ertragsteuerbilanzpolitischen Kalkül erfaßt werden können. Der Steuerbereich selbst ist im Total- und im Partialmodell gleich genau beschreibbar.

Die intellektuelle Faszination des Totalmodelles geht von der exakten Verknüpfung aller Teilbereiche aus. Demgegenüber ist das Partialmodell schwieriger aufzustellen: Hier müssen für manches, was im Totalmodell exakt planbar ist, Plausibilitätsüberlegungen eingeführt werden. Exakt ist die Güte eines Partialmodelles nur durch Vergleich mit den Ergebnissen, die mit einem Totalmodell erzielbar wären, zu messen. Hätte man dieses in extenso aufgestellt, würde man das Partialmodell aber nicht mehr brauchen. Man wird daher um Plausibilitätsüberlegungen, die zweckmäßigerweise vor dem Hintergrund eines mindestens groben Totalmodelles aufgestellt werden, nicht herumkommen.

Ein konkretes Partialmodell kann daher auch nur beanspruchen, für gewisse Datenkonstellationen *einigermaßen* geeignet zu sein. Aus Sensibilitätsanalysen im Rahmen der linearen Optimierung ist bekannt, daß es ganz von der konkreten Struktur des Problems einschließlich der Daten der technologischen Matrix abhängt, ob eine Lösung praktisch unempfindlich gegen Datenvariationen oder aber hochempfindlich ist und ob der Wert der nicht-optimalen Lösung wenig oder viel von jenem der optimalen Lösung abweicht. Dies ist auf die Güte von Partialmodellen unmittelbar übertragbar.

Im Partialmodell müssen für die Beschreibung der Beziehungen zu den anderen Teilplänen Schätzungen erfolgen. Im Totalmodell

---

[391] EISENACH (1974), S. 180.

[392] Vgl. vor allem ROSENBERG (1975), S. 104ff. Die dort auf S. 128f. erfolgte Anwendung von Multifaktoren auf die Teilsteuerbemessungsgrundlagen ist allerdings nur möglich, wenn keine Nichtlinearitäten in den Steuertarifen auftreten. Bei nichtlinearen Steuersätzen wird man auf die einfach strukturierten Multifaktoren verzichten müssen; die Beschreibung der Interdependenzen zwischen den Bemessungsgrundlagenteilen bleibt aber weiterhin gültig.

können die Auswirkungen auf die anderen Teilbereiche und die Rückwirkungen dieser Teilbereiche auf den jeweils betrachteten Teilbereich entsprechend den tatsächlichen oder vermuteten Kenntnissen über Wirkungsmechanismen unmittelbar abgebildet werden. Die Abbildung ist zwar für ein realistisches Modell sehr umfangreich, grundsätzlich aber exakt möglich.

Abbildungsschwierigkeiten treten im Totalmodell erst dann auf, wenn das unsterbliche Entscheidungsfeld zeitlich abgegrenzt wird. Dann muß der logische Trapezakt vollbracht werden, die Horizontbestände so zu bewerten, daß sie gerade die Bedingungen der nicht mehr geplanten Perioden nach dem Horizont wiedergeben. Im Partialmodell treten eben dieselben Schwierigkeiten, zusätzliche aber infolge der sachlichen Trennung der Planung in Teilbereiche auf[393]. Die Totalmodelle sind heute im wesentlichen erforscht, das trifft auch auf die Einbeziehung der Steuern zu. Offen bleiben aber die Probleme der Bewältigung der großen Modelle, sowohl was die rechentechnische Möglichkeit als auch was Zeit und Kosten anlangt.

Für die praktische Arbeit kommt man daher ohne steuerbilanzpolitische Partialmodelle nicht aus. Diese müssen „vernünftige" Näherungslösungen bringen; für die Partialmodelle muß auch angegeben werden, für welche Datenkonstellationen sie jeweils Geltung beanspruchen können. Die geradezu schulenmäßige Bekämpfung verschiedener Konzeptionen steuerbilanzpolitischer Partialmodelle untereinander erscheint damit teilweise als Scheinproblem, weil die unterschiedlichen Abgrenzungen des behandelten Entscheidungsfeldes natürlich unterschiedliche „beste" Partialmodelle bewirken. Die Notwendigkeit der Konzipierung möglichst vereinfachter Partialmodelle ergibt sich auch daraus, daß häufig nur einfach strukturierte Modelle (trotz erkannter theoretischer Mängel) durch die Praxis akzeptiert werden[394].

Wenn im folgenden die Simultanplanungs-Totalmodelle nicht weiter verfolgt werden, so ist das keine Abwertung dieser Bemühungen, wie diese in der steuerbilanzpolitischen Literatur zu finden ist. Nicht an dem oft gerügten Abstraktionsgrad und der mangelnden exakten Berücksichtigung steuerrechtlicher Bedingungen liegt es, daß die Totalplanungsmodelle (derzeit) praktisch nicht verwendbar sind. Soweit diese Einwendungen berechtigt sind, treffen sie nur konkrete Ausprägungen der Modelle, nicht aber deren strukturelle Leistungsfähig-

---

[393] Vgl. Hax, H. (1967).

[394] Vgl. ähnlich im Bereich des Marketing die Diskussion um den „decision calculus" (vgl. Fn. 134).

keit. Damit die Partialmodelle in begründbarer Weise gebaut werden können, sind Einsichten in die Zusammenhänge des Totalmodelles erforderlich.

Zwischen steuerbilanzpolitischem Partialmodell und Einbau der Steuerbilanzpolitik in das Totalmodell besteht modelltechnisch gesehen kein eigentlicher Gegensatz. Wenn gefordert wird, bei Modellbetrachtungen dürfe die Verfeinerung auf dem Gebiete der Besteuerung nicht mit einer Vergröberung der Berücksichtigung anderer Einflußfaktoren erkauft werden[395], so ist dem doch entgegenzuhalten, daß ein grobes Totalmodell die grundlegenden Zusammenhänge aufzeigen kann und die Verfeinerung von Teilbereichen des Totalmodells ebenso wie die Verfeinerung im Rahmen von Partialmodellen jedenfalls Bausteine liefert, die bei Wunsch und rechentechnischen Möglichkeiten zu beliebig gleichmäßig verfeinerten Totalmodellen zusammengebaut werden können.

Wie geringfügig die Unterschiede zwischen den entsprechenden Teilen von Totalmodellen und steuerbilanzpolitischen Partialmodellen sind, soll für die differenzierte Planung des Einsatzes der steuerbilanzpolitischen Manövriermasse gezeigt werden.

Betrachtet man den steuerbilanziellen Gewinn gemäß (24) im Totalmodell, so wird er aus den Variablen des Modelles (sowie aus Konstanten, die nicht weiter beachtet werden müssen) abgeleitet. Diese Variablen sind produzierte und abgesetzte Mengen der Erzeugnisse und die Abschreibungen. Letztere wurden bereits oben herausgegriffen und näher behandelt, deshalb soll auch der Vergleich von Total- und Partialmodell speziell anhand der Abschreibungen durchgeführt werden. Zum Vergleich wird in (4″) die Ertragsteuerbasis durch

$$G_t - \sum_{j=1}^{\bar{j}} M_{tj} \tag{28}$$

beschrieben. Wodurch unterscheidet sich (28) von (24)? x_{Gt} enthält etliche Variable (für Produktion, Absatz, indirekt für Beschaffung von Maschinen), die für G_t als Daten gesetzt werden. Das eigentliche steuerbilanzpolitische Problem — zu Demonstrationszwecken auf die Abschreibungen beschränkt — wird im wesentlichen aber ebenso wie im Partialmodell beschrieben. Wenn man in (25) die $x_{B\tau V}$ als bekannt voraussetzt, so bleiben die Abschreibungen $a_{B\tau Vt}$ als Variable zu bestimmen. Diese Variablen unterscheiden sich aber nicht von den im Anschluß an (4″) eingeführten Abschreibungsvariablen a_{tV}. Daß im

---

[395] Fischer (1974), S. 9f.

isolierten steuerbilanzpolitischen Modell üblicherweise nicht die gewählte Abschreibung selbst, sondern die Mehr- oder Minderabschreibung gegenüber einer Normalvariante a_{to} ermittelt wird, ändert an der Lösung nichts, weil dafür andererseits G_t so definiert wird, daß schon vorweg die Normalabschreibung a_{to} verrechnet ist. Der Formulierungsunterschied zwischen Total- und Partialmodell besteht somit nur darin, daß letzteres von den Koeffizienten der Aktionen eine Konstante abzieht und die Aktionen auf vorgegebene anstelle von variablen Mengen bezieht.

Ein unwesentlicher Unterschied zwischen den dargestellten Total- und den Partialmodellen besteht darin, daß die Ertragsteuern in letzteren in die Zielfunktion eingehen, während sie in ersteren, soweit dargestellt, nur in die Nebenbedingungen eingehen. Ein Ausdruck, der formal richtig für die Nebenbedingungen formuliert wurde, kann ohne weiteres in einem anderen Modell in die Zielfunktion übernommen werden; überdies könnten auch Totalmodelle aufgestellt werden, die die Steuern in der Zielfunktion enthalten. Es ist für Partialmodelle typisch, daß infolge der Konstanthaltung vieler Variabler und Nichtabbildung vieler Beziehungen des Totalmodells Subziele, die z. T. vergröbern, der Optimierung zugrunde gelegt werden müssen.

Wenn steuerbilanzpolitische Modelle auf eine „Normalaktion" (z. B. „Normalabschreibung") Bezug nehmen, sind die Manövrierteilmassen in den Partialmodellen sogar etwas unangenehmer als im Totalmodell zu formulieren. Unter diesem Gesichtspunkt wäre es vorteilhafter, sich wie in den existierenden Totalmodellen direkt mit den Komponenten des steuerbilanziellen Gewinnes zu befassen. Die übliche Formulierung der isolierten steuerbilanzpolitischen Optimierungsmodelle hat aber den Vorteil der deutlichen Herausstellung der Dispositionsmöglichkeiten: Wenn der steuerbilanzielle Gewinn in einen „Normalteil" und einen beeinflußbaren Teil zerlegt wird, dann wird das Ausmaß des *beeinflußbaren* „Potentials" für sich dargestellt. Der Begriff der „Manövriermasse", obwohl nicht ganz einfach zu operationalisieren, bringt das deutlich zum Ausdruck.

D. DIE BESONDEREN BEZIEHUNGEN ZWISCHEN STEUERBILANZPOLITIK UND HANDELSBILANZPOLITIK

I. Die Maßgeblichkeit der Handelsbilanz für die Steuerbilanz

1. Der Grundsatz

Die Maßgeblichkeit der Handelsbilanz für die Steuerbilanz ist in § 5 EStG verankert. Dieser bestimmt, daß im Handelsregister eingetragene Gewerbetreibende das Betriebsvermögen anzusetzen haben, das nach den Grundsätzen ordnungsmäßiger Buchführung auszuweisen ist, wobei jedoch entgegenstehende Bestimmungen des Einkommensteuerrechtes modifizierend eingreifen.

In § 5 Abs. 1 dt. EStG wird etwas abweichend hiervon die Maßgeblichkeit für „Gewerbetreibende, die auf Grund gesetzlicher Vorschriften verpflichtet sind, Bücher zu führen und regelmäßige Abschlüsse zu machen, oder die ohne eine solche Verpflichtung Bücher führen und regelmäßig Abschlüsse machen", normiert, wobei auf die „*handelsrechtlichen* Grundsätze ordnungsmäßiger Buchführung" verwiesen wird[396]. Der Zusatz „handelsrechtlich", der im deutschen Einkommensteuergesetz seit 1955 zu finden ist, bewirkte aber keine materiell-rechtliche Änderung des Gehaltes dieser Bestimmung, weil sie seit jeher in diesem Sinne ausgelegt worden war[397].

Für Deutschland erfolgte eine rege Diskussion um die Präzisierung des Inhaltes der Maßgeblichkeit[398]. Da die Bewertung in den steuerlichen Vorschriften großteils ausdrücklich geregelt ist, bezieht sich

---

396 Hervorhebung vom Verfasser.

397 Vgl. JACOBS (1971), S. 34 und die dort in Fn. 60 zitierte Rechtsprechung. — Vgl. auch SCHUBERT/POKORNY/SCHUCH (1973), Anm. 5 zu § 5, wonach die durch § 5 EStG normierten besonderen Grundsätze über die allgemeinen Grundsätze ordnungsmäßiger Buchführung hinausgehen und auch „Grundsätze ordnungsmäßiger *kaufmännischer* Buchführung" genannt werden (Hervorhebung im Original).

398 Es existieren zwar auch andere Maßgeblichkeiten (z. B. die Maßgeblichkeit der Einzelbilanz für die Konzernbilanz), doch soll im vorliegenden Zusammenhang mit diesem Kurzausdruck nur die Maßgeblichkeit der Handelsbilanz für die Steuerbilanz bezeichnet werden.

diese Diskussion vor allem auf die Bilanzierung dem Grunde nach, die Entscheidung über Ansatz oder Nichtansatz der einzelnen Bilanzposten[399].

Für Österreich ist infolge der allgemein geringen Behandlung handelsrechtlicher Rechnungslegungsprobleme die Diskussion des Maßgeblichkeitsgrundsatzes im wesentlichen auf die Steuerrechtsprechung des Verwaltungsgerichtshofes und des Verfassungsgerichtshofes beschränkt. Im Ergebnis wird aus der Maßgeblichkeit vor allem eine Einschränkung der Wahlrechte hinsichtlich des Ausweises von Betriebsausgaben (etwa auch der Vornahme von Teilwertabschreibungen) gefolgert.

Die Maßgeblichkeit führt somit zu einer Einschränkung der Wahlmöglichkeiten für die Steuerbilanz, weil überall dort, wo das Steuerrecht keine zwingenden Vorschriften enthält, der Ansatz der Steuerbilanz durch jenen der Handelsbilanz determiniert wird.

Die Verknüpfung von Handelsbilanz und Steuerbilanz mit Hilfe des Maßgeblichkeitsgrundsatzes ist seit langem umstritten. Im Hinblick auf manche zugunsten der Maßgeblichkeit vorgebrachten Argumente ist der historische Umstand bemerkenswert, daß die Maßgeblichkeit ursprünglich gar nicht irgendwelchen bilanztheoretischen Vorstellungen, auch nicht Erwägungen über die Einheit der Rechtsordnung, entsprungen ist, sondern ein Produkt der Intervention der Kaufleute darstellt, die im 19. Jahrhundert eine Vereinfachung der Buchführungs- und Bilanzierungspflichten durch gleichzeitige Verwendung der (einen kaufmännischen) Bilanz für handels- und steuerrechtliche Zwecke anstrebten und durchsetzten[400]. Auch der internationale Vergleich zeigt, daß die Maßgeblichkeit nicht notwendigerweise beibehalten werden muß; so fehlt etwa in den USA, in Großbritannien und in den Niederlanden eine Verknüpfung von Handels- und Steuerbilanz[401]. Auf das Pro und Contra um die Maßgeblichkeit kann hier nicht näher eingegangen werden; die Beurteilung müßte im einzelnen von den Zielsetzungen, die mit Handels- und Steuerbilanz verfolgt werden, ausgehen.

---

[399] Vgl. vor allem den die Maßgeblichkeit einschränkenden Beschluß des Großen Senates des BFH 2/68 vom 3. 2. 1969 und die in die Gegenrichtung zielende Äußerung des deutschen Gesetzgebers im Einkommensteueränderungsgesetz vom 16. 5. 1969, BStBl. I, S. 320ff.

[400] Vgl. BARTH (1955), S. 183ff.; LOITLSBERGER (1964); BÜHLER/SCHERPF (1971), S. 153ff.

[401] Vgl. JUNG (1973), bes. S. 149; BARTHOLOMEW (1973), S. 104; KOK (1973), bes. S. 139 und S. 141.

2. Die besondere Problematik der bilanziellen „Steuerbegünstigungen"

Die Entstehungsgeschichte des Maßgeblichkeitsgrundsatzes zeigt, daß mit diesem Grundsatz eine Vereinfachung des Besteuerungsverfahrens beabsichtigt ist. Das wesentliche sachliche Argument für die Bindung des Kaufmannes an die Werte der Handelsbilanz ist wohl jenes, daß überall dort, wo Ungewißheit vorliegt und Spielräume durch Schätzungen auszufüllen sind, die Schätzung nicht schizophren sein solle und insbesondere der Fiskus nicht schlechter gestellt werden dürfe als die zu schützenden Gläubiger oder die einen Gewinn beziehenden Teilhaber.

Dieses Argument ist jedoch für eine Gruppe von steuerlichen Vorschriften völlig unbrauchbar, nämlich für die „Sondervorschriften", die nicht fiskalischen Zwecken, sondern der Wirtschaftslenkung (im weitesten Sinne) dienen. Da sich in der Anwendung des Maßgeblichkeitsprinzips diese Differenzierung nicht durchsetzte, wurde die Maßgeblichkeit auf dem Gebiete der „Steuerbegünstigungen" geradezu pervertiert. Da entsprechend üblicher Auslegung die steuerlichen Bewertungswahlrechte, die einer wirtschaftsfördernden Absicht des Steuergesetzgebers entstammen, nur dann in Anspruch genommen werden können, wenn sie auch in der Handelsbilanz verrechnet werden, tritt die faktische Umkehrung des Maßgeblichkeitsprinzips ein. Damit die Steuerbegünstigung gewährt wird, nimmt der Bilanzierende die Verzerrung der Handelsbilanz in Kauf; nur wenn er die Handelsbilanz entgegen den ansonsten geltenden Grundsätzen gestaltet, kann er die Steuerbegünstigung erlangen. Die Praxis der Auslegung des Maßgeblichkeitsgrundsatzes wird somit bei den Steuerbegünstigungen zur Hauptquelle der Verzerrungen der Handelsbilanz[402]. Das Steuerrecht geht bei den Steuerbegünstigungen bewußt von den allgemeinen Bilanzgrundsätzen, die auf eine möglichst objektive Periodisierung des Erfolges abzielen, ab; damit aber „verläßt es", wie es PANKOW formuliert, „den Grundsatz, der allein die Bindung der Steuerbilanz an die Handelsbilanz rechtfertigt"[403]. Daß die Verrechnung von Steuerbegünstigungen in der Handelsbilanz Voraussetzung für ihre Aner-

---

[402] Vgl. hierzu schon KALKSTEIN (1953); unveröffentl. Fachgutachten Nr. 32 des Fachsenates für Betriebswirtschaft, Steuerrecht und Organisation der österreichischen Kammer der Wirtschaftstreuhänder aus 1961 (zit. nach WEILER [o. J.], S. 71).

[403] PANKOW (1967), S. 114; ähnlich KIEHNE (1968), bes. S. 557; KNOBBE-KEUK (1979a), S. 19f.

kennung in der Steuerbilanz ist, kann somit aus dem Maßgeblichkeitsprinzip nicht gefolgert werden.

Das Bestehen der Finanzverwaltung auf einer parallelen Verrechnung der Steuerbegünstigungen in der Handelsbilanz führt aber nicht nur zu Verzerrungen der Handelsbilanz, sondern auch zu materiellen Auswirkungen. Wenn die Steuerbegünstigung auch in der Handelsbilanz verrechnet werden muß, bewirkt dies eine zwangsweise erhöhte Selbstfinanzierung im Vergleich zu einer nur außerbücherlichen Inanspruchnahme der Steuerbegünstigung[404]. Die geforderte Parallelität zwischen Handels- und Steuerbilanz im Falle der Steuerbegünstigungen ist zwar mit der Maßgeblichkeit nur in sehr anfechtbarer Weise begründbar, jedoch entspricht diese Parallelität dem Zwecke der (Investitions-)Begünstigungsvorschriften. Dies ist ein anerkennenswertes Motiv zur Forderung nach Verrechnung der steuerlichen Begünstigungen auch in der Handelsbilanz.

Während in Deutschland für einige Steuerbegünstigungen der Ausweis in der Bilanz nicht erforderlich ist[405], ist in Österreich die Tendenz erkennbar, nach Möglichkeit alle Steuerbegünstigungen vom Ausweis in der Handelsbilanz abhängig zu machen. Ein eindeutiges Indiz hierfür bildet der Investitionsfreibetrag gemäß § 6f EStG 1967 bzw. § 10 EStG 1972. Offenbar war von Anfang an die Finanzverwaltung der Ansicht, daß der Investitionsfreibetrag bilanzierungspflichtig sei, jedoch wurde die Frage der bücherlichen Behandlung des Investitionsfreibetrages von der Literatur überwiegend im gegenteiligen Sinne gelöst[406]. In Reaktion hierauf wurde im Jahre 1974 § 10 EStG dahingehend novelliert, daß der Bilanzausweis des Investitionsfreibetrages nunmehr im Gesetz ausdrücklich vorgeschrieben wird.

Falls das tatsächliche Motiv der Finanzverwaltung und des dieser folgenden Gesetzgebers für die Verpflichtung zum bilanziellen Ausweis der Steuerbegünstigungen in der Erzwingung einer zusätzlichen Selbstfinanzierung liegt, so wird dieses Motiv nicht unbedingt erreicht, wenn die Investitionsbegünstigung (speziell der Investitionsfreibetrag) in der Bilanz ausgewiesen wird, gleichzeitig aber eine Vereinnahmung des Steuervorteiles unter den Erträgen erfolgt. Ob diese Vorgangs-

---

[404] Vgl. die Gegenüberstellung bei RÜCKLE (1972); vgl. auch EGGER (1973), bes. S. 28.

[405] Z. B. Preissteigerungsrücklage gemäß § 74 EStDV, Rücklagen für neue Kraftwerke gemäß dem „Gesetz zur Förderung der Verwendung von Steinkohle in Kraftwerken vom 12. 8. 1965", Investitionszulagen gemäß § 19 Berlinförderungsgesetz.

[406] Vgl. neben den Literaturangaben in Fn. 404 Hinweise in: o. V. (1973).

weise tatsächlich für die Erlangung des steuerlichen Vorteiles unschädlich ist, müßte zwar sowohl aus handels- als auch aus steuerrechtlicher Sicht erst diskutiert werden, doch wird sie bereits praktiziert[407].

Bei den Steuerbegünstigungen, für deren Inanspruchnahme die parallele Verrechnung in der Handelsbilanz verlangt wird, ist es auch nicht möglich, dieses Erfordernis dadurch in seinen Auswirkungen abzuschwächen, daß zwar im Jahre der Inanspruchnahme der Steuerbegünstigung diese in der Handelsbilanz verrechnet wird, später jedoch in der Handelsbilanz eine Korrektur erfolgt. So ist es zwar nach der Vornahme steuerlicher Sonderabschreibungen handelsrechtlich zulässig, in späteren Jahren eine Zuschreibung vorzunehmen[408], doch beruft sich auch in diesem Falle die Finanzverwaltung auf die Maßgeblichkeit und nimmt wegen der Nichtverrechnung der Steuerbegünstigung in der Handelsbilanz eine Berichtigungsveranlagung für das Jahr der Inanspruchnahme der Steuerbegünstigung vor[409].

Die Pervertierung des Maßgeblichkeitsgrundsatzes im Zusammenhang mit den Steuerbegünstigungen ist nicht nur hinsichtlich der steuerrechtlichen Grundlagen anzuzweifeln, es ist auch zu fragen, ob es für die Handelsbilanz überhaupt zulässig ist, die Steuerbegünstigungen in der von der Finanzverwaltung gewünschten Weise aus-

---

[407] Vgl. Österreichische HIAG-Werke AG, Geschäftsbericht 1976: „Für den Investitionsfreibetrag wurde eine erfolgsneutrale Buchung gewählt, die dem Umstand Rechnung trägt, daß der Investitionsfreibetrag eine ausschließlich steuerrechtliche Investitionshilfe darstellt. Davon sind auch die Positionen der aktiven Rechnungsabgrenzung und der außerordentlichen Erträge berührt." Dazu eine Pressenotiz: gr. (1977): „Der Investfreibetrag wurde ... erhöht, jedoch ‚erfolgsneutral', da die aktive Rechnungsabgrenzung um den gleichen Betrag aufgestockt wurde." Aus der Gewinn- und Verlustrechnung ist unter den Aufwandsposten außerdem eine „Dotierung des Investitionsfreibetrages" ersichtlich. Aus den genannten Angaben ist zwar die Verbuchungsweise nicht eindeutig rekonstruierbar, doch kann sie im Ergebnis handelsrechtlich zulässig sein; zu untersuchen wäre, ob für die möglicherweise wieder auflebenden Steueransprüche bei vorzeitigem Ausscheiden der angeschafften Wirtschaftsgüter Steuerrückstellungen erforderlich sind (vgl. hierzu Rückle [1972], bes. S. 168f.). Die steuerrechtliche Anerkennung dieser nur dem Wortlaut des § 10 EStG entsprechenden Vorgangsweise bleibt jedoch in jedem Fall abzuwarten; es wäre naheliegend, daß die Anerkennung des Investitionsfreibetrages wegen der gleichzeitig verrechneten Gegenposten durch die Finanzverwaltung und die höchstgerichtliche Rechtsprechung verwehrt wird.

[408] Vgl. etwa Adler/Düring/Schmaltz (1968), § 149, Tz. 72ff.; Zacharias (1971), S. 386ff.

[409] Vgl. Knobbe-Keuk (1979a), S. 129, mit weiteren Nachweisen.

zuweisen. Entgegen der allgemeinen Übung sind hier doch Bedenken anzumelden. Unter III. 2. b ist hierauf noch einzugehen.

3. Die Bedeutung des Maßgeblichkeitsgrundsatzes für die Abgrenzbarkeit von Handels- und Steuerbilanzpolitik

Die Geltung des Maßgeblichkeitsgrundsatzes führt dazu, daß die Handelsbilanz immer dann, wenn im Hinblick auf die Steuerbelastung gewisse Gestaltungen wünschenswert sind, auf die Steuerbemessungsgrundlage (zumindest teilweise) ausgerichtet wird. Dies kann als faktische Umkehrung der Maßgeblichkeit bezeichnet werden.

Hieraus entstehen folgende Probleme: Können Handels- und Steuerbilanzpolitik gegeneinander abgegrenzt werden? Dieser Frage vorgelagert ist die Untersuchung, ob überhaupt beide Arten von Bilanzpolitik existieren. Wenn sich die Abgrenzung als unmöglich herausstellen sollte, tritt das Problem auf, wie Handels- und Steuerbilanzpolitik integriert werden sollen.

a) Abgrenzungsversuche

Die Frage nach der Existenz beider Arten von Bilanzpolitik tritt in zwei Spielarten auf: einmal wird gefragt, ob zur „Bilanzpolitik" auch die „Steuerbilanzpolitik" gehöre. Diese Fragestellung ist für die in der älteren bilanzpolitischen Literatur überwiegende (oft stillschweigend gemachte) Einschränkung auf die Handelsbilanz typisch; die häufige verneinende Antwort geht i. d. R. auf apodiktische Definitionen zurück[410].

Besser begründet erscheint die Verneinung der Existenz eigenständiger Steuerbilanzpolitik mit dem Hinweis auf den Maßgeblichkeitsgrundsatz: Eine zu steuerlichen Zwecken vorgenommene Erfolgsregulierung kann infolge der Maßgeblichkeit der Handelsbilanz für die Steuerbilanz nur wirksam werden, wenn die Handelsbilanz entsprechend gestaltet wird. Nur in Ausnahmefällen kann die Wirkung einer bilanzpolitischen Maßnahme auf die Steuerbilanz beschränkt werden und nur in diesen Ausnahmefällen könne man daher von einer „Steuerbilanzpolitik" sprechen, im Regelfall aber sei es wegen der abgeleiteten Funktion der Steuerbilanz „ungerechtfertigt, diese als Objekt einer steuerbilanzpolitischen Regulierung zu betrachten und daraus etwa die Existenz einer ‚Steuerbilanzpolitik' zu folgern"[411].

---

[410] Vgl. z. B. MELLEROWICZ (1964), S. 211.
[411] HARDER (1962), S. 85.

Dieser Ansicht ist insofern zuzustimmen, als der Maßgeblichkeitsgrundsatz nicht übersehen werden darf. Eine Bilanzpolitik, die zwar *formal* die Handelsbilanz (eventuell auch als Einheitsbilanz) zum Objekt hat, allerdings auch dann, wenn mit ihr überwiegend oder allein das Ziel der Beeinflussung der Steuerzahlungen verfolgt wird, als „Handelsbilanzpolitik" zu bezeichnen, erscheint jedoch als unzweckmäßig.

Im Hinblick auf die faktisch dominierende Interessenlage wird daher — vor allem in der neueren Literatur — auch entgegengesetzt argumentiert und trotz der laut den gesetzlichen Vorschriften dominierenden Stellung der Handelsbilanz gegenüber der Steuerbilanz unter Hinweis darauf, daß es in den meisten Unternehmungen neben der Steuerbilanz gar keine gesonderte Handelsbilanz gebe, der Schluß gezogen, daß zwar eine eigenständige Steuerbilanzpolitik regelmäßig existiere, jedoch das Vorhandensein einer eigenständigen Handelsbilanzpolitik zu bezweifeln sei. Als Ausnahme werden nur die Aktiengesellschaften angeführt[412]. Diesem ebenfalls extremen Standpunkt sind indessen zwei Argumente entgegenzusetzen: Erstens: die Aktiengesellschaften sind zwar gegenüber den anderen Unternehmungsformen sicher weit in der Minderzahl, sie sind aber gemessen an ihrem Beitrag zum Sozialprodukt sehr bedeutend. Zweitens: Auch bei den anderen Unternehmungen, wo vielleicht nur *eine* Bilanz erstellt wird, die den steuerlichen Bestimmungen genügen soll, werden dadurch nicht a priori *handels*bilanzpolitische *Überlegungen* bei der Auswahl zwischen alternativen möglichen Bilanzansätzen ausgeschlossen[413]. Es wird also hier die Ansicht vertreten, daß auch mit degenerierten Kümmerbildungen von Bilanzen, die ausschließlich auf die Einhaltung der Steuervorschriften ausgerichtet sind, nebenbei andere Funktionen erfüllt werden, die eben üblicherweise als die Zielrichtungen der *Handels*bilanzpolitik bezeichnet werden. Worin die handelsbilanzpolitischen Überlegungen im einzelnen bestehen, wird in Abschnitt II aufrißartig dargestellt.

Die bisherigen Antworten auf die Vorfrage dieses Abschnittes, nämlich ob es beide Arten von Bilanzpolitik (Handels- und Steuer-

---

[412] Vgl. z. B. BÜHLER/SCHERPF (1971), S. 6; VOGT (1963), S. 33; SCHNEIDER, D. (1970), S. 1698; DIECKMANN (1972), S. 50ff.; MÜLLER-KRÖNCKE (1974), S. 24f.

[413] Bemerkenswerterweise werden für außerordentliche Anlässe, nicht immer in lauterer Absicht, auch von solchen Unternehmungen gesonderte Handelsbilanzen erstellt. Hier ist für die Bilanzadressaten Vorsicht geboten: SIEBEN/MATSCHKE/NEUHÄUSER (1974) berichten (u. a. S. 57 und S. 64) über Fälle, in denen „unmotiviert" von den Steuerbilanzen abweichende Bilanzen eigens zum Zweck des Kreditbetruges angefertigt wurden.

bilanzpolitik) in der Realität gebe, waren sich darin einig, daß nur eine der beiden Politiken tatsächlich selbständig existiere, sie waren jedoch widersprüchlich und können aus den aufgezeigten Gründen nicht befriedigen.

Den bisherigen monistischen Lösungen sind differenzierte Lösungen vorzuziehen, die von der grundsätzlichen Existenz beider Arten von Bilanzpolitik ausgehen und fragen, wie beide Bereiche gegeneinander abgrenzbar sind. Den differenzierten Lösungen ist gemeinsam, daß sie die durch das Maßgeblichkeitsprinzip bewirkten Einengungen einer oder beider Teilpolitiken herausarbeiten. Soweit die differenzierten Lösungen generelle Aussagen anstreben, ist ihnen gemeinsam, daß sie einzelne bilanzpolitische Mittel der einen oder der anderen Teilpolitik zuordnen[413a]. Je nachdem, wie diese Zuordnung vorgenommen wird, können zwei Varianten der differenzierten Lösung unterschieden werden.

Die erste differenzierte Lösung wird von Selchert vorgetragen und folgt unmittelbar dem Maßgeblichkeitsprinzip:[414] die steuer(bilanz-)politische Sachverhaltsaufbereitung könne erst ansetzen, nachdem die Handelsbilanz aufgestellt ist. Selbst dann, wenn einzelne handelsbilanzpolitische Aktionsparameter auf Steuergesetze zurückgehen, so werde doch die Übernahme in die Handelsbilanz durch handelsrechtliche Vorschriften ermöglicht[415], ferner erfolge „die Anwendung der Vorschriften in der Handelsbilanz zunächst einmal unter handelsbilanzpolitischem Aspekt“[416].

Die Abgrenzung der „Steuerbilanzpolitik nach den in Steuergesetzen und -richtlinien genannten Gestaltungsspielräumen ... wäre

---

[413a] Vgl. aber auch die differenzierte Lösung von Börner/Krawitz (1977), S. 61f., die beiden Teilpolitiken alle bilanzpolitischen Mittel zuordnen kann, jedoch nur für bestimmte Situationen anwendbar ist. (Vgl. oben S. 143f.)

[414] Selchert (1975), S. 446f., von wo auch die folgenden wörtlichen Zitate entnommen sind.

[415] Hierzu wird auf § 154 Abs. 2 Satz 1 Z. 2 und § 155 Abs. 3 Z. 2 dt. AktG verwiesen. Nach diesen Vorschriften wird für die Handelsbilanz zugelassen, daß das Vermögen niedriger ausgewiesen wird, als es sich nach den sonstigen handelsrechtlichen Vorschriften ergeben würde, falls der niedrigere Ansatz für Zwecke der Ertragsbesteuerung für zulässig gehalten wird; im österreichischen Aktiengesetz fehlt eine analoge Vorschrift. Auf die sich hieraus ergebende handelsrechtliche Problematik wird unter III noch eingegangen.

[416] Der von Selchert hierzu gebrachte Verweis auf Mann (1973), S. 114 und S. 116, ist unzutreffend, wie aus den Ausführungen unten ersichtlich wird.

... vielleicht ein juristisches, nicht aber ein betriebswirtschaftliches Vorgehen". Spezifische Steuerpolitik gibt es nach SELCHERT nur dort, wo der Maßgeblichkeitsgrundsatz nicht uneingeschränkt gilt, so daß für die Steuerbilanz ein gesonderter Entscheidungsspielraum entsteht. Hieraus leitet er auch ab, „daß ein klarer Trennungsstrich zwischen Steuerpolitik und Handelsbilanzpolitik gezogen werden kann".

Im Ergebnis verbleibt nach dieser Ansicht ein sehr kleiner Bereich für die Steuerbilanzpolitik: Nur jene Aktionsparameter, welche sich nicht gleichermaßen in der Handelsbilanz niederschlagen müssen, werden der Steuerbilanzpolitik zugerechnet. Kritisch ist zu SELCHERTS Auffassung der Trennung von Handels- und Steuerbilanzpolitik zu bemerken, daß er die de-facto-Umkehrung der Maßgeblichkeit nicht gebührend berücksichtigt. Es ist nicht richtig, daß zuerst die Handelsbilanz aufgestellt und dann erst die steuerlichen Überlegungen angestellt werden. An anderer Stelle geht SELCHERT auf die faktische Umkehrung der Maßgeblichkeit ein und konzediert, daß in vielen Fällen die Handelsbilanzpolitik weitgehend oder ausschließlich von steuerlichen Überlegungen bestimmt würde[417]. Ob es in diesem Falle jedoch zweckmäßig ist, noch dem rechtlichen Formalismus zu folgen und von „Handelsbilanzpolitik" zu sprechen, ist zu bezweifeln. Es scheint vielmehr, daß hier SELCHERT selbst, wie er an anderer Stelle DIECKMANN vorwirft, in rechtlichen statt betriebswirtschaftlichen Kategorien denkt.

Die Kritik an SELCHERTS Abgrenzung von Handels- und Steuerbilanzpolitik soll nicht als Streit um (a priori gegebene, zu „findende") Begriffe aufgefaßt werden; die Begriffsuntersuchung ist aber deshalb erforderlich, weil es für die Auswahl und Abgrenzung von Forschungsbemühungen zweckmäßig ist, die Begriffe entsprechend dem Forschungsgegenstand zu wählen. Unter diesem Aspekt aber ist es *betriebswirtschaftlich* gesehen nicht zweckmäßig, alle Aktionsparameter, die sich in einer Handelsbilanz (auch) niederschlagen, selbst dann noch der Handelsbilanzpolitik zuzuschlagen, wenn der Einsatz der Aktionsparameter weitaus überwiegend oder allein von steuerlichen Zielsetzungen bestimmt wird.

Die zweite differenzierte Lösung trennt Handels- und Steuerbilanzpolitik nicht nach den genutzten Aktionsparametern, sondern nach dem bevorzugt verfolgten Motiv, nach dem Hauptinteresse und somit in einer — gemessen an den Einwendungen gegen die erste Lösung — befriedigenden Weise. Entsprechend dieser Lösung hindert das Maßgeblichkeitsprinzip nicht grundsätzlich, Maßnahmen, die sich auch

---

[417] SELCHERT (1975), bes. S. 569ff.

in der Handelsbilanz niederschlagen, der Steuerbilanzpolitik zuzuordnen. Insbesondere Mann und Wöhe vertreten diese Auffassung der Abgrenzung von Handels- und Steuerbilanzpolitik[418]. Wöhe gibt u. a. folgendes Beispiel an: Die Vornahme einer steuerlich zulässigen Sonderabschreibung oder die Bildung einer steuerfreien Rücklage für bestimmte Investitionen sei dann der Steuerbilanzpolitik zuzurechnen, wenn die Investition ohne die Gewährung der Steuerbegünstigung einen negativen Kapitalwert hätte und daher unterblieben wäre[419]. Ein- und dasselbe bilanzpolitische Instrument könne nur von Fall zu Fall der Handels- oder der Steuerbilanzpolitik zugeordnet werden, wenn das Motiv der bilanzpolitischen Entscheidung bekannt sei[420].

Zur differenzierten Lösung von Mann und Wöhe ist jedoch kritisch folgendes anzumerken: Eine kasuistische Unterscheidung der bilanzpolitischen Mittel nach dem Motiv, wobei die Abgrenzung noch dazu vom jeweiligen *situationsbedingten* Ausmaß des Vorteils abhängt, führt zu keiner operablen Aussage. Die Unterscheidung könnte erst ex post, d. h. nach Erstellung der Gesamtbilanz, getroffen werden. Man denke etwa an die Bestimmung des mit einer Sonderabschreibung verbundenen Steuervorteils: Dieser hängt u. a. vom steuerlichen Gesamtgewinn der Periode, bei einer Kapitalgesellschaft auch von der Dividendenpolitik ab. Das Ausmaß des Vorteils ist damit nicht nur von der gegebenen Situation vor Aufstellung der Handels- und Steuerbilanz, sondern auch vom Ergebnis der erst zu erstellenden Handels- und Steuerbilanz abhängig, wegen der intertemporalen Bilanzverknüpfung genau genommen auch von zukünftigen Bilanzen. Ob für den *einzelnen* Aktionsparameter das eine oder das andere Motiv (z. B. Steuerminderung und Gewinnausschüttungsbeeinflussung) dominiert, kann — wenn überhaupt — nur im Zusammenhang mit der gesamten Bilanz ermittelt werden. Es erscheint auch nicht plausibel, wenn handels- oder steuerbilanzpolitische Interessen bei einer konkreten Gestaltung *in geringfügig überwiegender Weise* dominieren, den betreffenden Aktionsparameter *zur Gänze* der einen oder der anderen Teilpolitik zuzuordnen.

Die Alternativlösung Wöhes, die dieser gegen Ende seines Beitrages vorschlägt[421], nämlich die bilanzpolitischen Instrumente nicht der Handels- oder der Steuerbilanzpolitik zuzuordnen, sondern nach Zielen zu systematisieren, die erreicht werden sollen, bringt für die

---

[418] Mann (1973), S. 115f.; Wöhe (1977), bes. S. 226ff.
[419] Wöhe (1977), S. 228.
[420] Ebendort, S. 229; ebenso Mann (1973), S. 116.
[421] Wöhe (1977), S. 229.

Operabilität von Planungssystemen eine Verbesserung. Zu beachten ist freilich, daß ein- und dasselbe bilanzpolitische Instrument den verschiedenen Zielen gleichzeitig mit positiven oder auch negativen Zielerreichungsbeiträgen zuzuordnen ist. Die Systematisierung im Sinne WÖHES darf also nicht so verstanden werden, daß einzelne bilanzpolitische Aktionsparameter einzelnen Zielen zugeordnet werden können, sondern es kann nur gemeint sein, daß jeder Aktionsparameter durch seine Beiträge zu den verschiedenen Zielen zu charakterisieren ist. Dieser Gedanke führt bereits in die Nähe der hier vertretenen Lösung des Abgrenzungsproblems.

b) Integration von Handels- und Steuerbilanzpolitik

Nach Ansicht des Verfassers resultiert aus der Maßgeblichkeit und den vielfältigen Möglichkeiten von Datenkonstellationen und von Erreichungen der verfolgten Ziele, daß in allgemeingültiger Weise nur eine *einheitliche Bilanzpolitik* als Teilpolitik definierbar ist, wenn man als eines der Kennzeichen einer Teilpolitik ansieht, daß sie subsystemeigene Aktionsparameter aufweisen müsse[422]. Die einheitliche Bilanzpolitik hat ein weitgehend einheitliches Instrumentarium, weil nur in wenigen Ausnahmefällen (in Österreich noch weniger als in Deutschland) die Maßgeblichkeit unbeachtlich ist. Nur dann, wenn die Ziele der Handelsbilanzpolitik[423] im Einzelfalle völlig verkümmern, wird hieraus gesonderte Steuerbilanzpolitik. Für *Teile* des Geschäftsberichtes könnte eine Zuordnung allein zur Handelsbilanzpolitik in Betracht kommen. Da die Darstellung der Lage, die ,,Präsentation" aber nicht losgelöst vom numerischen Inhalt der Bilanz erfolgen kann, erschiene die Trennung doch recht künstlich.

Für das einheitliche Instrumentarium der bilanzpolitischen Aktionsparameter sind in einer *simultanen* Bilanzpolitik alle Wirkungen zu beschreiben. Die Zielfunktion dieses einheitlichen Modelles der Bilanzpolitik ist aus der übergeordneten Unternehmungspolitik abzuleiten. Die Zielrichtungen der Bilanzpolitik (handels- und steuerbilanzielle Zielrichtungen) richten sich z. T. *nicht unmittelbar* auf die Zielfunktion des bilanzpolitischen Modelles, sondern auf die Veränderung von Nebenbedingungen, welche z. B. den Einfluß der Bilanzrelationen auf die Emissionskraft des Unternehmens oder auf die zu erwartenden Lohnforderungen ausdrücken. Die bisherige Beschreibung zeigt aber, daß die so gesehene simultane Bilanzpolitik in — bedenkliche — Nähe eines simultanen Unternehmungstotalplanungsmodelles gerät.

---

[422] Dies im Sinne der Anforderungen von MARETTEK (1971), S. 28.
[423] Zu diesen im einzelnen Abschnitt II.

Wenn unter Gesichtspunkten der praktischen Durchführbarkeit eine Teilung der Bilanzpolitik in die Teilpolitiken Handels- und Steuerbilanzpolitik[424] erfolgen soll oder muß, so ist jedoch, wie oben gezeigt, eine Trennung nach den einsetzbaren Mitteln (Aktionsparametern) ebenso wenig sinnvoll wie eine Trennung nach dem mit dem jeweiligen Mittel in der konkreten Situation *überwiegend* verfolgten Motiv. Vielmehr müssen in *beide* Teilpolitiken grundsätzlich alle gemeinsamen Aktionsparameter aufgenommen werden. Da die Trennung der Teilpolitiken nach benutzten Instrumenten nicht möglich ist, muß sie nach den verfolgten (Sach-)Zielen erfolgen. Der nicht in das verkleinerte Modell aufgenommene Teil der Bilanzpolitik wird in diesem Falle in vergröberter Form abzubilden sein. Wenn die Ziele der Handelsbilanzpolitik überhaupt nicht artikuliert werden, so kann eine gesonderte Steuerbilanzpolitik ohne Berücksichtigung der Auswirkungen in der Handelsbilanz betrieben werden. Im allgemeinen aber werden die handelsbilanzpolitischen Zielvorstellungen in rudimentärer Form vorhanden sein, so daß punktuelle Vorstellungen der Planungsträger über die Gestaltung der Handelsbilanz auch in der Steuerbilanz beachtet werden müssen[425]. Wenn die handelsbilanzpolitischen Ziele nicht deutlich zurücktreten, kann das vereinfachte Modell (Steuerbilanzpolitik mit vergröberter Erfassung der handelsbilanzpolitischen Wirkungen) nicht mehr empfohlen werden; in diesem Falle sind die Erkenntnisse aus den kleineren steuerbilanzpolitischen Modellen als Bausteine in die simultanen handels- und steuerbilanzpolitischen Modelle einzubringen.

Ein Blick in die quantitative Modelle formulierende steuerbilanzpolitische Literatur, wozu in diesem Zusammenhang auch die steuerberücksichtigenden Totalplanungsmodelle gerechnet werden sollen, zeigt, daß die Beziehungen zwischen Handels- und Steuerbilanz, sofern sie nicht überhaupt hinwegdefiniert werden, überwiegend so berücksichtigt werden, daß Handels- und Steuerbilanz implizit oder explizit gleichgesetzt werden[426]; teilweise werden Hinweise gegeben,

---

[424] Die weitere Teilung der Handelsbilanzpolitik wird hier nicht behandelt.

[425] Siehe Abschnitt III. 1.

[426] Vgl. etwa Siegel (1973), bes. S. 285ff.; Laux (1969b), S. 17. Bei Rosenberg (1975), S. 104, wird sogar als Gewinnziel der nach körperschaftsteuerlichen Vorschriften ermittelte Gewinn einer Bilanzperiode abzüglich der Steuerzahlungen und der Dividenden (!) definiert. Heigl/Melcher (1974), S. 12, sprechen zunächst von der engen Verknüpfung von Handels- und Steuerbilanz durch das Maßgeblichkeitsprinzip, arbeiten

wie das Modell zu erweitern wäre, wenn eine gesonderte Handelsbilanz abgebildet werden soll[427]. Die Schwierigkeiten, die aus der Maßgeblichkeit resultieren, werden jedoch wohl unterschätzt. So legt HAEGERT einen Optimierungsansatz vor, der unterschiedliche handels- und steuerrechtliche Abschreibungen zuläßt. Er bezeichnet den handelsrechtlichen Abschreibungssatz des j-ten Nutzungsjahres mit t_j und den AfA-Satz des j-ten Jahres mit n_j und formuliert als Ausfluß des Maßgeblichkeitsprinzips die Bedingungen

$$n_j \leqq t_j,$$

die gelten müßten, „bevor der handelsrechtliche Restbuchwert auf Null oder einen Erinnerungswert sinkt“. Dies ist jedoch unrichtig. Wenn bei einem handelsrechtlichen Abschreibungsverfahren in den ersten Jahren mehr abgeschrieben wird als steuerlich zulässig ist, so muß zwangsläufig gelten, daß in den späteren Jahren handelsrechtlich weniger als steuerlich abgeschrieben wird, wenn beide Abschreibungsverfahren auf dieselbe Summe beschränkt sind und diesen Gesamtbetrag in derselben Gesamtzeit abschreiben. (HAEGERTS Formulierung wäre für gleichartige Verfahren mit verschiedenen Nutzungsdauern zutreffend.) Es kann daher allgemein nur verlangt werden:

$$\sum_{j=1}^{J} n_j \leqq \sum_{j=1}^{J} t_j \qquad (J = 1, 2, \ldots, n)$$

Auf der Basis des österreichischen Steuerrechts müßten sogar diese Beziehungen, streng genommen, noch modifiziert werden, weil die zwingende Bestimmung des § 7 Abs. 1 EStG über die sogenannte „Halbjahres-AfA“ handelsrechtlich nicht befolgt werden muß, weshalb speziell im Jahr der Anschaffung oder der Herstellung handelsrechtlich auch weniger als steuerrechtlich abgeschrieben werden kann.

Bildet man kein integriertes Modell der Handels- und Steuerbilanzpolitik, so ist nach brauchbaren Vereinfachungen zu suchen. Die Gleichheit von Handels- und Steuerbilanz ist jedoch eine unrealistische Prämisse und auch zu Vereinfachungszwecken nicht geeignet; ihr steht entgegen, daß gewisse regelmäßig anfallende Aufwendungen steuerlich nicht abzugsfähig sind, wie insbesondere die Vermögensteuer, ferner bei Kapitalgesellschaften die Aufsichtsratsver-

---

dann aber mit der Vereinfachung einer völligen Übereinstimmung beider Bilanzarten.

[427] So bei HABERSTOCK (1971), S. 179f. *Fast* gleich definiert HAEGERT (1971), S. 77, die Werte von Handels- und Steuerbilanz. Vgl. die Darstellung von HAEGERTS ansatzweiser Differenzierung anschließend im Text.

gütungen. (Da auch die Körperschaftsteuer selbst nicht abzugsfähig ist, kann auch nur die Gleichheit des steuerpflichtigen Gewinnes und des Handelsbilanzgewinnes *vor* Steuern gemeint sein.) Eine akzeptable Vereinfachung kann höchstens davon ausgehen, daß sich Steuerbilanzgewinn und Handelsbilanzgewinn (vor Steuern) um einen festen Betrag oder um einen festen Prozentsatz voneinander unterscheiden[428]. Hiermit wird eine wesentliche Vereinfachung der Rechnung erreicht, ohne daß eine von vornherein irreale Prämisse gesetzt würde.

II. Die möglichen Zielrichtungen der Handelsbilanzpolitik

Im vorigen Abschnitt wurde gezeigt, daß selbst dann, wenn gesonderte Steuerbilanzpolitik betrieben werden soll, zumindest in rudimentärer Form die Handelsbilanz mit berücksichtigt werden muß, auch dann, wenn nur eine einzige Bilanz als Handels- und Steuerbilanz verwendet wird. Die generelle Leugnung von Wirkungen der Handelsbilanz ist inakzeptabel. Der Maßgeblichkeitsgrundsatz erzwingt, die handelsbilanziellen Wirkungen auch in der Steuerbilanz zu beachten. Die Wirkungen der Handelsbilanz sind zunächst Gegenstand der Bilanz*theorie*; für die Bilanzpolitik interessieren die Einflußmöglichkeiten eines Aktors[429]. Die möglichen Zielrichtungen der (Handels-)Bilanzpolitik müssen jedoch auf den Wirkungen der Handelsbilanz aufbauen.

1. Systematisierungen der Zielrichtungen der Handelsbilanzpolitik (= Wirkungen der Handelsbilanz)

a) Abstrakte Lösung

Eine völlig abstrakte Lösung, die zudem nicht einmal ausdrücklich auf die Handelsbilanzpolitik beschränkt wird, bietet Münstermann: Er unterscheidet für die bilanzpolitische Optimierungsrechnung Arten- und Höhenpräferenzen und wendet sich dem mathematischen Problem der Optimierungsrechnung zu, gibt jedoch keine Erläuterung, wie die Arten- und Höhenpräferenzen zustande kommen[430]. Diese Lösung ist nur insoweit geeignet, als sie die mathematische Darstellbarkeit der Bilanzpolitik abstützt. Es ist jedoch erforderlich, die Präferenzierung der einzelnen bilanzpolitischen Aktionen der Art und dem Ausmaß nach auf konkrete betriebswirtschaftliche Gründe zurück-

---

[428] Vgl. auch Eisenach (1974), S. 329.

[429] Vgl. die in der Einleitung (Abschnitt A. I.1) gegebene Abgrenzung von Bilanztheorie und Theorie der Bilanzpolitik.

[430] Münstermann (1970), S. 269ff. und S. 274ff.

zuführen. Dies ist auch dann erforderlich, wenn das Interesse auf bloße Modellanalyse gerichtet ist, denn erst die inhaltliche Beschreibung ermöglicht ein Urteil darüber, ob die adäquaten mathematischen Modelle gefunden wurden.

b) Sachziel und Formalziel der Handelsbilanzpolitik

Eine in der neueren Betriebswirtschaftslehre viel verwendete Klassifizierung von Zielen ist jene in Sachziele und Formalziele[431]. Diese Unterscheidung versucht Selchert auf die Ziele der Handelsbilanzpolitik anzuwenden[432].

Grundsätzlich ist hierzu zu fragen, ob es sinnvoll ist, den Begriff des „Sachziels", der für die gesamte Unternehmung definiert ist, auf die einzelnen betrieblichen Funktionen zu übertragen. Welchen Sinn hat es, von einem Sachziel der Beschaffungsabteilung, einem Sachziel der Gebäudeverwaltung usw. zu sprechen? Das materielle Substrat der jeweiligen Verrichtungen wird in dieser Terminologie als „Sachziel" der Teilpolitik bezeichnet. Es scheint mir, daß die Übertragung des Begriffes „Sachziel" vom Gesamtunternehmen auf seine Teilpolitiken plastisch und damit fruchtbar ist. Für die administrativen Abteilungen ist allerdings fraglich, ob für ihre Bereichsziele ein Zusammenhang mit dem Sachziel der Gesamtunternehmung besteht[432a]. Spricht man dennoch von Sachzielen dieser Abteilungen, dann müssen diese Sachziele autonom oder in Abhängigkeit vom Formalziel bestimmt werden.

Der Inhalt des so verstandenen Sachzieles der Handelsbilanzpolitik ist nach Selchert schwer zu bestimmen, weil keine befriedigende Theorie über die Zielsetzung der Handelsbilanz vorliegt. Der weiteren Analyse legt er die Informationsinteressen der Verwender der Handelsbilanz zugrunde. Gegen diese Sachzielbestimmung muß aber zweierlei eingewendet werden: Erstens kann für die Bilanz*politik* die Informationsvermittlung nur mit Modifikationen aus der Bilanz-

---

[431] Kosiol (1972): „Das Sachziel der Unternehmungen bezieht sich auf Art, Menge und Zeitpunkt der im Markt abzusetzenden Produkte" (S. 223), während „das vom Inhalt unabhängige Formalziel ... Ausdruck der Rationalität des Handelns" ist und das Wirtschaftlichkeitsprinzip verwirklicht (S. 54).

[432] Selchert (1975), S. 569f.

[432a] So leugnet Schmidt, R.-B. (1977), S. 152, für solche Abteilungen, zu denen er auch etwa Rechnungswesen oder Finanzabteilung zählt, den Zusammenhang ihres Bereichsziels mit dem Sachziel der Gesamtunternehmung.

theorie als Aufgabe (Sachziel) übernommen werden; zweitens ist die Informationsvermittlung gar nicht alleiniges Sachziel der Handelsbilanz.

Zum ersten Problem der Sachzielbestimmung: Für die (normative) Bilanztheorie mag es gerechtfertigt sein, von den Interessen der Informationsempfänger auszugehen (sie müßte in der Konzipierung des Normensystems aber mindestens die empirisch beobachtbare Interessendivergenz zwischen Informationsempfängern und Informationsgebern berücksichtigen, indem sie etwa Strafbestimmungen aufstellt, durch die die Interessen der Informationsempfänger geschützt werden). Eine bilanz*politische* Analyse der Informationen muß aber unbedingt in differenzierter Weise konzipiert werden, je nachdem, ob von den Interessen der Informationsempfänger oder der Informationsgeber (insbesondere Management in der Publikums-AG) ausgegangen wird. In realistischer Sicht ist von den Interessen des Bilanzierenden auszugehen. Durch die vorausgesetzte Zielsetzung wird aber erst die *Art* der Information bestimmt. Der Informationsempfänger ist in Ungewißheit über die Qualität des „Produktes". Das *Vertrauen* in die Berichterstattung ist Voraussetzung dafür, daß ein positiver Beitrag der Information (Sachziel der Handelsbilanzpolitik) zum Formalziel erbracht wird[433]. Die Sachzielbestimmung unter bilanz*politischem* Aspekt muß dies in Ergänzung zur Sachzielbestimmung der normativen Bilanztheorie beachten.

Zum zweiten Problem der Sachzielbestimmung: Die Informationswirkungen der Bilanz werden in der neueren Betriebswirtschaftslehre stark in den Vordergrund gestellt. Teilweise wird die Informationsvermittlung als alleiniges Ziel des Jahresabschlusses angesehen[434].

---

[433] Zum Vertrauen als wesentlichem Marktstabilisierungsfaktor bei Unsicherheit über die Qualität des Produktes vgl. Arrow (1971). — Eine Veranschaulichung der Bedeutung des Vertrauens in die Berichterstattung liefert etwa die Börsenkursentwicklung der International Telephone and Telegraph Corp. (ITT) in den Jahren 1973 und 1974. Trotz günstiger Gewinnentwicklung sank das Vertrauen in die Verwaltung zunächst durch die Verwicklung des Unternehmens in Korruptionsaffären und seine politische Exponierung in Südamerika, zusätzlich aber wurden die Investoren dadurch verunsichert, daß das Unternehmen bei seiner Rechnungslegung unübliche Verfahren verwendete, so daß die berichteten Gewinne nicht mehr auf ihre ökonomische Rechtfertigung hin eingeschätzt werden konnten.

[434] So etwa Coenenberg (1969), S. 29f. mit weiteren Literaturhinweisen; vgl. auch die in Fn. 226 genannten Arbeiten. Auch in Untersuchungen von Einzelfragen der Handelsbilanzpolitik werden die Informationsaufgaben stark in den Vordergrund gestellt, so z. B. bei Neth (1971), S. 18.

Bei dieser Sicht werden jedoch andere Aufgaben der Bilanz entweder übersehen oder sie müssen mit Gewalt in Informationsvermittlung uminterpretiert werden. Diese anderen Sachziele der Bilanz hängen mit den durch die Feststellung der Handelsbilanz ausgelösten Rechtsfolgen zusammen. Insbesondere handelt es sich um Zahlungsbemessungen; im folgenden Abschnitt *c* wird hierauf näher eingegangen.

Zum Formalziel meint SELCHERT, es sei bei der Handelsbilanzpolitik nur rudimentär ausgebildet. „Mittelbare Beeinflussungen des Formalzieles ..., etwa über erhöhte Lohnforderungen, verbesserte oder verschlechterte Kapitalbeschaffungsmöglichkeiten" werden nur in einer Fußnote erwähnt, jedoch dann ausgeklammert. Wirkungen der Handelsbilanzpolitik auf das Formalziel werden über die Maßgeblichkeit aus der Determinierung von Steuerbilanzansätzen durch die Handelsbilanz abgeleitet. „Das Informieren der Gläubiger, Gesellschafter usw. bewirkt nur selten eine ... Gewinn- bzw. Rentabilitätssteigerung"[435]. Zu den Thesen SELCHERTS zum Beitrag der Handelsbilanzpolitik zur Erreichung des Formalzieles soll an dieser Stelle nur der Formalaspekt des „direkten" oder „indirekten" Beitrages zur Erreichung des Formalzieles diskutiert werden. Die Behauptung, daß den Informationswirkungen der Handelsbilanz praktisch keine Bedeutung für die Erreichung des Formalzieles zukomme, wird nämlich durch die Ausführungen in Abschnitt 3 miterledigt.

Daß die Handelsbilanzaufstellung die Formalzielerreichung „mittelbar" z. B. durch verbesserte Kapitalbeschaffungsmöglichkeiten fördert, ist durchaus keine Besonderheit. Es liegt in der Natur des Betriebes als eines Kombinationsprozesses von produktiven Faktoren[436], daß den einzelnen Faktoren i. d. R. nicht isoliert Erfolgsbeiträge zugerechnet werden können. Betrachtet man zum Vergleich Investitionsprogrammplanungen, die diesen Kombinationsprozeß einigermaßen homomorph abbilden, nämlich die bereits mehrfach erwähnten produktionstheoretischen Investitionsplanungsmodelle, so wird auch hier der Investition (Anlagenbeschaffung) in *direkter* Weise kein positiver Erfolgsbeitrag zugerechnet; die positiven Erfolgsbeiträge werden vielmehr den erzeugten Produkten zugerechnet. Die positiven Zielbeiträge der Investitionen kommen nur indirekt in der Erweiterung der Produktionsrestriktionen zum Ausdruck. Daraus kann aber nur der Schluß gezogen werden, daß der positive Erfolgsbeitrag nicht ohne

---

[435] SELCHERT (1975), S. 570.
[436] Vgl. GUTENBERG (1979), S. 2ff.

willkürliche Schlüsselung ermittelbar ist, keineswegs aber, daß er unwichtig wäre.

Genau ebenso liegen die Verhältnisse für die Informationswirkungen der Handelsbilanz. Wenn zunächst noch das *Ausmaß* dieser Wirkungen offengelassen wird, so ist doch die *Struktur* dieser Wirkungen dieselbe wie für Anlagenbeschaffungen. Durch die Bilanzpolitik werden z. B. Finanzrestriktionen oder die Kapitalkosten (Preis pro Einheit überlassenes Kapital) verändert[437]. Aus der Optimallösung eines Totalmodelles ist durch Zurechnung des Gesamterfolges auf die knappen Kapazitäten nach dem Opportunitätskostenprinzip[438] auch angebbar, wie groß der (indirekte) Beitrag der Handelsbilanzpolitik zum erreichten Erfolg ist. Freilich gilt diese Zurechnung nur in einer (möglicherweise sehr kleinen, nur im konkreten Fall durch Sensitivitätsanalysen angebbaren) Umgebung der Optimallösung.

Zu SELCHERTS Ansicht, daß die (indirekten) Wirkungen der Handelsbilanz auf das Formalziel gegenüber den durch die Maßgeblichkeit ausgelösten steuerlichen Wirkungen völlig zurücktreten, gibt es auch die konträre Ansicht, daß bei dominantem Streben nach Kreditwürdigkeit das Streben nach Steuerminimierung gar nicht mehr existent sei und der Gewinn auf jeden Fall nach oben manipuliert werde[439]. Beide Extremstandpunkte sind unrichtig. Vielmehr zeigt die Analyse der Dualvariablen eines LP-Ansatzes, in dem das Streben nach Kreditwürdigkeit in der Einhaltung der von den Kreditgebern gewünschten bilanziellen Finanzierungsregeln ausgedrückt wird, daß *beide* in bestimmten Konstellationen gegenläufigen Unterziele (Steuerminimierung und Streben nach Kreditwürdigkeit) *in gewissem Ausmaß*, bis zu einem *Gleichgewichtspunkt*, verfolgt werden[440]. Dieses Gleichgewicht ist auch bei bloß verbaler Erklärung plausibel, denn eine Stärkung der Kreditwürdigkeit durch „verschönerte" Bilanzen bewirkt einen Zuwachs an (immer teurer werdenden) Fremdmitteln, denen jedoch immer höhere Steuerabflüsse gegenüberstehen.

c) *Präzisierung des Sachziels der Handelsbilanzpolitik*

Das System der Sachziele der Handelsbilanzpolitik, gleichzusetzen mit der Beeinflussung der sachlichen Wirkungen der Bilanz,

---

[437] Vgl. Abschn. B. I.3, Exkurs.

[438] Vgl. z. B. KOOPMANS (1951); BAUMOL (1972), S. 107ff.; HAX, H. (1965b); BUHR (1967).

[439] FISCHER (1974), S. 12.

[440] Vgl. etwa HAEGERT (1971), S. 120ff.

ist zu präzisieren. Die Informationsvermittlung allein reicht nicht zur Beschreibung dieses Phänomens aus. Nicht zu verwechseln mit der im folgenden gestellten Aufgabe ist die Beschreibung der *Mittel* der Bilanzpolitik, wie z. B. Gestaltung der Bilanz selbst, der Gewinn- und Verlustrechnung, des Geschäftsberichtes, einzelner Bilanzpositionen oder des Verhältnisses zwischen einzelnen Positionen.

Den Ansatzpunkt für die zu entwickelnden Gruppen von Sachzielen findet man bereits bei Bouffier, der unter anderem die Beeinflussung des auszuweisenden Gewinnes im Hinblick auf die Ausschüttungsregulierung (handels- und steuerrechtliche Ansprüche!) und die Beeinflussung Dritter unterscheidet[441]. Daneben nennt Bouffier noch das Ziel des „Ausweise(s) des tatsächlichen Vermögens und des tatsächlichen Erfolges". Diese Zielsetzung beschreibt jedoch die Grundsatzentscheidung des Bilanzierenden, nach bestem Wissen auf Bilanzpolitik (Beeinflussung) zu verzichten, und kann daher nur als Gegensatz zur Grundsatzentscheidung der Durchführung der Beeinflussung verstanden werden. Innerhalb eines Verhaltens aufgrund letzterer grundsätzlichen Entscheidung können dann die Sachziele Gewinn-(Ausschüttungs-)beeinflussung und Beeinflussung Dritter unterschieden werden.

Ähnlich nennt Vodrazka als die wesentlichen Ziele der Bilanzpolitik die Gewinnermittlungspolitik und die Informationspolitik[442]. Bei der Gewinnermittlungspolitik stehen die Ausschüttungen an Eigentümer und Fiskus im Vordergrund, die Informationspolitik ist auf die Beeinflussung Dritter gerichtet. Weiterführend ist Vodrazkas Hinweis, daß die Gewinnermittlungspolitik insofern zum Bestandteil der Informationspolitik wird, als der Erfolg einer Unternehmung zu den wesentlichen Informationen über diese gehört[443]. Hieraus wird ersichtlich, daß die bisherigen Einteilungen nicht überschneidungsfrei sind. Eine in dieser Hinsicht verbesserte Gliederung ist daher die folgende, die in der Bilanztheorie entwickelt wurde, jedoch ebenso für die Beschreibung der Sachziele der Bilanzpolitik geeignet ist:

Die Interessen an der Bilanz und im weiteren die möglichen Beeinflussungsarten mittels Bilanzpolitik können nach Moxter in Zahlungsbemessungswirkungen und Informationswirkungen gegliedert werden[444]. Mit Hilfe dieser Gruppierung von Bilanzwirkungen gelingt

[441] Bouffier (1956), Sp. 1146ff.

[442] Vodrazka (1974b), Sp. 910ff.

[443] Ebendort, Sp. 911.

[444] Vgl. Egner (1974), S. 11f. (Zitierung aus einem unveröffentlichtem Skriptum einer Vorlesung von A. Moxter über Bilanzen).

auch eine überschneidungsfreie Darstellung der Gewinnermittlungspolitik. Die Zahlungsbemessungswirkungen beschreiben alle Ansprüche auf Zahlungen, die durch das Bilanzergebnis begründet werden, hierunter insbesondere Gewinnausschüttungen an die Eigentümer, Gewinnbeteiligung der Arbeitnehmer, Steuern[445]. Zu den Zahlungsbemessungswirkungen, die generell in der neueren Betriebswirtschaftslehre etwas vernachlässigt werden, wäre noch zu ergänzen, daß diese über den eigentlichen Wortsinn hinaus zu verstehen sind. Durch Bilanzen werden nicht nur Zahlungen ausgelöst, sondern auch Zahlungen verhindert. Die Zahlungsbemessungswirkungen, die rechtlich normierte Ansprüche aufgrund der Bilanz zum Ausdruck bringen, bilden jedoch noch keine vollständige Beschreibung der nicht-informationellen Wirkungen der Bilanz. Denkt man an die Rechtsfolge Konkurs bei der Überschuldung von Kapitalgesellschaften, so kann diese nur mehr im weitesten Sinne den Zahlungsbemessungswirkungen zugeordnet werden. Durch die Auslösung des Konkursverfahrens werden sicherlich Zahlungen fällig gestellt und es wird ein gewisses Nettovermögen für die Zahlungen an die Gläubiger gesichert; gleichzeitig aber tritt die Existenzvernichtung des Betriebes ein. Es erscheint zur Beschreibung dieser Wirkung der Bilanz sowie der übrigen Zahlungsbemessungswirkungen daher vorteilhaft, den Begriff „Rechtsfolgen fixierende Wirkungen" zu prägen, innerhalb dessen die Zahlungsbemessungswirkungen freilich die wichtigsten sind.

Aus der Sicht einer Unternehmensleitung können die Sachziele der Bilanz auch so charakterisiert werden: Einerseits löst die Bilanz Zahlungen und sonstige Rechtsfolgen aus; andererseits werden durch die Bilanz Informationen vermittelt, die auf Attitüden der Umwelt treffen. Während die Fixierung von Rechtsfolgen durch die Bilanz unmittelbar in Zahlungsgrößen ausgedrückt werden kann, ist die Informationsvermittlung auf Erwartungen über Attitüden (einschließlich potentiellen Änderungen der Attitüden) gerichtet; die Informationswirkungen der Bilanz können daher nur konjektural in der Bilanzpolitik berücksichtigt werden. Da die bilanzbezogenen Attitüden für die finanziellen Beziehungen von besonderer Bedeutung sind, führen die konjekturalen Informationswirkungen ebenfalls zu einer Beein-

---

[445] Ergänzend sei bemerkt, daß bei Stützel (1967), S. 321ff., im Gegensatz zur betriebswirtschaftlich herrschenden Lehre nicht die Informationsaufgaben, sondern die Zahlungsbemessungsaufgaben dominieren, wobei konkursrechtliche Überlegungen (Sicherung eines Mindestvermögens für die Gläubiger) neben die gesellschaftsrechtliche Fixierung der Gewinnverteilungskompetenzen treten.

flussung der Zahlungsströme. Diese Zahlungswirkungen sind jedoch indirekt und nicht in rechtlicher Weise fixiert, daher auch in der Planung schwer zu berücksichtigen. Im einzelnen ist die Unsicherheit der konjekturalen Informationswirkungen sehr verschieden. So kann z. B. die Wirkung einer bestimmten Bilanzrelation auf die Kreditgewährungsbereitschaft der Kreditinstitute sicher leichter abgeschätzt werden als die Wirkung auf die Unterstützung der Unterbringung junger Aktien im Publikum. Obgleich die konjekturalen Informationswirkungen also unsicherheitsbehaftet sind, können sie gleich großes oder sogar größeres Gewicht als die Rechtsfolgen fixierenden Wirkungen aufweisen.

2. Rechtsfolgen fixierende Wirkungen, insbesondere Zahlungsbemessungswirkungen der Handelsbilanz

a) *Positive Zahlungsbemessungswirkungen*

Eine positive Zahlungsbemessungswirkung liegt dann vor, wenn an eine bestimmte Gestaltung der Bilanz, insbesondere an den Ausweis von Gewinn, in rechtsverbindlicher Weise Zahlungen geknüpft sind. Beispiele hierfür sind:

- ein gesellschaftsvertraglicher Anspruch auf Gewinnausschüttung;
- die Entnahmeregelung des § 122 HGB für die OHG (Recht auf Entnahme von 4% des für das letzte Geschäftsjahr festgestellten Kapitalanteiles und, soweit es nicht zum offenbaren Schaden der Gesellschaft gereicht, des darüber hinausgehenden Anteiles am Gewinn des letzten Jahres);
- die Verteilung des Reinvermögens bei Auflösung einer Personengesellschaft mangels anderer Vereinbarung nach den Kapitalkonten der Gesellschafter;
- Ansprüche von Dienstnehmern auf Gewinnbeteiligung einschließlich Tantiemen der Geschäftsführer oder des Vorstandes, die auch häufig an um Rücklagenbewegungen oder bestimmte Aufwendungen korrigierte Gewinne geknüpft werden;
- Ansprüche aus Besserungsscheinen, die nicht nur an den Ausweis von Gewinn geknüpft sein müssen, sondern auch bei Unterschreiten eines bestimmten Verlustes fällig werden können;
- wegen der Maßgeblichkeit der Handelsbilanz für die Steuerbilanz (mit Modifikationen) auch die Bemessung der Ertragsteuern.

Nicht zu den positiven Zahlungsbemessungswirkungen gehört streng genommen der Ausweis eines Reingewinnes bei der Aktiengesellschaft. Rechtlich gesehen bewirkt erst der Hauptversammlungsbeschluß die positive Zahlungsbemessungswirkung (Dividendenanspruch); häufig ist es jedoch bei Publikumsaktiengesellschaften üblich, den ganzen oder den überwiegenden Teil des ausgewiesenen Reingewinnes auszuschütten, und ein Abweichen hiervon würde den ungeschriebenen Verhaltensregeln widersprechen und wäre u. U. vom Management auch nicht durchzusetzen. Auf die Gewinnausschüttung der Kapitalgesellschaften ist unter den negativen Zahlungsbemessungswirkungen jedoch nochmals zurückzukommen.

b) Negative Zahlungsbemessungswirkungen

Durch Bilanzen werden auch bestimmte Zahlungen, teils des Unternehmens, teils der an diesem Beteiligten, verhindert. So hat nach österreichischem Aktienrecht der Nichtausweis eines Reingewinnes, was auch durch vollständige „vorbilanzielle" Zuweisung des Jahresüberschusses zu den offenen Rücklagen erreicht werden kann, die Rechtsfolge, daß eine Gewinnausschüttung unmöglich wird[446]. Nach deutschem Aktienrecht hingegen ist die „vorbilanzielle" Zuweisung von höchstens der Hälfte des Jahresüberschusses an die freien Rücklagen möglich, soferne nicht die Satzung mehr gestattet und nicht bereits Rücklagen in Höhe der Hälfte des Grundkapitals vorhanden sind[447]. In dieser Bestimmung ist eine negative Zahlungsbemessung hinsichtlich der Verhinderung einer über das angegebene Ausmaß hinausgehenden Selbstfinanzierung zu sehen. Darüber hinaus tritt nach deutschem Aktienrecht bei Nichtausweis eines Reingewinnes dieselbe negative Zahlungsbemessungswirkung wie nach österreichischem Aktienrecht ein.

Eine weitere wichtige negative Zahlungsbemessungswirkung ergibt sich für die am Unternehmen Beteiligten aus Haftungsbestimmungen. Z. B. haftet der Kommanditist den Gläubigern gemäß § 171 HGB bis zur Höhe seiner Einlage unmittelbar, soweit die Einlage nicht geleistet ist. Wenn nun die Kommanditisten zwar die Einlage nicht geleistet haben, jedoch Gewinne im Unternehmen belassen, so gilt auch dies im handelsrechtlichen Sinne als Leistung der Einlage. Ersichtlicherweise kann die Bilanzpolitik darauf abzielen, durch zunächst möglichst hohen Gewinnausweis die Kommanditisten von ihrer Haftung

---

[446] I. a. wird auch die volle Zuweisung des Jahresüberschusses an die Rücklagen durch den von Vorstand und Aufsichtsrat festgestellten Jahresabschluß als zulässig angesehen: Vgl. Losert/Schiemer/Stadler (1966), § 52 Anm. 3. Vgl. ferner Kastner (1979), S. 216f.

[447] § 58 Abs. 2 dt. AktG.

zu befreien. Durch entsprechende Bilanzgestaltung wird somit eine negative Zahlungsbemessungswirkung erzielt: die Gläubiger verlieren den Anspruch auf Zahlungen der Kommanditisten. Da dieses bilanzpolitische Ziel u. U. in betrügerischer Weise auch durch Bilanzmanipulation angestrebt wird, ist die Ausgestaltung der Haftungsbestimmung im HGB nicht unproblematisch[448], zumal im nachhinein bei Eintreten des Konkurses die manipulative Überhöhung des Gewinnausweises der früheren Jahre schwer zu beweisen ist. Wird die Haftungsbeschränkung mittels der Bilanzpolitik angestrebt, so werden hierfür auch erhöhte Steuerzahlungen in Kauf genommen, die freilich gerade dann, wenn betrügerische Absicht vorliegt, wenn überhaupt, dann nicht aus dem Vermögen der Eigentümer, sondern aus jenem der Gläubiger bezahlt werden, weil ja die überhöhten Gewinnausweise eine Zeitlang das Verschuldungspotential erhöhen.

Ähnliche negative Zahlungsbemessungswirkungen der Handelsbilanz ergeben sich auch bei Nachschußpflichten der Gesellschafter.

c) Existenzvernichtende Wirkung

Über das Vermögen juristischer Personen und über Verlassenschaften wird gemäß § 69 Konkursordnung nicht nur im Falle der Zahlungsunfähigkeit, sondern auch im Falle der Überschuldung der Konkurs eröffnet. Sowohl in Deutschland als auch in Österreich sind Bestrebungen im Gange, diese Regelung auch auf nicht-juristische Personen auszudehnen[449]. Dadurch wird im Regelfall die Existenz des betroffenen Unternehmens vernichtet, darüber hinaus wird ein gewisses Vermögen für die Gläubiger sichergestellt und gemäß den Bestimmungen der Konkursordnung werden u. U. bereits geleistete Zahlungen für ungültig erklärt. Daß die Bilanzpolitik, insoweit es ihr gelingt, den Ausweis einer Überschuldungsbilanz zu vermeiden, außerordentlich bedeutende Wirkungen hat, ist ohne weiteres ersichtlich, es ist jedoch auch die Sanktion der Überschreitung des zulässigen bilanzpolitischen Spielraumes durch die strafrechtlichen Bestimmungen (u. a. über fahrlässige Krida, Betrug, Urkundenbetrug) zu berücksichtigen[450].

---

[448] Vgl. Haase (1972).

[449] Vgl. Reimer (1977), S. 97f.

[450] Eine umfassende Darstellung der Rechtslage nach dem mit 1. 1. 1975 in Kraft getretenen Strafgesetzbuch 1974 (BG vom 23. 1. 1974, BGBl. Nr. 60) gibt Auer (1975).

3. Konjekturale Informationswirkungen

a) Die Abstimmung zwischen Attitüden und Bilanz-Informationen

Der Bilanzierende versucht generell die Informationswirkungen zu antizipieren und muß deshalb Erwartungen über die Reaktionsmechanismen der Bilanzempfänger bilden. Die Reaktionsmechanismen werden durch Attitüden geprägt. Worauf diese im einzelnen zurückzuführen sind, kann hier nicht erörtert werden[451]. Die Vorwegnahme der Reaktion des Informationsempfängers durch den Bilanzierenden ist mit der Überlegenheitsposition eines Oligopolisten vergleichbar. Daß verschiedene Gruppen von Bilanzempfängern (z. B. Gläubiger, Kleinaktionäre, Belegschaft) unterschiedliche Attitüden gegenüber der Bilanz haben können, muß für die Darstellung des Abstimmungsprozesses hier vernachlässigt werden; es wird vereinfachend von „den Attitüden" der Bilanzempfänger gesprochen.

Wie bereits früher ausgeführt[452], können für die Abstimmung zwischen Bilanzinformation und Attitüden der Empfänger zunächst zwei Verhaltensmuster unterschieden werden, die reaktive und die aktive Bilanzpolitik. Die reaktive Bilanzpolitik ist bestrebt, unter Zugrundelegung der als Datum hingenommenen konjekturalen Attitüdenstruktur der Bilanzempfänger die Bilanz so zu gestalten, daß bei Geltung dieser Attitüdenstruktur für den Bilanzierenden günstige Reaktionen der Bilanzempfänger ausgelöst werden; die reaktive Bilanzpolitik führt somit zu attitüdenkonformem Verhalten des Bilanzierenden. Zum Unterschied davon ist die aktive Bilanzpolitik bemüht, die vorhandenen konjekturalen Attitüden zu verändern und die Bilanz der veränderten Attitüdenstruktur anzupassen; dies mag seinen Grund darin haben, daß attitüdenkonforme Bilanzpolitik gar nicht möglich ist, ebenso aber auch darin, daß die aktive Bilanzpolitik insgesamt einen höheren Beitrag zum Formalziel erbringt als die reaktive Bilanzpolitik. Die aktive Bilanzpolitik bedient sich insbesondere der ergänzenden Informationen und aller Arten von Beeinflussungstechniken; sie geht über die Gestaltung des Jahresabschlusses hinaus und ist als umfassende Bilanzdarbietungs- (einschließlich Publizitäts-) politik zu verstehen.

Unabhängig davon, ob aktive oder reaktive Bilanzpolitik betrieben wird, ist zu unterscheiden, ob die Bilanz in „fairer" oder „unfairer" Weise erstellt wird. Dieses Begriffspaar ist an die anglo-amerikanische

---

[451] Vgl. hierzu insbes. Kappler (1972).

[452] Vgl. S. 72ff.

Terminologie angelehnt, soll aber in etwas abweichendem Sinne gebraucht werden. „Unfair" soll nicht bedeuten, daß bereits Unzulässigkeit in dem Sinne vorliegt, daß ein Wirtschaftsprüfer den Abschluß nicht mehr testieren dürfte, wohl aber, daß der Abschluß mindestens mit einigen konjekturalen Attitüden der Bilanzempfänger nur *scheinbar* konform ist. Seitens des Bilanzierenden liegt also eine Täuschungsabsicht, wenn auch nicht unbedingt eine — gemessen am positiven Recht — unzulässige Bilanzierungsweise vor. Nach geltendem Recht stehen den Bilanzempfängern nicht alle Informationen zu, die sie für wünschenswert halten, z. B. wird die stille Legung und stille Auflösung von Reserven zugelassen. Es wird auch immer wieder die Ansicht vertreten, daß die Unternehmensleitung sogar im Interesse der Informationsempfänger handle, wenn sie Teile der Informationen nicht unverfälscht weitergebe. Es ist hier nicht der Ort, auf Pro und Contra dieser Argumente einzugehen, jedenfalls ist festzuhalten, daß eine im beschriebenen Sinne „unfaire" Präsentation der Bilanz durchaus nicht unzulässig sein muß.

Als „fair" soll eine Bilanz bezeichnet werden, wenn sie a-politisch bezüglich der Maßnahmen nach dem Bilanzstichtag ist. Attitüdenkonformes Informationsverhalten — gleichgültig, ob es sich um die ursprünglichen oder die durch aktive Bilanzpolitik veränderten Attitüden handelt — kann bei „fairer" Bilanzpolitik nur durch Maßnahmen vor dem Bilanzstichtag, also durch entsprechende Geschäftsfälle, erreicht werden, wobei selbst noch solche Maßnahmen auszuschließen wären, die kurz nach dem Bilanzstichtag wieder rückgängig gemacht werden (z. B. Bilanzschönung bei Banken durch Verbesserung der Liquidität nur zum Bilanzstichtag). Die a-politische Bilanzierung bei „fairer" Bilanzpolitik zielt auf ein „wahrheitsgemäßes", „tatsächliches" Bild ab. Die Begriffe „wahrheitsgemäß", „tatsächlich" können aber in der Realität nur eine Intention oder ein Verhalten gemäß genau definierten Konventionen bezeichnen; vor allem die Ungewißheit der Zukunft macht es im allgemeinen unmöglich, „tatsächliche" Erfolge (sowie andere „tatsächliche" Positionen) zu ermitteln[453]. Zur Präzisierung des Begriffes einer „fairen" Bilanz sei daher das gedankliche Extremmodell betrachtet, daß für jede denkbare Situation eindeutig eine beste Abbildungsregel bestehe, die dann als „wahrheitsgemäße", „tatsächliche" bilanzielle Darstellung der Verhältnisse gelten kann. Die faire Bilanzdarstellung kann in diesem Falle als die Bilanzierung nach der besten Abbildungsregel bezeichnet

[453] Vgl. u. a. VODRAZKA (1974b), Sp. 910; RÜCKLE (1977), bes. S. 111ff.

werden. In der Realität ist freilich zu beobachten, daß über die „beste" Abbildungsregel für die konkrete Situation nicht immer Einigkeit besteht und daß auch gewisse Abweichungen von der bestmöglichen Abbildung noch immer als „faire" Berichterstattung angesehen werden. Die Spannweite der „fairen" Berichterstattung variiert zudem je nach den Positionen, sie wird etwa bei den Rückstellungen sicher höher als beim Kassenbestand sein. Der Übergang zur „unfairen" Berichterstattung ist also fließend.

Dennoch ist die Klassifizierung in „faire" und „unfaire" Bilanzpolitik für die Beschreibung des Abstimmungsmechanismus zwischen Bilanzinformationen und Attitüden von Bedeutung. Eine „unfaire" Bilanzpolitik löst beim Informationsempfänger Mißtrauen aus und führt u. U. zu Abwehrmaßnahmen. Entscheidend ist, wie der *Empfänger* die mittels der Bilanz übermittelte Information einschätzt, ob er der Ansicht ist, sie entspreche dem „fairen" Bild im obigen Sinne. Z. T. wird der Informationsempfänger mit „unfairer" Bilanzpolitik rechnen und die empfangene Bilanz-Information um den Einfluß der „unfairen" Politik zu bereinigen suchen.

Inwieweit diese kritische Haltung anzutreffen ist, hängt vom subjektiven Faktor „Vertrauen" und vom objektiven Faktor „Ausbildung und allgemeine Kenntnisse der Bilanzempfänger" ab. Die Bilanzierenden werden bezüglich des objektiven Faktors gegenüber manchen Gruppen von Informationsempfängern (z. B. in den USA gegenüber dem Durchschnittskleinaktionär) einen beträchtlichen Vorsprung besitzen; der allgemeine Wissensvorsprung besteht aber nicht gegenüber allen Bilanzempfängern, z. B. nicht gegenüber berufsmäßigen Wertpapieranalytikern. Gegenüber den Informationsempfängern mit gleichem allgemeinen Kenntnisstand bleibt jedoch der Informationsvorsprung des Bilanzierenden aufgrund seiner Zugangsmöglichkeit zu den ursprünglichen Daten bestehen. Immerhin aber werden die Empfänger der Bilanzinformationen einen Teil der auf den Einfluß der Bilanzpolitik zurückgehenden Bilanzgestaltungen identifizieren können. Diese Identifikation und die Umrechnung der mitgeteilten Bilanz auf eine „normale" Bilanz durch externe Analysen sei im folgenden kurz als „Bilanzanalyse" bezeichnet.

Andererseits können Bilanzpolitiker wiederum die Möglichkeiten der Bilanzanalyse vorweg in ihren Maßnahmen berücksichtigen. Dies kann insbesondere in der Form erfolgen, daß bekannte, häufig benutzte Formeln für externe Analysen bewußt auf ihre Schwachstellen hin ausgenutzt werden. Z. B. steht für die externen Gewinnschätzungen, die auf den ausgewiesenen „Steuern vom Einkommen, Ertrag und

Vermögen" basieren, i. a. nicht der „wahre" periodenbezogene Steueraufwand zur Verfügung, was bilanzpolitisch genutzt werden kann[454].

Immer dann, wenn Konventionen (ausdrücklich oder stillschweigend) gesichert sind, führt dies zur Möglichkeit der Vorwegnahme der durch diese Konventionen determinierten Verhaltensweisen[455]. Die Vorwegnahme der Reaktionen der jeweiligen anderen Seite könnte somit zu einem infiniten Prozeß führen, etwa nach Art der Überlegungen des von Moriarty verfolgten Sherlock Holmes[456]. Infinitheit des Prozesses ist in der Bilanzpolitik infolge des Informationsvorsprunges des Bilanzierenden zwar nicht gegeben, doch ist immerhin eine mehrschrittige Abstimmung in diesem Prozeß zu erwarten, „in dessen mehrfachem Durchlauf es zu immer raffinierter werdenden bilanzpolitischen und — dementsprechend — bilanzanalytischen Schachzügen kommt"[457]. Als Unsicherheitskomponente für den Bilanzpolitiker kommt jedoch hinzu, daß bei mangelndem Vertrauen in seine Rechnungslegung gerade von Nicht-Fachkundigen besonders nachteilige Schlüsse gezogen werden können, die weit über die bereits in den Kalkül mit einbezogenen Ergebnisse der Bilanzanalyse hinausreichen.

b) Überblick über die Informationsinteressenten

In der Literatur werden vielfältige Bilanzinteressenten genannt. Vor allem die folgenden Interessenten an Bilanzinformationen werden häufig angeführt: Eigentümer, Gläubiger (Kreditinstitute), Konkurrenten, Lieferanten, Kunden, Arbeitnehmer, Öffentlichkeit (Allgemeinheit) einschließlich Fiskus[458]. Einzelne der angeführten Gruppen sind in sich keineswegs homogen, z. B. müssen die Aktionäre mindestens in Klein- und Großaktionäre sowie in Aktionäre mit oder ohne

---

[454] Vgl. Abschnitt 4.

[455] Vgl. Kappler (1972), S. 264.

[456] Zu dieser klassischen Situation vgl. Morgenstern (1928), S. 98: Der Detektiv Sherlock Holmes wird von seinem Gegner Moriarty verfolgt. Als Holmes von London nach Dover abfährt, sieht er Moriarty auf dem Bahnhof. Holmes rechnet damit, daß sein kluger Gegner einen schnelleren Extrazug nimmt und ihn in Dover bereits erwarte; daher steigt Holmes schon auf einer Zwischenstation aus. Wie aber, wenn Moriarty diese Abwehrstrategie von Holmes vorausgesehen hätte und ihm zur Zwischenstation gefolgt wäre? Dann hätte Holmes dennoch nach Dover fahren müssen. Dies hätte wieder Moriarty vorhersehen können, usw.!

[457] Hauschildt (1977), S. 659.

[458] Vgl. u. a. le Coutre (1949), S. 37ff.; Moxter (1962), S. 2ff.; Steinmann (1969), S. 175ff.; Seicht (1970b), S. 348ff.; Wöhe (1979), S. 38ff.; Heinen (1980b), S. 29f.

Interesse an einer Daueranlage, aktuelle und potentielle Aktionäre, untergliedert werden.

Im Hinblick auf die durch die Bilanzpolitik beabsichtigte Gestaltung der Beziehungen wurde von KAPPLER eine Systematisierung in „aktive" und „passive" Bilanzinteressenten vorgetragen: aktive Bilanzinteressenten sind demgemäß jene Menschen und Organisationen, „auf deren bilanzpolitisch zu beeinflussende Verhaltensweisen die Bilanzierenden ihre Bilanzpolitik abstellen (z. B. Eigenkapitalgeber, Banken, Arbeitnehmerorganisationen, Lieferanten)". Hingegen sind die „passiven" Bilanzinteressenten Personen mit „Gutachterfunktion" (z. B. Wirtschaftsprüfer, Betriebsprüfer, Gerichte), die in dieser Eigenschaft den Erfolg der auf die aktiven Bilanzinteressenten ausgerichteten Bilanzpolitik verhindern könnten[459].

Diese Unterscheidung sei zunächst dahingehend erläutert, daß offenbar unter „aktiven" Bilanzinteressenten solche Interessenten gemeint sind, die — unter teilweiser Fundierung ihrer Entscheidungen mittels der gelegten Bilanz — mit dem bilanzierenden Unternehmen in Geschäftsverbindung stehen oder in eine solche eintreten können oder sollen. Diese Personen bestimmen unmittelbar die Möglichkeiten des Absatzes der Betriebsleistung sowie Beschaffungsmöglichkeit und Preise der benötigten produktiven Faktoren; hinzu kommen noch Entscheidungen über Tatbestände, die Eigeninteressen des bilanzierenden Managements betreffen. Allen diesen Interessenten steht in unserem Gesellschaftssystem die Entscheidungsfreiheit über die Gestaltung der Beziehungen zum bilanzierenden Unternehmen zu. Sie können als (aktuelle oder potentielle) Marktpartner im weitesten Sinne oder als „Kontrahenten" bezeichnet werden.

Die Personen oder Institutionen, welche Gutachterfunktionen ausüben, mit „passiven Bilanzinteressenten" zu bezeichnen, erscheint mir nicht glücklich. Dieser Personenkreis übt einerseits Einfluß aus, indem er Rechtsfolgen bezüglich der Bilanz auslöst (z. B. Nicht-Testierung durch den Abschlußprüfer), die im vorliegenden Zusammenhang aber nicht weiter beachtlich sind; bezüglich der Informationsvermittlung ist dieser Personenkreis nur insofern von Bedeutung, als die Informationen an die Kontrahenten durch die „Gutachter" interpretiert und dadurch in ihrem Inhalt verändert werden. Die bilanzpolitische Optimierung muß die Interpretation der Bilanzinformationen durch die „Gutachter" und den Einfluß der Gutachter auf die „Kontrahenten" abzuschätzen suchen. Da dieser Einfluß mitunter bis zu

---

[459] KAPPLER (1972), S. 72f.

einer Totalberatung gehen kann, durch welche die „Kontrahenten" bezüglich aller ihrer Entscheidungselemente festgelegt werden, kann die Ausrichtung auf die Informationsinterpretation durch die „Gutachter" bei der Informationsvermittlung in den Vordergrund treten.

Für die Abschätzung der Erfolgsaussichten der Vermittlung bestimmter Bilanzinformationen ist es von zentraler Bedeutung, Kontrahenten und Gutachter zu unterscheiden in solche, welche ausschließlich zur publizierten, externen Bilanz Zugang haben, und in solche, welche auch zu sonstigen bilanzbezogenen Informationen, wie insbesondere Bilanzentwürfen, Buchführungszahlen, Zugang haben[460].

c) *Publizitäts- und finanzpolitische Informationswirkungen als Schwerpunkt*

In der Literatur, die sich mit Wirkungen der Handelsbilanzpolitik befaßt, werden die publizitäts- und finanzpolitischen Wirkungen besonders hervorgehoben. Besondere Bedeutung haben diese Wirkungen bei der Publikums-Aktiengesellschaft[461]. Ein Teil der Wirkungen tritt jedoch bereits bei der Einzelunternehmung, die Kredit benötigt, auf.

Wenn die Kapitalbeschaffungsmöglichkeiten die wichtigste Informationswirkung der Bilanz darstellen, dann ist die Folge für die Bilanzplanung, daß explizite Kapitalbeschaffungsfunktionen oder zumindest Grenzwerte als Nebenbedingungen eingeführt werden müssen. Die Bilanzplanung benötigt hierzu allerdings empirische Ergebnisse der Finanzierungstheorie, z. B. eine Verifizierung der Aktienkursbeeinflussungstheorien. Richten sich die Aktienkurse nach den Dividenden oder nach den Gewinnen? Falls sie sich nach den Gewinnen richten, sind dann die berichteten oder die mit einer Analystenformel geschätzten Gewinne maßgebend? Oder aber folgen die Aktienkurse bezüglich aller bisher genannten Größen überhaupt einem Zufallspfad, sind möglicherweise überhaupt mit der Situation des Einzelunternehmens gar nicht verknüpft?

Leider enthält die empirische Finanzierungstheorie viele widersprüchliche Hypothesen, die bisher weder ausreichend bestätigt sind noch endgültig verworfen werden können. Besonders zu beachten

---

[460] Vgl. hierzu besonders SIEBEN/HAASE (1971).

[461] Vgl. etwa BAETGE/LAMMERSKITTEN (1970), wo zwar die Wirkungen der Publizität sehr weit gefaßt werden, jedoch deutlich die Publikums-AG im Vordergrund steht. — Auch die steuerbilanzpolitische Literatur hebt die publizitäts- und finanzpolitischen Wirkungen bei der Publikums-AG hervor: vgl. z. B. HEIGL/MELCHER (1974), S. 42f.; GINTROWSKI/MARETTEK (1972), S. 237.

ist auch, daß die raum-zeitliche Invarianz empirischer Theorien in den Sozialwissenschaften nicht vorausgesetzt werden kann, insbesondere auch nicht für die Finanzierungstheorie[462]. Wenn im folgenden u. a. einige US-amerikanische empirische Thesen besprochen werden, so ist das Ergebnis dieser Studien also nicht unmittelbar auf andere Länder übertragbar, jedoch sind diese Studien methodisch noch immer unentbehrlich, weil im deutschen Sprachraum speziell für die empirische Erforschung des Einflusses alternativer Bilanzierungsmethoden auf das Finanzierungsverhalten noch immer großer Nachholbedarf besteht.

Eine zusätzliche Schwierigkeit für die Einbeziehung finanzpolitischer Wirkungen in die Bilanzpolitik besteht darin, daß die bilanzpolitische Optimierung eine dynamische, langfristige Betrachtung erfordert. Die dynamische Finanzierungstheorie ist aber noch nicht sehr ausgebaut[463]. Systematische empirische Untersuchungen über die langfristige Abstimmung von Bilanzpolitik und Emission junger Aktien liegen m. W. nicht vor. Am Aktienmarkt sind unterschiedliche Grundhaltungen beobachtbar. Eine typische kapitalmarktbezogene Bilanzausweis- und Dividenden-Politik kann durch das Stichwort „Stabilität“ gekennzeichnet werden: Es wird angestrebt, von Jahr zu Jahr mäßig steigenden, zumindest aber gleichbleibenden Gewinn auszuweisen und auszuschütten. Dadurch wird generell eine Vertrauensbasis und ein „gutes Klima“ für Kapitalerhöhungen geschaffen; diese Politik verfolgt z. B. seit jeher die Siemens AG. Zum Unterschied hiervon kann die Unternehmensleitung auch auf die Vergeßlichkeit der Aktionäre spekulieren und erst dann, wenn Kapitalerhöhungen geplant sind, Gewinnerhöhungen berichten oder — besonders erfolgversprechend — Dividendenerhöhungen ankündigen[464].

Für die Bilanzpolitik ist es von Interesse, ob durch unterschiedliche Rechnungslegungsverfahren bei gleichen zugrunde liegenden Ausgangsdaten die Entscheidungen der Investoren (= Kapitalanleger) beeinflußt werden. Empirisch-statistische Untersuchungen zeigen überwiegend, daß dieser Einfluß besteht, daß die Investoren nicht in der Lage sind, die je nach den angewendeten Bilanzierungsmethoden unterschiedlichen Ergebnisse auf vergleichbare Werte umzurechnen[465].

---

[462] Zu empirischen Kurserklärungsversuchen für den österreichischen Aktienmarkt vgl. Fuchs (1973).

[463] Vgl. Swoboda (1973), S. 196ff.

[464] Vgl. Stahl (1969), S. 24ff.

[465] Vgl. z. B. Simpson (1969), der insbesondere den Einfluß der Behandlung des „investment tax credit“ (Steuerbegünstigung für Investitionen

Trotz der Vorbehalte, die gegenüber der Übertragung der Ergebnisse feldexperimenteller Methoden auf die Interpretation der Realität angebracht sind, scheint mir eine Untersuchung von JENSEN dies in praktischer Weise zu untermauern: 640 zufällig ausgewählte Anlageberater erhielten je zwei Prospekte von Gesellschaften vorgelegt, die sich u. a. durch das verwendete (und im Prospekt genau beschriebene) Verfahren der Anlagenabschreibung bzw. der Vorratsbewertung unterschieden. Das Experiment ergab, daß nur ein einziger Anlageberater explizit auf die Unterschiedlichkeit der Rechnungslegungsmethoden verwies, allerdings beim Versuch, die berichteten Gewinne auf einheitliche Basis umzurechnen, Schiffbruch erlitt[466]. Eine indirekte Stützung erfährt die These, daß der Einfluß der Bilanzpolitik die Investoren irreführt, auch durch eine empirische Untersuchung für Deutschland, in der gezeigt wird, daß die Kapitalflußrechnung, die bekanntlich gegen bilanzpolitische Beeinflussung weniger empfindlich als der Jahresabschluß ist, besser zur Prognose des Unternehmenswachstums geeignet ist als der herkömmliche Jahresabschluß[467]. In Parenthese seien angesichts dieser Ergebnisse dringend Gesetzesänderungen zur Sicherstellung mindestens der materiellen Bilanzkontinuität, zusätzlich aber zur Methodenbeschränkung, eventuell sogar Methodenfixierung bei der Rechnungslegung angeregt.

Die Bedeutung der Bilanzen für die Kreditwürdigkeitsbeurteilung durch die Banken ist für Österreich in empirischen Untersuchungen von MAIER sowie SWOBODA und Mitarbeitern nachgewiesen worden[468]. Die Untersuchung MAIERS zeigt, daß der Bilanz allgemein große Bedeutung durch die Kreditwürdigkeitsprüfer beigemessen wird, daß die Manipulierbarkeit der Bilanzausweise insbesondere auf kurze Sicht gesehen wird, daß jedoch andererseits etwa ein Drittel der befragten Kreditwürdigkeitsprüfer aus der Inanspruchnahme vorzeitiger Abschreibungen keine Schlüsse zieht oder weniger als die Hälfte

---

in Form eines Abzuges von der Steuerschuld), der Beteiligungen, der außerordentlichen Gewinne/Verluste sowie der Verlustvorträge auf die Entscheidungen der Investoren nachweist. Für weitere Arbeiten vgl. die Übersicht bei COENENBERG (1979), S. 563.

466 JENSEN (1966), bes. S. 23ff. und S. 166 (zit. nach COENENBERG [1969]). Zu weiteren Untersuchungen, die die Bedingungen der Anpassung der Entscheidungsfunktionen der Investoren an das Rechnungslegungsverfahren analysieren, vgl. COENENBERG (1969), S. 132ff.

467 PERLITZ (1973), S. 180.

468 MAIER (1976); SWOBODA/HIRSCHBERGER/LAUFKE/STEPAN/TOTTER/UHLIR (1976), S. 70ff.

der Kreditwürdigkeitsprüfer die Rückstellungen als starkes Mittel der Gewinnregulierungen ansieht; die zuletzt genannten Ergebnisse erscheinen als überraschend. Leider beschränkt sich die Untersuchung auf die Ermittlung von Attitüden. Die Untersuchung von SWOBODA und Mitarbeitern zeigt, daß sogar leicht erkennbare bilanzpolitische Maßnahmen bei der Adaptierung der Bilanzen anläßlich der Kreditwürdigkeitsprüfung großteils gar nicht oder nur näherungsweise, jedenfalls aber mit sehr verschiedenen Bereinigungstechniken, auf eine vergleichbare Basis umgerechnet werden. Hierdurch wird wiederum bestätigt, daß bilanzpolitische Maßnahmen durch die Analysetechniken nur teilweise und überdies von verschiedenen Adressaten nicht gleichmäßig aufgedeckt werden. Eine weitgehende empirische Bestätigung bringen beide Untersuchungen für die Geltung von bilanziellen Finanzierungsregeln, wobei diese Geltung teilweise darin besteht, daß die kreditsuchenden Unternehmungen bei den Kreditinstituten diese Geltung annehmen.

d) Zur Konzentration bilanzieller Informationen in Kennzahlen

Die bilanziellen Informationen werden in Kennzahlen verdichtet. Trotz vieler Bedenken der betriebswirtschaftlichen Theorie, daß das unreflektierte Arbeiten mit Kennzahlen gefährlich sei, weil komplexe Einsichten simplifiziert und durch manche Kennzahlen überdies Scheinzusammenhänge unterstellt würden, ist die Nachfrage der Praxis nach diesen verdichteten Informationen ungebrochen und scheint sogar noch zu steigen[469]. Die Kennzahlen werden sowohl für die interne Unternehmungssteuerung als auch für die externe Unternehmungsbeurteilung verwendet. Die Probleme der internen Verwendung von Kennzahlen interessieren im vorliegenden Zusammenhang nicht[470], sondern nur jene, welche sich aus der zweiten Verwendungsart ergeben. Dabei wird entsprechend dem gestellten Thema auf bilanzielle Kennzahlen abgestellt und infolge der dominanten finanzwirtschaftlichen Wirkung bilanzieller Informationen werden insbesondere die bilanziellen Finanzierungsregeln betrachtet[471].

---

[469] Der Verfasser selbst konnte in mehreren für Praktiker gehaltenen Seminaren über Bilanzen und Bilanzanalyse feststellen, daß auch der Vortrag vielfältiger Bedenken gegen die unkritische Verwendung von Kennzahlen das Interesse an diesen nicht vermindern konnte.

[470] Vgl. hierzu insbesondere KERN (1971), wo die Notwendigkeit der Anpassung der Kennzahlen an Zielsystem und Organisationsstruktur der Unternehmung hervorgehoben wird.

[471] Zu Finanzierungsregeln im allgemeinen vgl. u. a. HÄRLE (1961); SCHACHT (1971); LOITLSBERGER (1971).

In der Beurteilung von bilanziellen Finanzierungsregeln (z. B. der Regel, daß das Anlagevermögen durch Eigenkapital oder zumindest durch langfristiges Kapital gedeckt sein solle) lassen sich vier Entwicklungsstufen unterscheiden: Am Anfang steht ihre unkritische Befolgung; Verletzungen kommen zwar immer mehr vor, werden aber in der betriebswirtschaftlichen Analyse als unerwünscht abgelehnt[472].

Die zweite Stufe ist dadurch gekennzeichnet, daß aus der immer häufiger beobachteten Verletzung der (bilanziellen und anderen) Finanzierungsregeln die theoretische Konsequenz gezogen wurde, daß diese Regeln unrichtig seien und ihre Einhaltung insbesondere auch zu einer kostenungünstigen Finanzierung führe[473]. Den wirtschaftsgeschichtlichen Hintergrund für diese Auffassung bildet eine der stärksten Aufschwungphasen der Weltwirtschaft, in der wachsende Betriebe i. a. ohne Schwierigkeiten auch (im klassischen Sinne) „unsolide" finanzieren, also z. B. für Anlageinvestitionen roulierende Gelder aufnehmen konnten, weil durch das Wirtschaftswachstum und die reichliche Liquidität die Anschlußfinanzierung keine Schwierigkeiten bereitete. Dennoch wurde von einem Großteil der Banken an Finanzierungsregeln festgehalten.

In einer dritten Phase der Beurteilung der Finanzierungsregeln wurden sie daher, als zwar theoretisch unhaltbar, jedoch von der Umwelt oktroyiert und dadurch zu beachten angesehen[474]; für die empirische Geltung spielt es auch eine Rolle, daß z. B. Kreditinstitute für die Möglichkeit einer eventuellen Refinanzierung sich „banküblich" verhalten müssen[475] oder daß z. B. Versicherungen bei ihren Veranlagungen Vorschriften unterworfen sind, die auf Finanzierungsregeln basieren[476].

In einer vierten Stufe schließlich werden die Finanzierungsregeln als eine vereinfachende Hypothese über das Verhalten der Gläubiger zur Bestimmung des Verschuldungspotentials bei unsicheren Erwartungen angesehen[477]. Bei größeren gesamtwirtschaftlichen Schwankungen steigen die Risiken für die Einzelunternehmung, und die finanzwirtschaftliche Dispositionselastizität gewinnt an Bedeutung; diese wird aber gerade durch ein noch nicht voll ausgenutztes Verschuldungs-

---

[472] Vgl. die bei LOITLSBERGER (1971), S. 13ff. genannten zahlreichen Autoren.

[473] Typisch für diese Auffassung etwa HÄRLE (1961).

[474] Vgl. z. B. v. WYSOCKI (1962); WISSENBACH (1964).

[475] Vgl. STÜTZEL (1962), S. 566; HAUSCHILDT (1975), S. 254ff.

[476] Vgl. SCHACHT (1971), S. 113ff.; SWOBODA (1973), S. 109.

[477] Vgl. z. B. HAX/LAUX (1975), Vorwort, S. 20.

potential bestimmt. Mit der Dispositionselastizität ist auch die Unabhängigkeit des Unternehmens eng verbunden[478]. Die Deutung der (bilanziellen) Finanzierungsregeln als Ausfluß der Risikovorsorge ist durchaus nicht neu[479], doch kann mit Hilfe der erst in jüngster Zeit entwickelten quantitativen Finanzierungstheorie unter Unsicherheit auch in Abhängigkeit vom Risiko bestimmt werden, welche Kapitalstrukturen aus Vorsichtsgründen eingehalten werden sollten. Die lange Zeit vorherrschende „Ächtung" oder schlicht Nichtberücksichtigung der Finanzierungsregeln in der Finanzierungstheorie hängt mit der lange Zeit stark vorherrschenden Untersuchung von Modellen mit sicheren Erwartungen zusammen, in denen freilich kein Platz für derartige Risikovorsorgen ist[480]. Im Lichte der neueren Finanzierungstheorie erscheinen die Finanzierungsregeln also nicht mehr als so antiquiert, daß den Praktikern empfohlen werden könnte, sie ersatzlos aufzugeben.

Die empirischen Untersuchungen beweisen, daß bilanzpolitische Maßnahmen, die auf Konformität des Bilanzausweises mit Attitüden der Adressaten, insbesondere mit in Finanzierungsregeln ausgedrückten Erwartungen, hinzielen, von den Adressaten, seien es Investoren, seien es Kreditinstitute, nur teilweise durch Analysemethoden identifiziert werden, daß zumindest die Umrechnung auf eine a-politische, „faire" Bilanz im Regelfall nicht gelingt. Daraus kann man einerseits, solange bilanzpolitische Spielräume vorliegen, ein neues Argument *gegen* die in Kennzahlen, insbesondere Finanzierungsregeln, konzentrierten Verhaltenserwartungen gewinnen, nämlich daß die Forderung nach Einhaltung gewisser bilanzieller Strukturen nur eine „self-fulfilling prophecy" liefere[481]. Für die normative Theorie der Bilanzpolitik ist jedoch die entgegengesetzte Konsequenz zu ziehen: Liegen verfestigte Verhaltenserwartungen in Form von Sollforderungen für bestimmte bilanzielle Relationen vor, so muß die Bilanzpolitik vorrangig in den Dienst der Herbeiführung dieser Strukturen gestellt

---

[478] Zu diesen beiden Deutungen der Finanzierungsregeln vgl. bereits Börner (1967), bes. S. 348 und S. 350ff.

[479] Bereits die ältere Finanzierungstheorie will mit Ausdrücken wie „solide" Finanzierung u. ä. Risikoerwägungen zum Ausdruck bringen. Sehr deutlich etwa Berger (1965), S. 141, der mit Hilfe der Einhaltung von „Strukturregeln" das Risiko durch Erreichung adäquater Dispositionsreserven berücksichtigen will; den Weg zur modernen Finanzierungstheorie verbaut allerdings seine Ansicht, daß für solche Überlegungen keine Quantifizierungsmöglichkeit bestehe.

[480] Vgl. Börner (1967), S. 351.

[481] So z. B. Kappler (1972), S. 210; Hauschildt (1977), S. 669.

werden; die Nichterfüllung dieser Erwartungen (bei vorausgesetzter Unmöglichkeit der Änderung der Erwartungen durch „aktive" Bilanzpolitik) wäre für die Unternehmung u. U. sogar existenzgefährdend.

Folgerichtig werden in der neueren Finanzierungstheorie, aber auch in über den Finanzierungsbereich hinausgehenden Simultanplanungen bilanzielle Kapitalstrukturregeln in die Optimierungsmodelle einbezogen. Die Begründung folgt teils dem Argument, daß die Einhaltung der Regeln eben von der Umwelt als Norm gefordert werde, teils auch der tiefergehenden, oben als vierte Stufe der Beurteilung von Finanzierungsregeln vorgetragenen Ansicht, daß mit diesen Regeln — auch in Modellen, die ansonsten auf sicheren Erwartungen basieren — wenigstens in grober Weise Liquiditätsvorsorge und Unabhängigkeitsstreben abgebildet werden können[482].

Für die Bilanzpolitik großer Unternehmungen, die internationaler Konkurrenz ausgesetzt sind und weltweit auf Kapitalmärkte zurückgreifen, ist sogar zu beachten, daß die kennzahlenorientierte Analyse der Finanzstruktur vielfach in einer so standardisierten Weise erfolgt, daß die aus nationalen Besonderheiten herrührenden Unterschiede nicht entsprechend beachtet werden. Dadurch ergibt sich eine vergleichsweise unzutreffende Beurteilung von Unternehmungen, die verschiedenen Rechtsvorschriften unterworfen sind. Beispielsweise werden deutsche Unternehmungen mit Vorzugskapital durch US-amerikanische Finanzanalytiker oftmals als relativ unsolide finanziert beurteilt, weil die Vorzugsaktien entsprechend der in den USA üblichen Ausstattung eher dem Fremd- als dem Eigenkapital zugerechnet werden[483]. Erforderlichenfalls muß die Bilanzpolitik demzufolge auch an der unzutreffenden Interpretation im Ausland ausgerichtet werden.

4. Welche Wirkungen der Handelsbilanz sind auch der Steuerbilanz zuzuschreiben?

Unmittelbar ersichtlich ist die Zahlungsbemessungswirkung der Steuerbilanz wegen der Anknüpfung der Ertragsteuern an sie; die

---

[482] Zur formalen Abbildung von Finanzierungsregeln in mathematischen Modellen vgl. neben den in Fn. 148 genannten Arbeiten Albach (1967), bes. S. 509ff.; Waldmann (1972), S. 179ff.

[483] Zur Ausstattung amerikanischer Vorzugsaktien vgl. Van Horne (1980), S. 628ff. — Die Unterschiede zwischen der üblichen Ausstattung amerikanischer und deutscher Vorzugsaktien dürfte auch Swoboda (1973), S. 172ff., in seiner Auseinandersetzung mit der Beurteilung der Vorzugsaktien in der amerikanischen Finanzierungsliteratur unterschätzen.

Steuerbilanz ist ja gerade zum Zwecke der Bemessung der Ertragsteuern entwickelt worden. Darüber hinaus hat die Steuerbilanz jedoch auch Informationswirkungen. Zunächst ist eine auf die arteigene Zahlungsbemessungswirkung letztlich zurückwirkende Informationswirkung anzuführen: Die steuerliche Betriebsprüfung bedient sich u. a. der sogenannten „indirekten Prüfung", bei der nicht für einzelne Geschäftsfälle oder Buchungen, sondern für Gruppenergebnisse Soll und Ist verglichen werden[484]. Diese indirekte Prüfung arbeitet mit Kennzahlen, die im äußeren Betriebsvergleich gewonnen werden[485]. Stellt die Betriebsprüfung zu große Abweichungen von den durch äußeren Betriebsvergleich gewonnenen „Richtsätzen" fest, so ist eine Schätzung nach § 184 Abs. 3 BAO auch dann zulässig, wenn die Buchführung formal als ordnungsgemäß befunden wird[486]. Obwohl die Richtsatzprüfung bei den nicht buchführenden Kleinbetrieben größere Bedeutung als bei den bilanzierenden Unternehmungen hat, sind auch für die Steuerbilanzpolitik solche Kennzahlen durchaus beachtlich.

Die Steuerbilanz übernimmt aber auch Informationswirkungen, welche eigentlich der Handelsbilanz zukämen: Da die Ansicht weit verbreitet ist, daß die Steuerbilanz weniger als die Handelsbilanz manipulierbar sei, wird die Steuerbilanz als die „wahre" Bilanz angesehen und demgemäß etwa der Kreditwürdigkeitsprüfung oder der externen Schätzung des „wahren" erzielten Gewinnes zugrunde gelegt[487]. Dieses Vertrauen in die Unbeeinflußbarkeit der Steuerbilanz ist allerdings sicher übertrieben. Abgesehen von ausdrücklich zugelassenen steuerbilanzpolitischen Maßnahmen weisen die Steuerbilanzen im Hinblick auf die von ihnen erwarteten Informationen weitere beträchtliche Fehlerquellen auf. Der ausgewiesene Steuerbilanzgewinn (und in weiterer Folge die im publizierten Abschluß ausgewiesenen Steuern) können z. B. durch Maßnahmen, von denen bereits absehbar ist, daß sie von der Betriebsprüfung nicht anerkannt werden,

---

[484] Zum Begriff der „indirekten Prüfung" vgl. u. a. ADLER/DÜRING/SCHMALTZ (1971), § 162, Tz. 128; MINZ (1973), S. 972.

[485] Vgl. u. a. SCHRÖDER (1974), bes. S. 170ff.

[486] Vgl. in Fortsetzung einer gleichartigen Rechtsprechung zuletzt Erk. d. VwGH v. 22. 5. 1974, 1676/72, wonach die Schätzung bei Abweichungen von mehr als 10% vom kalkulatorischen Richtwert zulässig ist. Vgl. ferner STOLL (1980), Anm. zu § 184.

[487] Zur externen Gewinnschätzung bei Aktiengesellschaften aus der im publizierten Abschluß ausgewiesenen Größe „Steuern vom Einkommen, Ertrag und Vermögen" (zu der ergänzend einige weitere publizitätspflichtige Werte herangezogen werden) vgl. z. B. BÜSCHGEN (1966a), S. 97ff.; SCHLEMBACH (1973), S. 31ff.; FUCHS (1973), S. 49ff.

bewußt gesenkt werden. Dies kann eine relativ ungünstige Ertragslage vortäuschen. Ebenso ist der bewußt überhöhte Ausweis der Steuerbelastung möglich. Bei Kreditwürdigkeitsprüfungen sollten daher Banken, wenn sie schon der Handelsbilanz mißtrauen, auf der Vorlage von Steuerbilanzen *und Betriebsprüfungsberichten* bestehen. Der externe Bilanzanalytiker ist vollends nicht imstande, den periodenrichtigen Steueraufwand zu ermitteln, weil er i. a. weder weiß, ob nicht bewußte Minderungen der Steuern im oben beschriebenen Sinne vorliegen, noch auch, ob nicht aperiodische Bestandteile (Nachzahlungen nach Betriebsprüfungen) enthalten sind; günstiger ist für ihn die Situation erst bei der zusammengefaßten Beurteilung mehrerer Jahresabschlüsse.

Die beschriebenen sekundären Informationswirkungen der Steuerbilanz sind in der Steuerbilanzpolitik grundsätzlich in derselben Weise zu beachten wie die Informationswirkungen der Handelsbilanz. Die Planungssituation wird sogar vereinfacht (der Aktionsspielraum allerdings ist gleichzeitig eingeschränkt), wenn nicht die *indirekten* Wirkungen in einer teilweise abweichenden, jedoch über das Maßgeblichkeitsprinzip verbundenen Handelsbilanz, sondern die *direkten* Informationswirkungen der Steuerbilanz selbst zu beachten sind. Dieser Fall trifft jedoch nur für die Benutzung der Steuerbilanz als ganzer als Informationsquelle zu. Im Falle der externen Gewinnschätzung, die sich nur auf einige wenige publizierte Daten stützt, sind die Informationswirkungen der Steuerbilanz geringer. Eine Anpassung an Attitüden der Bilanzadressaten, die an die publizitätspflichtigen Steuern anknüpfen, bringt daher eine geringere Einschränkung des steuerbilanzpolitischen Spielraumes als die Anpassung an Attitüden, die sich auf die gesamte Steuerbilanz mit allen ihren einzelnen Positionen beziehen.

III. Rückwirkungen der Handelsbilanzpolitik auf die Steuerbilanzpolitik

1. Darstellung der Rückwirkungen

Gemäß den einkommensteuerrechtlichen Bestimmungen und deren üblicher Auslegung bewirkt die „Maßgeblichkeit", daß die Steuerbilanz der Handelsbilanz folgt. Wegen des großen Gewichtes der Steuerbelastung für die betrieblichen Entscheidungen wird die Maßgeblichkeit jedoch, wie in der Literatur schon oft herausgestellt und auch in der vorliegenden Arbeit schon mehrfach angeführt wurde, in der Anwendung „umgekehrt", so daß sich faktisch eine Maßgeblichkeit der Steuerbilanz für die Handelsbilanz, in weiterer Folge sogar eine Ausstrahlung der steuerbilanzpolitischen Überlegungen bis auf die Wertansätze in der Kostenrechnung ergeben kann[488].

Ebenso, wenn auch in vielen Fällen weniger stark, beeinflussen aber auch die Wirkungen der Handelsbilanz die Ansätze in der Steuerbilanz. Diese Aussage ist nicht im rechtlichen Sinne gemeint — das wäre der formale Maßgeblichkeitsgrundsatz, der aufgrund gesetzlicher Bestimmungen und vor allem aufgrund der verfestigten Verwaltungsübung und Rechtsprechung außer Zweifel steht; es soll vielmehr betont werden, daß auch faktisch die handelsbilanziellen Wirkungen bei der Gestaltung der Steuerbilanz beachtlich sein können. Die Rückwirkungen der handelsbilanzpolitischen Zielsetzungen auf die Steuerbilanzpolitik werden z. T. völlig übersehen, z. B. bei Kappler, der die Ansicht vertritt, im Falle der Steuerbilanz könne — offenbar, wenn auch nicht wörtlich ausgesprochen, im Gegensatz zur Handelsbilanz — die „Auswirkung auf die Zielsetzung (Minimierung des Barwertes der Steuerzahlungen) eindeutig angegeben werden"[489]. Abgesehen davon, daß diese für die Steuerbilanzpolitik unterstellte Zielfunktion nicht die einzig mögliche ist, werden hier unter Außerachtlassung der Maßgeblichkeit die Wirkungen der Wahl bestimmter Ansätze in der Steuerbilanz in allzu grober Weise nur auf die Beeinflussung der Steuerzahlungen eingeschränkt.

Eine Verbesserung bringt demgegenüber die Sicht, daß durch die Maßgeblichkeit ein Zielkonflikt zwischen Handels- und Steuerbilanz induziert würde, insbesondere bei Publizitätspflicht des bilanzierenden Unternehmens[490]. „Publizität" muß hier allerdings sehr weit verstanden werden. Auch dann, wenn etwa ein Kreditinstitut eine Bilanz für die Kreditgewährung anfordert, ist schon eine Art von Publizität gegeben. Im Sinne der Ausführungen in Abschnitt II wären ganz allgemein die Informationswirkungen der Handelsbilanz zu beachten, nicht minder aber die Rechtsfolgen fixierenden Wirkungen (z. B. Existenzgefährdung bei Legung einer Überschuldungsbilanz).

---

[488] Der Einfluß der Steuerbilanzpolitik auf die Kostenrechnung rührt daher, daß bei der Ermittlung von Wertansätzen für unsicherheitsbehaftete Positionen (z. B. bei der Ermittlung von Nutzungsdauern für Gegenstände des abnutzbaren Anlagevermögens) die Finanzverwaltung, insbesondere die steuerliche Betriebsprüfung, Wertansätze in der Kostenrechnung als Argument für die (Un-)Angemessenheit von Ansätzen in der Steuerbilanz benutzen kann.

[489] Kappler (1972), S. 52.

[490] Vgl. z. B. Wöhe (1977), S. 221.

Der potentiell konfliktäre Bereich ist also wesentlich größer, als durch den Verweis auf die publizitätspflichtigen Unternehmungen zum Ausdruck gebracht wird, wenngleich natürlich bei diesen der potentielle Konflikt *dauernd* und *erheblich* ist.

Wenn die handelsbilanziellen Wirkungen beachtlich sind, so wird einerseits versucht, nach dem für das jeweilige bilanzpolitische Instrument dominierenden Motiv die Instrumente teils der Handels-, teils der Steuerbilanzpolitik zuzuordnen. In Abschnitt I. 3 wurde gezeigt, daß dies nicht zu operationalen Lösungen führt. Ein weiterer Vorschlag ist, Handels- und Steuerbilanz nach dem jeweils dominanten Ziel auszugestalten[491]. Auch diese Vorgangsweise befriedigt nicht. Die postulierte Entweder-Oder-Lösung führt im Ergebnis zu einer Nichtberücksichtigung eines Teiles der verfolgten Ziele und der vorhandenen Informationen, wobei entweder typisch steuerbilanzpolitische oder typisch handelsbilanzpolitische Zielsetzungen völlig vernachlässigt werden[492].

Bei Nebeneinanderverfolgung mehrerer Ziele ist vielmehr die simultane Berücksichtigung aller Wirkungen der bilanzpolitischen Maßnahmen in einem simultanen (handels- und steuer-)bilanzpolitischen Ansatz geboten. *Sämtliche* Bilanzwirkungen sind in diesem Modell in empirisch testbaren Funktionen auszudrücken, und unter Geltung einer *übergeordneten* Zielfunktion (für Handels- *und* Steuerbilanz) findet eine simultane Optimierung statt. Damit können *alle* verfolgten Absichten in *gewichteter* Form berücksichtigt werden. In diesem relativ großen Modell erfolgt keine *Ziel*gewichtung in der Zielfunktion, sondern die in der Bilanzpolitik oft genannten Subziele werden durch die Nebenbedingungen und deren Beeinflussung ausgedrückt (z. B. die Erhöhung der Kreditwürdigkeit aufgrund der Einhaltung bestimmter Bilanzstrukturregeln drückt sich in der Erhöhung der Obergrenze für aufnehmbare Kredite aus). Die Zusammenhänge sind zudem nicht so einfach, daß durchwegs ein strenger Antagonismus zwischen den steuerbilanziellen und den handelsbilanziellen Subzielen bestünde. Das gilt im dynamischen Modell z. B. auch für den oft hervorgehobenen Gegensatz zwischen Steuerzahlungsminderung und Kreditwürdigkeit: Die Minderung der Ertragsteuerbemessungsgrundlage durch steuerbilanzpolitische Maßnahmen bewirkt zwar i. a. unmittelbar auch eine Verschlechterung des Bildes der Handelsbilanz. Da aber der dadurch gewonnene „zinsenlose Steuerkredit" ertragbringend angelegt werden

---

491 Vgl. z. B. Müller-Kröncke (1974), S. 20.

492 Vgl. Abschnitt II. 1. b.

kann, verbessert sich die Kapitalstruktur hierdurch in späteren Perioden wieder[493]. In der Totalperiode müßte sogar c. p. Zielparallelität zwischen z. B. Steuerbarwertminimierung und Erhöhung des Verschuldungspotentials bestehen.

Will man dieses relativ große Modell aus welchen Gründen auch immer teilen[494], so müssen die bilanzpolitischen Nebenwirkungen dennoch im kleineren Partialmodell berücksichtigt werden. Im vorliegenden Zusammenhang interessiert die Steuerbilanzpolitik, das bedeutet, daß die handelsbilanziellen Folgewirkungen im steuerbilanzpolitischen Entscheidungsmodell vergröbert abzubilden sind. Diese Abbildung kann entweder über eine Modifikation der Zielfunktion oder über die Einführung von Restriktionen erfolgen. Sei die rein steuerbilanzpolitische Zielsetzung etwa die Minimierung des Steuerkapitalwertes, so wäre diese Zielfunktion etwa um (geschätzte) negative Erfolgsbeiträge wegen für ungünstig gehaltener Beeinflussung der Struktur der Handelsbilanz zu ergänzen. In diesen Erfolgsbeiträgen müssen z. B. die Erschwerungen und/oder Verteuerungen bei der Kreditbeschaffung, die Erschwerung der Eigenkapitalbeschaffung usw. abgeschätzt werden[495]. Wird die Folgewirkung steuerbilanzpolitischer Maßnahmen im Bereiche der Wirkungen der Handelsbilanz sehr hoch und sehr ungünstig eingeschätzt, so können der Steuerbilanzpolitik absolute Restriktionen vorgegeben werden. Dieses Verfahren wird in der steuerbilanzpolitischen Literatur, wie schon mehrmals erwähnt, jedoch in unkritischer Weise empfohlen. Es wird im allgemeinen übersehen, daß die Vorgabe fester Restriktionen bedeutet, daß der Verletzung der Restriktionen ein Zielfunktionswert von ∞ zugeordnet wird, was nur in seltenen Fällen, etwa bei Existenzgefährdung des Unternehmens, zutreffend ist[496].

---

[493] Vgl. HAEGERT (1971), S. 133f.

[494] Vgl. Abschnitt I. 3. b.

[495] Gleichartig ist der Vorschlag von SIEGEL (1973), S. 288f., der steuerbilanzpolitischen Optimierungsrechnung eine Zielfunktion zugrundezulegen, die aus einer Summe von nutzengewichteten Steuerbarwerten und Zuführungen zu offenen Reserven gebildet wird. Auf den doch etwas vagen Nutzenoperator kann aber verzichtet werden, wenn für den Nutzen der Bildung offener Reserven (im Falle der Steuerkapitalwertminimierung) folgender Vektor gesetzt wird: Minderung des Nettogewinnes in der Periode der Zuführung sowie in allen weiteren Perioden, jeweils abgezinst mit demselben Nettokalkulationszinsfuß, der für die Steuerbarwertminimierung verwendet wird (für andere Zielfunktionen wäre analog zu modifizieren).

[496] Vgl. Fn. 354, wo diese Problematik für die Vorgabe eines fixen „Steuerkredites" analysiert wurde.

Daher sind funktionale Beziehungen zwischen bestimmten Strukturen der Handelsbilanz und anderen Größen (insbesondere Finanzierungsmöglichkeiten und -kosten) vorzuziehen. Z. B. kann in das Modell eingeführt werden, daß bei steigendem Verschuldungsgrad Kredite teurer werden. In Modellen des Typs B–Ab–A wird man verversuchen, den einzelnen steuerbilanzpolitischen Aktionsparametern, bei denen Folgewirkungen auf die Handelsbilanz bestehen, handelsbilanzielle Wirkungen zuzurechnen.

Sei etwa der steuerbilanzpolitische Aktionsparameter A_{ja} betrachtet. Er habe eine Folgewirkung auf eine handelsbilanziell gewünschte Struktur. Die Beschreibung dieser handelsbilanziellen Folgewirkung kann leider nicht für den Aktionsparameter A_{ja} unabhängig erfolgen, sondern ist von der jeweiligen Datenkonstellation abhängig. Dies sei anhand eines Beispieles erläutert: Es werde z. B. ein möglichst hohes Verhältnis von Eigenkapital (EK) zu Anlagevermögen (AV) in der Handelsbilanz angestrebt. Bewirkt nun der Einsatz des Aktionsparameters A_{ja} eine gleich hohe Senkung von Eigenkapital und von Anlagevermögen, so ist die Zuordnung eines aus der geschilderten Strukturregel abgeleiteten Erfolgsbeitrages u. a. davon abhängig, ob

$$(29) \qquad \frac{EK^o{}_t}{AV^o{}_t}$$

> 1 ist. ($EK^o{}_t$ und $AV^o{}_t$ sind die Werte der „Basis"-Bilanz.)

Trifft dies zu, so bewirkt laut Voraussetzungen über A_{ja} der Einsatz des Aktionsparameters, solange die Werte

$$\sum_{t^*=1}^{t} A_{t^*ja}$$

positiv sind, eine Verbesserung der geforderten Struktur, denn in diesem Falle gilt

$$(30) \qquad \frac{EK^o{}_t}{AV^o{}_t} < \frac{EK^o{}_t - \sum_{t^*=1}^{t} A_{t^*ja}}{AV^o{}_t - \sum_{t^*=1}^{t} A_{t^*ja}}$$

Gilt andererseits (29) < 1, so bewirkt der Einsatz von A_{ja} eine Verschlechterung der gewünschten Bilanzstruktur, weil in (30) statt des „Kleiner-" das „Größer"-Zeichen zu setzen ist; für (29) $= 1$ stellt man Indifferenz bezüglich des Einsatzes des Aktionsparameters A_{ja} fest.

Richtung und Ausmaß der handelsbilanziellen Folgewirkungen können also nur in Abhängigkeit von der Ausgangssituation und entsprechend auch in Abhängigkeit vom Einsatz *aller* die betreffende Bilanzstruktur beeinflussenden Aktionsparameter bestimmt werden. Das beschriebene Beispiel zeigt zur Abbildung von Wirkungen bilanzpolitischer Maßnahmen überdies, daß recht leicht Nichtlinearität auftritt. Die erste Einheit des Einsatzes von A_{ja} hat eine andere Wirkung auf den Quotienten (29) als die zweite usw., ausgenommen den Sonderfall, daß (29) = 1. Selbst wenn also eine lineare kontinuierliche Funktion den Zusammenhang zwischen (29) und z. B. Kreditkosten oder Verschuldungspotential beschriebe, so wären die Wirkungen des Einsatzes von A_{ja} auf diese Funktion nichtlinear zu beschreiben.

Häufig allerdings können die handelsbilanzpolitischen Nebenwirkungen des Einsatzes der steuerbilanzpolitischen Aktionsparameter wesentlich einfacher dargestellt werden, dann nämlich, wenn nicht kontinuierliche Funktionen die Reaktion der Bilanzinteressenten auf gewisse bilanzielle Kennzahlen darstellen, sondern wenn die betrachteten Kennzahlen eine gewisse Schwankungsbreite aufweisen können, bevor eine Reaktion auftritt, wenn also eine „Fühlbarkeitsschwelle"[497] gegeben ist. In diesem Falle kann z. B. (29) bis zum Wert c_t schwanken, bis eine Verschlechterung der Kredit-(Kapitalmarkt-)bedingungen eintritt, die mit dem Wert k_t quantifiziert sei. Dies gibt die in der Finanzierungstheorie häufige Vorstellung der Einteilung der Unternehmungen in „Risikoklassen"[498] wieder. (Auf die Verallgemeinerung von c_t und k_t, so daß mehr als zwei Risikoklassen abgebildet werden können, sei im Interesse der Kürze verzichtet.) Es seien nun in der Manövrierteilmasse M_{j*} alle steuerbilanzpolitischen Aktionsmöglichkeiten zusammengefaßt, die einen Einfluß auf Zähler und Nenner von (28) haben, in der Manövrierteilmasse M_{j**} jene Aktionsparameter, welche nur den Zähler beeinflussen.

Dann gilt:
Falls

$$(31) \qquad \frac{EK^o{}_t - M_{tj*} - M_{tj**}}{AV^o{}_t - M_{tj*}} < c_t,$$

dann fallen für den Einsatz dieser Manövrierteilmasse die Kosten k_t an. Die Wenn-Dann-Komponente dieser Bedingung kann mit Ganzzahligkeitsbedingungen abgebildet werden. Jedoch bereitet die Nicht-

---

[497] Diese Vorstellung geht auf KRELLE (1961), S. 12, zurück.
[498] Vgl. statt aller MODIGLIANI/MILLER (1958).

linearität der Beziehung Schwierigkeiten. In Näherung kann eine Linearisierung erfolgen, die jeder Einheit von M_{tj*} und jeder Einheit von M_{tj**} einen bestimmten Nebenwirkungswert w_{tj*} und w_{tj**} zuordnet, wobei diese Werte vom Ausgangspunkt von (29) und vom Wert c_t abhängen.

Zum Beispiel überlegt man sich für (29) < 1, daß das maximale

$$M^c{}_{tj*} = \frac{\frac{EK^o{}_t}{AV^o{}_t} - c_t}{1 - c_t} \cdot AV^o{}_t \text{ ist,} \tag{32}$$

wobei $M^c{}_{tj*}$ jenes M_{tj*} ist, bei welchem c_t gerade erreicht wird, wenn $M_{tj**} = 0$.

Aus (32) sieht man, daß bei linearer Approximation (Ersetzung der exakten Funktionswerte durch die Sehne)

$$w_{tj*} = \frac{1 - c_t}{AV^o{}_t} \tag{33}$$

genau jenen Wert darstellt, für den bei Ausnutzung von ganz $M^c{}_{tj*}$ gerade c_t erreicht wird. Analog bestimmt man w_{tj**} und kann nun näherungsweise die Bedingung (31) durch folgende ersetzen:

Falls

$$w_{tj*}\, M_{tj*} + w_{tj**}\, M_{tj*} > \frac{EK^o{}_t}{AV^o{}_t} - c_t, \tag{34}$$

dann fallen die Kosten k_t an. Diese Bedingung ist nun ohne weiteres mit den bekannten Verfahren für ganzzahlige lineare Programmierungsaufgaben darstellbar.

2. Möglichkeiten zur Vermeidung der Rückwirkungen

Durch die Auseinanderkettung von Handels- und Steuerbilanz werden die Operationsmöglichkeiten für beide Rechenwerke eingeschränkt. Allerdings hängt es von der Situation ab, ob im konkreten Fall eine Einschränkung wirksam wird. Situationskennzeichnend ist zunächst, ob nicht das Interesse an einer der beiden Rechnungen völlig verkümmert ist. Ferner hängt es von der betrieblichen Lage einschließlich der Attitüden der Bilanzinteressenten ab, ob nicht Zielkomplementarität zwischen handels- und steuerbilanzpolitischen Wirkungen besteht. Dazu zwei Beispiele: Bei über mehrere Jahre anhaltender ungünstiger Erfolgslage, die zu Verlustausweisen führt, ist i. a. für Handels- und Steuerbilanz gleichermaßen die Erfolgsregulierung nach oben zweckmäßig, wenn steuerliche Verluste nicht rückgetragen werden können und auch die Vortragsfähigkeit von Verlusten zeitlich begrenzt ist[499]. Orientieren sich die Bilanzinteressenten an bestimmten Kennzahlen der Handelsbilanz, so hängt es ganz von der Ausgangssituation und den eingesetzten steuerbilanzpolitischen Aktionsparametern ab, ob z. B. eine auf Steuerminimierung in einer bestimmten Periode gerichtete Steuerbilanzpolitik mit handelsbilanzpolitischen Zielsetzungen in Konflikt gerät. Zur Verdeutlichung sei die Relation (29) aus dem Abschnitt 1 betrachtet: Falls (29) $>$ 1 ist, dann gilt für positive Werte von $\Sigma\, M_{tj*}$ Zielkomplementarität in Handels- und Steuerbilanz; falls (29) $<$ 1 ist, so gilt für dieselben Werte Zielkonkurrenz. Für positive Werte von $\Sigma\, M_{tj**}$ gilt jedoch in allen Fällen von (29) Zielkonkurrenz.

Die grundsätzlichen Möglichkeiten zur Vermeidung der geschilderten Rückwirkungen seien im folgenden dargestellt, wobei einerseits Möglichkeiten im Rahmen der geltenden Rechtsnormen (Weitergeltung des Maßgeblichkeitsgrundsatzes), andererseits Möglichkeiten bei Änderung der Rechtsnormen diskutiert werden. Letzteres ist jedoch nicht als Untersuchung de lege ferenda zu verstehen, weil die Änderung nicht im Interesse der steuerbilanzpolitischen Möglichkeiten in die Diskussion gebracht wurde und den mit dieser Änderung verfolgten Zielen nicht im einzelnen nachgegangen werden kann.

a) *Die Trennung von Handels- und Steuerbilanz und das Problem des „Interperiod Tax Allocation“*

Die derzeitige Auslegung des Maßgeblichkeitsprinzips fordert auch zur Nutzung von „Steuerbegünstigungen“ deren Verrechnung in der Handelsbilanz. U. a., weil durch die Umkehrung der Maßgeblichkeit die handelsrechtliche Rechnungslegung deformiert wird[500], haben viele Fachvertreter in der Diskussion um die grundlegende Reform des deutschen Einkommensteuerrechtes die Trennung von Handels- und Steuerbilanz und somit die Aufgabe des Maßgeblichkeitsgrundsatzes gefordert. Das Maßgeblichkeitsprinzip sei zum bloßen Formalismus erstarrt, mit seiner Einhaltung sei niemand gedient, weil sich die Zielsetzungen von Handels- und Steuerbilanz nicht (mehr) decken[501].

---

[499] Dies entspricht der derzeitigen Lage in Österreich. Vgl. § 18 Abs. 1 Z. 4 EStG. — Zu einigen speziellen Situationen und Aktionen, mit denen im wirtschaftlichen Ergebnis (faktisch) ein Verlustrücktrag nach geltendem österreichischen Recht herbeigeführt werden kann, vgl. Gaier (1979) mit weiteren Nachweisen.

[500] Vgl. u. a. die Literaturangaben in den Fn. 402 und 403.

[501] Vgl. Wöhe (1978a), S. 349ff.; Wöhe (1967), insbes. S. 216ff.; Jacobs (1971), S. 103f. — Zur Widerlegung der Ansicht, daß die Ziele

Es fehlte auch nicht an Gegenstimmen[502]. Das Gutachten der deutschen Steuerreformkommission forderte die Abschaffung der formalen Maßgeblichkeit (allerdings in Verbindung mit einer weitgehenden inhaltlichen Übernahme der handelsrechtlichen Bilanzierungsvorschriften in die steuerrechtlichen Gewinnermittlungsvorschriften)[503]. Dem folgte der deutsche Gesetzgeber im Einkommensteuergesetz 1975 jedoch nicht. Die Diskussion um Sinn und Zweck des Maßgeblichkeitsprinzips hält an.

Es ist hier nicht der Ort, auf Pro und Contra der Aufhebung des Maßgeblichkeitsgrundsatzes einzugehen. Hier interessiert nur die Verminderung der Rückwirkungen auf die Steuerbilanz durch eine Aufhebung des Maßgeblichkeitsgrundsatzes. Dabei ist allerdings zu beachten, daß ein Abgehen vom Maßgeblichkeitsgrundsatz nicht unbedingt zu einer Aufhebung der Koppelung von Handels- und Steuerbilanz führen muß. Insoweit nämlich die Vorschriften für die getrennte Steuerbilanz dieselben sind wie für die Handelsbilanz, was im Extrem bis zur ,,Einheitsbilanz" führen könnte, insoweit also ist die Koppelung doch gegeben. Das Gutachten der deutschen Steuerreformkommission ist auf eine weitgehende Eliminierung von Wahlrechten, also von Aktionsparametern der Steuerbilanzpolitik gerichtet, wodurch die durch die Trennung von Handels- und Steuerbilanz induzierte Erweiterung des Spielraumes der Steuerbilanzpolitik überlagert wird. Würde eine von der Handelsbilanz unabhängige Steuerbilanz geschaffen, in der es weiterhin Wahlrechte gibt, so könnten diese Wahlrechte unabhängig von Nebenwirkungen auf die Handelsbilanz ausgeübt werden. Der steuerbilanzpolitische Gestaltungsspielraum würde dadurch vergrößert. Die Verzerrungen der Handelsbilanz, insbesondere bei Übernahme der ,,Steuerbegünstigungen" infolge des Maßgeblichkeitsgrundsatzes, fallen weg.

Dieses Modell ist etwa in den USA realisiert. Dort ist keine ,,Maßgeblichkeit" bekannt. Steuerbegünstigungen, z. B. investitionsfördernde Maßnahmen, können in Anspruch genommen werden, ohne daß in der Handelsbilanz ebenso verfahren werden müßte. Auch können z. B. in Handels- und Steuerbilanz verschiedene Abschreibungsverfahren verwendet werden. Allerdings ist wegen des Gewichtes der Steuern auch bei Trennung von Handels- und Steuerbilanz die periodenrich-

---

der Steuerbilanz unabhängig von jenen der Handelsbilanz bestimmt werden können, vgl. RÜCKLE (1977).

[502] Vgl. etwa DÖLLERER (1971).

[503] Gutachten (1971), insbes. Tz. V/17—27 und Anlage 32 (S. 1072ff.); vgl. auch THIEL (1971), S. 535 und S. 543ff.

tige Erfassung der Steuern für die handelsrechtliche Rechnungslegung von großer Bedeutung. In den USA wird dieser Frage im Rahmen der öffentlichen Rechnungslegung denn auch großes Augenmerk geschenkt[504]. (Obwohl der Terminus für die USA nicht ganz zutreffend ist, soll weiterhin von „handelsrechtlicher" und steuerrechtlicher Bilanz gesprochen werden.) Wie in Abschnitt b. gezeigt wird, tritt dasselbe Problem auch bei der in Deutschland und Österreich herrschenden Auslegung des Maßgeblichkeitsgrundsatzes auf, ohne daß jedoch hierauf in der handelsrechtlichen Rechnungslegung gebührend geachtet worden wäre[504a].

Die Problemstellung der periodenrichtigen Zuordnung der Steuerbelastung sei mit einem wörtlichen Zitat umschrieben:

> „Often revenue or expense items are included in the computation of taxable income for federal or state income tax purposes in one reporting period but are included in the computation of pretax accounting income for financial accounting purposes in a different reporting period. Under several Opinions of the Accounting Principles Board, companies that have timing differences of this type are required to include the tax effects of the items in income tax expense in the same periods in which the items affect pretax accounting income. This procedure is commonly called interperiod tax allocation"[505].

Hieraus ist, selbst ohne Kenntnis der im einzelnen verwendeten Methode, bereits ersichtlich, daß jedenfalls nicht der Steueraufwand, wie er sich aus der Steuerbilanz für das jeweilige Jahr ergibt, ohne weiteres in der handelsrechtlichen Rechnungslegung ausgewiesen werden kann. Für den periodenrichtigen Ausweis der Steuern in der Handelsbilanz wurden — in bewußter Abweichung von der Periodenzuordnung in der Steuerbilanz — verschiedene Methoden entwickelt, von denen die „net-of-tax"-Methode, die „liability"-Methode und die „deferred-credit"-Methode die bekanntesten sind. Diese Methoden seien kurz anhand der Unterschiede zwischen handelsrechtlichen und steuerrechtlichen Abschreibungen erläutert[506].

---

[504] Die erste Äußerung des AICPA erfolgte schon 1946: American Institute of Accountants (1946). — Eine Zusammenfassung der durch AICPA und SEC erlassenen Regelungen geben Wheeler/Galliart (1974). Zum aktuellen Stand unter Berücksichtigung der Opinions des Financial Accounting Standards Board vgl. Miller (1982).

[504a] Erst im Zusammenhang mit der EG-Harmonisierung der Rechnungslegung wurde in Deutschland das Problem der „latenten Steuern" im Jahresabschluß beachtet. Vgl. den Literaturüberblick bei Coenenberg/Hille (1979).

[505] Goodmann/Lorensen (1974), S. 1.

[506] Vgl. zum folgenden etwa Wheeler/Galliart (1974), S. 65ff.; mit Hilfe eines einheitlichen numerischen Beispieles stellt z. B. Nurnberg

Der Grundgedanke der „net-of-tax"-Methode besteht darin, daß vom Anschaffungswert der Anlagen die Summe der bisherigen handelsrechtlichen Abschreibungen zuzüglich des „tax effect" der steuerlichen Mehrabschreibung abgezogen wird. Der Wert einer Anlage wird also dadurch reduziert, daß für sie in späteren Perioden keine oder nur mehr geringere steuerliche Abschreibungen zulässig sind. Die Steuern werden bei dieser Art der Rechnungslegung mit demselben Wert wie in der Steuerbilanz ausgewiesen.

Bei der „liability"-Methode werden die Anlagen mit dem handelsrechtlichen Buchwert ausgewiesen, hingegen werden als Steuern nicht nur die sich aus der Steuerbilanz ergebenden „laufenden" Steuern, sondern auch die „aufgeschobenen" Steuern, die auf die Differenz zwischen steuerlicher und handelsrechtlicher Abschreibung entfallen, der laufenden Periode zugerechnet. Die „deferred-credit"-Methode ist eine Vergröberung der „liability"-Methode: Während letztere die zukünftige Steuerbelastung abzuschätzen sucht, indem auch Änderungen der Steuersätze berücksichtigt werden, wird bei der „deferred-credit"-Methode für die Berechnung des Steueraufschubes auch in späteren Perioden immer jener Steuersatz zugrunde gelegt, der bei Begründung des „deferred credit" bestand. Diese letztere Methode hat wenig theoretische Bedeutung, jedoch ist sie einfach und wurde vom Accounting Principles Board und der Securities and Exchange Commission gefordert. Die Securities and Exchange Commission verlangt überdies sogar Angaben in den Pflichtveröffentlichungen, in welcher Periode sich die Steuervorteile (die „aufgeschobenen Steuern") wieder auflösen und wie hoch die Mehrzahlung an Steuern sein wird, falls die Steuerzahlung in einem der nächsten Jahre wesentlich höher sein wird als der für dieses Jahr in der Handelsbilanz auszuweisende Steueraufwand[507].

Im Rahmen des „Interperiod Tax Allocation" muß auch der Einfluß von Steuerabzugsposten, die nur außerhalb der handelsrechtlichen Rechnungslegung vorgenommen werden, auf die ausgewiesenen Steuern, genau angegeben werden[508]. Das trifft z. B. auf die in den USA mehrmals gewährte Investitionszulage[509] zu. Dieser „investment (tax) credit" ist anders ausgestaltet als die derzeit in Österreich

(1968) die „net-of-tax"-Methode und die „liability"-Methode sowie weitere theoretisch diesen beiden noch überlegene Methoden gegenüber.

507 Vgl. GOODMAN/LORENSEN (1974), S. 61.

508 Vgl. SEC Release No. 149.

509 Vgl. BIERMAN/SMIDT (1975), S. 141; WHEELER/GALLIART (1974), S. 30.

vorhandenen steuerlichen Investitionsbegünstigungen, die durchwegs Abzüge von der Steuerbemessungsgrundlage bringen, doch sind die amerikanischen Offenlegungspflichten für die Darlegung der Abweichungen zwischen handelsrechtlichem Gewinnausweis und Steuerbemessungsgrundlage ganz allgemein eine erwägenswerte Alternative zur Handhabung dieses Problems mit Hilfe der „Maßgeblichkeit"[510].

b) „Freiwillige" Erweiterung der Mindestgliederung der Handelsbilanz

Trotz Geltung des Maßgeblichkeitsprinzips auch für die Inanspruchnahme von „Steuerbegünstigungen" können Verzerrungen der Handelsbilanz durch „freiwillige" Erweiterung der Mindestgliederung der Handelsbilanz[511] beseitigt werden. Das Attribut „freiwillig" wurde deshalb unter Apostroph gesetzt, weil weiter unten noch abgeleitet wird, daß die Erweiterung der aktienrechtlichen Mindestgliederung im Gegensatz zur herrschenden Ansicht sogar (de lege lata) geboten ist. Durch die „freiwillige" Erweiterung der Mindestgliederung wird aber auch erreicht, daß die Rückwirkungen der Handelsbilanzpolitik auf die Steuerbilanzpolitik reduziert werden. Durch die zusätzlichen Informationen, die den Einfluß der steuerlichen Sondermaßnahmen (insbesondere Investitionsbegünstigungen) auf den ausgewiesenen handelsrechtlichen Gewinn und auf sonstige Bilanzposten der Handelsbilanz deutlich machen sollen, wird sicherlich z. T. erreicht, daß der Bilanzadressat nicht nur den aufgrund der Maßgeblichkeit zwecks Inanspruchnahme steuerlicher Begünstigungen reduzierten handelsbilanziellen Gewinn seiner Beurteilung zugrunde legt.

Die zusätzliche Information des externen Adressaten der Handelsbilanz durch Erweiterungen der Mindestgliederung wurde in Österreich vor allem in der verstaatlichten Industrie entwickelt. Für die Elektrizitätswirtschaft, die über die allgemeinen Investitionsbegünstigungen hinaus zusätzliche steuerliche Förderung erhält und über ein sehr großes Anlagevermögen mit langen Nutzungsdauern verfügt, bringt diese Ausweispolitik besondere Verbesserungen des Bilanzbildes. Üblicherweise werden u. a. folgende Pflicht-Positionen weiter aufgegliedert:

---

[510] Allerdings wird in den USA auch vorgeschlagen, den „investment tax credit" so zu behandeln, daß im Jahre seiner steuerlichen Verrechnung auch handelsrechtlich eine zusätzliche Abschreibung verrechnet wird, woraus die gleiche Behandlung wie aufgrund unseres Maßgeblichkeitsgrundsatzes resultieren würde. Vgl. etwa Trumbull (1968), bes. S. 468.

[511] Hierunter seien die Vorschriften der §§ 131 und 132 AktG über die Mindestgliederung der Jahresbilanz und der Gewinn- und Verlustrechnung verstanden.

Der Reingewinn oder Reinverlust gemäß § 131 Abs. 3 und § 132 Abs. 2 AktG wird (in der Vorspalte) getrennt in einen „ordentlichen" und in einen auf steuerliche Sondermaßnahmen (z. B. vorzeitige Abschreibungen) zurückzuführenden Bestandteil; eine analoge Aufgliederung kann für den Gewinn- bzw. Verlustvortrag vorgenommen werden. Die Abschreibungen gemäß § 132 Abs. 1, I. 3 AktG werden untergliedert in die „normalen", d. h. die gemäß § 133 Z. 1 und Z. 2 AktG zwingend vorzunehmenden Abschreibungen[512] sowie in die „Sonderabschreibungen auf Grund steuerlicher Vorschriften". Die speziell im Anlagevermögen durch steuerliche Sondermaßnahmen geschaffenen stillen Reserven werden durch die Verwendung der indirekten Abschreibung offengelegt, wobei für die normalen Abschreibungen überwiegend die direkte Verrechnung gewählt wird. Die Wertberichtigungen zum Anlagevermögen, die sich aus steuerlichen Sonderabschreibungen ergeben, werden auch gerne als „Bewertungsreserve auf Grund von steuerlichen Sonderabschreibungen" bezeichnet[513]. Bei gesondertem Ausweis der auf steuerliche Sondermaßnahmen rückzuführenden Wertberichtigungen muß allerdings auch deren Wiederauflösung in den späteren Jahren der Nutzung der Investitionen entsprechend ausgewiesen werden: Hierzu werden „normale Abschreibungen" zu Lasten der erwähnten „Bewertungsreserve" verrechnet[513a].

In ähnlicher Weise können auch andere durch steuerliche Sondervorschriften in Verbindung mit der Maßgeblichkeit erzwungene Werte der Handelsbilanz durch Erweiterung der Mindestgliederung „erläutert" werden. Ein wichtiges Beispiel hierfür ist etwa die Forderungsabschreibung gemäß § 123 EStG. Nach Abs. 3 dieser Bestimmung *sind* der Betrag der abgeschriebenen Forderungen und der Betrag der Teilwertabschreibung sogar in der Bilanz gesondert auszuweisen. Hieraus ist wohl auch für die Handelsbilanz die Verpflichtung zur Erweiterung

---

[512] FACHSENAT (1975), S. 5 und 8 bezeichnet als Normalabschreibungen nur jene gemäß § 133 Z. 1 bzw. Abs. [!] 1 AktG; dabei wurden anscheinend die verpflichtenden Abschreibungen gemäß Z. 2 übersehen.

[513] Zur Zulässigkeit dieser Bezeichnung, die vor allem ausländische Bilanzleser von einer unrichtigen Beurteilung der „Wertberichtigung" abhalten kann, vgl. FACHSENAT (1975), S. 3.

[513a] Der Empfehlung zur Verbesserung des Einblickes hat sich auch die Neufassung des Österreichischen Einheitskontenrahmens angeschlossen, die insbesondere eine Kontengruppe 94 für „Wertberichtigungen (Bewertungsreserven) aufgrund steuerlich zulässiger Sonderabschreibungen" und ein Konto 712 „Vorzeitige Abschreibungen (bzw. Zuweisungen zur Bewertungsreserve)" vorsieht. Vgl. ÖSTERREICHISCHES ZENTRUM ... (1975).

der Gliederung abzuleiten. Damit wäre für Spezialfälle die Erweiterung der Mindestgliederung sogar zwingend, nicht freiwillig.

Wie immer der Ausweis im Einzelfall erfolgt (Vorspalte, besonders gekennzeichnete Wertberichtigung usw.), jedenfalls werden durch die Erhöhung der Mindestgliederung „stille" Reserven in offene überführt. Auch wenn die Bilanz keine offenen Rücklagen zeigt, kann der kundige Bilanzleser erkennen, daß eine Position vorliegt, die ebenso wie die „nicht versteuerten anderen Rücklagen" im Sinne von § 131 Abs. 1 B. II 2. b AktG (bzw. die „Sonderposten mit Rücklagenanteil" gemäß § 152 Abs. 5 dt. AktG) eine Mischung aus Eigen- und Fremdkapital darstellt, wobei die Aufteilung vom zukünftigen steuerlichen Schicksal der Bewertungsreserve abhängt. Die Erhöhung der Mindestgliederung zeigt auch, daß die üblicherweise nur den stillen im Gegensatz zu den offenen Rücklagen zugeschriebenen steuerlichen Vorteile[514] in Wahrheit gar nicht von der „Stille", sondern nur von der steuerlichen Abzugsfähigkeit der Bildung abhängen, und die steuerliche Abzugsfähigkeit kann durchaus mit offenen unversteuerten Rücklagen, Bewertungsreserven u. ä. erreicht werden.

Die Erweiterung der Mindestgliederung des Jahresabschlusses ist hervorragend geeignet, die Handelsbilanz von den Verzerrungen, die auf die überspitzte Anwendung des Maßgeblichkeitsgrundsatzes zurückzuführen sind, weitgehend zu befreien, zumindest was die Informationsvermittlung betrifft. Es erhebt sich daher die Frage, ob im Falle der Inanspruchnahme steuerlicher Begünstigungsvorschriften die Erweiterung der Mindestgliederung nicht nur bilanzpolitisch wünschenswert sein kann, sondern sogar vom positiven Bilanzrecht geboten wird. Als Vorfrage hierzu ist zu untersuchen, ob die Verrechnung der steuerlichen Sondermaßnahmen in der Handelsbilanz überhaupt zulässig ist.

Obwohl die Wirtschaftspraxis unter dem beherrschenden Einfluß der hohen Ertragsteuerbelastung, unter Akzeptierung der Anwendung des Maßgeblichkeitsprinzips auch auf steuerliche Begünstigungsvorschriften (z. B. vorzeitige Abschreibung) die zur Erlangung der Steuerbegünstigungen erforderlichen Bewertungen in der Handelsbilanz durchführt, ist doch die handelsrechtliche Zulässigkeit zu prüfen. Wäre die Verrechnung der Steuerbegünstigungen in der Handelsbilanz unzulässig, dann würde das aber nicht bedeuten, daß die protokollierten Gewerbetreibenden die steuerlichen Begünstigungen nicht mehr in Anspruch nehmen können, sondern dann müßte die überspitzte Anwen-

[514] Vgl. Wöhe (1966), S. 100.

dung des Maßgeblichkeitsprinzips auf die Begünstigungsvorschriften aufgegeben werden; andernfalls wäre nämlich eine dem verfassungsrechtlichen Gleichheitsgrundsatz eklatant widersprechende Differenzierung der Steuerpflichtigen gegeben.

Die Bewertung gemäß § 133 AktG schreibt nur Höchstansätze vor. Jedoch sind andererseits auch keine willkürlichen Unterbewertungen zulässig, was durch die Generalklausel des § 129 AktG (Verweis auf die Grundsätze ordnungsgemäßer Buchführung) zum Ausdruck gebracht wird. Die Frage der Zulässigkeit der Legung stiller Reserven zwecks Ausnutzung steuerlicher Begünstigungen verlagert sich damit auf die Inhaltsbestimmung der Grundsätze ordnungsmäßiger Buchführung (GoB). Zu deren Auslegung wird (nebeneinander) die induktive und die deduktive Methode verwendet[515]. Bei induktiver Auslegung genügt bereits die derzeit allgemein geübte Verrechnung der Steuerbegünstigungen in der Handelsbilanz zur Stützung der handelsrechtlichen Zulässigkeit — was letztlich zu einer Zirkelbegründung führt.

Bei deduktiver Auslegung muß beachtet werden, daß das österreichische Aktiengesetz von 1965 im Gegensatz zum deutschen Aktiengesetz von 1965 keinen nennenswerten Aktionärsschutz kennt. Solange der vom Vorstand im Einvernehmen mit dem Aufsichtsrat festgestellte Jahresabschluß nicht gerade dem Wesen der Aktiengesellschaft widerspricht oder sittenwidrig ist (§ 202 Abs. 1 Z. 2 und 3 AktG), ist die Legung stiller Reserven zulässig, wenn die Satzung nichts Gegenteiliges bestimmt. Um Sittenwidrigkeit zu beweisen, müßte wohl die *Absicht* der Aushungerung von Minderheitsaktionären bewiesen werden, was kaum möglich sein dürfte, bringt doch die Inanspruchnahme der Steuerbegünstigung der Gesellschaft jedenfalls einen Vorteil, kann somit nicht als willkürlich klassifiziert werden. Überdies kann argumentiert werden, daß die Ausnutzung der Steuerbegünstigungen unter Inkaufnahme der Legung stiller Reserven in der Handelsbilanz langfristig auch einen Vorteil für die Aktionäre bewirke.

Zum Vergleich hiermit sind die deduktiv zu gewinnenden GoB für die BRD abweichend zu bestimmen. Da im deutschen Aktiengesetz neben den Gläubigerschutz auch der Aktionärsschutz als eine der Zielvorstellungen des Aktiengesetzgebers tritt und überdies in § 154 Abs. 1 dt. AktG die „Planmäßigkeit" der Abschreibungen verlangt wird,

---

[515] Von betriebswirtschaftlicher Seite wird im allgemeinen der deduktiven Gewinnung der GoB der Vorzug gegeben: Vgl. Leffson (1980), S. 27ff.; aus juristischer Sicht kann de lege lata auf die induktive Gewinnung von GoB im Sinne einer Rechtstatsachenforschung nicht verzichtet werden: Vgl. Kruse (1976b), bes. S. 147ff. u. S. 187ff.

müßte man für Deutschland zur Auslegung gelangen, daß die GoB die Vornahme der steuerlichen Sondermaßnahmen in der Handelsbilanz nicht zulassen. Aus diesen Bedenken heraus glaubte denn auch der deutsche Aktiengesetzgeber in § 154 Abs. 2 Z. 2 und in § 155 Abs. 3 Z. 2 ausdrücklich einräumen zu müssen, daß niedrigere Wertansätze bzw. außerplanmäßige Abschreibungen und Wertberichtigungen erlaubt sind, wenn der niedrigere Wert „für Zwecke der Steuern vom Einkommen und vom Ertrag für zulässig gehalten wird"[516]. Mit diesen Sonderbestimmungen hat der Aktiengesetzgeber aber im Gegensatz zur herrschenden Ansicht der Literatur nicht die Ausnutzung von Steuerbegünstigungen für die Aktiengesellschaft weiter ermöglicht, sondern nur die überspitzte Auslegung der Maßgeblichkeit (Anwendung auch auf Steuerbegünstigungen) zementiert. — Wären die Sondervorschriften des § 154 Abs. 2 Z. 2 und § 155 Abs. 3 Z. 2 nicht geschaffen worden, so müßte die Ausdehnung der Maßgeblichkeit auf Begünstigungsvorschriften wegen verfassungswidriger Differenzierung der Steuerpflichtigen aufgegeben werden. Selbst dann, wenn man dem Gleichheitsgrundsatz in der verfassungsrechtlichen Wirklichkeit der Rechtsprechung wenig Bedeutung beimißt[517], würde die generelle Unanwendbarkeit der Steuerbegünstigungsvorschriften bei den bilanzierenden Gewerbetreibenden eine Beseitigung der Maßgeblichkeit für die Fälle der Steuerbegünstigungen erzwingen, wenn sich nicht der Gesetzgeber eines der beliebtesten wirtschaftspolitischen Lenkungsmittel entblößen will.

Denkbar wäre freilich auch die Beibehaltung der Maßgeblichkeit auch für steuerliche Sonderbestimmungen unter bewußter Hintansetzung der Aussagekraft der aktienrechtlichen Rechnungslegung. Der deutsche Gesetzgeber des Aktiengesetzes von 1965, der im Ergebnis zu letzterer Lösung kam, dürfte jedoch nicht diese Interessen gegeneinander abgewogen haben, sondern vom *Faktum* der Ausdehnung des Maßgeblichkeitsprinzips ausgegangen sein. Die Gesetzgebung auf dem Gebiete des Aktienrechtes und auf jenem des Steuerrechtes wird ja von verschiedenen Beamten vorbereitet und in verschiedenen Ausschüssen be-

---

[516] Diese Bestimmungen wurden in das deutsche Aktiengesetz aufgenommen, weil man glaubte, daß die Aktiengesellschaften sonst an der Ausnutzung steuerlicher Wahlrechte gehindert würden. Vgl. Ausschußbericht, in: Kropff (1965), § 154, S. 245; ebenso meint z. B. Wöhe (1979), S. 151, daß diese Sondervorschrift zur Ausnutzung steuerlicher Begünstigungen erforderlich gewesen sei, gleichzeitig durch diese Vorschrift aber die Zielsetzung der Handelsbilanz, einen möglichst sicheren Einblick in die Vermögens- und Ertragslage zu geben, materiell verletzt werde.

[517] Vgl. die Ausführungen in Abschnitt B. II. 2c.

raten; wie bei allen dezentralisierten Entscheidungen wird eine simultane Änderung mehrerer Bereiche i. a. gar nicht zur Diskussion gestellt.

Bemerkenswerterweise wurde die Verringerung der Aussagefähigkeit deutscher Bilanzen infolge der Verrechnung steuerlich bedingter Abschreibungen im Zuge der Harmonisierung der Rechnungslegung in den Europäischen Gemeinschaften zum rechtspolitisch aktuellen Problem. Die 4. EG-Richtlinie erfordert u. a. eine Bereinigung der Handelsbilanzen um steuerliche Verzerrungen. Die im Vorentwurf eines Bilanzrichtlinie-Gesetzes[517a] vorgesehene Lösung entspricht genau der oben vorgetragenen Lösung: Nach § 252 HGB-Entwurf sind steuerlich bedingte Abschreibungen und Bewertungserleichterungen in einen Sonderposten „Wertberichtigungen nach Steuerrecht" einzustellen[517b].

Für Österreich jedenfalls ist, mag man dies auch de lege ferenda für ändernswert halten, von der Zulässigkeit der Verrechnung steuerlicher Sondermaßnahmen in der Handelsbilanz auszugehen, sowohl bei induktiver als auch bei deduktiver Auslegung der GoB. Dessen ungeachtet bleibt aber die Forderung des § 129 Abs. 1 Satz 2 AktG, daß der Jahresabschluß so klar und übersichtlich aufzustellen ist, daß er einen möglichst sicheren Einblick in die Lage der Gesellschaft gewährt. Hieraus ist entgegen den Bilanzierungsgepflogenheiten der Praxis aber folgendes abzuleiten: Wenn Reserven gelegt werden, die nur unter Berufung auf die übliche Auslegung der Maßgeblichkeit nicht als willkürlich zu klassifizieren sind, dann ist im Hinblick auf das Erfordernis eines „möglichst klaren und sicheren Einblickes in die Lage der Gesellschaft" abzuleiten, daß die Erweiterung der Gliederung gemäß den §§ 131 und 132 AktG zwingend ist[517c]. Dies folgt auch daraus, daß die Legung stiller Reserven aufgrund Inanspruchnahme von Steuerbegünstigungen ohne erweiterte Publizität auch überschätzt wird und insbesondere die automatische Wiederauflösung der stillen Reserven in späteren

---

[517a] BMJ, Vorentwurf eines Gesetzes zur Durchführung der Vierten Richtlinie des Rates der Europäischen Gemeinschaften zur Koordinierung des Gesellschaftsrechts (Bilanzrichtlinie-Gesetz), Stand: 5. 2. 1980 — 9522/1 — 3 — 1a SH 3 —, abgedruckt in: FORSTER/GELHAUSEN (1980), S. 45ff.

[517b] § 252 HGB hat sich nach einem neueren, unveröffentlichten Entwurf des BMJ (Stand: 18. 5. 1981 — 3507/8 — 30784/81) terminologisch („Sonderposten mit Rücklageanteil") sowie inhaltlich hinsichtlich der Auflösung des Sonderpostens geändert.

[517c] SCHIEMER (1980), § 131, Anm. 3. 1 hält die weitere Gliederung für „geboten, wenn es die Bilanzklarheit erfordert". Der Ausweis der „Bewertungsreserve aus steuerlichen Sonderabschreibungen" wird in Anm. 3. 2 aber nur als zunehmende Übung dargestellt.

Jahren eine zu günstige Lage des Unternehmers vortäuschen kann und daher auch gläubigergefährdend ist. Es erscheint auch unzureichend, über die steuerlichen Sondermaßnahmen nur im Geschäftsbericht zu berichten. Die im deutschen Aktienrecht ausdrücklich normierte Berichtspflicht wird zudem unterschiedlich gehandhabt und gibt Anlaß zu Mißinterpretationen[518].

Über die Behandlung der „Steuerbegünstigungen" in der Handelsbilanz hinaus muß für die deutschen und österreichischen Bilanzen festgestellt werden, daß das Problem des richtigen „interperiod tax allocation" im Gegensatz zu den USA bei uns weitgehend negiert wird. Der Ausweis der Steuern in unseren publizierten Bilanzen enthält periodenbezogene und periodenfremde Posten (z. B. Nachzahlungen für frühere Perioden aufgrund Veranlagung, Betriebsprüfung usw.)[519], er eliminiert oder normalisiert auch nicht den Einfluß von Sonderposten wie vorzeitigen Abschreibungen; über die Wiederauflösung von Steuervorteilen wird nicht berichtet. In der US-amerikanischen Lehre vom „interperiod tax allocation" würde eine solche Vorgangsweise als bereits mit den Grundbegriffen unvereinbar angesehen[520]. Löst man sich von der durch lange Praxis verfestigten Bilanzierungsgewohnheit, so muß man auch für Österreich und Deutschland feststellen, daß die bisherige „Lösung" des Problems der Abstimmung von Handels- und Steuerbilanz deduktiv zu gewinnenden GoB widerspricht.

Für die Steuerbilanzpolitik ergibt sich auch auf Basis des geltenden Rechtes und bei geltender überspitzter Auslegung des Maßgeblichkeitsgrundsatzes die Möglichkeit, unerwünschte handelsbilanzielle Folgewirkungen durch Erweiterung der Publizität zu vermindern und somit eine Restriktion des steuerbilanzpolitischen Aktionsraumes weitgehend zu beseitigen. Nach hier vorgetragener Ansicht ist im Falle der Inanspruchnahme steuerlicher Begünstigungen die Ausweitung der handelsrechtlichen Rechnungslegung — entgegen herrschender Lehre — verpflichtend; für den Bilanzpolitiker entfällt dann die Möglichkeit, mit Hilfe des Argumentierens mit steuerlichen Erwägungen den aktienrechtlich gebotenen Einblick in die Lage des Unternehmens zu reduzieren. Die hier beispielhaft für die Aktiengesellschaft angestellten Über-

---

[518] Vgl. Tubbesing (1977).

[519] Nur für „größere Steuernachzahlungen" (und nur für deutsches Recht) ist eine Erläuterung im Geschäftsbericht erforderlich: vgl. Adler/Düring/Schmaltz (1968), § 157 Tz. 169.

[520] Nach Wheeler/Galliart (1974), S. 8, wäre die bei uns übliche Verrechnung der Steuern eine Mischung aus „flow through" und „cash basis", die beide abgelehnt werden.

legungen haben auch für andere Gesellschaften, insbesondere auch für Personengesellschaften, große Bedeutung; bei Personengesellschaften werden jedoch gesellschaftsvertragliche Bestimmungen der unsicheren Auslegung der hier noch schwerer als für die Aktiengesellschaft zu konkretisierenden GoB vorzuziehen sein.

ZWEITES KAPITEL

EINZELPROBLEME ISOLIERTER MODELLE DER STEUERBILANZPOLITIK

Im Zweiten Kapitel werden die Bestandteile steuerbilanzpolitischer Entscheidungsmodelle im einzelnen diskutiert; z. T. werden Überlegungen de lege ferenda angeschlossen. Modelle unter sicheren und unter unsicheren Erwartungen werden im Interesse der Kürze nicht getrennt behandelt, vielmehr wird das Planungskonzept unter Sicherheit als Ausgangspunkt gewählt. Unter „sicheren Erwartungen" soll jedoch nur verstanden werden, daß auf die Probleme der Unsicherheit zunächst nicht explizit eingegangen wird. Dadurch wird vermieden, daß aus Modellen unter „sicheren Erwartungen" weltfremde Schlüsse gezogen werden, die wesentlich auf der Abstraktionsprämisse beruhen würden. Die Modelle unter sicheren Erwartungen sind einerseits als vereinfachende Hilfslösungen für die Unterstützung der Entscheidungen unter Unsicherheit verwendbar; in diesem Falle müssen die bewußt unvollständig formulierten Modelle durch ergänzende Überlegungen, etwa zur Elastizität der einzelnen steuerlichen Aktionsparameter, außerhalb des Modelles ergänzt werden. Die Modelle unter sicheren Erwartungen bilden andererseits die Grundlage für die Einbeziehung der unsicheren Erwartungen: Bei möglichst exakter Einbeziehung der Unsicherheit können die Unsicherheitsprobleme methodisch sehr einfach beherrscht werden, allerdings um den Preis eines sehr großen Anwachsens des Modellumfanges: So sieht man für Entscheidungsbaumverfahren[521], daß die Planung der Aktionsmöglichkeiten dieselbe wie bei sicheren Erwartungen ist; es ist lediglich entsprechend dem Produkt der Entscheidungsmöglichkeiten in jeder Entscheidungsstufe und der auf jeder Stufe für möglich gehaltenen Umweltbedingungen eine Multiplikation der zu planenden Abläufe vorzunehmen und die Auswahl gemäß einer Entscheidungsregel bei Ungewißheit zu treffen. Die Schwierigkeiten der Unsicherheitsbewältigung beginnen erst durch den Verzicht auf die vollständige Enumeration, durch die „vernünftige Vereinfachung" der Planung bei Ungewißheit. Auf die Erörterung dieser Fragen muß allerdings verzichtet werden. Generell werden keine bestimmten Lösungsverfahren für die steuerbilanzpolitischen Entscheidungsmodelle diskutiert. Den gedanklichen Hintergrund bildet die lineare Optimierung; sie ist jedenfalls ein geeignetes Instrument für die Lösung steuerbilanzpolitischer Modelle, wie in der bisherigen lite-

---

[521] Vgl. z. B. Hax (1979), S. 168ff.

rarischen Behandlung ausreichend gezeigt wurde. Darüber hinaus bietet sie den Vorteil, daß die betriebliche Totalplanung und die Planung vieler Teilbereiche mit Hilfe dieses Modelltyps weit fortgeschritten ist, was die Verknüpfung der Steuerbilanzpolitik mit solchen Ansätzen dann problemlos macht, wenn die Steuerbilanzpolitik denselben Problemtypus benutzt. Darüber hinaus kommen natürlich für vereinfachte Modelle auch einfachere Lösungsverfahren in Betracht und wurden auch in verschiedenen Varianten in der Literatur vorgetragen. Die folgenden Ausführungen machen ebenfalls an geeigneten Stellen von solchen Verfahren Gebrauch, doch können diese Verfahren als solche ebensowenig analysiert werden wie die vielfältigen Lösungsmethoden, die für komplexere Modelle, insbesondere auch für solche mit expliziter Einbeziehung der Ungewißheit, in Betracht kommen. Ein systematischer Vergleich der Vor- und Nachteile der Lösungsverfahren für steuerbilanzpolitische Entscheidungsprobleme muß einer gesonderten Untersuchung vorbehalten bleiben.

A. STEUERBILANZPOLITISCHE ENTSCHEIDUNGS-MODELLE BEI INDIVIDUALENTSCHEIDUNGEN — VARIANTEN UND ANWENDUNGSBEREICH

Außer Zweifel steht, daß steuerbilanzpolitische Individualentscheidungen bei der Einzelunternehmung vorliegen[522]. Zu fragen ist, inwieweit das Modell der Individualentscheidung auf andere Unternehmungsformen übertragbar ist. Eine Analyse der Rechtsformen im einzelnen erscheint nicht zweckmäßig, weil die Rechtsform nur eine unter mehreren Determinanten zur Bestimmung eines Planungssystems darstellt. In der steuerbilanzpolitischen Literatur wird meist auch nur grob zwischen Personen- und Kapitalgesellschaften unterschieden; hierfür dürfte auch die (für den Planungsaufbau untergeordnete) Tatsache, daß auf beide Typen von Gesellschaften verschiedene Steuertarife (Einkommensteuer bzw. Körperschaftsteuer) anzuwenden sind, eine Rolle spielen.

Eine von der Rechtsform abstrahierende betriebswirtschaftliche Systematisierung des Planungsaufbaues bei Gesellschaften legten Heigl/Melcher vor[523]: Sie stellen darauf ab, welche Ziele bei der Formulierung der betrieblichen Zielfunktion berücksichtigt werden und unterscheiden dementsprechend einerseits „personale Gesellschaften" bzw. Einzelunternehmungen, andererseits „nicht-personale Gesellschaften". Bei „personalen Gesellschaften" werden die Interessen der Gebildeträger bei der Formulierung der Zielfunktion berücksichtigt. Die getroffene Unterscheidung wird zur Bestimmung der Notwendigkeit eines steuerlichen „Planungsdurchgriffs", d. h. einer Einbeziehung der im Privatbereich des Gebildeträgers vorhandenen, für die Steuerplanung des Gebildeträgers relevanten Umstände, benutzt. Das Ausmaß des Planungsdurchgriffes richtet sich u. a. nach den tatsächlichen Machtverhältnissen[524]. Wenn kein Planungsdurchgriff erfolgt,

---

[522] Vgl. aber die für die Geltung dieser Aussage erforderlichen Abstraktionen, die im Ersten Kapitel, Abschnitt B. II. 1, erörtert wurden.

[523] Heigl/Melcher (1974), S. 8ff.

[524] Vgl. Heigl (1970), S. 55.

werden nach HEIGL/MELCHER nur „firmeneigene Ziele“ verfolgt, die Interessen der Gebildeträger finden keine Berücksichtigung[525].

Diese Gliederung vermittelt wichtige Kriterien für den Planungsaufbau, doch erscheint mit dem Abstellen auf den Planungsdurchgriff nicht das entscheidende Gliederungsmerkmal angesprochen. Auch ist es nicht richtig, daß bei „firmeneigenen“ Zielen, also bei Verzicht auf den „Planungsdurchgriff“, die Interessen der Gebildeträger gar keine Berücksichtigung finden, wie unten noch ausgeführt wird. Noch wichtiger als die Frage, ob ein Planungsdurchgriff erfolgen muß oder nicht, ist nach hier vertretener Ansicht die Unterscheidung, ob die steuerbilanzpolitische Planung *im Interesse einer Einzelperson* oder im Interesse mehrerer Personen aufgestellt wird. Erstere Situation wird als „Individualentscheidung“, letztere als „Kollektiventscheidung“ bezeichnet. Bei der Individualentscheidung sind allerdings die Interessen anderer Personen ebenfalls zu berücksichtigen, jedoch in einer indirekten Weise: Ebenso wie etwa ein Monopolist bei der Bestimmung des COURNOTschen Punktes in aggregierter Form die Interessen der Nachfrager indirekt in seinem Kalkül berücksichtigt, ebenso gehen in die Steuerbilanzpolitik als Individualentscheidung Interessen anderer Personen in Form von technologischen Beziehungen, Restriktionen usw. ein. Bei der Kollektiventscheidung hingegen sind die konfliktären Interessen mehrerer Personen das zentrale Problem des Kalküls. Individualentscheidung kann mit Planungsdurchgriff verbunden sein oder nicht, für die Kollektiventscheidung ist der Planungsdurchgriff typisch.

Im folgenden soll aufgezeigt werden, für welche Konstellationen in den verschiedenen Unternehmungsformen die Steuerbilanzplanung der Einzelunternehmung (mit geringfügigen Änderungen) anwendbar bleibt: Zunächst seien die Ein-Mann-Kapitalgesellschaften betrachtet, die in der Realität eine große Rolle spielen. Bei ihnen ist die Steuerbilanzplanung der Einzelunternehmung anwendbar, es ist lediglich der Einkommen- durch den Körperschaftsteuertarif zu ersetzen. Wenn der Geschäftsführer nur feste Bezüge erhält und keine Gewinnausschüttungen geplant sind, braucht nur die betriebliche Sphäre berücksichtigt werden. Wenn variable Gewinnausschüttungen erfolgen sollen, so ergibt sich für die Steuerplanung der Kapitalgesellschaft dasselbe Problem wie für die Einzelunternehmung, bei der eine betriebliche und eine private Sphäre („Außenanlage“) unterschieden werden. Die beiden Sphären bei der Kapitalgesellschaft werden einerseits durch Körperschaftsteuer zuzüglich Gewerbeertragsteuer, andererseits durch

[525] Vgl. HEIGL/MELCHER (1974), S. 9.

Einkommensteuer oder auch steuerbefreite Verwendungsmöglichkeiten charakterisiert. Das gilt — wenn auch mit Einschränkungen — auch für den Fall, daß (wie in der BRD) die Körperschaftsteuer auf das Anrechnungsverfahren umgestellt wird[526].

Auch wenn *mehrere* Gebildeträger bei der Kapitalgesellschaft vorhanden sind, kann dies zum Modell der Individualentscheidung führen. Für die personalen Gesellschaften kann dieser Fall nur auftreten, wenn ein Gesellschafter dominanten Einfluß hat. Für die nicht-personalen Gesellschaften sind zwei Handlungsmaximen der Unternehmungsleitung möglich: sie kann entweder im Interesse der Gebildeträger handeln oder aber „Firmeninteressen" (oder eigene Interessen) verfolgen. Die Wahl der Handlungsmaxime wird sicherlich wesentlich von den Rechtsvorschriften über die Kapitalgesellschaften mitgeprägt: Die im deutschen Rechtskreis anzutreffende Verselbständigung der Kapitalgesellschaft als „juristische Person" führt eher zu einer Grundhaltung der Verwaltungsträger, die auf die Interessen der „Unternehmung an sich" gerichtet ist, während für ein Selbstverständnis der Verwaltungsträger als Treuhänder fremden Vermögens, wie es für die amerikanischen corporations kennzeichnend ist, das Handeln im Interesse der Anteilseigner typisch ist[527].

Geht man zunächst vom Handeln im Interesse der „Unternehmung an sich" aus, wie es für die Verwaltungsträger einer Publikums-AG im deutschen Rechtskreis kennzeichnend ist, so kommt man für die Steuerbilanzpolitik wieder zum Modell der Individualentscheidung mit Eingehen des Aktionärsverhaltens in die Beschreibung der Finanzierungsbedingungen der Unternehmung. Wären die Aktionäre ebenso gut informiert wie die Unternehmensleitung, hätten sie dieselben Risikopräferenzen, würden sie sich vollkommen rational verhalten und wäre auch der Kapitalmarkt vollkommen, so wären die durch dieses Modell abgeleiteten Entscheidungen im Schnitt identisch mit jenen, bei welchen die Unternehmensleitung im Interesse des Durchschnittsaktionärs handelt. (Die Ansammlung von Voraussetzungen zeigt, daß diese Identität real nicht gegeben ist.) Auch Handeln der Unternehmensleitung im eigenen Interesse[527a] führt zum Modell der Individualentscheidung.

---

[526] MÜLLER-KRÖNCKE (1974), S. 97, Fn. 185, meint, daß hier wegen der Anrechnung der Körperschaftsteuer auf die Einkommensteuer nur mehr der Einkommensteuertarif für die Steuerbilanzplanung relevant sei. SIEGEL (1976), S. 244f., zeigt, daß in gewissen Fällen die Körperschaftsteuer weiterhin zu berücksichtigen ist.

[527] Vgl. ALBACH (1970), S. 109.

[527a] BAETGE/BALLWIESER (1977), S. 202, sehen dieses Ziel als praktisch

Geht man vom Handeln der Unternehmensleitung im Interesse der Anteilseigner aus, so sind drei Fälle zu unterscheiden: Erstens kann ein dominanter Großanleger vorliegen (etwa Hauptaktionär mit Majorität). Hier werden die Interessen des Großaktionärs regelmäßig die Steuerbilanzpolitik dominieren, wobei (nicht nur für die Steuerbilanzpolitik) die aktienrechtlich gebotenen Grenzen der Beugung gegenüber den Interessen des Großaktionärs für die Verwaltungsträger nicht immer leicht einhaltbar sein werden. Abgesehen vom Falle der Zurückweisung bestimmter Ansinnen des Großaktionärs im Hinblick auf die Treuepflicht des Vorstandes ergibt sich für den sicher sehr weiten Bereich, daß das Handeln im Interesse des Großaktionärs aktienrechtlich zu rechtfertigen ist, die steuerbilanzpolitische Konstellation der Individualentscheidungen.

Treten hingegen mehrere sich profilierende Großaktionäre auf, die miteinander in (potentiellem) Konflikt stehen, so ergibt sich (ebenso wie für den Normalfall der Personengesellschaften) die steuerbilanzpolitische Situation der Kollektiventscheidung.

Wenn drittens ein weitgestreutes Aktionärspublikum vorliegt, so ist die Unternehmungsleitung auch bei beabsichtigter Orientierung an den Interessen der Aktionäre gezwungen, auf einen „Aktionärstyp" abzustellen, weil nicht die Interessen aller einzelnen Adressaten gleichermaßen beachtet werden können. Vielfach wird ein „Durchschnittsaktionär" unterstellt und in dessen Interesse die Zielsetzung der Maximierung des Marktwertes der Aktien verfolgt[528]. Wenn der Kapitalmarkt funktionsfähig ist, kann die Unternehmensleitung ohne Beeinträchtigung der Anteilseignerinteressen (bzgl. der Ausschüttungsentscheidung) beliebig handeln; die Anteilseigner stellen sich darauf ein und bilden entsprechend ihrer jeweiligen Steuerbelastung die „Clientele" unterschiedlicher Gesellschaften[529]. Sowohl bei Handeln im Interesse des „Durchschnittsaktionärs" als auch im Interesse irgendeines Aktionärstyps ergibt sich für die Steuerbilanzplanung durch das Mana-

---

vorherrschend an und tragen ergänzend vor, daß den Zielen aller Beteiligten nicht gleichermaßen Rechnung getragen werden könne, auch die individuellen steuerlich relevanten Daten der Aktionäre nicht bekannt seien.

[528] Vgl. HEIGL/MELCHER (1974), S. 9f. Zum Marktwertmaximierungskonzept in Abgrenzung zu anderen Zielvorstellungen der Investitions- und Finanzierungstheorie vgl. etwa VAN HORNE (1980), S. 7ff.; SWOBODA (1977), S. 21ff. — (Rudimentäre) steuerbilanzpolitische Entscheidungen unter Zugrundelegung des Marktwertmaximierungskonzeptes werden bei LAUX (1969b) behandelt; vgl. dort auch, S. 13, eine exakte Definition der Marktwertmaximierung.

[529] Vgl. SWOBODA (1981), S. 67.

gement wiederum dieselbe Situation, wie wenn ein dominanter Gesellschafter vorläge[530], somit auch wiederum die Struktur eines Individualmodelles.

Bei den Personengesellschaften, vor allem bei der OHG, ist vom gesetzlichen Normalbild her keine (steuer-)bilanzpolitische Individualentscheidung möglich, weil alle Gesellschafter Einfluß auf die Bilanz haben. Durch gesellschaftsvertraglich abweichende Lösungen können jedoch einige Gesellschafter von den materiellen Entscheidungen über die Bilanz ausgeschlossen werden. Bei der Kommanditgesellschaft ist — nach herrschender, wenngleich neuerdings bestrittener Lehre — die Bilanzentscheidung dem Komplementär bzw. den Komplementären vorbehalten[530a]. Wiederum sind weitgehende Modifikationen durch den Gesellschaftsvertrag möglich. Wenn mehrere interne „Bilanzaufsteller", also mehrere Gesellschafter mit Einfluß auf die Bilanz, vorhanden sind, gleichgültig ob es sich um eine Personen- oder um eine Kapitalgesellschaft handelt, so ist das steuerbilanzpolitische Individualentscheidungsmodell nur mehr dann anwendbar, wenn die mehreren Gesellschafter annähernd gleiche Konsumwünsche, private Umstände (Alternativinvestitionen und steuerlich relevante Daten wie Sonderausgaben usw.) und Gesamteinkünfte haben; diese Bedingungen treffen jedoch im Regelfall nicht gleichzeitig zu.

---

[530] So auch bezüglich Orientierung am „Durchschnittsaktionär" SIEGEL (1974), S. 77.

[530a] Vgl. kritisch ULMER (1976); JUD (1978), Abschn. A V 2)b)ff.

B. DIE ZIELFUNKTION

I. Die in der betriebswirtschaftlichen Steuerlehre vorwiegend diskutierten Zielfunktionen

In der betriebswirtschaftlichen Steuerlehre ist die Zielfunktion der Steuerminimierung vorherrschend. Für die Argumentation wird teils ausdrücklich, teils implizit davon ausgegangen, daß als Oberziel die Gewinnmaximierung fungiere. Hierauf aufbauend ist sich der Großteil der Literatur darüber einig, daß unter „Steuerminimierung“ nicht eine absolute Minimierung, sondern nur die „relative Steuerminimierung“ gemeint sein könne, weil das absolute Minimum an Steuern dann gezahlt würde, wenn überhaupt die unternehmerische Betätigung aufgegeben werde[531]. Worin die „Relativität“ besteht, wird verschiedenartig und verschieden exakt beschrieben. Die Spannweite der Erklärungen wird durch folgende zwei Positionen abgesteckt: Einmal geht man von einem gegebenen Bruttoergebnis aus und will dann die Steuerminimierung ansetzen[532], oder die Forderung nach Steuerminimierung im Rahmen der (Netto-)gewinnmaximierung wird durch Hinweise auf „nichtsteuerliche Faktoren und Überlegungen (Haftung, Kreditwürdigkeit, Zugang zum Kapitalmarkt u. a.)“[533] relativiert. Andere Varianten laufen auf die Konstanthaltung irgendwelcher anderer betrieblicher Größen hinaus[534].

Loitlsberger, der ebenfalls die relative Steuerminimierung vertritt, präzisiert diese Zielfunktion der Steuerplanung in Richtung auf größere Realitätsnähe. Wie auf Seite 81ff. gezeigt wurde, sind die Ausführungen Loitlsbergers trotz der Bezeichnung durch den

---

[531] Vgl. u. a. Junger (1958), S. 9; Schockenhoff (1959); Wehmeyer (1967), S. 18ff.; Haberstock (1976b), S. 9; ferner die in den Fußnoten 531–533 genannten Arbeiten.

[532] So Dieckmann (1972), S. 17, bei dem allerdings unklar ist, wie bei gegebenem Bruttoerfolg *und* gegebener Bemessungsgrundlage die (Ertrag-) Steuern noch variiert werden können; es kann nur der Bruttoerfolg oder allenfalls — bei nichtproportionalem Steuertarif — die Summe der Bemessungsgrundlagen mehrerer Perioden gegeben sein, damit noch ein Wahlproblem verbleibt.

[533] Wöhe/John (1971), S. 3.

[534] Vgl. Loitlsberger (1975), S. 84f. und die dort genannte Literatur.

Autor („Theorie der Steuerberatung“) in erster Linie der Steuerplanung zuzurechnen und damit hier einschlägig[535]. LOITLSBERGER führt aus: Durch die Steuerplanung wird der Steuerbetrag S, der ohne Steuerplanung zu entrichten wäre, zum Steuerbetrag $\overline{S}$ verändert, ferner wird das wirtschaftliche (Brutto-)Ergebnis B, welches sich ohne Steuerplanung ergäbe, zum Bruttoergebnis $\overline{B}$ verändert; diesen positiven Effekten stehen die Kosten der Steuerplanung K gegenüber. Als Zielfunktion der Steuerplanung ergibt sich hieraus

$$\overline{B} - (\overline{S} + K) \rightarrow \max. \tag{34}$$

Diese Zielfunktion habe jedoch den Nachteil, daß sie die Leistung der Steuerberatung (= -planung, d. Verf.) nicht ersichtlich mache. Vorzuziehen sei daher eine Zielfunktion, welche die durch die Steuerplanung erzielbare Steuerersparnis aufzeigt:

$$S - (\overline{S} + K) \rightarrow \max \tag{35}$$

Dieselbe Zielfunktion spricht auch MÜNSTERMANN an, der außerdem „Steuerberatungskosten und Ausgaben für unternehmungsinterne Steuerabteilungen“ als gleichwertig auffaßt[536]. Allerdings ist diese Zielfunktion, wie LOITLSBERGER feststellt, nicht operabel, weil die Größe S in der Praxis (wegen der Kompliziertheit der Steuergesetze) gar nicht ermittelt werden könnte. Entgegen LOITLSBERGERS Ansicht wird hier seine erste Formulierung der Zielfunktion vorgezogen. Hierbei ist zuzugeben, daß seine zweite Zielfunktion für eine Rechtfertigung der Leistungen des Steuerberaters vorzuziehen wäre, jedoch interessiert dieser Aspekt im vorliegenden Zusammenhang nicht. Zu (35) ist unter Operationalitätsgesichtspunkten zunächst zu bemerken, daß S ohnehin konstant ist, für eine Steuerplanung, die keine „akquisitorischen“ Absichten mit der Darstellung ihres Ergebnisses verfolgt, daher die Zielfunktion

$$\overline{S} + K \rightarrow \min \tag{35'}$$

gleichwertig und einfacher ist. Gegen die Formulierung der Zielfunktion (35) spricht aber vor allem, daß hier zum Unterschied von (34) die Variation des Betriebsergebnisses B zu $\overline{B}$ aufgrund der Steuerberatung vernachlässigt wird. Nur wenn

---

[535] Ebendort, S. 85f., ferner S. 149 und S. 152f. (im folgenden unter Korrektur von Druckfehlern zitiert; ferner wird der Ausdruck „Steuerberatung“ durch „Steuerplanung“ ersetzt und die Darstellung auf die statische — einperiodische — Variante eingeschränkt).

[536] MÜNSTERMANN (1970), S. 258.

$$(36) \qquad \overline{B} - B = 0$$

wäre, könnte (35) akzeptiert werden. (Dieser Fall könnte nur bei reiner *ex-post*-Planung im *ein*periodischen Fall auftreten; bereits ex-post-Planung, z. B. Steuerbilanzplanung, im mehrperiodischen Fall führt zu Änderungen der Bruttoergebnisse der Folgeperioden.)[537] Wenn (36) nicht gilt, so müßte entsprechend LOITLSBERGERS Intentionen statt (35) die Zielfunktion

$$(35'') \qquad S - (\overline{S} + K) + (\overline{B} - B) \rightarrow \max$$

verwendet werden. Da aber S und B konstant sind, ist dies wiederum — bis auf die äußere Erscheinungsform — gleichwertig mit der ersten Zielfunktion (34). Diese Zielfunktion wird daher weiter betrachtet.

Die wesentliche Fortentwicklung des LOITLSBERGERschen Ansatzes gegenüber der überwiegenden Behandlung der Zielfunktion in der Literatur zur Steuerplanung liegt darin, daß die Kosten und Nebenergebnisse der Steuerplanung explizit in die Optimierung eingebracht werden. Die Durchführung des Gedankens bereitet allerdings große Schwierigkeiten, denn in Wirklichkeit führt diese Formulierung auf das Problem der Bestimmung der optimalen Informationsstruktur, auf das Problem der Optimierung unter Berücksichtigung der Informationskosten[538]. Die optimalen Planungs- (Informations-)kosten können aber nur dann sicher bestimmt werden, wenn die aufgrund *aller* Kalküle optimale Entscheidung durch Bestimmung der alternativen Zielfunktionswerte (unter Berücksichtigung der Kalkülkosten) ermittelt wird. Es ist das Maximum der Bruttonutzen der aufgrund des jeweiligen Kalküls ermittelten Optimalentscheidungen abzüglich der jeweiligen Kalkülkosten zu ermitteln. Zur *allgemeinen* Auswahl des optimalen Kalküls für *alle* Situationen ist nur ein heuristischer Ansatz möglich. Lösungshinweise könnte etwa eine Simulationsstudie liefern, die jedoch nur *Wahrscheinlichkeiten* für die Optimalität verschiedener Informationsstrukturen (Planungsarten) in betrieblichen Situationen liefern kann[539].

Gleichgültig, ob man nun die Meta-Entscheidung über die Wahl des Planungsverfahrens wie üblich ausklammert, also die Kalkülauswahl als gegeben ansieht, oder nicht, verbleibt als operationale Ziel-

---

[537] Dieser Einwand gilt überdies auch für die „akquisitorische“ Verwendung der zweiten Zielfunktion für die Steuerberatung.

[538] Vgl. z. B. HAX, H. (1965a), S. 42ff. — Ferner muß der die vorhandenen Informationen bestmöglich verwertende Kalkül gefunden werden: Vgl. dazu LOITLSBERGER (1972), bes. S. 214ff.

[539] Vgl. auch STAEHLE (1976).

funktion der Steuerplanung ausschließlich die Maximierung des Nettoergebnisses gemäß (34). Hieran ist ersichtlich, was unter „relativer Steuerminimierung" eigentlich gemeint ist: Bei Konstanthaltung von B und K wird hieraus eine absolute Steuerminimierung. Eine Analyse der Zielbeziehungen[540] zwischen Steuerminimierung und anderen (eventuell übergeordneten) Zielen führt — mindestens für den Fall des Oberzieles Gewinnmaximierung — zum Ergebnis[541], daß die Steuerminimierung entweder mit den anderen Zielen konkurriert oder aber, daß Komplementarität oder Indifferenz nur dann gegeben sind, wenn strenge Nebenbedingungen (z. B. Vorgabe einer bestimmten Leistungserstellung) gegeben sind, daß in letzterem Falle aber auch — unter Einhaltung der Nebenbedingungen — die Steuerminimierung eine absolute ist. Die „relative Steuerminimierung" sollte als vage und nicht operationale Zielsetzung aus dem Sprachgebrauch der betriebswirtschaftlichen Steuerlehre eliminiert werden. Es wäre zweckmäßiger, jeweils in Abhängigkeit von der Abgrenzung des untersuchten Partialmodelles anzugeben, welche Parameter des gesamten Entscheidungsproblems konstant gehalten werden. Diese gehen dann als strenge Nebenbedingungen in den Kalkül ein. Als formale Zielfunktion verbleibt, falls man das Bruttoergebnis auch noch konstant hält, schlicht die Steuerminimierung, falls man Variationen des Bruttoergebnisses im Rahmen der Steuerplanung noch zuläßt, die Maximierung des Nettoergebnisses.

Die Präzisierung dieser Aussagen im mehrperiodischen Modell erfolgt im anschließenden Abschnitt II; im Abschnitt III werden die Verhältnisse bei Geltung von in der betriebswirtschaftlichen Steuerlehre überwiegend vernachlässigten nicht-gewinnorientierten Oberzielen der Unternehmung erörtert.

II. Die bevorzugten gewinnorientierten Zielfunktionen der Steuerbilanzpolitik und ihre Vereinbarkeit mit Oberzielen

1. Die Ziele im Überblick: Gewinnivellierung, Nettoergebniskapitalwertmaximierung und Steuerkapitalwertminimierung

Die bevorzugt für die mehrperiodische Planung in der Steuerbilanzpolitik verwendeten Zielfunktionen sind die Gewinnivellierung, die Nettoergebniskapitalwertmaximierung und die Steuerkapitalwert-

---

540 Vgl. u. a. Gäfgen (1974), S. 119ff.; Bidlingmaier (1968), S. 43ff.; Heinen (1971), S. 94ff.

541 Vgl. Fischer (1974), S. 11f.

minimierung (Steuerbarwertminimierung)[542]. Die neuere steuerbilanzpolitische Literatur ist darin einig, daß die Zielfunktion Gewinnivellierung den Erfordernissen einer dynamischen Planung höchstens unter speziellen Bedingungen entspricht; sofern die Gewinnivellierung überhaupt diskutiert wird, wird sie nur als Vereinfachung einer der beiden letztgenannten Zielfunktionen in bestimmten Situationen akzeptiert. Die Gewinnivellierung kann z. B. gleichwertig mit der Steuerbarwertminimierung angestrebt werden, wenn der Kalkulationszinsfuß gleich Null ist[543]. Auch andere Vereinfachungen werden in der Literatur genannt, so sei bei proportionalem Tarif (für Deutschland etwa die Körperschaftsteuer) für jede Periode die größtmögliche Aufwandsvorverrechnung anzustreben, weil ohnehin für die Totalperiode keine Änderung der Steuerbelastung erreicht werden könne[544]. Dies ist allerdings nicht generell richtig, sondern hängt von den verfügbaren steuerbilanzpolitischen Aktionsparametern ab. Ist z. B. eine Investitionszulage oder ein Investitionsfreibetrag nach Art des österreichischen § 10 EStG in Konkurrenz zu anderen steuerbilanzpolitischen Möglichkeiten als Aktionsvariable einsetzbar, so ist diese Vereinfachung unzulässig. Im weiteren soll auf Vereinfachungsprobleme nicht weiter eingegangen werden, vielmehr soll der Widerspruch zwischen den beiden — von der ursprünglichen Konzipierung her — generell anwendbaren Zielfunktionen, Nettoergebniskapitalwertmaximierung und Steuerkapitalwertminimierung, untersucht werden[545].

Nach heute überwiegend vertretenem Standpunkt haben die Nettoergebniskapitalwertmaximierung (im folgenden abgekürzt: Nettokapitalwertmaximierung) und die Steuerkapitalwertminimierung nebeneinander Berechtigung; sie gelten jeweils für bestimmte einander ausschließende Planungssituationen. Diese Lösung in der Version von HEIGL/MELCHER[546] wird unten noch ausführlich dargestellt und analysiert. Zunächst werden die Tendenzen der Modellösung für beide Zielfunktionen gegenübergestellt.

---

[542] Vgl. die Literaturübersicht auf S. 41ff. und S. 45f.

[543] Entgegen MÜLLER-KRÖNCKE (1974), S. 100f., braucht Nivellier*bar*keit nicht gegeben sein: Auch wenn die Gewinne nicht völlig nivelliert werden *können*, so sagt dies nichts gegen das *Ziel* einer größtmöglichen Nivellierung aus.

[544] Vgl. MARETTEK (1971), S. 188ff.; MÜLLER-KRÖNCKE (1974), S. 242ff.

[545] Zur umfangreichen Literatur vgl. vor allem Fn. 101.

[546] Vgl. HEIGL/MELCHER (1974), S. 44ff., bes. die zusammenfassenden Schaubilder S. 48f.

Bei Steuerkapitalwertminimierung wird die Manövriermasse tendenziell möglichst frühzeitig eingesetzt, somit die Steuerzahlung so weit wie möglich hinausgeschoben. Diese Tendenz ist umso stärker, je höher der Kalkulationszinsfuß ist. Sie wird nur abgeschwächt durch die Progression des Steuertarifs bzw. durch Änderungen des Steuertarifs (und zwar durch Erhöhung der Steuersätze im Zeitablauf). Für die Nettokapitalwertmaximierung hingegen gilt, daß bei genügend hohem Kalkulationszinsfuß die Nettoergebnisse und damit auch die Steuerzahlungen so weit wie möglich vorverlagert werden. Abgeschwächt wird diese Tendenz durch die Progressionswirkung des Steuertarifs bzw. durch Änderungen des Steuertarifs (und zwar durch Senkung der Steuersätze im Zeitablauf). Bei Verfolgung der Nettokapitalwertmaximierung wird gegenüber der Steuerkapitalwertminimierung die Unternehmenserhaltung zusätzlich gefährdet, die Liquidität wird zusätzlich beansprucht; für die Zielsetzung Nettokapitalwertmaximierung sind im Partialmodell daher vielfach zusätzliche Nebenbedingungen erforderlich[547].

2. Der Geltungsbereich der Nettoergebniskapitalwertmaximierung

a) Die Lösung von Heigl/Melcher

Während die Zielfunktion Steuerkapitalwertminimierung generell anerkannt wird, besteht hinsichtlich der Anwendungsmöglichkeit der Nettokapitalwertmaximierung zwar überwiegende, jedoch keine einhellige Zustimmung[548]. Nach Heigl/Melcher (und mit ihnen dem Großteil der steuerbilanzpolitischen Literatur) hängt es von der Planungssituation ab, welche Zielfunktion zu verwenden ist; zur Situationsklassifizierung benutzen sie vier Kriterien[548a]: erstens ist die Berücksichtigung des Interesses der Gebildeträger durch die steuerbilanzerstellende Instanz zu beachten, wobei die Interessenberücksichtigung entweder auf die personale Struktur der Gesellschaft oder bei nicht-

---

[547] Zu diesen beiden Nebenwirkungen vgl. ausführlicher Börner/Krawitz (1977), S. 96ff.

[548] Insbes. Siegel hat in mehreren Beiträgen nachzuweisen versucht, daß die Nettokapitalwertmaximierung in keinem Falle als Zielfunktion der Steuerplanung brauchbar sei: vgl. Siegel (1973); Siegel (1974); Siegel (1976).

[548a] Vgl. Fn. 546. — Beim ersten Kriterium etwas abweichende Formulierung durch den Verfasser.

personalen Gesellschaften auf das Handeln des Managements im Interesse der Gebildeträger zurückzuführen sein kann (Handeln im Interesse der Gebildeträger oder im Interesse der „Unternehmung an sich"). Zweitens ist das verfolgte Oberziel relevant (es werden Einkommens- und Vermögensmaximierung betrachtet). Diese beiden Kriterien sind immer zu prüfen. Ferner können als Kriterien in Betracht kommen: drittens die ökonomische „Umgebung" (Verzinsung außerhalb des Unternehmens höher oder niedriger als im Unternehmen?) und viertens die Bindung oder Nichtbindung der Entnahmen an den Ergebnisausweis. Das dritte und vierte Kriterium werden nicht zur Einordnung aller Konstellationen benötigt, weil für manche Konstellationen bereits die beiden ersten Kriterien zur Festlegung der Zielfunktion des Partialmodelles genügen; z. B. ist es bei nicht-personalen Gesellschaften, die nicht im Interesse der Gebildeträger handeln, für die Steuerplanung irrelevant, ob die Gebildeträger innerhalb oder außerhalb des des Unternehmens eine höhere Rendite erzielen können.

Auf die Nettokapitalwertmaximierung führen nach HEIGL/MELCHER folgende Planungssituationen, die mit Hilfe der angeführten vier Kriterien beschrieben werden. Die Kriterien werden durch eingeklammerte arabische Ziffern wie oben numeriert; nichtgenannte Kriterien sind für die jeweilige Situation nicht relevant, d. h. in beiden Ausprägungen führt das jeweilige Merkmal zum selben Ergebnis. Bezüglich des ersten Kriteriums muß unbedingt Handeln im Interesse der Gebildeträger vorliegen, sonst kann Nettokapitalwertmaximierung nicht als Zielfunktion resultieren. Unter (1) wird daher angegeben, *auf welchem Grund* die Berücksichtigung des Interesses der Gebildeträger beruht. Die auf Nettokapitalwertmaximierung führenden Planungssituationen sind:

1. (1) personale Gesellschaft oder Einzelunternehmung;
   (2) Einkommensmaximierung;
   (4) Entnahme vom Ergebnisausweis abhängig.

2. (1) personale Gesellschaft oder Einzelunternehmung;
   (2) Vermögensmaximierung (unter Einschluß der Anlage außerhalb des Unternehmens);
   (3) höhere Verzinsung außerhalb des Unternehmens;
   (4) Entnahme abhängig vom Ergebnisausweis.

3. (1) nicht-personale Gesellschaft mit Handeln im Interesse der Gebildeträger;
   (2) Einkommensmaximierung.

4. (1) nicht-personale Gesellschaft mit Handeln im Interesse der Gebildeträger;
   (2) Vermögensmaximierung;
   (3) höhere Verzinsung außerhalb des Unternehmens.

Zusammenfassend kann festgehalten werden, daß für die Bestimmung des Zieles des Partialmodelles das Oberziel und die gesellschaftsrechtliche und ökonomische Situation maßgebend sind.

b) Kritik der Lösung und eigene Bestimmung des Geltungsbereiches

Zunächst ist zu den „nicht-personalen Gesellschaften“ im Sinne von Heigl/Melcher zu bemerken, daß hierunter offenbar die Kapitalgesellschaften gemeint sind, bei denen die Ausschüttung ex lege an den Gewinnausweis geknüpft ist. Daher könnte auch in den Planungssituationen 3. und 4. das Kriterium (4) in der Ausprägung „Entnahme vom Ergebnisausweis abhängig“ angeführt werden. Die *Abhängigkeit der Entnahme vom Ergebnisausweis* scheint somit eine notwendige Bedingung für die Geltung der Zielfunktion Nettokapitalwertmaximierung zu sein. Allerdings verweisen Heigl/Melcher darauf, es sei „bei nicht-personalen Gesellschaften denkbar“, daß dieses Ziel auch bei Interesse der Gebildeträger bzw. der Unternehmensleitung an einer „auch optisch sichtbare(n) Dokumentation der Gewinnhöhe nach außen“ gelten könne[549].

Hiermit ist die handelsbilanzielle Informationswirkung gemeint. Diese Situation wird jedoch von Heigl/Melcher nicht in die abschließende Zusammenfassung der Planungssituationen, welche jeweils auf eine bestimmte Zielfunktion führen, aufgenommen.

Im Sinne der Ausführungen zur Berücksichtigung handelsbilanzieller Nebenwirkungen der Steuerbilanzpolitik im Ersten Kapitel, Abschnitt D. III, ist zur Zielbildung des Partialmodelles bei handelsbilanziellen Nebenwirkungen, insbesondere Informationswirkungen, der Steuerbilanz folgendes zu überlegen: Wäre ohne Berücksichtigung der handelsbilanziellen Nebenwirkungen die Steuerkapitalwertminimierung anzuwenden, so bedeutet der Übergang auf Nettokapitalwertmaximierung, daß den handelsbilanziellen „Neben“-Wirkungen (z. B. Publizitätswirkungen) ein so hohes Gewicht im Verhältnis zu den Zins- und Steuersatzeffekten beigemessen wird, daß hierdurch letztere Überlegungen völlig verdrängt werden. In die Zielgewichtung gehen daher die „Neben“-Wirkungen mit dem Gewicht ∞ ein. Wenn

[549] Heigl/Melcher (1974), S. 47.

das Gewicht der „Neben"-Wirkungen jedoch kleiner eingeschätzt wird, was häufig zutreffen dürfte, so wären die negativen „Neben"-Wirkungen steuerbilanzpolitischer Maßnahmen entweder durch Restriktionen auf ein gewisses Maß zu beschränken oder aber zu bewerten und *im Rahmen der Steuerkapitalwertminimierung* mit den widerstreitenden eigentlichen steuerbilanziellen Interessen abzugleichen[550].

Ein entscheidendes Kriterium für die zutreffende steuerbilanzpolitische Zielfunktion besteht in der übergeordneten finanzwirtschaftlichen Zielfunktion. Da die Begriffe Einkommens- und Vermögensmaximierung z. T. unüblich benutzt wurden, müssen sie zunächst geklärt werden, wobei ergänzend auch das Ziel der Wohlstandsmaximierung anzusprechen ist[551]. Beim Ziel der Vermögensmaximierung sind die Konsumentnahmen der jeweiligen Perioden dem Betrag nach vorgegeben, wobei die Höhe im Zeitablauf variieren kann. Die festen Entnahmen der einzelnen Perioden gehen als Nebenbedingung in die Optimierung ein. Diese ist auf das Vermögen am Ende des Planungszeitraumes gerichtet.

Hingegen werden bei der Einkommensmaximierung möglichst hohe Konsumentnahmen angestrebt, wobei die *Relationen* zwischen den Entnahmen der einzelnen Perioden *fixiert* sind; im übrigen können die Relationen beliebig sein. Die Erlangung oder Erhaltung eines bestimmten Endvermögens wird i. a. als Nebenbedingung eingeführt. Bei der Wohlstandsmaximierung sind weder feste Relationen noch absolute Werte für die Konsumentnahmen der einzelnen Perioden vorgegeben, vielmehr werden die Entnahmen in einer Abwägung gegen den alternativ erzielbaren Vermögenszuwachs bestimmt; hierfür ist eine Austauschregel erforderlich, die angibt, auf wieviel Konsum in einem bestimmten Zeitpunkt jemand zu verzichten bereit ist, wenn dafür der spätere Konsum oder das spätere Vermögen um einen gewissen Betrag steigen.

Bei Vermögensmaximierung und höherer Außenverzinsung führen die Planungssituationen 2 und 4 auf die Nettokapitalwertmaximierung. Die höhere Außenverzinsung kann verschiedene Ursachen haben. Die auf Höherschätzung des Konsums zurückzuführende höhere Außenverzinsung kann im Rahmen der Zielfunktion Vermögensmaximierung unerörtert bleiben, daher kommen nur außerbetriebliche Kreditrückzahlungen oder Investitionen als Quelle der bei Außenanlage erzielbaren Zinsen in Betracht. „Außerbetrieblich" kann entweder bedeu-

---

550 Vgl. Erstes Kapitel, bes. Abschn. D. III. 1.

551 Vgl. SCHNEIDER, D. (1975a), S. 179ff.

ten, daß die Außenanlage im Privatbereich erfolgt, oder aber in einem anderen Unternehmen. Der Vergleich ist anhand der Nettozinsen, d. h. der Rendite nach Abzug aller Steuern durchzuführen. Dies ist in jenen Fällen besonders wichtig, in welchen für die „Außenanlage" Investitionen in Betracht kommen, die aus steuerlicher Sicht im „Privatbereich" erfolgen, so daß bei ihnen mindestens die Gewerbesteuer, in manchen Verwendungsformen aber auch die Einkommensteuer wegfällt.

Problematisch für die Abgrenzung der Planungssituationen anhand der höheren oder niedrigeren Außenrendite ist die Tatsache, daß die Außenrendite i. a. keine konstante Größe darstellt. Häufig sinkt mit steigendem Kapitalangebot die Rendite. Es kann aber a priori, d. h. vor Durchführung der Steuerbilanzplanung, nicht festgestellt werden, welche Ausschüttung und somit auch, welche Rendite der Grenzausschüttung zutrifft. Damit die Nettokapitalwertmaximierung im Falle der höheren Rendite der Außenanlage die adäquate Zielfunktion darstellt, muß daher sichergestellt sein, daß im Variationsbereich der durch die Lösung des steuerbilanzpolitischen Partialmodelles bestimmten Ausschüttungen *durchwegs* die Außenrendite größer als die Innenrendite ist. Falls dies nicht sichergestellt ist — und falls andererseits auch nicht sichergestellt ist, daß die Außenrendite durchwegs kleiner als die Innenrendite ist —, dann muß das *Modell vergrößert* werden und es muß eine Simultanplanung für Außen- und Innenbereich unter der Geltung der Zielfunktion Steuerkapitalwertminimierung erfolgen. Die Steuerkapitalwertminimierung ist daher die allgemeinere Lösung; die Nettokapitalwertmaximierung ist höchstens für die soeben präzisierte Situation brauchbar.

Für das Oberziel Vermögensmaximierung führt jedoch, wie SIEGEL gezeigt hat[552], die Nettokapitalwertmaximierung dennoch nicht zum richtigen Ergebnis. Man zeigt dies am einleuchtendsten in der unmittelbar verständlichen Fassung der Vermögensmaximierung als Endwertmaximierung: Gegeben seien Zahlungsüberschüsse (vor Steuern) Z_t in der Unternehmung. Wenn die Außenanlage nur über Gewinnausweis möglich ist, so fließen aus der Unternehmung die Bruttogewinne (nach bilanzpolitischen Maßnahmen) $\overline{G}_t$ ab, denn es müssen hiervon die Ertragsteuern entrichtet werden und der Nettogewinn wird entnommen.

[552] SIEGEL (1976), S. 243f. — Diese Darstellung präzisiert die frühere Darstellung bei SIEGEL (1973), S. 271ff., und räumt die gegen sie von HEIGL/MELCHER (1974), S. 45, vorgetragene Kritik aus, daß SIEGELS Ergebnis für den Fall der Bindung der Entnahmen an den Gewinnausweis nicht geprüft sei.

Soweit nicht entnommen werden kann, erfolgt im Unternehmen eine Verzinsung zum internen Zinsfuß, i_{int}, der der Einfachheit halber ebenso wie der externe Zinsfuß i_{ext} für alle Perioden gleich hoch angenommen wird. Für die Außenanlage steht der Betrag $\overline{G}_t$ abzüglich der auf ihm lastenden Ertragsteuer $s_e\,(\overline{G}_t) \cdot \overline{G}_t$ und abzüglich der Konsumentnahmen C_t zur Verfügung. (Von Variationen der Steuersätze wurde im Interesse der kürzeren Darstellung abgesehen.)

Die Zielfunktion lautet daher:

$$(37) \qquad \sum_{t=1}^{n} (Z_t - \overline{G}_t) \cdot (1 + i_{int})^{n-t} + \sum_{t=1}^{n} [\overline{G}_t - s_e\,(\overline{G}_t) \cdot \overline{G}_t - C_t] \cdot (1 + i_{ext})^{n-t} \rightarrow \max$$

(Da Z_t und C_t im vorliegenden Modell Konstante sind, können sie bei der Extremierung weggelassen werden.)

Der Nettokapitalwertmaximierung entspricht aber eine Zielfunktion, die nur aus der zweiten Summe von (37) besteht. Ersichtlicherweise kann dies aber nur dann zu einem der Zielfunktion (37) gleichwertigen Ergebnis führen, wenn die erste Summe konstant ist. $\overline{G}_t$ ist aber gerade die gesuchte variable Größe, weshalb die erste Summe nur mehr für den völlig irrealen Fall eines internen Zinsfußes von -100% konstant sein könnte. Dieses Ergebnis geht sogar noch über die von SIEGEL[553] gefundenen Identitätsbedingungen, die fast unmöglich gelten können, hinaus. *Gerade* bei Bindung der Ausschüttung an den Gewinnausweis zeigt sich also, daß die Nettokapitalwertmaximierung nicht das zutreffende Subziel bei Geltung des Oberzieles Vermögensmaximierung sein kann.

Eine Modifikation könnte sich nur ergeben, wenn man von der bisherigen stillschweigenden Prämisse, daß Handels- und Steuerbilanzergebnis genau parallel verlaufen, abgeht. Es sei daher noch der Fall untersucht, daß ein handelsbilanzieller Gewinn, der keine Funktion des steuerbilanziellen Gewinnes darstellt, ausgeschüttet und extern wieder angelegt wird. Dann wird (37) zu

$$(38) \qquad \sum_{t=1}^{n} [Z_t - G_{Ht} - s_e\,(\overline{G}_t) \cdot \overline{G}_t] \cdot (1 + i_{int})^{n-t} + \sum_{t=1}^{n} (G_{Ht} - C_t) \cdot (1 + i_{ext})^{n-t} \rightarrow \max$$

Man sieht hieraus, daß mit der Nettokapitalwertmaximierung überhaupt kein Zusammenhang mehr besteht, während die Steuer-

[553] SIEGEL (1973), S. 273.

kapitalwertminimierung ein brauchbares Subziel ergibt: In (38) sind (bei vorausgesetzter Unabhängigkeit der Handelsbilanz) alle Summanden außer

$$(38') \qquad \sum_{t=1}^{n} [-s_e(\overline{G}_t) \cdot \overline{G}_t] \cdot (1 + i_{int})^{n-t}$$

von der zu variierenden Größe $\overline{G}_t$ unabhängig und fallen daher beim Differenzieren weg.

Für den Fall der *Vermögensmaximierung* ist somit die *Nettokapitalwertmaximierung durchgehend abzulehnen.* Bei günstigerer Außenanlage ergibt die Nettokapitalwertmaximierung nur eine Näherungslösung, die allerdings umso schlechter ist, je höher die interne Rendite ist. Man sieht das leicht so[554]:

Bestimmt man das Optimum von (37), so hat man (37) nach allen $\overline{G}_t$ zu differenzieren und die für das steuerbilanzpolitische Partialmodell konstituierende Bedingung

$$(39) \qquad \sum_{t=1}^{n} \overline{G}_t = \text{const}$$

zu beachten. Zur Erleichterung der Schreibweise wird gesetzt:

$$s_e(\overline{G}_t) \,.\, \overline{G}_t = S_e(\overline{G}_t)$$
$$1 + i_{int} = r_{int}$$
$$1 + i_{ext} = r_{ext}$$

Die Konstanten Z_t und C_t sind nicht optimumbestimmend und werden weggelassen. Damit schreibt man gleichwertig mit (37)

$$(37') \qquad \sum_{t=1}^{n} (-\overline{G}_t) \cdot r^{n-t}{}_{int} + \sum_{t=1}^{n} [\overline{G}_t - S_e(\overline{G}_t)] \cdot r^{n-t}{}_{ext} \rightarrow \max$$

Man bildet aus (37′) und (39) die LAGRANGE-Funktion

$$(40) \qquad \sum_{t=1}^{n} (-\overline{G}_t) \cdot r^{n-t}{}_{int} + \sum_{t=1}^{n} [(\overline{G}_t - S_e(\overline{G}_t)] \cdot r^{n-t}{}_{ext} + \\ + \lambda \, (\sum_{t=1}^{n} \overline{G}_t - \text{const})$$

---

554 Für den folgenden Beweis benötigt man nur die altbekannte Methode der LAGRANGEschen Multiplikatoren (vgl. etwa von MANGOLDT/KNOPP (1978), S. 394ff.). — Es ist nicht erforderlich, wie SIEGEL (1972), S. 67f., angibt, Verfahren der nichtlinearen Optimierung anzuwenden. Der Beweis bleibt auch besser bei der Endwertformulierung, weil das Maximum von (40) nicht unbedingt gleichbleibt, wenn man auf Barwerte übergeht und hierbei die Summanden teils mit $r_{int}{}^{-n}$, teils mit $r_{ext}{}^{-n}$ multipliziert, wie dies SIEGEL (1976), S. 273, tut.

und bestimmt deren Extremwert durch Differenzieren nach allen $\overline{G}_t$ und λ:

$$(41)\quad \left| \begin{array}{l} -r^{n-1}{}_{int} + r^{n-1}{}_{ext}\,[1 - \dfrac{\partial\, S_e\,(\overline{G}_1)}{\partial\, \overline{G}_1}] + \lambda = 0 \\ -r^{n-2}{}_{int} + r^{n-2}{}_{ext}\,[1 - \dfrac{\partial\, S_e\,(\overline{G}_2)}{\partial\, \overline{G}_2}] + \lambda = 0 \\ \text{usw.} \\ \text{sowie (39)} \end{array} \right.$$

Hieraus erhält man die allgemeine Bedingung

$$(42)\quad r^{n-t}{}_{int} - r^{n-t}{}_{ext} + r^{n-t}{}_{ext} \cdot \frac{\partial\, S_e\,(\overline{G}_t)}{\partial\, \overline{G}_t} = \lambda$$

Demgegenüber würde ein analoges Vorgehen für die Zielfunktion Nettokapitalwertmaximierung, bei der nur aus den rechten Summanden (37′) sowie aus (39) die LAGRANGE-Funktion gebildet wird, zum Ergebnis

$$(43)\quad -r^{n-t}{}_{ext} + r^{n-t}{}_{ext} \cdot \frac{\partial\, S_e\,(\overline{G}_t)}{\partial\, \overline{G}_t} = \lambda$$

führen.

Nun soll noch die Anwendbarkeit der Nettokapitalwertmaximierung auf die *Einkommensmaximierung* geprüft werden. HEIGL/MELCHER fordern für die Einkommensmaximierung, daß eine Gleichwertigkeit von Auszahlungen, die zu verschiedenen Zeitpunkten erlangt werden, hergestellt werden müsse, was durch Diskontierung geschehen könne[555]. Hiergegen ist einzuwenden, daß dies nicht dem üblichen Inhalt der Einkommensmaximierung entspricht. Vielmehr ist dies eine ganz spezielle Austauschregel für Einkommen, welche in verschiedenen Zeitpunkten anfallen. Bei Einkommensmaximierung gemäß der üblichen, oben zitierten Definition wäre z. B. zwischen dem Konsum der ersten Periode C_1 und jenem der zweiten Periode C_2 die *feste* Relation π (z. B. = 1,1) einzuhalten:

$$(44)\quad C_2 = \pi \cdot C_1$$

einzuhalten. Kann nun z. B. C_1 nur sehr niedrig bestimmt werden, so kann auch C_2 nur 1,1 . C_1 betragen. Ein noch so hohes Ansteigen von C_2 über den Wert 1,1 . C_1 hinaus würde keine Erhöhung des Zielfunktionswertes bewirken. Der Grund hierfür kann etwa darin liegen, daß im ersten Jahr ein sehr schlechtes betriebliches Ergebnis erzielt

---

[555] HEIGL/MELCHER (1974), S. 10.

wird, die Entnahme an den Gewinnausweis geknüpft ist und für Vorgriffe auf spätere Gewinne keine Kredite aufgenommen werden (können).

HEIGL/MELCHER haben hingegen eine Zielfunktion im Auge, die (im Beispiel, bei einem Aufzinsungsfaktor von r, der im Interesse der Vergleichbarkeit mit π für das Beispiel ebenfalls mit 1,1 gewählt sei), so darzustellen ist:

(45) $$\sum_{t=1}^{n} C_t \cdot r^{n-t} \rightarrow \max$$

Es gilt also die Indifferenz

(46) $$C_t \sim C_{t-1} \cdot r$$

In diesem Zielsystem kann z. B. C_1 ohne weiteres sehr tief, z. B. um ΔC_1 sinken; wenn dafür C_2 um $(\Delta C_1) \cdot r$ steigt, so wird derselbe Zielfunktionswert wie vorher erreicht. Bei Abhängigkeit der Konsumbeträge vom Gewinnausweis gilt natürlich

(47) $$C_t = \overline{G}_t - S_e(\overline{G}_t),$$

sofern der Nettogewinn ausgeschüttet wird (und werden kann).

Diese Zielfunktion ist durchaus sinnvoll, wenn zwar die Entnahmen an die Gewinnausweise und -ausschüttungen gebunden sind, jedoch Schwankungen der Gewinnausschüttungen durch private Kreditaufnahme ausgeglichen werden können. Diese Zielfunktion entspricht überdies auch einer bereits von BAUMOL/QUANDT vorgelegten Zielfunktion

(48) $$\sum_{t=1}^{n} U_t \cdot C_t \rightarrow \max,$$

in der U_t irgendein lineares Maß für den Nutzen der Entnahme von einer Geldeinheit in Periode t darstellt[556]. Ersichtlich ist r^{n-t} ebenfalls ein geeignetes U_t. r kann insbesondere auch als Aufzinsungsfaktor für die externe Aufnahme von Krediten bzw. zwischenzeitliche Anlage von Geldern zwecks Angleichung der Gewinnausschüttung an den eigentlich gewünschten Konsumstrom gedeutet werden. Die Interpretation als persönliche Nutzenschätzung des Konsums ist zwar möglich, jedoch wegen der Linearität der Nutzenfunktionen und wegen der Unabhängigkeit der Nutzen in den einzelnen Perioden unbefriedigend.

Der von HEIGL/MELCHER als Einkommensmaximierung bezeichnete Fall ist daher eine *Wohlstandsmaximierung* mit gegebener Aus-

---

[556] BAUMOL/QUANDT (1965), S. 326.

tauschregel für interperiodische Gewinn- (= Ausschüttung- = Entnahme-)Schwankungen. Es verbleibt also eine sinnvolle Anwendungsmöglichkeit für die Nettokapitalwertmaximierung[557].

Wenn wirklich Einkommensmaximierung im üblichen Sinne angestrebt wird und außerdem nur die in der jeweiligen Periode ausgewiesenen und ausgeschütteten Gewinne für Konsumzwecke zur Verfügung stehen, so gilt:

(49) $$\overline{G}_1 + \overline{G}_2 + \overline{G}_3 + \ldots + \overline{G}_n \rightarrow \max$$

mit

(50) $$\overline{G}_1 : \overline{G}_2 : \ldots : \overline{G}_n = \pi_1 : \pi_2 : \ldots : \pi_n$$

Statt (49) kann man auch schreiben:

(51) $$G_1 \cdot \sum_{t=1}^{n} \frac{\pi_t}{\pi_1} \rightarrow \max$$

Da $\sum_{t=1}^{n} \frac{\pi_t}{\pi_1}$ eine Konstante ist, genügt

(51′) $$\overline{G}_1 \rightarrow \max \text{ (i. V. m. (50))}$$

Wegen steuerrechtlicher Restriktionen ist aber ein beliebiger Ausgleich der Bruttogewinne nicht möglich, weshalb die $\overline{G}_t$ bei größeren Gewinnschwankungen nur auf die Weise der zielfunktionsentsprechenden Struktur gemäß gestaltet werden können, daß ein sehr niedriges Niveau irgendeines der $\overline{G}_t$ das Niveau der gesamten Zielerreichung bestimmt.

Wegen der Bedingung im Partialmodell, daß

(52) $$\sum_{t=1}^{n} \overline{G}_t = \text{const,}$$ [558]

ergibt sich, daß einige der $\overline{G}_t$ auch größer als der zielfunktionsrelevante Wert $G_1 \cdot \frac{\pi_t}{\pi_1}$ sein werden. In (49) und (50) muß daher dann statt $\overline{G}_t$

---

[557] SIEGEL (1974), S. 77ff., kritisiert an früheren Arbeiten von MELCHER und HEIGL zu diesem Problem (mit im wesentlichen gleichen Aussagen) zutreffend die unübliche Verwendung des Begriffes der „Einkommensmaximierung", erkennt jedoch nicht, daß (nach terminologischer Abklärung) für die Nettokapitalwertmaximierung ein Anwednungsbereich verbleibt, der einer sinnvollen Zielfunktion entspricht.

[558] Diese Bedingung wird in der Literatur i. a. unterstellt, sie gilt aber nicht, wenn etwa Investitionsfreibeträge u. ä. gewährt werden, von denen vor der Optimierungsrechnung nicht feststeht, ob sie in Anspruch genommen werden oder nicht.

ein niedrigerer Wert $\overline{G}_{Rt}$ eingesetzt werden, der so niedrig anzusetzen ist, daß

(50′) $$\overline{G}_{R1} : \overline{G}_{R2} : \ldots : \overline{G}_{Rn} = \pi_1 : \pi_2 : \ldots : \pi_n$$

Die Optimierung wird so vorzunehmen sein, daß man versuchsweise ein $\overline{G}_{R1}$ wählt, für die $\overline{G}_{Rt}$ $(t > 1)$ die Werte gemäß (50′) einsetzt und die Manövriermasse zur Erreichung dieser Werte einzusetzen sucht. Gelingt diese Abgleichung angesichts der zwingenden steuerrechtlichen und sonstigen Restriktionen, dann wird man das Verfahren für ein höheres $\overline{G}_{R1}$ anzuwenden versuchen, im gegenteiligen Fall muß das Niveau gesenkt werden.

Bei dieser sehr strengen Zielfunktion ist es durchaus möglich, daß trotz eines ansehnlichen Totalgewinnes nicht einmal $\overline{G}_{R1} = 0$ erreichbar ist, was bereits zeigt, daß diese Zielfunktion nicht sehr realistisch ist. Immerhin aber konnte gezeigt werden, wie die eigentliche Einkommensmaximierung im steuerbilanzpolitischen Kalkül abzubilden wäre.

Realistischer wird die Zielfunktion erst dann, wenn die Bildung und Auflösung von Rücklagen und/oder die persönliche Ver- und Entschuldung zwecks Nivellierung des Einkommensstromes zugelassen wird. Für die Abbildung der Legung und Auflösung betrieblicher Reserven muß aber der Steuerbilanz- vom Handelsbilanzgewinn getrennt werden. Die Bedingungen (49) und (50) werden dann für die handelsbilanziellen Werte zu formulieren sein. Falls schon zu Beginn des gesamten Planungszeitraumes Reserven vorhanden sind oder falls die Gewinneinbrüche erst relativ spät im Planungszeitraum erfolgen, kann durch Bildung und Auflösung von Reserven in der Handelsbilanz erreicht werden, daß die mangelnde Angleichbarkeit der Steuerbilanzgewinne nicht auf das erreichbare Niveau der Zielfunktion durchschlägt. Dies sei jedoch nicht weiter verfolgt, weil durch solche Erweiterungen die isolierten steuerbilanzpolitischen Modelle in Richtung Totalplanungsmodelle verlassen werden und die strenge Zielfunktion der Einkommensmaximierung ohnehin weniger realistisch erscheint als die oben beschriebene Wohlstandsmaximierung mit Austauschregel für interperiodische Gewinnschwankungen. Auch auf die Erörterung der Anwendbarkeit der allgemeinen Wohlstandsmaximierungskonzeption auf die Steuerbilanzplanung muß verzichtet werden[559].

---

[559] Vgl. hierzu aus der allgemeinen Investitions- und Finanzierungstheorie u. a. Hirshleifer (1958); Buchner (1968); Laux/Franke (1970). — Gewisse Hinweise für die Adaptierung der allgemeinen Zielfunktion „Wohl-

Da die besprochenen Zielfunktionen immer für ein steuerbilanzpolitisches Partialmodell aufgestellt werden, in Wahrheit aber die Optimierung des Gesamtunternehmens angestrebt wird, soll in der Zielfunktion des Partialmodelles auch der Einfluß der steuerbilanzpolitischen Aktionsparameter auf andere Teilpläne zum Ausdruck kommen. Hinsichtlich der besonders wichtigen handelsbilanziellen Nebenwirkungen steuerbilanzpolitischer Maßnahmen wurde dies im Ersten Kapitel, Abschnitt C. II. 1 abgehandelt.

III. Steuerbilanzpolitische Entscheidungen bei nicht-gewinnorientierten Zielfunktionen

Mit Ausnahme des Liquiditätszieles wurden nicht-gewinnorientierte Ziele in der steuerbilanzpolitischen Literatur bisher kaum diskutiert. Eine Erörterung erscheint jedoch gerade für die bisher nicht diskutierten Ziele erforderlich, auch wenn das Ergebnis darin bestehen sollte, daß bei Verfolgung bisher nicht untersuchter nicht-gewinnorientierter Ziele keine steuerbilanzpolitischen Aufgabenstellungen existieren.

Aus der Vielzahl möglicher Ziele muß eine Auswahl getroffen werden. Zunächst werden nicht-gewinnorientierte Formalziele, und zwar das Liquiditätsziel, Umsatz- und Absatzziele sowie nicht-monetäre Ziele besprochen. Abschließend sollen die Probleme bei Verfolgung von Sachzielen erörtert werden.

1. Andere Formalziele

a) Liquiditätsziel

Neben den gewinnorientierten Formalzielen (auch als „Rentabilitätsorientierung" bezeichnet) wird in der steuerbilanzpolitischen Literatur die Verfolgung eines Liquiditätszieles herausgestellt. Die Abgrenzung des Geltungsbereiches bereitet allerdings Schwierigkeiten, und die Implikationen einer vorwiegend oder ausschließlich an der Liquidität orientierten Steuerbilanzpolitik werden nicht immer in voller Tragweite gesehen.

Einen unbrauchbaren Vorschlag zur Abgrenzung einer „rein liquiditätsorientierten Steuerbilanzpolitik" hat MÜLLER-KRÖNCKE vor-

---

standsmaximierung" für die steuerbilanzpolitische Planung gibt SIEGEL (1974), S. 78f., dessen generalisierenden Aussagen aber nicht zugestimmt werden kann, weil sie von der speziellen Form der unterstellten Indifferenzkurven abhängen.

gelegt[560]. Rein liquiditätsorientierte Steuerbilanzpolitik liege dann vor, „wenn die Voraussetzungen für die Rentabilitätskomponente fehlen". Diese Rentabilitätskomponente ist aber nach MÜLLER-KRÖNCKE bereits gegeben, wenn es möglich ist, „die auf- oder abgezinste Summe der für den Planungszeitraum zu leistenden Ertragsteuerzahlungen zu verändern". Man überlegt sich leicht, daß dies eine rechte Universalbedingung ist, denn *keine* Veränderungsmöglichkeit dieser Größe besteht nur, wenn entweder

(a) der Steuertarif gleichbleibend und proportional und außerdem der Zinsfuß gleich Null ist oder

(b) durch einen unerhörten Zufall bei nichtproportionalem Steuertarif Progressionswirkungen *immer* gerade durch Zinsfußänderungen ausgeglichen werden.

Fall (a) ist unrealistisch, Fall (b) scheint geradezu unmöglich. Die Verfolgung des Liquiditätszieles kann somit keinesfalls aus der Absenz der gewinnorientierten Ziele erklärt werden.

Das Liquiditätsziel gewinnt vielmehr dann Bedeutung für die Planung, wenn die Liquidität gefährdet ist — unabhängig von der Gewinnsituation. Dabei kann es natürlich nur um kurzfristige Diskrepanzen gehen, denn auf lange Sicht ist der gewinnreichste Betrieb (c. p., d. h. bei gleichem Wachstum, gleichen Ausschüttungen usw.) auch der liquideste. Kurzfristig jedoch kann das Urteil der potentiellen Financiers, vielleicht auch wegen deren Orientierung an vergangenheitsorientierten Daten wie Bilanzkennzahlen, auch beim gewinnträchtigen Unternehmen zur Verweigerung der benötigten Mittel führen.

Auf kurz- bis mittelfristig knappe Liquidität als Bedingung für die Geltung einer liquiditätsorientierten Zielfunktion der Steuer-(bilanz-)politik stellt SELCHERT ab[561]: Bei vorübergehender Nichtliquidität, bei der kurzfristig die finanziellen Mittel zur Steuerzahlung fehlen, müssen die Steuerzahlungen auch um den Preis steuerlicher und liquiditätsmäßiger Mehrbelastungen in spätere Perioden verschoben werden. Bei begrenzter Liquidität reichen die liquiden Mittel aus, um gegenwärtige Steuerzahlungen zu leisten, sie reichen aber nicht für spätere höhere Steuerzahlungen; dieser Fall ist auch dann gegeben, wenn die für die sofortige Steuerzahlung verfügbaren Mittel einer anderen Verwendungsrichtung zugeführt werden können, die einen über die spätere Steuermehrbelastung hinausgehenden Gewinn erbringt,

---

560 MÜLLER-KRÖNCKE (1974), S. 90f.

561 SELCHERT (1975), S. 441ff.

jedoch nicht rechtzeitig zu den erforderlichen liquiden Mitteln führt. In diesem Falle seien die Steuern sofort zu bezahlen, eventuell sei sogar eine Steuervorverlagerung sinnvoll. In der dritten Situation, bei „relativer Liquidität", sind so viele liquide Mittel vorhanden, „daß sie innerhalb des steuerlichen Gestaltungsrahmens als unbegrenzt angesehen werden können." In diesem Falle gelten keine Liquiditätsziele für die Steuerpolitik.

SELCHERT ist grundsätzlich zuzustimmen, doch müssen seine Ausführungen präzisiert werden: Wegen des ganzheitlichen Charakters der Liquiditätsbedingungen ist es etwas mißverständlich, davon zu sprechen, daß die liquiden Mittel *für Steuerzahlungen* vorhanden sind oder nicht. Die Liquiditätsbeurteilung muß für den *gesamten Betrieb* erfolgen. Hingegen ist die Kritik SIEGELS an SELCHERT unzutreffend: „Das Wirksamwerden von Nebenbedingungen kann keinen Einfluß auf die Konzeption der Zielfunktion haben"[562]. Diese Kritik wäre lediglich für einen umfassenden Optimierungsansatz, insbesondere für ein Totalplanungsmodell, zutreffend, und auch hier nur insoweit, als über die Zielfunktion des mathematischen Entscheidungsmodelles Aussagen gemacht werden sollen: In solchen Modellen wird man die Liquiditätsbedingung als strenge Nebenbedingung einführen und eine gewinnorientierte Zielfunktion (z. B. Endvermögensmaximierung unter weiteren Nebenbedingungen) formal als Zielfunktion ansetzen. Jedoch ist jede Einführung einer strengen Nebenbedingung in ein Simultanoptimierungsmodell als *vorrangig zu verfolgendes Ziel* zu interpretieren, weil der Algorithmus nur solche Lösungen des Gesamtproblems überhaupt als zulässig ausweist, in denen die strengen Nebenbedingungen eingehalten sind. Gegenüber allen Zielen, die in der Zielfunktion des Optimierungsmodelles auftreten, sind also die Ziele, die in die Form von Nebenbedingungen gebracht werden, die primären; es handelt sich zugleich um begrenzt verfolgte Ziele, denn sie werden nur bis zur Erreichung eines bestimmten Niveaus (hier z. B. „ausreichende" Liquidität) angestrebt. Die in die formale Zielfunktion eingehenden Ziele werden unbegrenzt verfolgt, sie können aber erst sekundär, d. h. im Rahmen der Sicherstellung des Mindestniveaus der primären Ziele, angestrebt werden[563]. Verwendet man nun nicht ein komplexes (Total-) Planungsmodell und ist die Einhaltung der Mindestliquidität nicht gesichert, so ist aber SELCHERT und anderen Autoren, die in bestimmten Situationen eine liquiditätsorientierte Steuer-(bilanz-)politik vertre-

---

[562] SIEGEL (1976), S. 231f.

[563] Vgl. HEINEN (1971), S. 52ff. und S. 107ff.

ten, zuzustimmen, wenn sie für das vereinfachte Modell das *primäre* Ziel verwenden.

In einem vereinfachten Steuerplanungssystem kann auch die gewinnorientierte Zielfunktion (z. B. Steuerkapitalwertminimierung) als formale Zielfunktion beibehalten und eine grobe Abstimmung mit der Finanzplanung durch die Einführung von Liquiditätsrestriktionen erzielt werden. Durch derartige Restriktionen wird für Mittelabflüsse im Steuerbereich ein Höchstbetrag vorgegeben. Steuerbilanzpolitische Aktionen, die zu einer Reduzierung der Finanzabflüsse für Steuerzahlungen führen, haben teilweise auch die liquiditätsmäßig erwünschte Nebenwirkung einer Reduzierung der Auszahlungen an die Eigentümer (etwa bei über die Maßgeblichkeit vom Steuerbilanzgewinn abhängigen Gewinnausschüttungen)[564].

Ersichtlicherweise führt die Einführung einer speziellen Liquiditätsrestriktion für die Steuerbilanzpolitik zur Vorstellung der „Bewirtschaftung eines Steuerkredites"[565]. Die Implikationen dieser Sicht wurden bereits im Zusammenhang mit der bisweilen an die Steuerbilanzpolitik gestellten Forderung, *unbedingt* bestimmte finanzielle Mittel für Investitionen zur Verfügung zu stellen, abgehandelt[566]. Von der Finanzierungsseite her ergeben sich ähnliche Implikationen bei ausschließlicher Verfolgung von Liquiditätszielen, wie man sich anhand des Totalmodelles überlegt: Aufgrund unserer Rechtsordnung, die die Aufrechterhaltung der jederzeitigen Zahlungsbereitschaft unter der Sanktion der Konkurseröffnung erzwingt, ist in jedem Totalplanungsmodell eine Bedingung des finanziellen Gleichgewichts (Liquiditätsbedingung) enthalten, gleichgültig welche Ziele verfolgt werden. In diese Liquiditätsbedingung gehen immer auch die Ertragsteuern und damit indirekt die steuerbilanzpolitischen Maßnahmen ein[567]. Ausschließliche Verfolgung eines Primärzieles bedeutet, daß der Zielfunktionswert für die sekundäre Zielfunktion bis $\rightarrow \infty$ gehen könnte, ohne daß eine Erhöhung des Wertes der sekundären Zielfunktion eine Verbesserung

---

[564] Vgl. auch HEIGL/MELCHER (1974), S. 116ff.

[565] BLOHM (1968), S. 175.

[566] Vgl. S. 154ff., bes. Fn. 354.

[567] Anderer Ansicht ist SCHNEIDER, D. (1968a), S. 34: „Interessiert sich der Unternehmer überhaupt nicht für den Gewinn, dann kann auch die Gewinnbesteuerung auf seine Entscheidung keinen Einfluß ausüben." — Ob sich der Unternehmer für Gewinne interessiert, ist unmaßgeblich; maßgeblich ist vielmehr, ob Gewinne oder mindestens Gewerbeerträge *entstehen* und deshalb über den Eingang in die Liquiditätsbedingung doch die Entscheidung beeinflussen.

der Gesamtzielerreichung brächte. Ist die primäre Zielfunktion (= Nebenbedingung im Totalmodell) die Liquiditätsbedingung, so bedeutet das *starre Finanzierungsgrenzen*, die durch keinerlei Maßnahmen, *auch nicht durch Aufnahme noch so teurer Kredite* hinausgeschoben werden können. Wenn *tatsächlich* diese Situation vorliegt, dann ist die ausschließlich liquiditätsorientierte Zielfunktion der Steuerbilanzpolitik zutreffend. Das dürfte aber nur für extreme Krisensituationen der Betriebswirtschaft zutreffen. I. a. realitätsnäher ist die Einführung variabler Finanzierungsgrenzen.

Für die Steuerbilanzpolitik ergibt dies im Rahmen der iterativen Abstimmung isolierter Teilpläne, daß auch bei Liquiditätsschwierigkeiten an der gewinnorientierten Zielfunktion festzuhalten ist, jedoch der Kalkulationszinsfuß zum Ausdruck der hohen Kosten der Finanzmittelbeschaffung oder aus Opportunitätskostenerwägungen (wegen Erreichung der Verschuldungsgrenze) erhöht werden muß. Durch die Erhöhung des Kalkulationszinsfußes werden teils in anderen Teilplänen finanzielle Mittel eingespart, teils wird im Bereich der Steuerbilanzpolitik, etwa bei Steuerbarwertminimierung, die Verlagerung von Steuerzahlungen in die Zukunft gefördert — jedoch niemals um den Preis einer Erhöhung der zukünftigen Steuerzahlungen bis $\rightarrow \infty$, sondern in einem kontrollierten, durch die Erhöhung des Kalkulationszinsfußes genau quantifizierten Ausmaß.

b) Absatz- und Umsatzziele

Absatz- und Umsatzziele spielen in der betrieblichen Realität eine größere Rolle als in der wirtschaftswissenschaftlichen Theorie. Vor allem die Umsatzmaximierung unter der Nebenbedingung eines Mindestgewinnes dürfte eine häufig zu beobachtende Verhaltensmaxime darstellen. Bei atomistischer Konkurrenz fallen Absatz- und Umsatzmaximierung zusammen, im Monopol müssen sie unterschieden werden. Die persönliche Position von Managern wird oft nach der Größe der von ihnen geleiteten Unternehmungen beurteilt, die Größe wiederum wird häufig am Umsatz gemessen. Umsatzausweitung dient aber auch der Sicherung des Unternehmens, indem sie entweder seine relative Stellung in einem bestimmten Markt festigt oder Diversifizierung ermöglicht und schließlich auch den Markteintritt neuer Konkurrenten weniger attraktiv gestaltet[568]. Die Umsatz- bzw. Absatzmaximierung mit der Bedingung eines Mindestgewinnes tritt auch in der Variante auf,

---

[568] Vgl. z. B. NUSSBAUMER (1962/63).

daß nicht ein absolut feststehender Gewinn, sondern eine „Umsatz-Gewinnrate“ nicht unterschritten werden soll.

Der Zusammenhang zwischen dem Umsatzziel und der Steuerbilanzpolitik wurde m. W. erstmals von Loitlsberger aufgezeigt: Eine Bilanzprognose zeigt eine voraussichtliche Überschreitung des erforderlichen Mindestgewinnes und bildet so den Anstoß für die Vornahme von Investitionen, mit denen der Umsatz gesteigert wird (oder mit denen andere sekundäre Ziele verfolgt werden können); durch die Gewinnprognose werden Investitionen, die für sich nicht getätigt würden, weil sie einen zu geringen oder überhaupt keinen Gewinn erbringen, erst ausgelöst, weshalb sie von Loitlsberger zum Unterschied von „eigenbestimmten“ Investitionen als „gemischt-“ oder „fremdbestimmte“ Investitionen bezeichnet werden[569]. In bemerkenswerter zeitlicher Parallelität hat Rosenberg für ein die Steuern (einschließlich bilanzpolitischer Maßnahmen) recht genau abbildendes Totalmodell die Zielfunktion der Umsatzmaximierung unter der Nebenbedingung der Erreichung eines Mindestgewinnes gewählt[570].

Loitlsberger, der allerdings sein Augenmerk vor allem auf die Steuerabwehr richtet, hebt die Maßnahmen *vor* dem Bilanzstichtag als besonders zielführend hervor. Im Hinblick auf die Zielsetzung Umsatzmaximierung ist jedenfalls der Bilanzpolitik *vor* dem Bilanzstichtag große Bedeutung beizumessen, doch können auch Maßnahmen nach dem Bilanzstichtag zur Erreichung der Umsatzausweitung beitragen, wenn man auf die mehrperiodische Betrachtung übergeht: Durch den Einsatz der Manövriermasse wird zunächst einmal der Abfluß der Steuerzahlungen verhindert und es können zwischenzeitlich Maßnahmen eingeleitet werden, die im Interesse der Zielsetzung Umsatzmaximierung liegen (z. B. Senkung der Preise); wenn sich dann in der späteren Periode der steuerliche Manövriermasseneinsatz ins Gegenteil verkehrt, so wird die steuererhöhende Wirkung durch die Senkung des Bruttogewinnes kompensiert, so daß auch die Maßnahme nach dem Bilanzstichtag zur Erreichung des Formalzieles Umsatzmaximierung beitragen konnte.

---

[569] Loitlsberger (1976), bes. S. 322ff.

[570] Rosenberg (1975), bes. S. 102f., S. 103f. und S. 138. — Dieses Zielsystem hat allerdings den Mangel, daß nur der Gesamtumsatz ohne Zeitpräferenz maximiert wird. Eine Modellformulierung unter Berücksichtigung einer jährlichen Zuwachsrate des Umsatzes wäre aber leicht möglich: Vgl. Rückle (1970), S. 68. — Falls die dort fix vorgegebene Umsatzzuwachsrate parametrisch variiert wird, so erhält man eine brauchbare Berechnungsmethode für die Zielsetzung der Maximierung einer Umsatzzuwachsrate, für die Rosenberg (S. 138) so große Schwierigkeiten sieht.

Für die Ableitung steuerbilanzpolitischer Verhaltensmaximen bei Absatzmaximierung wird ein einfaches Modell betrachtet, mit dem aufgezeigt werden soll, daß eine umfassende gesonderte Untersuchung erforderlich wäre, um allgemeinere Aussagen über die Steuerbilanzpolitik bei Geltung dieser Zielfunktion machen zu können.

Modellprämissen: Ein Monopolist plant für zwei Perioden. Er sieht sich in beiden Perioden derselben linearen Preisabsatzfunktion und derselben Kostenfunktion gegenüber. In beiden Perioden will er Absatzmaximierung betreiben und einen Mindestgewinn von 40 GE nach Steuern erzielen. Von diesem Mindestgewinn sollen 20 GE ausgeschüttet werden. Minderabsätze in der einen Periode sind durch Mehrabsätze in der anderen Periode ausgleichbar. Der Ertragsteuersatz s_e ist proportional und beträgt in beiden Perioden 0,6. Es besteht kein Unterschied zwischen Handels- und Steuerbilanz[570a]. Zur Diskussion steht, ob ein Manövriermasseneinsatz von 10 GE in der ersten Periode erfolgen soll, der sich in der zweiten Periode wieder auflöst.

Die Situation ist in Abbildung 5 dargestellt:

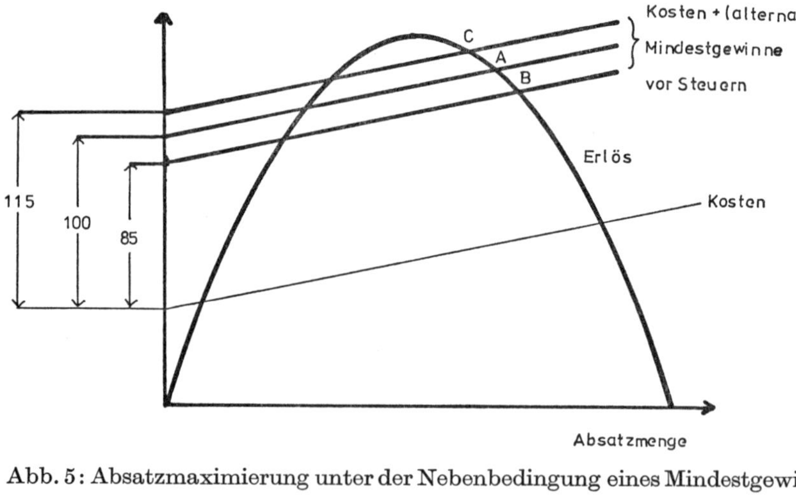

Abb. 5: Absatzmaximierung unter der Nebenbedingung eines Mindestgewinns

Die Wirkungen des Einsatzes von 10 GE als Manövriermasse (z. B. Bildung einer steuerfreien Rücklage) überlegt man so: Der erforderliche Erlös kann auf 85 GE gesenkt werden, denn

$$85 - 0{,}6\,(85 - 10) = 40.$$

570a Also: Aufwand = Betriebsausgaben. — Ferner wird deren Gleichheit mit den Kosten (ausgenommen Ertragsteuern) unterstellt.

Der Punkt B wird realisiert. In der zweiten Periode muß jedoch der Erlös auf 115 GE angehoben werden. Der Punkt C wird realisiert.

Die Graphik zeigt, daß im speziellen Fall die Absatzausweitung in der ersten Periode geringer als die Absatzeinbuße in der zweiten Periode ist, weshalb auf den Manövriermasseneinsatz verzichtet werden sollte. Es wäre jedoch auch die Überlegung möglich, die Manövriermasse dennoch in der ersten Periode einzusetzen, den geforderten Preis in der ersten Periode gleich zu lassen, die ersparten 6 GE zinsbringend anzulegen und aus dem (versteuerten) Zinsenertrag in der zweiten Periode eine kleine (absatzausweitende) Preissenkung zu finanzieren. Der Einsatz der Manövriermasse wäre daher zu empfehlen.

Die Modellbetrachtung zeigt, wovon das abgeleitete Ergebnis u. a. abhängt: von der Austauschregel zwischen Absätzen und Mindestgewinnen in den einzelnen Perioden (man könnte einen „Zinsfuß" für die Mehr- oder Minderschätzung von Absatz in den verschiedenen Perioden verwenden), vom Steuertarif, insbesondere auch von der Marktform und der Form der Preisabsatzfunktion — bei einer doppelt geknickten Preis-Absatzfunktion etwa hätte man ein völlig anderes Ergebnis erhalten können. Diese kursorischen Hinweise müssen an dieser Stelle genügen; eine systematische Erforschung der Beziehungen zwischen Umsatz-(Absatz-)Maximierung und Steuerbilanzpolitik muß einer gesonderten Arbeit vorbehalten werden. Als notwendige Voraussetzung für zielkonformes Verhalten kann jedenfalls im Anschluß an LOITLSBERGER gefordert werden, eine so rechtzeitige Bilanzprognose durchzuführen, daß noch Maßnahmen vor dem Bilanzstichtag zur Reduzierung eines, gemessen an der Zielfunktion, unnötig hohen Gewinnes und zur Einleitung eines Umsatz-(Absatz-)Ausweitungsprozesses gesetzt werden können.

c) *Nichtmonetäre Ziele*

Ein nichtmonetäres Ziel, das im Zusammenhang mit der Steuerbilanzpolitik besondere Bedeutung besitzt, ist das Streben nach persönlichem Wohlergehen des Entscheidungsberechtigten[571]. Ein häufig angestrebtes Teilziel ist jenes des persönlichen Wohlbefindens am Arbeitsplatz. Es wird durch die verschiedensten Umstände gefördert, etwa durch das luxuriös ausgestattete Büro (einschließlich einer eventuell nicht allzu tüchtigen, aber persönlich angenehmen Sekretärin), durch komfortable Personenkraftwagen usw. Die Abgrenzung zwischen der betrieblichen Veranlassung (oder gar Notwendigkeit) und dem Stre-

[571] Vgl. LOITLSBERGER (1976), S. 324.

ben nach privater Annehmlichkeit ist außerordentlich schwierig. Ähnliche Probleme der Abgrenzung zwischen der betrieblichen und der privaten Sphäre (oder anders ausgedrückt: zwischen der Einkommenserzielung und der Einkommensverwendung) ergeben sich z. B. für Geschenke an Geschäftsfreunde, mit denen auch ein privater Kontakt besteht, Einladungen zu Jagdgesellschaften (Verbindung von Geschäftsanbahnung und Freizeitgestaltung).

Bedenkt man, daß der Mensch einen Großteil seines Lebens am Arbeitsplatz verbringt und daß viele Personen in gehobener Position auch ihre „Freizeit" zu einem gewissen Teil wieder im geschäftlichen Interesse verwenden, so wird man den Mindestgewinn, der erzielt werden muß, bevor derartige — mit LOITLSBERGER als „Wohlfahrtsinvestitionen" zu bezeichnende — Maßnahmen in Betracht gezogen werden, nur recht niedrig ansetzen können. Da der erzielte Gewinn letztlich im Interesse der Konsumermöglichung angestrebt wird, konkurriert der (eindeutig private) Konsum mit den „Wohlfahrtsinvestitionen"[572]. Zur Bestimmung des Gleichgewichtes zwischen beiden Verwendungsarten finanzieller Mittel ist zu beachten, daß eine Geldeinheit, die für eine betriebliche „Wohlfahrtsinvestition" aufgewendet wird, bei Umwidmung für den außerbetrieblichen Konsum erst der Ertragsbesteuerung unterworfen werden muß und damit bis auf weniger als die Hälfte reduziert wird. Die (steuer-)bilanzpolitische Zielsetzung eines Einzelunternehmers oder eines im Eigeninteresse handelnden Managers ist damit vorgezeichnet: Soviel wie möglich aus dem außerbetrieblichen Konsum in den Betrieb verlagern, weil die „Wohlfahrtsinvestitionen" wesentlich billiger sind als die außerbetriebliche Bedürfnisbefriedigung.

Zentrales Problem in diesem Zusammenhang ist die steuerrechtliche Abgrenzung von Betriebs- und Privatsphäre. Bei vielen Maßnahmen ist eine eindeutige Beurteilung, ob sie der betrieblichen oder der privaten Sphäre zugehören, sehr schwierig. Die Generalklausel des § 4 Abs. 4 Satz 1 EStG („Betriebsausgaben sind die Aufwendungen, die durch den Betrieb veranlaßt sind") und das Verbot des Abzuges von „Aufwendungen für die Lebensführung" (§ 20 Abs. 1 Z. 2 EStG) hat daher auch zu einer Fülle sehr kasuistischer Rechtsprechung geführt. Es liegt in der Natur der Sache, daß das private Interesse weitgehend bemäntelt wird und die Grenze zwischen der zulässigen oder umstrittenen Verrechnung von Betriebsausgaben einerseits und der finanzstraf-

---

[572] Zu den durch persönliche Neigungen (mit-)verursachten Betriebsausgaben vgl. auch POHMER (1958), S. 155f.

rechtlich verfolgbaren Abgabenverkürzung andererseits nicht leicht zu ziehen ist. Ein wichtiger Sonderfall ist die weitgehende Beschränkung der Abzugsfähigkeit für Pkw-Aufwendungen durch das Zweite Abgabenänderungsgesetz 1977. Hier wird durch die Gesetzgebung eine Tendenz der Rechtsprechung fortgesetzt, allerdings in so verschärftem Maße, daß die Verfassungsmäßigkeit der neuen Bestimmungen sehr fraglich schien[573].

Die Verfolgung nichtmonetärer Ziele, wie persönliches Wohlergehen, Macht, Prestige, soziales Ansehen usw., wird sich steuerbilanzpolitisch in Maßnahmen vor dem Bilanzstichtag niederschlagen. Da das Eingeständnis der wahren Motive der steuerlichen Anerkennung entgegenstehen kann, werden diese Ziele i. a. nicht offen genannt. Die Aufgabe der Steuerbilanzpolitiktheorie als „Technologie"-Beratung besteht in der Bereitstellung von Argumenten für die Anerkennung der „Wohlfahrtsinvestitionen" als Betriebsausgabe. Soweit „Wohlfahrtsinvestitionen" nur unter der Nebenbedingung der Aufrechterhaltung eines Mindestgewinnes nach Steuern vorgenommen werden, ist das steuerbilanzpolitische Problem jenem der Umsatz- (Absatz-)Maximierung unter Nebenbedingungen ähnlich.

De lege ferenda ist das sehr schwierige Problem zu lösen, ein angemessenes Wohlfahrtsniveau zu definieren; dieses Problem stellt sich vor allem für die Beurteilung von Maßnahmen von Personen, die bei Nichtanerkennung eben diese nicht als Betriebsausgabe zugelassenen Aufwendungen aus versteuertem Einkommen zu tragen hätten. Vor allem zwei Maßstäbe können hierzu verwendet werden: Die „angemessenen" und daher steuerlich abzugsfähigen „Wohlfahrtsinvestitionen" können erstens nach den „Sozialinvestitionen"[574] bestimmt werden, also nach den Maßnahmen zur Förderung der Wohlfahrt jener Mitarbeiter, die nicht selbst über diese Maßnahmen beschließen können; zum Vergleich sind nach Möglichkeit Mitarbeiter heranzuziehen, die Tätigkeiten ausüben, die jenen der Nutznießer der „Wohlfahrtsinvestitio-

---

[573] Der VwGH hat zwar mehrmals die Mehrkosten eines „Luxus"-Pkw nicht als Betriebsausgabe anerkannt (vgl. etwa 25. 6. 1963, 258/61, 12. 9. 1972, 1586/71), jedoch z. B. noch die Kosten für einen BMW 2500 (im Anlaßfall Anschaffungspreis von S 160.700,— im Jahre 1973) als abzugsfähig anerkannt (15. 1. 1975, 1583/74), während § 20a EStG aufgrund des 2. AbgÄG 1977 ab 1. 1. 1978 trotz der zwischenzeitlich eingetretenen Preiserhöhungen nur mehr einen Höchstpreis von S 105.000,— der Betriebsausgabenberechnung zugrunde legte. Mit Erk. v. 14. 12. 1978, G 82/78 entschied der VfGH auf Verfassungsmäßigkeit. Ab 1. 1. 1981 wurde der Höchstpreis wesentlich erhöht (durch AbgÄG 1980 auf S 175.000,—).

[574] Ausdruck nach LOITLSBERGER (1976), S. 324.

nen" vergleichbar sind. Einen zweiten Angemessenheitsmaßstab bildet aber auch das Niveau der privaten Lebensführung, wie es sich aus dem versteuerten Einkommen üblicherweise ergibt[575]. Hiermit befindet man sich allerdings mitten in den gesellschaftlichen Grundfragen des Besteuerungssystems.

2. Sachziele

Die vorrangige Verfolgung von Sachzielen ist besonders, aber nicht ausschließlich, bei öffentlichen Betrieben anzutreffen[576]. Ein Zusammenhang mit der Steuerbilanzpolitik ist nur indirekt über das mit dem Sachziel verbundene Formalziel herzustellen. Voraussetzung für das Auftreten steuerbilanzpolitischer Fragen ist, daß die betrachteten Unternehmungen überhaupt den Ertragsteuern unterliegen, was nicht durchwegs der Fall ist[577]. Die Steuerpflicht wird in folgendem unterstellt; damit ist zugleich die Verselbständigung des öffentlichen Betriebes mindestens in der Form einer Ausgliederung aus dem öffentlichen Haushalt vorausgesetzt. Ob Steuerbilanzpolitik mit dem Ziele einer Reduzierung der Steuerbelastung überhaupt betrieben wird, hängt von der Wertung der Ziele ab; diese wiederum wird wesentlich von der Art des Sachzieles abhängen.

Z. B. wird bei einem im öffentlichen Eigentum stehenden Unternehmen mit dem Sachziel „Erbringung kultureller Leistungen" i. a. ein Vorrang für die Erreichung des Sachzieles bei möglichst geringem Preis für dieses Sachziel gegenüber der aus Sicht des Eigentümers ebenfalls positiv zu bewertenden Steuerleistung akzeptabel erscheinen. Die Förderung des Sachzieles hat in diesem Falle im Zielsystem des (insbesondere öffentlichen) Unternehmens einen so hohen Rang, daß auf vom Markt her mögliche Erlöse verzichtet wird oder Leistungen erstellt werden, für die kein kostendeckender Preis erzielbar ist; es liegt also bewußter Gewinnverzicht im Interesse der Förderung des Sachzieles vor[578].

---

[575] Vgl. die nach Einkommen gestaffelten steuerlich abzugsfähigen pauschalen Reisekostenersätze des § 26 Z. 7 EStG.

[576] Vgl. OETTLE (1966), bes. S. 252ff.; WITTE/HAUSCHILDT (1966), bes. S. 86ff.; THIEMEYER (1975), bes. S. 29f.

[577] Vgl. § 2 KöStG über Betriebe gewerblicher Art von Körperschaften des öffentlichen Rechts und die Befreiungsbestimmungen des § 5 KöStG sowie die ähnlichen Bestimmungen der §§ 1 und 2 GewStG.

[578] Vgl. ENGELS (1973); v. LOESCH (1977), S. 149ff.

Die Verfolgung eines als positiv bewerteten Sachzieles wird bei öffentlichen Unternehmungen i. a. mit Formalzielen folgender Art verknüpft: Erreichung eines bescheidenen („angemessenen") Gewinnes oder Kostendeckung oder Verlustbegrenzung. Von diesen Formalzielen sei im folgenden die Kostendeckung weiter betrachtet. Stillschweigend wird hierbei ein (Mindest-)Qualitätsniveau der Sachleistung angestrebt, dessen Erreichung als strenge Nebenbedingung anzusehen ist.

Öffentliche Betriebe der beschriebenen Art sind i. a. in der Preispolitik wesentlich eingeengt. Tarifanpassungen erfordern häufig ein langwieriges (parteipolitisch beeinflußtes) Genehmigungsverfahren, weshalb die Tarifanpassungen nicht synchron mit den Kostensteigerungen erfolgen können. Dadurch ist für diese Unternehmungen ein zyklisches Schwanken der Erfolge typisch. Wenn die Erstellung der das Sachziel darstellenden Leistung zu möglichst niedrigen Tarifen das (in einer lexikographischen Präferenzordnung) dominierende Ziel ist, so müssen die (an die Abnehmer weiterzugebenden) Steuerlasten minimiert werden. Manövriermasse wird zur möglichsten Glättung der Steuerbemessungsgrundlagen auf das Niveau Null eingesetzt. Wenn ein Verlustvortrag, nicht aber ein Verlustrücktrag gewährt wird, so wird die Steuerbilanzpolitik erleichtert, wenn die Tariferhöhungen so bemessen sind, daß sie überwiegend bisher eingetretene Verluste abdecken. Die Steuerkapitalwertminimierung ist als Zielfunktion der Steuerbilanzpolitik anwendbar.

Wenn die Tariferhöhungen an die handelsbilanziellen Erfolge geknüpft sind, so besteht tendenziell Zielkonformität zwischen Handels- und Steuerbilanzpolitik. Bei wachsenden Unternehmungen, die steuerliche Investitionsbegünstigungen ausnutzen, kann aber eine Tariferhöhung aufgrund von Handelsbilanzergebnissen, die nicht um die steuerlichen Sondermaßnahmen bereinigt sind, bei Auslaufen der Wachstumsphase und/oder Auslaufen der steuerlichen Investitionsförderungen zu längeren Gewinnperioden führen. Die dadurch anfallenden Ertragsteuern stellen eine oberzielinkonforme Besteuerung des Sachzieles dar. In die Bestimmung der zeitversetzt gegenüber der Kostenentwicklung erfolgenden Tariferhöhungen gehen jedoch nicht nur die Kostenentwicklung und die steuerbilanzpolitischen Gewinnglättungsmöglichkeiten ein; es müssen auch Präferenzvorstellungen zum Vergleich der Belastung der Abnehmer durch alternativ im Zeitablauf variierende Tarife (interperiodische Nutzenaustauschregeln) in den Optimierungskalkül eingebracht werden. Es treten ähnlich vielschichtige und weitgehend ungelöste Probleme wie bei der Absatz- oder der Umsatzmaximierung auf. Isolierte steuerbilanzpolitische Kalküle haben daher einerseits eine Hilfsfunktion in der Vorbereitung der Entscheidungsgrundlagen für das skizzierte größere Optimierungsproblem und sind andererseits ex post, d. h. nach Festlegung der Tarife, anzuwenden. Da i. a. die tatsächliche Entwicklung Abweichungen gegenüber den Prognosen, auf denen die Tarifanpassungen beruhen, bringt, werden beide steuerbilanzpolitischen Kalkülverwendungen nebeneinander benötigt.

Manche Sachziele werden durch die Steuergesetze besonders gefördert, z. B. Investitionen im Interesse des Umweltschutzes. Durch die Ausnutzung von besonderen Gesellschaftsformen in Verbindung mit Asymmetrien des Steuerrechts kann die Steuerbilanzpolitik eine völlige Finanzierung dieser besonders geförderten Leistungen aus fiskalischen Mitteln bewirken[579]. Auf die Problematik de lege ferenda sei nochmals hingewiesen.

Abgesehen von der steuerlichen Sonderförderung bestimmter Sachziele hat die Verfolgung von Sachzielen keinen unmittelbaren Bezug zur Steuerbilanzpolitik, allerdings ist mittelbar über einige der Verfolgung von Sachzielen häufig zuordenbare Formalziele in Verbindung mit den Preisermittlungsusancen ein Zusammenhang gegeben, der für die Steuerbilanzpolitik zum Ziel der Steuerkapitalwertminimierung führt.

IV. Modifikationen der gewinnorientierten Zielfunktion bei expliziter Berücksichtigung der Ungewißheit

Für die Ermittlung von Entscheidungen unter ungewissen Erwartungen liegen in der heutigen Betriebswirtschaftslehre vorwiegend zwei grundlegende Ansätze im Widerstreit.

Von der Mehrzahl der Fachvertreter wird für Risikosituationen[580] die Entscheidung nach der Risikonutzentheorie vertreten, die u. a. auch als Maximierung des Bernoulli-Nutzens oder des von-Neumann-Morgenstern-Nutzens bezeichnet wird. Als Maximierung des Bernoulli-Nutzens kann auch die Maximierung des Erwartungswertes

---

[579] Vgl. Erstes Kapitel, Abschn. C. I. 5. b, Exkurs 2.

[580] Die Risikosituation liegt nach Knight (1921), u. a. S. 19f. und S. 224ff., dann vor, wenn objektive Wahrscheinlichkeiten über das Eintreten der verschiedenen Zustände der Welt angegeben werden können. Demgegenüber wird heute in entscheidungstheoretischer Sicht auch die Situation bei Existenz subjektiver Wahrscheinlichkeiten über die Zustände der Welt unter dieselbe Kategorie subsumiert, wobei allerdings terminologische Unterschiede zwischen verschiedenen Autoren auftreten: vgl. u. a. Borch (1969), S. 125; Schneider, D. (1975a), S. 82ff. — Nicht unter die Risikosituation subsumierbar ist der Fall des bewußt handelnden Gegners, die „Spiel"-Situation.

aufgefaßt werden, wenn eine lineare Risikonutzenfunktion vorliegt (Risikoneutralität). Verschiedene Entscheidungsregeln, die z. T. einen Teil der vorhandenen Informationen unterdrücken (z. B. WALD-Regel, HURWICZ-Regel, SAVAGE-NIEHANS-Regel) sind zwar als Vereinfachungen akzeptabel, führen jedoch in manchen Entscheidungssituationen zu offensichtlichen Fehlentscheidungen[581]. Entscheidungen auf der Grundlage des BERNOULLI-Nutzens berücksichtigen die *gesamte* Wahrscheinlichkeitsverteilung zur Ermittlung des Präferenzfunktionals.

Demgegenüber existieren verschiedene „klassische" Entscheidungsprinzipien, die das Präferenzfunktional nur von *einigen Verteilungsparametern* der Wahrscheinlichkeitsverteilung für die Ergebnisse abhängen lassen:[582] Beim μ-Kriterium wird der Erwartungswert der Ergebnisse maximiert; diese Entscheidungsregel ist für Risikoneutralität kennzeichnend. Falls Risikoneutralität nicht gegeben ist, stehen als (vereinfachende) „klassische" Entscheidungsprinzipien u. a. das (μ, σ)-Prinzip und das (μ, P_0)-Prinzip zur Verfügung. Bei beiden Prinzipien hängt die Präferenzfunktion von einem Mittelwert der Lage (insbesondere vom Erwartungswert) und von einem Risikomaß ab; beim (μ, σ)-Prinzip wird als Risikomaß die Standardabweichung σ verwendet, während beim (μ, P_0)-Prinzip als Risikomaß die Wahrscheinlichkeit des Eintretens eines Verlustes benutzt wird (verallgemeinert könnte die Wahrscheinlichkeit P_r für das Eintreten irgendeines als „ruinös" empfundenen Ergebnisses benutzt werden).

Dieses letztere Prinzip hat — in anderer Terminologie — in der jüngeren betriebswirtschaftlichen Diskussion eine große Rolle gespielt: Es handelt sich um die „Theorie der Sekundäranpassung" nach KOCH[583]. In einer Vorauswahl werden jene Handlungsweisen, welche bei Nicht-Eintritt der Datenkonstellation, für die sie entworfen wurden, selbst bei optimaler Umstellung (Sekundäranpassung) mit zu großer Wahrscheinlichkeit den vorgegebenen Mindestgewinn unterschreiten, aus der weiteren Analyse ausgeschlossen; im zweiten Schritt wird aus den verbliebenen Handlungsweisen nach dem μ-Prinzip ausgewählt. Auf die umfangreiche Diskussion zur Theorie der Sekundäranpassung[584] kann

---

[581] Zur Darstellung und Kritik solcher einfacher Entscheidungsregeln vgl. z. B. MILNOR (1954); SCHNEEWEISS (1967), S. 20 und S. 103ff. — Die Einwände gegen die Minimaxregel sind nur dann berechtigt, wenn es sich nicht um eine Spiel-Situation handelt.

[582] Vgl. insbes. SCHNEEWEISS (1967), S. 46ff.

[583] KOCH (1970), S. 155ff.

[584] Zur Kritik am (μ, P_0)-Prinzip im allgemeinen vgl. SCHNEEWEISS (1967), S. 99f. — Zur Diskussion um die Sekundäranpassung vgl. neben

hier nicht eingegangen werden; es sei nur darauf verwiesen, daß die Theorie der Sekundäranpassung Informationen unterdrückt und daher deutlich unterscheidbare Alternativen als gleichwertig klassifiziert, sowie daß die strenge Risikogrenze nur durch Unstetigkeit der Nutzenfunktion erklärt werden kann. Im Ergebnis wird der Beurteilung zugestimmt, daß die Theorie der Sekundäranpassung höchstens als Näherungslösung des Problems der rationalen Wahl unter Ungewißheit anzusehen ist.

Da die Entscheidung aufgrund der Maximierung des BERNOULLI-Nutzens abgesehen von Komplikationen der Berechnung die insgesamt plausibelste Art der Bewältigung der Ungewißheit darstellt, soll sie auch für steuerbilanzpolitische Zielfunktionen empfohlen werden. In der steuerbilanzpolitischen Literatur wird zu einem Großteil das Entscheidungsproblem unter Ungewißheit ignoriert oder durch „Sicherheitsäquivalente" oder noch einfachere Verfahren auf den Fall einwertiger Erwartungen zurückgeführt. Als markantes Beispiel sei die Vorgangsweise von EISENACH dargestellt: Trotz Behandlung von geeigneten Verfahren für Entscheidungen unter Ungewißheit will er diese Verfahren als typisch für *nicht*steuerliche Entscheidungssituationen verstanden wissen und vertritt demgegenüber den Lösungsweg, die Ungewißheit *nicht* bis in die Entscheidungsphase fortzutragen, sondern bereits in der vorgelagerten Prognosephase zu eliminieren[585]. Die Verfahrensempfehlung ist jedoch undurchsichtig und offensichtlich fehlerhaft: Vereinfachend könne man den *Einzelerwartungswert* der Prognose und der Entscheidung zugrunde legen, wenn ein sehr großer Abstand zwischen der höchsten Glaubwürdigkeitsziffer und der nächstkleineren bestehe; in diesem Falle bilde das Produkt aus erwartetem Wert und der Wahrscheinlichkeit eine modifizierte Form des „Sicherheitsäquivalents"[586]. — Wie aber, wenn die anderen (unterdrückten) Einzelprognosen günstiger sind? — Andererseits verwendet EISENACH dann, wenn keine so extreme Verteilung der Wahrscheinlichkeit der Einzelprognosen vorliegt, den mathematischen Erwartungswert als Prognosewert[586a]. — Wieso wird jetzt kein „Sicherheitsäquivalent" benötigt, sondern mit Risikoneutralität gearbeitet? Diese „Negativ"-Lösung des Ungewißheitsproblems erscheint insgesamt als unbrauchbar.

An positiven Ansätzen zum Problem der Zielfunktion der Steuerbilanzpolitik bei ungewissen Erwartungen liegen Vorschläge zur Anwen-

---

Fn. 583 pro: KOCH (1973); MELLWIG (1973) — contra: SCHNEIDER, D. (1972); SCHNEIDER, D. (1973a).

[585] EISENACH (1974), S. 233f.

[586] Ebendort, S. 239ff.

[586a] Ebendort, S. 243ff.

dung des BERNOULLI-Nutzens und zur Anwendung des Minimax-Prinzips bei spieltheoretischen Situationen vor. Letztere Situation sieht LOITLSBERGER als typisch für die Steuerplanung an[587]. Da nach Ansicht des Verfassers aber zumindest partielle (mindestens subjektive) Wahrscheinlichkeiten für die Umweltzustände angegeben werden können, soll die Maximierung des BERNOULLI-Nutzens weiterverfolgt werden. Die Beschreibung der Handlungsalternativen und der Auszahlungsmatrix kann überdies für beide Ansätze verwendet werden, weshalb die folgenden Überlegungen mit geringfügigen Änderungen auch anwendbar bleiben, wenn man die Ansicht vertritt, daß tatsächlich keinerlei Kenntnisse über das Verhalten der Gegner des Steuerbilanzplaners vorhanden sind.

Eine durchgehende Anwendung des BERNOULLI-Nutzens auf die Steuerbilanzplanungsprobleme findet sich bei SEIDL[588], dessen Analyse jedoch, wie bereits eingangs erwähnt, nur den einperiodischen Fall behandelt. Ein besonderes Problem für die Zielfunktionsbildung zeigt er für den Fall auf, daß das Ergebnis der Handlungen aus mehreren Komponenten besteht, nämlich aus monetären Größen (Steuerzahlungen) und nichtmonetären Größen (Rechtsempfinden und Freiheitsstrafen)[589]. Unproblematisch ist nach SEIDL der Spezialfall einer lexikographischen Präferenzrelation mit dem Rechtsempfinden an erster Stelle: Hieraus folgt, daß nur legale Aktionen ergriffen werden. Ansonsten gibt es aber Austauschregeln (bei SEIDL „trade-offs“ genannt) zwischen Freiheitsstrafen und Rechtsempfinden einerseits und den monetären Ergebniskomponenten andererseits. Rationalentscheidungen sind auch bei nicht-monetären Ergebniskomponenten ableitbar, doch sieht SEIDL bei einigen Teilen der axiomatischen Entscheidungstheorie Schwierigkeiten, z. B. bei der Bestimmung der Risikoattitüde, weil bei nichtmonetären Ergebniskomponenten kein Erwartungswert definiert werden könne, wodurch der Maßstab fehle.

Die Schwierigkeiten bei nicht-monetären Ergebniskomponenten werden allerdings m. E. von SEIDL überschätzt: Zunächst ist für jede *quantitativ* darstellbare und nicht notwendig monetäre Komponente ein Erwartungswert definierbar, so auch für die Freiheitsstrafe ein Erwartungswert in *Zeit*einheiten. Die Lebenszeit ist für eine rationale Totalplanung des Menschen sogar den monetären Zielen überzuordnen, denn wenn die Wirtschaftstheorie häufig den Besitz von Geld als stellver-

---

[587] LOITLSBERGER (1975), bes. S. 92ff.

[588] SEIDL (1974), S. 17ff.

[589] Ebendort, S. 65f.

tretend für die Möglichkeit der Befriedigung aller Bedürfnisse ansieht, so wird dabei wenigstens stillschweigend unterstellt, daß die *Zeit* zum Konsum verfügbar ist. Zweitens aber ist die Existenz von Austauschregeln zwischen monetären und nicht-monetären Ergebnissen für viele Steuerpflichtige anzunehmen, wie auch SEIDL anführt. Wenn es aber eine Austauschregel zwischen Geld und Freiheitsstrafe gibt, dann kann auch die Freiheitsstrafe in Geld (oder umgekehrt Geld in Freiheitsstrafen) transformiert werden, und die Bildung von Erwartungswerten ist möglich.

Während die Analyse von SEIDL nur einperiodisch ist, haben HEIGL/MELCHER das Konzept des BERNOULLI-Nutzens auf die mehrperiodische Steuerbilanzplanung angewendet[590]. Da die Analyse auf „anerkannte" Maßnahmen eingeschränkt wird, können Aussagen zur zeitlichen Tendenz des Einsatzes der Manövriermasse gemacht werden. Sofortiger Einsatz der Manövriermasse führt zu sicheren Ergebnissen, während der geplante Einsatz der Manövriermasse in der Zukunft unsicherheitsbehaftete Ergebnisse bewirkt, weil sich z. B. die prognostizierten Gewinne oder Steuertarife ändern können. Das Ergebnis von HEIGL/MELCHER lautet, daß bei Risikoaversion (Risikobereitschaft) und der Zielfunktion Steuerkapitalwertminimierung eine Tendenz zur Vorverlagerung (Nachverlagerung) des Einsatzes der Manövriermasse besteht, während bei der Zielfunktion Nettokapitalwertmaximierung alles umgekehrt gilt[591]. Dem wird man grundsätzlich zustimmen können. Bei Einbeziehung von Maßnahmen, die möglicherweise vom Fiskus nicht anerkannt werden, gelten die Aussagen über die zeitliche Reihenfolge des Manövriermasseneinsatzes jedoch nicht mehr.

Allerdings ist bei Abgabe der Steuererklärungen gar nicht so selten bereits mehr als eine Veranlagungsperiode abgelaufen. Dann ist aber auch bezüglich der zweiten Periode Sicherheit gegeben. Die Aussagen über den Einfluß der Risikoattitüde auf den zeitlichen Einsatz der Manövriermasse sind also zu modifizieren, indem man alle bereits abgelaufenen Perioden in der einen Klasse und die noch unsicherheitsbehafteten Perioden in einer oder mehreren anderen Klassen zusammenfaßt.

Eine grundlegende Problematik der Aussagen über die Risikoattitüde im steuerbilanzpolitischen Bereich besteht darin, daß das Entscheidungsfeld unvollständig definiert ist. Zu berücksichtigen ist auch das Risiko

---

590 HEIGL/MELCHER (1974), S. 65ff.

591 Vgl. auch HEIGL/MELCHER (1974), S. 69f. und S. 182, wo ein numerisches Beispiel durchgerechnet wird, gegen das allerdings einzuwenden ist, daß die verwendeten Risikopräferenzfunktionen $\mu - \sigma$ bzw. $\mu + \sigma$ nicht rational sind. (Vgl. SCHNEEWEISS [1967], S. 148f.)

außerhalb des steuerlichen Entscheidungsfeldes. Was macht der risikoscheue (bzw. risikobereite) Investor mit den ersparten Steuern? Die Risikoneigung außerhalb des steuerlichen Entscheidungsfeldes muß entweder durch explizite Berechnungen für die nicht-steuerbilanzpolitischen Handlungsmöglichkeiten oder zumindest durch den Kalkulationszinsfuß abgebildet werden. (Dabei wird die Problematik der pauschalen Abbildung der Risikoneigung im Kalkulationszinsfuß durchaus nicht übersehen.) Eine geringe (hohe) Risikobereitschaft drückt sich in einem hohen (niedrigen) Kalkulationszinsfuß aus. Man überlegt sich leicht sowohl für die Steuerkapitalwertminimierung als auch für die Nettokapitalwertmaximierung, daß ein hoher (niedriger) Kalkulationszinsfuß denselben Einfluß auf den Einsatz der Manövriermasse hat, wie sie von HEIGL/MELCHER für Risikoaversion (-bereitschaft) im steuerlichen Partialmodell aufgezeigt wurde.

Ein Einwand gegen die Anwendung der Risikonutzentheorie auf betriebliche Entscheidungsprobleme, die auch für die Behandlung steuerbilanzpolitischer Entscheidungsprobleme Bedeutung hat, geht dahin, „daß sie von *vorgegebenen* alternativen Aktionen oder Aktionsprogrammen ausgeht und Wege aufzuzeigen versucht, aus diesen vorgegebenen Alternativen, die unter Ungewißheitsbedingungen zieladäquate herauszufinden. Darüber hingegen, wie Aktionen zu zieladäquaten Aktionsprogrammen zu kombinieren sind, sagt sie herzlich wenig aus“[592]. Die vollständige Enumeration der möglichen Aktionen ist i. a. sehr mühsam oder gar unmöglich, überdies kann wegen der vielschichtigen Interdependenzen zwischen den Aktionen gar nicht für jede Aktion ein eigener Gewinnbeitrag und eine eigene Risikozahl ermittelt werden[593]. Die Grundgedanken der Risikonutzentheorie können jedoch auch direkt in die Zielfunktion eines gemischt-ganzzahligen LP-Problems eingebracht werden[594]. Dieser Ansatz von JACOB ist auch auf steuerbilanzpolitische Probleme anwendbar, und zwar für die Modelle zur differenzierten Planung des Einsatzes der steuerbilanzpolitischen Aktionsparameter. Die steuerbilanzpolitischen Aktionsparameter können zwanglos als Investitionen im Sinne von JACOBS Modell interpretiert werden. Zwischen diesen „Investitionen“ bestehen auch vielfältige Interdependenzen, weil sie gemeinsam den steuerpflichtigen

---

[592] JACOB (1974), S. 304.

[593] Ebendort, S. 308.

[594] Ebendort, S. 314ff., bes. auch S. 319f. — Der Lösungsansatz von JACOB entspricht dem zweistufigen Problem der stochastischen Programmierung, wie es schon bei DANTZIG zu finden ist. Vgl. etwa DANTZIG (1966), S. 652ff.; SCHWEIM (1969), S. 160ff.

Gewinn der Periode bestimmen, weil zwischen den steuerlichen Aktionsparametern zeitliche Beziehungen bestehen (entweder Einsatz in der einen oder in der anderen Periode) und weil überdies manche Aktionsparameter einander ausschließen. Die Erweiterung der Zielfunktion solcher Modelle kann in völliger Analogie zu Jacobs Vorschlag für die simultane Investitions-, Produktions- und Finanzierungsplanung erfolgen.

C. DIE GENAUIGKEIT DER ZEITLICHEN ERFASSUNG DER STEUERZAHLUNGEN

I. Die Abstraktion von den Zahlungsterminen des Abgabenverfahrens

Der Großteil der steuerbilanzpolitischen Literatur abstrahiert, teilweise stillschweigend, von den tatsächlichen Zahlungsterminen des Abgabenverfahrens in folgender Weise[595]: Als Zahlungstermin der geplanten Steuern wird der Zeitpunkt der Abgabe der Steuererklärung angesehen. Als Zeitpunkt der Abgabe der Steuererklärung wird in weiterer Abstraktion das Ende der Periode, für welche die Steuererklärung abgegeben wird, angesetzt. Eine etwas geringere Abstraktion von der Realität liegt vor, wenn man den Zeitpunkt der Abgabe der Steuererklärung in einem zwar konstanten, aber positiven Abstand vom Ende der Bilanzierungsperiode ansetzt; auf diese Weise können die in der Mehrzahl der steuerbilanzpolitischen Entscheidungsmodelle unterstellten Zahlungstermine interpretiert werden.

Die Berücksichtigung der tatsächlichen Zahlungstermine mit Unterscheidung von Vorauszahlungen und Abschlußzahlungen wird von manchen Autoren sogar als überflüssig bezeichnet[596]. Eine genauere Berücksichtigung der tatsächlichen Steuerzahlungstermine ist deutlich in der Minderheit. Auch in diesem Teil der Literatur[597] werden jedoch die Steuerzahlungstermine nur insofern realistisch abgebildet, als Vorauszahlungen und Abschlußzahlungen unterschieden werden. In jüngster Zeit wurde das Auseinanderfallen von tatsächlichen Steuerzahlungen

---

[595] Vgl. u. a. die in Fn. 101 zitierten Arbeiten; ferner MARETTEK (1970), bes. S. 22ff.; MARETTEK (1971), bes. S. 169ff.; SCHNEIDER, D. (1975a), S. 303ff.; SWOBODA (1977), S. 53ff.; ALBACH (1970), S. 61ff.; HAEGERT (1971), S. 56ff.; HABERSTOCK (1971), S. 119ff., bes. S. 123. — Interessanterweise gehört in diese Gruppe auch ROSENBERG (1975) (siehe bes. S. 72 und 128f.), obwohl er das *Quartal* als Planungsperiode wählt und damit die vierteljährlichen Vorauszahlungen recht gut abbilden könnte.

[596] Vgl. z. B. HEIGL/MELCHER (1974), S. 36, Fn. 41; SCHNEIDER, D. (1974c).

[597] Ausnahmen: SCHNEELOCH (1972), bes. S. 13ff., S. 107ff. und S. 119ff.; MÜLLER-KRÖNCKE (1974), bes. S. 104ff.; HAASE (1976), S. 281ff.; für die substanz- und schuldenabhängigen Steuern vgl. auch KAISER (1971), bes. S. 27ff. und S. 70ff.

und auf das Ende der Bemessungsperiode bezogenen Steuern in mehreren Arbeiten modellanalytisch untersucht[597a]. Unter der wesentlichen Prämisse, daß time-lags zwischen den genannten Zeitpunkten konstant sind, wurde gezeigt, daß nur bei im Zeitablauf schwankenden Nettokalkulationszinsfüßen[597b] die Berücksichtigung exakter Zahlungstermine eine veränderte Steuerbilanzpolitik bewirkt. Auch diese Analyse vernachlässigt jedoch noch die entscheidenden Aspekte des realen Problems.

Unterschiede treten zwischen den Steuerzahlungen aufgrund Erklärung, jenen aufgrund des Steuerbescheids und jenen aufgrund der Ergebnisse der steuerlichen Betriebsprüfung (oder allgemeiner: aufgrund weiterer Entscheidungen in möglichen Instanzenzügen) auf. Daß diese Abweichungen kaum in die Steuerbilanzpolitik einbezogen werden, ist auf zwei Gründe zurückzuführen: Zunächst beschränkt sich der Großteil der steuerbilanzpolitischen Literatur auf die Planung unter sicheren Erwartungen. Darüber hinaus wird allgemein nach dem (vermeintlich ethischen) Postulat der Einschränkung der Steuerplanung auf „anerkannte" Maßnahmen vorgegangen[598].

Die Nichtunterscheidung von Vorauszahlungen und Abschlußzahlungen beinhaltet deshalb eine weitreichende Abstraktion von der Realität, weil auch die Uminterpretation der Gleichsetzung von Ende der Periode und Steuerzahlungstermin in einen konstanten Abstand zwischen Ende der Periode und Steuerzahlungstermin die Realität nur unzureichend beschreibt. In Wahrheit bestehen nämlich keine exakten zeitlichen Zusammenhänge, vielmehr haben die Steuerpflichtigen einen Spielraum zur Einreichung der Bilanzen, ebenso wie die Finanzbehörden einen Spielraum zur Erledigung der Veranlagungen haben. Der Spielraum der Steuerpflichtigen wird dadurch eingeschränkt, daß um Erstreckungen der Einreichungsfristen bei der Finanzbehörde angesucht werden muß und die Finanzbehörde (insbesondere aufgrund der Umsatzsteuervoranmeldungen und der Umsatzsteuererklärung) einen Indikator für vermutliche Hinauszögerung der Abgabe der Steuererklärung im Interesse einer Hinausschiebung einer besonders hohen Nachzahlung besitzt.

Ein gewisser Mindestspielraum besteht jedoch aufgrund genereller Verlängerungen der Einreichungsfristen im Erlaßwege. In Österreich besteht folgende langjährige Übung des Bundesministeriums für Finan-

---

[597a] Vgl. insbes. GÜNTHER (1979); SIEGEL (1980); DEDNER/GÜNTHER (1980).

[597b] Vgl. dazu Abschn. I II. 5.

[598] Vgl. FLICK (1963), S. 50, wonach sich die Steuerplanung auf solche Aktionen beschränken solle, „die man in der Betriebsprüfung halten kann".

zen: den Steuerpflichtigen, die sich einer „zur berufsmäßigen Parteienvertretung befugten Person" (insbes. eines Steuerberaters) bedienen, wird ohne Einzelansuchen eine generelle Fristerstreckung gewährt, damit die Steuerberater eine gleichmäßige Arbeitsbelastung erreichen. Eine 1980 ergangene Regelung in der Dienstanweisung Veranlagung und Betriebsprüfung („DVB")[599] verlangt in Abschnitt 21, daß die Steuerberater bis 10. Juni ein Verzeichnis der von ihnen per 31. 5. vertretenen Fälle einreichen müssen. Für alle hierin verzeichneten Steuerpflichtigen wird eine generelle Fristverlängerung bis 31. 3. des dem Veranlagungsjahr zweitfolgenden Jahres gewährt. Der Steuerberater muß jedoch laufend bestimmte Einreichungsquoten erfüllen (so bis 30. September 20%). Einzelabberufungen von Erklärungen durch die Finamzämter dürfen nur „aus zwingenden Gründen" erfolgen[599a].

Einer Einzelabrufung kann aber noch ein Einzelansuchen um Verlängerung folgen. Die DVB 1980 ist als Dauerregelung geplant[599b].

Selbst dann, wenn das Auseinanderfallen von Vorauszahlungen und Abschlußzahlungen (aufgrund von Erklärung, Bescheid, Betriebsprüfung usw.) im Modell abgebildet wird, entsteht eine Abstraktion von der Realität dadurch, daß die Zahlungen zur Erleichterung der Modellformulierung am Ende der einzelnen Planungsperioden konzentriert werden, wobei überwiegend als Länge der Planungsperiode — ebenso wie häufig in der Investitions- und Finanzierungstheorie[600] — ein Jahr gewählt wird. Für die steuerbilanzpolitischen Modelle wäre im Hinblick auf die vierteljährlichen Steuervorauszahlungen das Vierteljahr naheliegend[601]. Die Entscheidung über die Wahl der Länge der einzelnen Planperioden steht aber auch in Wechselbeziehung mit der Entscheidung über die zeitliche Erstreckung des Planungshorizontes.

Bei sehr weiter zeitlicher Erstreckung des Planungshorizontes ergeben sich bei gleichzeitiger Wahl kurzer Planungsperioden rechen-

---

[599] Erlaß des BMF v. 21. 1. 1980, 02 0600/6—IV/2/80,0600.

[599a] Nach Abschn. 21. 2. 9 DVB u. a.: Einer im Vorjahr erfolgten Herabsetzung der Vorauszahlungen folgte eine große Abschlußzahlung im Vorjahr.

[599b] Zur Verlängerungspraxis in Deutschland vgl. SCHMIDT, H. (1978), S. 28ff. mit weiteren Hinweisen.

[600] Vgl. u. a. SCHNEIDER, D. (1975a), bes. S. 49ff. und S. 164ff. (mit Diskussion der Problematik der Wahl der Planperiodenlänge); SWOBODA (1977), S. 15ff.

[601] Vierteljahre als Perioden schlägt z. B. SCHWEIM (1969), S. 91ff., unter ausdrücklichem Hinweis u. a. auf die Körperschaftsteuervorauszahlungen, vor.

technische Probleme. Ein für die Planungspraxis sehr brauchbarer Vorschlag geht dahin, unterschiedlich lange Planperioden zu wählen und für die vom Planungszeitpunkt aus weiter entfernt, d. h. näher dem Planungshorizont liegenden Zeiträume längere Planungsperioden zu verwenden[602]. Ein alternatives Konzept führt nebeneinander Planungen unterschiedlichen Feinheitsgrades durch, greift nur mit den sehr globalen Planungen weit in die Zukunft und wählt die Periodenabstände umso größer, je globaler die jeweilige Planung ist[603]. Je länger die Planperiode gewählt wird, desto mehr Spielraum muß jedenfalls für die kurzfristige Finanzplanung geschaffen werden, d. h. in der langfristigen Planung müssen Sicherheitsreserven als Vorsorge für den nicht explizit abgebildeten kurzfristigen Finanzbedarf eingebaut werden.

Allgemein anerkannte Aussagen über die Zweckmäßigkeit der Wahl der Länge von Planungsperioden liegen nicht vor. Für die steuerbilanzpolitischen Modelle gilt, daß die wesentlichen Probleme des Auseinanderfallens von Vorauszahlungen und Abschlußzahlungen auch in Modellen mit dem Jahr als Planungsperiode studiert werden können, wenngleich die Planung mit Vierteljahren gerade im Hinblick auf die vierteljährlichen Steuervorauszahlungen wesentlich genauere Ergebnisse erbringen wird.

II. Die Bedeutung einer realistischen Erfassung der Steuerzahlungstermine

1. Vorauszahlungen und Abschlußzahlungen

In diesem Abschnitt soll zunächst von der „Nichtanerkennung“ der gelegten Steuerbilanz abstrahiert werden; nur die zeitlichen Verwerfungen zwischen der Steuerbelastung *für* ein Jahr und den tatsächlichen Zahlungsterminen sollen untersucht werden[604]. Die gesetzlichen Bestimmungen sind für Einkommen-, Körperschaft- und Gewerbesteuer fast gleich[605], lediglich die Termine der Vorauszahlungen differieren zwischen Gewerbesteuer einerseits und Einkommen- und Körper-

---

[602] Vgl. etwa JACOB (1964), bes. S. 570; KRÜMMEL (1964), bes. S. 230.

[603] Vgl. etwa KOCH (1977), S. 47ff.; STROBEL (1977a), bes. S. 388.

[604] Eine ausführliche Darstellung dieser Frage gibt MÜLLER-KRÖNCKE (1974), S. 104ff.

[605] Vgl. § 45 EStG, § 23 KöStG (Verweis auf das Einkommensteuergesetz), § 22 GewStG.

schaftsteuer andererseits. In allen Fällen sind vierteljährliche Vorauszahlungen zu leisten, die im Regelfall gleich hoch wie die für das letzte veranlagte Kalenderjahr bescheidmäßig festgestellte Gesamtsteuer sind. Soweit ein Steuerabzug für Teile des Einkommens vorgenommen wurde, wird die Steuervorauszahlung gemäß § 45 Abs. 1 EStG um diesen Steuerabzug reduziert. Ein Abweichen von der allgemeinen Bestimmung der Vorauszahlungen kann gemäß § 45 Abs. 4 EStG bzw. § 22 Abs. 4 GewStG durch das Finanzamt zur Anpassung an die sich für das laufende Kalenderjahr voraussichtlich ergebende Steuer erfolgen. Nach § 45 Abs. 3 EStG, § 23 KöStG und § 22 Abs. 3 GewStG dürfen Bescheide, die die Vorauszahlungen für das laufende Jahr ändern, nur bis spätestens 30. September erlassen werden (außer sie betreffen einen Antrag des Steuerpflichtigen bis Ende 30. September). Das Ende des 3. Quartals ist daher eine für die Zahlungsplanung bedeutsame zeitliche Markierung.

Die Anpassung der Vorauszahlungen kann durch einen Antrag des Steuerpflichtigen initiiert werden. In der praktischen Handhabung der Anpassung der Vorauszahlungen ergibt sich eine Asymmetrie zugunsten des Steuerpflichtigen. Während bei Sinken des voraussichtlichen Gewinnes bzw. Gewerbeertrages der Steuerpflichtige, vorausgesetzt er hat ein leistungsfähiges Rechnungswesen, die Initiative zur Herabsetzung ergreifen wird, müßte die Initiative zur Erhöhung der Vorauszahlungen vom Finanzamt ausgehen. Dieses wird aber mangels Kenntnissen i. a. nicht so schnell auf Datenänderungen beim Steuerpflichtigen reagieren können.

Nach Müller-Kröncke stehen (für 1972, Berlin) folgende Umstände einer amtswegigen Anpassung der Vorauszahlungen entgegen: Die Sachbearbeiter der Finanzbehörde werden in ihrer Arbeitsleistung aufgrund der durchgeführten Veranlagungen bewertet und verfügen zudem seit Einführung der EDV auch nicht über das Material (insbesondere ist wohl die Umsatzentwicklung gemeint), damit sie „offensichtliche" Fälle, die für eine Anpassung nach oben geeignet sind, ohne weiteres erkennen können[606].

Eine Änderung der Behördenorganisation und Arbeitsbewertung (z. B. Einbeziehung auch der Vorauszahlungsbescheide in die Arbeitsbewertung, automatische Meldungen der EDV an den Sachbearbeiter bei auffälliger Umsatzentwicklung) kann jedoch zu vermehrter Anpassung der Steuervorauszahlungen von Amts wegen führen. — Im Zuge der Rationalisierung der österreichischen Finanzverwaltung wurde 1978

---

[606] Müller-Kröncke (1974), S. 110.

eine automatisierte Vorauszahlungsanpassung eingeführt[606a]. Sie kann insbesondere die Umsatzentwicklung, die mit den Umsatzsteuervoranmeldungen dem Finanzamt relativ bald bekannt wird, zum Anlaß der Vorauszahlungsanpassung machen. Der Steuerpflichtige hat aber die Möglichkeit, eine andersartige Gewinnentwicklung entgegenzuhalten, wenn sein Rechnungswesen genügend beweiskräftig ist. Bezüglich der Vorauszahlungsanpassungen kann der Vorsprung des Steuerpflichtigen daher dennoch weitgehend bestehen bleiben.

Die zeitliche Verteilung von Steuervorauszahlungen und Abschlußzahlungen hängt auch vom Zeitpunkt der Einreichung der Steuererklärung bzw. der Bilanz ab. Auch hier wird die Tendenz vorherrschen, daß Bilanzen, welche zu Steuernachzahlungen führen, später eingereicht werden als Bilanzen, welche zu Gutschriften führen. Hier hat jedoch die Finanzbehörde einen beachtlichen und vielverwendeten ausgleichenden Aktionsparameter zur Verfügung: Bereits eine oberflächliche Durchsicht der eingereichten Erklärungen zeigt, ob mit Steuernachforderungen zu rechnen ist. Die Veranlagungspraxis geht dahin, Fälle mit hohen Nachzahlungen möglichst bald zu erledigen und andererseits Fälle, die zu Gutschriften für den Steuerpflichtigen führen, längere Zeit liegen zu lassen.

Die bereits erwähnten Gepflogenheiten genereller Fristverlängerungen führen jedenfalls dazu, daß eine positive Abschlußzahlung erst über ein Jahr nach Ende des Besteuerungszeitraumes geleistet werden muß, wie aus folgender überschlägiger Berechnung ersichtlich ist: Die in Abschnitt I dargestellten generellen Fristverlängerungen, allenfalls ergänzt um Einzelansuchen, lassen eine Einreichung der Bilanzen nicht vor Ende November als plausibel erscheinen. — Bei schneller Durchführung der Veranlagung möge Mitte Dezember der Bescheid an den Steuerpflichtigen ergehen. — Gemäß § 46 Abs. 2 EStG bzw. § 23 Abs. 2 GewStG ist die Abschlußzahlung innerhalb eines Monates, also im Beispielsfalle bis Mitte Jänner zu leisten.

Eine Modellanalyse soll die Bedeutung der exakten Berücksichtigung der Zahlungstermine für die Planung des Einsatzes der Manövriermasse aufzeigen. A priori ist ersichtlich, daß bei ungefähr gleichbleibenden Bemessungsgrundlagen keine großen Abschlußzahlungen auftreten können, so daß im wesentlichen die Zahlungen *für* die Periode und *in* der Periode übereinstimmen, während bei stark schwankenden Bemessungsgrundlagen größere Differenzen zwischen Vorauszahlungen und Abschlußzahlungen möglich sind.

[606a] Vgl. Auer (1978); Nolz (1978).

Dem Modell wird der allgemeine Einkommensteuertarif des § 33 Abs. 1 und Abs. 3 EStG zugrunde gelegt[607]. Es sei ein dreijähriger Planungszeitraum untersucht. Die Gewinne vor Einsatz der Manövriermasse mögen betragen:

Jahr	1	2	3	4
Gewinn	100.000	200.000	150.000	150.000

(Für „Jahr" steht im folgenden auch synonym „Periode".) Als Manövriermasse (= Reduktion der angeführten Periodengewinne) mögen S 100.000,— wahlweise in Periode 1 oder Periode 2 zur Verfügung stehen; das verfügbare Wahlrecht möge sich in absehbarer Zeit nicht wieder auflösen und soll der Einfachheit halber nur ganz oder gar nicht in Anspruch genommen werden können. Die Vorauszahlungen seien aufgrund des zuletzt veranlagten Einkommens von S 100.000,— mit S 20.700,— für das erste Jahr fixiert. Gewinnsenkungen mögen dazu führen, daß der Steuerpflichtige bis Mitte des laufenden Jahres einen Antrag auf Herabsetzung der Vorauszahlungen einbringt, dem stattzugeben ist. Das „Anpassungsviertel", mit dem der Unterschied der bisherigen Vorauszahlungen gegenüber den neu festgesetzten Vorauszahlungen ausgeglichen wird, sei immer das dritte Quartal. Gewinnerhöhungen mögen zu keiner Anpassung der Vorauszahlungen führen. Die Zahlungen sollen in der Planung mit Ende des Quartals terminiert werden. Verzögerungen der Abgabe der Steuererklärung sollen genau durch die gegenläufige Tendenz in der Erledigung der eingereichten Erklärungen ausgeglichen werden, so daß im Schnitt die Abschlußzahlung immer in das fünfte Quartal nach Abschluß der Periode fallen soll und die Vorauszahlungen für Periode $t + 2$ bereits ab dem ersten Quartal aufgrund der Veranlagung für t angepaßt werden können. Der Kalkulationszinsfuß wird variiert.

---

[607] § 33 Abs. 1 (auszugsweise): Die Einkommensteuer beträgt von dem zu versteuernden Einkommen (bis 1981)

für die ersten	S 50.000,—	23%
für die weiteren	S 50.000,—	28%
für die weiteren	S 50.000,—	33%
für die weiteren	S 50.000,—	38%
für die weiteren	S 40.000,—	43%

usw. (durch AbgÄG 1981 ab 1982 geringfügig geändert).

§ 33 Abs. 3 normiert einen allgemeinen Steuerabsetzbetrag von S 4.800,—.

Die Gewinne nach Einsatz der Manövriermasse betragen:

	Jahr 1	Jahr 2	Jahre 3ff.
bei Variante 1 (Einsatz der Manövriermasse im ersten Jahr)	0	200.000	150.000
bei Variante 2 (Einsatz der Manövriermasse im zweiten Jahr)	100.000	100.000	150.000

Für die exakte Betrachtung der *Zahlungen* müssen Variante 1 und Variante 2 bis ins erste Quartal des *sechsten* (!) Jahres verfolgt werden, denn erst dann weisen beide Varianten wieder gleiche Zahlungen auf. Dies ist darauf zurückzuführen, daß die Vorauszahlungen des vierten Jahres nach der Veranlagung für das zweite Jahr bemessen werden und erst die Veranlagung für das vierte Jahr, die voraussetzungsgemäß zu Beginn des ersten Quartals des sechsten Jahres erfolgt, nach unterschiedlichen Abschlußzahlungen (je nach Wahl von Variante 1 oder Variante 2) ab dem zweiten Quartal gleiche Vorauszahlungsverpflichtungen erbringt.

Zunächst werden die Barwerte der Steuerzahlungen für die Varianten 1 und 2 bei relativ genauer Abbildung der Zahlungen in *Quartalen* gegenübergestellt.

Die Zeitlinie der Zahlungen zeigt Abb. 6 auf Seite 297. Erläuterungen hierzu (t steht nun für Teilperioden = Quartale):

Variante 1:

— zunächst Vorauszahlungen aufgrund des letzten Bescheides über eine Einkommensteuer von S 20.700,—.
— Mitte des Jahres Antrag auf Herabsetzung, weil nur ein Periodenergebnis von 0 zu erwarten ist, daher auch neue Jahressteuer 0; in t_3 „Ausgleichsviertel": $3 \cdot 0 - 2 \cdot 5.175,- = -10.350,-$.
— bis auf weiteres Vorauszahlungen von 0.
— in t_{13}: Veranlagung für das zweite Jahr ergibt für einen Gewinn von 200.000,— eine Steuer von S 56.200,—, bisher keine Vorauszahlungen hierauf, zuzüglich neue Vorauszahlung von (56.200,— : 4 =) 14.050,—.
— in t_{14}: Vorauszahlung gemäß Veranlagung für das zweite Jahr.
— in t_{15}: nach Herabsetzungsantrag aufgrund des voraussichtlichen Jahresergebnisses von S 150.000,— (zugehörige Steuer: S 37.200,—) „Ausgleichsviertel": $3 \cdot 9.300,- - 2 \cdot 14.050,- = -200,-$.
— in t_{16}: Vorauszahlung aufgrund Anpassung (siehe t_{15}).

Zeit	0	1	2	3	4	5	6	7	8	9	10	11	12
Zahlungen:													
Var. 1		5.175	5.175	−10.350	0	0	0	0	0	0	0	0	0
Var. 2		5.175	5.175	5.175	5.175	5.175	5.175	5.175	5.175	5.175	5.175	5.175	5.175
Δ Var. 2 — Var. 1		0	0	15.525	5.175	5.175	5.175	5.175	5.175	5.175	5.175	5.175	5.175

Zeit	13	14	15	16	17	18	19	20	21	22	usw.
Zahlungen:											
Var. 1	70.250	14.050	−200	9.300	46.500	9.300	9.300	9.300	9.300	9.300	usw.
Var. 2	5.175	5.175	5.175	5.175	25.800	9.300	9.300	9.300	25.800	9.300	usw.
Δ Var. 2 — 1	−65.075	−8.875	5.375	−4.125	−20.700	0	0	0	16.500	0	usw.

Abb. 6

in t_{17}: Veranlagung für das dritte Jahr ergibt für einen Gewinn von S 150.000,— eine Steuer von 37.200,—, bisher keine Vorauszahlungen hierauf, zuzüglich neue Vorauszahlung von S 9.300,—.

— ab t_{18}: Vorauszahlungen stimmen mit dem Ergebnis der Veranlagung überein.

Variante 2:

— bis t_{16}: Vorauszahlungen aufgrund von Veranlagungen, die (bis inklusive zweites Jahr) je auf S 100.000,— lauten.
— in t_{17}: Veranlagung für das dritte Jahr ergibt für einen Gewinn von S 150.000,— eine Steuer von S 37.200,—, bisher hierauf S 20.700,— Vorauszahlungen, daher Abschlußzahlung S 16.500,—; zuzüglich neue Vorauszahlung von S 9.300,—.
— in t_{21}: Veranlagung für das vierte Jahr; alles sinngemäß wie für t_{17}.

Die Summe der Zahlungen von Δ (= Variante 2 abzüglich Variante 1) beträgt —14.800,— und ist durch die Vermeidung der Progression durch die Gewinnivellierung in den beiden ersten Jahren bei Variante 2 erklärbar:

Variante 1: Steuer für erstes und zweites Jahr: 0 + 56.200,—
Variante 2: Steuer für erstes und zweites Jahr: 2 · 20.700,—

Für einen Kalkulationszinsfuß von 0 ist offenbar Variante 2 vorzuziehen. Dasselbe Ergebnis muß — ausgenommen extrem hohe Kalkulationszinsfüße, die unten noch berechnet werden — eine Planung ergeben, die die Steuerzahlungen denjenigen Jahren zuordnet, auf die sie sich beziehen (Gleichsetzung von Aufwand und Zahlung).

Die Differenz der Steuerzahlungen bei Variante 2 gegenüber Variante 1 hat einen Kapitalwert von

$$15.525 \cdot v^3 + 5.175 \cdot (v^4 + v^5 + \ldots + v^{12}) -$$
$$- 65.075 \cdot v^{13} - 8.875 \cdot v^{14} + 5.375 \cdot v^{15} -$$
$$- 4.125 \cdot v^{16} - 20.700 \cdot v^{17} + 16.500 \cdot v^{21}$$
$$(v = \text{Abzinsungsfaktor} = \frac{1}{1+i})$$

Unter Benutzung der Symbole $D^{II}{}_t$ für die dekursiven Abzinsungsfaktoren und $D^{IV}{}_t$ für die dekursiven Rentenbarwertfaktoren[608] ergibt dies

[608] $D^{II}{}_t = v^t$; $D^{IV}{}_t = v \cdot \frac{v^t - 1}{v - 1}$. — Vgl. z. B. FRANKE (1928), S. 13 und 32, sowie Anhang. — Abgekürzt gegenüber den in der Finanzmathe-

$$(15.525 + 5.175 \cdot D^{IV}{}_9) \cdot D^{II}{}_3 - 65.075 \cdot D^{II}{}_{13} -$$
$$- 8.875 \cdot D^{II}{}_{14} + 5.375 \cdot D^{II}{}_{15} - 4.125 \cdot D^{II}{}_{16} -$$
$$- 20.700 \cdot D^{II}{}_{17} + 16.500 \cdot D^{II}{}_{21} \cdot$$

Für $i = 0{,}03$ erhält man einen Barwert der Steuerdifferenzzahlungen von

$$-1.874,$$

für $i = 0{,}04$ einen Barwert von

$$+1.197.$$

Bei 3% (Quartalszinsfuß) ist also Variante 2 vorzuziehen, bei 4% Variante 1; bei weiter ansteigendem Kalkulationszinsfuß würde Variante 1 offenbar noch mehr bevorzugt.

Die Rechnung mit Gleichsetzung von Steuerzahlungen und für die jeweilige Periode zuzurechnenden Steuern kommt demgegenüber zu folgenden Ergebnissen: Unterschiede treten bei dem vorliegenden Modell nur bezüglich der ersten und zweiten Periode auf. Die weiteren Zahlungsverläufe können unberücksichtigt bleiben. Zur Erzielung der Vergleichbarkeit mit den obigen Ergebnissen werden die Steuern ebenfalls auf die vier Quartale verteilt. Die Zeitlinie der Zahlungen zeigt die folgende Abbildung 7:

Termine: 0	1	2	3	4	5	6	7	8
Zahlungen:								
1. Var.	0	0	0	0	14.050	14.050	14.050	14.050
2. Var.	5.175	5.175	5.175	5.175	5.175	5.175	5.175	5.175

Abb. 7

Die Differenzinvestition (Differenz der Steuerzahlungen = -aufwendungen) der Variante 2 gegenüber der Variante 1 hat einen Kapitalwert von

$$5.175 \cdot (v + v^2 + v^3 + v^4) - 8.875\,(v^5 + v^6 + v^7 + v^8)$$

oder

$$5.175 \cdot D^{IV}{}_4 - 8.875 \cdot D^{IV}{}_4 \cdot D^{II}{}_4 = (5.175 - 8.875 \cdot$$
$$\cdot D^{II}{}_4) \cdot D^{IV}{}_4$$

Für $i = 0{,}03$ erhält man einen Kapitalwert von

$$-10.075,$$

---

matik üblichen Indizierungen wird der Zinsfuß in den Symbolen nicht angegeben.

für $i = 0{,}04$ erhält man noch immer den Kapitalwert von
$-8.753.$

Die Entscheidung aufgrund der vereinfachten Gleichsetzung von Vorauszahlungen und Abschlußzahlungen führt also bei $i = 0{,}04$ zu einem anderen Einsatz der Manövriermasse als die exakte Berücksichtigung der Zahlungstermine.

Offenbar kann dieser Kapitalwert erst dann positiv werden, wenn

$$5.175 > 8.575 \cdot D^{II}{}_4$$

oder

$$D^{II}{}_4 < \frac{5.175}{8.875} = 0{,}58309859,$$

was erst bei einem Quartalzinsfuß von etwa 14,44% der Fall ist.

Hingegen ergibt eine approximative lineare Interpolation für die Differenzinvestition zwischen Variante 2 und Variante 1 bei Berücksichtigung exakter Zahlungszeitpunkte einen internen Zinsfuß von etwa 3,6% p. q. und somit eine Vorteilhaftigkeit von Variante 1 bei Zinsen über 3,6% p. q.

Es existiert also ein weiter Bereich, für den die exakte Berücksichtigung der Zahlungstermine zu wesentlich anderen steuerbilanzpolitischen Entscheidungen als die vergröberte Abbildung der Zahlungszeitpunkte führt[609].

Wenn die Voraussetzungen des Modelles geändert werden (Variation der Zahlungstermine durch Änderung der Zeitpunkte der Festsetzung von geänderten Vorauszahlungen, Variation der Zeitpunkte des Erlasses von Bescheiden usw.) sind für die Differenzinvestitionen bei exakter Planung der Zahlungszeitpunkte auch mehrere interne Zinsfüße denkbar, so daß mehrere Bereiche, in denen bei approximativer und exakter Berücksichtigung der Steuerzahlungstermine die steuerbilanzpolitischen Optimierungsentscheidungen gleich ausfallen, wie mehrere Bereiche, in denen die Entscheidungen verschieden ausfallen, abwechseln. Auf eine formale Verallgemeinerung des Modellfalles kann verzichtet werden, weil die Tatsache, daß bereits bei einem äußerst simplifizierten Modellfall die vereinfachte Abbildung der Steuerzahlungen nicht mit Sicherheit

---

[609] Auch HAASE (1976), S. 297, weist darauf hin, daß bei starken Schwankungen der Bemessungsgrundlagen die exakte Berücksichtigung der Zahlungstermine einen Wechsel der optimalen bilanzpolitischen Strategie gegenüber einer auf Aufwendungen beruhenden Rechnung bewirken kann; das von ihm gerechnete Beispiel (S. 265ff. und S. 297ff.) zeigt aber nur eine Reduktion des Vorteiles der optimalen Strategie durch die Berücksichtigung exakter Zeitpunkte, jedoch keinen Wechsel der optimalen Strategie.

für die Auffindung des optimalen Einsatzes der Manövriermasse ausreicht, die generelle Forderung nach exakter Berücksichtigung der Steuerzahlungstermine in der Planung genügend abstützt.

Bei exakter Berücksichtigung der Zahlungstermine im steuerbilanzpolitischen Modell wird man in dem Falle, daß die Herabsetzung der Steuerzahlungen auf Initiative des Steuerpflichtigen auf Schwierigkeiten stößt, variable Termine zur Abgabe der Erklärung einführen. Es muß aber auch eine variable Frist zwischen Erklärung und Bescheid eingeführt werden. Der Veranlagungspraxis entspricht es, daß bei hohen Nachzahlungen der Bescheid früh ergeht. Bei rationalem Verhalten des Steuerpflichtigen können sich andererseits nur selten Gutschriften durch die Veranlagung ergeben; lediglich dann, wenn ein Gewinneinbruch erst gegen Ende des Jahres erfolgt, kann der Antrag auf Herabsetzung der Vorauszahlungen nicht mehr rechtzeitig gestellt werden. Geht man davon aus, daß Gutschriften (bei Rationalverhalten des Steuerpflichtigen) unmöglich sind, so genügt es, *eine* fixe und relativ kurze Frist für die Erlassung des Bescheides in das Modell einzuführen. Können jedoch Gutschriften nicht ausgeschlossen werden, so kann man im (LP-)Optimierungsmodell zur Steuerplanung zwei nichtnegative Variable für die Abschlußzahlungen bzw. Erstattungen jeder Periode definieren. Zur Berücksichtigung der Veranlagungspraxis sind diese beiden Variablen zeitlich verschieden zu indizieren. Eine Komplikation für das Modell ergibt sich daraus, daß natürlich auch die Vorauszahlungen späterer Perioden in Abhängigkeit von den (nicht nur betraglich, sondern auch zeitlich variablen) Veranlagungsergebnissen der Vorperioden zu ermitteln sind.

Für die Wahl exakter Steuerzahlungstermine in steuerbilanzpolitischen Modellen spricht schließlich auch, daß manche steuerbilanzpolitischen Aktionsparameter überhaupt nur betragsmäßig angegeben werden können, wenn zwischen Vorauszahlungen und Abschlußzahlungen unterschieden wird. So ist das Ausmaß der Investitionsrücklage gemäß § 9 Abs. 1 EStG und der Rücklage für nichtentnommenen Gewinn gemäß § 11 Abs. 2 EStG auf 25 bzw. 15% „des Gewinnes vor Bildung der Gewerbesteuerrückstellung und nach Abzug aller anderen Betriebsausgaben“ beschränkt. Um die zulässigen Rücklagen ermitteln zu können, muß also bei der Gewerbesteuer zwischen Vorauszahlungen und Abschlußzahlungen unterschieden werden.

2. Die steuerliche Betriebsprüfung

Die Steuerbilanzpolitik auf Maßnahmen abzustellen, die „in der Betriebsprüfung halten“, ist völlig unrealistisch. Diese Sicht der Betriebsprüfung[610] verkennt, daß die steuerlichen Betriebsprüfer im Interesse ihres eigenen beruflichen Fortkommens Mehrergebnisse bringen *müssen*[611]. Diese Interessenlage der Betriebsprüfer muß realistischerweise in Rechnung gestellt werden. Dabei braucht gar keine rechtswidrige Durchführung der steuerlichen Betriebsprüfung angenommen werden. Zwar muß die Betriebsprüfung nach den gesetzlichen Bestimmungen objektiv sein und dient nur der richtigen Anwendung der Steuergesetze, hat also auch zugunsten des Steuerpflichtigen tätig zu werden; aber bei den vielen Bilanzpositionen, bei denen Ermessensspielräume vorhanden sind, wird auch das Urteil eines nach Objektivität strebenden Sachverständigen einen fiskalischen „bias" aufweisen, zumal der Sachverständige (= Betriebsprüfer) durch bisherige Erfahrungen mit einer Strategie der Steuerpflichtigen rechnen wird, die auf (auch unzulässige) Erfolgsverlagerungen gerichtet ist.

Während bei Kleinbetrieben die Betriebsprüfung mehr auf die Vollständigkeit der Einnahmenaufzeichnungen und auf die Abgrenzung der privaten von der betrieblichen Sphäre gerichtet ist, liegt der Schwerpunkt ihrer Tätigkeit bei Großbetrieben im eigentlich steuerbilanzpolitischen Bereich, nämlich in der Aufdeckung von Gewinnverlagerungen, also von aus der Sicht des Fiskus unrichtigen Periodisierungen. Die Finanzverwaltung ist an rascher Einnahmeerzielen interessiert. Für die BRD wurde ermittelt, daß vom Gesamtergebnis der Betriebsprüfung im Jahre 1975 (Steuernachforderungen) fast 58% allein auf Gewinnverlagerungen bei der Einkommen- und Körperschaftsteuer entfielen[612].

Wenn aber die steuerliche Betriebsprüfung ein gewisses Ergebnis an Nachforderung finden „muß", so bedeutet dies für rationales steuerbilanzpolitisches Verhalten, daß die „anerkannten" Aktionen von den „nichtanerkannten" Aktionen dominiert werden. Im Verhältnis zur Betriebsprüfung ergibt sich dasselbe Phänomen, wie es für die romanischen Länder für das Verhältnis zwischen Steuerpflichtigem und Finanzver-

---

[610] Exakter wäre von abgabenbehördlichen Prüfungen im Sinne der §§ 147ff. BAO zu sprechen. Zur Betriebsprüfung vgl. u. a. BAIER/FÄHNRICH (1963); HINTZEN (1964); TIPKE (1968); STOLL (1980), Kommentierung zu den §§ 147ff.

[611] Vgl. BAIER/FÄHNRICH (1963), S. 230; die Bewertung der Tätigkeit der Betriebsprüfer durch ein Punktesystem, das das Mehraufkommen an Steuern aufgrund der Betriebsprüfung berücksichtigt, wurde dem Verfasser auch in Gesprächen mit Wiener Betriebsprüfern bestätigt.

[612] Finanznachrichten des Bundesministeriums der Finanzen vom 8. Juni 1976, S. 6, zitiert nach VETZBERGER (1977), S. 572f.

waltung schon mehrmals beschrieben wurde. Da Steuerunehrlichkeit in gewissem Ausmaß von der Finanzverwaltung als normaler Zustand angesehen wird, muß auch der Steuerpflichtige, der eine Erklärung nach bestem Wissen und Gewissen abgibt, mit einer Korrektur seiner Angaben nach oben rechnen; rationalerweise wird auch der steuerehrlich Bilanzierende seine Erklärung unter Einrechnung des üblichen Zuschlages ermitteln[613].

Es besteht aber noch ein weiterer Grund dafür, daß die „nichtanerkannten" Maßnahmen in einem weiten Bereich die „anerkannten" Maßnahmen dominieren: Damit sollen jene steuerbilanzpolitischen Strategien angesprochen werden, welche sich auf Maßnahmen beschränken, bei denen die Betriebsprüfung zwar zu einer anderen Beurteilung des zugrunde liegenden Sachverhaltes kommen kann, bei denen jedoch die ursprüngliche Beurteilung durch den Bilanzierenden ebenfalls „denkbar" wäre. In diesem Falle liegt nur eine unterschiedliche Auslegung der Rechtsvorschriften bzw. eine unterschiedliche Würdigung der einzelnen Umstände, die insgesamt den wirtschaftlichen Sachverhalt bilden, vor (Beispiel: Bestimmung der Nutzungsdauer für einen Gegenstand des Anlagevermögens). Die Nichtanerkennung dieser Bilanzansätze durch die Betriebsprüfung (bzw. durch andere Instanzen im Rahmen des Abgabenverfahrens) führt lediglich zur Festsetzung der veränderten Steuern aufgrund der Korrektur der Bemessungsgrundlage. Der Steuerpflichtige hat keine weiteren Nachteile durch ein Finanzstrafverfahren. Solange die Nichtanerkennung der bilanzpolitischen Maßnahmen *lediglich* in der *späteren* Korrektur der Bemessungsgrundlage besteht, ist die nichtanerkannte Maßnahme jedenfalls dominant gegenüber der anerkannten: Wenn man unterstellt, daß bei sofortiger Wahl der „anerkannten" Maßnahme diese in der Betriebsprüfung „halten" würde, wenn man also davon abstrahiert, daß die Betriebsprüfung die Tendenz aufweist, bei *jeder* Bilanz Beanstandungen zu finden, dann hat der Steuerpflichtige noch immer den Nachteil, daß er — im Normalfall, wenn die Ertragsteuern positiv sind — die Steuern früher entrichten muß, als wenn er zunächst „nichtanerkannte" Bilanzansätze wählt. Der Vorteil der späteren Entrichtung der Steuern ist dabei ein doppelter: Die Steuer laut Bescheid in der ursprünglichen Veranlagung ist niedriger und außerdem werden die Vorauszahlungen für die Folgeperioden aufgrund dieses Bescheides niedriger festgesetzt.

In der Literatur zur betriebswirtschaftlichen Steuerplanung hat neben der mehrfach erwähnten Arbeit von LOITLSBERGER zur Steuer-

---

[613] Vgl. SEIDL (1974), S. 61 und S. 97f. mit Literaturhinweisen.

beratung vor allem BAREIS auf die große Bedeutung der durch die Betriebsprüfung ausgelösten Steuerzahlungen hingewiesen. Allerdings seien diese Zahlungen weder der Höhe noch dem Zeitpunkt nach voraussehbar[614]. Der Termin und das Ausmaß einer Betriebsprüfung können vom Betrieb nicht beeinflußt werden, wenn man von der Möglichkeit der Korrumpierung der zuständigen Beamten absieht. Die Voraussehbarkeit des Termins hat seit 1980 noch abgenommen. Bis dahin bestimmte § 147 Abs. 2 BAO, daß Großbetriebe mindestens alle drei Jahre zu prüfen seien; außerdem hatte die Prüfung „in zeitlicher Hinsicht jeweils an den zuletzt geprüften Zeitraum anzuschließen". Nach neuer Rechtslage haben grundsätzlich alle Betriebe mit einer gewissen Wahrscheinlichkeit mit einer Betriebsprüfung zu rechnen. Es ist — in den Grenzen der Verjährungsfristen — eine Prüfung über den gesamten Zeitraum seit dem zuletzt geprüften Zeitraum möglich.

Da bei Betriebsprüfungen das Arrangement zwischen Betriebsprüfer und Steuerpflichtigem (Vereinbarungen über gewisse Feststellungen durch den Betriebsprüfer mit gleichzeitigem Rechtsmittelverzicht des Steuerpflichtigen) trotz aller Bedenken aus rechtsstaatlicher Sicht äußerst beliebt ist[615], ist für die Steuerplanung das Ergebnis der Betriebsprüfung einigermaßen vorhersehbar, und zwar umso eher, wenn bereits bei der Bilanzerstellung die Kenntnisse über Beanstandungsgewohnheiten der Betriebsprüfer systematisch eingesetzt werden. Zweifellos können keine *sicheren* Erwartungen über die Ergebnisse der Betriebsprüfung gebildet werden, jedoch ermöglicht die Auswertung und Extrapolation von empirischen Kenntnissen aus vergangenen Betriebsprüfungen sicherlich gute Abschätzungen. Die wissenschaftliche Beschäftigung mit diesem Gebiete wird allerdings weitgehend auf Vermutungen angewiesen bleiben, weil aufgrund der gegebenen Interessenlage weder die Betriebsprüfer noch die besteuerten Betriebe bereit sein werden, die tatsächlichen Verhaltensweisen offenzulegen; vorhandenes nomo-

---

[614] BAREIS (1969), S. 78f.

[615] Vgl. LOITLSBERGER (1971), S. 146; ISENSEE (1976), S. 188ff. — Anläßlich der Prüfung des Finanzamtes für den I. Bezirk in Wien kritisiert der Rechnungshof, daß die Stammbetriebsprüfung im VI. Betriebsprüfungsturnus (1972 bis 1974) 91,5% der Großbetriebsprüfungen und 98,2% der Mittelbetriebsprüfungen mit einem Rechtsmittelverzicht abgeschlossen habe, was der Gleichmäßigkeit der Besteuerung zuwiderlaufe (Tätigkeitsbericht des Rechnungshofes — Verwaltungsjahr 1976, Abschnitt 39.16, S. 138); in anderen Bundesländern ist aber offenbar die Beendigung der Betriebsprüfungen mit Rechtsmittelverzicht nicht so häufig, wie aus Abschnitt 39.16.2 des zit. Berichtes hervorgeht.

logisches Wissen auf diesem Gebiete würde durch die Publikation überdies weitgehend seine Gültigkeit verlieren.

Wie auch immer die Kenntnisse über die Verhaltensweisen der Betriebsprüfer gewonnen werden, wird in der Steuerplanung jedenfalls mit einem positiven Ergebnis der Betriebsprüfung zu rechnen sein. In Modellen, die die Ungewißheit genau berücksichtigen, wird man für alle Varianten des Abgabenverfahrens (einschließlich eines eventuellen Rechtsmittelverzichts bei der Betriebsprüfung) Zahlungen ansetzen und mit der Wahrscheinlichkeit des Eintretens gewichten; auch für vereinfachende Planungen unter der Prämisse einwertiger Erwartungen wird man das durchschnittliche Ergebnis einer Betriebsprüfung entsprechend den durchschnittlichen Zeitabständen der Betriebsprüfung ansetzen und wegen der Ungewißheit über den Zeitpunkt der Betriebsprüfung und über den Betrag für die durch sie ausgelösten Nachzahlungen zusätzlich eine entsprechende Liquiditätsvorsorge einplanen müssen.

Auf die Varianten des Abgabenverfahrens (Nichtanerkennung der Ergebnisse der Erstveranlagungen sowie der Veranlagung aufgrund der Betriebsprüfung, Instanzenzug eventuell bis zu den Höchstgerichten) braucht im Detail nicht eingegangen werden, weil keine grundsätzlich neuen Probleme auftreten; wohl aber wechselt die Unsicherheit bezüglich Steuerhöhe und Zahlungsterminen bei Nichteinigung und Durchfechtung der vertretenen Position durch mehrere Instanzen.

3. Überlegungen de lege ferenda zur bilanzpolitischen Bedeutung der Zahlungstermine des Abgabenverfahrens

Den folgenden Überlegungen de lege ferenda wird die Prämisse zugrunde gelegt, daß der „gerechte" Termin für die Steuerzahlung die Entstehung des Steueranspruches ist. Als Entstehung des Steueranspruches soll im vorliegenden Zusammenhang nur die „normale" Entstehung aufgrund der *richtigen* Ermittlung der zutreffenden Bemessungsgrundlagen verstanden werden; außer Betracht bleiben Steueransprüche aufgrund fehlerhafter Bescheide, die nicht rechtzeitig bekämpft werden[616]. Im vorliegenden Zusammenhang muß auch unerörtert bleiben, aufgrund welcher Wertungen der Steueranspruch entsteht, ob also die Vorschriften über die normale Entstehung des Steueranspruches Gerechtigkeits- oder anderen (z. B. wirtschaftslenkenden) Postulaten entsprechen. Es wird daher hier vorausgesetzt, daß die normale Entstehung des Steueranspruchs gerechtfertigt ist. Auf dieser

[616] Vgl. dazu Stoll (1972), S. 18 und S. 125, mit weiteren Nachweisen.

Grundlage sollen die Vorschriften des Abgabenverfahrens im Interesse einer Gleichbehandlung der Steuerpflichtigen so gestaltet werden, daß möglichst keine zeitlichen Verwerfungen zwischen Entstehung des Steueranspruches und Steuerzahlung entstehen bzw., falls diese zeitlichen Verwerfungen nicht verhindert werden können, die Vor- und Nachteile hieraus möglichst ausgeglichen werden.

Das Postulat der Synchronität zwischen der Entstehung des Steueranspruches und den Steuerzahlungen wird im bestehenden Abgabenverfahren in mehrfacher Hinsicht verletzt. In den vorigen Abschnitten wurde auf die Asymmetrie in der Anpassung der Vorauszahlungen bei absehbaren Erhöhungen und Senkungen der Steuern hingewiesen, ferner auf die Verschiebungsmöglichkeit der Steuerzahlungen durch in der Betriebsprüfung „nicht haltende" Bilanzansätze. In beiden Fällen erzielt der Steuerpflichtige (gegenüber dem Idealfall der Synchronität von Steuerzahlung und Steuerentstehung) Zinsenvorteile.

Das geltende Abgabenverfahrensrecht kann aber andererseits auch zu einer ungerechtfertigten Benachteiligung des Steuerpflichtigen führen: Die Steuern laut Bescheid (sowohl Veranlagung als auch Vorauszahlungen betreffend) können überhöht festgesetzt sein. Auch die Ergreifung von Rechtsmitteln hemmt nicht die alsbaldige Fälligkeit der durch Bescheid festgesetzten Steuern[617]. Allerdings kann um Zahlungserleichterungen, insbesondere Stundung oder Ratenzahlung angesucht werden[618]. Stundungszinsen fallen bei Überschreitung eines Zahlungsaufschubes für einen aushaftenden Betrag von mehr als 50.000 Schilling (Freibetrag) in Höhe von 3% über dem Eskontsatz der Österreichischen Nationalbank an[619].

Nach früher geltenden Bestimmungen mußte der Steuerpflichtige auch für Stundungen, die bei sofortiger Erlassung eines Bescheides mit gleichem Spruch wie in der letztinstanzlichen bzw. höchstgerichtlichen Entscheidung niemals erforderlich geworden wären, Zinsen entrichten. Wegen Verfassungswidrigkeit wurde ab 1975 § 212 Abs. 2 BAO geändert: „Im Fall der nachträglichen Herabsetzung einer Abgabenschuld hat die Berechnung der Stundungszinsen unter rückwirkender Berücksichtigung des Herabsetzungsbetrages zu erfolgen."[620]

Es darf aber nicht übersehen werden, daß dem Steuerpflichtigen der Zinsennachteil verbleibt, falls sein Stundungsansuchen nicht positiv entschieden wurde und er die Mittel anderweitig beschaffen mußte,

---

[617] Vgl. § 254 BAO.

[618] Zu den Voraussetzungen vgl. § 212 Abs. 1 BAO.

[619] Vgl. § 212 Abs. 2 BAO.

[620] Vgl. Stoll (1980), Anm. zu § 212 (bes. S. 515ff.)

z. B. durch Bankkredite. Der Steuerpflichtige hat nur dann aufgrund der Bestimmung von § 212 Abs. 2 letzter Satz BAO keinen Zinsennachteil, wenn sowohl für den Veranlagungsbescheid als auch für die hierauf basierenden Vorauszahlungen bis zur Erledigung des gesamten Abgabenverfahrens (einschließlich Beschwerde beim Höchstgericht) eine volle Stundung gewährt wird; insbesondere die eher gewährten Ratenzahlungen würden einen im Rahmen des geltenden Abgabenrechtes nicht mehr beseitigbaren Zinsennachteil auslösen. Ein weiterer Nachteil kann dem Steuerpflichtigen natürlich dadurch entstehen, daß ihn die Aufbringung der Mittel für die überhöht festgesetzten Steuern in finanzielle Schwierigkeiten bringt und eventuell sogar den Betriebsbestand gefährdet. Nur in extremen Fällen wird die gesetzwidrige Ausübung des Ermessens der Behörde bei der Verweigerung eines Zahlungsaufschubes nachweisbar und damit eine Handhabe für Amtshaftung gegeben sein.

Die fehlende Synchronität zwischen Entstehung des Abgabenanspruches und Abgabenzahlungen hat schon früh zu Überlegungen geführt, eine sogenannte „Vollverzinsung", d. h. eine Verzinsung zwischen Entstehen der Abgabenansprüche und ihrer Entrichtung einzuführen. Aus der Sicht des Fiskus sollen damit Vorteile des Steuerpflichtigen durch die im Vergleich zur Entstehung des Abgabenanspruches verspätete Entrichtung der Steuern ausgeglichen werden. Besonders dringend erscheint unter dem Gesichtspunkt der steuerlichen Gerechtigkeit die „Vollverzinsung" für Abgaben, die infolge einer Steuerhinterziehung verspätet eingehen[621], obwohl man hier einwenden könnte, daß der Zinsenvorteil auch in der Bemessung der Finanzstrafe „abgegolten" werden könnte.

Anläßlich der Vorbereitung einer „großen" Novelle der Bundesabgabenordnung war geplant, für nach einem bestimmten Stichtag festgesetzte Abgaben eine Verzinsung einzuführen; zugleich sollte eine andere Asymmetrie des Steuerrechts beseitigt werden, indem auch auf Guthaben des Steuerpflichtigen Zinsen vergütet werden sollten[622]. In die BAO-Novelle wurde diese Änderung jedoch nicht aufgenommen, nachdem die Begutachtung des Novellierungsentwurfes vielfach dagegenlief und auch die Steuerreformkommission sich gegen die Verzinsung aussprach[622a]. Dem Verfasser erscheint die Aufrechterhaltung der bisherigen Regelung als unbefriedigend.

---

[621] Vgl. die historischen Hinweise auf Verzinsungsregelungen (die weit über den Bereich des Finanzstrafrechtes hinausreichen) bei Kohlmann/Sandermann (1974), bes. S. 245ff.

[622] Vgl. Canaval (1978).

[622a] Vgl. BG v. 19. 3. 1980, BGBl. 1980/151. — Vgl. auch Helige

Zum Vergleich sei auf Bestimmungen über die Verzinsung von Steueransprüchen in der BRD hingewiesen: Gemäß den §§ 233ff. AO 1977[623] gibt es folgende Zinsen im Abgabenverfahren: Stundungszinsen, Zinsen von hinterzogenen Steuern, Prozeßzinsen auf Erstattungsbeträge (= Zinsen für Erstattungen ursprünglich zu hoch eingehobener Steuern; sie werden bei späterer Herabsetzung durch gerichtliche Entscheidung oder durch Verwaltungsakt unter bestimmten Voraussetzungen für die Steuerdifferenz ab dem Tag der Rechtshängigkeit vergütet), Zinsen bei Aussetzung der Vollziehung (= Zinsen für die Zeit der Stundung, falls die Rechtsbehelfe für den Steuerpflichtigen endgültig einen Erfolg gebracht haben): die Zinsen betragen einheitlich und fix ½% je vollen Monat, wobei angefangene Monate außer Betracht bleiben.

Eine unter dem Gesichtspunkt der Gleichbehandlung der Steuerpflichtigen akzeptable Regelung der aufgezeigten Asynchronitätsprobleme müßte den Gedanken der „Vollverzinsung" möglichst konsequent durchführen: Alle „nachträglichen" Änderungen der festgesetzten Steuern müssen rückwirkend berücksichtigt werden: Änderungen der Bescheide durch höherinstanzliche oder höchstgerichtliche Entscheidungen müssen ex tunc wirken. Alle aus dem seinerzeitigen Bescheid abgeleiteten Folgen (insbesondere Vorauszahlungsbescheide) sind ebenfalls ex tunc zu berichtigen. Alle Änderungen ex tunc sind in die (kontokorrentmäßige) Verzinsung einzubeziehen. Je nachdem, ob der Steuerpflichtige bisher mehr oder weniger als den aufgrund der letztinstanzlichen Entscheidung richtigen Betrag bezahlt hat, sind von ihm Zinsen zu entrichten oder er hat Anspruch auf Zinsen. Im Vergleich zur derzeit geltenden Regelung der BAO hat der Steuerpflichtige nicht nur Anspruch auf Reduktion der *vom Finanzamt* verrechneten Stundungszinsen, sondern auch auf Gutschrift bzw. Auszahlung von Zinsen, wenn er keine Stundung in Anspruch genommen oder gewährt erhalten hat.

Ein wesentliches Problem stellt die Höhe des Zinsfußes dar. Eine feste Verzinsung wie in Deutschland ist eine wirtschaftsfremde Lösung. Die Geld- und Kapitalmarktzinsen können in Abhängigkeit von Konjunkturverlauf und Notenbankpolitik weit von irgendwie fixierten Zinsen abweichen und damit entweder dem Steuerpflichtigen oder dem Fiskus starke Anreize zur Verzögerung von Zahlungen geben. Besser wäre eine variable Festlegung der Zinsen, etwa nach § 212 Abs. 2 BAO (3%

(1980), S. 110 und die auf S. 46f. zitierten Stellungnahmen. U. a. wurde gegen die „Vollverzinsung" eingewendet, sie sei zu kompliziert.

[623] Abgabenordnung vom 16. März 1976, in Kraft ab 1. 1. 1977. — Die wiedergegebenen Bestimmungen waren teilweise bereits früher in der Reichsabgabenordnung und im Steuersäumnisgesetz enthalten.

über der Bankrate). Selbst dies würde noch zu einer Verschiedenbehandlung der Steuerpflichtigen führen: Wenn der eine Steuerpflichtige beim Finanzamt eine Stundung erreicht hat, so hat er tatsächlich nicht mehr für den sogenannten „Kredit" bezahlt, als was ihm aufgrund der späteren Entscheidung wieder vergütet wird; hat der Steuerpflichtige jedoch keine Stundung erhalten, so mußte der Steuerpflichtige eventuell einen wesentlich höher verzinslichen Bankkredit aufnehmen. Da gemäß § 212 Abs. 1 BAO die Stundung u. a. nur dann gewährt werden darf, wenn die volle Entrichtung der Abgaben durch den Aufschub nicht gefährdet wird, so werden gerade Steuerpflichtige, die sich in finanziellen Schwierigkeiten befinden, auf für sie — wegen ihrer finanziellen Schwierigkeiten — besonders teure Finanzierungsarten ausweichen müssen. Die gesetzliche Regelung müßte daher mindestens zulassen, daß auf Antrag des Steuerpflichtigen statt des generellen einheitlichen Zinsfußes die tatsächlich aufgelaufenen Kreditzinsen zu vergüten sind. Diese Bestimmung, die die hohen Kreditzinsen bei finanziellen Schwierigkeiten des Steuerpflichtigen in letzter Konsequenz dem Fiskus aufbürden würde, könnte auch ein Korrektiv gegen nicht genügend überlegte Bescheide der Finanzämter darstellen.

Durch die Bestimmungen über eine einzuführende „Vollverzinsung" wären insbesondere auch die Vor- und Nachteile aus der Asynchronität zwischen Vorauszahlungen und laut Bescheid anfallenden Steuern abzuschwächen. Wenn positive oder negative Differenzen zwischen Vorauszahlungen und Abschlußzahlungen ex tunc, d. h. mit Verzinsung, auszugleichen sind, wird auch der Anreiz für die Hinausschiebung von Steuererklärungen zur Gewinnung von Zinsvorteilen eingeschränkt, und die im Vergleich zum Steuerpflichtigen geringeren Möglichkeiten des Fiskus zur Ergreifung der Initiative zur Anpassung der Vorauszahlungen verlieren an Bedeutung.

Allerdings werden auch bei einer solchen Regelung die zeitlichen Verwerfungen zwischen Entstehung des Steueranspruches und tatsächlichen Zahlungsterminen nicht völlig irrelevant, weil zwischen dem wohl notwendigerweise standardisierten Zinssatz, der der „Vollverzinsung" zugrunde gelegt wird und dem bei anderweitiger Kreditbeschaffung vom Steuerpflichtigen zu bewilligenden Zinssatz i. d. R. noch immer eine Differenz bestehen wird. Steuerbilanzpolitische Maßnahmen zur Ausnutzung der Differenzen zwischen Zahlungsterminen und Steuerentstehungsterminen werden daher auch bei Gesetzesänderungen, wie sie hier skizziert wurden, nicht gänzlich verschwinden.

D. DIE ZEITLICHE ERSTRECKUNG DES MODELLES

I. Endliche oder unendliche Lebensdauer der Unternehmung

Die Allgemeine Betriebswirtschaftslehre beschäftigt sich seit jeher bevorzugt mit Betrieben bzw. Unternehmungen, die für eine unendliche Lebensdauer geplant sind. Das Prinzip der Betriebserhaltung wurde sogar von manchen Fachvertretern als konstitutiv für die Identität der Betriebswirtschaftslehre als Wissenschaft angesehen[624]. Die typische Planungssituation der Allgemeinen Betriebswirtschaftslehre kann auch mit dem plastischen Ausdruck „Unsterblichkeit des Entscheidungsfeldes“[625] umschrieben werden. Daß „unsterbliche“, auf unendliche Dauer angelegte Wirtschaftseinheiten den Betrachtungen zugrunde gelegt werden, mag auch in der bevorzugten Untersuchung der Großunternehmungen in der Rechtsform der Aktiengesellschaft und in der lange Zeit vorherrschenden Abstraktion von den Zielen der „hinter“ der Unternehmung stehenden Personen begründet sein.

Die betriebswirtschaftliche Steuerlehre hat demgegenüber schon immer nicht nur den Betrieb, sondern auch den dahinterstehenden Unternehmer in ihre Untersuchung einbezogen[626]. Dies ergibt sich aus der Struktur unseres Steuersystems, das bei Einzelunternehmungen und Personengesellschaften für die Besteuerung nicht nur auf betriebliche, sondern auch auf private Umstände (z. B. Familienstand, „Sonderausgaben“) abstellt. Das Mitanknüpfen der Besteuerung an private Lebensumstände erfordert auch für die Wahl der zeitlichen Erstreckung steuerbilanzpolitischer Modelle eine Modifikation: Auch wenn die Unternehmung weiterbesteht, so scheiden doch Unternehmer aus dem Erwerbsleben aus, sei es durch Tod, sei es durch Betriebsveräußerung, sei es durch unentgeltliche Übergabe des Betriebes etwa an Angehörige. Alle diese Fälle seien im folgenden mit dem Terminus „Betriebsaufgabe“ bezeichnet.

Das Steuerrecht knüpft an die Betriebsaufgabe so beträchtliche Folgen, daß für die steuerbilanzpolitische Planung der Fall der *endlichen* Lebensdauer Bedeutung gewinnt. Die Berücksichtigung des Zeitpunktes

---

[624] Vgl. die Literaturangaben in Fn. 216.

[625] Engels (1962), S. 98.

[626] Vgl. schon Hasenack (1953), bes. S. 267–271.

der Betriebsaufgabe ist für die steuerbilanzpolitische Planung der Vielzahl von Klein- und Mittelbetrieben sehr wichtig. Die mit der Betriebsaufgabe verbundenen Probleme wurden jedoch bisher in der steuerbilanzpolitischen Literatur zum Großteil nicht behandelt, wie denn überhaupt die Forderung nach Orientierung der steuerlichen Langfristplanung am unternehmerischen Lebenszyklus[627] bisher noch kaum realisiert wurde.

Bei der Betriebsaufgabe sind aus steuerlicher Sicht zwei Grundtypen zu unterscheiden, die entgeltliche und die unentgeltliche Betriebsaufgabe[628]. Bei der unentgeltlichen Übergabe werden durch den Übernehmer alle Buchwerte fortgeführt, es tritt auch keine steuerliche Auflösung stiller Reserven ein, der Bilanzenzusammenhang wird nicht durchbrochen. Gleiche Konsequenzen hat die Gesamtrechtsnachfolge im Erbwege. Für die Steuerbilanzpolitik führt dies trotz des Personenwechsels im wesentlichen zum Modell der Unternehmung mit unbegrenzter Lebensdauer, obgleich ab Übergabe natürlich andere persönliche Komponenten zu den aus der betrieblichen Sphäre herrührenden Bemessungsgrundlagenteilen hinzutreten.

Bei der entgeltlichen Übergabe hingegen werden grundsätzlich gelegte stille Reserven im Übergabezeitpunkt aufgelöst. Ebenso wird bei Betriebsaufgabe (etwa Stillegung wegen Pensionierung) eine Betriebsveräußerung fingiert. Für die Steuerbilanzpolitik hat dies deshalb weitreichende Konsequenzen, weil einerseits die meisten Steuerbegünstigungen (z. B. Investitionsfreibeträge) aufgelöst werden müssen, andererseits aber der Veräußerungsgewinn nur mit dem auf die Hälfte des Normalsatzes begünstigten Steuersatz des § 37 Abs. 2 Z. 2 EStG versteuert werden muß und gemäß § 24 Abs. 4 EStG überdies ein Freibetrag für Veräußerungsgewinne von S 100.000,— gewährt wird. Ein weiterer steuerlicher Vorteil der entgeltlichen Übergabe besteht darin, daß der Erwerber die Wirtschaftsgüter neu bewerten kann (und somit eine höhere Abschreibungsbasis besitzt). Wenn die entgeltliche Übergabe an Fremde erfolgt und der Betrieb überhaupt aufgelöst wird, dann liegt für die Steuerbilanzplanung der Fall der Unternehmung mit begrenzter Lebensdauer vor. Wenn die entgeltliche Übergabe an Angehörige erfolgt und eine für den gesamten Familienverband optimale Steuerbilanzpolitik angestrebt wird, so ergibt sich doch wieder die Situation der Unternehmung mit unbegrenzter Lebensdauer, weil der in gewissem Ausmaße gestaltbare Kaufpreis ein — insbesondere von

---

[627] Strobel (1977a), S. 393.

[628] Zur Übersicht vgl. etwa Pollan (1974).

den Steuerfolgen her — zu bestimmendes Optimum darstellt, das nur unter gleichzeitiger Berücksichtigung der tarifbegünstigten Besteuerung des sofort anfallenden Veräußerungsgewinnes beim Übergeber und der z. T. weit in die Zukunft reichenden, zum Normaltarif erfolgenden Besteuerung beim Übernehmer bestimmt werden kann. In jedem Falle aber sind die Tarifbegünstigungsbestimmungen des § 37 Abs. 2 in Verbindung mit § 24 EStG von großer Bedeutung für die Auffindung der optimalen Steuerbilanzpolitik[629].

Von unendlicher Lebensdauer wird jedenfalls dann auszugehen sein, wenn Gesellschaften nicht im Interesse der Gesellschafter geführt werden oder sich einer Vielzahl von Gesellschaftern gegenübersehen, deren Ziele nicht im Planungsdurchgriff berücksichtigt werden (können). Typisch hierfür ist die Publikums-AG. Für die Planung führt auch eine eigentlich endliche Lebensdauer, die jedoch weit über die Planungsperiode hinausgeht, *praktisch* auf den Fall unendlicher Lebensdauer[630]. Diese Aussage führt aber für die Steuerbilanzpolitik deshalb nicht recht weiter, weil die Planungsperiode wegen der Ungleichmäßigkeiten des Steuersystems (insbesondere: verschiedene Besteuerung von „laufenden" und von Veräußerungsgewinnen) gegenüber einem steuerliche Einflüsse nicht berücksichtigenden Modell eher länger zu wählen sein wird.

II. Die Wahl der Länge des Planungszeitraumes, insbesondere bei unendlicher Lebensdauer der Unternehmung

Für die Wahl der Länge des Planungszeitraumes steuerbilanzpolitischer Entscheidungsmodelle wurden recht verschiedene Vorschläge gemacht. Sie können in zwei Hauptgruppen eingeteilt werden: die Empfehlung einer numerisch fixierten Anzahl von Perioden einerseits und die Empfehlung einer situationsabhängigen Anzahl von Perioden andererseits. Die Gegensätze zwischen beiden Hauptgruppen sind aber nicht groß, weil auch die Vertreter einer numerischen Fixierung der Anzahl der Planperioden auf eine gewisse Willkürlichkeit der von ihnen genannten Zahlen und auf ergänzende Überlegungen hinweisen.

Die numerisch konkretisierte Empfehlung einer der Planung zugrundezulegenden Periodenzahl knüpft an einzelne steuerbilanzpolitisch relevante Aktionsparameter oder Restriktionen an. So empfiehlt

---

629 Vgl. die Abschnitte H. III. 2. b (Darstellung des begünstigten Tarifes) und G. II. (hierin u. a. die Behandlung einzelner Bilanzpositionen bei Betriebsaufgabe).

630 Vgl. SCHNEIDER, D. (1975a), S. 44f.

MARETTEK im Hinblick auf die Begrenzung des Verlustvortrages auf fünf Jahre eine Ausdehnung des steuerbilanzpolitischen Entscheidungsfeldes auf fünf Jahre, wenngleich prinzipiell die betriebsindividuellen Verhältnisse für die Festlegung der Planperiode maßgebend seien[631]. Trotz der oft sehr langfristigen Auswirkungen mancher steuerbilanzpolitischer Aktionsparameter (z. B. Abschreibungen) seien so lange Zeiträume bei überlappender Planung sinnlos; zu empfehlen sei ein Planungszeitraum von sieben Jahren, dem Maximum der Aktionsparameter mit zeitlich begrenzter Auswirkung[632]. Eine Begrenzung der Periodenzahl des Planungszeitraumes der Steuerbilanzpolitik auf drei bis fünf Jahre folgt auch aus der Zuordnung der Steuerbilanzpolitik zur operativen Planung[633]. Für die Begrenzung auf solche Zeiträume spricht auch die Tatsache, daß für längere Zeiträume häufig keine Daten aus den operativen Plänen vorliegen[634].

Eine situationsabhängige Bestimmung der Länge des Planungszeitraumes wird auf unterschiedliche Weise vorgeschlagen. Logisch konsequent ist die mehrfach erhobene Forderung, die Planung so lange auszudehnen, als die Wirkung einer steuerbilanzpolitischen Aktion dauert; die Wirkungsdauer ist aus der Wiederauflösung des Bewertungswahlrechtes abzuleiten[635]. Dieser Vorschlag ist aber bei umfassenden Modellen (Modellen für die *gesamte* Steuerbilanzpolitik des Unternehmens) nur so durchführbar, daß weit in der Zukunft liegende Perioden wesentlich zusammengefaßt werden (Zusammenziehung mehrerer Jahre zu einer einzigen Teilperiode). Wenn z. B. Wahlrechte bei Gebäudeinvestitionen zusammen mit der Ausübung anderer Wahlrechte geplant werden sollen, so lösen sich die Wahlrechte bei den Gebäuden evtl. erst nach 50 oder mehr Jahren auf, während andere Wahlrechte wesentlich kürzer wirken. Dies spricht gegen eine so weite Ausdehnung des Modelles.

Noch wichtiger ist aber folgendes: Steuerbilanzpolitische Modelle sind nur ein Sonderfall der allgemeinen Investitionsmodelle. Aus der allgemeinen Investitionstheorie ist aber hinlänglich bekannt, daß Investitionen nur unter gleichzeitiger Berücksichtigung der Supplement-

---

631 MARETTEK (1971), S. 170f.

632 MÜLLER-KRÖNCKE (1974), S. 123f. (mit Hinweis auf die Preissteigerungsrücklage, die § 6b-Rücklage für begünstigte Übertragung aufgedeckter stiller Reserven und den Verlustabzug).

633 Vgl. STROBEL (1977a), S. 389, S. 396 und 398.

634 Vgl. auch EISENACH (1974), S. 80ff. mit weiterer Literatur.

635 Vgl. etwa SCHNEELOCH (1972), S. 53; HEIGL/MELCHER (1974), S. 24.

investitionen zutreffend beurteilt werden können[636]. Die unterschiedliche Inanspruchnahme steuerbilanzpolitischer Wahlrechte bewirkt aber unterschiedliche Anschlußinvestitionen. Durch die Verbindung mit diesen ist eine endgültige Auflösung eines Wahlrechtes nur unter sehr abstrahierenden Prämissen möglich. Im wachsenden Unternehmen wird sich — vorausgesetzt daß nicht steuerbilanzpolitische Aktionsmöglichkeiten durch den Gesetzgeber abgeschafft werden — ein gewisser „Bodensatz" revolvierender Steuerbegünstigungen bilden. In diesem Falle löst sich das ursprüngliche Wahlrecht wegen der Verknüpfung mit den an die ursprüngliche steuerbilanzpolitische Aktion anschließenden Aktionen überhaupt nicht in eindeutig bestimmbarer Weise auf. Wegen dieser theoretischen Bedenken und aus praktischen Gründen der Beschränkung der detaillierten Planung muß daher ein kürzerer Gesamtplanungszeitraum gewählt werden.

Die große Bedeutung der Länge des Planungszeitraumes für die Ergebnisse der steuerbilanzpolitischen Entscheidungsmodelle darf aber nicht übersehen werden[637]. Die Abhängigkeit der vom Modell empfohlenen Verrechnung der Manövriermasse überlegt man leicht so: Es sei die (am häufigsten verwendete) Zielfunktion der Steuerkapitalwertminimierung verwendet. Für sie kann man die Optimierungsregel

$$s'_{to} = s'_t \cdot v^t = \text{const. für alle } t \tag{53}$$

ableiten[638]. In ihr bedeutet s'_t die Ableitung des Steuersatzes nach dem steuerpflichtigen Gewinn und s'_{to} den Barwert dieser Ableitung zum Zeitpunkt Null. Ersichtlicherweise wird durch Verlängerung des gesamten Planungszeitraumes für die letzten Perioden v^t immer größer und damit c. p. s'_{to} niedriger. Im Ergebnis würde eine Verlängerung des Planungszeitraumes, vorausgesetzt daß den Gewinnverlagerungen nicht zwingende steuerrechtliche Bestimmungen entgegenstehen, ein immer weiteres Hinausschieben des Gewinnausweises bewirken, weil durch die zeitliche Modellerweiterung der Zinseffekt immer stärker wird[639].

Die vorstehende Überlegung weist aber insofern einen Fehler auf, als durch die zeitliche Modellerweiterung weitere Einkommensteile hinzukommen, u. a. auch aus den durch die Steuerbilanzpolitik ermöglichten Anschlußinvestitionen. Diese Gewinnsteigerung steht der Tendenz entgegen, daß durch immer weitere zeitliche Erstreckung des Modelles

---

[636] Vgl. insbes. HEISTER (1962).

[637] Vgl. SCHERRER (1973), S. 90.

[638] Vgl. SIEGEL (1972), S. 67. Vgl. auch oben die (analoge) Ableitung der Formel (42) mit Hilfe der Methode der LAGRANGE-Multiplikatoren.

[639] Diese Überlegung stellt noch SIEGEL (1972), S. 79, an.

tendenziell in den ersten Perioden immer weniger Gewinn ausgewiesen und versteuert wird. Vielfach werden auch fälschlich nur die Steuerminderungen im Planungszeitraum ohne die dadurch ausgelöste Vorbelastung der Nach-Horizont-Perioden kapitalisiert[640]. Wenn Steuerminderungen durch Einsatz von steuerbilanzpolitischen Aktionsparametern im Planungszeitraum nicht ad infinitum auch nach dem Horizont als „Bodensatz" fortgeführt werden können, so müssen am Planungshorizont die diskontierten künftigen Steuermehrzahlungen als (negatives) „Horizontvermögen" angesetzt werden[641].

Wenn die Bewertung der künftigen (Post-Horizont-)Steuerdifferenzen eingeführt wird, dann verliert zugleich das Problem der Bestimmung der richtigen Länge des Planungszeitraums einiges von seiner Brisanz. Die zur Bewertung des (positiven und negativen) „Horizont-Vermögens" anzustellenden Überlegungen zeigen zugleich die wesentlichen situationsabhängigen Elemente für die Bestimmung der zweckmäßigen Länge des Planungszeitraumes auf.

Das Problem kann verschoben werden: Das offene Entscheidungsfeld wird durch die Wahl des Planungshorizontes künstlich gekappt. *Jede* beliebige Länge des Planungszeitraumes ist möglich, soferne die Vermögensbestände am Horizont richtig bewertet werden. Wenn für sie eine oberzielkonforme Bewertung gefunden werden kann, die (pauschal) die Beeinflussung des Wertes der Zielfunktion durch die Beeinflussung der Verhältnisse nach dem Horizont abbildet, wird die Länge des Planungszeitraumes irrelevant.

Exakt ist die Bewertung am Horizont nicht möglich, denn sie würde ja erfordern, daß — contra definitionem — auch für die Zeit nach dem Planungshorizont exakt geplant würde[642]. Die erforderliche

---

640 Während in vielen Arbeiten dieses Problem übersehen worden sein mag, führt Müller-Kröncke (1974), S. 83f., in problematischer Weise die ausdrückliche Prämisse ein, „daß eventuelle Konsequenzen von Entscheidungen, die Perioden des aktuellen Planungszeitraumes betreffen, für die nach dem Ende dieses Planungszeitraumes (hinter dem aktuellen Planungshorizont) liegenden Perioden diese Entscheidungen für den aktuellen Planungszeitraum nicht beeinflussen", meint sogar, daß es keine objektiven Kriterien gebe, ob diesen Beziehungen Bedeutung beigemessen werden solle (S. 270), behält diese Prämisse während eines Großteils seiner Untersuchung bei und hebt sie erst auf S. 269ff. teilweise auf.

641 Vgl. die in den USA bei der „net-of-tax"-Methode übliche niedrigere Bewertung von Vermögensgegenständen, für die Steuerbegünstigungen in Anspruch genommen worden sind, mit dem Argument, daß für sie in Zukunft die Steuerabsetzmöglichkeiten teilweise wegfallen. — Siehe dazu Erstes Kapitel, Abschnitt D. III. 2. a, bes. auch Fn. 506.

642 Vgl. Hax, H. (1967); Rückle (1970), S. 60f.

Pauschalabschätzung wird umso leichter sein, je homogener die Erwartungen für die Zeit nach dem Planungshorizont sind. Bei sehr inhomogenen Erwartungen können andererseits die Auswirkungen der Handlungen im ausdrücklich geplanten Zeitraum auf die Zeit nachher nur schwer in pauschalen Bewertungen der Bestände am Horizont ausgedrückt werden. Speziell für die Steuerbilanzpolitik bedeutet dies: Wenn sich die Steuersätze nicht ändern und die Gewinnlage des Unternehmens stabil ist, so kann der Planungshorizont relativ nahe sein. Wenn jedoch die Steuersätze variieren, insbesondere auch „normale" und begünstigte Steuersätze in naher Zukunft zusammentreffen, die Gewinne stark schwanken, evtl. auch mit Verlusten abwechseln, so ist ein Hinausschieben des Planungshorizontes angebracht[643].

Ein *fester* Planungshorizont, der in numerischer Weise generell fixiert wird, ist jedenfalls nicht problemadäquat. Ob eine Ausdehnung des Planungshorizontes zweckmäßig ist, sieht man am besten durch parametrische Variation des Planungshorizontes[644]. Wenn die zusätzliche Einbeziehung einer weiteren Periode in die Planung eine Änderung des Handlungsprogramms bewirkt, so ist die Hinausschiebung des Planungshorizontes erforderlich. Als stabil kann das Planungssystem bereits dann angesehen werden, wenn die Hinzunahme weiterer Planungsperioden in den Handlungen der *ersten* zu planenden Periode keine Änderungen mehr bewirkt, dies deshalb, weil beim allgemein verwendeten Verfahren der roulierenden, überlappenden Planung nur die Entscheidungen für die erste Periode tatsächlich getroffen werden[645], jene für die späteren Perioden aber nur hypothetisch sind, nur zur Erfassung der Interdependenzen der Aktionen der ersten Periode überhaupt geplant werden müssen und in einem späteren Zeitpunkt noch revidiert werden können.

III. Probleme der Bestandsbewertung am Planungshorizont

Im vorigen Abschnitt wurde die Bedeutung der richtigen Bestandsbewertung für die zeitliche Abgrenzung eines Partialmodelles herausgearbeitet. Pauschale Bestandsbewertungen am Horizont sind bei „unsterblichen" Entscheidungsfeldern, aber auch bei endlicher, jedoch sehr langer Lebensdauer erforderlich.

---

[643] Vgl. ähnlich HAEGERT (1971), S. 17.

[644] Vgl. BLUMENTRATH (1969), S. 236ff.

[645] Vgl. u. a. WITTMANN (1959), S. 138; HAX, K. (1966), bes. S. 452f.; JÄÄSKELÄINEN (1966), S. 53; CHMIELEWICZ (1976), S. 63ff.

Eine formale Lösung für Entscheidungsmodelle, die allerdings die reale Problemstruktur verfälscht, besteht darin, daß die Liquidation am Planungshorizont unterstellt wird[646]. Immerhin aber ist diese Lösung der häufig gemachten Annahme vorzuziehen, daß die steuerbilanzpolitischen Aktionen während des Planungszeitraumes überhaupt keine Auswirkungen auf die Zeit nach dem Horizont haben. Die Annahme, daß keinerlei Auswirkungen auf die Zeit nach dem Horizont bestehen, bedeutet nämlich in Wahrheit eine Bewertung aller Horizontbestände zum Wert Null — und dieser ist auf jeden Fall noch weiter vom richtigen Wert entfernt als die Werte, die aus der Annahme der Zerschlagung der Unternehmung gewonnen werden.

Der Grundgedanke für die Bewertung der Bestände am Horizont liegt in der pauschalen Abbildung des Einflusses der Zusammensetzung des Horizontvermögens auf die künftige Zielerreichung. Unter „Vermögen" oder „Beständen" ist alles zu verstehen, was für die künftige Zielerreichung noch Bedeutung hat, also auch z. B. ein Verlustvortrag am Horizont, dem wegen seiner künftigen steuermindernden Wirkung ein positiver Wert zuzuordnen ist. Für die Bewertung der Horizont-Bestände sind einerseits die rein steuerlichen Auswirkungen (Auslösung von Mehr- oder Mindersteuerzahlungen nach dem Horizont) zu berücksichtigen, andererseits aber auch — wegen der Maßgeblichkeit — handelsbilanzielle Wirkungen alternativer steuerbilanzpolitischer Maßnahmen.

Da eine differenzierte Planung jenseits des Horizontes voraussetzungsgemäß nicht in Betracht kommt, müssen Pauschalannahmen über die Vorteilhaftigkeit von Vermögensstrukturen getroffen werden. Vorstellungen von einer Homöostase des Unternehmens[647] werden in diese Pauschalannahmen eingehen; auch die Einhaltung von Finanzierungsregeln basiert auf diesen Vorstellungen.

Eine besonders grobe Bestandsbewertung am Horizont erzielt man, indem man direkt den Vermögensbestandteilen einen (zielfunktionsabhängigen) Wert zuzuordnen versucht. Ein diesbezüglicher Vorschlag geht dahin, die (steuerlichen) Horizont-Restwerte von Anlagen mit dem Steuersatz bei sofortiger Versteuerung zu multiplizieren und diese Steuerentlastung in die Zielfunktion einzubeziehen[648]. Diese Vorgangsweise würde aber darauf hinauslaufen, daß alle Steuerminderungen sofort am Horizont eintreten und ist daher zu grob.

---

[646] So z. B. ROSENBERG (1975), S. 10, mit durchgängigen Konsequenzen für die Modellformulierung (vgl. etwa S. 38, S. 40, S. 42, S. 82f.).

[647] Vgl. BOULDING (1950), bes. S. 26f. und S. 95ff.

[648] Vgl. MÜLLER-KRÖNCKE (1974), S. 278f.

Häufiger wird empfohlen, die in der Zukunft anfallenden (der Höhe und dem Zeitpunkt nach grob geschätzten) Zahlungen auf den Planungshorizont abzuzinsen. Dazu benötigt man einen Kalkulationszinsfuß, der den allgemeinen Regeln für die Bestimmung des Kalkulationszinsfußes zu entsprechen hat[649]. Über die künftige Steuerbelastung müssen Annahmen getroffen werden, die mangels anderer Anhaltspunkte von gleichbleibenden Steuersätzen und persönlichen Einkommensverhältnissen ausgehen werden[650]. Es kommen jedoch auch abweichende Steuersätze für die Zeit nach dem Horizont und damit für die Bewertung der Bestände des steuerbilanzpolitischen Entscheidungsmodelles in Betracht: Einerseits können Steuerrechtsänderungen erwartet werden, andererseits sind die begünstigten Steuersätze (und evtl. Freibeträge) bei Betriebsaufgabe zu beachten.

Ein Bestand an nichtausgenutzter Manövriermasse am Horizont wird positiv zu bewerten sein, ausgenutzte und sich wieder auflösende Wahlrechte werden negativ zu bewerten sein. Besonders problematisch ist aber die Prognose des Zeitpunktes der Wiederauflösung der Wahlrechte. Zwar kann für das am Horizont vorhandene Vermögen etwa angegeben werden, wann sich die ausgenutzten Wahlrechte wieder auflösen, bei den meisten Unternehmungen besteht jedoch die Möglichkeit, jenseits des Horizontes neue Wahlrechte in Anspruch zu nehmen[651]. Man hat diesbezüglich in differenzierter Weise vorzugehen: Bei langfristig wachsenden Unternehmungen, geeigneter Struktur der künftigen Investitionen und unter der Annahme gleichbleibender steuerbilanzpolitischer Aktionsmöglichkeiten in der Zeit nach dem Horizont besteht ein ständig steigender „Bodensatz" von ausgenutzten Wahlrechten, der sich — wegen der Anschlußinvestitionen — überhaupt nie auflöst. Soweit mit diesem „Bodensatz" gerechnet wird, ist den im Planungszeitraum ausgenutzten Wahlrechten *kein* negativer Horizontwert zuzuordnen. Es können auch je nach Wirtschaftsgütern unterschiedliche Erwartungen über die mögliche Wiederinanspruchnahme von Wahlrechten nach dem Horizont bestehen, die in einer differenzierten Planung des Einsatzes der Manövriermasse natürlich besser berücksichtigt werden können als bei Modellen mit pauschaler Planung.

---

[649] Vgl. Abschnitt I. — Insbesondere wäre es nicht richtig, den Kalkulationszinsfuß für die Bestandsbewertung am Horizont wie HABERSTOCK (1971), S. 50, aus sicher verfügbaren kurzfristigen Finanzinvestitionen abzuleiten.

[650] Vgl. HEIGL/MELCHER (1974), S. 136f.

[651] Vgl. MÜLLER-KRÖNCKE (1974), S. 276f.

Die zahlreichen Probleme der Wahl der richtigen Werte am Horizont sollten aber — bei nicht allzu kurzen Planungszeiträumen — nicht überbewertet werden. Mittels parametrischer Variation der Wertansätze kann man den Einfluß des Wertansatzes am Horizont auf die Entscheidung der *ersten* Periode feststellen; Sensitivitätsanalysen — zwar für nichtsteuerliche Modelle, aber im Ergebnis durchaus übertragbar — haben auch gezeigt, daß die Entscheidungen der *ersten* Periode häufig gegenüber beträchtlichen Variationen der Bestandsbewertung am Horizont stabil bleiben[652].

Die vorstehenden allgemeinen Überlegungen zur Bestimmung der Wertansätze am Horizont sollen abschließend anhand eines konkreten Beispieles erläutert werden: Zur Diskussion steht die Horizont-Bewertung einer „Bewertungsfreiheit" bei einem Gegenstand des Anlagevermögens, die als Summe der bis zum Horizont verrechneten

(1) vorzeitigen Abschreibung
\+ (2) der zugehörigen Absetzungen für Abnutzung
abzüglich (3) der Absetzungen für Abnutzung, die ohne Inanspruchnahme der vorzeitigen Abschreibung verrechenbar gewesen wären,

zu definieren ist[653]. Die so definierte „Bewertungsfreiheit" betrage am Planungshorizont, der mit dem Ende der fünften Periode gegeben sei, 20.000 S. Als erstes ist zu prüfen, ob tatsächlich nach dem Horizont eine Wiederauflösung der „Bewertungsfreiheit" erfolgt. Diese Frage sei positiv entschieden, und zwar soll sich die „Bewertungsfreiheit" in der achten Periode mit 10.000 S wieder auflösen. Nun ist der für die achte Periode anzuwendende Steuersatz zu schätzen. Er betrage 55%. Der Kalkulationszinsfuß betrage nach dem Horizont einheitlich 6,75%. Dann ist für die „Bewertungsfreiheit" am Horizont eine Steuerzahlung von

$$20.000 \cdot 0{,}55 \cdot 1{,}0675^{-3} = 9.042$$

am Horizont anzusetzen.

Oft wird es genügen, *abzuschätzen*, ob die spätere Steuermehrbelastung für die Planung bis zum Horizont eine Modifikation des

---

652 Vgl. ADAM (1968).

653 (2) und (3) können in Österreich gleich sein, jedoch auch auseinanderfallen: sie werden auseinanderfallen, wenn bis zum Planungshorizont die Summe aus (1) und (2) mehr als 100 Prozent betragen würde. — Nach geltendem deutschen Steuerrecht werden (2) und (3) immer verschieden sein, weil zum Unterschied von Österreich die Verrechnung steuerlich zulässiger „Sonderabschreibungen" die Berechnungsbasis für die Absetzungen für Abnutzung verringert.

Einsatzes der Manövriermasse ergeben kann. Dies erfordert weniger exakte Prognosen über die Zeit nach dem Planungshorizont und ist daher leichter durchzuführen. In Abwandlung des Beispieles überlegt man z. B. folgendes: Wenn der *höchstmögliche* Steuersatz in der dritten Post-Horizont-Periode 55% beträgt und sonst alles gleich bleibt, beträgt der kritische Steuersatz

$$55 \cdot 1{,}0675^{-3} = 45{,}21\%$$

für die fünfte Periode: Wenn die Planung ohne Bewertung der „Bewertungsfreiheit" am Horizont für die fünfte Periode einen Steuersatz von mehr als 45,21% ergibt, dann lohnt die Inanspruchnahme der Begünstigung im Planungszeitraum.

Ebenso überlegt man sich den Einfluß begünstigter Steuersätze anhand des angeführten Beispieles: Zur Diskussion stehe eine Versteuerung der „Bewertungsfreiheit" in der dritten Post-Horizont-Periode mit dem begünstigten Steuersatz von der Hälfte des Normalsteuersatzes. Dann erhält man für die Bewertung der „Bewertungsfreiheit" des angeführten Beispieles am Horizont eine Steuerzahlung von

$$20.000 \cdot 0{,}55 \cdot \frac{1}{2} \cdot 1{,}0675^{-3} = 4.521,$$

bzw. für die vereinfachte Abschätzung des kritischen Steuersatzes der fünften Planungsperiode den Wert

$$\frac{1}{2} \cdot 45{,}21 = 22{,}61\%.$$

E. DER WERTEVORRAT DER STEUERBILANZ-POLITISCHEN AKTIONSPARAMETER (DAS LEGALITÄTSPROBLEM)

I. Die Forderung nach Beschränkung der Steuerplanung auf „anerkannte" Maßnahmen

Die Forderung nach Beschränkung der Steuerplanung auf „anerkannte" Maßnahmen, auf „legale" Aktionen, ist als herrschende Ansicht anzusehen. Auch in der allgemeinen Bilanzpolitik wird großteils die analoge Forderung erhoben. Nur teilweise wird für dieses Postulat eine Begründung gegeben, da es offenbar von manchen Autoren als selbstverständlich angesehen wird.

Die erste Argumentationsfigur ist die Ausschaltung illegaler Maßnahmen durch Definition. Typischer Vertreter dieser Ansicht ist MARKER, der auch eine umfangreiche Darstellung der Pro- und Contrastimmen der Literatur zu diesem Thema gibt[654]. Es sei „ungerechtfertigt oder zumindest terminologisch unzweckmäßig", auch die Bilanzfehler unter die Bilanzpolitik zu subsumieren[655]. Nach definitorischer Einengung der Bilanzpolitik auf „rechtmäßige" Maßnahmen wird darauf hingewiesen, daß auch die Grundsätze ordnungsmäßiger Buchführung (GoB) in den Gesetzen verankert seien, weshalb auch die GoB einzuhalten seien, damit von „Bilanzpolitik" gesprochen werden könne[656].

Zu letzterem sei vorweg Stellung genommen: Selbst wenn man die Hauptdefinition („Bilanzpolitik" nur im Rahmen der rechtmäßigen Maßnahmen) akzeptiert, so ist die Ausdehnung auf die GoB doch zuwenig abgestützt. Innerhalb der GoB gibt es zwei wohl zu unterscheidende Teilgebiete: Einerseits hat die Betriebswirtschaftslehre als wünschenswert erachtete Grundsätze entwickelt, die aber keine ausreichende Stütze in den Rechtsvorschriften haben (Beispiel: die Forderung nach materieller Bilanzkontinuität wurde von der Betriebswirtschaftslehre insbesondere im Hinblick auf die Ermittlung vergleichbarer Erfolge aufgestellt; sie ist aber nach geltendem österreichischen Aktienrecht

---

[654] MARKER (1970), S. 131ff.

[655] Ebendort, S. 131.

[656] Ebendort, S. 132ff. unter Hinweis auf zustimmende und ablehnende Literaturmeinungen.

nach herrschender Auslegung nicht rechtsverbindlich). Andererseits gibt es Teile der GoB, die als Auslegung der gesetzlichen Vorschriften anzusehen sind. Diese zweite Gruppe bildet eine echte Teilmenge der ersten. Nur auf diese zweite Gruppe könnte MARKERS Definition — vorbehaltlich der Akzeptierung der Hauptthese — angewendet werden.

Die Hauptthese aber, daß es terminologisch unzweckmäßig sei, in die Bilanzpolitik auch Bilanzfehler einzubeziehen, übersieht, daß die terminologische Zweckmäßigkeit vom Untersuchungszweck abhängt, zumal sogar zugegeben wird, „daß auch von diesen — unrechtmäßigen — Maßnahmen bilanzpolitische Wirkungen ausgehen können"[657]. Wenn aber eine Maßnahme bilanzpolitische Wirkungen hat, wieso soll sie dann nicht zur Bilanzpolitik gehören? Definitionen sollen im Hinblick auf den Untersuchungsgegenstand möglichst einfach, zweckmäßig und fruchtbar sein; wenn es der Untersuchungsgegenstand erfordert, rechtmäßige und unrechtmäßige Maßnahmen zusammenzufassen, dann sollten keine überflüssigen definitorischen Abgrenzungen eingeführt werden. Eine Definition der Bilanzpolitik, die diese auf gesetzlich zulässige Maßnahmen beschränkt, ist allein schon deshalb unbrauchbar, weil die Grenze des Zulässigen und des Unzulässigen nur schwer zu bestimmen ist und nur im Einzelfall, und dann auch erst ex post, von Gerichten oder Sachverständigen festgelegt wird[658].

Die weitgehende Ausschaltung illegaler oder an der Grenze zur Illegalität befindlicher Bilanzgestaltungen aus der literarischen Darstellung der Bilanzpolitik ist — abgesehen vom ethischen Urteil des Wissenschaftlers, auf das noch später einzugehen ist — aber auch in der Schwierigkeit der Materialbeschaffung begründet[659].

Für die Steuerplanung erfolgt überwiegend ebenfalls eine Einschränkung der untersuchten Aktionen auf legale[660]. Ebenso, wie dies für die allgemeine Bilanzpolitik festgestellt wurde, gilt aber auch für die Steuerplanung und insbesondere für die Steuerbilanzpolitik, daß die Abgrenzung zwischen legalen und illegalen Maßnahmen schwierig ist und eine a-priori-Einschränkung deshalb kaum möglich ist. Bei vielen Maßnahmen entscheidet erst die konkrete Beurteilung ex post, ins-

---

[657] Ebendort, S. 131.

[658] Vgl. insbes. SANDIG (1966), S. 266ff., in Auseinandersetzung mit der in der Literatur häufig vertretenen Gegenthese.

[659] KAPPLER (1972), S. 71f., der zur Bilanzpolitik auch gesetzwidrige Maßnahmen rechnet, weist auf diese Schwierigkeit hin.

[660] Vgl. u. a. JUNGER (1958), S. 31ff.; WEHMEYER (1967), S. 22ff.; MARETTEK (1971), S. 32; ROSE (1973a), bes. S. 386; EISENACH (1974), S. 108f. und S. 119ff.; SELCHERT (1975), S. 440.

besondere durch die steuerliche Betriebsprüfung, ob sie als rechtmäßig anzusehen ist oder nicht[661].

Soweit die Begrenzung des steuerpolitischen Aktionsraumes auf legale Maßnahmen überhaupt problematisiert wird, ist man sich aber darüber einig, daß die steuergünstigsten Aktionen häufig gerade dort liegen, wo der Grenzbereich zwischen Zulässigem und Unzulässigem liegt. Für diesen Bereich wurde der Appell, steuerliche Maßnahmen auf das gesetzlich Zulässige zu beschränken, noch um eine Variante bereichert: Ein „Grenzverhalten“ übt derjenige aus, der am äußersten Rande des Erlaubten operiert bzw. diesen Rand gerade so weit überschreitet, daß eine Entdeckung nicht zu befürchten ist oder nichts schadet (Beispiel: Ein Autofahrer, der im Stadtverkehr immer mit 54 km/h fährt); im Steuerrecht sei dieses „Grenzverhalten“ oft zu beobachten, ihm könne man nur mit dem Appell an die „staatsbürgerliche Vernunft“ des Steuerpflichtigen beikommen[662]. Ein Appell an den Steuerpflichtigen, sogar von der Ausschöpfung des rechtlich Zulässigen Abstand zu nehmen, ist aber m. E. nicht einmal mehr ethisch zu rechtfertigen, zumal der Steuerpflichtige ja auch ein beträchtliches steuerliches Risiko aus der Nicht-Eindeutigkeit der steuerlichen Tatbestände zu tragen hat[663] und das „Grenzverhalten“ des Steuerpflichtigen mit einem „Fehlverhalten“ des Steuergesetzgebers in Zusammenhang zu bringen ist[664]. Derart weitgehende Appelle an die Steuermoral des Staatsbürgers muten utopisch und sittlich nicht gerechtfertigt an, wenn nicht gleichzeitig die Frage nach der *Be*steuerungsmoral[665] und nach der sparsamen Verwendung der durch Steuern beigebrachten Mittel erhoben wird.

Wenn mit der Ausschaltung illegaler Gestaltungen nur die Steuerhinterziehungen gemeint sind, so könnte dem noch eher gefolgt werden. Hier ergibt sich aber wiederum das Problem, daß nur der Steuerpflichtige selbst weiß, ob er bei einer Gestaltung vorsätzlich im Sinne des Finanzstrafrechtes handelt; bei Steuerhinterziehungen ist die subjektive Komponente sehr schwer zu beweisen[666]. Obwohl die Abgrenzung

---

661 Zur steuerlichen Betriebsprüfung vgl. oben Abschnitt C. II. 2.

662 MENCK (1975); vgl. auch (in Auseinandersetzung mit der teilweise heftigen Kritik an dieser Auffassung) MENCK (1976).

663 Vgl. FLUME (1968) mit zahlreichen Beispielen für die unzulässige Ausweitung gesetzlicher Steuertatbestände durch Finanzverwaltung und Rechtsprechung im Wege der Analogie.

664 Vgl. FELIX (1976), bes. Fn. 56 und Fn. 68.

665 Vgl. BECHINIE (1977).

666 TIPKE (1973b), bes. S. 520ff.

eines auf Hinterziehungen eingeschränkten „illegalen" Verhaltens den subjektiven Vorsatz benötigt, ist doch die Ausschaltung solcher Aktionen aus der Untersuchung ethisch geboten. Es handelt sich bei einer derartigen Beschränkung der Untersuchung aber — das muß ausdrücklich gesagt werden — um eine Konsequenz aus einem Basiswerturteil des Wissenschaftlers. Nur mit diesem Basiswerturteil ist die Ausschaltung der im strengen Sinne illegalen Verhaltensweisen zu rechtfertigen, keinesfalls mit Argumenten wie jenem, daß sich die Steuerhinterziehung nicht lohnt; das ist nämlich bei sorgfältiger Planung der Handlungen nicht richtig, weil durch die Hinterziehungen Steuern langfristig oder dauernd gespart werden können und überdies eine Bestrafung bei Gefahr der Entdeckung noch immer durch rechtzeitige Selbstanzeige (häufig) verhindert werden kann[667]. Für das tatsächliche steuerpolitische Verhalten der Praxis ist auch zu beachten, daß eine Grundsatzentscheidung für oder gegen die Steuerehrlichkeit keine rein ethische Entscheidung darstellt, sondern auch eine ökonomische Komponente besitzt: Selbst wenn ein Unternehmer um Steuerehrlichkeit bemüht ist, kann er durch steuerunehrliche Konkurrenten, die sich Kostenvorteile durch Steuerverkürzungen verschaffen, zur Entscheidung gezwungen werden, entweder diese Grundsatzentscheidung zu revidieren oder die Vernichtung seines Betriebes und seiner Existenz in Kauf zu nehmen[668].

Für die Ausschaltung qualifiziert illegaler Aktionen aus der Betrachtung ist nur ein Basiswerturteil des Wissenschaftlers eine akzeptable Begründung, nicht aber die begriffsessentialistische Verengung des Gegenstandes durch Definition oder der (unrichtige) Hinweis, daß sich die illegalen Aktionen nicht lohnen. Obwohl Basiswerturteile nicht beweisbar sind, wird hier doch die Auffassung vertreten, daß es nicht in das Belieben jedes einzelnen Wissenschaftlers gestellt ist, beliebige Basiswerturteile einzuführen, daß der Wissenschaftler vielmehr die Konsequenzen der Wahl seiner Basiswerturteile bedenken muß[669].

Geht man von einer positiven Einstellung gegenüber dem Staatswesen aus, so ist damit aber noch nicht unbedingt das Basiswerturteil der Ausschaltung qualifiziert illegaler Aktionen aus den Betrachtungen verbunden. Die Ergebnisse einer Erforschung illegaler Aktionen können nämlich durchaus verschieden genutzt werden. *Für* die Ausschaltung illegaler Aktionen spricht, daß damit der Untersuchung keine Anleitung

---

[667] Vgl. WEHMEYER (1967), S. 25f.
[668] Vgl. TERSTEGEN (1958).
[669] Vgl. u. a. RAFFÉE (1974), S. 48ff.; STEINMANN et al. (1976).

zur Setzung illegaler Handlungen entnommen werden kann. *Gegen* dieses Basiswerturteil spricht aber andererseits, daß die Realität nur unvollständig abgehandelt wird[670] und daß die *Beseitigung* der aus illegalen Handlungen resultierenden Vorteile ebenfalls keine Unterstützung durch die wissenschaftliche Untersuchung erhält: Vorschläge de lege ferenda benötigen Untersuchungen, die die Bedingungen und Aktionen zur Erlangung maximaler Steuervorteile durch einen steuerunehrlichen Bilanzierenden aufzeigen. Die Abwägung der Vor- und Nachteile beider Standpunkte muß offen bleiben, weil zu einer abschließenden Beurteilung empirische Kenntnisse erforderlich wären, inwiefern „Geheimwissen“ über Planungstechnologien zur optimalen Ausnutzung illegaler steuerbilanzpolitischer Aktionen in der Praxis ohnehin verbreitet ist.

Wenn somit qualifiziert illegale Aktionen in den steuerbilanzpolitischen Entscheidungsmodellen nicht in extenso behandelt werden, so soll diese Einschränkung in der vorliegenden Arbeit vor allem aus Raumgründen erfolgen. Allerdings ist der steuerbilanzpolitische Kalkül so aufzubauen, daß auch illegale Gestaltungen grundsätzlich mit ihm behandelt werden können. Dies ist bei den Kalkülen, die auf der Theorie der Entscheidungen unter Ungewißheit basieren, der Fall.

Bereits in der einleitenden Literaturanalyse wurde auf zwei Ansätze zur Einbeziehung nichtanerkannter steuerbilanzpolitischer Aktionen hingewiesen[671]. Die vorwiegend an der formalen Seite der auftretenden Probleme orientierte Arbeit von SEIDL[672] soll hier im Hinblick auf die Erweiterung der gängigen steuerbilanzpolitischen Kalküle analysiert werden. Zunächst sei die wichtigste Charakterisierung der SEIDLschen Arbeit einerseits und der gängigen steuerbilanzpolitischen Literatur andererseits wiederholt: SEIDL stellt ein einperiodisches, statisches Modell auf, das insbesondere an den Steuerverkürzungen interessiert ist und die legalen Aktionen nur als Sonderfall miterfaßt, ferner abstrahiert er weitgehend von der konkreten Ausgestaltung des Steuerrechts, insbesondere von den durch das Steuerrecht gewährten steuerbilanzpolitischen Wahlrechten. Demgegenüber sind die gängigen steuerbilanzpolitischen Modelle mehrperiodisch konzipiert, auf legale Aktionen ausgerichtet und wollen gerade die optimale Nutzung der durch das Steuerrecht gewährten Wahlrechte aufzeigen.

Für die Steuerplanung liegt i. a. keine Entscheidung unter Sicherheit vor: Wenn auch nur eine einzige Aktion gegen Steuergesetze verstößt,

---

670 Vgl. POHMER (1958), S. 144f.

671 Vgl. S. 50f.

672 SEIDL (1974), bes. S. 17–85.

so muß die Entscheidung unter Unsicherheit getroffen werden; aber auch bei beabsichtigt legalem Verhalten bewirkt die unterschiedliche Auslegung der Steuergesetze, daß keine Entscheidung unter Sicherheit mehr vorliegt[673]. Hieraus wird auch ersichtlich, daß für das ökonomische Planungsproblem die (ethische) Grundsatzentscheidung, sich auf legale Aktionen zu beschränken, nicht ausreicht, damit einwertige Erwartungen über die Anerkennung der Maßnahmen dem Kalkül zugrunde gelegt werden können. Auch bei Beschränkung auf (vermeintlich) legale Aktionen verbleibt das Risiko der andersartigen Gesetzesauslegung und damit der Nichtanerkennung der steuerbilanzpolitischen Aktionen. Ein Entscheidungsmodell, das nicht die verkürzten, sondern die bezahlten Steuern in die Ergebnisplanung einsetzt, hat den Vorteil, daß mit ihm die illegalen und legalen Aktionsmöglichkeiten zur Beeinflussung der zu zahlenden Steuern *in einem* geplant werden können[674]. Damit ist zugleich der „Grenzbereich" des legalen Verhaltens abbildbar. Die spezifischen Probleme der im „Grenzbereich" befindlichen Aktionen und der qualifiziert illegalen Aktionen liegen in der Gewinnung der Wahrscheinlichkeiten für ihre Anerkennung; sie werden hier nicht im einzelnen erörtert[675]. Die Ausdehnung des Kalküls auf den mehrperiodischen Fall bereitet keine grundsätzlichen Schwierigkeiten, führt jedoch zu sehr großen Modellumfängen[676].

II. Die Berücksichtigung der Unsicherheit der Anerkennung der steuerbilanzpolitischen Maßnahmen in der Planung des Einsatzes der Aktionsparameter

1. Datengewinnung: Gründe und Arten der Nichtanerkennung

a) Das Auslegungs-(Subsumtions-)Problem im allgemeinen einschließlich der Schätzungen

Für die steuerbilanzpolitischen Entscheidungen müssen Prognosen über die Anerkennung der in die Auswahlüberlegungen einbezogenen Aktionen angestellt werden. Zu diesem Zwecke müssen Verwaltungs-

---

[673] Vgl. ebendort, S. 20. — Zur Unsicherheit, die durch die Gesetzesauslegungsmöglichkeiten geschaffen wird, vgl. auch Stüdemann (1971).

[674] Vgl. Seidl (1974), S. 25.

[675] Vgl. auch die hiermit in engem Zusammenhang stehenden Buchprüfungsmodelle, die der Aufdeckung absichtlich gelegter Fehler dienen sollen. Vgl. insbes. Loitlsberger (1968).

[676] Vgl. vor allem Abschnitt B. IV.

übung und Rechtsprechung prognostiziert werden[677]. Diese Prognose wird für betriebswirtschaftliche Zwecke der Steuerplanung vorwiegend von der Übernahme der in Verwaltung und/oder Rechtsprechung herrschenden Auslegung ausgehen. Eigenständige Auslegungen mit dem Ziele einer Erschütterung einer verfestigten Verwaltungsübung und/oder Rechtsprechung kommen nur in Ausnahmefällen in Betracht: Sie haben auch bei gewichtigen Gründen, die gegen die bisherige Auslegung sprechen, nur eine geringe Wahrscheinlichkeit des Obsiegens, weil die Stetigkeit der Rechtsprechung (Berufung auf die „ständige Rechtsprechung") in der Rechtspraxis einen sehr beachtlichen Eigenwert darstellt[678].

Trotz vielfach gleicher gesetzlicher Bestimmungen in Deutschland und Österreich hat der österreichische Steuerpflichtige i. a. geringere Chancen, gegen die Verwaltungsübung beim Verwaltungsgerichtshof zu obsiegen. Wie Stoll deutlich machte, liegt dies u. a. darin begründet, daß der österreichische Verwaltungsgerichtshof nur kassatorisch entscheiden kann; es steht ihm nur zu, allenfalls festzustellen, daß der bekämpfte Bescheid der (Finanz-)Behörde außerhalb des möglichen Auslegungsraumes liege und deshalb aufzuheben sei; hingegen hat der Bundesfinanzhof meritorische Befugnisse und kann daher die Auslegung wesentlich mehr beeinflussen[678a].

Die Auslegungsprobleme, die die Steuerbilanzpolitik betreffen, weisen bei den „normalen" (= fiskalisch bestimmten) steuerlichen Normen und bei den Begünstigungen Unterschiede auf.

Bei den „normalen" Bestimmungen sind drei Problemgruppen zu unterscheiden: Erstens ist die Abgrenzung zwischen Betriebs- und Privatbereich zu klären. Dabei ist die Interessenlage von Steuerpflichtigem und Fiskus nicht einheitlich auf die Zuordnung zu einer der beiden Sphären gerichtet. So ist der Steuerpflichtige nicht immer daran interessiert, Wirtschaftsgüter und die mit ihnen verbundenen Aufwendungen zum Betriebsvermögen zu rechnen, vielmehr hat er bei beabsichtigter Veräußerung der Wirtschaftsgüter oft auch ein Interesse daran, diese Wirtschaftsgüter in das Privatvermögen zu transferieren oder von vornherein in diesem zu belassen, damit Veräußerungsgewinne (z. B. bei Grundstücken) in die (z. T.) steuerfreie Privatsphäre fallen. Der Fiskus wird in diesem Falle bestrebt sein, die Eigenschaft als „notwendiges Betriebsvermögen" und damit die Zugehörigkeit aller Transaktionen zu den gewerblichen Einkünften nachzuweisen.

---

[677] Vgl. insbes. Bareis (1969), S. 40ff.; Schlager (1978), bes. S. 89ff.
[678] Vgl. bes. Schlager (1978), S. 94ff. mit zahlreichen Nachweisen.
[678a] Stoll (1979), S. 10ff.

Die zweite Problemgruppe betrifft die Aktivierung und Passivierung, die sog. „Bilanzierung dem Grunde nach". Bei der Beurteilung, ob aktivierungspflichtige Wirtschaftsgüter oder passivierungsfähige wirtschaftliche Lasten („negative Wirtschaftsgüter") vorliegen, schwankt die Rechtsprechung zwischen der Orientierung am Wirtschaftsgutbegriff einerseits und an der dynamischen Bilanzauffassung andererseits[679]. Hieraus resultiert für den Steuerpflichtigen eine beträchtliche Unsicherheit.

Die dritte Problemgruppe betrifft die Bewertung. Wegen des Hineinreichens der meisten Bilanzansätze in die Zukunft sind Schätzungen erforderlich. Die Bilanzansätze müssen aufgrund von Erwartungen über die Zukunft gewonnen werden. (Von der „Schätzung" im vorliegenden Zusammenhang zu unterscheiden ist die „Schätzung", durch welche die Finanzbehörde die Bemessungsgrundlagen in dem Falle, daß die Buchführung als nicht ordnungsgemäß verworfen wird, ermittelt.) Ein markantes Beispiel für die hier in Frage stehenden Schätzungen ist die Bestimmung der Nutzungsdauer eines Anlagegutes als wesentliche Grundlage für die Bestimmung der zulässigen Absetzung für Abnutzung. Der große Spielraum für Schätzungen, der bei vielen Bilanzpositionen gegeben ist, führt einerseits zu einem großen bilanzpolitischen Spielraum des Bilanzierenden, gleichzeitig aber auch zu entsprechender Unsicherheit hinsichtlich der Anerkennung der Schätzungen. Eine gegenläufige Tendenz besteht in der überbetrieblichen Normierung von besonders unsicherheitsbehafteten Bilanzpositionen; vor allem für die Abschreibungen bestehen Tendenzen in Richtung auf eine Reglementierung durch offizielle AfA-Tabellen, die, wenn auch keine feste Regelung der Abschreibungssätze, so doch eine nur schwer widerlegbare Vermutung begründen[680].

Bei den begünstigenden (wirtschaftspolitisch motivierten) Steuernormen besteht das hauptsächliche Subsumtionsproblem in der häufig restriktiven Auslegung der Begünstigungen durch die Finanzverwaltung. Durch restriktive Auslegung kann der wirtschaftspolitische Zweck, den der Gesetzgeber mit den Begünstigungsnormen verfolgt, teilweise zunichte gemacht werden. Die restriktive Auslegung ist häufig dadurch

---

[679] Vgl. insbes. JACOBS (1971), bes. S. 91 und S. 101, mit zahlreichen Belegen aus der Rechtsprechung.

[680] Vgl. u. a. BÜHLER/SCHERPF (1971), S. 561f.; DIETZ (1971), bes. S. 92ff. und S. 176ff. — Obwohl für Österreich nicht wie für Deutschland offizielle AfA-Tabellen aufgelegt wurden, werden doch (die deutschen) AfA-Tabellen in der Veranlagungspraxis benutzt.

begründet, daß der nicht-fiskalische Normzweck nicht gebührend beachtet wird[681]. Als eines der zahlreichen Beispiele für die restriktive Auslegung von Begünstigungsvorschriften sei Abschn. 55 Abs. 2 Satz 1 und Satz 3 EStR 1979 angeführt: „Eine vorzeitige Abschreibung ist nur im Wirtschaftsjahr der Anschaffung (Herstellung) zulässig ... Wird ein Wirtschaftsgut erst nach dem Wirtschaftsjahr seiner Anschaffung (Herstellung) in Betrieb genommen, so gehört auch die gemäß § 29 UStG 1972 zu entrichtende Steuer für den Selbstverbrauch[681a] zu den nachträglichen und sohin nicht vorzeitig abschreibbaren Anschaffungs- bzw. Herstellungskosten". Nach Ansicht der Finanzverwaltung ist die Selbstverbrauchsteuer („Investitionssteuer"), obwohl sie zwangsläufig mit der Inbetriebnahme verbunden ist und daher bereits bei Anschaffung (Herstellung) des Wirtschaftsgutes in Kauf genommen wird, auch nicht im Jahr der Anschaffung oder Herstellung aktivierbar, weshalb der Steuerpflichtige im zitierten Fall nach Ansicht der Finanzverwaltung keinesfalls von der Selbstverbrauchsteuer vorzeitig abschreiben kann. Wie sehr die restriktive Auslegung bezüglich der „nachträglichen" Anschaffungskosten systeminkonform ist, ersieht man daraus, daß der Gesetzgeber bei den *Herstellungs*kosten selbsterstellter Wirtschaftsgüter sogar die vorzeitige Abschreibung von Teilbeträgen der Herstellungskosten in mehreren aufeinanderfolgenden Jahren zuläßt[682]; es ist aber kein vernünftiger Grund ersichtlich, weshalb die *Anschaffung* von Wirtschaftsgütern des Anlagevermögens weniger als die *Herstellung* solcher Wirtschaftsgüter gefördert werden sollte. Im Falle des zit. Beispieles mag die wahre Überlegung — was allerdings nur vermutet und nicht bewiesen werden kann — die folgende sein: Die Steuerpflichtigen konnten durch Hinausschieben der Inbetriebnahme von Wirtschaftsgütern des Anlagevermögens in den Genuß der längere Zeit hindurch von Jahr zu Jahr fallenden Sätze der Selbstverbrauchsteuer gelangen; durch die Verweigerung der Verrechnung einer vorzeitigen Abschreibung von der Selbstverbrauchsteuer im Falle der Hinausschiebung der Inbetriebnahme sollte der Anreiz für die Reduktion der Selbstverbrauchsteuer gesenkt werden.

Auf weitere, allerdings gesetzlich verankerte restriktive Praktiken im Zusammenhang mit der Anerkennung der Inanspruchnahme von Steuerbegünstigungen wird unter *c* eingegangen.

---

[681] Vgl. Tipke (1976).

[681a] Anm. d. Verf.: Die Steuer wurde nur für den Selbstverbrauch bis einschließlich des Jahres 1978 erhoben.

[682] Vgl. § 8 Abs. 1 EStG.

b) Die Mißbrauchs- und Umgehungsvorschriften im besonderen

Die Anerkennung der steuer-(bilanz-)politischen Maßnahmen wird durch die überwiegende Anknüpfung des Steuerrechts an den „wirtschaftliche(n) Gehalt und nicht die äußere Erscheinungsform des Sachverhaltes“[683] zusätzlich gefährdet. Die steuerrechtliche Sachverhaltsermittlung erfolgt überwiegend nicht gemäß der zivilrechtlichen Gestaltung, sondern aufgrund der sog. „wirtschaftlichen Betrachtungsweise“[684]. Insbesondere durch die zur „wirtschaftlichen Betrachtungsweise“ gerechnete Bestimmung, daß bei „Mißbrauch von Formen und Gestaltungsmöglichkeiten des bürgerlichen Rechtes ... die Abgaben so zu erheben (sind), wie sie bei einer den wirtschaftlichen Vorgängen, Tatsachen und Verhältnissen angemessenen rechtlichen Gestaltung zu erheben wären“[685], wird die Prognose der Anerkennung von Gestaltungen mit großer Unsicherheit behaftet: Einerseits hat der Steuerpflichtige Gestaltungsfreiheit und innerhalb dieser Gestaltungsfreiheit auch die Möglichkeit, den Steuertatbestand zu vermeiden, andererseits aber besteht die Möglichkeit, daß die Finanzverwaltung und die Gerichte die tatsächlichen — steuerlich günstigen — Sachverhaltsgestaltungen in steuerlich ungünstige uminterpretieren. In ähnlicher Weise wird bei „Scheingeschäften“ das „wahre“, „verdeckte Rechtsgeschäft“ der Besteuerung zugrunde gelegt[686].

Anwendungsfälle für die Nichtanerkennung von steuerbilanzpolitischen Gestaltungen werden vorwiegend dem Bereich der konstitutiven Entscheidungen angehören. Es soll jedoch, da in der vorliegenden Arbeit der Schwerpunkt auf laufende Entscheidungen gelegt wurde, ein Beispiel für die Nichtanerkennung laufender Maßnahmen gebracht werden: Gemäß § 11 Abs. 6 EStG hängt die Steuerfreiheit der Rücklage für nichtentnommenen Gewinn u. a. davon ab, daß in den fünf Jahren ab Bildung der Rücklage die Entnahmen jeweils nicht höher als der jeweilige Gewinn des unmittelbar vorangegangenen Wirtschaftsjahres sind. Wenn nun ein Steuerpflichtiger Mehrentnahmen, die zu einer gewinnerhöhenden Auflösung der Rücklage für nichtentnommenen Gewinn führen würden, dadurch ausgleichen will, daß er kurz vor dem Bilanzstichtag Einlagen tätigt, die er kurz nach dem Bilanzstichtag

---

[683] § 21 Abs. 1 BAO.

[684] Vgl. insbes. GASSNER (1972); SCHLAGER (1978), bes. S. 39ff., ferner die zahlreichen Literaturangaben in beiden Arbeiten.

[685] § 22 BAO.

[686] § 23 Abs. 1 BAO.

wieder entnimmt, dann ist die Nichtanerkennung unter Berufung auf § 22 BAO wahrscheinlich[687].

Der Sachverhaltsbeurteilung aufgrund der „wirtschaftlichen Betrachtungsweise" ähnlich, eigentlich sogar als Spezialfall für sie anzusehen, ist die Nichtanerkennung „verdeckter Gewinnausschüttungen"[688]. Da durch Maßnahmen, durch welche der Gewinn einer Körperschaft in anerkannter Weise reduziert werden kann, die Doppelbesteuerung vermieden wird, haben Maßnahmen, die eventuell als „verdeckte Gewinnausschüttung" qualifiziert werden, bei angestrebter hoher Ausschüttung und entsprechendem Einfluß eines oder mehrerer Aktionäre eine relativ große Bedeutung. Die steuerlichen Folgen einer Qualifizierung von Maßnahmen als „verdeckte Gewinnausschüttungen" sind allerdings durchaus nicht ausdiskutiert; dies hängt auch mit der leichtfertigen Haltung manches Vorstands, Aufsichtsrates und testierenden Wirtschaftsprüfers gegenüber dem aktienrechtlichen Gebot der Gleichbehandlung der Aktionäre bzw. gegenüber dem Verbot der Einlagenrückgewähr zusammen. Wenn ein Aktionär Sondervorteile erhalten hat, so widerspricht dies den aktienrechtlichen Bestimmungen, insbesondere § 52 AktG, der die Einlagenrückgewähr verbietet. Die Qualifizierung von gewissen Maßnahmen durch die Finanzverwaltung als „verdeckte Gewinnausschüttung" ist mindestens ein gewichtiges Indiz für eine Begünstigung einzelner Aktionäre. Dann wäre aber in der ursprünglichen Bilanz auch der Rückforderungsanspruch an den Aktionär bzw. gemäß § 84 Abs. 3 AktG die Ersatzforderung an den Vorstand auszuweisen, wodurch die Bestimmungen über die verdeckte Gewinnausschüttung unanwendbar würden[689].

c) Die Ableitung der Nichtanerkennung aus der Gesamtbeurteilung der Buchführung

Formell ordnungsmäßig geführte Bücher haben gemäß § 163 BAO auch die Vermutung der materiellen Richtigkeit und sind der Abgabenerhebung zugrundezulegen, wenn kein begründeter Anlaß gegeben ist,

---

[687] So HOFSTÄTTER/REICHEL (1973), Tz. 7 zu § 11; ebenso EStR 1979, Abschn. 58, Abs. 2 (mit zwei VwGH-Erkenntnissen aus 1978 und 1979); ebenso der dt. BFH (zur analogen Bestimmung von § 10a dt. EStG): Urt. v. 24. 6. 1969, I R 174/66, und v. 18. 1. 1972, VIII R 125/69.

[688] § 8 Abs. 1 Satz 2 KöStG und § 27 Abs. 1 Z. 1 und Abs. 2 EStG; für zahlreiche Beispiele vgl. SCHUBERT/POKORNY/SCHUCH (1973), Anm. 7 zu § 27.

[689] Vgl. zu diesem Problemkreis KEUK (1973), bes. S. 262, u. a. in Auseinandersetzung mit ADLER/DÜRING/SCHMALTZ (1971), § 172 Anm. 14ff. und § 256 Anm. 6ff.

ihre sachliche Richtigkeit zu bezweifeln. Die Bezweiflung der sachlichen Richtigkeit kann z. B. auf einer indirekten Prüfung (innerem oder äußerem Betriebsvergleich) beruhen[690]. Die Nichtanerkennung der Buchführung als Besteuerungsgrundlage kann entweder auf schwerwiegenden formellen Mängeln oder auf einer begründeten Bezweiflung der materiellen Richtigkeit beruhen.

Die unmittelbare Wirkung ist die Vornahme einer Schätzung der Besteuerungsgrundlagen gemäß § 184 BAO. Die Schätzung soll, zumindest der Intention des Gesetzes nach, die „wahren" Bemessungsgrundlagen ermitteln, birgt für den Steuerpflichtigen aber durch die von der Rechtsprechung ausdrücklich sanktionierte Anwendung eines „Sicherheitszuschlages" (zugunsten des Fiskus)[691] Risiken. Darüber hinaus — und das ist steuerbilanzpolitisch von besonderer Bedeutung — ist die (formelle) Ordnungsmäßigkeit der Buchführung gesetzlich normierte Voraussetzung für die Inanspruchnahme verschiedener Steuerbegünstigungen und für die Verrechnung eines Verlustvortrages. So können die Investitionsrücklage gemäß § 9 EStG und die Rücklage für nichtentnommenen Gewinn gemäß § 11 EStG nur in Anspruch genommen werden, wenn die Buchführung ordnungsgemäß ist; gemäß § 18 Abs. 1 Z. 4 EStG, § 8 Abs. 1 KöStG und § 6 Abs. 3 GewStG ist der Verlust (bzw. gewerbesteuerliche Fehlbetrag) nur dann vortragsfähig, wenn er aufgrund einer ordnungsmäßigen Buchführung ermittelt wurde. Diese Bestimmungen begründen eine beträchtliche Unsicherheitskomponente für die betroffenen steuerbilanzpolitischen Aktionsparameter. Die Unsicherheit wird dadurch verschärft, daß die Buchführungstechnik, insbesondere unter dem Einfluß der EDV, einem ständigen Wandel unterworfen ist und für viele Neuentwicklungen lange Zeit hindurch die Zulässigkeit (formale Ordnungsmäßigkeit) oft jahrelang ungeklärt ist. Als Beispiele seien nur der Verzicht auf ausgedruckte Konten bei Speicherbuchführung, die Problematik der zeitfolgerichtigen Buchungen bei Fernbuchhaltungen und die Offene-Posten-Buchhaltung genannt.

Da die Nichtordnungsmäßigkeit der Buchführung i. a. erst Jahre später im Zuge einer steuerlichen Betriebsprüfung festgestellt wird, sind häufig die Bilanzen mehrerer Jahre betroffen. Während die Schätzung durch ergänzende Nachweise häufig verhindert oder doch in ihrem Ergebnis beeinflußt werden kann, ist die formelle Nichtordnungsmäßig-

---

[690] Vgl. hierzu die bei Stoll (1980), Anm. zu § 163, zitierte Rechtsprechung.

[691] Vgl. die ebendort, Anm. zu § 184, S. 425, zitierte Rechtsprechung.

keit der Buchführung im nachhinein nicht mehr zu sanieren. Wie groß das Risiko der Nichtanerkennung der steuerbilanzpolitischen Aktionen bei Abhängigkeit von der Ordnungsmäßigkeit der Buchführung ist, zeigt etwa folgender Fall: Der Steuerpflichtige mußte bis zum Verwaltungsgerichtshof gehen, um eine Investitionsrücklage bei kleinen Fehlern der Buchführung durchzusetzen; der Verwaltungsgerichtshof erklärte eine Investitionsrücklage bei „nicht völlig mängelfreier Buchführung" für zulässig[692]. Im Umkehrschluß erkennt man, daß die Fehler einer Buchführung nicht allzu groß sein dürfen, damit sie noch ausreichend ordnungsgemäß für die Anerkennung der erwähnten Maßnahmen bleibt.

Die große Rechtsunsicherheit, die mit der Anknüpfung von Steuerbegünstigungen an die Bedingung der Ordnungsmäßigkeit der Buchführung entsteht, hat dazu geführt, daß der deutsche Gesetzgeber im Einkommensteuergesetz 1975 generell und insbesondere auch für die Inanspruchnahme von Steuerbegünstigungen auf das Erfordernis der ordnungsmäßigen Buchführung verzichtet hat[693]. Eines der wesentlichen Motive dafür war, daß die Steuerbegünstigungen ja nicht eine Belohnung für ordnungsmäßige Buchführung darstellen, sondern anderen (insbesondere wirtschaftspolitischen) Zielen dienen. De lege ferenda ist auch für Österreich das Abgehen vom Erfordernis der ordnungsmäßigen Buchführung zu verlangen. In vollkommener Reinheit läßt sich das Erfordernis ohnehin nicht aufrecht erhalten, wie die Abschwächung durch die höchstgerichtliche Rechtsprechung zeigt. Wenn im Wege der Schätzung die Besteuerungsgrundlagen ermittelt und dem weiteren Verfahren zugrunde gelegt werden, dann könnte auch dieses geschätzte Ergebnis als Grundlage für Investitionsrücklage, Rücklage für nichtentnommenen Gewinn, Verlustvortrag benutzt werden.

d) *Steuervergehen*

Unter „Steuervergehen" werden hier qualifiziert illegale Aktionen verstanden, d. s. insbesondere Aktionen, durch die vorsätzlich oder fahrlässig unter Verletzung einer abgabenrechtlichen Anzeige-, Offenlegungs- oder Wahrheitspflicht eine Abgabenverkürzung bewirkt wird[694].

---

[692] Erk. d. VwGH v. 22. 12. 1976, 1485/74 und 2706, 2707/76.

[693] Vgl. Lang (1974b), S. 309f., mit weiteren Hinweisen; ebenso im dt. EStG 1979.

[694] Vgl. § 33 FinStrG (Abgabenhinterziehung) und § 34 FinStrG (Fahrlässige Abgabenverkürzung). — Von den weiteren finanzstrafrechtlichen Tatbeständen kommt im Zusammenhang mit der Steuerbilanzpolitik noch die Finanzordnungswidrigkeit, insbes. gem. § 50 FinStrG (Erwirkung ungerechtfertigter Zahlungserleichterungen) in Betracht. Vgl. auch Lager (1971).

Im Sinne der Ausführungen unter I. wird auf die detaillierte Erörterung qualifiziert illegaler Aktionen verzichtet. Es sei nur nochmals darauf hingewiesen, daß der Vorsatz häufig nicht bewiesen werden kann und daher für die Strafverfolgung vor allem die fahrlässige Abgabenverkürzung Bedeutung hat.

2. Datengewinnung: Folgen der Nichtanerkennung

Die folgenden Ausführungen betreffen insbesondere die Nichtanerkennung von steuerbilanzpolitischen Aktionen ohne gleichzeitige Qualifizierung als Steuervergehen.

An Folgen der Nichtanerkennung können zwei Haupttypen unterschieden werden: Entweder tritt nach der Nichtanerkennung derselbe Zustand ein, der ohne die nichtanerkannte Maßnahme sofort eingetreten wäre — dieser Fall sei mit „Berichtigung" bezeichnet; oder aber es tritt ein schlechterer Zustand ein, als er ohne die nichtanerkannte Maßnahme eingetreten wäre — dieser Fall sei mit „Verlust einer günstigen Strategie" bezeichnet.

a) Berichtigung

Im Falle der Berichtigung erst aufgrund einer Betriebsprüfung verbleibt dem Steuerpflichtigen durch die Wahl der nichtanerkannten Strategie noch immer der Vorteil aus dem Zeitmoment: Die ursprüngliche Aktion wirkte sich i. d. R. mehrere Perioden hindurch aus, und die Erhöhung der Bemessungsgrundlagen und die damit verbundene Erhöhung der Steuern treten erst später ein. Im Hinblick auf die Gleichbehandlung der Steuerpflichtigen ist diese Bevorzugung jener Steuerpflichtigen, welche im Grenzbereich des Zulässigen operieren, bedenklich, unter Zugrundelegung des geltenden Rechtes stellt aber die Ausnutzung der „Unschärfen" i. a. die optimale Strategie des Steuerpflichtigen dar[695]. Unter diesem Gesichtspunkt müssen auch verschiedene Empfehlungen, die in der Literatur im Hinblick auf die Nachteile der Nichtanerkennung von Bilanzansätzen durch die Betriebsprüfung gegeben werden, relativiert und teilweise zurückgewiesen werden.

Wenn etwa Loitlsberger im Hinblick auf die Schlagkraft der Betriebsprüfung, auf die hohen Steuerstrafen und die Möglichkeit der Anwendung des „Mißbrauchsparagraphen" der BAO die dominante Strategie i. a. darin sieht, die Steuergesetze genau zu befolgen und die vom Gesetzgeber am stärksten präferenzierten Wahlrechte auszu-

[695] Vgl. auch die Abschnitte C. II. 2 (zur Betriebsprüfung) und C. II. 3 (Überlegungen de lege ferenda).

nutzen[696], so ist dies zwar richtig, es muß aber gleichzeitig beachtet werden, daß die zahlreichen Auslegungs- und Subsumtionsschwierigkeiten dazu führen, daß auch viele von der Betriebsprüfung bzw. den sonstigen Instanzen des Abgabenverfahrens nicht anerkannte Maßnahmen als genaue Befolgung der Steuergesetze angesehen werden müssen. Aktionen, die unter Berufung auf den Mißbrauchsparagraphen der BAO später verworfen werden, führen sicherlich zu höheren Steuern, als bei Anerkennung der Gestaltungen zu zahlen wären. Damit man aber eine „mißbräuchliche" Aktion als dominiert verwerfen kann, müßte gelten, daß sie zu mehr Steuern führt als jene Aktion, welche bei Verzicht auf die (als mißbräuchliche Gestaltung) verworfene Aktion von vornherein hätte gewählt werden müssen. Wenn die Wahl der als mißbräuchlich verworfenen Aktion kein Mehr gegenüber der Nichtwahl dieser Aktion bringt, dann kann sie noch immer den Vorteil aus dem Zeitmoment haben und selbst bei schließlicher Nichtanerkennung dominant sein!

Ein weiteres Argument gegen die Ausnutzung des „Grenzbereiches" der Steuerbilanzpolitik wird speziell für die körperschaftsteuerpflichtigen Unternehmungen daraus abgeleitet, daß bei Aufdeckung unzulässig gebildeter stiller Reserven durch eine spätere Betriebsprüfung die Ermäßigung der Körperschaftsteuer auf den halben Satz verlorengehe, weil die entsprechenden Gewinnteile jedenfalls nicht „ausgeschüttet" worden seien[697]. Bei mehrperiodischer Betrachtung ist die Mehrbelastung indessen nicht so groß, wie es zunächst scheint: Die Aufdeckung der stillen Reserve durch die Betriebsprüfung führt zwar zur Versteuerung mit dem vollen Körperschaftsteuersatz. Die verbleibende (versteuerte) Reserve kann aber in späteren Perioden ausgeschüttet werden und führt in diesen c. p. zu einer Reduktion der Körperschaftsteuer. Noch wichtiger aber ist, daß nach österreichischer Auslegung des Körperschaftsteuergesetzes — zum Unterschied von Deutschland — auch nach Aufdeckung der Mehrergebnisse durch die Betriebsprüfung noch eine Ausschüttung beschlossen und damit der halbe Körperschaftsteuersatz gerettet werden kann. Die festgestellten Handelsbilanzen müssen durch Gesellschafterbeschluß geändert werden, dann können auch die Mehrergebnisse aufgrund der Betriebsprüfung ausgeschüttet werden. Die nachträgliche Änderung des Gewinnverteilungsbeschlusses bedarf keiner Zustimmung des Finanzamtes, weil (entgegen der Ansicht des deutschen BFH) i. a. im Sinne von § 4 Abs. 2 EStG keine *Änderung* der (Steuer-)

---

[696] Loitlsberger (1975), S. 155.
[697] Seicht (1977), hier S. 19.

Bilanz, sondern eine *Berichtigung* vorliegt[698]. Bei der GesmbH werden die erforderlichen handelsrechtlichen Beschlüsse meistens leicht erreichbar sein, bei der AG jedoch nicht.

Zusammenfassend bleibt festzuhalten, daß es in vielen Fällen der Nichtanerkennung steuerbilanzpolitischer Maßnahmen bei der „Berichtigung" bleiben wird und deshalb die nichtanerkannten Maßnahmen für den Steuerbilanzpolitiker zielentsprechender als die anerkannten Maßnahmen sind. Es ist aber unbedingt für ausreichende finanzielle Mittel (eventuell auch in Form von nichtausgenutzten Kreditspielräumen) vorzusorgen, andernfalls würden die c. p. günstigeren nichtanerkannten Maßnahmen durch die stoßweise Auslösung hohen Finanzmittelbedarfs Betriebsstörungen hervorrufen.

b) Verlust einer günstigen Strategie

Die Nichtanerkennung steuerbilanzpolitischer Maßnahmen kann auch dazu führen, daß die nichtanerkannte Maßnahme nicht mehr durch die mit Ausnahme von ihr günstigste, sondern durch eine schlechtere Rechtsfolge ersetzt wird. Hierzu seien einige besonders wichtige Beispiele angeführt.

Bewußt unrichtige Bilanzansätze können dazu führen, daß Betriebsausgaben verloren gehen. So hat bereits der Reichsfinanzhof die bewußte und willkürliche Unterlassung einer Abschreibung in der Absicht, diese zur Ausnutzung steuerlicher Vorteile später zu verrechnen, als Verstoß gegen Treu und Glauben qualifiziert und die spätere Nachholung untersagt[699]; der Verwaltungsgerichtshof hat diese Rechtsprechung beibehalten[700].

Als nächstes Beispiel seien zwei körperschaftsteuerpflichtige Gesellschaften betrachtet, von denen die eine die Muttergesellschaft ist und die Schachtelbegünstigung in Anspruch nehmen kann: Zur Diskussion sollen verschiedene steuerbilanzpolitische Maßnahmen bei der Tochtergesellschaft stehen; es sei aus der Sicht des Konzerns gleichgültig, ob bei der Tochter oder bei der Mutter Gewinne entstehen. Die steuergünstigste Aktion besteht in der Legung stiller Reserven bei der Tochter, dann fallen überhaupt keine Ertragsteuern an. Die zweitgünstigste Lösung ist die offene Ausschüttung an die Mutter unter Ausnutzung des auf die Hälfte ermäßigten Körperschaftsteuersatzes.

---

[698] Vgl. WIESNER/WEYRICH (1973), S. 228, mit Hinweisen auf die gegenteilige Ansicht des dt. BFH.

[699] U. a. Urt. d. RFH v. 19. 12. 1939, I 54/39.

[700] U. a. Erk. d. VwGH v. 29. 5. 1959, 1332/58; v. 18. 12. 1959, 2543/56; v. 15. 9. 1961, 239/59.

Wird aber die stille Reserve gelegt und später nicht anerkannt, so ist die zweitgünstigste Lösung nur mehr unter Schwierigkeiten, in manchen Fällen auch gar nicht mehr erreichbar[701], und es muß der volle Körperschaftsteuersatz für einbehaltene Gewinne gezahlt werden. Diese Problematik tritt auch bei Geschäftsbeziehungen zwischen Mutter und Tochter auf. Falls aus irgendeinem Grund (z. B. ungünstige Gewinnlage der Mutter) Interesse an der Transferierung von Einkommensbestandteilen von der Tochter an die Mutter besteht, so ist die billigste Lösung die entsprechende Gestaltung der Leistungsentgelte (Verrechnungspreise, Lizenzgebühren usw.); in diesem Falle wird bei der Tochter volle Abzugsfähigkeit erreicht. Wenn jedoch diese Maßnahmen im nachhinein als verdeckte Gewinnausschüttungen qualifiziert werden und keine steuerlich wirksame Umwandlung in eine offene Gewinnausschüttung[702] oder Außerkraftsetzung der ursprünglichen Verträge[703] mehr gelingt, so muß zum ganzen Körperschaftsteuersatz versteuert werden, während bei sofortiger offener Gewinnausschüttung die Ermäßigung auf den halben Körperschaftsteuersatz eingetreten wäre.

Lange Zeit bestand auch bei der Entscheidung, ob ein Aufwand sofort als Betriebsausgabe verrechnet werden kann oder aktivierungspflichtig ist, dieses Dilemma. Falls der Steuerpflichtige im betreffenden Jahr an einem möglichst niedrigen Gewinn interessiert ist, ist es für ihn günstig, möglichst viel sofort als Betriebsausgabe zu verrechnen. Oft ist es aber umstritten, ob nicht Aktivierungspflicht vorliegt (z. B. Abgrenzung zwischen Erhaltung und Instandsetzung bei Gebäuden). Wenn der Steuerpflichtige die umstrittene Position sofort voll als Betriebsausgabe absetzte, lief er Gefahr, daß diese Sofortabsetzung von der Finanzbehörde nicht anerkannt wurde und auch die Möglichkeit der Verrechnung einer vorzeitigen Abschreibung oder eines Investitionsfreibetrages nach Ansicht der Finanzbehörde nun nicht mehr gegeben war, weil diese Begünstigungen nicht rechtzeitig geltend gemacht worden wären. Die Verhinderung des zu befürchtenden Verlustes der zweitbesten Strategie bei Nichtanerkennung der besten mußte sich ganz abenteuerlicher Vorgangsweisen bedienen, wie z. B. die folgende Empfehlung zeigt: „Man setzt in der Gewinn- und Verlustrechnung den zweifelhaften Aufwand voll ab, gibt aber zusammen mit der Steuererklärung eine Liste ab, in der alle für das Verzeichnis der vorzeitig abgeschriebenen Anlagegüter erforderlichen Angaben enthalten sind,

---

[701] Vgl. die Ausführungen oben unter a.
[702] Vgl. Abschnitt 1. b, insbes. auch Fn. 689.
[703] Vgl. unten Abschn. 3.

aber als Normal-AfA der nach der vorzeitigen Abschreibung verbleibende Rest und als verbleibender Restwert Null angegeben wird"[704]. Erst 1977 entschied der Verwaltungsgerichtshof, daß es einer so komplizierten Vorgangsweise zur Rettung der zweitbesten Strategie nicht bedarf. Nach Feststellung, daß die Aktivierungsfähigkeit (-pflichtigkeit) im Einzelfall sehr umstritten sein kann und das Vorsichtsprinzip den Kaufmann im Zweifel zur niedrigeren Bewertung zwingt, kommt der Gerichtshof zum Schluß: „Dem Abgabepflichtigen kann daher das Recht auf vorzeitige Abschreibung dann nicht verlorengehen, wenn die Aktivierung einzelner grundsätzlich vorzeitig abschreibbarer Aufwendungen ausschließlich von der Abgabenbehörde im Abgabenverfahren erfolgt."[705]

3. Die Möglichkeit der Ergreifung sekundärer Aktionen bei Nichtanerkennung

Wenn die im vorigen Abschnitt *b* beschriebene Folge der Nichtanerkennung steuerbilanzpolitischer Strategien, nämlich der Verlust der zweitbesten Strategie, einzutreten droht, wird der Steuerpflichtige bemüht sein, dies durch sekundäre Maßnahmen zu verhindern. Auf einige dieser Möglichkeiten wurde bereits hingewiesen.

Eine spezifische steuerliche Alternativplanung, die in den letzten Jahren in Deutschland große Bedeutung gewonnen hat, ist die Vereinbarung sogenannter „Steuerklauseln". Durch die Vereinbarung solcher Klauseln soll erreicht werden, daß ein Rechtsgeschäft ganz oder teilweise von einer bestimmten Beurteilung durch die Finanzbehörde abhängig gemacht wird. Wenn die spezifizierte Beurteilung durch die Finanzbehörde nicht erfolgt, soll das Rechtsgeschäft entweder wieder aufgelöst werden oder aber überhaupt nie zustande gekommen sein. Bekannt ist der vom BFH anerkannte Fall, daß die Veräußerung eines Schiffes von der Bedingung abhängig gemacht wurde, daß auf den Veräußerungsgewinn der begünstigte Steuersatz der §§ 16 und 34 (dt.) EStG angewendet würde[706]. Besondere Bedeutung haben die Steuerklauseln im Zusammenhang mit verdeckten Gewinnausschüttungen. Zur Vermeidung der steuerlichen Mehrbelastung bei Feststellung einer verdeckten Gewinnausschüttung wird eine Spezialform der „Steuerklausel", die „Satzungsklausel", benutzt: In den Gesellschaftsvertrag wird eine Bestimmung aufgenommen, gemäß der alle Rechtsgeschäfte, die von der Finanz-

---

[704] Weiler (1973), A I, S. 16.

[705] Erk. d. VwGH v. 17. 5. 1977, 1934/76 (eine verwendete Abkürzung wurde vom Verfasser ausgeschrieben).

[706] Urt. d. BFH v. 24. 8. 1961, IV 352/59 U.

verwaltung als verdeckte Gewinnausschüttung behandelt werden, satzungswidrig und damit ungültig seien.

Die Beurteilung der Rechtsnatur der Steuerklauseln und ihrer Zulässigkeit bzw. der Frage, ob durch sie das gewünschte steuerliche Ergebnis erreicht werden kann, ist nach wie vor offen. Die österreichische steuerrechtliche Literatur ist noch zurückhaltender als die deutsche[707]. Mindestens wird man folgender, etwa von Flume und Knobbe-Keuk erhobener Forderung folgen müssen: Die Steuerklausel dürfe dem Finanzamt nicht erst im nachhinein präsentiert werden, indem zunächst darauf spekuliert würde, daß das Finanzamt die fragliche Gestaltung gar nicht bemerke; Voraussetzung für die steuerliche Anerkennung der Steuerklausel müsse sein, daß diese „bei der ersten Erklärung, bei der das fragliche Geschäft relevant ist, gegenüber der Finanzverwaltung offenbart wird und (daß) auch bei der Bilanzierung der Bedingtheit des Geschäftes Rechnung getragen wird"[708].

Für die Steuerplanung ergibt sich eine zwiespältige Beurteilung der Steuerklauseln. Sie sind als Mittel der Sekundäranpassung grundsätzlich verwendbar, sofern man trotz der rechtlich noch nicht geklärten Situation die Prognose wagt, daß sie im Streitfalle von Finanzverwaltung bzw. Rechtsprechung anerkannt werden. Doch wird durch die Vereinbarung der Steuer- bzw. Satzungsklausel in Verbindung mit der geforderten sofortigen Bekanntgabe an das Finanzamt die Aufmerksamkeit der Finanzbehörde gerade auf die fraglichen Rechtsgeschäfte gelenkt; aufgrund der Verwendung der Steuerklausel gewinnt das Finanzamt ein Indiz dafür, daß der Steuerpflichtige selbst eine nachteilige steuerliche Beurteilung der Primäraktion für möglich hält. Die Steuerklausel dürfte somit jedenfalls die Argumentationsbasis und damit die Wahrscheinlichkeit für die günstige Beurteilung der Primäraktion verschlechtern. Aufgrund der Unsicherheit der Anerkennung der Steuerklausel und der negativen Beeinflussung der Beurteilung der Primäraktion kann daher der von mehreren Vertretern der betriebswirtschaftlichen Steuerlehre geäußerten Ansicht, daß die Steuerklauseln sehr wirksame und empfehlenswerte Sekundäraktionen darstellen[709], nicht uneingeschränkt gefolgt werden.

---

[707] Vgl. insbes. Sauer (1975) (mit im wesentlichen positiver Beurteilung der Wirksamkeit); Stoll (1972), S. 43ff. (mit eindeutig negativer Beurteilung der Wirksamkeit).

[708] Knobbe-Keuk (1979a), S. 375, im Anschluß an Flume (1969), bes. S. 48.

[709] Vgl. u. a. Wehmeyer (1967), S. 104ff.; Fischer (1974), S. 22ff.; Heigl/Melcher (1974), S. 58.

Eine Sekundäraktion bei Nichtanerkennung steuerbilanzpolitischer Maßnahmen könnte auch in der kompensatorischen Änderung anderer Bilanzansätze bestehen, bei denen von bestehenden Wahlrechten in veränderter Weise Gebrauch gemacht würde, so daß im Gesamtergebnis derselbe Erfolg wie laut ursprünglicher Bilanz resultieren würde. Solche Bilanzänderungen zwecks Kompensation des Ergebnisses einer Betriebsprüfung hat aber bereits der Reichsfinanzhof für unzulässig erklärt[710], der österreichische Verwaltungsgerichtshof ist bei dieser Ansicht geblieben[711]. Er läßt lediglich die Anpassung der Gewerbesteuerrückstellung an das Ergebnis laut von der Behörde vorgenommenen Bilanzberichtigungen sowie engumgrenzte Anpassungen im Bereich der Investitionsbegünstigungen zu[712]. Zulässig sind: betragsmäßige Anpassungen bei einer schon ursprünglich der Art nach in Anspruch genommenen Begünstigung, falls die Behörde eine andere Bewertung des begünstigten Wirtschaftsgutes verlangt; Wahl einer *anderen* Begünstigung, falls für die ursprünglich gewählte Begünstigung nach Ansicht der Behörde die Voraussetzungen nicht gegeben sind (z. B. wird ein vom Steuerpflichtigen als beweglich angesehenes Wirtschaftsgut als unbeweglich klassifiziert); erstmalige Inanspruchnahme einer Investitionsbegünstigung, wenn der Steuerpflichtige glaubte, daß gar keine Aktivierung vorzunehmen sei und somit den vollen Betrag der Anschaffungs- oder Herstellungskosten als Betriebsausgabe verrechnete.

Der deutsche Bundesfinanzhof hingegen läßt seit 1951 die kompensatorische Bilanzänderung mit der Begründung zu, daß die veränderten Grundlagen für die Ausübung von Bewertungswahlrechten eine Zustimmung des Finanzamtes zur Bilanzänderung i. a. erzwingen[713]. Diese Begründung ist folgerichtig: Wenn überhaupt steuerliche *Wahlrechte* eingeräumt werden, so kann dies nur den Sinn haben, dem Steuerpflichtigen die Wahl unter Berücksichtigung aller für die Steuerbelastung relevanten Faktoren zu gestatten.

---

[710] U. a. Urt. d. RFH v. 1. 7. 1936, VI A 491/36.

[711] Vgl. Erk. d. VwGH v. 7. 7. 1961, 237/61; Erk. d. VwGH v. 3. 11. 1976, 1345, 1755/76; Vgl. ausdrücklich in den *Leitsätzen* zum Erk. d. VwGH v. 19. 9. 1978, 2323, 2351/75: „Eine Bilanzänderung (kann) zu Recht versagt werden, wenn dadurch in erster Linie Steuernachforderungen aufgrund entsprechender Berichtigungen der Besteuerungsgrundlagen durch die Abgabenbehörde im Interesse des Steuerpflichtigen ausgeglichen werden sollen". — Ebenso EStR 1979, Abschn. 14, Abs. 4.

[712] U. a. Erk. d. VwGH v. 28. 6. 1955, 2194/53; Erk. d. VwGH v. 17. 5. 1977, 1934/76; Erk. d. VwGH v. 19. 9. 1978, 2323, 2351/75. — Vgl. auch EStR 1979, Abschn. 14, Abs. 4, und Abschn. 55, Abs. 13.

[713] Vgl. GRONENBORN (1974) mit Hinweisen auf die Rechtsprechung des BFH.

4. Zur Bestimmung der Wahrscheinlichkeit der Anerkennung der steuerbilanzpolitischen Aktionen

Selbstverständlich hängt die Wahrscheinlichkeit der Anerkennung einer Maßnahme in erster Linie von der Art der jeweiligen Maßnahme selbst ab. Im folgenden soll aber untersucht werden, durch welche Komponenten (auch weitere Maßnahmen des Steuerpflichtigen) diese Wahrscheinlichkeit bestimmt wird bzw. verändert werden kann. In formaler Hinsicht wird durch die Beeinflußbarkeit der Wahrscheinlichkeiten für die Anerkennung der einzelnen Aktionen das Entscheidungsmodell beträchtlich verkompliziert[714].

Eine Wahrscheinlichkeit von 1 für die Anerkennung einer steuerbilanzpolitischen Aktion kann erreicht werden, wenn sich die Behörde ex ante bindet. Eine Bindung der Finanzbehörde vor Setzung von steuerlich relevanten Aktionen und damit eine Reduktion der Wahrscheinlichkeit der Nichtanerkennung (z. T. bis auf Null) kann durch Einholung einer „Steuerauskunft" erreicht werden. Bis auf eine Ausnahme im Lohnsteuerverfahren[715] ist die Behörde allerdings nicht zur Erteilung von Steuerauskünften verpflichtet. Eine gesetzliche Verankerung einer erweiterten Auskunftspflicht der Behörde ist derzeit in Diskussion[716]. In Deutschland brachte die Abgabenordnung 1977 in § 204 die neue Bestimmung, daß der Steuerpflichtige im Anschluß an eine Außenprüfung berechtigt ist, über die künftige steuerrechtliche Behandlung eines für die Vergangenheit geprüften und im Prüfungsbericht dargestellten Sachverhaltes eine verbindliche Zusage zu beantragen, wenn die Kenntnis der zukünftigen steuerrechtlichen Behandlung für seine geschäftlichen Maßnahmen von Bedeutung ist.

Allerdings werden Steuerauskünfte auch ohne gesetzliche Grundlage eingeholt und erteilt. In Deutschland wird von der Rechtsprechung

---

[714] Vgl. die Darstellung der Formalstruktur für einperiodische Modelle bei Seidl (1974), S. 70ff., unter dem Stichwort „corriger la fortune". — Die Beeinflussung der Umwelt durch Aktionen der Unternehmung kann auch die *Wahrscheinlichkeiten* der Umweltbedingungen verändern. Dies übersieht Jacob (1974), S. 505ff., wenn er nur die Koeffizienten der Zielfunktion oder der Nebenbedingungen als Ausdruck der Umweltbedingungen einführt; die Berücksichtigung der Unsicherheit der Wirkung einer Aktion mit Hilfe des Erwartungswertes des betreffenden Koeffizienten (Jacob, S. 508) reicht nicht aus, weil damit Risikoneutralität unterstellt würde.

[715] Vgl. § 90 EStG. — Falls man das Zollrecht zum Steuerrecht rechnet, wäre noch § 9 Zollgesetz zu nennen.

[716] Vgl. den Bericht über die 30. Betriebswirtschaftliche Woche in Wien 1977: sug. — (1977).

des BFH und von der Literatur als Grundlage für eine Bindung der Behörde vor allem der Grundsatz von Treu und Glauben angeführt. Damit eine derartige Bindungswirkung eintritt, muß aber die Auskunft vom zuständigen Beamten vor Durchführung der Aktion des Steuerpflichtigen und in Kenntnis der vollständigen und richtigen Sachverhaltsumstände gegeben werden[717]. Wenngleich die österreichische Rechtsprechung und Lehre dem Grundsatz von Treu und Glauben keine so weitreichende Bedeutung zuerkennen[718], werden Auskünfte, die die Finanzbehörde erteilt, wegen des Vertrauens, das der Steuerpflichtige in sie setzt, zur Vermeidung eines Amtshaftungsverfahrens im Ergebnis als bindend anzusehen sein[719].

Die begrenzte Eignung der Steuerauskunft für die Reduktion der Ungewißheit des Steuerpflichtigen ergibt sich jedoch aus folgenden Umständen: Erstens kann eine vorbehaltlose Steuerauskunft nur selten erreicht werden[720]. Zweitens wird dann, wenn eine verbindliche Steuerauskunft tatsächlich erlangt werden kann, i. d. R. die Sicherheit der künftigen Behandlung durch eine fiskalistische Auslegung erkauft[721]. Durch die Einholung der Steuerauskunft und ein Abstellen der Dispositionen auf die allenfalls erhaltene Auskunft begibt sich der Steuerpflichtige häufig Aktionsmöglichkeiten, die zu weniger Steuern führen, jedoch einen ungewissen Erfolg haben. Die Klassifikation der „Steuerauskunft" als Informationsbeschaffung[722] trägt dem nicht genügend Rechnung. Die Erlangung einer Steuerauskunft muß vielmehr in vielen Fällen als Aktion des risikoscheuen Entscheidungsträgers aufgefaßt werden, der sich auf eine zwar sichere, aber mit höherer Steuerbelastung verbundene Variante festlegt. Unumgängliche Voraussetzung für die Erlangung einer Steuerauskunft mit Bindungswirkung für die Behörde ist u. a. die vollständige Sachverhaltsdarstellung, und diese steht jedenfalls zu jeder Art von (häufig im Hinblick auf die Steuerbelastung optimalem) „Grenzverhalten" im Widerspruch.

Die vollständige Sachverhaltsdarstellung hat auch über die „Steuerauskunft" hinaus Bedeutung. Wenn in einer Betriebsprüfung ein Sachverhalt geprüft wurde und zu einer bestimmten Beurteilung durch die

---

[717] Vgl. ausführlicher das grundlegende Urt. d. BFH v. 4. 8. 1961, VI 269/60.

[718] Vgl. insbes. REEGER/STOLL (1966), Anm. 7 zu § 115, S. 408ff.; STOLL (1972), S. 72ff.

[719] Vgl. STOLL (1972), S. 80.

[720] Vgl. MANN (1973), S. 118.

[721] Vgl. SCHLAGER (1978), S. 108f.

[722] So etwa FISCHER (1974), S. 21f.; WEHMEYER (1967), S. 95f.

Behörde führt, so ist die Behörde auch in Zukunft für gleichartige Fälle an dieselbe Beurteilung gebunden.

Eine Bindung der Behörde kann ferner durch Kompromisse und Vereinbarungen zwischen Steuerpflichtigem und Finanzbehörde erreicht werden. Kompromisse und Vereinbarungen widersprechen zwar verschiedenen öffentlich-rechtlichen Prinzipien des Besteuerungsverfahrens, stellen jedoch dessen ungeachtet ein Faktum von großer praktischer Bedeutung dar[723]. Der Abschluß einer Vereinbarung anläßlich einer Betriebsprüfung ist nicht nur eine taktisch-improvisatorische Maßnahme für die konkret in Frage stehenden Sachverhalte, sondern wegen der Bindungswirkung für die Zukunft zugleich ein Planungselement für künftige Perioden; für die Beurteilung der zukünftigen Maßnahmen, die den in der Betriebsprüfung behandelten gleichen, ergibt sich eine fast bei 1 liegende Wahrscheinlichkeit.

Eine Beeinflussung der Wahrscheinlichkeiten der Anerkennung steuerbilanzpolitischer Maßnahmen kann auch durch Variation der Planungsintensität erfolgen. Große Planungsintensität bedeutet eine gründliche Vorbereitung der Argumentation, unterstützende Einholung von Gutachten usw. Einen wichtigen Sonderfall stellt die Wahl des Beraters dar[724]. Ansehen und Kontakte ermöglichen es einem prominenten Steuerberater, bei ansonsten identischen Maßnahmen mehr durchzusetzen als ein anderer Berater, der sogar die gleichen fachlichen Qualifikationen besitzen mag. Die Einbeziehung solcher Wirkungen in eine Theorie des Rationalverhaltens ist durchaus möglich[725]. Im probabilistischen Ansatz ist die Wirkung der Wahl unterschiedlicher Berater durch die Beratungskosten und durch Veränderung der Wahrscheinlichkeiten der Anerkennung aller in Betracht gezogenen Strategien abzubilden. Formal ist das Problem dasselbe wie etwa bei der Bestechung[726]. Abgesehen von der moralischen Beurteilung hat die Beraterwahl mit der Bestechung viel gemeinsam: Die Wahl eines prominenten Steuerberaters kann als Imponiergehaben oder auch — bei weitreichenden Beziehungen des Steuerberaters — als versteckte Drohung interpretiert werden.

---

[723] Vgl. Fn. 615.

[724] Vgl. Loitlsberger (1975), S. 104.

[725] Loitlsberger (1975), S. 104, ist allerdings zuzugeben, daß die Strategie der Wahl eines entsprechenden Beraters durch die „axiomatisch mit der Rationalitätsprämisse" arbeitende Theorie i. a. nicht beachtet wird.

[726] Diesen Fall von „corriger la fortune" hebt Seidl (1974), S. 72 und S. 77ff., besonders hervor.

F. DIE BILDUNG VON ERWARTUNGEN ÜBER STEUERBILANZPOLITISCHE DISPOSITIONS-SPIELRÄUME

I. Präzisierung der Begriffe „Manövriermasse" und „steuerbilanzpolitische Aktionsparameter"

Der Begriff der Manövriermasse wurde bisher bereits verwendet[727], jedoch wurde noch keine exakte Definition gegeben; auch in der Literatur wird der Begriff zwar überwiegend verwendet, aber nicht definiert. Die Nicht-Definition könnte hingenommen werden, wenn der Begriff durch die Verwendung im Modell eindeutig bestimmt wäre. Da jedoch unbrauchbare Definitionsversuche vorliegen, soll — in Auseinandersetzung mit ausgewählten Literaturmeinungen — versucht werden, dem Terminus „Manövriermasse" einen eindeutigen Begriffsinhalt zu geben. Wird die „Manövriermasse" auf Teile des gesamtbetrieblichen Handlungsspielraumes, etwa auf Gruppen von Wirtschaftsgütern oder auf einzelne Wirtschaftsgüter eingeschränkt, so spricht man von „Manövrierteilmassen"[728]. Im wesentlichen synonym mit dem letzteren Terminus wird von „steuerbilanzpolitischen Aktionsparametern" gesprochen. Im folgenden wird nur auf die Bemessungsgrundlage der Einkommen- bzw. Körperschaftsteuer abgestellt; soweit die Gewerbeertragsteuer gesondert geplant wird, wären die folgenden Überlegungen analog auf Gewerbeerträge anzuwenden.

Den Ausgangspunkt der Definition von steuerbilanzpolitischen Aktionsparametern bildet „das Ergebnis ..., das sich ohne Einsatz irgendwelcher derartiger Instrumente ergeben würde"[729] oder der „Bruttoperiodengewinn vor Einsatz der steuerbilanzpolitischen Manövriermasse"[730]. Diese Definitionsversuche stellen aber Zirkeldefinitionen dar. Mit ihrer Hilfe können Aktionsparameter bzw. Manövriermasse einerseits und Bruttogewinn andererseits nur simultan bestimmt werden, wobei überdies nur *eine* Bestimmungsgleichung für zwei Unbekannte

---

[727] Vgl. etwa S. 156ff. und S. 161ff.

[728] Vgl. Müller-Kröncke (1974), bes. S. 136ff.

[729] Ebendort, S. 33.

[730] Marettek (1971), S. 165.

gegeben wird. Da es einen eindeutigen Bruttogewinn nicht gibt[731], dieser vielmehr immer mindestens durch die Ausnutzung von Schätzungsspielräumen mitbestimmt wird, muß zunächst eine Konvention über die Ermittlung des „Bruttogewinnes“ als des Ausgangspunktes der steuerbilanzpolitischen Überlegungen eingeführt werden.

Diese Konvention muß zunächst festlegen, ob ein handels- oder ein steuerrechtlicher Gewinn prognostiziert werden soll. Geht man von einem handelsrechtlichen Gewinn aus, so müssen auch Mehr-Weniger-Rechnungen oder ertragsteuerliche Modifikationen prognostiziert werden[732]. In diesem Falle muß bereits für den handelsrechtlichen Gewinn eine Ermittlungskonvention zugrunde gelegt werden. Im folgenden wird unmittelbar auf einen bilanzsteuerlichen Bruttogewinn abgestellt.

Das wesentlichste Erfordernis für die Prognose der Bruttoergebnisse ist jenes, daß die ermittelten Ergebnisse eindeutig sind; mit Hilfe welcher Konvention sie ermittelt werden, ist zumindest so lange nebensächlich, als nur Interesse an der einzelwirtschaftlichen Optimierung besteht. Allerdings ist es im Hinblick auf die Forderungen nach Einfachheit und möglichster Vermeidung von Fehlerquellen der Planung auch nicht völlig gleichgültig, auf welche Weise der Bruttogewinn prognostiziert wird. Gegen diese ergänzenden Postulate verstößt die Verwendung von „Bruttoergebnisuntergrenzen“, wie sie Heigl/Melcher bevorzugt verwenden[733]. Die Bruttoergebnisuntergrenzen stellen jenen Teil der Bemessungsgrundlage dar, „der durch steuerliche Dispositionen nicht beeinflußt werden kann und somit als Datum in das Ertragsteuerplanungskonzept eingeht“[734]. Dieser Ausgangspunkt der steuerbilanzpolitischen Überlegungen erscheint zunächst vorzüglich für die Entscheidungsrechnung geeignet, ist es doch ein anerkannter Grundsatz der Aufstellung von Entscheidungskalkülen, in diese nach Möglichkeit nur das aufzunehmen, was überhaupt noch beeinflußbar ist.

Dennoch ist unter Operationalitätsgesichtspunkten die Wahl der Bruttoergebnisuntergrenzen als Ausgangspunkt für die Definition von

---

[731] Ein Abstellen auf einen „betriebswirtschaftlich richtigen Gewinn“ ist deshalb von vornherein zum Scheitern verurteilt, überdies fehlen für derartige abstrakte Größen in der Planungsrealität die Daten: vgl. Heigl (1970), S. 87. — Anderer Ansicht ist jedoch Marettek (1971), S. 202, der von „echten“ Gewinnen bei „periodengerechter Aufwandverrechnung“ ausgehen möchte.

[732] Vgl. Rose (1973b), S. 82f. und S. 90ff.; Loitlsberger (1975), S. 149f.

[733] Heigl/Melcher (1974), S. 51, S. 61ff. — Daneben verwenden sie aber auch die Prognose von Ergebnisobergrenzen (S. 35ff., S. 134ff.).

[734] Ebendort, S. 51.

steuerbilanzpolitischen Aktionsparametern bzw. Manövriermassen oder Dispositionsspielräumen ungünstig. Die Gründe sind folgende: Einmal setzt die Angabe einer Bruttoergebnisuntergrenze voraus, daß alle (auf dieser Grundlage definierten) steuerbilanzpolitischen Aktionsparameter maximal ausgenutzt werden. Diese maximale Ausnutzung unterstellt aber bereits, daß bestimmte steuerliche Wahlrechte, über die erst entschieden werden soll, in ganz bestimmter Weise genutzt werden — man denke etwa an die Wahl zwischen Investitionsfreibetrag und vorzeitiger Abschreibung. Zum anderen können Bruttoergebnisuntergrenzen verschiedener Perioden häufig nicht eindeutig, sondern nur bedingt prognostiziert werden: Wenn etwa ein steuerliches Wahlrecht, durch welches der Gewinn reduziert werden kann, entweder in Periode t oder in Periode $t + 1$ ausgenutzt werden kann, so würde die durchgängige Verwendung von Bruttoergebnisuntergrenzen als Ausgangspunkt der Steuerbilanzplanung, sobald man über sehr einfach strukturierte Demonstrationsbeispiele hinausgeht, leicht zu Irrtümern führen. Überdies müßte die Prognose auf Basis der Bruttoergebnisuntergrenzen unbedingt von der mit der Steuerplanung betrauten Instanz selbst durchgeführt werden, weil den anderen Betriebsabteilungen die erforderlichen steuerrechtlichen Kenntnisse fehlen werden, die die Vorbedingung für die Angabe der Bruttoergebnisuntergrenzen darstellen.

Unter dem Operabilitätsaspekt ist es vorzuziehen, den Bruttoergebnisprognosen einen genau definierten „Basiserfolg“ zugrunde zu legen[735]. Auch der Terminus „Normalerfolg“ wäre statt „Basiserfolg“ grundsätzlich geeignet, doch wird „Basiserfolg“ vorgezogen, weil hier keine unerwünschten Assoziationen zum Begriff des „Normalerfolges“ in der Normalkostenrechnung auftreten. Zur Definition des „Basiserfolges“ wird folgende Konvention vorgeschlagen: Es werden keinerlei „Steuerbegünstigungen“ verrechnet (es werden also z. B. keine Investitionsfreibeträge, vorzeitigen Abschreibungen, Übertragungen stiller Rücklagen, Investitionsrücklagen, Rücklagen für nichtentnommene Gewinne verrechnet). Da auch bei den „normalen“, den fiskalisch bestimmten Steuerrechtsnormen bilanzpolitisch nutzbare Spielräume bestehen, muß für alle Bilanzpositionen eine „Basisbewertung“ definiert werden: Es sind also beispielsweise Basisabschreibungen oder Basisherstellungskosten zu definieren. Als derartige Basisbewertung wurde auch vorgeschlagen, bei den Aktiva immer vom

[735] Auch Blohm (1968), S. 176, schlägt vor, von „einer als ‚normal‘ fixierten Steuersituation“ auszugehen.

höchstzulässigen und bei den Passiva immer von den niedrigstzulässigen Werten auszugehen. Diese Basisbewertung soll jedoch keineswegs vor anderen möglichen Bewertungen irgendwie (z. B. als „periodenrichtig“) ausgezeichnet werden[736].

Bei der Wahl der „Basisbewertung“ darf nicht übersehen werden, daß bei den umstrittenen Bewertungsspielräumen das Vorhandensein betrieblicher Planungsunterlagen mit einer „Basisbewertung“, die wesentlich von jener in der tatsächlich gelegten Steuerbilanz abweicht, eine Verschlechterung der Verhandlungsposition zur Durchsetzung der Bilanzansätze bewirken kann. Wenn diese Gefahr gegeben ist, so kann man ihr dadurch begegnen, daß man bei jenen Bilanzansätzen, welche durch fiskalisch bestimmte Steuerrechtsnormen geprägt sind, bewußt unzulässige Werte für die Definition des Basiserfolges wählt: So kann man z. B. für die Ermittlung des Basiserfolges auf jedwede Abschreibung verzichten oder für die Herstellungskosten nur die direkten Kosten ansetzen. Immer aber wird der Basiserfolg in eindeutiger und nicht planungsabhängiger Weise zu definieren sein.

Auf der Grundlage eines fixierten Basiserfolges können somit steuerbilanzpolitische Aktionsvariable oder Manövriermassen definiert werden. Für die differenzierte Planung des Einsatzes der Manövriermasse können auch für Gruppen von Aktionen oder einzelne Aktionen „Manövrierteilmassen“ definiert werden. Hierzu hat MÜLLER-KRÖNCKE einen umfangreichen, sich eines komplizierten Formalismus bedienenden Ansatz vorgelegt[737]. Es kann jedoch anhand einfach strukturierter Fälle gezeigt werden, daß dieser Ansatz zu sinnlosen Größen führt.

Als Beispiel sei MÜLLER-KRÖNCKES Definition „der Manövrierteilmasse bei Unterschreitung der höchstzulässigen Abschreibungsdauer im Falle planmäßiger linearer Abschreibung“ betrachtet. Dabei soll auf eine Wiedergabe der komplizierten symbolischen Darstellungen verzichtet werden, die zudem den Blick aufs Wesentliche in diesem Falle nur beeinträchtigen. Verbal ausgedrückt, definiert MÜLLER-KRÖNCKE die Manövrierteilmasse für den gesamten Planungszeitraum als Summe der Aufwandsvorverrechnungen und der in späteren Perioden folgenden Aufwandsminderungen. Zusätzlich verwendet er eine Fallunterscheidung, die auf die relative zeitliche Lage des Endes der Normal-

---

[736] Vgl. etwa die oben (Fn. 733) angeführte Prognose von „Bruttoergebnisobergrenzen“ oder SCHNEELOCH (1972), S. 33f., wo diese Bewertung jedoch als Grundlage für die anfechtbare Definition einer „Kapitalbeschaffung durch Steuerverlagerung“ genommen wird.

[737] MÜLLER-KRÖNCKE (1974), S. 131ff., bes. S. 140f., S. 142, S. 155, S. 157, S. 160, S. 164, S. 170 und S. 197.

abschreibungsdauer und des Endes der verkürzten Abschreibungsdauer in bezug auf den Planungshorizont abstellt. Diese Fallunterscheidung braucht hier nicht weiter beachtet zu werden, weil Müller-Krönckes Ansicht, daß Auswirkungen steuerbilanzpolitischer Aktionen auf die Zeit nach dem Horizont nicht zu beachten seien, nicht geteilt wird[738]. Wenn die Auswirkungen auf die Zeit nach dem Planungshorizont in einer geeigneten Bewertung der Horizontbestände eingefangen werden, dann genügt es auch, den Fall zu betrachten, daß alle Wirkungen des Einsatzes eines Aktionsparameters diesseits des Horizonts eintreten. Diesen Fall analysiert man am leichtesten, wenn nur eine einzige Nutzungsdauervariante betrachtet wird. Ohne daß man eine formale Darstellung bemühen müßte, sieht man aufgrund der Unveränderlichkeit des Totalgewinnes und aufgrund des Bilanzenzusammenhanges, daß die definierte Summe immer gleich Null sein muß.

Sinnvoll kann die Manövrierteilmasse nicht als Summe, sondern nur als Vektor definiert werden[739]. Die Komponenten des Vektors werden von den durch die steuerbilanzpolitische Aktion in verschiedenen Perioden ausgelösten Differenzen gegenüber dem Basiserfolg gebildet. Nur die so definierten *periodenbezogenen* Manövrierteilmassen sind entscheidungsrelevant[740].

II. Der Zusammenhang von Gesamtunternehmungsprognosen und Prognosen über Manövriermassen

1. Zur Bildung von Gesamtunternehmungs-, insbesondere von Erfolgsprognosen

Prognosen über die Unternehmungsentwicklung sind für die Steuerbilanzpolitik vor allem als Erfolgsprognosen von Bedeutung. Da durch die Steuergesetze „Wachstum“, „Investitionen“ u. ä. häufig gefördert werden, müssen diese Größen im Rahmen der Prognose der Unternehmensentwicklung gesondert herausgestellt werden. Die allgemeine betriebswirtschaftliche Diskussion um den Begriffsinhalt von „Wachstum“ oder „Investition“ ist hierbei unerheblich, vielmehr werden genau jene Größe gesondert zu prognostizieren sein, auf die die steuerliche Begünstigung zutrifft. Die folgenden Ausführungen über Erfolgsprognosen gelten sinngemäß auch für die übrigen durch die Steuernormen ausgezeichneten Sachverhalte.

---

738 Vgl. Abschnitt D.

739 Vgl. S. 161ff.

740 Dies erkennt auch Müller-Kröncke (1974), S. 143.

Die Erfolgsprognosen werden in einem realistischen System der Unternehmensplanung aus Planbilanzen abzuleiten sein. Die Zahlen der Planbilanzen werden i. a. progressiv aus der Zusammenführung von operativen Teilplänen gewonnen[741]. Auf Einzelheiten der Erfolgsprognose kann hier nicht eingegangen werden[742]. Es sollen nur einige Hinweise auf Spezialfragen erfolgen, die im Zusammenhang mit der Steuerplanung von besonderer Bedeutung sind.

In jeder mittel- bis langfristigen Planung ist das Geldwertproblem von Bedeutung. Man ist geneigt, bei Sachanlagen die Erfolge in heutigem Geld, bei Finanzanlagen jedoch in jeweiligem Geld vorherzusagen[743]. Während es grundsätzlich für die Investitionsrechnung gleichgültig ist, in welchem Maßstab (in jetzigem oder jeweiligem Geld) man vorhersagt, und deshalb der Einfachheit halber häufig alle Prognosen in jetzigem Geld gemacht werden, ist für steuerberücksichtigende Investitionsrechnungen und für Entscheidungsmodelle der Steuerbilanzpolitik wegen des Anknüpfens der Steuern an nominelle Größen die einheitliche Verwendung der Maßgröße „jeweiliges Geld" erforderlich.

Die Erfolgsprognose wird die Erwartungen über die Unternehmungsentwicklung auf Erwartungen über die Konjunkturentwicklung und über die Branchenentwicklung aufbauen[744]. Die Ungewißheit, die für Erwartungen über die Konjunkturentwicklung und über die Branchenentwicklung typisch ist, schlägt voll auf die Steuerbilanzpolitik durch. Die Ansicht, daß in steuerlichen Planungen wegen der Verwendung des Marginalprinzips zum Unterschied von nichtsteuerlichen Globalplanungen (wie Absatz- oder Finanzplanung) das Ungewißheitsproblem praktisch ausgeschaltet werden könne[745], ist unrichtig. Auch wenn nur steuerliche Detailplanung betrieben werden soll, erst recht aber, wenn die auf das Gesamtunternehmen bezogene Steuerbilanzplanung zur Diskussion steht, reicht die bloße Grenzbetrachtung nicht aus. Sie würde nur dann ausreichen (und damit das Unsicherheitsproblem für die Steuerplanung tatsächlich eliminieren), wenn nur proportionale Steuern erhoben würden und sichergestellt wäre, daß negative Werte für die Bemessungsgrundlagen nicht auftreten können.

---

[741] Vgl. Heigl (1970), S. 87.

[742] Vgl. etwa Blohm (1963); Bleicher (1970).

[743] Vgl. Engels (1962), S. 140. — Zur Einbeziehung der Geldentwertung in die Investitionsrechnung vgl. auch Rückle (1970), S. 48ff.; Biergans (1973), S. 252f. und die dort angeführte Literatur; Seicht (1979), S. 116ff.

[744] Zur Darstellung des Zusammenhanges vgl. insbes. Büschgen (1971), S. 17ff.

[745] So Eisenach (1974), S. 230.

2. Die Bedingtheit der Manövriermassenerwartungen

Die wichtigsten Primärfaktoren für die Bildung von Manövriermassenerwartungen sind die Erwartungen über das künftige Steuerrecht und die Erwartungen über die künftige Unternehmungsentwicklung. Hier ist nur die Abhängigkeit der Manövriermassenerwartungen von den Prognosen über die Unternehmungs-, insbesondere Erfolgsentwicklung darzustellen.

Bei Planungsverfahren, welche die Ungewißheit der Erwartungen explizit berücksichtigen, ist eine Verknüpfung zwischen den Bestimmungsgründen für die Erfolgserwartungen und die Erwartungen über andere steuerlich ausgezeichnete Sachverhalte einerseits und den hieran anknüpfenden Manövriermassenerwartungen andererseits geboten. Dieser Gedanke sei an Hand eines Beispieles näher ausgeführt: Für die Periode t sollen mit Wahrscheinlichkeiten von P_{t1} und P_{t2} Konjunkturentwicklungen erwartet werden, die zu den Erfolgen G_{t1} und G_{t2} führen. Betrachtet man z. B. die Erwartungsbildung für die Manövrierteilmasse „Abschreibungen von neuanzuschaffenden Anlagegütern", so besteht u. a. Unsicherheit darüber, wieviele Wirtschaftsgüter angeschafft werden und welcher Preis für die Anlagegüter zu zahlen ist. Die Wahrscheinlichkeiten für die unterschiedlichen Anzahlen angeschaffter Wirtschaftsgüter und auch für die Kaufpreise hängen u. a. von der eingetretenen Konjunkturlage ab. I. a. wird bei schlechter Konjunktur das Investitionsvolumen sinken[746], und die Preise werden eher gedrückt sein. Die Wahrscheinlichkeiten für die Anschaffungszahlen und die Anschaffungspreise können daher nicht unabhängig voneinander bestimmt werden[747]. Verwendet man als formale Hilfsmittel für die Abbildung dieser Zusammenhänge bedingte Wahrscheinlichkeiten in Verbindung mit Entscheidungs- oder Zustandsbaumverfahren[748], so kann man dies auch so ausdrücken, daß durch die Konjunkturentwicklung ein Zustand definiert wird, von dem die Wahrscheinlichkeiten für die Anzahl und für die Preise der anzuschaffenden Anlagegüter abhängen; man befindet sich also jeweils auf einem ganz bestimmten Ast des Zustandsbaumes.

---

[746] Vgl. GUTENBERG (1959).

[747] Bei HEIGL/MELCHER (1974), S. 52f., werden diese beiden Wahrscheinlichkeiten unabhängig voneinander bestimmt. Die hieraus durch multiplikative Verknüpfung gewonnenen Wahrscheinlichkeiten für das Entstehen von Dispositionsspielräumen können nicht den unterschiedlichen Konjunkturlagen zugeordnet werden.

[748] Vgl. z. B. HAX, H. (1974), S. 46ff. und S. 79ff.

Im einzelnen können manche Manövrierteilmassen gleichlaufende Tendenz mit der Erfolgsentwicklung haben, andere wiederum eine gegenläufige. Ein Beispiel für die gleichlaufende Tendenz wurde soeben skizziert. Gegenläufige Tendenz liegt etwa für Abschreibungen auf den niedrigeren Teilwert oder für die Herstellungskosten vor: Bei ungünstiger Erfolgsentwicklung wird zusätzlich c. p. eine größere Manövrierteilmasse „Teilwertabschreibungen" zur Verfügung stehen. Durch das Ansteigen der Lagerbestände bei schlechter Konjunktur wird auch der Bewertungsspielraum bei den Herstellungskosten selbsterstellter Wirtschaftsgüter vergrößert. Manche Manövrierteilmassen treten überhaupt nur bei bestimmten Ästen des Zustandsbaumes auf, so etwa die Teilwertabschreibungen nur bei Ästen, die ungünstige Unternehmungsentwicklungen charakterisieren. Die Manövriermassenerwartungen sind daher mindestens in Abhängigkeit von den Konjunkturerwartungen zu bilden.

Die optimale Bilanzpolitik für periodische, unsichere Gewinnschwankungen gemäß Konjunkturverlauf wird je nachdem, ob Gleichläufigkeit oder Gegenläufigkeit von Erfolgs- und Manövriermassenerwartungen vorliegt, ein unterschiedliches Maß an Elastizität vorsehen müssen. Hingegen treten in Planungen unter sicheren Erwartungen, die z. T. sogar mit der Prämisse gleichmäßiger Zahlungsströme während des Betrachtungszeitraumes arbeiten[749], diese Fragen nicht auf.

III. Das Problem des planungsabhängigen Gewinnes aus Supplementinvestitionen

Bisher wurden die Erfolgs- und die Manövriermassenerwartungen als kalkülexogene Variable behandelt. Zur Gänze ist dies jedoch auch für die steuerbilanzpolitischen Partialmodelle nicht richtig, wie im folgenden für den insgesamt wohl wichtigsten Fall der Zielfunktion der Steuerkapitalwertminimierung gezeigt wird.

Durch den Einsatz der Manövriermasse wird gegenüber dem Ausgangspunkt der Planung ein Finanzmittelabfluß vermieden, der zu Supplementinvestitionen verwendet werden kann. Unter Supplementinvestition ist jede Art von Sach- oder Finanzinvestition, auch die Ablöse anderer Kapitalien, zu verstehen.

Durch die Supplementinvestitionen entsteht i. d. R. ein zusätzlicher steuerpflichtiger Gewinn, der in den Folgeperioden auch in die

[749] Vgl. z. B. SCHERRER (1973), S. 84; HABERSTOCK (1976a).

Steuerbemessungsgrundlagen einzubeziehen ist[750]. Durch die Supplementinvestitionen kann andererseits aber auch — je nach Art der getätigten Investitionen — zusätzliche Manövriermasse entstehen[751]. Somit sind auch bei steuerbilanzpolitischer Partialanalyse sowohl die Erfolgserwartungen als auch die Manövriermassenerwartungen teilweise modellendogene Variable.

Da in den in Frage stehenden Partialmodellen die Supplementinvestitionen nicht explizit detailliert geplant werden, müssen ihre Erträge pauschal mit Hilfe des Kalkulationszinsfußes abgebildet werden. Dabei wird jedoch — sofern die Steuerpflicht der Erträge aus Supplementinvestitionen überhaupt beachtet wird — vielfach übersehen, daß kein unmittelbarer Zusammenhang zwischen der Rendite der Supplementinvestitionen und den Steuerbilanzgewinnen der Folgeperioden besteht. Wenn die Verzinsung des Einzahlungsüberschusses in der (bzw. den) nächsten Periode(n) zum ursprünglich prognostizierten Gewinn hinzugerechnet und in die Steuerbemessungsgrundlage einbezogen wird[752], so ist dies nur dann richtig, wenn die Rendite der Supplementinvestitionen in den einzelnen Jahren auch zu Erhöhungen des Steuerbilanzgewinnes führt. Diese Übereinstimmung ist aber höchstens bei festverzinslichen Anlagen gegeben.

In allen anderen Fällen (Realinvestitionen und ein Teil der Finaninvestitionen) ist die Gleichsetzung von Rendite und Steuerbilanzgewinnbestandteil problematisch, weil die Effektivverzinsung ein finanzmathematisch errechneter Durchschnittswert ist, der nicht mit den zusätzlichen steuerlichen Gewinnen der einzelnen Jahre übereinstimmt. Wird beispielsweise als Supplementinvestition eine Anlage angeschafft, für die im ersten Jahr 10% AfA und 50% vorzeitige Abschreibung verrechnet werden, so wird dieser Anschlußinvestition im ersten Jahre ein *steuerlicher Verlust* zuzurechnen sein, *obwohl* sie einen *positiven internen* Zinsfuß besitzt. Zu der in den Bruttokalkulationszinsfuß eingehenden Prognose über die Rendite der Supplementinvestitionen muß daher eine Prognose (evtl. Standardannahme) über die zeitliche Verteilung der steuerbilanziellen Erfolgsbeiträge der Anschlußinvestitionen hinzukommen. Die Standardannahme muß auf Plänen aufbauen, wie die durch steuerbilanzpolitische Maßnahmen (eventuell vorübergehend) gewonnenen Mittel verwendet werden sollen. Diese

---

[750] Dies wird öfters übersehen, auch in steuerberücksichtigenden Totalplanungsmodellen: vgl. z. B. JÄÄSKELÄINEN (1966).

[751] Vgl. u. a. GINTROWSKI/MARETTEK (1972), S. 235; HEIGL/MELCHER (1974), S. 75.

[752] So etwa bei SCHERRER (1973), S. 86; SIEGEL (1973), S. 278f.

Pläne sind weiters auch für die Bestimmung der mit den Supplementinvestitionen verbundenen Manövriermassen erforderlich, weil je nach Art der Supplementinvestitionen (z. B. Anlage als kurzfristige Bankguthaben oder aber Investitionen in Sachanlagen) höchst unterschiedliche planungsabhängige Manövriermassen entstehen. Die Gleichsetzung der Rendite aus Anschlußinvestitionen mit einer Erhöhung aller steuerbilanziellen Gewinne der auf den ursprünglichen erfolgsmindernden Einsatz der Manövriermasse folgenden Perioden ist jedenfalls völlig unrealistisch und ist geeignet, das Ergebnis der Optimierungsrechnung zu verfälschen.

G. DIE STEUERBILANZPOLITISCHEN AKTIONSPARAMETER IM EINZELNEN

I. Gliederung der steuerbilanzpolitischen Aktionsparameter

1. Übernahme von Gliederungen handelsbilanzpolitischer Aktionsparameter

Von den vielfältigen Gliederungen handelsbilanzpolitischer Aktionsparameter[753] werden hier nur jene behandelt, welche den *laufenden* Maßnahmen zugehören, *einzelne* Aktionsparameter betreffen und auch für die steuerbilanzpolitischen Aktionsparameter brauchbar sind; auf die Erörterung von Darbietungstechniken und Informationspolitik im weiteren Sinne wird, obwohl prinzipiell auch für die Steuerbilanzpolitik von Bedeutung, verzichtet.

Eine erste Gliederung ergibt die Unterscheidung von Maßnahmen vor und nach dem Bilanzstichtag. Hierauf wurde schon früher eingegangen; die in einem Teil der steuerbilanzpolitischen Literatur zu findende definitorische Ausklammerung der Maßnahmen vor dem Bilanzstichtag aus der Bilanzpolitik wurde abgelehnt. Über Maßnahmen nach dem Bilanzstichtag kann wesentlich später als über die Maßnahmen vor dem Bilanzstichtag entschieden werden. Bilanzpolitisch ist dies wegen der mittlerweiligen Verringerung der Unsicherheit wichtig.

Bilanzpolitische Maßnahmen können ferner in Ansatz-, Gliederungs- oder Bewertungspolitik bestehen; z. T. wird daneben auch noch die Rücklagenpolitik gesondert hervorgehoben. Diese Gliederung folgt chronologisch den bei der Bilanzierung (i. w. S.) anzustellenden Überlegungen. Bei der Ansatzpolitik steht die Tatsache der Aktivierung oder Passivierung als solche zur Diskussion. Man spricht auch von „Bilanzierungspolitik i. e. S.“. Steuerbilanzpolitisch hat die Ansatzpolitik ihre wichtigste Erscheinungsform in Entscheidungen über die Aufnahme gewillkürten Betriebsvermögens in die Bilanz[754]. Durch die Verlagerung zwischen Betriebs- und Privatvermögen können beträchtliche endgültige Steuervorteile entstehen, weil in unserem Steuerrechts-

---

[753] Vgl. u. a. HARDER (1962), S. 131ff.; MUTZE (1964); VODRAZKA (1974b), Sp. 916ff.

[754] Vgl. VODRAZKA (1974b), Sp. 918.

system identische Vorgänge z. T. unterschiedlich besteuert werden, je nachdem, ob sie zur betrieblichen oder zur privaten Sphäre gehören[755]. Eine Entscheidung für den Ausweis in der Bilanz kann zum Zeitpunkt des erstmaligen Ausweises und/oder in späteren Perioden Bewertungswahlrechte induzieren. Deshalb kann für die optimale Entscheidung über die Nutzung von Bilanzierungswahlrechten die simultane Entscheidung über die (eventuell gegebenen) Bewertungswahlrechte erforderlich sein. Wegen der Abhängigkeit der Bewertung von der Einordnung von Wirtschaftsgütern in das (aktienrechtliche) Gliederungsschema werden Gliederungs- und Bewertungspolitik auch als Einheit angesehen[756]; für die Anwendung der Kategorisierung auf die Steuerbilanz können Gliederung und Bewertung jedenfalls zusammengefaßt werden, weil in der Steuerbilanzpolitik die Beeinflussung des ausgewiesenen Erfolges im Vordergrund steht. Über Ansatz, Gliederung und Bewertung kann im selben Zeitpunkt entschieden werden, die Wirkungen von Bilanzierungs- und Bewertungswahlrechten sind gleich; das Bilanzierungswahlrecht kann als ein Bewertungswahlrecht (Bewertung mit Null oder mit einem positiven Wert) interpretiert werden[757]. Auch die Bildung offener steuerfreier Rücklagen kann zunächst als Ansatzwahlrecht und in weiterer Folge als wirkungsgleich mit einem Bewertungswahlrecht aufgefaßt werden. Die vorstehende Gliederung bilanzpolitischer Maßnahmen kann keinen besonderen Erkenntniswert für die Gestaltung der Bilanzpolitik beanspruchen. Die häufige Verwendung dieser Gliederung ist jedoch dadurch gerechtfertigt, daß sie die vollständige Erfassung der bei der Bilanzierung i. w. S. vorhandenen Gestaltungsspielräume sicherstellt.

Im Hinblick auf Elastizitätsüberlegungen ist eine dreifache Klassifizierung bilanzpolitischer Aktionen durch HARDER[758] sehr nützlich:[759] Erstens sind variable und fixe Mittel zu unterscheiden: Bei variablen Mitteln ergibt sich durch die Ausübung des Wahlrechtes keine Bindung für den Bilanzierenden, in Zukunft in gleichartigen Fällen ebenso zu entscheiden. Ein variables Mittel stellt z. B. die Möglichkeit der Sofortabsetzung geringwertiger Wirtschaftsgüter im Sinne von § 13 EStG dar; ganz allgemein gehören sämtliche in den Steuergesetzen einge-

---

[755] Vgl. z. B. MITTELBACH (1972), S. 53ff.; SCHULT (1977a), S. 80ff.

[756] Vgl. u. a. BAETGE/BALLWIESER (1977), S. 206.

[757] Vgl. auch MÜLLER-KRÖNCKE (1974), S. 33f.

[758] HARDER (1962), S. 135ff.

[759] Vgl. auch die Vertiefung des Elastizitätsaspekts bei BÖRNER/KRAWITZ (1977), S. 107ff. und S. 183ff. (unter Bevorzugung des Ausdrucks „Flexibilität").

räumten „Begünstigungen" zu den variablen Mitteln, wenngleich eine Änderung in jeder *beliebigen* Periode nicht immer möglich ist. Bei einem fixen Mittel hingegen kann der Bilanzierende in Zukunft für ähnliche Fälle nur unter Angabe von triftigen Gründen von der einmal gewählten Vorgangsweise abgehen. Als fixes Wahlrecht in diesem Sinne ist die Ausnutzung der meisten Unschärferelationen bei den „normalen" (nicht begünstigenden) steuerrechtlichen Normen anzusehen[760].

Die zweite Klassifizierung bilanzpolitischer Mittel folgt den zeitlichen Bindungen: Terminfreie Mittel können jederzeit eingesetzt werden, während termingebundene Mittel zeitlich nicht verlagert werden können. Terminfreie Mittel stehen vorwiegend bei Maßnahmen vor dem Bilanzstichtag zur Verfügung.

Wenn gewisse Teilwertabschreibungen als terminfrei genannt werden[761], so gilt dies bei § 5-Gewinnermittlern nur unter strenger Beachtung der zwingenden Bestimmungen des Handelsrechtes; nur für Vermögen, das dem gemilderten Niederstwertprinzip unterliegt, ist ein Hinausschieben von Teilwertabschreibungen möglich, ohne den Verlust der Betriebsausgabe zu riskieren. Termingebunden sind die meisten Wahlrechte aus Begünstigungen. Bei manchen Wahlrechten besteht zwar nicht völlige Terminfreiheit, aber doch die Möglichkeit der Ausübung des Wahlrechtes zu einigen wenigen Terminen. Als Beispiel hierfür sei die Möglichkeit der vorzeitigen Abschreibung oder eines Investitionsfreibetrages selbsthergestellter Wirtschaftsgüter gemäß § 8 Abs. 1 bzw. § 10 Abs. 1 EStG angeführt: Wenn sich die Herstellung auf einen Zeitraum von mehr als 12 Monaten erstreckt, kann wahlweise von den Teilherstellungskosten der einzelnen Wirtschaftsgüter oder von den gesamten Herstellungskosten nach völliger Fertigstellung eine vorzeitige Abschreibung bzw. ein Investitionsfreibetrag verrechnet werden.

Die dritte Klassifizierung bilanzpolitischer Mittel in autonome und bedingte Mittel stellt darauf ab, ob unabhängig vom Eintritt bestimmter Umweltbedingungen oder nur in Abhängigkeit von diesem bilanzpolitische Mittel zur Verfügung stehen. Autonom stehen z. B. vorzeitige Abschreibungen oder Investitionsfreibeträge zur Verfügung — daß die Anschaffung oder Herstellung entsprechender Wirtschaftsgüter die Voraussetzung bildet, stört in Harders Klassifikation nicht die

---

[760] Zu dem von der Rechtsprechung entwickelten Grundsatz des Bilanzierungs- und Bewertungsmethodenzusammenhanges vgl. die umfangreichen Hinweise bei Dieckmann (1972), S. 75.

[761] So Heigl/Melcher (1974), S. 21.

Eigenschaft der Autonomie. Bedingt sind z. B. die Teilwertabschreibungen, die nur bei ungünstiger Wertentwicklung zur Verfügung stehen.

Jedes bilanzpolitische Mittel kann nach den dargestellten drei Kriterien klassifiziert werden, was insgesamt $2^3 = 8$ Grundtypen ergibt[762]. Da die Klassifizierungskriterien in Wahrheit aber nicht nur zwei, sondern mehrere Ausprägungen aufweisen, wären noch mehr Typen zur vollständigen Beschreibung eines Aktionsparameters mittels der drei Klassifikationskriterien zu bilden. Hieraus kann man sicherlich ableiten, daß die Klassifikation der bilanzpolitischen Aktionsparameter mittels der angeführten Kriterien entweder zu grob bleibt, wenn die unterschiedlichen Aktionsparameter in ihren Eigenschaften beschrieben werden sollen, oder daß eine so weite Auffächerung erfolgen müßte, daß beinahe jedes Wahlrecht einen eigenen Typ bildet[763].

Deshalb ist aber die Hardersche Klassifikation nicht zu verwerfen. Bei jeder Typenbildung können nicht alle Eigenschaften der Einzelelemente im Typus wiederkehren. Die Hardersche Klassifikation ist sehr wohl für Elastizitätsüberlegungen (Überlegungen hinsichtlich der Reversibilität oder späteren Variierbarkeit von Maßnahmen) brauchbar. Wenn keine differenzierte Planung des Einsatzes der Aktionsparameter unter unsicheren Erwartungen erfolgt, bei der der Algorithmus bereits die Elastizität bei der Wahl des optimalen Programms berücksichtigt, so können Typisierungen der beschriebenen Art die Grundlagen für die Auswahl der Aktionsparameter liefern[763a].

2. Spezifisch steuerliche Gliederungen

a) Unterscheidung nach dem Normzweck

Eine außerordentlich bedeutende Unterscheidung von steuerbilanzpolitischen Aktionsparametern geht auf den zugrundeliegenden Normzweck zurück. Demgemäß sind „normale" und „begünstigende" Vorschriften in den Steuergesetzen zu unterscheiden. Die normalen Vorschriften dienen der Einnahmenerzielung des Staates, während

---

[762] Wenn Heigl/Melcher (1974), S. 21, aus Harders Charakterisierung sechs Grundtypen ableiten, so übersehen sie, daß es sich bei Harder um voneinander unabhängige, *nebeneinander* verwendbare Klassifizierungen handelt.

[763] So Dieckmann (1972), S. 76ff.

[763a] Vgl. die Reihenfolgeempfehlungen bei Börner/Krawitz (1977), S. 204f. in Verbindung mit einer detaillierten Darstellung der Elastizität einzelner steuerbilanzpolitischer Aktionsparameter (nach dt. Recht) ebendort, S. 183ff.

mit den begünstigenden Vorschriften ein aus außerfiskalischen Gründen (insbesondere im Interesse der staatlichen Wirtschaftspolitik) gewünschtes Verhalten der Steuerpflichtigen gefördert werden soll. Nur bei letzteren Vorschriften räumt der Gesetzgeber freiwillig ein Wahlrecht ein, während bei ersteren Vorschriften nur infolge der mit der Anwendung dieser Vorschriften verbundenen Schätzungen (z. B. bei der Ermittlung von Abschreibungen oder Rückstellungen) „Unschärfen" existieren, die vom Bilanzpolitiker ausgenutzt werden können[764].

Die Unterscheidung der steuerbilanzpolitischen Mittel nach dem ihnen zugrunde liegenden Normzweck ist zentral für die Beurteilung der Durchsetzbarkeit der Aktionen bzw. der Unsicherheit der Anerkennung. Grundsätzlich besteht bei den begünstigenden Vorschriften keine Unsicherheit bezüglich der Anerkennung, während bei den normalen Vorschriften ein großes Risiko besteht. Einzuschränken ist diese Aussage allerdings deshalb, weil auch die Begünstigungsnormen von der Finanzverwaltung, besonders von der österreichischen, restriktiv — und damit normzweckwidrig — ausgelegt werden[765].

Die Unterscheidung normaler und begünstigender Vorschriften als Grundlage der steuerbilanzpolitischen Aktionsparameter hat ferner Bedeutung für die Bildung von Erwartungen über die Dauerhaftigkeit der entsprechenden Vorschriften. Die begünstigenden steuerlichen Vorschriften werden häufig und kurzfristig geändert, teils wegen einer Änderung der wirtschaftspolitischen Situation (insbesondere der Konjunkturlage), teils aber auch aus budgetären Erfordernissen.

Die häufigen Änderungen der steuerlichen Sondervorschriften machen es erforderlich, daß die Informationen über die Ursachen für die Änderungen (z. B. Konjunkturverlauf, Wahlzyklen) für die betriebliche Prognosebildung nutzbar gemacht werden.

Die Fortdauer normaler Vorschriften ist hingegen gut prognostizierbar, ausgenommen Wahlrechte, die nur durch eine Verwaltungsanweisung oder ein Judikat eröffnet werden[766].

b) Isoliert definierbare und ergebnisabhängige Aktionsparameter

Steuerbilanzpolitische Aktionsparameter können zum einen Teil isoliert, d. h. nur in Abhängigkeit von der Existenz bzw. Zu- oder Abgängen bestimmter (positiver oder negativer) Wirtschaftsgüter

---

764 Vgl. auch Loitlsberger (1975), S. 103f.; Wöhe (1977), S. 226.

765 Die wirtschaftslenkenden Normen dürfen nicht ebenso wie die fiskalisch bestimmten ausgelegt werden: vgl. Tipke (1976).

766 Vgl. Rose (1980), bes. S. 92.

definiert werden. Die anderen Aktionsparameter jedoch sind nur in Abhängigkeit vom gesamtbetrieblichen Ergebnis definierbar. Diese Unterscheidung ist für die formale Darstellung wichtig.

Die mit einzelnen Wirtschaftsgütern verbundenen Aktionsparameter können ohne Schwierigkeiten sowohl im steuerbilanzpolitischen Modell mit differenzierter als auch in jenem mit pauschaler Planung des Einsatzes der Manövriermasse dargestellt werden. Hingegen können die ergebnisabhängigen Aktionsparameter nur in Abhängigkeit von der Größe „Basisgewinn ± Einsatz der übrigen Manövriermasse" definiert werden[767]. Diese gesamtergebnisabhängigen Aktionsparameter hängen somit teilweise vom Einsatz der isoliert definierbaren Aktionsparameter ab und bilden daher nur sekundär planbare Größen. Bei differenzierter Planung des Einsatzes der Manövriermasse müssen in die Definitionsgleichung aller gesamtergebnisabhängigen Aktionsparameter die isoliert definierbaren und z. T. auch die gesamtergebnisabhängigen Aktionsparameter eingehen. (Unter den isoliert definierbaren Aktionsparametern sind auch die Maßnahmen vor dem Bilanzstichtag enthalten.) Bei den Verfahren zur pauschalen Planung des Einsatzes der Manövriermasse kann nicht vor der Planung genau angegeben werden, wieviel Manövriermasse überhaupt zur Verfügung steht, weil diese eben bezüglich der gesamtergebnisabhängigen Aktionsparameter planungsabhängig ist.

Mit „Unabhängigkeit der isoliert darstellbaren Aktionsparameter vom Gesamtergebnis" soll aber nicht geleugnet werden, daß manche Aktionsparameter indirekt — allerdings nicht formal — vom Gesamtergebnis abhängen. So werden Teilwertabschreibungen insbesondere dann in Betracht kommen, wenn die gesamtbetriebliche Erfolgslage ungünstig ist. Auch der Vergleich der Vorteilhaftigkeit isoliert darstellbarer Aktionsparameter mit der Vorteilhaftigkeit ergebnisabhängiger Aktionsparameter stellt einen Zusammenhang mit dem Gesamtergebnis her. Dies gilt etwa für die Entscheidung, ob ein Investitionsfreibetrag oder eine vorzeitige Abschreibung einerseits oder eine Rücklage für nichtentnommenen Gewinn andererseits gebildet werden soll. Da Investitionsfreibetrag und vorzeitige Abschreibung nur alternativ

---

[767] Wenn § 9 und § 11 EStG die Bildung der Investitionsrücklage bzw. der Rücklage für nichtentnommenen Gewinn an die Größe „Gewinn vor Bildung der Gewerbesteuerrückstellung und nach Abzug aller anderen Betriebsausgaben" knüpfen, so wird hiermit auch auf „Basisgewinn ± Einsatz der übrigen Manövriermasse" gezielt; die abweichende Formulierung ist wohl im Interesse eines vereinfachten Berechnungsmodus gewählt worden.

zur Rücklage für nichtentnommenen Gewinn in Anspruch genommen werden können, hängen sie im Vorteilhaftigkeitsvergleich indirekt mit dem Erfolg zusammen. Investitionsfreibetrag und vorzeitige Abschreibung hängen noch in einer weiteren Form indirekt mit dem Gesamterfolg zusammen: Falls in Vorperioden eine (gesamterfolgsabhängige) Investitionsrücklage gebildet wurde, so können vorzeitige Abschreibung oder Investitionsfreibetrag nur in jenem Ausmaße in Anspruch genommen werden, als nicht Investitionsrücklagen vorhanden sind.

Unter die gesamtergebnisabhängigen und somit nur sekundär definierbaren steuerbilanzpolitischen Aktionsparameter läßt sich auch zwanglos der Verlustvortrag — bzw., falls zulässig, ein Verlustrücktrag — einordnen. In der Literatur wird der Verlustvortrag überwiegend unbefriedigend behandelt: Einerseits wird definitorisch festgelegt, daß er kein Aktionsparameter ist, andererseits aber wird festgestellt, daß er dieselben Wirkungen wie ein Aktionsparameter hat[768]. Daß der Verlustvortrag nicht in der Steuerbilanz, sondern außerhalb von ihr — erst im Veranlagungsverfahren im Rahmen der Sonderausgaben — abgezogen wird, ist ein rein äußerliches Merkmal: Der Verlustvortrag wird durch die Ausübung der Wahlrechte beeinflußt; seine Höhe resultiert (z. T.) aus bilanzpolitischen Entscheidungen. Er wird mit gleicher Wirkung wie die übrigen steuerbilanzpolitischen Aktionsparameter und somit in Konkurrenz zu ihnen verrechnet. Auch die Tatsache, daß der Verlustabzug so bald wie möglich vorgenommen werden muß, spricht nicht gegen seine Behandlung als Aktionsparameter[769], weil immerhin die Freiheit besteht, in den früheren Perioden einen (in gewissen Grenzen) variablen Verlust zu bilanzieren. Der Abzug des Verlustes in späteren Perioden ist somit durchaus vom Bilanzpolitiker zu beeinflussen, wenn auch nicht in den Perioden, in welchen der Verlust abgezogen wird, sondern in jenen, in welchen er bilanziell entsteht. Trotz der unterschiedlichen Behandlung im Abgabenverfahren sollte der Verlustvortrag daher als (sekundärer) steuerbilanzpolitischer Aktionsparameter betrachtet werden.

II. Besonderheiten ausgewählter steuerbilanzpolitischer Aktionen nach dem Bilanzstichtag

In diesem Abschnitt sollen die wichtigsten steuerbilanzpolitischen Aktionsparameter zusammengestellt werden. Die Aktionsparameter

---

[768] Vgl. MARETTEK (1971), S. 69f.; MÜLLER-KRÖNCKE (1974), S. 33, S. 58ff. und S. 201ff.; SIEGEL (1976), S. 227.

[769] A. A. MARETTEK (1971), S. 70.

werden einerseits als wirtschaftsgutbezogen oder gesamtbetriebsbezogen, andererseits als auf „normalen" oder auf „begünstigenden" Vorschriften basierend charakterisiert. Da bei jeder Bilanzposition, ausgenommen (inländisches) Bargeld, ein gewisser Bewertungsspielraum vorhanden ist, können von denjenigen Aktionsparametern, welche auf „normalen" steuerlichen Vorschriften beruhen, nur die wichtigsten angeführt werden.

Die folgenden Ausführungen müssen sich aus Raumgründen auf kurze Hinweise beschränken. Da zur Formalisierung schon ausführliche Untersuchungen vorliegen[770], soll diesbezüglich nur auf einige Verbesserungsmöglichkeiten vorhandener Arbeiten hingewiesen werden. Wegen der teilweise parallelen, jedoch in Einzelheiten abweichenden Rechtslage in Deutschland und Österreich sind diesbezügliche Unterschiede aufzuzeigen. Zu einzelnen Aktionsparametern liegen isolierte Vorteilhaftigkeitsberechnungen vor, auf die ebenfalls kurz eingegangen wird. Bei Planung für eine endliche Periode ist die unterschiedliche steuerliche Behandlung der Begünstigungen im Falle der Betriebsaufgabe von Bedeutung und soll daher hervorgehoben werden[770a].

1. Wirtschaftsgutbezogene Aktionsparameter

a) Abschreibungen

Die Wahlrechte bei den Abschreibungen beruhen z. T. auf „normalen", z. T. auf begünstigenden Vorschriften. Auf normalen Vorschriften beruhen die Spielräume bei der Bemessung der Absetzung für Abnutzung (§ 7 EStG), die der handelsrechtlich zu verrechnenden ordentlichen Abschreibung entspricht, ferner die Teilwertabschreibungen (§ 6 Z. 1 u. 2 EStG). Durch begünstigende Sondervorschriften gibt es auch Abschreibungen auf fiktive, niedrigere Teilwerte, die weiter unten gesondert behandelt werden. Auf begünstigenden Sondervorschriften beruht die Möglichkeit der Verrechnung von Sonderabschreibungen oder vorzeitigen Abschreibungen (§ 8 EStG und die zeitlich befristete Bestimmung des § 122 EStG) sowie das Wahlrecht zur sofortigen Vollabschreibung, insbesondere bei geringwertigen Wirtschaftsgütern (§ 13 EStG). Die Abschreibungen wurden schon bisher als Paradigma für die formale Abbildung eines steuerbilanzpolitischen Aktionspara-

---

[770] Vgl. vor allem Müller-Kröncke (1974), bes. S. 131ff.

[770a] Vgl. auch Platzer (1979), S. 35ff., bes. S. 43ff. und S. 68; einen Überblick über das dt. Recht der Besteuerung begünstigter Rücklagen bei Betriebsveräußerung geben Eggesiecker/Bättenhausen/Schweigert (1974).

meters benutzt, weshalb zur Formalisierung dieses Aktionsparameters zurückverwiesen werden kann[771].

Die vorzeitigen Abschreibungen können nur dann als wirtschaftsgutbezogener Aktionsparameter behandelt werden, wenn in den Vorperioden keine Investitionsrücklagen gebildet wurden. Wenn nämlich Investitionsrücklagen (§ 9 EStG) gebildet wurden, so ist deren Auflösung zwingend, bevor eine vorzeitige Abschreibung verrechnet werden darf. Die mögliche Verrechnung vorzeitiger Abschreibungen ist somit nicht nur wirtschaftsgutbezogen, sondern überdies in Abhängigkeit von der vom Gesamterfolg früherer Perioden abhängigen Investitionsrücklage zu definieren. In Abschnitt III ist hierauf noch einzugehen.

Wichtige Unterschiede gegenüber dem Steuerrecht der Bundesrepublik bestehen vor allem bei vorzeitigen Abschreibungen. Auch nach Inanspruchnahme vorzeitiger Abschreibungen wird in Österreich die AfA weiterhin vom vollen Anschaffungs- oder Herstellungswert verrechnet, wodurch sich nach Vollabschreibung in den letzten Jahren der betriebsgewöhnlichen Nutzungsdauer ergibt, daß keine AfA mehr verrechnet wird. Eine Ausnahme bilden lediglich die speziellen Vorschriften von § 8 Abs. 4 EStG (betreffend vorzeitige Abschreibungen von Umweltschutzanlagen, volkswirtschaftlich wertvollen Erfindungen, Anlagen zur Erzeugung elektrischer Energie und von gewissen Anlagen zur Energiegewinnung), von § 34 Stadterneuerungsgesetz[771a] und von § 19 Denkmalschutzgesetz[771b]; bei diesen vorzeitigen Abschreibungen wird auch die AfA beeinflußt.

Demgegenüber gibt es im deutschen Steuerrecht die ähnlichen, aber im einzelnen unterschiedlich ausgestalteten Sonderabschreibungen und die erhöhten Abschreibungen. Ohne auf Einzelheiten einzugehen, sind wesentliche Unterschiede gegenüber der österreichischen Regelung festzustellen. I. a. ist die Verrechnung von Sonderabschreibungen und von vorzeitigen Abschreibungen in Deutschland über mehrere Jahre verteilt nach freier Wahl des Bilanzierenden zulässig; sofern die Sonderabschreibung oder die erhöhte Abschreibung *voll* in Anspruch genommen wurde, bildet für die zukünftige AfA nur mehr der um die Sonder- oder erhöhte Abschreibung reduzierte Restbuchwert die Berechnungsgrundlage[772]. In Österreich kann, abgesehen vom Falle einer sich über mehr

---

[771] Vgl. S. 161ff. und S. 180f. — Vgl. ferner und ausführlicher Haberstock (1971), S. 125ff.; Müller-Kröncke (1974), S. 137ff.; Rosenberg (1975), S. 111ff.

[771a] BGBl. 287/1974.

[771b] BGBl. 167/1978.

[772] Zu Einzelheiten vgl. z. B. Schult (1977a), S. 143ff.

als 12 Monate erstreckenden Eigenherstellung (vgl. § 8 Abs. 1, letzter Satz, EStG) nur im Jahre der Anschaffung oder Herstellung vorzeitig abgeschrieben werden. In Deutschland konnte seit 1975 eine Sonderabschreibung zum Unterschied von Österreich insoweit nicht verrechnet werden, als hierdurch ein Verlust zustandekam oder vergrößert wurde[772a].

Wegen der sehr großen Vielfalt von Abschreibungsstrategien wird häufig in voroptimierenden Überlegungen die schnellstmögliche Abschreibungsverrechnung empfohlen[773]. Dies mag u. U. für das deutsche Steuerrecht eine günstige Empfehlung sein, für das geltende österreichische Steuerrecht ist sie — wegen der Alternative der Verrechnung eines Investitionsfreibetrages — in dieser Allgemeinheit unzutreffend. Auf das Optimierungsproblem der Wahl zwischen vorzeitiger Abschreibung und Investitionsfreibetrag wird unten (Abschnitt *g*) noch eingegangen.

b) Herstellungskosten

Die Wahlmöglichkeiten bei den Herstellungskosten von Fertigerzeugnissen oder selbsterstellten Anlagen sind den „normalen" Steuervorschriften zuzurechnen. Damit sind die unbeabsichtigten Unschärfen wahlrechtsbegründend. In Steuerrichtlinien werden dementsprechend nur geringe Wahlrechte ausdrücklich anerkannt[774]. Dennoch erlaubt die Verwendung unterschiedlicher Kostenrechnungsverfahren, Kostenschlüsselungen usw. de facto eine beträchtliche Variationsmöglichkeit der steuerlichen Herstellungskosten[775]. Auf die besonderen Schwierigkeiten der Abbildung steuerlich zulässiger Herstellungskosten in Totalplanungsmodellen wurde bereits früher hingewiesen[776], im steuerbilanzpolitischen Partialmodell fallen diese Schwierigkeiten weg, weil kein Zusammenhang mit vorgelagerten Entscheidungsvariablen besteht.

Völlig isoliert ist dieser Aktionsparameter allerdings auch nicht im Partialmodell. Bei den selbsterstellten Anlagen besteht über die Variation des Ausgangswertes ein Zusammenhang mit sämtlichen Abschreibungsvarianten. Es wird auch behauptet, daß nur dieser Zusammenhang bestehe, ansonsten aber die Ausnutzung des Bewertungsspielraumes bei den Halb- und Fertigfabrikaten keine Wirkung auf

---

772a Vgl. § 7a Abs. 6 dt. EStG in der bis Einführung des § 15a geltenden Fassung. Zu dieser vgl. Erstes Kapitel, Abschn. C. I. 5. b, Exkurs 2.

773 Vgl. u. a. LAUX (1969b), S. 33.

774 Vgl. für Österreich Abschn. 34 der EStR 1979, für Deutschland Abschn. 33 der dt. EStR 1978.

775 Vgl. z. B. JONASCH (1961); PIEPER (1975).

776 Vgl. S. 113f.

Bewertungsspielräume anderer Perioden habe[777]. Hierbei wird allerdings übersehen, daß nicht nur beim Anlage-, sondern auch beim Umlaufvermögen Folgewirkungen bestehen. In aller Regel werden ja Bestände an Halb- und Fertigfabrikaten nicht Periode für Periode aufgestockt, sondern in manchen Perioden auch wieder verringert. Je höher (niedriger) der Ansatz der Halb- und Fertigfabrikate in der Bilanzvorperiode ist, desto niedriger (höher) ist der Gewinn aus dem Verkauf in der späteren Periode. Man muß davon ausgehen, daß der der Steuerplanung zugrunde gelegte Gewinn auf einer Basis-Bewertung beruht. Wenn nun z. B. in Periode t eine Lageraufstockung vorliegt und durch Einsatz der mit den Halb- und Fertigfabrikaten verbundenen Manövrierteilmasse eine Reduktion des Basisgewinnes ausgelöst wurde, dann muß c. p. bei Wiederauflösung der Lageraufstockung in $t + 1$ eine Erhöhung des Basisgewinnes erfolgen. Die mit den Halb- und Fertigfabrikaten verbundene Manövriermasse kann daher nicht so definiert werden, daß nur bei der erstmaligen Lageraufstockung die eventuelle Ausnutzung des Bewertungsspielraumes angesetzt wird, sondern es muß bei der nachfolgenden Lagerreduktion in einer späteren Periode mit entgegengesetztem Vorzeichen die Umkehrung der ursprünglichen Maßnahmen zum Ausdruck gebracht werden. Die exakte Abbildung stößt deshalb auf Schwierigkeiten, weil für sie auch die zwischenzeitlichen Lagerbewegungen und die anzuwendenden Abfassungsprinzipien (Verrechnungsreihenfolgen) für die Abgänge vom Fertigfabrikatelager berücksichtigt werden müßten. Eine Näherungslösung — die jedenfalls dem bisher in der Literatur Vorgetragenen überlegen ist — könnte darin bestehen, für jede Ausnutzung des Bewertungsspielraumes bei den Halb- und Fertigfabrikaten in Periode t sofort in der nächsten Periode $t + 1$ die vollständige Wiederauflösung anzusetzen und für den Halb- und Fertigfabrikatebestand am Ende der Periode $t + 1$ erneut über den vollen, mit dem nun vorhandenen *Gesamtbestand* verknüpften, Bewertungsspielraum zu disponieren, mit sofortiger Wiederauflösung in $t + 2$ usw.

c) *Übertragung stiller Rücklagen und alternative Versteuerung zu begünstigtem Steuersatz*

Gemäß § 12 EStG können stille Rücklagen, die durch Veräußerung oder sonstiges Ausscheiden von Wirtschaftsgütern des Anlagevermögens aufgedeckt werden, unter bestimmten Voraussetzungen auf neu ange-

---

[777] So Müller-Kröncke (1974), S. 169; nicht expressis verbis, jedoch im formalen Ansatz hierauf hinauslaufend auch Marettek (1971), S. 166.

schaffte oder hergestellte Wirtschaftsgüter übertragen werden. Die Voraussetzung für die Zulässigkeit der Übertragung ist gemäß Abs. 1 gegeben, wenn entweder die veräußerten beweglichen Wirtschaftsgüter mindestens sieben Jahre oder die veräußerten unbeweglichen Wirtschaftsgüter mindestens 15 Jahre zum Anlagevermögen gehörten. Ferner ist die Übertragung bei Ausscheiden der alten Wirtschaftsgüter infolge höherer Gewalt, infolge behördlichen Eingriffes oder zur Abwendung eines solchen zulässig. Falls die Übertragung nicht oder nicht zur Gänze möglich ist, können Bilanzierende gemäß Abs. 2 eine steuerfreie Rücklage bilden, die innerhalb der nächsten zwei Wirtschaftsjahre auf neu angeschaffte oder hergestellte Wirtschaftsgüter des Anlagevermögens zu übertragen, wenn dies nicht möglich ist, nach Ablauf des zweiten Wirtschaftsjahres (ohne Zuschlag) aufzulösen ist.

Die steuerfreie Übertragung stiller Rücklagen wird durch eine begünstigende Ausnahmevorschrift zugelassen. Die österreichische Bestimmung ist für den Steuerpflichtigen wesentlich günstiger als die vergleichbare Bestimmung des § 6b dt. EStG, weil die österreichische Bestimmung keine qualitative Einschränkung der Übertragungsfähigkeit enthält. § 6b dt. EStG stellt für die Übertragungsfähigkeit aufgedeckter stiller Reserven einengende Regeln auf: Je nach Herkunft der aufgedeckten stillen Reserve (Art des veräußerten Anlagegutes) sind nur bestimmte Arten von Wirtschaftsgütern als Empfänger der zu übertragenden stillen Rücklage zugelassen. Die Grundregel ist dabei die, daß die Übertragung nur in Richtung auf eine mindestens gleich schnelle Wiederauflösung der Rücklage zugelassen wird; es kann also z. B. eine aus Grundstücken stammende stille Reserve auf abnutzbare bewegliche Wirtschaftsgüter übertragen werden, aber nicht umgekehrt[778]. Demgegenüber ist nach österreichischer Rechtslage die Übertragung in jeder Richtung möglich. Durch geschickte Wahl des Steuerpflichtigen können die Rücklagen so übertragen werden, daß sie sich überhaupt nie wieder auflösen, sofern nicht die angeschafften Wirtschaftsgüter wieder veräußert werden. Hierzu ist die Übertragung auf nichtabnutzbares Anlagevermögen (insbesondere Grundstücke oder Beteiligungen) geeignet.

Diese Strategie des Steuerpflichtigen wird lediglich dann unmöglich gemacht, wenn *zunächst* abnutzbare Wirtschaftsgüter (eventuell sogar mit kurzer Nutzungsdauer) und erst in einer *späteren* Periode die nichtabnutzbaren Wirtschaftsgüter angeschafft oder hergestellt werden. Es besteht nämlich keine Möglichkeit, die übertragbaren stillen Rücklagen

[778] Zu vergleichenden Literaturhinweisen siehe Fn. 112.

auf später aufzusparen, wenn eine frühere Übertragung möglich ist[779]. Dem können jedoch alle Konzerne ausweichen, wenn sie die Kosten einer Kapitalerhöhung einer Konzerngesellschaft in Kauf nehmen und als neues Wirtschaftsgut rechtzeitig eine Beteiligung erwerben. Damit werden zugleich de facto die Fristen für die bestimmungsgemäße Verwendung der § 12-Rücklage irrelevant. Bei Betriebsaufgabe muß eine vorhandene Rücklage gemäß § 12 EStG aufgelöst und zum Normalsteuersatz versteuert werden[780]. Auch dies ist allerdings bei Konzernen durch die Übertragungsmöglichkeit auf Beteiligungen faktisch wieder unanwendbar: Bei vorheriger Übertragung der aufgedeckten stillen Reserve bzw. der Rücklage gemäß § 12 hat die Beteiligung einen entsprechend niedrigeren Buchwert, und auf den Veräußerungsgewinn bei Betriebsaufgabe ist der ermäßigte Steuersatz gemäß § 37 EStG anwendbar. Es besteht eine Verbindung mit den Aktionsparametern „Abschreibungen" (einschließlich vorzeitigen), Investitionsfreibetrag, Investitionsrücklage. Es ist jeweils zuerst die Übertragung der stillen Rücklage vorzunehmen und dann erst die hiermit konkurrierende Auflösung einer Investitionsrücklage oder Vornahme einer vorzeitigen Abschreibung oder Verrechnung eines Investitionsfreibetrages durchzuführen[781].

In Konkurrenz zur Übertragung stiller Rücklagen gemäß § 12 EStG steht in den Fällen des Ausscheidens infolge höherer Gewalt oder infolge behördlichen Eingriffs die Versteuerung zum begünstigten Steuersatz für außerordentliche Einkünfte gemäß § 37 Abs. 3 EStG. Die Optimalität der Ausnutzung von § 12 EStG (überhaupt und wenn ja, wie weit) oder von § 37 Abs. 3 EStG kann allerdings exakt nur simultan mit der Optimierung von Abschreibungsverfahren, Verrechnung von Investitionsfreibetrag und eventuell von Auflösung von Investitionsrücklagen ermittelt werden. Bisher existiert kein simultaner Optimierungsansatz für die aufgezeigten Wahlrechte, auch nicht unter Ausklammerung von § 37 Abs. 3 EStG.

d) *Rückstellungen, insbesondere auch Pensions- und Abfertigungsrückstellungen*

Bei den Rückstellungen besteht zwar großteils kein explizites Wahlrecht, jedoch eröffnen die „normalen" Gewinnermittlungsvor-

---

[779] Vgl. HOFSTÄTTER/REICHEL (1973), Tz. 9 zu § 12; EStR 1979, Abschn. 59, Abs. 11.

[780] Vgl. ebendort, Tz. 13 zu § 12; EStR 1979, Abschn. 59, Abs. 12.

[781] Für die Investitionsrücklagenauflösung vgl. EStR 1979, Abschn. 56, Abs. 6, für die vorzeitige Abschreibung und den Investitionsfreibetrag vgl. unmittelbar § 12 Abs. 5 EStG.

schriften wegen der Unsicherheit der Beurteilung der zukünftigen Entwicklung einen beträchtlichen Spielraum. Als Risiko für den Steuerpflichtigen ist aber die rigorose Handhabung des Grundsatzes der periodenrichtigen Gewinnermittlung durch den Verwaltungsgerichtshof und das hierauf basierende Verbot der Nachholung von unterlassenen Rückstellungen in späteren Perioden zu beachten[782].

Zwei wichtige Sonderfälle, die gesetzlich speziell geregelt sind, bilden die Rückstellungen für Pensionszusagen und jene für Abfertigungsansprüche. Die Pensionsrückstellungen werden in Deutschland als wichtiger bilanzpolitischer Aktionsparameter behandelt. Dies wird dadurch ermöglicht, daß — trotz schwerwiegender Bedenken gegen diese Verletzung der allgemeinen Grundsätze für die Bildung von Rückstellungen[783] — der deutsche Aktiengesetzgeber von 1965 die Zulässigder Nichtpassivierung sogar kodifizierte[784].

Demgegenüber ist in Österreich keine die allgemeinen Bilanzierungsgrundsätze durchbrechende gesetzliche Bestimmung vorhanden; gemäß Erkenntnis des Verfassungsgerichtshofes vom 3. 7. 1965, V 9/65, besteht Passivierungs*pflicht* und somit kein Wahlrecht. Das Wahlrecht besteht nur für die Gestaltungen *vor* dem Bilanzstichtag, d. h. für die Entscheidung, ob überhaupt eine Pensionszusage gemacht werden soll. Bei laufender Gewinnerzielung und entsprechend hohen Ertragsteuern kann infolge der großen zeitlichen Differenz zwischen der Steuerminderung durch die Aufwandsverrechnung und dem Abfließen der Pensionszahlungen der durch die Pensionszusage verursachte zusätzliche Aufwand sogar c. p. zu einer Erhöhung des Totalgewinnes führen[785]. Dies gilt allerdings dann nicht, wenn der Rechnungszinssatz für die Ermittlung

---

[782] Im allgemeinen ist folgende Präzisierung des „Nachholverbotes" durch ALTENBURGER (1976), S. 143, zutreffend: „Nachholverbot" bedeutet nur, „daß in einem späteren Wirtschaftsjahr ertragsteuerlich eine Rückstellung mit Aussicht auf Anerkennung nicht mehr dotiert werden kann; die Abzugsfähigkeit der betreffenden Aufwendungen als Betriebsausgaben zu einem späteren Zeitpunkt (nämlich im Jahr, in dem sonst die Rückstellung aufgelöst worden wäre) ist selbstverständlich gegeben." Ganz ohne Vorbehalt kann man dieser Aussage aber nicht zustimmen, weil Tendenzen bestehen, bei Verletzung der periodenrichtigen Verrechnung von Betriebsausgaben diese überhaupt nicht mehr zum Abzug zuzulassen: vgl. etwa oben S. 101f., insbes. Fn. 238.

[783] Vgl. z. B. LEFFSON (1980), S. 128.

[784] Zu den Motiven hierfür vgl. KROPFF, B., in: GESSLER et al. (1973), Kommentierung zu § 159. — Zu den bilanzpolitischen Möglichkeiten in Deutschland vgl. etwa BÖRNER/KRAWITZ (1977), bes. S. 162ff.

[785] Vgl. SWOBODA (1973), S. 124ff.; TICHY (1977), S. 110f.

des versicherungsmathematischen Deckungskapitals hoch ist und/oder die Pensionszusagen auf wertgesicherte Beträge lauten[786].

Das Zweite Abgabenänderungsgesetz brachte mit Wirkung ab 1. 1. 1978 in § 14 Abs. 7 EStG Sondervorschriften für die Pensionsrückstellungen, die gegenüber dem allgemeinen Bilanzrecht wesentliche Verschlechterungen beinhalten: u. a. muß ein Rechnungszinsfuß von 8% gewählt werden, obwohl andererseits von dem am Bilanzstichtag geltenden Geldwert und Arbeitslohn auszugehen ist. Trotz der Formulierung von § 14 Abs. 6 EStG, daß Pensionsrückstellungen unter gewissen Bedingungen gebildet werden „können", liegt keine Begünstigung, sondern eine Beschränkung der Abzugsfähigkeit von Betriebsausgaben vor[787].

Die Finanzverwaltung ist nach Erlaß des 2. AbgÄG 1977 offenbar der Ansicht, daß auch handelsrechtlich wieder ein Wahlrecht bestehe, ob *überhaupt* Rückstellungen bilanziert werden[788]. Demnach könne *einmal* die Wahl ausgeübt werden, vom „deckungslosen Verfahren" auf die Rückstellungsbilanzierung überzugehen. Als handelsrechtliche Beurteilung ist diese Ansicht jedoch abzulehnen, obwohl kürzlich auch handelsrechtlich in dieser anfechtbaren Weise judiziert wurde[788a]. Die Vertreter des Passivierungswahlrechtes berufen sich insbesondere auf ältere deutsche Judikatur. Diese darf aber keinesfalls über den damaligen Anlaßfall mit seinen besonderen Umständen hinaus verallgemeinert werden[788b]. In Deutschland wird seit Geltung des Betriebsrentengesetzes (BGBl. 1974 I, S. 3610) sogar zunehmend argumentiert, daß die Unverfallbarkeit gewisser Pensionszusagen gem. § 1 dieses Gesetzes mittlerweile für einen Teil der Pensionszusagen Passivierungspflicht gebracht habe[788c].

Wenn die Bedingungen des § 14 Abs. 6 Satz 1 EStG erfüllt sind (Rechtsverbindlichkeit und Unwiderruflichkeit der Pensionszusagen),

---

[786] Vgl. Kammer der Wirtschaftstreuhänder (1977), S. 7. — Bis Inkrafttreten des 2. Abgabenänderungsgesetzes 1977 mit 1. 1. 1978 wurde von Gutachtern überwiegend ein Rechnungszinsfuß von 4% verwendet (vgl. die zit. Stellungnahme S. 6). — Gemäß § 6a dt. EStG ist ein Rechnungszinsfuß von 5,5% verpflichtend.

[787] Die Beschränkung geht so weit, daß sogar der Verfassungsgerichtshof angerufen wurde; dieser stellte jedoch keine Verfassungswidrigkeit fest: Erk. v. 14. 12. 1978, G 82/78.

[788] Vgl. EStR 1979, Abschn. 61B. 2 Abs. 1.

[788a] Beschluß des HG Wien v. 9. 10. 1978, 7 Nc 3/78.

[788b] Vgl. insbes. Leffson (1980), S. 128f.

[788c] Vgl. insbes. Börner/Krawitz (1977), S. 54, 132 und 163.

ist handelsrechtliche Passivierungspflicht anzunehmen[788d]. Für § 5-Bilanzierende besteht ein Wahlrecht somit vielfach höchstens nach praktischer, anfechtbarer Übung. Nur für den eingeschränkten Betriebsvermögensvergleich ist unzweifelhaft ein Wahlrecht gegeben[788e].

Die derzeitige restriktive Regelung der Pensionsrückstellungen im EStG läßt die Pensionszusagen jedenfalls aus dem Kreise der erwägungswerten Maßnahmen *vor* dem Bilanzstichtag ausscheiden.

Seit jeher umstritten ist die Qualifikation der Vorsorgen für Abfertigungen. Die Bezeichnung im Einkommensteuergesetz als „Abfertigungsrücklage" wurde von betriebswirtschaftlicher Seite häufig als unzutreffend kritisiert, weil es sich in Wahrheit um eine Rückstellung handle. Die zutreffende Beurteilung ist von Bedeutung, denn wenn es sich um eine Rückstellung handelt, so ist ohne jedwede spezielle Vorschrift die Verpflichtung zum Ausweis in der Bilanz gegeben. Als Rückstellung ist die Vorsorge für Abfertigungen anzusehen, wenn die tatsächliche Leistung der Abfertigungszahlungen vom Unternehmer nicht mehr beeinflußt werden kann. Die Entwicklungstendenzen des kollektiven Arbeitsrechts haben dazu geführt, daß in ständig zunehmendem Maße nicht nur bei Kündigung des Arbeitnehmers durch den Arbeitgeber sowie bei Austritt des Arbeitnehmers, sondern auch bei vom Dienstgeber nicht beeinflußbaren Anlässen, wie insbesondere beim Übertritt in den Ruhestand, Abfertigungsansprüche fällig werden. Insoweit wären daher nach den allgemeinen Bilanzierungsgrundsätzen Rückstellungen zu bilden. Die einkommensteuerrechtlichen Regelungen über die „Abfertigungsrücklage" (derzeit in § 14 Abs. 1 bis 5 EStG) müssen daher je nachdem, ob nach allgemeinem Bilanzrecht rückstellungspflichtige oder nur durch Bildung einer Rücklage berücksichtigungsfähige Ansprüche vorliegen, entweder als Einschränkung eines an sich zulässigen Betriebsausgabenabzuges oder als begünstigende Vorschrift aufgefaßt werden. Die Änderung der Vorschriften über die Abfertigungsrücklage durch das Zweite Abgabenänderungsgesetz (wesentlich eingeschränkte Möglichkeit der steuerfreien Bildung von „Abfertigungsrücklagen") führt in Fällen, in welchen gemäß den tatsächlichen Verhältnissen des Betriebes rückstellungspflichtige Abfertigungsan-

---

[788d] Zur Begründung, weshalb handelsrechtlich Passivierungs*pflicht* vorliegen kann, vgl. differenziert VODRAZKA (1979), bes. S. 150ff. (mit zahlreichen weiteren Nachweisen). Vgl. auch die Bekräftigung der Ansicht des Verfassungsgerichtshofes, daß Ansatzpflicht besteht, durch Erk. v. 26. 1. 1979, B 215/76.

[788e] So auch DORALT/RUPPE (1978), S. 75; ebenso EStR 1975, Abschn. 40 Abs. 1.

sprüche vorliegen, zur Bezweiflung der Verfassungsmäßigkeit der Einschränkung des Betriebsausgabenabzugs[788f].

Die folgenden Überlegungen klammern diese Frage aus und gehen von der Fiktion aus, daß die „Abfertigungsrücklage" gemäß § 14 Abs. 1 ff. EStG eine Begünstigungsvorschrift ist, also nur nicht rückstellungspflichtige Abfertigungsansprüche vorhanden sind. Wie ist unter dieser Voraussetzung die Eignung der Abfertigungsrücklage als steuerbilanzpolitisches Instrument zu beurteilen? Es besteht nur ein einmaliges Wahlrecht, wann erstmals mit der Bildung der Abfertigungsrücklage begonnen wird und in welchem prozentualen Ausmaß (höchstens 50%) der Abfertigungsansprüche die Abfertigungsrücklage gebildet werden soll. Wird dann in späteren Jahren die Dotierung der Abfertigungsrücklage — etwa wegen ungünstiger Ertragslage — unterlassen, so läuft der Steuerpflichtige Gefahr, endgültig Betriebsausgaben zu verlieren, was den strengen Anforderungen an die periodenrichtige Erfolgsermittlung entspricht: Gemäß Abschn. 61 A 2 Abs. 3 EStR 1979 sind unrichtige (auch zu niedrig gebildete) Abfertigungsrücklagen von Amts wegen zu korrigieren. Unter Berufung auf Abschn. 12 Abs. 1 EStR 1979 und die dort angeführte Judikatur wird darauf hingewiesen, daß diese Korrektur auch dann erfolgen muß, „wenn der Berichtigung in einem Besteuerungsabschnitt steuerliche Auswirkungen deswegen versagt bleiben, weil etwa für diesen Besteuerungsabschnitt eine Wiederaufnahme des Verfahrens wegen Fehlens der notwendigen Voraussetzungen oder wegen Verjährung des Rechtes der Abgabenfestsetzung zu unterbleiben hat".

Da eine Deckung der Abfertigungsrücklage durch festverzinsliche österreichische Wertpapiere im Nennbetrag von mindestens 50% der zuletzt ausgewiesenen Abfertigungsrücklage vorhanden sein muß, ist der Vorteil der Bildung einer Abfertigungsrücklage wesentlich eingeschränkt, wie folgende Überschlagsrechnung zeigt: Falls der Ertragsteuersatz 50% beträgt und die festverzinslichen Wertpapiere al pari notieren, können sie genau aus der Steuerersparnis durch die Bildung der Abfertigungsrücklage angeschafft werden und erbringen dem Betrieb den (steuerpflichtigen) Ertrag ihrer Effektivverzinsung. Der Vorteil für den Betrieb steigt bei höherem Ertragsteuersatz und bei der Möglichkeit des Erwerbs von Wertpapieren möglichst weit unter pari. Die Bildung der Abfertigungsrücklage ist der Nichtbildung jedenfalls dann vorzu-

---

[788f] Vom VfGH wurden mit Erk. v. 14. 12. 1978, G 82/78 verfassungsrechtliche Bedenken zurückgewiesen, jedoch mit der Einschränkung, daß nur die von den Antragstellern vorgetragenen Bedenken zu prüfen waren.

ziehen, wenn der Ertragsteuersatz des Unternehmens immer mindestens 50% beträgt, weil dann die Wertpapiererträge ohne Einsatz von Eigenkapital erzielt werden können. Eine zusätzliche Begünstigung der Abfertigungsrücklage liegt darin, daß bei entgeltlicher Betriebsübertragung (auch -aufgabe) die Abfertigungsrücklage bei Nichtfortführung durch das Nachfolgeunternehmen im Rahmen des begünstigten Veräußerungsgewinnes versteuert werden kann[789]; allerdings dürfte diese Begünstigung rein hypothetisch sein, weil bei Vorliegen der Voraussetzungen für die Nichtfortführung der Rücklage wohl die Abfertigungsansprüche fällig werden.

e) Zuwendungen an Pensions- oder Unterstützungskassen

Einen steuerpolitisch relevanten Spielraum eröffnen die Bestimmungen des § 4 Abs. 4 Z. 2 EStG über die Zuwendungen an betriebliche Pensionskassen oder Unterstützungskassen, die von der Körperschaftsteuer befreit sind. Die Befreiungsvoraussetzungen enthält § 6 KöStG. Der steuerbilanzpolitische Spielraum ergibt sich daraus, daß Zuwendungen an von der Körperschaftsteuer befreite Kassen zum Unterschied von Zuwendungen an nicht befreite Kassen auch Betriebsausgaben sein können, wenn sie über die Zahlungen der Kassen an die Unterstützungsempfänger hinausgehen[790]. Die Zuwendungen an die Kassen sind nur dann abzugsfähige Betriebsausgaben, wenn sie folgenden zwei Begrenzungen entsprechen: Sie dürfen erstens höchstens 10% der Lohn- und Gehaltssumme, die der Unternehmer im Jahr der Zuwendung für die Leistungsberechtigten der Kasse aufwendet, ausmachen; zweitens darf durch die Zuwendung kein unangemessen hohes Kassenvermögen angesammelt werden. Das angemessene Kassenvermögen ist unterschiedlich definiert, je nachdem, welche Art von Leistungen die Kasse erbringt, wobei vor allem die Einräumung eines Rechtsanspruches an die Begünstigten von Bedeutung ist. Ein steuerbilanzpolitisch beachtlicher Spielraum entsteht in jenen Fällen, in welchen das angemessene Kassenvermögen als ein nach versicherungsmathematischen Grundsätzen zu berechnendes Deckungskapital definiert ist[791]. Ein Nachholverbot ist nicht ersichtlich.

---

[789] Vgl. SCHUBERT/POKORNY/SCHUCH (1973), S. 397, Anm. 11 zu § 14.

[790] Vgl. Abschn. 25 Abs. 1 EStR 1979.

[791] Die Formalisierung dieses Aktionsparameters bei MÜLLER-KRÖNCKE (1974) ist wegen unterschiedlicher Rechtslage auf Österreich nicht anwendbar und auch für Deutschland durch die jetzige Regelung in § 4d dt. EStG überholt.

Die einkommensteuerlichen Bestimmungen über die Abzugsfähigkeit der Zuwendungen an betriebliche Pensions- und Unterstützungskassen werden auch als *diskriminierende* Ausnahmebestimmungen angesehen, weil entgegen dem allgemeinen Grundsatz Betriebsausgaben als teilweise nicht abzugsfähig erklärt werden[792].

f) Bewertungsabschläge und wirtschaftsgutbezogene Rücklagen

Begünstigende Sondervorschriften zur Förderung der exportierenden Wirtschaft stellen die Wahlrechte der Abschreibung bestimmter Wirtschaftsgüter auf fiktive Teilwerte dar. § 6 Z. 7 EStG erlaubt einen Teilwertansatz in Höhe von 90% der Anschaffungskosten bei bestimmten Beteiligungen an ausländischen Gesellschaften sowie bei qualifizierten Darlehen an ausländische Kapitalgesellschaften. Ferner erlaubt § 123 EStG eine Abschreibung von Exportforderungen auf 85% des Forderungsnennbetrages (seit „Abgabenänderungsgesetz" 1981 zeitlich unbefristet). Es liegt zwar unumstritten ein Wahlrecht des Bilanzierenden vor, das nur im Jahre der Anschaffung der betreffenden Wirtschaftsgüter ausgeübt werden kann; das Ausmaß des Wahlrechtes und damit die Flexibilität des Einsatzes ist allerdings umstritten, weil unterschiedliche Auslegungen bestehen, ob nur eine Abschreibung *genau* auf den im Gesetz genannten fiktiven Teilwert oder auch eine geringere Abwertung zulässig ist[793]. Die Rückgängigmachung der Abschreibung auf den fiktiven Teilwert wird durch § 123 EStG für die Exportforderungen untersagt. Hinsichtlich der Auslandsbeteiligungen und -darlehen gibt es keine diesbezügliche Bestimmung, weshalb die Rückgängigmachung möglich sein muß; allerdings ist eine spätere abermalige Abschreibung auf den niedrigeren Teilwert nur bei Nachweis des tatsächlichen Sinkens des Teilwertes möglich.

Spezielle Wirtschaftsgüter werden auch durch das Energieförderungsgesetz 1979[793a] begünstigt. Da die Höhe der möglichen steuerfreien Rücklage vom Ergebnis abhängt, ist diese Begünstigung jedoch

---

[792] Ruppe (1971), S. 275.

[793] Schubert/Pokorny/Schuch (1973), S. 277, Anm. 50 zu § 6, sowie S. 1212, Anm. 1 zu § 123, vertreten ein „Alles-oder-Nichts"-Prinzip, hingegen folgern Hofstätter/Reichel (1973), Tz. 8 zu § 6 Z. 7, m. E. zutreffend, aus dem Normzweck der Förderung der Auslandsinvestitionen der österreichischen Wirtschaft, daß auch alle Zwischenwerte angesetzt werden können.

[793a] BGBl. 567/1979. — Früher galt eine ähnliche Begünstigung nach Elektrizitätsförderungsgesetz 1969 (BGBl. 19/1970 i. d. F. v. BGBl. 297/1975).

den ergebnisabhängigen Aktionsparametern (s. u. Abschn. 2) zuzurechnen. Besonders wichtige wirtschaftsgutbezogene Begünstigungen des deutschen Steuerrechts sind die Preissteigerungsrücklage und der Importwarenabschlag[794]. Die Preissteigerungsrücklage kann für vertretbare Wirtschaftsgüter gebildet werden, wenn Preissteigerungen einen erhöhten Wiederbeschaffungspreis erwarten lassen; sie braucht nicht in der Handelsbilanz ausgewiesen werden. Der Importwarenabschlag ermöglicht einen Abschlag von den Anschaffungskosten oder vom niedrigeren Tageswert des Bilanzstichtages bis zu 20%.

g) Investitionsfreibetrag

Der Investitionsfreibetrag gemäß § 10 EStG, der de facto eine Abschreibung von insgesamt 120% der Anschaffungs- oder Herstellungskosten erlaubt, steht in Konkurrenz zur vorzeitigen Abschreibung. Da er nur dann verrechnet werden darf, wenn keine Investitionsrücklage aus früheren Perioden vorhanden ist, besteht auch ein indirekter Zusammenhang mit gesamterfolgsbezogenen steuerbilanzpolitischen Aktionsparametern.

Die Verrechnung eines Investitionsfreibetrages oder einer vorzeitigen Abschreibung oder die Bildung oder die bestimmungsgemäße Verwendung einer Investitionsrücklage schließen je für sich die begünstigte Bildung einer Rücklage für nichtentnommenen Gewinn aus. In der Literatur wurden zahlreiche Vorteilhaftigkeitsvergleiche zwischen diesen Aktionsparametern vorgelegt[795]. Diese Untersuchungen sind aber durchwegs nur isolierte Vergleiche zwischen einzelnen Aktionsparametern unter den besonders weit reichenden Prämissen, wie sie auf Seite 163ff. dargestellt wurden. Die Wechselwirkung mit der Bildung, bestimmungsgemäßen Verwendung und der Wiederauflösung (mit Steuerzuschlag) der Investitionsrücklage wurde bisher, wenn überhaupt, nur unvollständig berücksichtigt[796].

---

[794] Vgl. zur Preissteigerungsrücklage § 51 Abs. 1 Z. 2 lit. b dt. EStG, § 74 dt. EStDV, Abschn. 228 dt. EStR, sowie MARETTEK (1971), S. 67ff.; MÜLLER-KRÖNCKE (1974), S. 43f. und S. 171ff. — Zum Importwarenabschlag vgl. § 51 Abs. 1 Z. 2 lit. m dt. EStG, § 80 dt. EStDV, Abschn. 233a dt. EStR, sowie WÖHE (1966), S. 104, mit dem Hinweis, daß der Importwarenabschlag die optimale Losgröße beeinflußt.

[795] Vgl. die Literaturangaben in Fn. 113.

[796] Eine Analyse dieses Problems geben PLATZER/KROS (1980), S. 290f., doch bringen sie keinen Simultanansatz. Dieser wäre eigentlich erforderlich, weil über die Investitionsrücklage (Bildung wie Auflösung) alle Einzelentscheidungen bezüglich vorzeitiger Abschreibung oder Investitionsfreibetrag zusammenhängen.

In den Vorteilhaftigkeitsvergleich zwischen Investitionsfreibetrag und vorzeitiger Abschreibung muß auch die unterschiedliche Behandlung der Buchgewinne bei Verkauf der Anlage eingebracht werden. Der Verkauf einzelner Anlagegüter innerhalb von fünf Jahren ab Ende des Wirtschaftsjahres, in dem die Anlage angeschafft oder hergestellt wurde, führt dazu, daß gemäß § 10 Abs. 3 EStG der Investitionsfreibetrag wieder in voller Höhe den Gewinn erhöht. Für solche Wirtschaftsgüter wird daher der Investitionsfreibetrag gegenüber der vorzeitigen Abschreibung von vornherein nicht in Frage kommen. Ist hingegen *nach* Ablauf der Behaltefrist von 5 Jahren eine Veräußerung oder eine Entnahme in das Privatvermögen beabsichtigt, wird c. p. der Investitionsfreibetrag vorzuziehen sein, weil er steuerfrei bleibt und der Buchgewinn gegenüber der Alternative „vorzeitige Abschreibung" entsprechend niedriger ist.

Gesondert zu untersuchen ist der Fall der Betriebsaufgabe bzw. der entgeltlichen Übertragung des Betriebes. Auch für diesen Fall gilt nach herrschender Auslegung die Nachversteuerungsregelung von § 10 Abs. 3 EStG[797]. Hingegen kann bei Inanspruchnahme einer vorzeitigen Abschreibung bei Betriebsaufgabe oder entgeltlicher Betriebsübergabe — ausgehend von dem durch vorzeitige Abschreibung reduzierten Buchwert — für einen relativ hohen Betrag die Begünstigung des Veräußerungsgewinnes in Anspruch genommen werden. Eigene Modellrechnungen, deren Wiedergabe hier zu weit führen würde, haben gezeigt, daß im Falle, daß die Betriebsaufgabe relativ kurz nach Durchführung der Investition geplant ist, eine starke Tendenz zur Bevorzugung der vorzeitigen Abschreibung besteht. Was „relativ kurz" ist, bemißt sich hierbei nach der Nutzungsdauer der Investition und dem Ausmaß der zulässigen vorzeitigen Abschreibung. Wenn die Betriebsaufgabe innerhalb von fünf Jahren ab dem Ende des Wirtschaftsjahres der Durchführung der Investition geplant ist, ist die Verrechnung des Investitionsfreibetrages auf keinen Fall die optimale steuerbilanzpolitische Strategie.

Bei weiterlaufendem Betrieb erfolgt beim Investitionsfreibetrag — nach derzeit herrschender, m. E. aber unhaltbarer Auslegung — im Falle des vorzeitigen Ausscheidens infolge höherer Gewalt eine erfolgs-

---

[797] Nach EStR 1979, Abschn. 57 Abs. 5 ist eine Nachversteuerung im Rahmen des (begünstigten) Veräußerungsgewinnes möglich. Nach älterer Auslegung, (u. a. auch noch Schubert/Pokorny/Schuch (1973), S. 366, Anm. 18 zu § 10) mußte sogar im Rahmen des letzten *laufenden* Gewinnes nachversteuert werden.

wirksame Auflösung[798]. Diese Behandlung ist indes völlig unbillig. Die wörtliche Auslegung des Gesetzes widerspricht dem Normzweck. Durch die normierte Behaltefrist soll ja nur sichergestellt werden, daß nicht in spekulativer Absicht Investitionsgüter kurzfristig nach Lukrierung des Investitionsfreibetrages weiterveräußert werden. Man erinnere sich an die — ursprünglich ohne ausdrückliche gesetzliche Grundlage geschaffene — Verwaltungsübung, gemäß welcher die durch höhere Gewalt aufgedeckten stillen Reserven auf Ersatzwirtschaftsgüter übertragen werden können[799]. Entsprechend dieser durchaus billigen Lösung wäre m. E. auch für die infolge höherer Gewalt ausgeschiedenen Wirtschaftsgüter, für die ein Investitionsfreibetrag verrechnet wurde, vorzugehen. In wirtschaftlicher Betrachtungsweise gehört der seinerzeit verrechnete Investitionsfreibetrag zu den stillen Reserven des Wirtschaftsgutes. Er müßte daher gemäß § 12 Abs. 1 Unterabs. 3 EStG auf ein neu angeschafftes oder hergestelltes Wirtschaftsgut, erforderlichenfalls auf eine Ersatzbeschaffungsrücklage, übertragbar sein. Diese Lösung müßte unabhängig davon, ob das Wrack im Betriebsvermögen bleibt oder veräußert wird, gelten können, andernfalls würde der wirtschaftspolitische Zweck der Investitionsförderung ins Gegenteil verkehrt, wenn Wracks nur zwecks Abwendung steuerlicher Nachteile im Betriebsvermögen bleiben müßten.

2. Ergebnisabhängige Aktionsparameter

Die vom Gesamtergebnis des Betriebes abhängigen steuerbilanzpolitischen Aktionsparameter sind, wie unter I. 2. b bereits ausgeführt, nicht ebenso leicht im Partialmodell definierbar wie die wirtschaftsgutbezogenen Aktionsparameter. Insbesondere fallen unter die ergebnisabhängigen Aktionsparameter steuerfreie Rücklagen und der Verlustvortrag. Für die pauschale Planung des Manövriermasseneinsatzes müssen Schätzungen erfolgen, für die differenzierte Planung wird man auf (4″) im Ersten Kapitel (S. 161) zurückgehen und die Manövrier-

---

[798] Vgl. EStR 1979, Abschn. 57 Abs. 5 und HOFSTÄTTER/REICHEL (1973), Tz. 8 zu § 10. — Nach SCHUBERT/POKORNY/SCHUCH (1973), S. 365f., Anm. 18 zu § 10, soll die Nachversteuerung sogar erfolgen, wenn das zerstörte Anlagegut mit seinem Schrottwert im Betriebsvermögen verbleibt. GASSELSBERGER (1977), S. 36f., will die Nachversteuerung nur dann eintreten lassen, wenn das Wrack zum Schrottwert verkauft wird, nicht aber, wenn es im Betriebsvermögen behalten wird.

[799] Nunmehr in § 12 Abs. 1 Unterabs. 3 EStG kodifiziert.

teilmassen M_j in zwei Teilmengen einordnen. Einerseits wird man die wirtschaftsgutabhängigen Manövrierteilmassen ($j \in W$), andererseits die ergebnisabhängigen ($j \in \overline{W}$) unterscheiden. Dann bildet man

$$G_t - \sum_{j \in W} M_{tj} \tag{38}$$

und kann die ergebnisabhängigen Manövrierteilmassen

$$M_{tj*} \; (j^* \in \overline{W})$$

in Abhängigkeit von (38) definieren, z. B.:

$$M_{tj*} \leqq p_{tj*} (G_t - \sum_{j \in W} M_{tj}). \tag{39}$$

Wegen der vielfältigen zusätzlichen Bedingungen für Bildung und Auflösung von steuerfreien Rücklagen können sich jedoch viele Abbildungsmodifikationen und auch verschiedene Zusammenhänge mit wirtschaftsgutabhängigen Aktionsparametern ergeben, auf die im einzelnen nicht eingegangen werden kann.

a) Investitionsrücklage

Auf den Zusammenhang dieser begünstigenden Vorschrift des § 9 EStG mit vorzeitiger Abschreibung und Investitionsfreibetrag sowie Übertragung stiller Rücklagen wurde oben bereits hingewiesen. Diese Rücklage ist als zulässiger Vorgriff auf spätere vorzeitige Abschreibungen oder Investitionsfreibeträge konzipiert[799a].

Für die Berechnung besteht nach herrschender Auslegung die Besonderheit, daß in (38) aus der Indexmenge W zunächst die Indices für die Manövrierteilmassen „vorzeitige Abschreibung" und „Investitionsfreibetrag" auszuscheiden sind[800] — diese seien hier mit w^* und w^{**} bezeichnet — und die entsprechenden Manövrierteilmassen erst nach Berechnung der Investitionsrücklage wieder abzuziehen sind:

$$M_{tj*} \leqq p_{tj*} (G_t - \sum_{j \in (W - \{w^*\} - \{w^{**}\})} M_{tj}) - M_{tw*} - M_{tw**} \tag{40}$$

Derzeit beträgt p_{tj*} 25%. Wird die Investitionsrücklage nicht innerhalb von spätestens vier Wirtschaftsjahren nach Bildung bestimmungsgemäß verwendet, so erfolgt eine gewinnerhöhende Auflösung mit einem Zuschlag von 20%. Eine freiwillige vorherige Auflösung ist

---

799a Eine ähnlich konzipierte, weiterreichende Begünstigung enthält das Energieförderungsgesetz für Elektrizitätsversorgungsunternehmungen (vgl. insb. §§ 1—3).

800 Vgl. EStR 1979, Abschn. 56 Abs. 3.

zulässig, der Zuschlag verringert sich in diesem Falle pro Jahr der Früherauflösung um je 5%.

Man überlegt sich leicht, daß die Bildung der Investitionsrücklage bereits bei niedrigen Kalkulationszinsfüßen selbst dann günstig ist, wenn von vornherein die Wiederauflösung mit Zuschlag geplant wird. Der kritische Nettozinsfuß wird bei spätestmöglicher Auflösung nach vier Jahren unter Berücksichtigung der Zinseszinsen aus der Überlegung ermittelt, daß der 20%ige Zuschlag bei Auflösung der Investitionsrücklage die Zinsen für den „Steuerkredit" darstellt. Man erhält bei ganzjähriger Kapitalisierung aus der Gleichung für den Aufzinsungsfaktor

$$\sqrt[4]{1{,}20} = 1{,}04\dot{6}$$

einem Zinsfuß von rund 4,67%, bei Vergleich mit einem vierteljährlich kapitalisierten Bankkredit erhält man aus $\sqrt[16]{1{,}20}$ schließlich einen Jahreszinsfuß von ca. 4,58%[801]. Bei einem Nettokalkulationszinsfuß, der über den angeführten Werten liegt, ist also die Inanspruchnahme der Investitionsrücklage selbst dann günstig, wenn sie nicht bestimmungsgemäß verwendet werden kann; diese Aussage gilt allerdings nur dann, wenn die Rücklage für nichtentnommenen Gewinn nicht in Betracht kommt.

Da die Auflösung der Investitionsrücklage mit Zuschlag zu einer Erhöhung der Basis für die Neubildung der Investitionsrücklage führt, könnte man vermuten, daß der kritische Kalkulationszinsfuß hierdurch weiter gesenkt wird. Die Durchrechnung einer entsprechenden unendlichen Reihe zeigt aber, daß sich keine Änderung des kritischen Zinsfußes ergibt. Man überprüft dies etwa anhand folgender Zahlungsreihe: Im Zeitpunkt Null wird eine Investitionsrücklage von 100 gebildet; im Zeitpunkt 4 erfolgen die Auflösung mit Zuschlag zu 120 und die gleichzeitige hierdurch induzierte Neubildung einer Rücklage von 30, per Saldo also eine Auflösung von 90; im Zeitpunkt 8 erfolgt analog per Saldo eine Auflösung von 27 usw. Der kritische Zinsfuß kann aus der Gleichung

$$100 = 90 \cdot v^4 + 0{,}3 \cdot 90 \cdot v^8 + 0{,}3^2 \cdot 90 \cdot v^{12} + \ldots$$

oder

$$100 = 90 \cdot \sum_{t=1}^{\infty} 0{,}3^{t-1} \cdot (v^4)^t$$

wieder zu rund 4,67% ermittelt werden.

---

[801] Zu derartigen Berechnungen vgl. auch EGGER (1974), bes. S. 74f.

Der kritische Kalkulationszinsfuß sinkt sogar auf Null, wenn die Betriebsaufgabe oder die entgeltliche Betriebsübertragung bevorsteht. Dann ist die Investitionsrücklage ohne Zuschlag im Rahmen des letzten laufenden Gewinnes aufzulösen[802]; in allen Fällen, besonders aber bei Betriebsbeendigung, ist auch die Progressionswirkung in Betracht zu ziehen.

b) Rücklage für nichtentnommenen Gewinn

Diese begünstigende Vorschrift des § 11 EStG steht nur natürlichen Personen offen[803]. Es bestehen mehrere gleichzeitig zu beachtende Restriktionen. Die Rücklage darf höchstens 15% des Gewinnes vor Bildung der Gewerbesteuerrückstellung und ferner höchstens 50% des nichtentnommenen Gewinnes betragen und ist überdies mit Zuschlag insoweit wieder aufzulösen, als die Entnahmen der Periode $t + 1$ höher sind als der Gewinn der Periode t. Dabei ist innerhalb eines 5-Jahres-Zeitraums die am weitesten zurückliegende Rücklage mit 5% Zuschlag je Jahr aufzulösen, nach der Rechtsprechung ist auch keine freiwillige frühere Auflösung möglich[803a]. Vom Zuschlag wird dann abgesehen, wenn die Mehrentnahme zur Deckung außergewöhnlicher Belastungen oder zur Bestreitung des notwendigen Lebensunterhaltes erforderlich ist. Allerdings können die zu hohen Entnahmen insbesondere auch durch massierte Einkommensteuerzahlungen entstehen. Ursache für diese sind vor allem Betriebsprüfungen und die bei Betriebsaufgabe bzw. -veräußerung anfallende Steuerabschlußzahlung. Die Rücklage für nichtentnommenen Gewinn ist daher im Vergleich zu anderen begünstigenden Vorschriften des Einkommensteuerrechtes mit besonderen Risiken behaftet, insbesondere bei ungünstiger Gewinnentwicklung[804]. Bei Betriebsaufgabe bzw. entgeltlicher Veräußerung muß die Rücklage gemäß § 11 zuschlagfrei, jedoch im Rahmen des letzten laufenden Gewinns aufgelöst werden[805].

Auf die Konkurrenz mit anderen Investitions- und Finanzierungsbegünstigungen wurde oben bereits hingewiesen[806]. Die formale Abbildung

---

[802] Vgl. EStR 1979, Abschn. 56, Abs. 11 sowie Abschn. 96, Abs. 4.

[803] Das Vorbild stellt wohl § 10a dt. EStG dar, dessen Begünstigung aber nur einem eng begrenzten Personenkreis offensteht.

[803a] Erk. d. VwGH vom 3. 11. 1976, 2379, 2430/76.

[804] Vgl. auch Pollan (1974), S. 88.

[805] Vgl. EStR 1979, Abschn. 58, Abs. 8 sowie Abschn. 96, Abs. 4.

[806] Zu Vorteilhaftigkeitsrechnungen im Vergleich mit anderen Aktionsparametern — allerdings weitgehend unter Außerachtlassung der Unsicherheit der künftigen Erfolgsentwicklung und des Entnahmebedarfes — vgl. die Literaturangaben in Fn. 113.

folgt zunächst (39), doch müssen auch die weiteren gesetzlichen Bestimmungen berücksichtigt werden. Das hierzu benötigte Restriktionensystem kann aber wegen seines großen Umfanges hier nicht dargestellt werden.

c) Verlustabzug

Der Verlustabzug als Mittel des interperiodischen Ausgleiches zwischen Periodenergebnissen ist in Österreich gemäß § 18 Abs. 1 Z. 4 EStG nur als Verlustvortrag möglich und auf ordnungsgemäß Buchführende beschränkt. In Deutschland und verschiedenen anderen Staaten besteht überdies die Möglichkeit eines — allerdings eingeschränkten — Verlustrücktrags[807]. Verlustvor- (und eventuell -rück-) trag sind zweckmäßigerweise, wie oben gezeigt wurde, als steuerbilanzpolitische Aktionsparameter aufzufassen. Das ermöglicht nicht nur die Interdependenzen mit den anderen Wahlmöglichkeiten leicht zu erfassen, sondern erlaubt auch auf einfache Weise im Simultanplanungsmodell die Beschränkung der Vortragsfähigkeit des Verlustes auf die nächsten fünf Wirtschaftsjahre (oder andere in der jeweiligen Rechtsordnung geltende Bedingungen für Verlustvor- oder -rücktrag) abzubilden.

Den Verlust generell aus den betrachteten Modellen auszuschließen, wie dies zur Vereinfachung, öfters auch mit der Behauptung, daß der Verlustausweis ohnehin nicht optimal sein könne, geschieht, kann zur Verfehlung der optimalen Lösung führen. Dies sieht man am einfachsten anhand des Investitionsfreibetrages: Verzichtet man im Jahr der Anschaffung oder Herstellung eines Wirtschaftsgutes auf die Verrechnung eines Investitionsfreibetrages, weil durch seine Beanspruchung ein Verlust ausgewiesen würde, so entgehen *endgültig* Betriebsausgaben, weil der Investitionsfreibetrag nicht nachgeholt werden kann. Falls der Verlust im Rahmen der Vortragsfähigkeit steuerwirksam geltend gemacht werden kann, ist es unrichtig, den Verlustausweis a priori als ungünstig anzusehen.

Zur formalen Darstellung des Verlustvortrages wird man den Verlustausweis nach (4″) im Ersten Kapitel bestimmen, indem man aus der Indexmenge J den Index j^* der Manövrierteilmasse Verlustvortrag herausnimmt:

$$M_{tj^*} = G_t - \sum_{j \in (J - \{j^*\})} M_{tj}$$

(4″) im Ersten Kapitel bleibt als Zielfunktion weiter gültig; daß bei Auftreten von Verlusten die Steuer Null ist, wird durch die Steuer-

[807] Vgl. u. a. SCHICK (1976). — Vgl. auch Fn. 499.

satzfunktion s_t zum Ausdruck gebracht[808]. Die in den Folgeperioden verrechenbaren vorgetragenen Verluste können ohne Besonderheit zusammen mit den übrigen Aktionsparametern ausgedrückt werden[808a].

d) Der Erfolg insgesamt als Aktionsparameter bei Auslandsbeziehungen

Fallen Teile des Einkommens unter eine ausländische Besteuerungshoheit, so muß für die Steuerplanung das gesamtbetriebliche Entscheidungsfeld geteilt werden. Es sind „ausländische" und „inländische" Erfolge und deren Besteuerung gesondert zu planen. Soweit ergibt dies außer der — mindestens — Duplizierung der der Planung zugrundezulegenden Steuerrechtsordnungen keine Besonderheit. Diese entsteht jedoch dann, wenn der Erfolg insgesamt, der aus der Summe von in- und ausländischem Erfolg besteht, Tarifwirkungen auf die Besteuerung des inländischen Erfolges hat. Dadurch wird es möglich, den ausländischen Erfolg als Aktionsparameter für die Besteuerung des inländischen Erfolges zu benutzen. In Abschnitt H. III. 4 werden diese Tarifwirkungen analysiert.

III. Interdependenzen zwischen einzelnen Aktionsparametern

Wenn oben unter anderem „isoliert definierbare Aktionsparameter" angeführt wurden, so sollte damit nur zum Ausdruck gebracht werden, daß für die Darstellung der betreffenden Manövrierteilmasse das Anknüpfen an einen betrieblichen Vorgang oder Zustand (insbesondere Beschaffung oder Vorhandensein eines Wirtschaftsgutes) genügt, nicht aber auf den gesamtbetrieblichen Erfolg Bezug genommen werden muß. Nichtsdestoweniger können zwischen einzelnen isoliert definierbaren Aktionsparametern Interdependenzen bestehen, so daß z. B. nur einer von mehreren eingesetzt werden kann oder die Höhe der Inanspruchnahme des einen von der Inanspruchnahme eines anderen abhängt. Da speziell das österreichische Steuerrecht auf dem Gebiete der begünstigenden Vorschriften überaus zahlreiche derartige Interdependenzen entwickelt hat, kann hier nur an einem sehr vereinfachten Beispiel die Art der Berücksichtigung der Interdependenzen im Modell skizziert werden. Das Problem tritt nur bei Modellen zur differenzierten Planung des Einsatzes der Manövriermasse auf.

---

808 In manchen Modellen müssen ausdrückliche Bedingungen eingeführt werden, damit nicht gleichzeitige Gewinne und Verluste auftreten können: Vgl. etwa Hax, H. (1979), S. 115f.

808a Zu den Besonderheiten der Gestaltungsmöglichkeiten bei Verlust vgl. insbes. Wacker (1976).

Betrachtet seien etwa die Wahlmöglichkeiten der Bildung einer Investitionsrücklage (j^*), der Verrechnung einer vorzeitigen Abschreibung (w^*) und eines Investitionsfreibetrages (w^{**}). Für die Bildung der Investitionsrücklage gilt (40).

Ob vorzeitige Abschreibungen und Investitionsfreibeträge verrechnet werden können, richtet sich danach, ob in Vorperioden Investitionsrücklagen gebildet wurden, die noch nicht (bestimmungsgemäß oder mit Zuschlag) aufgelöst wurden. Zur beispielhaften Formulierung der Ausschließungsbedingungen sei der Fall betrachtet, daß in Periode 1 die Bildung einer Investitionsrücklage zur Diskussion steht und in Periode 2 die Verrechnung eines Investitionsfreibetrages oder einer vorzeitigen Abschreibung (oder, falls in Periode 1 eine Investitionsrücklage gebildet wurde, die vorrangige Auflösung der Investitionsrücklage).

Mit AH_t seien die Anschaffungs- oder Herstellungskosten der Investitionen der Periode t, von welchen Investitionsfreibeträge oder vorzeitige Abschreibungen verrechnet werden können, bezeichnet. Der Einfachheit halber möge für alle diese Investitionen wahlweise die Verrechnung eines Investitionsfreibetrages von höchstens 20% oder einer vorzeitigen Abschreibung von höchstens 50% ihrer Anschaffungs- oder Herstellungskosten zulässig sein. Wenn sichergestellt ist, daß in der Schlußbilanz der Periode 1 keine Investitionsrücklage ausgewiesen wird, dann ist für Periode 2 folgende einfache Formulierung möglich:

(41) $$M_{2w*} \leqq 0{,}5 \cdot AH_2 \cdot u_1$$

(42) $$M_{2w**} \leqq 0{,}2 \cdot AH_2 \cdot u_2$$

(43) $$u_1 + u_2 \leqq 1$$

Dabei wird vereinfachend beliebige Teilbarkeit und Gleichartigkeit der Investitionen unterstellt; andernfalls müßten die vorstehenden Bedingungen für alle Wirtschaftsgüter einzeln aufgestellt werden.

Möglicherweise wurde aber in Periode 1 eine Investitionsrücklage M_{1j*} gebildet, was erst durch die Lösung des Modells ersichtlich wird. Daher muß zusätzlich

(44) $$M_{2w*} + M_{2w**} \leqq 0{,}5 \cdot AH_2 \cdot u_1 + 0{,}2 \cdot AH_2 \cdot u_2 - M_{1j*}$$

gelten. Falls die rechte Seite von (44) positiv ist, wird hierdurch die Auflösung der Investitionsrücklage angegeben, andernfalls beträgt diese

$$0{,}5 \cdot AH_2 \cdot u_1 + 0{,}2 \cdot AH_2 \cdot u_2$$

Würde man mehr als diese zwei Perioden berücksichtigen, so hätte man bezüglich der Rücklagenauflösung kumulative Bedingungen einzuführen, aber auch die Möglichkeit der freiwilligen Auflösung mit

Zuschlag zu berücksichtigen, wobei allerdings die Auflösung mit Zuschlag in derselben Periode, in welcher Gegenstände, auf die übertragen werden kann, angeschafft werden, insoweit nicht mehr zulässig ist. In dem allgemeinen Interdependenzensystem wären sogar noch weitere Aktionsparameter wie die Rücklage für nichtentnommenen Gewinn oder die Übertragung stiller Rücklagen zu berücksichtigen[809].

Die Komplexität der Interdependenzen zwischen den Aktionsparametern nach österreichischem Steuerrecht macht eine Abbildung in einem praktisch noch rechenbaren exakten Optimierungsmodell wohl unmöglich; es muß auf plausible Vorauswahlen oder Simulationen übergegangen werden.

IV. Beurteilung der steuerbilanzpolitischen Aktionsparameter de lege ferenda

Zu den Maßstäben für eine Betrachtung de lege ferenda ist auf das Erste Kapitel, Abschnitt B. II. 2, besonders S. 164ff., zurückzuverweisen. Die steuerbilanzpolitischen Aktionsparameter sind unterschiedlich zu beurteilen, je nachdem, ob es sich um Aktionsparameter im Rahmen der „normalen", auf die Ermittlung des periodenrichtigen Erfolges abzielenden steuerlichen Vorschriften oder aber um ausdrücklich eingeräumte, „begünstigende" Wahlrechte handelt. Im Rahmen dieser groben Systematik fallen auch die Ausnahmebestimmungen, welche aus Vereinfachungsgründen geschaffen wurden[810], unter die „normalen" Steuernormen.

1. Die Wahlrechte aufgrund „normaler", fiskalisch bestimmter Steuernormen

Diese Wahlrechte entstehen, wie bereits dargestellt wurde, unabsichtlich, weil dem Gesetzgeber die Ausfüllung des Schätzspielraumes in den generellen Normen nicht gelingt. Darüber hinaus gibt es nach altem Herkommen, gestützt durch das von juristischer Seite immer wieder betonte empirisch-induktive Verständnis der Grundsätze ordnungsmäßiger Buchführung, Bilanzierungswahlrechte, also Wahlrechte für den Bilanzansatz dem Grunde nach[811]. Insbesondere an den Bilanzierungswahlrechten, aber auch an den großen Schätzspielräumen bei

---

[809] Für Ansätze zur Berücksichtigung von Interdependenzen zwischen steuerbilanzpolitischen Aktionsparametern vgl. auch Müller-Kröncke (1974), S. 210ff.

[810] Vgl. zu diesen systematisch Ruppe (1971), S. 217ff.

[811] Vgl. insbes. Kruse (1976a).

der Bewertung vieler Bilanzpositionen, wird unter dem Gesichtspunkt der steuerlichen Gerechtigkeit immer wieder Kritik geübt[812]. Zur Beseitigung bzw. Einschränkung der Schätzspielräume wurden — vor allem für die besonders unsicherheitsbehafteten Bilanzpositionen — überbetriebliche Normierungen vorgeschlagen und durch die Verwaltungsübung teilweise auch ohne gesetzliche Grundlage realisiert[813].

Das Anliegen, höhere Steuergerechtigkeit durch Einschränkung der faktischen Wahlmöglichkeiten zu erzielen, ist im Prinzip zu akzeptieren. Allerdings muß dem in diesem Zusammenhange immer wieder vorgebrachten Argument, daß bilanzierende Steuerpflichtige gegenüber Beziehern anderer Einkünfte durch die Bilanzwahlrechte zu steuerlichen Vorteilen gelangten, andererseits entgegengehalten werden, daß die Einkommensermittlung mit Hilfe der Bilanz in wesentlich höherem Maße unsicherheitsbehaftet ist als etwa die Ermittlung des Einkommens eines unselbständig Erwerbstätigen. Überbetriebliche Normierungen zur Beseitigung der vom Gesetzgeber nicht beabsichtigten steuerbilanzpolitischen Aktionsmöglichkeiten müssen daher durch Vorschriften ergänzt werden, welche die unzutreffende Beurteilung der einzelbetrieblichen Lage aufgrund der überbetrieblichen Normierung mindestens in Härtefällen wieder beseitigen[814].

Zwar ausdrücklich durch den Gesetzgeber eingeräumt, aber nicht durch wirtschaftspolitische Gründe, sondern durch Vereinfachungsüberlegungen motiviert, sind verschiedene Wahlrechte wie z. B. das Wahlrecht der Behandlung der „geringwertigen Wirtschaftsgüter" nach § 13 EStG. Zu dieser Vorschrift wird auch die Ansicht vertreten, daß bei gleichbleibenden Anschaffungen das Periodenergebnis durch die Art des Abschreibungsmodus nicht beeinflußt würde[815]. Die folgenden Überlegungen gelten sinngemäß für alle aus Vereinfachungsgründen eingeräumten Wahlrechte, weshalb sie auch etwas breiter sind, als dem Anlaßfalle allein angemessen wäre.

Die Vereinfachungsabsicht ist — auch im Interesse des Steuerpflichtigen — zu begrüßen. Es ist jedoch unrichtig, daß bei der geltenden Rechtslage bei gleichbleibenden Anschaffungen das Periodenergebnis

---

[812] Vgl. u. a. Schneider, D. (1971), bes. S. 354; Wöhe (1978a), S. 290f.; Freericks (1976), u. a. S. 14f.

[813] Vgl. z. B. Fn. 680.

[814] Hierfür eignet sich z. B. der Verlustrücktrag, der mindestens im Falle der Insolvenz einzuräumen wäre: vgl. Rückle (1977), bes. S. 129ff. und S. 135ff.

[815] Vgl. Ruppe (1971), S. 282f., mit Nachweisen zur Entstehungsgeschichte dieser Ausnahmebestimmung.

durch den Abschreibungsmodus nicht beeinflußt wird. Das würde nur zutreffen, wenn der Abschreibungsmodus zwar vereinfacht, also eventuell auch als sofortige Vollabschreibung, aber zwingend ausgestaltet wäre. Wenn jedoch ein Wahlrecht besteht, das noch dazu ohne jede Begründung in beliebig wechselnder Weise ausgeübt werden kann, so ist — selbst gleichbleibende Anschaffungen an geringwertigen Wirtschaftsgütern vorausgesetzt — eine beträchtliche bilanzpolitische Beeinflußbarkeit des Erfolges gegeben. Es hängt dann vom Verhältnis des Volumens an Investitionen in geringwertige Wirtschaftsgüter zum Gesamterfolg ab, ob die Erfolgsbeeinflussung durch gezielte Wahlrechtsausübung bei den geringwertigen Wirtschaftsgütern unter dem Gerechtigkeitsaspekt tolerabel ist oder nicht. Im Falle des konkreten Wahlrechts der geringwertigen Wirtschaftsgüter wurde die aufgezeigte Problematik lediglich dadurch laufend abgeschwächt, daß die Wertgrenze von S 2000,—, bis zu der das Wahlrecht des § 13 EStG ausgeübt werden kann, sehr niedrig ist und trotz hoher Geldentwertung bereits seit Jahren unverändert belassen wurde[816].

Soll die Vereinfachungsregelung beibehalten, jedoch gleichzeitig der bilanzpolitische Spielraum im Interesse der Gleichmäßigkeit der Besteuerung beseitigt werden, müßte das Wahlrecht der Abschreibungsmethode entweder ganz beseitigt oder zumindest seine jährlich unterschiedliche Ausübung beseitigt werden. Ferner wäre zur Verhinderung der Bilanzpolitik *vor* dem Bilanzstichtag der Betrag, der für geringwertige Wirtschaftsgüter in der einzelnen Periode absetzbar ist, zu normieren. Eine den individuellen Bedingungen des jeweiligen Betriebes entsprechende Norm könnte etwa aus dem langjährigen Durchschnitt der Anschaffungen an geringwertigen Wirtschaftsgütern, aufgewertet z. B. um einen Faktor, der aus dem Anlagen- oder dem Umsatzwachstum abgeleitet wird, gewonnen werden. Mehr- oder Minderanschaffungen gegenüber der festgelegten Norm wären vorläufig erfolgsneutral und erst in Folgeperioden erfolgswirksam zu verrechnen. Durch die Beschränkung der Erfolgswirksamkeit von Maßnahmen vor dem Bilanzstichtag kann eine konjunkturpolitisch erwünschte Ausgleichswirkung erreicht werden: Derzeit nämlich ist es vielfach üblich, bei guter Erfolgslage (die häufig mit allgemein günstiger Konjunkturlage einhergeht) gegen Jahresende, wenn der voraussichtliche Erfolg schon absehbar ist, zwecks steuerlicher Erfolgsreduzierung noch viele geringwertige Wirtschaftsgüter anzuschaffen; die steuerliche Erfolgs-

[816] Mit AbgÄG 1981 wurde die Grenze jedoch ab 1982 von S 2.000,– auf S 5.000,– angehoben.

regulierung wird sogar als Werbeargument der Anbieter benutzt. Abgesehen von der Förderung irrationalen Verhaltens wird hierdurch zweifellos ein unerwünschter konjunkturverstärkender Effekt ausgelöst.

Die Versuche der Finanzverwaltung und der Rechtsprechung, speziell in Österreich, der periodenrichtigen Erfolgsermittlung zum Durchbruch zu verhelfen, können wie oben gezeigt wurde, bewirken, daß die Ausnutzung der Unschärfen bei den „normalen" steuerbilanzpolitischen Aktionsparametern zum endgültigen Verlust von Betriebsausgaben führt. (In Einzelfällen kann dieser Grundsatz auch zu einem endgültigen Steuerausfall führen.) Von der Finanzverwaltung und der Rechtsprechung wird in diesem Zusammenhang das Argument benutzt, daß keine Durchbrechung des Bilanzzusammenhanges vorliege, wenn in Verfolgung des Grundsatzes der Periodenrichtigkeit eine alte Bilanz berichtigt werde, sich diese Berichtigung in der Besteuerung der alten Periode aber nicht mehr auswirken könne. Dem muß aber entgegengehalten werden, daß der Bilanzenzusammenhang keinen Selbstzweck darstellt, vielmehr seinen Hauptgrund in der durch den Bilanzenzusammenhang sicherzustellenden „Zweischneidigkeit" der Bilanz hat, also in der Gewährleistung der genau einmaligen erfolgsmäßigen Auswirkung aller Zahlungen in der Totalperiode. Geht man von diesem Sinnkriterium aus, so ist der Bilanzenzusammenhang nicht mehr gegeben, wenn die Erfolge nur unvollständig erfaßt werden. Die Bekämpfung der periodenunrichtigen Erfolgsausweise durch die Androhung des endgültigen Verlustes der Abzugsfähigkeit von Betriebsausgaben ist unter dem Gesichtspunkt der Steuergerechtigkeit abzulehnen; die Sanktion ist im Verhältnis zum bekämpften Verhalten übermäßig.

2. Die „Steuerbegünstigungen"

Im vorliegenden Zusammenhang stehen insbesondere jene Steuerbegünstigungen zur Diskussion, welche das Steuerbilanzergebnis beeinflussen[816a]. Die Benutzung des Steuerrechts — neben seiner unbestrittenen Hauptaufgabe der Regelung der Erzielung staatlicher Zwangseinnahmen — zu anderen, insbesondere zu wirtschaftspolitischen Zwecken, ist schon wiederholt auf scharfe Ablehnung gestoßen[817]. Es lassen sich aber auch mannigfache Gründe für die interventionistische Benutzung des Steuerrechts anführen, auch hat die wirtschaftspolitische Intervention mittels der Steuergesetze eine lange Tradition und nimmt laufend weiter zu[818].

816a Zu den Arten von Steuerbegünstigungen vgl. LANG (1974a).
817 Vgl. bereits SPITALER (1961), bes. S. 397 und S. 403.
818 Vgl. etwa RUPPE (1971), S. 162ff., mit weiteren Nachweisen.

Speziell gegen die Verwendung der Steuerbilanz als wirtschaftspolitisches Lenkungsinstrument wird vor allem eingewendet, daß damit die ursprüngliche Zielsetzung der Steuerbilanz, nämlich den periodengerechten Gewinn zu ermitteln, verfälscht werde[819]. Wenn darüber hinaus kritisiert wird, daß infolge der Maßgeblichkeit auch die Handelsbilanz durch die wirtschaftspolitisch motivierten steuerlichen Lenkungsmaßnahmen verfälscht würde, so ist dieses Argument deshalb nicht weiter beachtlich, weil durch entsprechende Gestaltung der Handelsbilanz deren Deformierung abwendbar ist[820]. Richtig ist jedoch, daß durch die Beeinflussung der Bemessungsgrundlage bei gleicher Leistungsfähigkeit des Steuerpflichtigen eine unterschiedliche Besteuerung bewirkt wird. Hiergegen wird eingewendet, daß der gleiche wirtschaftspolitisch erwünschte Förderungseffekt durch offene Abzüge von der Steuerschuld oder noch besser durch offene Subventionen erzielbar wäre. Dies sei der undurchsichtigen Technik der Förderung durch Beeinflussung der Bemessungsgrundlage im Hinblick auf die steuerliche Gerechtigkeit und auch im Hinblick auf die Effizienz vorzuziehen: Durch Abzüge von der Bemessungsgrundlage würden gerade die gut Verdienenden besonders gefördert und es würden jene Investitionen subventioniert, welche ohnehin durchgeführt worden wären[821].

Diese Argumente gegen die die Steuerbemessungsgrundlage beeinflussenden Steuerbegünstigungen werden heute häufig vertreten. Unter dem Gerechtigkeitsaspekt, dem Aspekt der Besteuerung nach der Leistungsfähigkeit, sind sie zutreffend, wozu allerdings — was häufig übersehen wird — von der Prämisse konstanten Geldwertes auszugehen ist. Bei Geldwertverschlechterung ist durch die Besteuerung des nominellen Gewinnes (ohne begünstigende Bestimmungen) die materielle Gleichbehandlung der Steuerpflichtigen nicht gegeben; je nachdem, wie hoch die Eigenkapitalumschlagshäufigkeit und die Reingewinnaufschlagsrate sind, werden die Steuerpflichtigen in ganz unterschiedlicher Weise von der Scheingewinnbesteuerung getroffen[822]. Die bestehenden steuerlichen Investitionsbegünstigungen können als Ausgleich für die durch die Scheingewinnbesteuerung verursachten Verzerrungen in der gleichmäßigen Erfassung gleicher materieller (und nicht nur nomineller) Leistungsfähigkeit gesehen werden und werden auch tatsächlich von der Wirtschaftspraxis vornehmlich als Milderung der Scheingewinn-

---

[819] Vgl. u. a. JACOBS (1971), S. 64ff. und S. 105f.; FREERICKS (1976), S. 297 und S. 302.

[820] Vgl. Erstes Kapitel, Abschnitt D. III. 2.

[821] Vgl. insbes. SCHNEIDER, D. (1974a), S. 45f.; JACOBS (1971), S. 106.

[822] Vgl. SEICHT (1970a).

besteuerung aufgefaßt[823]. Die durch die Investitionsbegünstigungen erzielte Entzerrung ist allerdings durchaus ungleichmäßig, insbesondere weil sie keine Rücksicht auf den unterschiedlichen Fremdkapitalanteil nimmt[824]. Außerdem kann eine Beseitigung der Scheingewinnbesteuerung — mit welchen Mitteln auch immer — nicht als gerecht bezeichnet werden, wenn nicht gleichzeitig die inflationsbedingten Steuerwirkungen bei anderen Typen von Steuerpflichtigen (z. B. Sparern) in gleichem Ausmaße beseitigt werden. Die Beurteilung der bilanziellen Steuerbegünstigungen nach dem Maßstab der Gerechtigkeit bedarf somit einer wesentlich differenzierteren Palette von Argumenten, als sie vielfach verwendet werden[825].

Überdies ist unzweifelhaft die Gerechtigkeit nicht der primäre Maßstab zur Beurteilung der wirtschaftspolitischen Intervention. Wenn die Steuern — in immer größerem Umfange — zur wirtschaftspolitischen Intervention, insbesondere im Interesse der Wachstums- oder der Konjunkturpolitik benutzt werden, dann können für die in Frage stehenden Maßnahmen nur die wachstums- oder konjunkturpolitischen Ziele und deren möglichst effiziente Förderung den primären Beurteilungsmaßstab abgeben[826]. Die Effizienz der Maßnahmen ist gegen die Verletzung der Gerechtigkeit und der Transparenz abzuwägen[826a].

Unter wachstumspolitischem Aspekt ist die *erfolgs*abhängige Förderung keineswegs, wie D. SCHNEIDER meint, eine Förderung nach dem „Gießkannenprinzip"[827], vielmehr liegt ein strenges Auswahlprinzip nach den bisher erzielten Erfolgen vor. Die bisherigen Erfolge bilden zwar keine Garantie dafür, daß von diesen Unternehmungen auch in Zukunft erfolgreiche Investitionen durchgeführt werden. Doch ist unter marktwirtschaftlichen Bedingungen immerhin anzunehmen, daß bei der Förderung der bisher Erfolgreichen eine höhere Wahrscheinlichkeit für Wachstum gegeben ist als bei bürokratisch gelenkter

---

[823] Vgl. z. B. HOBLER (1975), bes. S. 43.

[824] Vgl. insbes. PLATZER (1976).

[825] Vgl. die Zusammenstellung der wichtigsten Argumente für und gegen die Eliminierung von Scheingewinnen bei LECHNER (1976), bes. S. 9f.

[826] Die „Begünstigungen" widersprechen zwar den traditionellen, nicht aber den modernen Finanzzwecken: WEBER, W. (1965), S. 4f. und S. 10ff.

[826a] So auch TIMM (1968), der allerdings die nichtfiskalische Besteuerung so weit zurückdrängen möchte, als es die Effizienz erlaubt.

[827] SCHNEIDER, D. (1974a), S. 46. — Vgl. auch REIBERT (1975), der als Vorteil der Investitionszulagen ansieht, daß sie sichtbar und exakt quantifizierbar seien.

Subventionsvergabe. Es ist daher kein Systemfehler, wenn bei progressiver Besteuerung Sonderabschreibungen Unternehmungen mit hohen Gewinnen stärker fördern[827a]. Vielmehr haben Sonderabschreibungen eine selektive Wirkung und fördern eine automatische Strukturbereinigung. Ergänzend müssen lediglich Betriebsneugründungen auf andere Weise gefördert werden, denn bei ihnen können — trotz Wachstumschancen — noch keine Gewinne vorliegen.

Gemäß empirischen Untersuchungen kosten Sonderabschreibungen unter Berücksichtigung des durch sie induzierten Wachstums und der Mehreingänge bei anderen Steuern den Fiskus netto nichts, sondern bringen Mehrerträge[827b]. Es ist eigentlich erstaunlich, daß auch Wissenschaftler, die ansonsten deklarierte Anhänger der Marktwirtschaft sind, den wichtigsten marktwirtschaftlichen Indikator nicht als Auswahlkriterium für den Einsatz staatlicher wachstumsfördernder Mittel benutzen wollen.

Die vielfach kritisierte Verfälschung des periodenrichtigen Erfolges müßte allerdings auch bei Beibehaltung der erfolgsabhängigen Wachstumsförderung nicht eintreten. Es wäre zu erwägen, de lege ferenda zunächst möglichst den „periodenrichtigen" Erfolg zu berechnen und dann — ohne Niederschlag in den Büchern — hieran die Förderungsmaßnahme anzuknüpfen, z. B. durch prozentuelle Senkung der Steuerschuld bei Verwirklichung erwünschter Maßnahmen. Dadurch würden die Kosten der Förderung ersichtlich gemacht und es könnten auch Kompensationswirkungen in späteren Perioden ausgeschaltet werden. Der Kompensationsmechanismus (automatische Wiederauflösung der Steuerbegünstigungen in späteren Perioden mit steuererhöhender Wirkung bei guter Erfolgslage) unterstützt jedoch andererseits einen Automatismus der Fortsetzung der wirtschaftspolitisch erwünschten Verhaltensweise[828]. Unerwünschte gesamtwirtschaftliche Auswirkungen des Kompensationseffekts in späteren Perioden können durch die neuerliche Inanspruchnahme der Begünstigungen verhindert werden; dies ist dafür maßgebend, daß steuerbilanzielle Investitions-

---

827a Dies wird häufig als unbeabsichtigte Wirkung angesehen, vgl. z. B. Timm (1968), S. 102.

827b Vgl. Wissenschaftliche Abteilung der Bundeswirtschaftskammer (1966), S. 27f. unter Berufung auf das Institute of Economic Affairs,

828 Für die vorzeitigen Abschreibungen hat dies Streissler (1971). bes. S. 8, betont, doch gilt das Argument cum grano salis für alle (sich wieder automatisch auflösenden) steuerbilanziellen Begünstigungen. „Verkettungswirkungen" zur dauernden Ausnutzung eines bis zu einem Gleichgewichtspunkt steigenden „Steuerkredites" analysiert Lichy (1967), S. 117ff.

begünstigungen nur schwer wieder aus den Steuergesetzen eliminiert werden können[829]. Hieraus folgt allerdings zugleich, daß derartige Begünstigungen nicht die für konjunkturpolitische Zwecke erforderliche Flexibilität aufweisen können. Durch die Verrechnung der Begünstigungen in der Bilanz wird unter Geltung des Maßgeblichkeitsprinzips die Selbstfinanzierung gefördert, weil die Inanspruchnahme der steuerlichen Förderung auch den c. p. ausschüttbaren Gewinn nach Steuern reduziert.

Selbst unter wachstumspolitischen Gesichtspunkten müssen aber geltende Investitions- und Finanzierungsbegünstigungen dann abgelehnt werden, wenn das Ausmaß der durch sie gewährten Begünstigung für einzelne Steuerpflichtige unterschiedlich ist, ohne daß das durch einen unterschiedlichen Beitrag zu den wirtschaftspolitisch angestrebten Zielen begründet wäre. Dieser Fall muß etwa bei der übermäßigen Förderung der Anschaffung von Beteiligungen und Grundstücken durch § 12 EStG konstatiert werden.

Kritik an den geltenden begünstigenden Vorschriften ist auch im Hinblick auf mangelnde Konsistenz und unnötige Kompliziertheit anzubringen: Die begünstigenden Vorschriften werden nicht genügend sauber von den fiskalisch bestimmten getrennt, was in der Auslegung zu normzweckwidrigen Einschränkungen führen muß. Die Kompliziertheit der Förderungsmaßnahmen ist unangemessen: Die Eröffnung zahlreicher, einander teilweise gegenseitig ausschließender Wahlrechte in der überwiegenden Absicht der Investitions- und Finanzierungsförderung kann nur als Appell an den bilanzierenden Steuerpflichtigen aufgefaßt werden, die für ihn jeweils günstigste Variante zu wählen. Die Darstellung der Grundzüge der steuerbilanzpolitisch nutzbaren Begünstigungsvorschriften zeigte aber, daß selbst unter sicheren Erwartungen nur durch die Lösung einer komplexen Programmierungsaufgabe, mindestens vom Typus der gemischtganzzahligen linearen Optimierung, die steuerbilanzpolitisch günstigste Variante gefunden werden kann.

Da der Gesetzgeber sowohl die Investitionen in abnutzbares Anlagevermögen (durch die vorzeitige Abschreibung, den Investitionsfreibetrag und die Investitionsrücklage) als auch die Finanzierung des Bedarfes an Umlaufvermögen (durch die Rücklage für nichtentnommenen Gewinn) fördern will[830], ist nicht einzusehen, weshalb die strenge gegenseitige Ausschließung der Begünstigungen angeordnet wurde. Dem

---

[829] Vgl. auch HAX, K. (1957), S. 259.

[830] Zu diesem Motiv für die Rücklage für nichtentnommenen Gewinn vgl. Beil. zu den Sten. Prot. des Nationalrats, Nr. 111, XI. GP, S. 8.

Förderungszweck würde es besser entsprechen, auch eine gemischte Inanspruchnahme der Begünstigungen zuzulassen. Für das Gesamtausmaß der Inanspruchnahme könnte eine Begrenzung vorgesehen werden, die z. B. an den „periodenrichtigen" Erfolg anknüpfen könnte.

Mit dem Förderungszweck unvereinbar sind auch die Risiken, welche mit der Nutzung einzelner Aktionsparameter — in unterschiedlicher Weise — verbunden sind. Insbesondere die nachträgliche Aberkennung von Steuerbegünstigungen wegen nicht ordnungsgemäßer Buchführung, wegen Eintretens von Fällen höherer Gewalt oder wegen Privatentnahmen für Steuerzahlungen erscheinen bedenklich. Insgesamt wäre — bei grundsätzlicher Beibehaltung der erfolgsabhängigen wirtschaftspolitischen Intervention — eine wesentliche Vereinfachung der Steuerbegünstigungen und eine Reduktion der Relevanz unsicherer Ereignisse für die endgültige Gewährung der Steuerbegünstigungen anzustreben.

H. BESTIMMUNGSGRÖSSEN DER STEUERFUNKTION

I. Erwartungen über das Steuersystem

Für die steuerbilanzpolitische Optimierung ist die Erwartungsbildung über die Entwicklung des Steuersystems von gleicher Bedeutung wie die Prognose der Unternehmensentwicklung. Unter „Steuersystem" soll hier die Gesamtheit der angewendeten steuerlichen Vorschriften verstanden werden, gleichgültig ob sie durch Gesetz, durch Verwaltungsübung oder durch die Präjudizwirkung höchstgerichtlicher Urteile geschaffen werden. Diese Konstituenten des Steuersystems, insbesondere die Gesetzgebung, werden ihrerseits durch verschiedenartige Faktoren beeinflußt, von denen hier nur beispielhaft folgende angeführt seien: Entwicklung des Volkseinkommens, Budgetprobleme, veränderte gesellschaftliche Wertungen (z. B. Betonung des Umweltschutzes), internationale Steuerharmonisierung, Steuerrechtsänderungen aus wahltaktischen Überlegungen[831].

Für die langfristige Unternehmensplanung im allgemeinen und auch für die Steuerplanung im besonderen ist hierbei die Prognose von Diskontinuitäten der Entwicklung von besonderer Bedeutung. Gerade die großen Umwälzungen, die sich zunächst nur durch schwache Signale ankündigen, werden aber häufig in der institutionalisierten betrieblichen Planung zu lange übersehen[832]. Speziell für die Steuerplanung sind schwache Signale, die auf mögliche Diskontinuitäten schließen lassen, der gesamtgesellschaftlichen, politischen Entwicklung zu entnehmen. Eine Beeinflussung der Steuersystementwicklung ist auf einzelbetrieblicher Ebene wohl nur besonders potenten Unternehmungen möglich; vor allem wird die Beeinflussung mittels verbandlicher Steuerpolitik erfolgen und bleibt daher hier außer Betracht.

Die zutreffende Prognose des Steuersystems hat, soweit es Verwaltungsübung und Rechtsprechung betrifft, auch Auswirkungen auf die Prognose der Anerkennung gesetzter steuerbilanzpolitischer Aktionen. Die Prognose der Steuergesetzgebung scheint zunächst wegen eines Rückwirkungsverbotes für die Realisationsprognose unbeachtlich zu

---

[831] Zu diesen und weiteren Bestimmungsgründen vgl. insbes. WEHMEYER (1967), S. 29ff.

[832] ANSOFF (1976).

sein; zum Unterschied von Deutschland ist dem österreichischen Gesetzgeber das Erlassen rückwirkender Gesetze aber nicht gänzlich verwehrt[833]. Überdies hätte die künftige Gesetzesänderung selbst bei uneingeschränktem rechtlichen Rückwirkungsverbot in ökonomischer Sicht häufig Rückwirkungen, denn künftige Änderungen der Steuergesetze beeinflussen die Randbedingungen und damit die Zielentsprechung des realisierten Manövriermasseneinsatzes.

Entsprechend den Schritten bei Ermittlung einer Steuerschuld können die Steuersystemerwartungen in Bemessungsgrundlagen- und Steuersatzerwartungen gegliedert werden.

II. Bemessungsgrundlagen

1. Betriebliche Bemessungsgrundlagenteile

Die folgenden Erörterungen beziehen sich unmittelbar auf die Bemessungsgrundlagen für die erfolgsabhängigen Steuern, sind jedoch sinngemäß auch auf andere Steuern übertragbar.

Die Erwartungen über betriebliche Bemessungsgrundlagen werden durch zwei Komponenten determiniert, einerseits durch die Erfolgsentwicklung, andererseits durch modifizierende steuerrechtliche Vorschriften, die eine Begünstigung oder Benachteiligung gewisser Erfolgsteile statuieren[834]. Infolge der für manche Organisationsformen unterschiedlichen Besteuerung der Erfolgsverwendung muß z. T. der Erfolg in weitere Größen (wie z. B. bei der Kapitalgesellschaft: einbehaltener Gewinn, offen ausgeschütteter Gewinn und Leistungsvergütungen) aufgespalten werden. Ganz allgemein müssen die Bemessungsgrundlagenteile differenziert prognostiziert werden, soweit auf sie unterschiedliche Steuersätze angewendet werden (vgl. z. B. den begünstigten Steuersatz gemäß § 37 EStG).

Auf die erste Komponente, die Erfolgsprognose, soll hier nicht weiter eingegangen werden. Den Einfluß einer Änderung der modifi-

---

[833] Vgl. SCHLAGER (1978), S. 93, mit Rechtsprechung und Literatur.

[834] Die Teilsteuerrechnung spricht von der „Basisgröße“ Erfolg einerseits und den „Modifikationen“ andererseits: vgl. z. B. ROSE (1973b), S. 79ff. — Von dieser Terminologie weiche ich aber z. T. ab, indem ich den prognostizierten Erfolg als „Basis-Erfolg“ (= Erfolg, der mit Hilfe einer irgendwie normierten Bewertung ermittelt wird und somit noch nicht durch den Einsatz der Manövriermasse beeinflußt ist) definiere; die „Basisgröße“ Erfolg bei der Teilsteuerrechnung hingegen ist im wesentlichen ein handelsrechtlicher Erfolg, der durch handelsrechtliche Bilanzpolitik bereits beeinflußt ist.

zierenden steuerrechtlichen Vorschriften überlegt man sich am einfachsten anhand eines stationären Unternehmens (Wachstum Null, Gewinn gleichbleibend).

Ausgehend von einem Istzustand des Bilanzsteuerrechts können Veränderungen bei den „normalen" und bei den „begünstigenden" (bzw. umgekehrt bei den „diskriminierenden") Vorschriften unterschieden werden. Bei den „normalen" steuerlichen Bestimmungen kann eine Änderung eintreten, indem einzelne Erfolgsbestandteile begünstigt oder diskriminiert werden. Die Motivation für die Begünstigung oder Diskriminierung ist in zweierlei Hinsicht von Bedeutung: Einerseits erlaubt die Kenntnis der Motivation eine frühzeitige Prognose, andererseits ist sie (u. a.) ein wichtiger Maßstab für die Überprüfung der verfassungsrechtlichen Zulässigkeit und damit letztlich der Gültigkeit von Gesetzesänderungen. Beispiele für die Diskriminierung einzelner Betriebsausgaben sind etwa die seit langem verwehrte Abzugsfähigkeit von Aufsichtsratsvergütungen (§ 16 Abs. 4 KöStG)[834a] oder neuerdings die Einschränkung der Abzugsfähigkeit von Repräsentations- und Kraftfahrzeugaufwendungen (§ 20 Abs. 1 Z. 3 und § 20a EStG und § 16 Z. 2 sowie § 16a KöStG). Hierdurch wird bei c. p. gleichen Erfolgen die Bemessungsgrundlage erhöht.

Während Bemessungsgrundlagenänderungen durch Modifikationen von Erfolgsteilen, welche bisher „normal" besteuert wurden, nur selten auftreten, ist bei den (insbesondere wirtschaftspolitisch motivierten) Begünstigungen mit häufigerem Wechsel, je nach konjunktureller oder budgetärer Situation, zu rechnen. Diese prognostizierten Änderungen sind bei der Ableitung der in künftigen Perioden verfügbaren Manövriermassen zu berücksichtigen.

2. Bemessungsgrundlagenteile aus der persönlichen Sphäre

In unserer Steuerrechtsordnung ist die Besteuerung des betrieblichen Erfolges nur bei gewissen Organisationsformen unabhängig von der privaten Sphäre der Eigentümer (bzw. wirtschaftlichen Eigentümer). Überall dort, wo natürliche Personen besteuert werden, muß die Steuerbilanzpolitik auch steuerlich relevante Teile der Gesamtbemessungsgrundlage, die aus der persönlichen Sphäre stammen, in die Optimierung einbeziehen. Aus der persönlichen Sphäre können entweder Daten oder Variable stammen. Soweit die aus der persönlichen Sphäre stammenden Bemessungsgrundlagenteile variabel sind, kann von einer „persönlichen

---

[834a] Die Verfassungskonformität selbst dieser „klassischen" Diskriminierung ist umstritten: vgl. etwa FRIAUF (1973).

Manövriermasse" gesprochen werden[835]. Die Bemessungsgrundlagenteile aus der persönlichen Sphäre können insbesondere aus folgenden Quellen stammen:

- Einkünfte aus einem anderen Gewerbebetrieb
- Einkünfte aus anderen Einkunftsarten (z. B. aus Vermietung und Verpachtung)
- Sonderausgaben (i. S. v. § 18 EStG)
- und außergewöhnliche Belastungen, soweit sie die wirtschaftliche Leistungsfähigkeit wesentlich beeinträchtigen (i. S. v. § 34).

Der erste Fall ist nur bei Personengesellschaften relevant, während beim Einzelunternehmer die Steuerbilanzpolitik von vornherein auf das Gesamtunternehmen abzustellen sein wird. Dieser Fall wird daher an dieser Stelle nicht weiter betrachtet. Für die verbleibenden Quellen persönlich bedingter Bemessungsgrundlagenteile, die im folgenden zusammenfassend als „privat bedingte Bemessungsgrundlagenteile" oder kurz als „Privatbereich" bezeichnet werden, besteht gegenüber der (nicht nach § 37 begünstigten) betrieblichen Bemessungsgrundlage der wichtige steuerliche Unterschied, daß für den „Privatbereich" die Gewerbesteuer entfällt, teilweise sogar überhaupt Steuerfreiheit besteht.

Unter „Privatbereich" ist sowohl die außerbetriebliche Einkommenserzielung (einschließlich der hierfür eventuell erforderlichen Kapitalanlage) als auch der steuerlich durch „Sonderausgaben" und „außergewöhnliche Belastung" charakterisierte Bereich der (Beeinträchtigung der) persönlichen wirtschaftlichen Leistungsfähigkeit zu verstehen. Für die außergewöhnliche Belastung i. S. v. § 34 gilt nach dem gesetzlichen Normalbild, daß sie als Datum vorliegt. Selbst wenn der Steuerpflichtige tatsächlich in diesem Bereich keine Dispositionsmöglichkeit hat, besteht ein Zusammenhang mit der Steuerbilanzoptimierung: Die Höhe der nicht steuermindernden „zumutbaren Mehrbelastung" i. S. v. § 34 Abs. 4 hängt vom (nach Abs. 5 zu modifizierenden) Einkommen ab; die Steuerminderung, die auf die außergewöhnliche Belastung entfällt, hängt nochmals vom Einkommen ab. Die „konstante" außergewöhnliche Belastung ist daher in ihrer steuerlichen Wirkung teilweise gestaltbar. Somit besteht — wegen des Zusammenhangs zwischen betrieblicher und privater Sphäre — ein Bedürfnis für eine Gesamtoptimierung.

Soweit im Privatbereich Dispositionsmöglichkeiten bestehen, sind Empfehlungen über die Reihenfolge des Einsatzes von betrieblicher

---

[835] Vgl. HEIGL/MELCHER (1974), S. 71ff.

und privater Manövriermasse nützlich. HEIGL/MELCHER haben unter besonderer Herausstellung des Einflusses der unterschiedlichen Gewerbesteuerbelastung Empfehlungen über die Reihenfolge des Einsatzes von betrieblicher und privater Manövriermasse entwickelt[836]. Demnach sei bei Geltung der Zielfunktion „Steuerkapitalwertminimierung" zunächst die betriebliche Manövriermasse, bei Geltung der Zielfunktion „Nettoergebniskapitalwertmaximierung" zunächst die private Manövriermasse einzusetzen.

Für die Nettoergebniskapitalwertmaximierung — selbst wenn sie oberzieladäquat ist[837] — kann dieser Empfehlung nur eingeschränkt gefolgt werden, wie das folgende Gegenbeispiel zeigt: Betrachtet seien gewerbliche Einkünfte (vor Einsatz der Manövriermasse) von S 1000,— und private Einkünfte von S 1000,—. Auf die gewerblichen Einkünfte sei ein Steuersatz von 60%, auf die privaten von 50% anzuwenden. Wird eine Manövriermasse von z. B. S 500,— nur bei den gewerblichen Einkünften verrechnet, so sinkt der für Konsumzwecke verfügbare Betrag von S 400,— auf S 200,—, hingegen bewirkt eine Verrechnung derselben Manövriermasse bei den privaten Einkünften eine Senkung des für Konsumzwecke verfügbaren Betrages von S 500,— auf S 250,—. Bei Nettokapitalwertmaximierung im Interesse einer baldigen Verfügung über konsumierbare Beträge kann somit auch ein vorheriger Einsatz der betrieblichen Manövriermasse günstig sein. Im Sinne von HEIGL/MELCHERS Verhaltensempfehlung wäre die Situation nur zu beurteilen, wenn bereits der Einsatz der privaten Manövriermasse von S 500,— als vom Steuerpflichtigen wünschenswerter Konsum angesehen wird oder wenn durch den Einsatz der persönlichen Manövriermasse nicht ebenso wie beim Einsatz der betrieblichen Manövriermasse eine Sperrwirkung für den Gesamtbetrag eintritt; letzteres ist z. B. bei den Abschreibungsbegünstigungen für private Wohnbauten gemäß § 7b dt. EStG der Fall: Hier bewirkt der Einsatz der privaten Manövriermasse (bis auf die Steuern) keine Veränderung der Zahlungsströme, die rein buchmäßige Verrechnung bewirkt keine Verwendungssperre für den Gesamtbetrag.

Der Entwicklung von Regeln für die Einsatzreihenfolge von betrieblicher und privater Manövriermasse soll aber nicht weiter nachgegangen werden; entscheidend für die Erzielung richtiger Optimierungsergebnisse ist es, in einem nicht allzu kleinen Partialmodell sämtliche Teile der Bemessungsgrundlage, also auch die privaten, so differenziert zu

---

[836] Ebendort, S. 84ff.
[837] Vgl. Abschn. B. II. 2.

erfassen, wie es der unterschiedlichen Steuerbelastung entspricht. Konstante Bemessungsgrundlagenteile aus der Privatsphäre werden dabei zweckmäßigerweise vorweg mit dem betrieblichen Basis-Gewinn saldiert, variable Bemessungsgrundlagenteile (z. B. noch disponible Sonderausgaben) werden als private Manövriermasse analog der betrieblichen Manövriermasse im steuerbilanzpolitischen Modell als Variable eingeführt.

III. Tarife

1. Definitorisches zu Steuertarifen

Aus der Steuertariflehre, die seit langem von der Finanzwissenschaft bearbeitet wurde[838], sollen hier nur die wichtigsten für die vorliegende Arbeit einschlägigen Grundbegriffe referiert werden. Obwohl die traditionelle Steuertariflehre ökonomisch wenig ergiebig ist und daher auch als „mathematische Definitorik im Dienste eines Juristen“ apostrophiert wurde[839], erlaubt sie doch eine formale Klassifizierung, die wiederum für die konkrete Lösung von steuerbilanzpolitischen Optimierungsaufgaben verwendbar ist. Wenn Beziehungen zwischen konkreten in der Realität antreffbaren Steuertarifen und mathematischen Lösungsverfahren (vorzugsweise im Rahmen der linearen Optimierung) aufgezeigt werden, so können mit Hilfe der definitorischen Klassifikation von Tarifen die gewonnenen Ergebnisse verallgemeinert werden.

Der Steuertarif ist definiert „als die bei einer bestimmten Steuer geltende funktionelle Beziehung zwischen Steuerbemessungsgrundlage und Steuerbetrag“[840]. Der bei einer Bemessungsgrundlage jeweils geforderte Steuerbetrag kann mit Hilfe von drei Steuermaßen ausgedrückt werden, entweder mit Hilfe eines Betragstarifs (gibt unmittelbar den Steuerbetrag an) oder mit Hilfe eines Durchschnittssatztarifes (z. B. als Prozentsatz, der auf die gesamte Bemessungsgrundlage anzuwenden ist) oder mit Hilfe eines Grenzsatztarifes (gibt das Steuermaß als Ableitung des Durchschnittssteuersatzes an)[841].

---

[838] Vgl. aus den älteren Arbeiten vor allem BRÄUER (1927); aus der neueren Literatur vgl. insbes. BICKEL (1959); KOLMS (1974), S. 32ff.; BÖS/GENSER (1977).

[839] BÖS/GENSER (1977), S. 412.

[840] KOLMS (1974), S. 32.

[841] Vgl. ebendort, S. 32ff.; BÖS/GENSER (1977), S. 413.

An Tariftypen werden üblicherweise proportionale, progressive und regressive Tarife unterschieden. Diese Tariftypen sollen Aussagen über die Änderung der Steuerbelastung bei Änderung der Bemessungsgrundlagen machen. Am häufigsten benutzt man den Anstieg des Durchschnittssteuersatzes zur Unterscheidung. Ist dieser Anstieg $=$, $>$, < 0, so liegt ein proportionaler, progressiver oder regressiver Tarif vor[842]. Auch bei linearer Steuerbetragsfunktion kann (indirekte) Progression bzw. Regression durch Gewährung eines Freibetrages bzw. Erhebung einer Mindeststeuer auftreten. Bei der Klassifizierung der Steuern wird allerdings häufig übersehen — auch im Rahmen der steuerbilanzpolitischen Untersuchungen —, daß „Progressivität, Proportionalität und Regressivität ... als lokale, quantitative Eigenschaft eines Steuertarifs aufzufassen" sind[843]. Auch die steuerbilanzpolitisch relevanten Steuern sind nicht über den gesamten Tarifbereich einheitlich als progressiv, proportional oder regressiv zu klassifizieren.

In formaler Hinsicht werden Tarifformen unterschieden, die angeben, wie die Tariftypen exakt oder näherungsweise erreicht werden. Bei einklassigen Steuertarifen beschreibt eine einzige mathematische Formel den gesamten Gültigkeitsbereich, bei mehrklassigen Tarifen werden mehrere Formeln für den gesamten Gültigkeitsbereich benötigt[844]. Innerhalb der mehrklassigen Tarife sind die Stufentarife, die den einzelnen Abschnitten der Bemessungsgrundlage mit linearen Funktionen unterschiedliche Steuermaße zuordnen, besonders wichtig[845]. Beim Stufenbetragstarif ändert sich der erhobene Steuerbetrag, beim Stufendurchschnittssatztarif ändert sich der Durchschnittssteuersatz, beim Stufengrenzsatztarif wird der Grenzsteuersatz geändert. Alle Änderungen treten jeweils bei Überschreitung einer Abschnittsgrenze ein. Beim Stufendurchschnittssatztarif ergibt sich (bei steigendem Tarif) bei Überschreitung der Abschnittsgrenze eine Grenzsteuer von über 100%, was häufig durch eine „Grenzberichtigung" verhindert wird. Der wichtigste Sonderfall des Stufengrenzsatztarifes ist der „Anstoßtarif", bei dem die Gesamtsteuerfunktion stetig ist.

---

[842] KOLMS (1974), S. 36ff.; zu weiteren Progressionsmaßen vgl. BÖS/GENSER (1977), S. 415f.

[843] BÖS/GENSER (1977), S. 416.

[844] Ebendort, S. 413f. — Weniger konsequent klassifiziert KOLMS (1974), S. 39ff.: er unterscheidet innerhalb der mehrklassigen Tarife die (Bereichs-)Stufentarife und die Tarife mit abschnittsweise veränderten Tarifformeln bzw. Tariftypen; bei ersteren wird die erhobene Gesamtsteuer ausschließlich linear, bei letzteren mindestens teilweise kurvenförmig definiert.

[845] Vgl. KOLMS (1974), S. 44ff.

2. Der Einkommensteuertarif

a) *Der allgemeine Tarif*

Der österreichische Einkommensteuertarif ist ein Anstoßtarif mit durchgehender Progression[846]. Die Behandlung dieses Tarifes im linearen Optimierungsmodell ist ohne Schwierigkeiten möglich[847]. Es sei von der Zielfunktion (4) bzw. (4'') ausgegangen. Auf die symbolmäßige Hinzunahme der aus der persönlichen Sphäre stammenden Einkommensteile und Manövriermassen sei im Interesse der Kürze verzichtet.

Die Optimierung führt zu einem Istwert für den ausgewiesenen steuerbilanziellen Gewinn, der mit $(G_t - M_t)$ bzw. $(G_t - \sum_{j=1}^{\bar{j}} M_{tj})$ bezeichnet wurde. Für beide wird zur Abkürzung im folgenden $\overline{G}_t$ geschrieben.

$\overline{G}_t$ ist als Summe der den einzelnen Tarifstufen unterliegenden Einkommensteile darzustellen. Die Bereichsgrenzen des in Periode t geltenden Tarifs seien BG_{tq} $(q = 1, 2, \ldots, \bar{q})$. Damit wird folgende Darstellung möglich:

$$\overline{G}_t = \sum_{q=1}^{\bar{q}} \overline{G}_{tq}. \tag{45}$$

Die auf die $\overline{G}_{tq}$ jeweils gemäß Tarif anzuwendenden Steuersätze seien s_{tq}. Für die Variablen $\overline{G}_{tq}$ außer $\overline{G}_{t\bar{q}}$ müssen noch Obergrenzen entsprechend den Bereichsgrenzen des Tarifs angegeben werden:

$$\overline{G}_{tq} \leqq BG_{tq} - BG_{t,q-1} \qquad (q = 1, 2, \ldots, \bar{q} - 1) \tag{46}$$

Konkret für den derzeit gültigen österreichischen Einkommensteuertarif wären folgende Bedingungen einzuhalten:

$$\begin{aligned}
\overline{G}_{t1} &\leqq 50.000\\
\overline{G}_{t2} &\leqq 50.000\\
\overline{G}_{t3} &\leqq 50.000\\
\overline{G}_{t4} &\leqq 50.000\\
\overline{G}_{t5} &\leqq 40.000\\
\overline{G}_{t6} &\leqq 40.000
\end{aligned}$$

usw.

---

[846] Vgl. § 33 EStG und die auszugsweise Wiedergabe in Fn. 607.

[847] Zum folgenden vgl. HABERSTOCK (1971), S. 232f.

Die entsprechenden Steuersätze lauten:

$$s_{t1} = 0{,}23$$
$$s_{t2} = 0{,}28$$
$$s_{t3} = 0{,}33$$
$$s_{t4} = 0{,}38$$
$$s_{t5} = 0{,}43$$
$$s_{t6} = 0{,}48$$
usw.

Die Zielfunktion (4) bzw. (4″) lautet demnach:

(47) $$\sum_{t=1}^{n} [\sum_{q=1}^{\bar{q}} \bar{G}_{tq} \cdot s_{tq}] \cdot v^t \rightarrow \min!$$

Für die Reihenfolge des Ausweises der einzelnen $\bar{G}_{tq}$ brauchen keine expliziten Bedingungen aufgestellt werden, weil die durchgängige Progression sicherstellt, daß in der optimalen Lösung zuerst die $\bar{G}_{tq}$ mit niedrigen q-Indizes aufscheinen, wie es dem Tarif entspricht.

Bisher noch nicht berücksichtigt sind Freibeträge und Steuerabsetzbeträge. Erstere werden am einfachsten jeweils von vornherein vom prognostizierten Basis-Gewinn abgezogen. Falls die Steuerabsetzbeträge sicher voll wirksam werden, kann ebenso vorgegangen werden. Wenn dies nicht unbedingt sichergestellt ist, muß eine Umformulierung des Ansatzes vorgenommen werden, die für den allgemeinen Absetzbetrag von S 4800,— gemäß § 33 Abs. 3 skizziert sei.

Der allgemeine Absetzbetrag gemäß § 33 Abs. 3 EStG ist gleichwertig damit[848], daß bis zu einem Einkommen von S 20.870,— die Einkommensteuer Null ist. Erst für die nächsten S 29.130,— beträgt der Einkommensteuersatz 23%. Daher müßten eine „nullte" Bereichsgrenze BG_{t0} mit 20.870,— und der dem Steuersatz $s_{to} = 0$ unterliegende Einkommensteil $\bar{G}_{to} = 20.870,-$ eingefügt werden. Zur nächsten Bereichsgrenze $BG_{t1} = 50.000,-$ würde nun nur ein $\bar{G}_{t1} \leqq 29.130$ mit dem zugehörigen $s_{t1} = 0{,}23$ gehören. Der Rest der obigen Darstellung des Anstoßtarifes kann unverändert bleiben. Überdies bestimmt § 33 Abs. 8 EStG, daß eine Steuer von 910,— (ab 1981) nicht erhoben wird. Das ist gleichbedeutend damit, daß weitere 3956,— an Einkommen steuerfrei bleiben. Man könnte formulieren, daß hierdurch

$$BG_{to} \text{ auf } 20.870,- + 3956,- = 24.826,-$$

---

[848] Die folgende Darstellung abstrahiert von den Rundungsvorschriften des § 33 Abs. 2 EStG.

zu erhöhen wäre. Jedoch bestimmen die weiteren Vorschriften des § 33 Abs. 8, daß (nach entsprechender Umrechnung) bei einem Einkommen, das um mehr als 870,— über 24.826,— liegt, der gesamte Vorteil wieder aufgezehrt wird. (Im einzelnen sind kleine Stufen zur Aufholung der Begünstigung vorgesehen, die zusätzlichen Einkommensteilen in der Größenordnung von 100 S entsprechen und teilweise Grenzsteuersätze von über 100% aufweisen.) Wegen der Schwierigkeit einer exakten Abbildung und der zugleich geringen praktischen Relevanz soll die Vorschrift des § 33 Abs. 8 EStG für den Steuertarif des Planungsmodells völlig vernachlässigt werden.

Der in Deutschland geltende allgemeine Einkommensteuer-Tarif ist mehrklassig, und zwar gehört er zur seltenen Kategorie eines Formeltarifs. Er verwendet vier Formeln[849]:

— Zunächst besteht ein Freibetrag von DM 4.212,—,
— zwischen DM 4.213,— und DM 18.000,— gilt eine proportionale Steuer von 22%,
— zwischen DM 18.001,— und DM 59.999,— gilt eine progressive Steuer aufgrund eines Polynoms vierten Grades,
— zwischen DM 60.000,— und DM 129.999,— gilt eine progressive Steuer aufgrund eines Polynoms vierten Grades,
— über DM 130.000,— gilt eine proportionale Steuer von 56%.

Die exakte Abbildung dieses Tarifes würde — da Polynome vierten Grades vorkommen — auf eine nichtlineare Optimierungsaufgabe führen. Eine lineare Approximation reicht jedoch aus und führt auf dieselbe Formulierung, wie sie für den Anstoßtarif, speziell für den österreichischen Einkommensteuertarif, gegeben wurde[850].

b) Der begünstigte Tarif des § 37 EStG

Für im Gesetz taxativ aufgeführte außerordentliche Einkünfte normiert § 37 Abs. 1 EStG folgende Steuerbegünstigung:

„Sind im Einkommen außerordentliche Einkünfte enthalten, so ist auf Antrag die darauf entfallende Einkommensteuer nach einem ermäßigten Steuersatz zu bemessen. Der ermäßigte Steuersatz beträgt die Hälfte des Prozentsatzes, der sich bei Anwendung des Einkommensteuertarifs (§ 33) auf das gesamte zu versteuernde Einkommen ergibt. Auf das übrige Einkommen ist der Einkommensteuertarif (§ 33) anzuwenden".

---

[849] § 32a dt. EStG in der ab 1. 1. 1981 gültigen Fassung (ohne Rundungsvorschrift).

[850] Vgl. HABERSTOCK (1971), S. 233. Zur linearen Approximation nichtlinearer Funktionen vgl. etwa HADLEY (1969), S. 137ff.

Außerordentliche Einkünfte kommen steuerbilanzpolitisch vor allem für die Veräußerungsgewinne im Sinne des § 24 EStG in Betracht. Solche Veräußerungsgewinne fallen auch bei Betriebsaufgabe an.

Ergänzend ist der Freibetrag von 100.000,— gem. § 24 Abs. 4 EStG zu beachten[850a]. Überdies ist der Veräußerungsgewinn gemäß § 6 GewStG i. V. m. GewStR 1976, Abschn. 22 Abs. 2 lit. a gewerbesteuerfrei. Auf die noch weitergehende Begünstigung auf ein Viertel des Normalsteuersatzes (§ 37 Abs. 3 EStG für bei einer Enteignung oder bei einem Verkauf zur Abwendung einer Enteignung aufgedeckte stille Reserven) soll nicht eingegangen werden.

Die Begünstigung beträgt nicht, wie es auf den ersten Blick scheint, 50%, sondern mehr. Dies ist darauf zurückzuführen, daß der Normalsteuersatz für das nichtbegünstigte Einkommen nicht vom Gesamteinkommen, sondern nur entsprechend der Tarifstufe für das nichtbegünstigte Einkommen berechnet wird[851]. Dies zeigt das folgende, möglichst vereinfachte Beispiel:

Gewinn aus Gewerbebetrieb:	Laufender Gewinn:		40.000
	Begünstigter Veräußerungsgewinn:	200.000	
	ab Freibetrag (§ 24 Abs. 4)	—100.000	+100.000
			140.000
Saldo der übrigen Einkünfte und Sonderausgaben			+ 20.000
zu versteuerndes Einkommen			160.000
hiervon Einkommensteuer lt. Tarif (nach allgem. Absetzbetrag)			41.000
abzüglich Steuerabsetzbeträge (z. B. Alleinverdienerabsetzbetrag gemäß § 33 Abs. 4)			3.200
			37.800

37.800 sind 27% von 160.000.

Der begünstigte Steuersatz für außerordentliche Einkünfte beträgt daher 13,5%.

Auf das übrige Einkommen von 60.000 ist jedoch nicht der Steuersatz von 27% anzuwenden, sondern es ist jene Steuer zu ermitteln,

---

[850a] Ab 1981 enthält § 24 Abs. 6 eine zusätzliche Befreiung für die Aufdeckung bestimmter stiller Reserven in Wohngebäuden, die Wohnsitz des Steuerpflichtigen sind bzw. waren, mit im einzelnen sehr restriktiven Bestimmungen. Diese Spezialvorschrift wird im folgenden vernachlässigt.

[851] Vgl. EStR 1979, Abschn. 96 Abs. 7; ebenso § 34 Abs. 1 dt. EStG i. V. m. dt. EStR 1978, Abschn. 198 Abs. 1.

welche für ein Einkommen von 60.000 laut allgemeinem Tarif vorgeschrieben ist:

Steuer laut Tarif von 60.000,— (nach allgem. Absetzbetrag)	9.500
abzüglich Steuerabsetzbeträge	— 3.200
	6.300

Die Gesamtsteuer im Beispielfall beträgt daher (von Rundungen abgesehen) 19.800,—.

Die Begünstigungsvorschrift von § 37 Abs. 1 kommt, wie das Beispiel zeigt, noch einmal bei der Besteuerung des übrigen Einkommens zum Tragen[852]. Im Einzelfall könnte es für den Steuerpflichtigen noch günstiger sein, wenn er dem Antrag auf Gewährung der begünstigten Steuersätze nicht den gesamten begünstigungsfähigen Betrag, sondern einen geringeren zugrunde legt. Das ist immer dann günstiger, wenn die übrigen Einkünfte so gering sind, daß der Normalsteuersatz für die übrigen Einkünfte kleiner ist als der sich aus dem Gesamteinkommen ergebende begünstigte Steuersatz (= halber Steuersatz). Hierdurch entsteht ein Optimierungsproblem, auf das indessen nicht weiter eingegangen werden kann; es wird hier unterstellt, daß die begünstigungsfähigen Einkommensteile auch tatsächlich in der vorstehend geschilderten Weise mit dem begünstigten Steuersatz versteuert werden[853].

Die Abbildung der Begünstigungsvorschrift des § 37 Abs. 1 EStG im linearen Optimierungsmodell ist auf exakte Weise nicht möglich, es sei denn, man formuliert eine Steuertariffunktion für jede denkbare Kombination von begünstigtem und nichtbegünstigtem Gewinn und schließt die Alternativen mit Ganzzahligkeitsbedingungen gegenseitig aus. Man würde zu rechentechnisch unbewältigbar vielen Ganzzahligkeitsbedingungen kommen.

Ein brauchbares Näherungsverfahren könnte davon ausgehen, daß das Gesamteinkommen $\overline{G}_{t*}$ jener Periode, in der begünstigte Einkommensteile vorliegen, geschätzt wird. $\overline{G}_{t*}$ umfaßt auch „private" Komponenten (andere Einkünfte, Sonderausgaben, außergewöhnliche

---

[852] Um wieviel mehr als 50% die Begünstigung beträgt, hängt vom Einzelfall ab. Vgl. die tabellarischen Übersichten bei QUAST (1975), S. 185ff. (Für Österreich würde man zwar abweichende numerische Werte, jedoch tendentiell dieselben Ergebnisse erhalten.)

[853] Für Deutschland ist eindeutig geklärt, daß der Steuerpflichtige ein Wahlrecht hat, auf welchen Betrag er den Antrag auf Anwendung des ermäßigten Steuersatzes beschränkt (vgl. dt. EStR 1978 Abschn. 198 Abs. 2). Für Österreich fehlt eine derartige eindeutige Auslegung, doch ist die zugrunde liegende gesetzliche Bestimmung in Österreich und Deutschland fast wortgleich.

Belastungen). Setzt man zur Vereinfachung den Saldo der privaten Komponenten gleich Null, dann kann $\overline{G}_{t*}$ gleich dem Steuerbilanzgewinn $\overline{G}_t$ gesetzt werden. Das Gesamteinkommen $\overline{G}_t$ der Periode t, in der begünstigte Einkommensteile vorkommen — vor allem die letzte Planungsperiode wird dies wegen der besonderen Bedeutung der Betriebsaufgabe sein — ist dann aufzuspalten in den begünstigten Teil $\overline{G}^b{}_t$ und den nicht begünstigten Teil $\overline{G}^n{}_t$. Für den begünstigten Teil $\overline{G}^b{}_t$ kann der anzuwendende Steuersatz (näherungsweise) als Konstante vorgegeben werden, für den nicht begünstigten Teil $\overline{G}^n{}_t$ ist die Steuerplanung gemäß den Formeln (45) bis (47) durchzuführen. Wenn das Gesamtergebnis der Optimierungsrechnung jedoch zeigt, daß die Schätzung für $\overline{G}_t$ unzutreffend war, so ist der Rechengang eventuell zu wiederholen, bis ein befriedigendes Ergebnis gefunden wird.

Bessere Näherungsmethoden — unter Benutzung der gemischtganzzahligen Optimierung — könnten entwickelt werden, wenn entweder der begünstigte oder der nichtbegünstigte Teil des Gewinnes verläßlich abgeschätzt werden kann. Falls z. B. der begünstigte Gewinn auf $\overline{G}^{b0}{}_t$ geschätzt wird, so kann der auf ihn anzuwendende Tarif aus folgenden Überlegungen entwickelt werden, wobei hier vereinfachend unterstellt ist, daß sowohl der begünstigte als auch der nichtbegünstigte Gewinn nichtnegativ sind. Die Variabilität des Steuersatzes für die begünstigten Einkünfte wird durch die Variabilität von $\sum_{q=1}^{\overline{q}} \overline{G}^n{}_{tq}$ induziert. Dies kann zu einer rechentechnisch recht günstigen Abbildung benutzt werden: Dem begünstigten Gewinn $\overline{G}^{b0}{}_t$ wird zunächst die von ihm mindestens verursachte Steuer $S^{b0}{}_t$ zugeordnet. Im Beispielsfall ist diese — bei $\sum_{q=1}^{\overline{q}} \overline{G}^n{}_{tq} = 0$ — so zu berechnen:

für 100.000 Einkommensteuer	
laut Normaltarif (nach allgem. Absetzbetrag)	20.700
abzüglich Steuerabsetzbeträge laut Beispiel	— 3.200
Steuer	17.500
wegen Begünstigung hiervon die Hälfte	8.750

Falls nun die nichtbegünstigten Einkünfte auf 20.870 ($= BG_{to}$) steigen, so fällt zwar für die nicht begünstigten Einkünfte noch keine Einkommensteuer an, jedoch bewirkt dieser Anstieg eine Erhöhung der Besteuerung von $\overline{G}^{b0}{}_t$ gemäß folgender Rechnung:

für 20.870 zusätzliche Einkommensteuer laut Normaltarif	
(gegenüber 100.000 Einkommen): (33% von 20.870)	6887,10
davon die Hälfte	3443,55

Mit $\overline{G}^n{}_{to}$ ist daher nicht ein Steuersatz von Null, sondern von 16,5% verbunden.

Steigen die nichtbegünstigten Einkünfte weiter auf 50.000, so ist hiermit zunächst die Steuer $s_{t1} = 0{,}23$ laut Tarif verbunden, weiters aber steigt das Gesamteinkommen auf 150.000; wie oben bewirkt dies eine Erhöhung der Gesamteinkommensteuer laut Tarif (33% von 29.130); die Ermäßigung auf die Hälfte ergibt 16,5% als *zusätzliche* Belastung von $\overline{G}^n{}_{t1}$. Man erhält daher einen Steuersatz für $\overline{G}^n{}_{t1}$ von insgesamt 39,5%. Der Steuersatz, der die Belastung von $\overline{G}^n{}_{tq}$ selbst und die durch $\overline{G}^n{}_{tq}$ ausgelöste Mehrbelastung von $\overline{G}^{b0}{}_t$ ausdrückt, soll mit $\overline{s}^0{}_{tq*}$ bezeichnet werden. Beim Aufbau des Effektivsteuersatztarifs für $\overline{G}^n{}_{tq}$ hat man zu beachten, daß die Stufeneinteilung nun feiner sein muß als im ursprünglichen Tarif für $\overline{G}_{tq}$. Eine Änderung des Steuersatzes $\overline{s}^0{}_{tq*}$ tritt nämlich immer dann ein, wenn *entweder* $\Sigma\,\overline{G}^n{}_{tq}$ *oder* $(\Sigma\,\overline{G}^n{}_{tq} + \overline{G}^{b0}{}_t)$ eine Bereichsgrenze des Tarifs BG_{tq} überschreitet.

Das steuerbilanzpolitische Optimierungsmodell kann aufgrund der vorstehenden Überlegungen näherungsweise so dargestellt werden:

$$(47') \qquad \sum_{t=1}^{n} \Big[\sum_{q*=1}^{\overline{q}} \overline{G}^n{}_{tq*} \cdot \overline{s}^0{}_{tq*} + \overline{G}^{b0}{}_t \cdot s^{b0}{}_t \Big] \cdot v^t \to \text{min.}$$

Da $\overline{G}^{b0}{}_t \cdot s^{b0}{}_t \cdot v^t$ eine Konstante ist, könnte dieses Glied auch weggelassen werden. Es sei aber nochmals betont, daß die zutreffende Schätzung von $\overline{G}^{b0}{}_t$ Voraussetzung für die Gültigkeit aller hierauf basierenden Effektivsteuersätze $\overline{s}^0{}_{tq}*$ ist.

Auf weitere Näherungsverfahren — etwa bei Variabilität der begünstigten Einkünfte und Konstanz der nichtbegünstigten — kann nicht mehr eingegangen werden.

3. Der Körperschaftsteuertarif

a) Der Normaltarif

Der österreichische Körperschaftsteuertarif des § 22 KöStG ist ein progressiver Stufendurchschnittssatztarif. Durch die relativ breiten Zonen, in welchen Grenzberichtigungen vorgenommen werden, wechseln de facto Stufen mit extrem hohen und solche mit relativ mäßigen Grenzsteuersätzen ab.

§ 22 Abs. 1 KöStG normiert folgende Steuerfunktion (Normalsteuersatz):

Einkommen in S:	*Körperschaftsteuer in S*
bis 200.000	30% des Einkommens
von 200.100—250.000	30% des Einkommens zuzüglich 50% des 200.000 S übersteigenden Einkommensteiles
von 250.100—400.000	40% des Einkommens
von 400.100—500.000	40% des Einkommens zuzüglich 50% des 400.000 S übersteigenden Einkommensteiles
von 500.100—1,000.000	50% des Einkommens
von 1,000.100—1,142.800	50% des Einkommens zuzüglich 40% des 1,000.000 S übersteigenden Einkommensteiles
über 1,142.800	55% des Einkommens

Der Aufbau dieses Tarifes wird durch die folgenden Abbildungen 7 und 8 veranschaulicht. (Von den Rundungsvorschriften wird hierbei und auch in der weiteren Darstellung abstrahiert.)

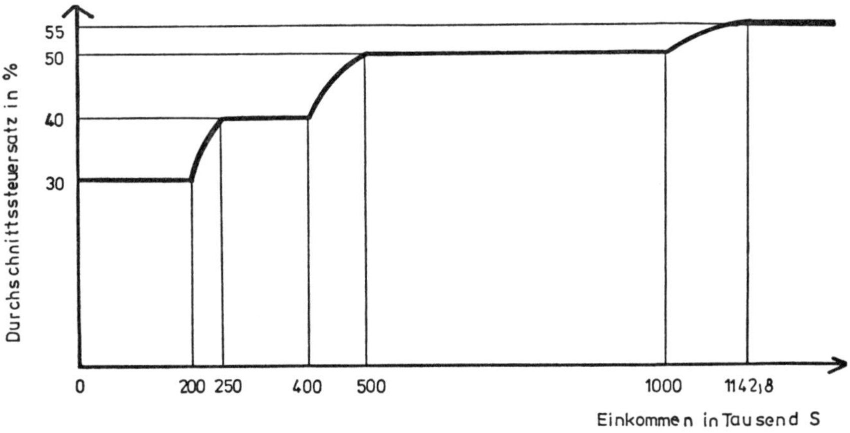

Abb. 7:
Durchschnittssteuersatz des Körperschaftsteuer-Normaltarifes

Für die Integrierung dieses Steuertarifes in das steuerbilanzpolitische Optimierungsmodell sind gegenüber der Einkommensteuer einige Änderungen erforderlich[854]. Wie oben beim Einkommensteuertarif können Bereichsgrenzen BG_{tq} für die Obergrenzen der Stufen des Tarifs unterschieden werden. Da nunmehr aber der Gesamtbetrag

[854] Zur mathematischen Formulierung für einen progressiven Stufentarif, allerdings ohne Grenzberichtigung, vgl. HABERSTOCK (1971), S. 228ff.

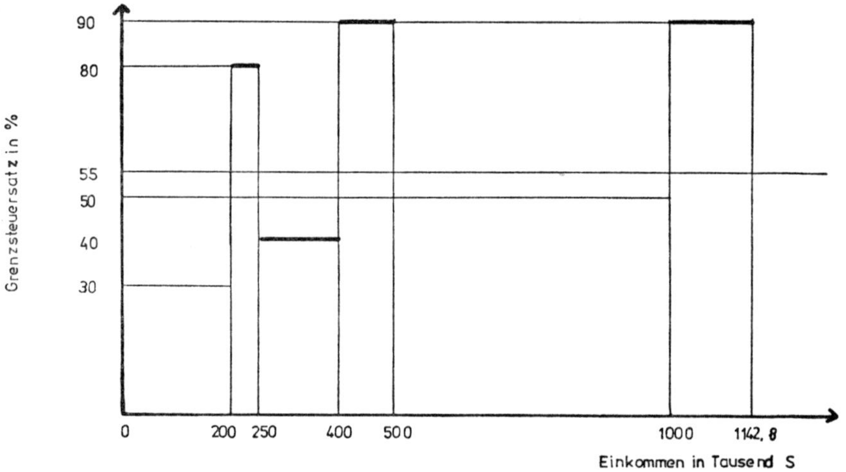

Abb. 8:
Grenzsteuersatz des Körperschaftsteuer-Normaltarifes

des Einkommens mit dem höheren Steuersatz zu versteuern ist, wird der gesamte zu versteuernde Gewinn $\overline{G}_t$ nun als Summe einander ausschließender Variabler $\overline{G}^t{}_{tq}$ definiert.

$$\overline{G}_t = \sum_{q=1}^{\overline{q}} \overline{G}^t{}_{tq} \qquad \text{für alle unteren Indices } t \tag{48}$$

Jedem $\overline{G}^t{}_{tq}$ entspricht ein Steuersatz $s^t{}_{tq}$ und teilweise — in den Grenzbereichen — zusätzlich ein konstanter Betrag für den Grenzausgleich, $a^t{}_{tq}$.

Folgende Fälle sind für die Höhe der Körperschaftsteuer möglich:

Wenn $0 \leqq \overline{G}^t{}_{t1} \leqq 200.000$, dann $0{,}3 \cdot \overline{G}^t{}_{t1}$;
wenn $200.000 < \overline{G}^t{}_{t2} \leqq 250.000$, dann $0{,}3 \cdot \overline{G}^t{}_{t2} + 0{,}5\,(\overline{G}^t{}_{t2} - 200.000) = 0{,}8 \cdot \overline{G}^t{}_{t2} - 100.000$;
wenn $250.000 < \overline{G}^t{}_{t3} \leqq 400.000$, dann $0{,}4 \cdot \overline{G}^t{}_{t3}$;
wenn $400.000 < \overline{G}^t{}_{t4} \leqq 500.000$, dann $0{,}4 \cdot \overline{G}^t{}_{t4} + 0{,}5 \cdot (\overline{G}^t{}_{t4} - 400.000) = 0{,}9 \cdot \overline{G}^t{}_{t4} - 200.000$;
wenn $500.000 < \overline{G}^t{}_{t5} \leqq 1{,}000.000$, dann $0{,}5 \cdot \overline{G}^t{}_{t5}$;
wenn $1{,}000.000 < \overline{G}^t{}_{t6} \leqq 1{,}142.800$, dann $0{,}5 \cdot \overline{G}^t{}_{t6} + 0{,}4 \cdot (\overline{G}^t{}_{t6} - 1{,}000.000) = 0{,}9 \cdot \overline{G}^t{}_{t6} - 400.000$;
wenn $1{,}142.800 < \overline{G}^t{}_{t7} = M^h$, dann $0{,}55 \cdot \overline{G}^t{}_{t7}$.

M^h ist eine Hilfszahl, die so groß zu wählen ist, daß $\overline{G}^t{}_{t\overline{q}}$ durch sie nicht wirklich beschränkt wird; M^h wird unten (in (50)) als $BG_{t\overline{q}}$ verwendet.

Mit Hilfe von Hilfsvariablen u_{tq} wird sichergestellt, daß genau eines der $\overline{G}^t{}_{tq}$ in die Lösung aufgenommen wird:

$$(49) \qquad \sum_{q=1}^{\overline{q}} u_{tq} = 1; \; u_{tq} \text{ ganzzahlig!}$$

Die Obergrenzen für die $\overline{G}^t{}_{tq}$ können damit in das Programm einbezogen werden:

$$(50) \qquad G^t{}_{tq} \leqq u_{tq} \cdot BG_{tq} \qquad (q = 1, \ldots, \overline{q}; \text{ alle } t)$$

Für die additive Darstellung der Steuerfunktion ist noch zu beachten, daß die $a^t{}_{tq}$, die konstanten Beträge für den Grenzausgleich, genau dann anfallen, wenn die zugehörigen Gewinnvariablen $\overline{G}^t{}_{tq}$ positiv sind. Damit kann die anfallende Steuer so geschrieben werden:

$$(51) \qquad \sum_{q=1}^{\overline{q}} (\overline{G}^t{}_{tq} \cdot s^t{}_{tq} - u_{tq} \cdot a^t{}_{tq})$$

Hierbei sind einige $a^t{}_{tq}$ gleich Null; nach derzeit geltendem Tarif sind $a^t{}_{t1} = 0$, $a^t{}_{t2} = 100.000$, $a^t{}_{t3} = 0$, $a^t{}_{t4} = 200.000$, usw.

Der Einbau in die üblichen Zielfunktionen ist nun leicht möglich.

b) Der begünstigte Tarif für Ausschüttungen

Gemäß § 22 Abs. 2 KöStG ermäßigt sich die Körperschaftsteuer auf die Hälfte des Betrages nach dem Normaltarif, soweit unbeschränkt steuerpflichtige Kapitalgesellschaften offene Ausschüttungen aufgrund eines den handelsrechtlichen Vorschriften entsprechenden Gewinnverteilungsbeschlusses vornehmen. Hierbei ist die sogenannte ,,Schattenwirkung" zu beachten, denn nur für die Ausschüttung selbst, nicht aber für die auf sie entfallende Körperschaftsteuer, kann die Begünstigung in Anspruch genommen werden[855].

Für die isolierten steuerbilanzpolitischen Modelle sind einige idealtypische Fälle zu unterscheiden.

Zunächst ist es möglich, daß genau der gesamte steuerpflichtige Gewinn für Ausschüttung und Körperschaftsteuer verwendet werden soll. Unter Berücksichtigung der Schattenwirkung kommt man zu einem effektiven Mischtarif, der gemäß den Formeln (1) und (2) von Seite 127 berechnet werden kann. Der Einbau in mathematische Programmierungsmodelle kann ebenso wie unter a erfolgen. Der soeben beschriebene Fall liegt vor, wenn entweder provisorischer handelsrechtlicher Gewinn und steuerpflichtiges Einkommen von vornherein

---

[855] Vgl. S. 127f.

genau gleich sind, was allerdings äußerst unwahrscheinlich ist, oder wenn durch die Bildung oder Auflösung handelsrechtlicher (= versteuerter oder als versteuert geltender) Rücklagen diese Gleichheit hergestellt wird.

Da jedoch i. a. der provisorische handelsrechtliche Gewinn ungleich dem steuerpflichtigen Einkommen ist, ergibt sich der zweite wichtige Fall, daß auf die Differenz $\overline{G} - G_{h\,\mathrm{prov}}$ der Normaltarif anzuwenden ist und nur für den übersteigenden Betrag der Mischtarif. Falls die Differenz $\overline{G} - G_{h\,\mathrm{prov}}$ planungsunabhängig ist, wird man die hierauf entfallende Steuer als konstante Größe aus der Optimierungsrechnung ausklammern und den Mischtarif nur für die übersteigenden Beträge formulieren. (Für diese übersteigenden Beträge erhält man natürlich einen anderen Mischtarif als im vorherigen Fall.) Falls ein Teil der Differenz $\overline{G} - G_{h\,\mathrm{prov}}$ planungsunabhängig ist, wird man wiederum von $\overline{G}$ den konstanten Teil der Differenz $\overline{G} - G_{h\,\mathrm{prov}}$ vorweg berücksichtigen. Das restliche $\overline{G}$ ($\overline{G}^{\mathrm{rest}}$) zerfällt in einen Teil, für den provisorischer handelsrechtlicher Gewinn und steuerpflichtiges Einkommen betragsgleich variieren ($\overline{G}^{\mathrm{parallel}}$), und einen Komplementärteil, für den nur das steuerpflichtige Einkommen ($\overline{G}^{\mathrm{allein}}$) variiert. Auf $\overline{G}^{\mathrm{allein}}$ ist der Normalsteuertarif, auf $\overline{G}^{\mathrm{parallel}}$ der Mischtarif anzuwenden, beide allerdings modifiziert um die auf den festen Sockelbetrag der Differenz von $\overline{G}$ und $G_{h\,\mathrm{prov}}$ entfallende Steuer. Nur in einfachster Annäherung wird man allerdings ein variables $\overline{G}^{\mathrm{rest}}$ durch feste Konstante auf $\overline{G}^{\mathrm{parallel}}$ und $\overline{G}^{\mathrm{allein}}$ aufteilen können; im allgemeinen aber hängt diese Aufteilung von den jeweiligen eingesetzten bilanzpolitischen Aktionsparametern ab. Im Rahmen der isolierten Steuerbilanzpolitik können nur verschiedene Typen von Verläufen durchgerechnet und für eine Näherungslösung benutzt werden. Eine exakte Lösung des aufgezeigten Problems ist nur in einem umfassenden Simultanansatz für Handels- und Steuerbilanzpolitik möglich. Die in solchen Modellen zweckmäßige Darstellung der Körperschaftsteuerfunktion wird am Ende dieses Abschnittes b dargestellt.

Der dritte idealtypische Fall ist durch eine feste Ausschüttung, unabhängig vom steuerbilanziellen Ergebnis, gekennzeichnet. Sofern sichergestellt ist, daß die Ausschüttung nicht größer als das steuerpflichtige Einkommen ist, so kann man die mit der Ausschüttung mindestens verbundene Steuer berechnen und für übersteigende Einkommensteile eine Tariffunktion ähnlich wie unter a ermitteln[856].

---

[856] Es ist analog zum Näherungsverfahren von Abschn. 2 b vorzugehen.

Als vierter idealtypischer Fall sei noch angeführt, daß ein bestimmter Prozentsatz des steuerpflichtigen Gewinnes ausgeschüttet werden soll. Auch unter dieser Annahme läßt sich ein Mischsatz für die Körperschaftsteuer ermitteln, der anstelle des in a verwendeten Normalsatzes — bei unveränderten Nebenbedingungen — tritt.

Die vorstehenden Fälle — mit Ausnahme des zweiten — sind jedoch keine erschöpfende Beschreibung der tatsächlichen Ausschüttungspolitik und können insbesondere nicht die Bindung der Ausschüttungen an das handelsbilanzielle Ergebnis abbilden. Überdies werden das handelsbilanzielle Ergebnis selbst und auch die Ausschüttungen bei manchen Unternehmungen nach den Wirkungen der Handelsbilanz (insbesondere Publizität und Erleichterung der Finanzierung) (mit-)bemessen[857]. Das isolierte steuerbilanzpolitische Modell ist zu eng für die Abbildung dieser Zusammenhänge, daher soll die Darstellung der Körperschaftsteuer in einem umfassenderen Modell, das mindestens die Steuer- und die Handelsbilanzpolitik optimiert, skizziert werden.

Um allgemeine Fälle der Ausschüttungspolitik abzubilden, muß eine gesonderte Variable für die begünstigten Ausschüttungen der Periode t, Au_t, eingeführt werden. Für die Darstellung der Körperschaftsteuer geht man von (51) aus und reduziert um die durch die Ausschüttung verursachte Steuerentlastung. Diese Steuerentlastung hängt vom Gesamteinkommen ab. Daher spaltet man zweckmäßigerweise Au_t in einander ausschließende Variable Au_{tq} auf. Au_{tq} darf nur dann positiv werden, wenn $\overline{G}^t{}_{tq}$ positiv ist. Da überdies eine Steuerentlastung nur insoweit eintritt, als die Ausschüttung durch das steuerpflichtige Einkommen gedeckt ist, kann man fordern:

$$(52) \qquad Au_{tq} \leqq \overline{G}^t{}_{tq} \qquad (q = 1, 2, \ldots, \overline{q};\ \text{alle } t)$$

Damit ist die Körperschaftsteuerbelastung durch

$$(53) \qquad \sum_{q=1}^{\overline{q}} \left[\overline{G}^t{}_{tq} - s^t{}_{tq} - u_{tq} \cdot a^t{}_{tq} - Au_{tq} \cdot \left(\frac{s^t{}_{tq}}{2} - \frac{a^t{}_{tq}}{\overline{G}^t{}_{tq}} \right) \right]$$

in Verbindung mit (49), (50) und (52) darstellbar. Diese Beziehung ist allerdings nur für jene Bereiche, in welchen $a^t{}_{tq} = 0$ ist, linear, in den anderen Fällen bewirkt die Aufteilung des Grenzausgleichsbetrages $a^t{}_{tq}$ auf das variable $G^t{}_{tq}$, daß das Programm nichtlinear wird.

---

[857] Zur Ausschüttungs- und Rücklagenpolitik vgl. u. a. Albach (1962), S. 150ff.; Baumol (1963); Franz (1974).

4. Tarifmodifikationen bei Auslandsbeziehungen

Wenn ein Teil der Einkünfte einer ausländischen Besteuerungshoheit unterliegt, so ergibt dies eine Vervielfältigung der steuerbilanzpolitischen Aktionsvariablen[858]. Es kann hier nicht auf die einzelnen Gestaltungsmöglichkeiten in ausländischen Bilanzen eingegangen werden, was insbesondere auch die Berücksichtigung einer Vielzahl von Steuerrechtsordnungen erfordern würde. Jedoch sollen die prinzipiellen, aus dem *Zusammentreffen* mehrerer Besteuerungshoheiten resultierenden Tarifmodifikationen und die aus der optimalen Ausnutzung dieser Vorschriften resultierenden steuerbilanzpolitischen Globalstrategien erörtert werden.

Die wichtigsten Verfahren zur Vermeidung der Doppelbesteuerung[859] sind die Freistellung mit Progessionsvorbehalt (im folgenden abgekürzt: Pr) und die Steueranrechnung (im folgenden abgekürzt: An). Die Freistellung mit Progressionsvorbehalt dominiert heute.

Der folgenden Darstellung von Pr und An wird ein einheitlicher Modellfall zugrunde gelegt, der durch folgende Daten gekennzeichnet ist:

Durchschnittliches inländisches Einkommen: S 100.000,—

Durchschnittliches ausländisches Einkommen: S 100.000,—

In- und ausländisches Einkommen können um je +/— 100.000,— beeinflußt werden mit jeweiliger Wiederauflösung dieser Maßnahme im nächsten Jahr.

Folgende Steuertarife gelten (durchschnittliche Effektivsteuersätze), die für die inländischen Einkünfte exakt dem österreichischen Einkommensteuertarif entsprechen[860], für die ausländischen Einkünfte *ungefähr* dem deutschen Einkommensteuertarif für Ledige (ab 1. 1. 1981) nachgebildet sind[861]:

---

[858] Vgl. S. 121ff.

[859] Vgl. die kurze systematische Darstellung bei LAGER (1964), S. 1ff.

[860] Entgegen früherer Auffassung des BMF und der EStR 1975, Abschn. 105, ist lt. VwGH v. 25. 4. 1978, 813/75 bei der Ermittlung des Steuersatzes (bei Progressionsvorbehalt) kein Steuerabsetzbetrag zu verrechnen. So nun auch EStR 1979, Abschn. 105. Daher ist — zum Unterschied von anderen Teilen der Arbeit — die ESt nach hier angegebenem (inländ.) Tarif noch um Steuerabsetzbeträge zu kürzen. In den folgenden Beispielrechnungen wird unterstellt, daß nur der allg. Absetzbetrag von 4800 S zutrifft.

[861] Nach § 50 Abs. 3 dt. EStG auf beschränkt Steuerpflichtige anzuwenden; jedoch beträgt der *Mindeststeuersatz* 25%. (Vom Sonderfreibetrag wird im folgenden abstrahiert.) Die Abweichung vom exakten Tarif erfolgt

Einkommen	inländ. Steuertarif in %	ausländ. Steuer-tarif in %
100.000	25,5	25
200.000	30,5	25
300.000	35,93	27,5

Untersucht werden für An und Pr die Steuerbelastung bei gleichmäßiger Nivellierung im In- und Ausland auf den Durchschnittsgewinn (Fall 1) und bei abwechselnd im In- und im Ausland voll eingesetzter Manövriermasse (Fall 2), sowie zusätzlich für Pr — in Abwandlung des Grundmodells — eine noch stärkere Variation der ausländischen Ergebnisse (Fall 3). Da mit einem Kalkulationszinsfuß von Null gerechnet wird, sind die Ergebnisvariationen in der ersten und zweiten Periode gegeneinander austauschbar.

Zur Analyse werden folgende Symbole verwendet:

$\bar{s}$	Durchschnittssteuersatz
s'	Grenzsteuersatz
Indices I, II usw.	100.000 S, 200.000 S usw., gilt bei s für den angegebenen Betrag, bei s' für die Stufe von je 100.000 S, die beim angegebenen Betrag endet.
Indices In, Au	Inland, Ausland
S_{ab}	Steuerabsetzbetrag

a) Anrechnungsverfahren

Beim Anrechnungsverfahren wird das gesamte Einkommen (in- und ausländischer Teil) der inländischen Einkommensteuer (bzw. Körperschaftsteuer) unterworfen. Die im Ausland entrichtete Steuer wird jedoch auf die inländische Steuer angerechnet; die Anrechnung darf aber nur höchstens gleich jenem Betrag sein, mit dem die aus dem Ausland stammenden Einkünfte anteilsmäßig mit österreichischer Steuer belastet sind.

In den folgenden Fällen wird unter „Inland" in Klammern jene Steuer angegeben, welche anfallen würde, wenn nur die inländischen Einkommensteile vorhanden wären. In der Spalte „Summe" wird die gesamte Steuer für in- und ausländisches Einkommen ausgewiesen. Dieser Betrag ist wegen der Progression immer $\geqq$ der Summe der Steuern aus den Spalten „Inland" und „Ausland".

---

wegen rechnerischer Vereinfachung und wegen des ohnehin nicht ausschaltbaren Einflusses der Wechselkursschwankungen. (Der Umrechnung ist ein Kurs von S 700,— je DM 100,— zugrundegelegt.)

Fall An 1:

	Inland	Ausland	Summe
1. Periode:			
Einkommen	100.000	100.000	200.000
Steuer	(20.700)	25.000*	56.200
2. Periode:			
ebenso			

Summe der Steuerbelastung beider Perioden: 112.400

* $25.000 < \frac{56.200}{2}$, daher voll anrechenbar.

Fall An 2:

	Inland	Ausland	Summe
1. Periode:			
Einkommen	0	200.000	200.000
Steuer	(0)	50.000*	56.200
2. Periode:			
Einkommen	200.000	0	200.000
Steuer	(56.200)	0	56.200

Summe der Steuerbelastung beider Perioden: 112.400.

* $50.000 < 56.200$, daher voll anrechenbar.

Analyse:

Die Gleichwertigkeit von An 1 und An 2 ist darin begründet, daß die Abzugsfähigkeit der ausländischen Steuer gleichmäßig gegeben ist. Dies ist auf die Geltung folgender Bedingungen zurückzuführen:

(51) $$s'_{I,Au} \leqq \bar{s}_{II,In} - S_{ab}$$

(52) $$\bar{s}_{II,Au} \leqq \bar{s}_{II,In} - S_{ab}$$

Wäre nur Bedingung (51), nicht aber (52) erfüllt, so wäre Variante An 1 vorzuziehen. Wäre umgekehrt nur (52), nicht aber (51) erfüllt, wäre An 2 günstiger. Letzterer Fall könnte aber nur dann eintreten, wenn — bei konstant gehaltenem inländischen Tarif — der ausländische Tarif degressiv wäre. Denn (52) und gleichzeitig $\neg$ (51) können nur gelten, wenn der Durchschnittssteuersatz im Ausland am Ende der 2. Stufe kleiner als der Grenzsteuersatz der 1. Stufe ist. Man überlegt sich leicht, daß auch bei Aufhebung beider Bedingungen (51) und (52) bei Geltung des Anrechnungsverfahrens durch eine Bilanzpolitik, die zu schwankenden Ergebnissen führt, nichts gewonnen werden kann.

b) Freistellung mit Progressionsvorbehalt

Beim Verfahren der Freistellung mit Progressionsvorbehalt wird der inländischen Steuer nur jenes Einkommen unterworfen, welches im Inland erzielt wurde. Das ausländische Einkommen hat jedoch insofern Bedeutung für die Besteuerung der inländischen Einkünfte, als der auf das inländische Einkommen angewendete Steuersatz aus dem gesamten (in- und ausländischen) Einkommen abgeleitet wird. Dieser sogenannte „Progressionsvorbehalt" bewirkt, je nachdem, ob die ausländischen Einkünfte positiv oder negativ sind, eine Erhöhung oder eine Senkung des auf die inländischen Einkommensteile anzuwendenden Effektivsteuersatzes.

In den nachstehenden Fällen wird unter „Inland" die tatsächlich für die inländischen Einkommensteile erhobene Steuer angegeben; die Steuer der Spalte „Summe" ist daher — zum Unterschied von der Darstellung des Anrechnungsverfahrens — die Summe der Steuern der Spalten „Inland" und „Ausland".

Fall Pr 1:

	Inland	Ausland	Summe
1. Periode:			
Einkommen	100.000	100.000	200.000
Steuer	25.700*	25.000	50.700
2. Periode:			
Ebenso			

Summe der Steuerbelastung beider Perioden: 101.400,—

* Steuersatz für ein Einkommen von 200.000,—, angewendet auf 100.000,—

Fall Pr 2:

	Inland	Ausland	Summe
1. Periode:			
Einkommen	0	200.000	200.000
Steuer	0*	50.000	50.000
2. Periode:			
Einkommen	200.000	0	200.000
Steuer	56.200	0	56.200

Summe der Steuerbelastung beider Perioden: 106.200,—

* Steuersatz für ein Einkommen von 200.000,—, angewendet auf die Bemessungsgrundlage Null.

Analyse:

Die Steuerbelastung von Pr 1 kann so dargestellt werden:

(53) $$2 \cdot (100.000 \cdot s'_{I,Au} + 100.000 \cdot \bar{s}_{II,In} - S_{ab})$$

Die Belastung von Pr 2 kann zu

(54) $$\underbrace{100.000 \cdot s'_{I,Au} + 100.000 \cdot s'_{II,Au}}_{1.\ \text{Jahr}} + \underbrace{100.000 \cdot s'_{I,In} + 100.000 \cdot s'_{II,In} - S_{ab}}_{2.\ \text{Jahr}}$$

geschrieben werden.

$\bar{s}_{II,In}$ kann durch $\frac{s'_{I,In} + s'_{II,In}}{2}$ ersetzt werden (analoge Umrechnungen wären auch bei ungleich großen Intervallen möglich). Damit kann man statt (53) auch schreiben:

(53′) $$2 \cdot 100.000 \cdot s'_{I,Au} + 100.000 \cdot s'_{I,In} + 100.000 \cdot s'_{II,In} - 2\,S_{ab}$$

Die Belastungsdifferenz zwischen Pr 1 und Pr 2 lautet daher:

(55) $$100.000 \cdot (s'_{I,Au} - s'_{II,Au}) - S_{ab}.$$

Die Umformung zeigt, daß Alternative Pr 1 der Alternative Pr 2 in dem Ausmaß überlegen ist, als der Grenzsteuersatz für die zweite Stufe im Ausland höher als jener für die erste Stufe im Ausland ist und inländische Steuerabsetzbeträge bei zu niedrigen inländischen Einkommensteilen verlorengehen.

Dennoch wäre der Schluß voreilig, daß die möglichste Gewinnnivellierung im In- und Ausland auch beim Freistellungsverfahren mit Progressionsvorbehalt zur niedrigsten Steuerbelastung führt. Dies soll durch die folgende Modifikation des Ausgangsbeispieles gezeigt werden. In diesem Fall 3 sollen die bisherigen Daten dahingehend abgeändert werden, daß die ausländischen Einkünfte (bei gleichbleibendem Durchschnittswert) durch bilanzpolitische Maßnahmen gegenüber dem Durchschnittswert um +/— 300.000,— variiert werden können, so daß sie zwischen —200.000,— und +400.000,— liegen können. Es sei unterstellt, daß Verluste im In- und Ausland vor-, nicht aber rückgetragen werden können (entspricht nicht der derzeitigen deutschen Rechtslage). Die Wiederauflösung des Einsatzes der bilanzpolitischen Aktionsparameter in der nächsten Periode sei wieder unterstellt:

Fall Pr 3:

	Inland	Ausland	Summe
1. Periode:			
Einkommen	200.000	— 200.000	0
Steuer	0*	0	0
2. Periode:			
Einkommen	0	400.000 — 200.000** 200.000	400.000***
Steuer	0****	50.000	50.000

Summe der Steuerbelastung beider Perioden: 50.000,—

* Steuersatz von 0% auf das inländische Einkommen von 200.000,— angewendet („negativer Progressionsvorbehalt")

** Verlustvortrag

*** Daß hier 400.000,— und nicht 200.000,— angesetzt werden, entspricht bereits Abschn. 105 Abs. 7 EStR 1979: Ausländische Verluste aus Vorjahren sollten bei der Ermittlung des Welteinkommens nicht abgezogen werden können, „da dies zu einer vom Gesetzgeber nicht gewollten mehrfach begünstigten Behandlung dieser Verlustvorträge führen würde." (Die Gesetzmäßigkeit dieser Auslegung ist aber fraglich.).

**** Steuersatz für ein Einkommen von 400.000,—, angewendet auf die inländische Bemessungsgrundlage von Null.

Analyse:

Die Gestaltung gemäß Pr 3 führt zu einer wesentlich geringeren Steuerbelastung als Pr 1 und Pr 2. Dies ist darauf zurückzuführen, daß sich die ausländischen Verluste — trotz Beachtung von Abschnitt 105 Abs. 7 EStR! — zweimal auswirken[862]. Der Vergleich mit der bisher als günstigst erkannten Variante Pr 1 zeigt, daß durch Pr 3 die inländischen Einkommensteile steuerfrei gestellt werden können, jedoch andererseits bei den ausländischen Einkünften eine Progression eintreten kann. (Im Beispielsfall tritt bei den Auslandseinkünften gar keine Progression ein.) Die Differenz der Belastung von Pr 3 abzüglich jener von Pr 1 beträgt:

$$(56) \qquad 100.000 \cdot (s'_{II,Au} - s'_{I,Au}) - 2 \cdot (100.000 \cdot s'_{I,In} - S_{ab})$$

---

862 Vgl. auch HABERSTOCK (1976b), S. 57ff.

Solange die Mehrbelastung der zweiten Einkommensschicht im Ausland gegenüber der ersten Einkommensschicht im Ausland nicht mehr als doppelt so hoch wie die Gesamtsteuer auf die inländische erste Schicht ist, führt Pr 3 zu einer niedrigeren Steuerbelastung als Pr 1.

Für die Steuerbilanzpolitik ergibt sich aus dieser Tarifgestaltung bei Vorhandensein ausländischer Einkommensteile eine eigenartige Asymmetrie der empfehlenswerten Verhaltensweisen: Gelingt bei den ausländischen Einkünften eine so extreme Ergebnisvariation, daß dort Verluste mit Gewinnen abwechseln, so kann ein Ausweis stark schwankender Ergebnisse optimal sein. Wenn die ausländischen Verluste nicht ausreichen, um das Gesamtergebnis in einer Periode auf Null zu bringen, so bewirkt der ausländische Verlust aber nur eine Reduktion der Progression im Inland, die durch die Progression im Ausland auch überkompensiert werden kann. Können durch bilanzpolitische Maßnahmen genügend große Ergebnisschwankungen nicht erzielt werden, so ist möglichst die Gewinnivellierung im In- und Ausland anzustreben.

Auf die Berücksichtigung des aufgezeigten Steuersatzeffektes im Programmierungsmodell wird verzichtet; es treten ähnliche Probleme wie bei der Abbildung des begünstigten Einkommensteuersatzes auf[863].

De lege ferenda ist die Möglichkeit der endgültigen Steuereinsparung durch bloße Anwendung bilanzpolitischer Maßnahmen — noch dazu bei den ausländischen Einkünften — unbedingt abzulehnen. Es handelt sich um keine durch irgendwelche wirtschaftspolitischen Motive zu rechtfertigende Begünstigung, sondern ganz einfach um eine unhaltbare Inkonsistenz.

5. Einbeziehung der Gewerbeertragsteuer

Die Bemessungsgrundlage der Gewerbeertragsteuer, der Gewerbeertrag, setzt sich aus zwei steuerbilanzpolitisch verschieden zu beurteilenden Komponenten zusammen, einerseits aus dem Gewinn aus Gewerbebetrieb, andererseits aus den Hinzurechnungen und Kürzungen[864]. Die erste Komponente wird durch sämtliche bilanzpolitische Maßnahmen mitbeeinflußt; die Hinzurechnungen und Kürzungen hingegen können hauptsächlich durch Maßnahmen *vor* dem Bilanzstichtag variiert werden. Als Beispiel seien die Hinzurechnungen für Dauer-

---

[863] Vgl. oben Abschn. 2 b. Vgl. auch den gemischt-ganzzahligen Programmierungsansatz bei HABERSTOCK (1976b), S. 200ff.

[864] §§ 6—8 GewStG.

schuldzinsen angeführt: Es ist zweckmäßig, bei jeder Bank, bei der debitorische Kontokorrentkonten unterhalten werden, einen Saldo von Null durch mindestens sechs Tage zu erzielen, notfalls durch Umschichtung von anderen Bankkonten; zu beachten ist, daß alle Kontokorrentkonten bei derselben Bank zusammenzurechnen sind[865].

Hinsichtlich der Gewerbeertragsteuer werden in der Steuerbilanzpolitik die Dispositionen zweistufig verlaufen: Vor dem Bilanzstichtag sind Maßnahmen zu setzen, um Hinzurechnungen zu vermindern bzw. Kürzungen zu erlangen. Nach dem Bilanzstichtag bewirkt — bei Feststehen des Ausmaßes der Hinzurechnungen und Kürzungen — die Gewerbeertragsteuer nur mehr eine Modifikation des Einkommen- bzw. Körperschaftsteuertarifs, von der eine Änderung der steuerbilanzpolitischen Optimierung (gegenüber einer nur auf dem Einkommen- bzw. Körperschaftsteuertarif basierenden Optimierung) ausgelöst werden kann. Im folgenden wird analysiert, wie ein gemeinsamer Einkommen- (bzw. Körperschaft-) und Gewerbeertragsteuertarif zu berechnen ist.

a) Berechnung eines einheitlichen Tarifes für Einkommen- und Gewerbeertragsteuer

Für die Ermittlung des einheitlichen Tarifes sind folgende Gesichtspunkte zu beachten:

1. Die Gewerbeertragsteuer ist bei der Einkommen- bzw. Körperschaftsteuer abzugsfähig. Deshalb ist der steuerrechtliche Gewinn definiert als der bereits um die Gewerbeertragsteuer verminderte. Durch die bilanzpolitischen Maßnahmen wird unmittelbar ein „provisorischer Gewinn" (im folgenden mit P bezeichnet) beeinflußt. Dies ist der steuerbilanzielle Gewinn vor Berechnung der Gewerbeertragsteuer, auch vor Abzug von Gewerbesteuervorauszahlungen, jedoch nach Abzug der (erfolgsunabhängigen) Gewerbekapitalsteuer. Zunächst wird unterstellt, daß der Saldo der gewerbeertragsteuerlichen Hinzurechnungen und Kürzungen gleich Null ist. Dann ist P gleich der Größe „Gewinn aus Gewerbebetrieb + Gewerbeertragsteuer" sowie auch gleich der Größe „Gewerbeertrag + Gewerbeertragsteuer". Soweit erforderlich, werden im folgenden durch die Zusätze „nom" nominelle Werte (Steuersätze und Bereichsgrenzen für Tarifstufen) gekennzeichnet. Diese „nominellen" Werte sind immer diejenigen, welche in den Steuergesetzen angeführt sind.

---

[865] Dies ist eine Zusammenfassung der Judikatur zu § 7 Z. 1 GewStG nach WEILER (1976), A III, S. 4.

Demgegenüber bedeutet der Zusatz „eff" effektive Werte (Steuersätze und Bereichsgrenzen für Steuertarife), d. s. Werte, die jeweils auf die durch die Steuerbilanzpolitik unmittelbar beeinflußbare Größe *P* bezogen sind. Der abzuleitende einheitliche Tarif wird auf diese Größe *P* bezogen. Der einheitliche Tarif hat immer nur für einen bestimmten Saldo der Hinzurechnungen und Kürzungen Geltung.

2. Für Einzelunternehmungen und Personengesellschaften bestehen gewerbeertragsteuerliche Begünstigungen gegenüber den anderen Unternehmungen (insbesondere den Kapitalgesellschaften) durch die Tarifbestimmungen des § 11 Abs. 2 Z. 1 i. V. m. § 18 GewStG. Gemäß dieser Bestimmung beträgt die Gewerbeertragsteuer[865a]

für die ersten 60.000,—	0% mal Hebesatz
für die weiteren 50.000,— Gewerbeertrag	7% mal Hebesatz
für die weiteren 35.000,— Gewerbeertrag	6% mal Hebesatz
für alle weiteren Beträge des Gewerbeertrages	5% mal Hebesatz

Die anderen Unternehmungen haben einheitlich für den gesamten Gewerbeertrag 5% mal Hebesatz zu entrichten. Die Tarifstruktur des § 11 Abs. 2 Z. 1 GewStG weist eine Degression auf. Da diese Tarifstruktur komplexer als die für die Kapitalgesellschaften gültige ist, wird der Fall der Einzelunternehmung weiter behandelt.

3. Da die Gewerbeertragsteuer für den Gesamtbetrieb, die Einkommensteuer jedoch für jeden einzelnen Gesellschafter erhoben wird, ist ein gemeinsamer Tarif für Gewerbeertragsteuer und Einkommensteuer, der für einen Einzelunternehmer gilt, nicht zugleich für einen Unternehmer gültig, der nur einen *Anteil* an einem Unternehmen besitzt (Mitunternehmerschaft zu weniger als 100%). Der im folgenden beispielhaft abgeleitete einheitliche Tarif gilt für einen Einzelunternehmer.

4. Die Hebesätze sind wegen der gemeinsam mit der Gewerbesteuer erhobenen Kammerumlagen bundesländerweise verschieden und können auch im Zeitablauf schwanken. Der beispielhaft abgeleitete einheitliche Tarif wird für einen Hebesatz (im folgenden abgekürzt: HS) von 334% berechnet (gültig z. B. für Wien im Jahre 1980).

[865a] Ab 1982 aufgrund AbgÄG 1981 geringfügige Änderungen der folgenden Werte.

Anhand der beispielhaften numerischen Ermittlung eines einheitlichen Einkommen- und Gewerbesteuertarifes wird das allgemeine Berechnungsschema entwickelt, so daß für beliebige andere Datenkonstellationen die Berechnung eines einheitlichen Tarifes leicht möglich ist. Von den Rundungsvorschriften des Einkommen- und des Gewerbesteuerrechtes wird hierbei abstrahiert.

Zunächst werden Hilfsgrößen für die Bereichsgrenzen der Tarifstufen der Gewerbeertragsteuer BG_1^{gew} und BG_2^{gew} berechnet; die nominellen Sätze des Gewerbesteuertarifes beziehen sich auf Stufen des Gewerbeertrages, benötigt werden aber Stufen für „Gewerbeertrag + Gewerbeertragsteuer":

$$7\% \cdot HS = 7\% \cdot 334\% = 23{,}38\% = s_1^{\text{gew,nom}}.$$

$s_1^{\text{gew,nom}}$ angewendet auf „die weiteren 50.000,—" ergibt 11.690,—. Dieser Betrag zur nominellen Bereichsgrenze $BG_1^{\text{gew,nom}} = 110.000,—$ addiert, ergibt die effektive Bereichsgrenze $BG_1^{\text{gew,eff}} = 121.690,—$. Man beachte, daß diese und alle anderen Bereichsgrenzen vom Hebesatz abhängen. Analog ermittelt man $BG_2^{\text{gew,eff}} = 163.704,—$. Hiermit kann folgender Tarif für die Gewerbeertragsteuer der Einzelunternehmung zusammengestellt werden (Anstoßtarif):

Gewerbeertrag[866]	Gewerbeertrag + Gewerbertragsteuer[867]	$s^{\text{gew,nom}}$ in %	$s^{\text{gew,eff}}$ in %
0— 60.000	0— 60.000	0	0
60.001—110.000	60.001—121.690	23,38	18,95
110.001—145.000	121.691—163.704	20,04	16,69
ab 145.001	ab 163.705	16,70	14,31

Für den Aufbau des kombinierten Tarifes muß weiters die Einkommensteuerbelastung wegen der Abzugsfähigkeit der Gewerbeertragsteuer umgerechnet werden. Statt der nominellen Grenzsteuersätze $s_q^{\text{ein,nom}}$, die auf das Einkommen bezogen sind, müssen auf P bezogene effektive Grenzsteuersätze $s_q^{\text{ein,eff}}$ [868] verwendet werden[869].

[866] Die Obergrenzen der angegebenen Stufen sind die Bereichsgrenzen $BG_q^{\text{gew,nom}}$ ($q = 0, 1, 2$).

[867] Die Obergrenzen der angegebenen Stufen sind die Bereichsgrenzen $BG_q^{\text{gew,eff}}$ ($q = 0, 1, 2$).

[868] Der für die effektiven Einkommengrenzsteuersätze zur Kennzeichnung der einzelnen Stufen benutzte Index q ist nicht identisch mit dem Index q in $s_q^{\text{ein,nom}}$, denn bei $s_q^{\text{ein,eff}}$ werden die Tarifstufen nicht nur durch die Bereichsgrenzen des Einkommensteuertarifes, sondern außerdem durch die Bereichsgrenzen des Gewerbeertragsteuertarifes bestimmt. Zu $s_q^{\text{ein,nom}}$ vgl. Abschnitt 2a (dort als s_{tq} bezeichnet).

[869] Diese Vorgangsweise hat den Vorteil, Steuersätze zu liefern, die

Es gilt allgemein

(57) $$s_q{}^{\text{ein, eff}} = \left(1 - \frac{s_q{}^{\text{gew, eff}}}{100}\right) \cdot s_q{}^{\text{ein, nom}},$$

wobei die q jeweils so zu wählen sind, daß sich die Geltungsbereiche des Einkommen- und des Gewerbeertragsteuertarifes überdecken. Z. B. ist

$$\left(1 - \frac{s_1{}^{\text{gew, eff}}}{100}\right) \cdot s_2{}^{\text{ein, nom}} = s_3{}^{\text{ein, eff}},$$

numerisch konkretisiert

$$\left(1 - \frac{18{,}95}{100}\right) \cdot 28 = 22{,}69,$$

auf P-Werte von 60.001,— bis 109.352,— anzuwenden. (Vgl. unten die Tabelle zum kombinierten Einkommensteuer- und Gewerbeertragsteuertarif.)

Nun kann der kombinierte Tarif für Einkommen- und Gewerbeertragsteuer für den konkreten Fall aufgestellt werden. Die Bereichsgrenzen des auf P anzuwendenden Tarifs haben jeweils sowohl die Tarifstufen für die Gewerbeertragsteuer als auch jene für die Einkommensteuer zu berücksichtigen. Als Einkommensteuertarif wird jener, welcher in Abschnitt 2a behandelt wurde, zugrundegelegt. Sobald eine der beiden maßgebenden Grenzen erreicht ist, muß für den kombinierten Tarif ein neuer Steuersatz berechnet werden. Die Bereichsgrenzen, soweit sie durch den Einkommensteuertarif bestimmt werden ($BG^{\text{ein, eff}}$), ergeben sich aus der Addition der Gewerbeertragsteuerbelastung, die bei der nominellen Bereichsgrenze anfällt, zur nominellen Bereichsgrenze:

(58) $$BG_q{}^{\text{ein, eff}} = BG_q{}^{\text{ein, nom}} + S^{\text{gew, nom}}\,(BG_q{}^{\text{ein, nom}}).$$

Im einzelnen:

$$BG_0{}^{\text{ein, eff}} = 20.870 + 0 = 20.870.$$
$$BG_1{}^{\text{ein, eff}} = 50.000 + 0 = 50.000.$$
$$BG_2{}^{\text{ein, eff}} = 100.000 + 0 \cdot 60.000 + 0{,}2338 \cdot 40.000 = = 109.352.$$
$$BG_3{}^{\text{ein, eff}} = 150.000 + 0 \cdot 60.000 + 0{,}2338 \cdot 50.000 + + 0{,}2004 \cdot 35.000 + 0{,}1670 \cdot 5.000 = 169.539.$$

---

auf die unmittelbar durch die Steuerbilanzpolitik beeinflußbare Größe bezogen sind.

Da bei $BG_3^{\text{ein, eff}}$ erstmals die Anfangsbegünstigung bei der Gewerbeertragsteuer voll ausgenutzt wird, kann für diese und alle weiteren Bereichsgrenzen auch nach folgender Formel vorgegangen werden:

$$BG_q^{\text{ein, eff}} = BG_q^{\text{ein, nom}} + 18.704 + 0{,}1670 \cdot (BG_q^{\text{ein, nom}} - 145.000)$$

Der kombinierte Steuersatz ergibt sich zu

$$s_q^{\text{komb, eff}} = s_q^{\text{ein, eff}} + s_q^{\text{gew, eff}}$$

(mit geeigneten aufeinander abgestimmten q). $P_{(t)q}$ gibt jenen Teil von P an, der (in Periode t) in die q-te Stufe des kombinierten Einkommen- und Gewerbeertragsteuertarifes fällt. Analog (46) gilt (unter Weglassung des Periodenindex t)

(46′) $$P_q \leqq BG_q^{\text{komb, eff}} - BG_{q-1}^{\text{komb, eff}} \qquad (q = 1, 2, \ldots, \bar{q} - 1).$$

Kombinierter Einkommen- und Gewerbeertragsteuertarif

	$BG_q^{\text{komb, eff}}$	P_q	$s_q^{\text{gew, eff}}$	$s_q^{\text{ein, nom}}$	$s_q^{\text{ein, eff}}$	$s_q^{\text{komb, eff}}$
0	20.870[a)]	20.870	0	0[a]	0	0
1	50.000[b)]	29.130	0	23	23	23
2	60.000[c)]	10.000	0	28	28	28
3	109.352[d)]	49.352	18,95	28	22,69	41,64
4	121.690[e)]	12.338	18,95	33	26,75	45,70
5	163.704[f)]	42.014	16,69	33	27,49	→44,18
6	169.539[g)]	5.835	14,31	33	28,28	→42,59
7	227.889[g)]	58.350	14,31	38	32,56	46,87
		usw.				

Anmerkungen zum kombinierten Tarif:

a) $BG_0^{\text{komb, eff}} = BG_0^{\text{ein, eff}} = BG_0^{\text{ein, nom}}$
$BG_0^{\text{komb, eff}}$ und $s_0^{\text{ein, nom}}$ sind aus dem ersten nominellen Einkommensteuersatz von 23% und dem allgemeinen Steuerabsetzbetrag von 4.800 abzuleiten

b) $BG_1^{\text{komb, eff}} = BG_1^{\text{ein, eff}} = BG_1^{\text{ein, nom}}$

c) $BG_2^{\text{komb, eff}} = BG_0^{\text{gew, eff}}$

d) $BG_3^{\text{komb, eff}} = BG_2^{\text{ein, eff}}$

e) $BG_4^{\text{komb, eff}} = BG_1^{\text{gew, eff}}$

f) $BG_5^{\text{komb, eff}} = BG_2^{\text{gew, eff}}$

g) $BG_6^{\text{komb, eff}} = BG_3^{\text{ein, eff}}$ usw., also
allgemein: $BG_q^{\text{komb, eff}} = BG_{q-3}^{\text{ein, eff}} \qquad (q \geqq 6)$

Die berechneten kombinierten Effektivsteuersätze können in Verbindung mit den Bereichsgrenzen $BG_q^{\text{komb, eff}}$ für eine genaue steuerbilanzpolitische Planung anstelle der in Abschnitt 2a benutzten Einkommensteuersätze verwendet werden. Alle dort angestellten Überlegungen gelten völlig analog, weshalb auf die neuerliche formale Darstellung verzichtet werden kann. (Das Symbol $\overline{G}$, einschließlich seiner verschiedenen Indizierungen, ist bei Einbeziehung der Gewerbeertragsteuer als P zu interpretieren; auf die Symboländerung soll aber verzichtet werden.)

Lediglich eine Tatsache bereitet bei der Verwendung des kombinierten Tarifes Schwierigkeiten: Wie aus der obigen Tabelle ersichtlich ist, treten in den Stufen 5 und 6 Grenzsteuersätze auf, welche niedriger als diejenigen der unmittelbar vorangehenden Stufen sind (siehe Kennzeichnung durch Pfeile). Im weiteren Verlauf des kombinierten Tarifes tritt dieses Phänomen nicht mehr auf. Im Programm muß daher zum Unterschied von der Vorgangsweise in Abschnitt 2a durch ausdrückliche Bedingungen sichergestellt werden, daß die Bemessungsgrundlagenteile $\overline{G}_{t5}$ und $\overline{G}_{t6}$ erst dann einen positiven Wert erhalten können, wenn $\overline{G}_{t4}$ bzw. $\overline{G}_{t5}$ den Wert ihrer Bereichsgrenze angenommen haben. Dies kann mittels ganzzahliger Hilfsvariabler, z. B. für $\overline{G}_{t5}$, so erreicht werden:

(59) $$u \leqq \frac{1}{BG_{t4} - BG_{t3}} \cdot \overline{G}_{t4}$$

und

(60) $$\overline{G}_{t5} \leqq BG_{t5} \cdot u \qquad \left(u = \begin{Bmatrix} 0 \\ 1 \end{Bmatrix}\right)$$

Man könnte mit i. a. ausreichender Genauigkeit auf (59) und (60) verzichten, wenn man die Bereiche $\overline{G}_{t4}$, $\overline{G}_{t5}$ und $\overline{G}_{t6}$ zusammenfaßt und mit einem näherungsweisen Steuersatz für das zusammengefaßte Intervall arbeitet.

Wenn der Saldo der gewerbeertragsteuerlichen Hinzurechnungen und Kürzungen (im folgenden kurz als „Saldo" bezeichnet) $\neq 0$ ist, so ist folgende Modifikation für die Berechnung des kombinierten Effektivsteuertarifs erforderlich: Die oben ermittelten Bereichsgrenzen $BG_q^{\text{gew, eff}}$ gelten nun nur für „Gewerbeertrag + Gewerbeertragsteuer". Dem entsprechen für P die Bereichsgrenzen „$BG_q^{\text{gew, eff}}$ — Saldo". Es sei als Beispiel der kombinierte Tarif für einen positiven Saldo von 30.000,— in den ersten Zeilen entwickelt:

Gewerbeertrag	Gewinn aus Gewerbebetrieb	Gewerbeertrag + Gewerbeertragsteuer	Gewinn aus Gewerbebetrieb + Gewerbeertragsteuer (= P)	$s^{\text{gew, nom}}$ in %	$s^{\text{gew, eff}}$ in %
0 bis 60.000	— 30.000 bis 30.000	0 bis 60.000	— 30.000 bis 30.000	0	0
60.001 bis 110.000	30.001 bis 80.000	60.001 bis 121.690	30.001 bis 91.690	23,38	18,95

usw.

Die rechten Zahlen in der Spalte P sind die nun maßgebenden Bereichsgrenzen, die an die Stelle von $BG_q^{\text{gew, eff}}$ treten. Durch die Änderung der zu P jeweils gehörenden Gewerbeertragsteuer ändern sich auch die $BG_q^{\text{ein, eff}}$, die jedoch hier nicht alle abgeleitet werden sollen — ein Beispiel wird in der nachstehenden Tariftabelle berechnet. Der kombinierte Tarif lautet daher in den ersten Zeilen:

q	$BG_q^{\text{komb, eff}}$	P_q	$s_q^{\text{gew, eff}}$	$s_q^{\text{ein, nom}}$	$s_q^{\text{ein, eff}}$	$s_q^{\text{komb, eff}}$
0	20.870 a)	20.870	0	0	0	0
1	30.000 b)	9.130	0	23	23	23
2	54.676 c)	24.676	18,95	23	18,64	37,59
3	91.690 d)	37.014	18,95	28	22,69	41,64
4	115.698 e)	24.008	16,69	28	23,33	40,02

usw.

a) $BG_0^{\text{komb, eff}} = BG_0^{\text{ein, eff}} = BG_0^{\text{ein, nom}}$

b) $BG_1^{\text{komb, eff}} = BG_0^{\text{gew, eff}}$ — Saldo

c) $BG_2^{\text{komb, eff}} = BG_1^{\text{ein, eff}} = 50.000 + 0 \cdot 60.000 + 0{,}2338 \cdot 20.000 = 54.676$

d) $BG_3^{\text{komb, eff}} = BG_1^{\text{gew, eff}}$ — Saldo

e) $BG_4^{\text{komb, eff}} = BG_2^{\text{ein, eff}} = 100.000 + 0 \cdot 60.000 + 0{,}2338 \cdot 50.000 + 0{,}2004 \cdot 20.000 = 115.698$

Auch aus der Privatsphäre im Sinne von Abschn. II. 2 herrührende Abweichungen der einkommen- und gewerbeertragsteuerlichen Bemessungsgrundlage können, soweit diese Abweichungen konstant (= planungsunabhängig) sind, in den oben definierten Saldo aufgenommen werden.

Die Ableitung eines kombinierten Tarifes für Gewerbeertragsteuer und Körperschaftsteuer ist wegen des hier geltenden einheitlichen Gewerbeertragsteuertarifes einfacher. Die Bereichsgrenzen des kombinierten Tarifes hängen in diesem Falle ausschließlich von den Bereichsgrenzen des Körperschaftsteuertarifes ab und sind ebenso wie oben die $BG_q^{\text{ein, eff}}$ zu ermitteln.

b) Alternativansatz zur Einbeziehung der Gewerbeertragsteuer

Die vorstehenden Ausführungen zeigten, daß die Ermittlung des gemeinsamen Einkommen- und Gewerbeertragsteuertarifes situationsabhängig und sehr arbeitsaufwendig ist. Es ist daher noch auf alternative Möglichkeiten der Einbeziehung der Gewerbeertragsteuer in die Steuerbilanzpolitik hinzuweisen.

Bei Benutzung der EDV könnten alle Steuertarife der einzelnen Steuern gemäß den gesetzlichen Vorschriften formalisiert werden[870]. Dann erhält man freilich nicht einen explizit angebbaren Steuertarif, sondern die jeweils für den Einzelfall der Datenkonstellation anfallenden Steuern. Nachteilig an diesem Verfahren ist jedoch, daß Nichtlinearitäten in das Modell eingebracht werden[871] und damit der leistungsfähigste Algorithmus für die Steuerbilanzpolitik, nämlich die lineare Optimierung, nicht mehr ohne weiteres anwendbar ist. Die rechentechnischen Vor- und Nachteile gegenüber der Entwicklung kombinierter Steuertarife müßten erst noch untersucht werden.

ROSENBERG wendet in einem LP-Modell einen kombinierten Tarif nach Art der Teilsteuerrechnung auf den Steuerbilanzgewinn und einen gesonderten Tarif (nur Gewerbeertragsteuer) auf die Hinzurechnungen und Kürzungen an[872]. Dieser Ansatz ist allerdings nur für durchgehend proportionale Steuertarife brauchbar[873]. In diesem Falle können aber genausogut die Bemessungsgrundlagen für die einkommenabhängige Steuer und für die Gewerbeertragsteuer gesondert ermittelt und mit ihren die effektive Steuerbelastung abbildenden Koeffizienten in der Zielfunktion des steuerbilanzpolitischen Modelles gesondert angesetzt werden. Die unangenehmen Probleme treten erst durch die pro- und degressiven Tarifteile sowohl der Einkommen- als auch der Gewerbeertragsteuer bei gleichzeitiger Interdependenz zwischen beiden Steuern auf.

---

[870] Vgl. KAEFER (1974), bes. S. 158ff., S. 205ff. und S. 326ff.

[871] Vgl. ebendort, bes. S. 327f., die Formeln (13) und (14) i. V. m. S. 213.

[872] So ROSENBERG (1975), bes. S. 119 und S. 121ff.

[873] ROSENBERG soll hiermit nicht kritisiert werden, denn im Rahmen der Prämissen seiner Arbeit ist sein Ansatz ausreichend.

Schließlich könnte erwogen werden, die Gewerbeertragsteuer nicht in den Tarif einzubeziehen, weil sich die Ergebnisse der Optimierung mit und ohne Einbeziehung wenig unterscheiden[874].

6. Erwartungen über Änderungen der Steuertarife

Unter I wurden bereits die hauptsächlichen Determinanten der Bildung von Erwartungen über Änderungen des Steuersystems zusammengestellt. Alle diese Einflußgrößen gelten auch für die Erwartungen über Änderungen der Steuertarife, doch können für diese Erwartungen zwei Determinanten spezifiziert werden: Einerseits kann, insbesondere für langfristige Planungen, der säkulare Trend durch Extrapolation der Entwicklung in der Vergangenheit prognostiziert werden; andererseits sind für die taktische bis operative Planung die durch Wahltermine induzierten sprunghaften Änderungen der Steuertarife zeitlich eingrenzbar.

Folgende säkulare Trends sind festzustellen[875]: Gemessen am nominellen Einkommen, werden niedrige bis mittlere Einkommen entlastet, hohe Einkommen mehr belastet. Bei einem Einkommen des Jahres 1954 von etwa S 120.000,—, das unter Berücksichtigung der Steigerung des Lebenshaltungskostenindex 1975 etwa einem Einkommen von S 275.000,— entsprach, wurde durch die Tarifsenkungen auch eine reale Konstanthaltung der Einkommensteuerbelastung erreicht. Höhere Einkommen wurden im Zeitablauf auf lange Sicht real höher belastet, während niedrigere Einkommen real entlastet wurden. Die Neutralisierung der Geldwertverdünnung, die immer wieder als Motiv für die Steuertarifkorrekturen genannt wird[876], wird daher durch Umverteilungsstrategien überlagert.

Für die Gewerbeertragsteuer ist ex post kein säkularer Trend feststellbar, doch ist auf längere Sicht im Hinblick auf die Beeinträchtigung der internationalen Wettbewerbsfähigkeit durch die Gewerbeertragsteuer, die eine Besonderheit des österreichischen und deutschen Steuerrechts darstellt, ihre Abschaffung und Ersetzung durch eine

---

[874] So GÜNTHER / SIEGEL (1981), S. 15ff., die allerdings nur Beispielrechnungen (nach dt. Recht) und keinen allgemeinen Beweis als Argument benutzen.

[875] Vgl. VODRAZKA (1974a). Die von VODRAZKA genannten Indexzahlen wurden bis 1975 ergänzt. — Speziell zur Quantifizierung säkularer Trends sind formale Verfahren einsetzbar: vgl. zur Übersicht BRUCKMANN (1977).

[876] Vgl. etwa POKORNY (1975).

Erhöhung der Umsatzsteuer, die beim Grenzübertritt unstreitig ausgleichsfähig ist, zu erwarten[877].

Die zeitliche Abhängigkeit der Steuertarifsenkungen von den Wahlzyklen entspricht zunächst der unmittelbaren Anschauung des täglichen Lebens. Überdies liegen im Bereich der „Neuen Politischen Ökonomie" theoretische wie empirische Arbeiten vor, die erklären, wie Regierungen ihre Popularitätsfunktion im Hinblick auf die Wiederwahl durch ökonomische Maßnahmen beeinflussen[878].

Steueränderungen können zur Konsumbeeinflussung benutzt werden und haben auch zweifellos direkten Einfluß auf die Popularität. Je stabiler die parlamentarischen Mehrheitsverhältnisse sind, desto eher wird man die Wahltermine und damit die Steuertarifsenkungen prognostizieren können.

Das Konzept der „Neuen Politischen Ökonomie" kann operationale Prognosegrundlagen für das im Zusammenhang mit den übrigen gesamtwirtschaftlichen Daten mögliche Ausmaß der Steuersenkungen liefern.

7. Einbeziehung der gesetzlichen Sozialversicherung

Die steuerbilanziellen Ergebnisse lösen nicht immer nur Steuerzahlungen, sondern bei vielen Steuerpflichtigen auch Zahlungen an einen Parafiskus, die gesetzliche Sozialversicherung, aus. Dieser Zusammenhang wurde in der steuerbilanzpolitischen Literatur überhaupt noch nicht beachtet, obwohl er für die Optimierung des Ergebnisausweises von großer Bedeutung ist. Da das Recht der gesetzlichen Sozialversicherung von großer Komplexität ist, können nachfolgend nur die Grundzüge des Zusammenhanges dieses Gebietes mit der Steuerbilanzpolitik aufgezeigt werden. Zahlreiche sozialversicherungsrechtliche Vorschriften bleiben unerörtert. Die nachfolgende Darstellung erhebt nur den Anspruch, erstmals die Methodik der Zusammenführung von bilanzsteuerrechtlichen und pensionsversicherungsrechtlichen Optimierungen aufzuzeigen. Für die praktische Anwendung müßten jedoch in umfangreichen Sonderuntersuchungen die sozialversicherungsrechtlichen Vorschriften wesentlich exakter abgebildet werden.

Daß das Gebiet der gesetzlichen Sozialversicherung in den Untersuchungsbereich der betriebswirtschaftlichen Steuerlehre gehört, dürfte

---

[877] Vgl. TIPKE (1979), S. 325, mit weiteren Nachweisen. — Zur Problematik der Vergütungsfähigkeit der Gewerbeertragsteuer beim Grenzübertritt der Waren vgl. VODRAZKA (1972).

[878] Vgl. u. a. FREY / LAU (1968); FREY (1974), bes. S. 47, mit weiteren Nachweisen; SCHNEIDER, F. (1974).

wohl unbestritten sein. Für den Steuerpflichtigen ist es gleichgültig, ob er seine Zahlungen an den Fiskus oder an einen Parafiskus erbringt. Ein Unterschied der Zahlungen an den Parafiskus „gesetzliche Sozialversicherung" gegenüber den Zahlungen an den Fiskus besteht allerdings darin, daß die Zahlungen an die Pensionsversicherung Zahlungen an diesen Beitragspflichtigen auslösen, wobei sogar ein exakter Zusammenhang zwischen der Höhe der Beiträge und der Höhe der empfangenen Pension besteht. Bei der Krankenversicherung besteht kein Zusammenhang zwischen der Höhe der Beiträge und den empfangenen Leistungen, weshalb hier keinerlei Unterschied zu den Steuerzahlungen besteht. Für die Pensionsversicherung könnte man Bedenken haben, diese Finanzbeziehungen zusammen mit den Steuern, die durch das Fehlen der speziellen Entgeltlichkeit gekennzeichnet sind, zu analysieren. *Für* die gemeinsame Analyse spricht aber folgendes: Erstens bestehen ebenso wie bei den Steuern Vorschriften, die die Zahlungsströme zwangsweise auslösen; zweitens werden die Zahlungsströme an den und von dem Parafiskus genau durch die Bemessungsgrundlage der Einkommensteuer, modifiziert um einige spezielle steuerbilanzpolitische Aktionsparameter, ausgelöst, so daß eine Optimierung des steuerbilanziellen Ergebnisses unvollständig und damit unrichtig bleiben müßte, wenn ein Teil der durch das steuerbilanzielle Ergebnis ausgelösten Zahlungen außer Betracht bliebe.

Das Gewerbliche Sozialversicherungsgesetz (GSVG), soweit es sich auf die Pensionsversicherung bezieht, wird in der für 1981 geltenden Fassung den folgenden Ausführungen zugrunde gelegt[879]. Die Steuerbilanzergebnisse beeinflussen darüber hinaus in ähnlicher Weise die Zahlungen für die Krankenversicherung nach GSVG. Da die Krankenversicherungsbeiträge wegen des Fehlens der speziellen Entgelte den Steuern i. e. S. völlig gleichen, ergibt die Einbeziehung der Krankenversicherungsbeiträge in die steuerbilanzielle Optimierung keinen zusätzlichen Problembestand; im Interesse der Kürze wird daher auf die Erörterung der Zahlungen an die gesetzliche Krankenversicherung verzichtet. Ebenso wird von den Leistungsfällen des § 112 GSVG nur die Alterspension, auch diese nur in den Grundzügen, dargestellt.

[879] BG v. 11. 10. 1978, BGBl. Nr. 560 über die Sozialversicherung der in der gewerblichen Wirtschaft selbständig Erwerbstätigen, i. d. F. v. (zuletzt) BG v. 20. 5. 1981, BGBl. Nr. 283. Dieses Gesetz ist die Kompilation der älteren Gesetze GSPVG (Gewerbliche-Selbständigen-Pensionsversicherungsgesetz) und GSKVG (Gewerbliche-Selbständigen-Krankenversicherungsgesetz). Zur Darstellung der aktuellen Rechtslage und ihrer Entwicklung vgl.: Linseder/Teschner (1958ff.). Eine instruktive Übersicht geben Sulzbacher/Marek (o. J.).

Die Pensionshöhe ist eine Funktion, die durch zwei Eingangsgrößen bestimmt wird, nämlich durch die Zahl der erworbenen Versicherungsjahre und durch die Höhe der Bemessungsgrundlage (vgl. § 139 GSVG). Durch die Zahl der erworbenen Versicherungsjahre wird fixiert, wieviel Prozent der Bemessungsgrundlage die Pension beträgt (vgl. § 139 Abs. 3 GSVG). Hier sei zur Vereinfachung des Optimierungsproblems angenommen, daß die Zahl der Versicherungsjahre gegeben ist, so daß der auf die Bemessungsgrundlage anzuwendende Prozentsatz eine problemexogene Konstante darstellt. Damit bleiben Möglichkeiten des Pensionsberechtigten, den Pensionsbeginn bzw. die Beitragszeiten zu variieren (vgl. insbes. §§ 131, 141 und 143 GSVG), außer Betracht, und es ist nur die Höhe der Bemessungsgrundlage weiter zu untersuchen.

Für die GSVG-Pensionen wird die *Bemessungs*grundlage normalerweise aus den *Beitrags*grundlagen der Pensionsmonate, welche in den letzten 10 Kalenderjahren vor dem Stichtag liegen, ermittelt (vgl. insbes. § 122 GSVG). Stichtag ist der auf den Pensionsantrag folgende Monatserste bzw. bei Hinterbliebenenpensionen der Monatserste, der auf den Tod des Versicherten folgt (vgl. § 113 GSVG). Zur Vereinfachung der Darstellung wird im folgenden von einem Stichtag 1. Jänner ausgegangen. (Als Planungsperiode wird das Wirtschaftsjahr = Kalenderjahr verwendet).

Beitragsgrundlagen sind die steuerpflichtigen Einkünfte aus der Tätigkeit, die die GSVG-Pflicht begründet. Als Beitragsgrundlage des Jahres t sind jeweils die Einkünfte aus dem Jahre $t - 3$ heranzuziehen (vgl. § 25 Abs. 1 GSVG)[879a]. Somit wirken sich die steuerpflichtigen Ergebnisse der letzten drei Jahre vor dem Ende der Erwerbstätigkeit auf die Höhe der Pension nicht mehr aus. Tendenziell kann daraus schon als günstige steuerbilanzpolitische Strategie gefolgert werden, bis zum viertletzten Jahr vor der Pensionierung hohe Steuerbilanzgewinne und anschließend möglichst niedrige Ergebnisse auszuweisen, letzteres auch wiederum im Hinblick auf die Tarifbegünstigung für den bei der Pensionierung anfallenden „Veräußerungsgewinn".

[879a] Genau genommen wären die Einkünfte gem. 1. Satz, 2. Halbsatz von § 25 Abs. 1 GSVG um vorzeitige Abschreibung, Investitionsrücklage, Investitionsfreibetrag und nichtentnommenen Gewinn zu erhöhen. (*Gemeint* ist wohl bei den angesprochenen Rücklagen deren steuermindernde *Bildung*). Die Abbildung dieser Vorschrift könnte (mittels Aufspaltung der Steuerbemessungsgrundlage — wie oben beschrieben) erfolgen; der Kürze halber wird hierauf aber verzichtet.

Die Beitragsgrundlagen werden um Pensionsanpassungsfaktoren („Richtzahlen") aufgewertet.

Seit Jänner 1978 werden die steuerpflichtigen Einkünfte des Jahres $t - 3$ mit den Richtzahlen der Jahre $t - 2$, $t - 1$ und t multipliziert und bilden in dieser angepaßten Form die Beitragsgrundlage des Jahres t (vgl. §§ 25 Abs. 1 und 47 GSVG).

Nach früherer Rechtslage wurde die Beitragsgrundlage des Jahres $t - 3$ nur mit der Richtzahl des Jahres t multipliziert; bei beträchtlicher Geldentwertung wurden die GSPVG-Versicherten gegenüber den nach ASVG Pflichtversicherten schlechter gestellt. Die folgende formale Darstellung bildet nur die neue Rechtslage ab; es ist aber zu beachten, daß die frühere Berechnungsart noch bis auf Pensionen, die im Jahre 1987 beginnen werden, Auswirkungen hat.

Sowohl für die Beitragsentrichtung als auch für die Bildung der Bemessungsgrundlagen sind Mindest- und Höchstbeitragsgrundlagen zu beachten, die von Jahr zu Jahr erhöht werden (vgl. § 25 Abs. 5 und 6, § 48 GSVG).

Die vorstehenden pensionsrechtlichen Bestimmungen können nun mit der Steuerbilanzpolitik verknüpft werden. Zunächst werden die vom Steuerbilanzergebnis abhängigen Zahlungen an die Pensionsversicherung, anschließend die hiermit verbundenen Gegenleistungen, der Pensionsanspruch, formalisiert.

Im folgenden benutzte Symbole:

s_t^{pens}	Beitragssatz an die gesetzliche Pensionsversicherung im Jahre t
Bei_t	Beitragsgrundlage des Jahres t
r_t	Richtsatz (Aufwertungsfaktor) des Jahres t
$\overline{G}_t$	Gewinn laut Steuerbilanz (siehe oben Seite 398)
MinBei_t	Mindestbeitragsgrundlage des Jahres t
MaxBei_t	Höchstbeitragsgrundlage des Jahres t
Bem	Bemessungsgrundlage

Die zu entrichtenden Beiträge sind, bezogen auf einen Bezugspunkt der Planung

$$(61) \qquad \sum_{t=1}^{n} \text{Bei}_t \cdot s_t^{\text{pens}} \cdot v^t$$

Diese Beiträge sind ebenso wie die Steuern in die Zielfunktion der Steuerbilanzplanung einzubeziehen. Es gilt:

$$\text{Bei}_t = \overline{G}_{t-3} \cdot r_{t-2} \cdot r_{t-1} \cdot r_t,$$

falls dieser Wert zwischen MinBei_t und MaxBei_t liegt.

Nun definiert man die Variablen Unt_t für die Unterschreitung von MinBei_t sowie Üb_t für die Überschreitung von MaxBei_t:

$$\text{Unt}_t = \text{MinBei}_t - \overline{G}_{t-3} \cdot r_{t-2} \cdot r_{t-1} \cdot r_t \tag{62}$$

$$\text{Üb}_t = \overline{G}_{t-3} \cdot r_{t-2} \cdot r_{t-1} \cdot r_t - \text{MaxBei}_t. \tag{63}$$

Für beide Variablen gilt, ebenso wie für die $\overline{G}_t$, die Nichtnegativitätsbedingung[880].

Damit kann man statt (61) auch

$$\sum_{t=1}^{n} (\overline{G}_{t-3} \cdot r_{t-2} \cdot r_{t-1} \cdot r_t + \text{Unt}_t - \text{Üb}_t) \cdot s_t^{\text{pens}} \cdot v^t \tag{64}$$

i. V. m. (62) und (63) schreiben und hat den Zusammenhang mit dem übrigen steuerbilanzpolitischen Modell hergestellt. Die nominellen Beitragssätze s_t^{pens} müssen erforderlichenfalls konform mit der Definition von $\overline{G}_t$ umgerechnet werden. Es sei an Abschnitt 5 erinnert, wo die Einbeziehung der Gewerbeertragsteuer nahelegte, als $\overline{G}_t$ einen provisorischen Gewinn vor Abzug der Gewerbeertragsteuer zu wählen. Analoge Umrechnung ist für die Sozialversicherungsbeiträge erforderlich.

Ausdruck (64) ist auch der Ausgangspunkt für die Formalisierung des erworbenen Pensionsanspruches. Die Pensionsbemessungsgrundlage wird hier nur für den einfachsten Fall abgeleitet, daß der Pensionsberechtigte selbst den Pensionsfall erlebt. Außerdem wird von vielen Besonderheiten des Sozialversicherungsrechtes abstrahiert, von denen hier nur folgende erwähnt seien:

— Es wird ergänzend jene Bemessungsgrundlage ermittelt, welche nach Vollendung des 55. Lebensjahres gegeben wäre; ist sie günstiger als die Bemessungsgrundlage zum Stichtag, so wird sie herangezogen (§ 123 GSVG).
— Es besteht die Möglichkeit einer freiwilligen Höherversicherung durch Entrichtung zusätzlicher Beiträge (§ 141 GSVG).
— Es besteht die Möglichkeit einer Erhöhung des Pensionsanspruches durch einen Aufschub der Inanspruchnahme der Pension nach Erreichung des normalen Pensionsalters (§§ 143 und 124 GSVG).

Unter Abstraktion von all diesen Bestimmungen ist die Bemessungsgrundlage aus (64) ableitbar. Als Index für Bem wird $n + 1$ gewählt, wenn die Steuerbilanzplanung bis zur Betriebsaufgabe ausgedehnt wird und die letzte Periode der Betriebstätigkeit mit n bezeichnet wird.

---

[880] Wie bereits oben angeführt, können Bilanzverluste durch gesonderte, ebenfalls nichtnegative, Variable dargestellt werden.

$$(65)\qquad \mathrm{Bem}_{n+1} = \frac{1}{10}\left\{ \sum_{t=n-9}^{n-2} \left[(\overline{G}_{t-3} \cdot r_{t-2} \cdot r_{t-1} \cdot r_t + \mathrm{Unt}_t - \mathrm{\ddot{U}b}_t) \cdot \prod_{\tau=2}^{n-t} r_{n-\tau} \right] + \sum_{t=n-1}^{n} (\overline{G}_{t-3} \cdot r_{t-2} \cdot r_{t-1} \cdot r_t + \mathrm{Unt}_t - \mathrm{\ddot{U}b}_t) \right\}$$

Dies ist eine durchwegs lineare Funktion in den Variablen $\overline{G}_t$ ($t = n - 12, n - 11, \ldots, n - 3$). Daher kann (65) ohne weiteres in einem LP-Ansatz in die Zielfunktion des steuerbilanzpolitischen Entscheidungsmodelles aufgenommen werden.

Bei der häufig verwendeten Zielfunktion Steuerbarwert-Minimierung muß Bem_{n+1} mit einem negativen Zielfunktionswert angesetzt werden. Die Variable Bem_{n+1} ist ein Sonderfall der in Abschnitt D. III besprochenen (Vermögens-)Bestände am Planungshorizont. Die Bewertung dieses Vermögensbestandes kann individuell erfolgen. Der Wert von Bem_{n+1} ist aus der Summe aller erwarteten Pensionszahlungen an den Versicherten und seine Angehörigen abzuleiten. Es sind daher versicherungsmathematische Erwägungen in die Wertbestimmung einzubeziehen, insbesondere die Lebenserwartung des Begünstigten, jene einer Person, die Anspruch auf Witwenpension hat, sowie allenfalls Lebensalter und Lebenserwartung von Personen, die Anspruch auf Waisenpension haben. In diese Bewertung kann auch die Risikopräferenzfunktion des Entscheidungsträgers eingebracht werden; bei Risikoneutralität wird mit dem versicherungsmathematischen Erwartungswert aller Pensionszahlungen zu rechnen sein. Besonders zu beachten ist, daß alle Pensionszahlungen aufgrund der gesetzlichen Sozialversicherung durch die jährlich verlautbarten Pensionsanpassungsfaktoren eine laufende Steigerung erfahren (vgl. §§ 50—52 GSVG). Durch diese Aufwertungsfaktoren werden die Pensionen mit der Entwicklung der Aktivbezüge verknüpft, wodurch bisher meistens nicht nur eine Wertsicherung, sondern sogar eine reale Erhöhung der Pensionen eintrat.

I. DER KALKULATIONSZINSFUSS

I. Überblick über die Behandlung des Kalkulationszinsfußes in der Investitionstheorie

1. Die Funktion des Kalkulationszinsfußes in Total- und Partialmodellen ohne Ertragsteuern

Dem Kalkulationszinsfuß werden in der Literatur sehr viele verschiedene Aufgaben zugewiesen, mindestens soll er vier verschiedene Aufgaben lösen, nämlich die Minderschätzung weiter in der Zukunft liegender Zahlungen, die Rendite von Differenz- bzw. Supplementinvestitionen, die Finanzierungskosten und das Risiko ausdrücken[881]. Gemeinsam ist allen Auffassungen, daß durch den Kalkulationszinsfuß eine Pauschalannahme über im jeweiligen Kalkül nicht im einzelnen Geplantes getroffen wird. Da offenbar ein einziges Instrument überfordert ist, wenn es so vielen Aufgaben zugleich gerecht werden soll, muß auf einiges verzichtet werden.

Nicht nur im Hinblick auf das konkrete Untersuchungsziel der vorliegenden Arbeit wird die Berücksichtigung des Risikos im Kalkulationszinsfuß für zu grob und in ihren Implikationen für zu unübersichtlich gehalten[882]; allerdings ist zuzugeben, daß ein Großteil der neueren, insbesondere amerikanischen Investitions- und Finanzierungstheorie im Interesse einer Vereinfachung komplexer Modelle mit einem Kalkulationszinsfuß arbeitet, der die Risikopräferenz, die Risikoklasse des betrachteten Unternehmens u. ä. mit zum Ausdruck bringt[883].

Von den verbleibenden drei Verwendungsarten des Kalkulationszinsfußes kann die Aufgabe, die Minderschätzung weiter in der Zukunft liegender Beträge zum Ausdruck zu bringen, als Repräsentation persönlicher, subjektiver Konsumpräferenzen angesehen werden. Diesbezüglich ist auf die Ausführungen zu allgemeinen Zielfunktionen in Abschnitt B. II, besonders Seite 266ff., zu verweisen. Im folgenden soll von der Entscheidung zwischen Konsum und Investition (beides im weitesten Sinne zu verstehen) abgesehen werden, so daß der Kal-

---

881 Vgl. Sabel (1965), S. 191; Rückle (1970), S. 58ff.

882 Vgl. auch Albach (1959), S. 78ff.

883 Laux (1969b), S. 105ff.; Swoboda (1977), S. 22ff.

kulationszinsfuß nur mehr Pauschalannahmen im Unternehmungsbereich ausdrückt; er steht somit für die Rendite der Differenzinvestitionen und/oder für die Kosten von Finanzierungsmaßnahmen. Unter gewissen Kapitalmarktbedingungen fallen die Rendite der Differenzinvestitionen und die Kosten von Finanzierungsmaßnahmen zusammen, nämlich dann, wenn keine Verschuldungsgrenze besteht; in diesem Falle werden rationalerweise so lange zusätzliche Kapitalien aufgenommen, bis die Finanzierungskosten der Rendite der Grenzinvestitionen gleichen. Liegen hingegen Kapitalbeschaffungsbeschränkungen vor, so müssen zum Ausgleich von Kapitalbedarf und beschaffbarem Kapital die Finanzierungskosten als Opportunitätskosten aus den Renditen der Investitionen abgeleitet werden.

Die richtigen Opportunitätskosten des Kapitals können nur als kalkül*endogene* Größe richtig bestimmt werden. Im allgemeinen Fall (mehrere Investitionsprojekte und mehrere Perioden) ist die Lösung eines Programmierungsmodelles, in dem alle Handlungsmöglichkeiten des Unternehmens in der Totalperiode abgebildet werden, erforderlich. Die *endogenen* Kalkulationszinsfüße, die aus den Optimalwerten der Dualvariablen der Programmierungsaufgabe abgeleitet werden können[884], haben jedoch die gleiche Eigenschaft wie alle Opportunitätskosten: Sie sind nur aus der *Lösung* eines Entscheidungsmodelles richtig ableitbar, sind also *für* die exakte Lösung des Entscheidungsproblems nicht mehr erforderlich[885]. Die endogen gewonnenen Kalkulationszinsfüße werden daher für die Lösung des konkreten Entscheidungsproblemes nicht benötigt, außer für marginale Entscheidungen (nach Art der Problemstellung, wie sie in der statischen Theorie unter dem Stichwort „Zusatzauftrag“ beschrieben wird).

Erforderlich ist vielmehr die Kenntnis der *tatsächlichen* Verwendung von Kapitaldifferenzbeträgen. Folgerichtig wurde auch vorgeschlagen, anstelle jedweder Diskontierung die günstigste Möglichkeit der Finanzinvestition in das Planungsmodell einzubeziehen[886]. Fasziniert von der Möglichkeit, dem reichlich unangenehmen Problem der Bestimmung des richtigen Kalkulationszinsfußes ausweichen zu können, wird allerdings bisweilen übersehen, daß nur unter sehr strengen Bedingungen auf den Kalkulationszinsfuß verzichtet werden kann: Nur dann, wenn ein *Total*modell aufgestellt wird, kommt man ohne Kalkulationszinsfuß (oder vergleichbare Pauschalannahmen) aus. Die Einführung einer

---

884 Vgl. u. a. Charnes/Cooper/Miller (1959); Baumol/Quandt (1965); Hax, H. (1964), Hax, H. (1979), S. 97ff.

885 Vgl. Münstermann (1966).

886 Vgl. Jacob (1964), S. 581ff.

günstigsten Finanzanlagemöglichkeit muß also so interpretiert werden, daß außer dieser Anlagemöglichkeit und den explizit betrachteten Investitionen *tatsächlich* während des *gesamten* Planungszeitraumes keine günstigeren Investitionen — sei es auch nur für kleine Kapitalbeträge — vorhanden sind. Nur in diesem Falle führt der elegante Verzicht auf den Kalkulationszinsfuß zur unverfälschten Problemlösung. Insbesondere ist natürlich für diese Finanzinvestition, die Differenzkapitalien aufnehmen soll, *keineswegs* eine niedrig verzinsliche Anlage in täglich fälligen Geldern geeignet. Dies ist schon jetzt im Hinblick auf Mißverständnisse in der steuerbilanzpolitischen Literatur festzuhalten. Die praktische Planungssituation ist wohl viel eher dadurch gekennzeichnet, daß — insbesondere für die späteren Perioden — nicht alle eventuell günstigen Investitionen in die Planung explizit einbezogen werden und keine dominante Finanzinvestition existiert. Damit kann der Kalkulationszinsfuß *nicht* ausgeschaltet werden.

Die endogenen Kalkulationszinsfüße sind zwar für die Lösung der Totalmodelle, aus denen sie gewonnen werden, überflüssig, doch besitzen die Modelle zur Ermittlung endogener Kalkulationszinsfüße praktische Relevanz, denn der Einblick in die Struktur der Bestimmungsgrößen der *exakten, endogenen* Kalkulationszinsfüße ist die Leitlinie für die *approximative* Gewinnung brauchbarer Kalkulationszinsfüße *ohne Aufstellung eines Totalmodelles*, also für den Ansatz modell-*exogener* Kalkulationszinsfüße. Die endogenen Kalkulationszinsfüße — i. a. gilt für jede Periode ein anderer Zinsfuß — werden durch die Grenzfinanzierungs- und/oder Grenzinvestitionsprojekte bestimmt[887]. Der endogene Kalkulationszinsfuß der Periode t gibt an, um wieviel der Kapitalwert des Gesamtunternehmens, bezogen auf den Zeitpunkt $t + 1$ ansteigt, wenn das Unternehmen statt im Zeitpunkt $t + 1$ bereits im Zeitpunkt t über eine zusätzliche Geldeinheit verfügt; diese zusätzliche Geldeinheit kann der günstigsten Investition zugeführt werden und erhöht überdies das Verschuldungspotential.

Praktisch benötigt wird der Kalkulationszinsfuß im Partialmodell. Trotz der theoretischen Einsicht, daß für jede Periode ein verschiedener Kalkulationszinsfuß zutreffen kann, ist man meistens bestrebt, einen einheitlichen Kalkulationszinsfuß über alle Perioden anzusetzen, doch ist dies kein Erfordernis für die Verwendung der finanzmathematischen Investitionsrechnungsverfahren. Erfahrungsgemäß sind Soll- und Habenzinsfüße auf dem Geld- und Kapitalmarkt unterschiedlich, weshalb auch

---

[887] Vgl. u. a. FRANKE/LAUX (1968); BLUMENTRATH (1969), S. 82ff.; LAUX (1969b), S. 77ff.

für die Investitionsrechnung unterschiedliche Soll- und Haben-Kalkulationszinsfüße anzuwenden wären, wenn tatsächlich über die Aufnahme oder vorübergehende Anlage von Geldern außerhalb des Unternehmens zu entscheiden wäre. Bei Kapitalknappheit wird aber der Kalkulationszinsfuß nicht primär durch die Kreditzinsen, sondern durch die Renditen der (Grenz-) Investitionsprojekte bestimmt. Mehr- oder Minderbedarf an Kapital wird ebenso wie Kapitalrückflüsse aus einzelnen Investitionen zur Finanzierung der (Grenz-)Investitionen benutzt. Daher ist im Regelfall der *einheitliche* Kalkulationszinsfuß nicht nur als Vereinfachung akzeptabel, sondern er stimmt sogar mit der empirischen Problemstellung besser überein als die Verwendung eines gespaltenen Soll- und Haben-Kalkulationszinsfußes. Dieser ist nur dann adäquat, wenn keine Kapitalbeschaffungsbeschränkungen bestehen; nur in diesem Falle werden tatsächlich Kapitalbedarfsdifferenzen der einzelnen Investitionen auf dem Kapitalmarkt beschafft bzw. dort angelegt.

Aus den Modellen zur endogenen Bestimmung des Kalkulationszinsfußes ist ableitbar, daß dieser aus Grenzrentabilitäten der Investitionen und/oder Grenzkosten der Finanzierungsmaßnahmen zu gewinnen ist. Damit scheint auch die alte Kontroverse, ob der Kalkulationszinsfuß aus der Durchschnittsrentabilität eines Unternehmens oder aus der Grenzrentabilität der nicht mehr zum Zug gekommenen Investitionen abzuleiten sei[888], zugunsten der Grenzrentabilität entscheidbar. Dem steht aber folgendes entgegen: Die aus der Analyse von Dualvariablen abgeleiteten Schattenpreise gelten immer nur für den konkreten Punkt des n-dimensionalen Polygons und eine gewisse, möglicherweise sehr kleine Umgebung; wie groß die Umgebung ist, innerhalb deren sich die Schattenpreise nicht ändern, hängt von der speziellen Struktur der Nebenbedingungen und der Zielfunktion ab[889]. Selbst wenn die Grenzinvestitionen und Grenzfinanzierungsmaßnahmen bekannt wären, so würden demnach die durch sie bestimmten endogenen Kalkulationszinsfüße nur für eine — möglicherweise sehr kleine — Umgebung gelten.

Ob der Kalkulationszinsfuß an einer Grenz- oder einer Durchschnittsrendite eines fiktiven Totalmodelles zu orientieren ist, muß davon abhängig gemacht werden, *wie groß* das Supplement ist, das mit dem Kalkulationszinsfuß (pauschal) verzinst werden soll[890]. Wenn

---

888 Zu dieser Kontroverse vgl. insbes. MOXTER (1963); ALBACH (1964), bes. S. 463ff.; HAX, H. (1964), S. 434; zur Zusammenfassung der Argumente vgl. RÜCKLE (1970), S. 59f.

889 Vgl. etwa DINKELBACH (1969), S. 71ff.

890 Dies ist eine Spezifizierung des wichtigen Satzes von D. SCHNEIDER,

ein *kleines* Supplement einer *Einzel*investition verzinst werden soll, dann ist von der (relativ niedrigen) Grenzrentabilität auszugehen. Wenn jedoch ein immer größeres Supplement, insbesondere bei Investitionsprogrammen für den ganzen Betrieb, durch den Kalkulationszinsfuß ausgedrückt werden soll, dann nähert man sich immer mehr der Durchschnittsverzinsung. Daher müssen verschiedene Kalkulationszinsfüße — in Abhängigkeit von der Größe des Supplements — verwendet werden; je größer das Supplement ist, desto höhere Kalkulationszinsfüße sind anzusetzen. Im LP-Ansatz zur Partialplanung von Investitionsprogrammen[891] wären zur Abbildung der Verzinsung der Kapitalsupplemente (pauschale) Investitionsprojekte zu definieren, die jeweils bis zu einer Obergrenze zur Verfügung stehen; für übersteigende Beträge wäre in das jeweils nächste Pauschalprojekt (mit *größerer* Rendite) zu investieren. Die vorgeschlagene Vorgangsweise erscheint auf den ersten Blick widersinnig, weil doch jedermann zuerst die besseren und dann erst die schlechteren Projekte wählen wird. Es ist aber zu bedenken, daß die angegebenen Verzinsungen der Kapitalsupplemente *nicht tatsächlichen* Projekten entstammen, sondern nur den Ertrag der *pauschalen Zusammenfassung* der nicht explizit geplanten Projekte darstellen. Wenn nur ein *kleines* Supplement zum Kalkulationszinsfuß angelegt wird, so ist dieser die Zusammenfassung der schlechtesten (Grenz-)Projekte; wenn das Supplement größer wird, so kommt man weiter von der Grenze weg und die Rendite muß steigen.

Als pauschales Abbild für die Verzinsung eines großen Supplementes ist sogar ein „Normalzins" akzeptabel, für den als Vorteile die Stetigkeit der Investitionsbeurteilung und vor allem die aus praktischen Gründen erforderliche Vereinfachung angeführt werden[892]. Abzulehnen ist aber die Interpretation des Normalkalkulationszinsfußes als subjektiv gewünschte Mindestverzinsung, sofern dieser subjektive Wunsch nicht durch Entnahmepräferenzen begründet wird, ebenso seine Auffassung als Ausdruck überbetrieblicher durchschnitt-

---

daß je nach dem Maß der Vereinfachung des Partialmodelles gegenüber dem Totalmodell verschiedene Kalkulationszinsfüße anzusetzen seien: SCHNEIDER, D. (1968b), S. 24.

[891] Mit „Partialplanung von Investitionsprogrammen" wird zum Ausdruck gebracht, daß zwar mehrere Investitionsprojekte simultan geplant werden, daß jedoch andererseits keine Totalplanung des gesamten Unternehmens erfolgt. Insbesondere für die späteren Perioden werden immer weniger Investitionsprojekte explizit angesetzt, so daß die Größe der nur pauschal abzubildenden Supplementinvestitionen mit wachsendem Periodenindex steigt.

[892] Vgl. u. a. BRANDT (1964), S. 147; HEIGL/MELCHER (1974), S. 27.

licher Verzinsung, denn außerbetriebliche Durchschnittsverzinsungen sind nur dann entscheidungsrelevant, wenn das ganze Unternehmen zum Verkauf ansteht oder seine Liquidation erwogen wird.

2. Der Kalkulationszinsfuß bei Einbeziehung von Ertragsteuern

In der einleitenden Literaturanalyse wurden die Hauptprobleme der Einbeziehung der Steuern, speziell der Ertragsteuern, in die Investitionsrechnung dargestellt[893]. Die sogenannte „Nettomethode" ist das heute eindeutig bevorzugte Verfahren. Bei ihr erfolgt die Berücksichtigung der Erfolgsbesteuerung sowohl in den Zahlungsströmen der Investitionen als auch im Kalkulationszinsfuß[894]. — Der Einfluß der Besteuerung auf den Kalkulationszinsfuß bei der Nettomethode ist im folgenden darzustellen.

Der Grundgedanke der allfälligen Modifikation des Kalkulationszinsfußes besteht darin, die durch die Erfolgsbesteuerung eintretende Reduktion der Rendite einer Alternativanlage bzw. der allfälligen Kostenbelastung einer Fremdfinanzierungsmaßnahme abzubilden[895]. Dabei wird auf die Grenzinvestition bzw. die Grenzfinanzierungsmaßnahme abgestellt. Im Sinne der Ausführungen unter 1. muß aber vom Grenzprojekt immer mehr in Richtung eines fiktiven Durchschnittsprojektes abgewichen werden, je größer das durch den Kalkulationszinsfuß charakterisierte Supplement ist. Wenn i den Bruttokalku-

---

[893] Vgl. S. 29ff. und die dort angegebene Literatur.

[894] EISENACH (1974), S. 287f., meint, neben dieser üblichen Vorgangsweise der Literatur könnten gleichwertig auch zwei Modelle nebeneinander verwendet werden; die steuerlichen Effekte könnten „in einem *zweiten*, rein steuerlichen Kapitalwertmodell erfaßt werden, das eine Ergänzung der nichtsteuerlichen Investitionsrechnung darstellt und erst zusammen mit dieser die Nettowerte ergibt. Beide Wege führen im Prinzip also zum gleichen Ergebnis ..." (Hervorhebung im Original). — EISENACH ist entgegenzuhalten, daß die Benutzung zweier Modelle nebeneinander nur pragmatisch zu rechtfertigen ist. Wenn aber beides Entscheidungsmodelle sind, so wird wohl die Investitionsentscheidung bereits mit dem Investitionsrechnungsmodell ohne Berücksichtigung der Steuern getroffen. Dann liegt aber eine Sukzessiv-Optimierung vor, bei der das Gesamtoptimum verfehlt werden kann. Das Bedürfnis der Praxis, die komplexe steuerliche Materie möglichst im Entscheidungsprozeß zu isolieren, ist zwar ein wichtiges Argument, doch darf nicht verschleiert werden, daß diese Isolierung eben zur Sukzessiv-Optimierung mit ihren möglichen Nachteilen führt.

[895] Vgl. ausführlicher HABERSTOCK (1970), S. 514f.; HABERSTOCK (1971), S. 144ff. und S. 163ff.; SCHNEIDER, D. (1975a), S. 301ff.

lationszinsfuß (vor Steuern) und s den Erfolgssteuersatz ausdrückt, so wird der Nettokalkulationszinsfuß i_s am häufigsten nach der Formel

$$(66) \qquad i_s = i \cdot (1 - s)$$

berechnet; dabei wird s häufig ausdrücklich als *Grenz*steuersatz bezeichnet. Das ist zwar grundsätzlich richtig, doch ist bei entsprechend großem Supplement, das durch den Kalkulationszinsfuß pauschal abgebildet wird, auch das „Grenzobjekt" entsprechend groß zu wählen, so daß sich der *Grenz*steuersatz dem Durchschnittssteuersatz nähert.

(66) drückt den „Standardfall" aus, der insbesondere dadurch gekennzeichnet ist[895], daß die Erträge aus einer Alternativanlage ebenfalls steuerpflichtig sind, daß Fremdkapitalzinsen steuerlich abzugsfähig sind und überdies auch tatsächlich steuermindernd verrechnet werden können (erforderlichenfalls durch sofortigen Verlustausgleich). Abweichend vom Standardfall müßte der Kalkulationszinsfuß unverändert bleiben, wenn etwa die Alternativanlage nicht steuerpflichtig wäre[896] oder wenn Fremdkapitalzinsen nicht abzugsfähig wären. Wenn der sofortige Verlustausgleich nicht gegeben ist, sondern der Verlust nur im Wege des Verlustvortrages in einer späteren Periode steuerlich abgesetzt werden kann, wie dies für das Investitionsprojekt „Gesamtunternehmung" typisch ist, wenn kein Ausgleich mit anderen Einkünften möglich ist, so ist in (66) statt des „="-Zeichens ein „>" zu setzen, weil die Auswirkungen auf die Steuerzahlungen erst in einer späteren Periode eintreten[897].

Allgemein gilt, daß der Kalkulationszinsfuß durch den Einfluß der Ertragsteuern kleiner wird oder höchstens gleich bleibt, jedoch nicht steigen kann, während bei den ertragsunabhängigen Steuern jede Änderungsrichtung möglich ist[898]. Selbst wenn die Prämissen der Standardannahme erfüllt sind, wird aber in (66) das Gleichheits-

---

[896] Die Gegenmeinung, besonders prononciert vertreten von SCHNEIDER, E. (1968), S. 130, wonach der Kalkulationszinsfuß eine subjektiv angestrebte Mindestverzinsung darstelle und diese subjektive Vorstellung durch die Besteuerung nicht beeinflußt werde, ist nicht haltbar: Auch der subjektiv gewünschte Mindestzins wird in einer Welt mit und ohne Steuern verschieden ausfallen. Geht man von einer Lage aus, in der keine Steuern erhoben werden, so ist bei Betrachtung von Handlungsmöglichkeiten, die zu Steuern führen, nur dann der Ansatz des (subjektiv gewünschten) Mindestzinssatz in unveränderter Höhe richtig, wenn weiterhin eine steuerfreie Alternative als Maßstab benutzt wird.

[897] Vgl. HABERSTOCK (1971), S. 146f., mit Hinweisen, wie in diesem Falle exakt zu quantifizieren wäre.

[898] Vgl. HABERSTOCK (1970), S. 516.

zeichen i. a. nicht gelten, weil die Erfolgsbesteuerung eine selektive Anpassung bewirkt: Da nicht mehr alle Projekte durchgeführt werden können, die ohne Erfolgsbesteuerung möglich gewesen wären, steigt im Falle der Kapitalrationierung gegenüber einer Investitionsplanung ohne Steuern die *Brutto*grenzrendite[899]. Damit in (66) das Gleichheitszeichen gilt, muß daher i als jener Bruttokalkulationszinsfuß interpretiert werden, der für das *unter Berücksichtigung der Steuern* noch durchführbare Investitions- und Finanzierungsprogramm gilt. Es ist ersichtlich, daß dies — ohne Lösung eines Totalmodelles — nur schwer abzuschätzen ist. Die Formel (66) kann daher nicht beanspruchen, völlig exakt zu sein. Selbstverständlich muß (66) überdies noch verallgemeinert werden, wenn Kalkulationszinsfüße und/oder Steuersätze in den einzelnen Perioden variieren:

$$i_{st} = i_t \cdot (1 - s_t) \tag{66'}$$

Darüber hinaus ist der Kalkulationszinsfuß auch noch um den Einfluß der erfolgsunabhängigen Steuern zu korrigieren, wobei deren Variation z. T. wieder eine Sekundärwirkung einer Beeinflussung der erfolgsabhängigen Steuern darstellt[900].

II. Der Kalkulationszinsfuß in steuerbilanzpolitischen Modellen (vermeintliche Besonderheiten)

1. Verzicht auf den Kalkulationszinsfuß

Obgleich die steuerbilanzpolitischen Entscheidungsmodelle allgemein als Sonderfall investitionstheoretischer Partialmodelle anerkannt werden, gibt es doch beim Kalkulationszinsfuß verschiedene Versuche, für ihn einen gegenüber der allgemeinen Investitionstheorie abweichenden Ansatz zu begründen.

Zunächst sei der etwas bizarre Versuch erwähnt, „Periodengewichtungsfaktoren" einzuführen, die gar keinen Zins darstellen sollen[901]: Ausgehend von der (anfechtbaren) These, daß bei gleichbleibendem streng proportionalem Tarif die Steuerschuld in der Totalperiode betragsmäßig nicht verändert, sondern nur zeitlich verschoben werden

---

[899] Vgl. HAEGERT (1971), S. 206ff.

[900] Vgl. die ausführliche Analyse unter Benutzung der Teilsteuerrechnung bei EISENACH (1974), S. 293ff. Zu den Grundzügen vgl. auch oben S. 170ff.

[901] MÜLLER-KRÖNCKE (1974), S. 242ff., bes. S. 245—247.

könne[902], will MÜLLER-KRÖNCKE die hier von ihm empfohlene frühestmögliche Aufwandverrechnung durch „Periodengewichtungsfaktoren" sicherstellen. Die „Periodengewichtungsfaktoren" sollen aufgrund eines Quasi-Zinsfußes „ungefähr in der Größenordnung von 0,001" errechnet werden. Für eine Verzinsung sei „hier an sich kein Raum, da die Aufwandverrechnungsbeträge K_t[902a] keine Zahlungen repräsentieren". Dies ist aber unrichtig, denn, obwohl nicht explizit in der Zielfunktion ausgedrückt, ist mit der Aufwandverrechnung ja immer die proportionale Steuerminderung verbunden. Mit der Aufwandverrechnung wird auf die Steuerminderung gezielt und diese kann investiert bzw. zur Ablösung von anderen finanziellen Mitteln verwendet werden. Daher entsprechen die „Periodengewichtungsfaktoren" Kalkulationszinsfüßen und es müssen alle zu deren Gewinnung erforderlichen Überlegungen angestellt werden.

2. Vorsichtsprinzip

Für die „steuerliche ‚Investitions'-Rechnung" wird gefordert, daß der Kalkulationszinsfuß im Zweifel *vorsichtig* gewählt werden müsse[903], damit die Rechnung nicht die zugehörige Gestaltung günstiger ausweise, als sie in Wirklichkeit ist; zur Begründung wird auf ein „fundamentales Bewertungsprinzip, das insbesondere auch bei der Bilanzierung und Unternehmungsbewertung Anwendung findet", verwiesen.

Zu dieser Auffassung ist kritisch anzumerken, daß in einer *entscheidungsorientierten* Rechnung ein allgemeines Vorsichtsprinzip keinen Platz hat, insbesondere nicht nach der Art, wie es bei der Bilanzierung verwendet wird. Jede einseitige Änderung des Kalkulationszinsfußes ist in Wirklichkeit eine unrichtige Annahme über die Alternativen. Wird „aus Vorsicht" der Kalkulationszinsfuß zu niedrig angesetzt, so bewirkt dies z. B., daß bei progressiven Steuern der Zinseffekt gegenüber dem Progressionseffekt zurücktritt und tendentiell (bei Steuerkapitalwertminimierung) die Steuern früher bezahlt werden als beim Ansatz des richtigen Kalkulationszinsfußes. Umgekehrt besteht natürlich

---

[902] Dies ist unrichtig: Einmal können steuerbilanzpolitische Aktionsparameter bestehen, die die Totalbemessungsgrundlage beeinflussen, z. B. der österreichische Investitionsfreibetrag, der in Konkurrenz zur die Total-Totalbemessungsgrundlage *nicht* beeinflussenden vorzeitigen Abschreibung steht; ferner aber entstehen durch den relativ frühen Einsatz der Manövriermasse i. d. R. steuerpflichtige Erträge durch Anschlußinvestitionen.

[902a] K_t ist die in Periode t eingesetzte Manövriermasse.

[903] EISENACH (1974), S. 271.

das Risiko, bei zu hohem Ansatz des Kalkulationszinsfußes die in Kauf genommene Progression durch die Reinvestitionserträge (Zinseffekt) nicht wirklich ausgleichen zu können.

Es leuchtet aber nicht ein, weshalb das Risiko der erstgenannten Art bevorzugt berücksichtigt werden sollte. Im steuerbilanzpolitischen Entscheidungskalkül bedeutet weder der Ansatz eines eher zu niedrigen noch umgekehrt der Ansatz eines eher zu hohen Kalkulationszinsfußes eine vorsichtige Haltung, vielmehr sind beide Verhaltensweisen als systematische Minderschätzung einer Art von Risiko gegenüber einer anderen Art von Risiko aufzufassen. Beabsichtigt man aber keine derart asymmetrische Haltung gegenüber verschiedenen Arten von Risiko, dann sollte man nicht ein „Vorsichtsprinzip" anwenden, sondern möglichst exakt den *Mittelwert* der Rendite der Reinvestitionsmöglichkeit als Kalkulationszinsfuß ansetzen.

3. Einschränkung der zugelassenen Reinvestition

Aus der eingeschränkten Fragestellung steuerbilanzpolitischer Partialmodelle wird — interessanterweise im einzelnen mit konträren Schlußfolgerungen — eine eingeschränkte Verwendbarkeit der aus „Steuerkrediten" gewonnenen Mittel und damit eine arteigene Bestimmung des Kalkulationszinsfußes abgeleitet. MÜLLER-KRÖNCKE meint, daß durch die Steuerbilanzpolitik „grundsätzlich einjährige Steuerkredite" gewonnen würden, die nur zur Ersetzung von Verbindlichkeiten oder zu kurzfristigen Finanzinvestitionen verwendet werden könnten; würde man sie für längerfristige Sachinvestitionen heranziehen, so käme dies einer Beschneidung der steuerbilanzpolitischen Entscheidungsmöglichkeiten gleich und sei nicht modelladäquat[904]. Hingegen will EISENACH im steuerlichen Entscheidungsmodell zum Unterschied vom nichtsteuerlichen Investitionsmodell den Kalkulationszinsfuß nur als Maß für die Verzinsung des Eigenkapitals verstanden wissen, weil ein „Mehr oder Weniger an Steuern sich immer zu Lasten bzw. zu Gunsten des Eigenkapitals auswirke"[905].

Beide Argumentationen sind abzulehnen: Es kommt auf den Einzelfall an, wie lange „Steuerkredite" zur Verfügung stehen. Bei entsprechender Fristigkeit können mit ihnen zusätzliche (auch Sach-) Investitionen finanziert werden. Fremdmittel können abgelöst werden oder es können zusätzliche Kredite aufgenommen werden; letzterer

---

[904] MÜLLER-KRÖNCKE (1974), S. 251.

[905] EISENACH (1974), S. 276f.

Fall ist bei Kreditrationierung gegeben, wenn die verbesserte Bilanzstruktur zusätzliche Kreditaufnahmen ermöglicht. Die von MÜLLER-KRÖNCKE befürchtete Präjudizierung künftiger Perioden ist schon deshalb nicht gegeben, weil der steuerbilanzpolitische Kalkül mehrperiodisch ist, bereits bei erstmaliger Aufstellung eine (wenn auch vorläufige) Entscheidung über die Steuerbilanzpolitik künftiger Perioden trifft und somit bereits längerfristig verfügbare Mittel ausweisen kann.

Damit sind die aus steuerbilanzpolitischen Aktionen gewonnenen Mittel auch längerfristig verfügbar, und zwar *gerade dann*, wenn Sachinvestitionen getätigt werden, die wiederum mit steuerlichen Begünstigungen (z. B. vorzeitigen Abschreibungen) verbunden sind[905a]. Freilich sind die Kalkulationszinsfüße — und auch die Einhaltung der Liquiditätsbedingungen — bei Zulassung von Sachinvestitionen im steuerbilanzpolitischen Partialmodell nur recht schwer abschätzbar[906]. Die problemadäquate Vorgangsweise kann aber nicht darin bestehen, eine bewußt unrichtige Annahme über die Optimalverwendung der durch steuerbilanzpolitische Maßnahmen gewonnenen Beträge zu treffen.

Eine einschränkende Annahme über die der Bestimmung des Kalkulationszinsfußes zugrundeliegende Kapitalverwendung ist nicht vertretbar: Da das steuerbilanzpolitische Modell nur eine Teilabbildung der gesamten Kapitalbewirtschaftung des Unternehmens ist, muß gefordert werden, daß im steuerbilanzpolitischen Partialmodell *derselbe* Kalkulationszinsfuß wie in den übrigen Unternehmensbereichen verwendet wird; schließlich sind auch die Liquiditätsbedingungen auf das Gesamtunternehmen bezogen und es ist nicht erforderlich, eine Fristenkongruenz für Teilbereiche des Unternehmens aufrechtzuerhalten. Lediglich unterschiedlich große Supplemente in den einzelnen Partialmodellen könnten, entsprechend den Überlegungen des Abschnittes I, Unterschiede in den Kalkulationszinsfüßen der einzelnen Partialmodelle rechtfertigen. Werden unexakte Partialmodelle verwendet, muß die Abstimmung von Steuerbilanzpolitik und übrigem Unternehmen

---

[905a] Zu den solcherart entstehenden „Bodensätzen" vgl. etwa LICHY (1967), S. 123ff. und S. 136ff.

[906] Vgl. ähnlich SIEGEL (1976), S. 228f. — Teilweise wird die Prämisse der Finanzinvestition ausdrücklich wegen der Erleichterung der Modellanalyse gemacht, z. B. bei DEDNER/GÜNTHER/RÜNGER (1980), S. 168. — Allerdings ist, streng genommen, auch bei einer Finanzinvestition (wegen Disagio u. ä.) die Bruttoverzinsung jeder Periode nicht unbedingt der Steuerbemessungsgrundlage gleich, was offenbar vielfach übersehen wird.

i. a. probierend-iterativ erfolgen; dabei muß auch der Kalkulationszinsfuß für die Steuerbilanzpolitik und für die übrigen Partialmodelle verändert werden[907].

4. Der Kalkulationszinsfuß als subjektiver Zins, als Aktionsparameter und als kritischer Zinsfuß

Eine resignierende Lösung besteht darin, den Kalkulationszinsfuß im steuerbilanzpolitischen Modell als subjektiven Mindestzins aufzufassen, von dem nur die Untergrenze durch die auf dem Kapitalmarkt erzielbare Rendite rational erklärbar sei[908]. Die Verlegung der Entscheidung über den Kalkulationszinsfuß in die subjektive Sphäre bedeutet eine Kapitulation vor der Schwierigkeit, ihn richtig zu bestimmen. Wenn der Kalkulationszinsfuß subjektiv — gefühlsmäßig — höher oder niedriger angesetzt wird, als den tatsächlich vorhandenen Investitions- und Finanzierungsopportunitäten entspräche, so resultiert hieraus eine unrichtige steuerbilanzpolitische Entscheidung. Für subjektive Fixierungen ist nur dann Raum, wenn im Kalkulationszinsfuß durch Konsumwünsche induzierte Zeitpräferenzen des Individuums ausgedrückt werden sollen, nicht aber dann, wenn der Kalkulationszinsfuß die objektiv vorhandenen, wenn auch schwer erfaßbaren Handlungsmöglichkeiten im Unternehmungsbereich abbilden soll.

Auch die Verwendung des Kalkulationszinsfußes als Aktionsparameter, also die Variierung des Kalkulationszinsfußes, wurde im steuerbilanzpolitischen Schrifttum vorgeschlagen[909]. Soll der Kalkulationszinsfuß die anderen betrieblichen Handlungsmöglichkeiten abbilden, so kann er aber keinen Aktionsparameter darstellen[910], als solcher ist er nur verwendbar, wenn zwischen zeitlich unterschiedlich strukturierten Konsumlagen des Individuums entschieden werden soll und die zeitliche Konsumpräferenz nicht unabhängig von der alternativ erzielbaren Vermögensänderung angegeben werden kann, oder wenn die zeitliche Konsumpräferenz nicht mit der nötigen Sicherheit vom Individuum angegeben werden kann und deshalb zusammen mit alternativen Vermögensänderungen als Entscheidungsgrundlage benutzt

---

[907] Vgl. oben S. 152ff.

[908] Marettek/Gintrowski (1973), S. 145; vgl. auch Gintrowski/Marettek (1972), S. 235.

[909] Vgl. Heigl (1971), S. 134.

[910] So auch Heigl/Melcher (1974), S. 28.

wird[911]. Auch in diesem Falle erscheint es jedoch nicht gerechtfertigt, den Kalkulationszinsfuß im steuerbilanzpolitischen Entscheidungsmodell anders als im übrigen Unternehmen zu behandeln; rationalerweise wird das nach Maximierung seines Nutzens strebende Individuum eine gleichartige Zinsfußvariation für das gesamte Unternehmen durchführen.

Nicht zu verwechseln mit diesem Kalkulationszinsfuß als „Aktionsparameter" ist die Variation eines nur betriebliche Opportunitäten abbildenden Kalkulationszinsfußes. Diese Variation kann benutzt werden, wenn Ergebnisse aus besonders einfach strukturierten Modellen für alternative betriebliche Entscheidungs- (und Zinsfuß-)situationen bereitgestellt werden sollen[912]. Ferner kann durch Variation des Zinsfußes ein kritischer Zinsfuß gesucht werden[913], wenn die Abschätzung des tatsächlich zu verwendenden Zinsfußes schwierig ist. In günstigst gelagerten Fällen liegt der kritische Zinsfuß außerhalb des für relevant gehaltenen Wertebereichs des Kalkulationszinsfußes, wodurch man sich dessen schwierige Bestimmung erspart. Allerdings ist das nur für die Entscheidung zwischen konkreten steuerbilanzpolitischen Einzelmaßnahmen (z. B. bei der Entscheidung, ob bei einer bestimmten Anschaffung der Investitionsfreibetrag oder die vorzeitige Abschreibung verrechnet werden soll) zu erwarten. Wenn hingegen ganze Handlungsprogramme steuerbilanzpolitischer Maßnahmen bestimmt werden sollen, werden sich i. a. bei jeder Variation des Zinsfußes die gesamten Handlungsprogramme ändern; das Konzept des kritischen Zinsfußes wird dann unanwendbar. Für die pauschale Planung des Einsatzes der Manövriermasse kann die Variation des Zinsfußes aber immerhin angeben, wieviel Manövriermasse mindestens und wieviel höchstens in der ersten Periode, über die sofort entschieden werden muß, eingesetzt werden soll.

5. Brutto- oder Nettozinsfuß

Ein weitgehend anerkanntes Ergebnis der Investitionstheorie lautet, daß der Kalkulationszinsfuß im „Standardfall" um den Ertragsteuersatz zu reduzieren ist[914]. Hiervon müssen auch die steuerbilanzpolitischen Modelle ausgehen. In der steuerbilanzpolitischen Literatur

---

[911] Zu den zugrunde liegenden allgemeinen Zielfunktionen vgl. auch oben I. 1 sowie B. II. 2b, bes. S. 266ff.

[912] Vgl. die Modelle vom Typ B—B—A, S. 163ff.

[913] Vgl. u. a. SCHNEIDER, E. (1968), S. 63ff.; KILGER (1965).

[914] Vgl. oben Abschnitt I. 2.

arbeitete man zunächst mit einem Zinsfuß, der nicht als Brutto- oder Nettozinsfuß (d. h. als Zinsfuß vor oder nach Ertragsteuern) spezifiziert war oder auch fälschlich mit einem Bruttozinsfuß. Eine exakte Behandlung des Problemkreises geht auf SIEGEL zurück[915]. Seine Thesen sind wegen der Überlagerung der Darstellung durch Ausführungen über ein spezielles Rechenverfahren nicht leicht zu überprüfen und stehen in scheinbarem Widerspruch zu Ergebnissen der Investitionstheorie. Auf die scharfe Kritik MELCHERS[916] folgten zunächst nur eine polemische Antwort und Rückverweise auf die ursprüngliche Arbeit[917]. Hier sollen die Thesen SIEGELS zum Kalkulationszinsfuß in steuerbilanzpolitischen Modellen ohne Bezugnahme auf spezielle Algorithmen überprüft werden.

SIEGELS Analyse geht davon aus, daß zur Ermittlung exakter Steuerbemessungsgrundlagen auch die Anschlußgewinne aus der Verwendung der durch den Einsatz der Manövriermasse gewonnenen Beträge anzusetzen seien. Diese Beträge müßten brutto erfaßt werden. Exakt sei daher so vorzugehen, daß die Gewinne aus den Anschlußinvestitionen brutto erfaßt würden — bei pauschaler Abbildung also in einem *Brutto*kalkulationszinsfuß — und von der so ermittelten gesamten Bemessungsgrundlage die Steuerbelastung zu berechnen sei. Würde man die explizite Steueroptimierung nur auf die ursprünglich prognostizierten Gewinne und Manövriermassen beziehen, dann müßte man sich die Erträgnisse aus Anschlußinvestitionen anderweitig versteuert vorstellen, habe also mit einem Nettokalkulationszinsfuß zu rechnen. Dieser Nettokalkulationszinsfuß müsse aber, soweit es um den Steuerkorrekturfaktor geht, *geschätzt* werden, weil die Steuerbelastung bei progressivem Tarif von den noch nicht feststehenden Gesamtgewinnen der jeweiligen Perioden (*einschließlich* der Gewinne aus Anschlußinvestitionen) abhänge. Die Verwendung eines Nettokalkulationszinsfußes liefere daher eine Näherung, die nur dann zutreffe, wenn die Schätzung der Steuerbelastung richtig war.

Die Richtigkeit dieser Thesen zum Kalkulationszinsfuß soll anhand eines einfachen Modelles überprüft werden. Beurteilungsmaßstab ist der direkte Vergleich von Zahlungen. Wird der Kalkulationszinsfuß so gewählt, daß er die Alternativanlage richtig abbildet, dann muß der Kapitalwert der Alternativanlage (nach Steuern) gleich Null sein.

---

[915] SIEGEL (1973), S. 269ff. und S. 278ff.

[916] MELCHER (1973), S. 349.

[917] SIEGEL (1974), S. 79f. — Neuere Arbeiten sind insbes. bei SIEGEL/GÜNTHER (1981) zusammengestellt. Vgl. auch die Hinweise in Fn. 597a und Fn. 906.

Das Modell wird so konstruiert, daß die Schätzung des Steuersatzes beim Nettokalkulationszinsfuß leicht möglich ist.

Gegeben seien Basisgewinne G_1 und G_2 von je 200.000,—. Für diese Gewinne gelte der Durchschnittssteuersatz $s = 40\%$. Es bestehe die Möglichkeit, $M_1 = 50.000,$— mit Wiederauflösung in Periode 2 einzusetzen. Der Grenzsteuersatz s' sei im relevanten Bereich unterhalb eines Einkommens von 200.000,— 50% und oberhalb 200.000,— 60%. Durch das steuerbilanzpolitische Entscheidungsmodell soll die Entscheidung zwischen den Varianten 1 (kein Einsatz von M_1) und 2 (Einsatz von M_1) getroffen werden. Die beiden Varianten werden durch folgende ausgewiesene Gewinne und Steuerzahlungen charakterisiert:

Variante 1:			
ausgewiesene Gewinne:		200.000	200.000
Steuerzahlungen:		80.000	80.000
Zeitpunkte:	0	1	2
Variante 2:			
ausgewiesene Gewinne:		150.000	250.000 + Gewinn aus Reinvestition
Steuerzahlungen:		55.000	110.000 + Steuern für Gewinn aus Reinvestition

Abb. 9

Im folgenden wird die Differenzinvestition (Variante 2 abzüglich Variante 1) betrachtet. Sie ist, sofern man die Reinvestition und den auf sie entfallenden Gewinn und die durch sie ausgelösten Steuern zunächst außer Betracht läßt, durch Steuerminderzahlungen in t_1 von 25.000,— und Steuermehrzahlungen in t_2 von 30.000,— charakterisiert. Damit beide Alternativen gleich günstig sind, muß der Differenzbetrag von 25.000,— so angelegt werden können, daß der versteuerte Gewinn der Reinvestition im Zeitpunkt t_2 5000,— beträgt. Dies wird im vorstehenden Fall etwa durch eine einperiodische Investition mit folgender Bruttozahlungsreihe erreicht:

Zahlungen:	−25.000	+37.500
Zeitpunkte:	1	2

Abb. 10

Es muß also mit den 25.000,— ein 50%iger Bruttoertrag oder (wegen des Grenzsteuersatzes $s' = 0,6$) ein 20%iger Nettoertrag erzielt werden. Ist dies die tatsächliche Reinvestitionsmöglichkeit, so ist dadurch auch der Kalkulationszinsfuß determiniert.

Im folgenden sollen die beiden von SIEGEL aufgezeigten Möglichkeiten des Ansatzes des Kalkulationszinsfußes im steuerbilanzpolitischen Modell zur Entscheidungsfindung benutzt werden. Der Kalkulationszinsfuß ist dann richtig angesetzt, wenn der Kalkül Indifferenz gegenüber der Differenzinvestition ausweist. Die Kapitalwerte werden der Einfachheit halber bezogen auf den Zeitpunkt $t = 1$ berechnet.

Benutzt man den Nettokalkulationszinsfuß, so sind nur die durch das ursprüngliche Problem gegebenen Steuerzahlungen anzusetzen. Als Kapitalwert der Differenzinvestition ergibt sich daher

$$-25.000 + 30.000 \cdot 1{,}2^{-1} = 0. \tag{67}$$

Bei Benutzung des Bruttokalkulationszinsfußes müssen in Periode 2 die gesamten Steuerzahlungen, also auch jene für den Gewinn aus der Reinvestition, angesetzt werden. Die Steuer auf den Gewinn aus der Reinvestition beträgt 60% von 12.500,— = 7.500,— und kommt zu den 30.000,— aus der ursprünglichen Problemstellung hinzu. Als Kapitalwert der Differenzinvestition erhält man daher

$$-25.000 + 37.500 \cdot 1{,}5^{-1} = 0. \tag{68}$$

Die Modellanalyse zeigt somit, daß bei richtiger Anwendung tatsächlich wahlweise ein Brutto- oder ein Nettokalkulationszinsfuß verwendet werden kann. Bei Verwendung des Bruttokalkulationszinsfußes müssen neben den der ursprünglichen Prognose entstammenden Gewinnen auch die Gewinne aus den (je nach steuerbilanzpolitischer Strategie unterschiedlichen) Reinvestitionen in die Optimierungsrechnung einbezogen werden.

Daß die Anwendbarkeit beider Verfahren nicht durch die Annahme eines nach oben hin gleichbleibenden Grenzsteuersatzes s' hervorgerufen wird, sieht man aus einer Variation des Grundmodelles: Bei sonst gleichbleibenden Daten möge der Gewinn aus der Reinvestition statt 50 nunmehr 60% brutto ausmachen; hingegen möge für Gewinne über 250.000,— der Grenzsteuersatz nicht mehr 60, sondern $s' = 66{,}6\%$ betragen. Die Nettoposition des Unternehmens bleibt also gegenüber dem Grundmodell unverändert, denn

$$25 \cdot 0{,}6 \cdot (1 - 0{,}\dot{6}) = 5.$$

Gelingt es, den nunmehrigen Grenzsteuersatz s' richtig abzuschätzen, so wird ein Nettokalkulationszinsfuß von wiederum 20% ermittelt, diesmal aufgrund der Beziehung

$$0{,}6 \cdot (1 - 0{,}\dot{6}) = 0{,}2.$$

Dann kommt man wieder richtigerweise auf (67).

Bei Verwendung des Bruttokalkulationszinsfußes von 60% hat man statt (68)

$$(68') \qquad -25.000 + 40.000 \cdot 1{,}6^{-1} = 0.$$

In komplexeren Modellen wird die Schätzung von s' nicht so leicht möglich sein. Diese Schätzung entfällt nur bei einer Modellformulierung, die mit Bruttogewinnen der Reinvestitionen und dem Abstellen auf den jeweiligen Perioden*gesamt*gewinn arbeitet. Nachteilig ist hierbei nur, daß der explizite Ansatz der Gewinne aus der von der Modellösung induzierten Reinvestition vom Partialmodell schon in Richtung auf Totalmodelle hinführt[918], zumal ja die optimale Steuerbilanzpolitik für die Anschlußinvestitionen gleichzeitig bestimmt werden muß. Da grundsätzlich, wie gezeigt wurde, sowohl der Netto- als auch der Bruttokalkulationszinsfuß für steuerbilanzpolitische Modelle verwendet werden können, hängt die Entscheidung für die gewählte Vorgangsweise vom allgemeinen Komplexionsgrad des Modelles und von rechentechnischen Zweckmäßigkeitsüberlegungen des Einzelfalles ab.

---

918 Man vergleiche auch die formale Ähnlichkeit mit den in steuerberücksichtigenden Totalplanungsmodellen häufig verwendeten *brutto* angesetzten Erträgen aus unbegrenzt zur Verfügung stehenden Finanzinvestitionen (vgl. z. B. HABERSTOCK [1971], S. 43; HAEGERT [1971], S. 54f.; ROSENBERG [1975], S. 79f.).

J. STEUERBILANZPOLITIK BEI KOLLEKTIV-ENTSCHEIDUNGEN — UNTER BESONDERER BERÜCKSICHTIGUNG DER PERSONENGESELLSCHAFTEN

Die bisher behandelte Theorie der steuerbilanzpolitischen Individualentscheidungen wird im vorliegenden Abschnitt um eine Skizze der Besonderheiten, die bei Kollektiventscheidungen auftreten, ergänzt. Die folgenden Ausführungen sind daher als — für sich unvollständige — Modifikation der Behandlung steuerbilanzpolitischer Individualentscheidungen aufzufassen. Da der (begrenzte) Konflikt bei den Personengesellschaften besonders ausgeprägt ist, wird die Steuerbilanzpolitik bei Personengesellschaften — in steuerlicher Terminologie: Mitunternehmerschaften — untersucht. Obwohl die Mitunternehmer einzeln der Einkommensteuer unterliegen, werden jene Teile ihrer Einkünfte, welche aus dem gemeinsam betriebenen Unternehmen stammen, einheitlich, mit Wirkung für alle Beteiligten, festgestellt. Für die Zurechnung der Anteile an die einzelnen Gesellschafter hat die Steuerrechtslehre den einprägsamen Terminus „Bilanzbündeltheorie“ geprägt. Die sogenannte „Bilanzbündeltheorie“ ist zwar in der jüngsten steuerrechtlichen Literatur unter Beschuß geraten, doch wird sie von der Rechtsprechung weiterhin praktiziert, wenngleich neuerdings durch die Verwendung einiger „Ersatztheorien“ modifiziert begründet[919]. Die Einheitlichkeit der steuerlichen Gewinnfeststellung für mehrere Beteiligte ergibt den hauptsächlichen Konfliktstoff für die Entscheidung über die Gestaltung der Steuerbilanz. Diesem Problem vorgelagert und darüber hinaus von eigenständiger, noch weiter reichender Bedeutung ist die handelsrechtliche Bilanzfeststellung. Die Bilanz der Personengesellschaft folgt teils den generellen gesellschaftsvertraglichen Regelungen, teils ist sie selbst ein Mittel zur — teilweise impliziten — Regelung der Rechtsverhältnisse unter den Gesellschaftern.

---

[919] TIPKE (1977), S. 158, meint: „Es scheint sich um ein besonders theoriengeneigtes Gebiet zu handeln. So haben inzwischen DÖLLERER (... ‚Konsolidierungstheorie‘) und WOERNER (... ‚Beitragstheorie‘) versucht, den alten Wein in neue Schläuche zu gießen.“ — Die „Theorien“ von WOERNER und DÖLLERER bilden allerdings die Grundlage der neueren deutschen Judikatur: vgl. KNOBBE-KEUK (1979a), S. 208ff. — Vgl. auch WOERNER (1974), bes. S. 596ff.; WOERNER (1975); DÖLLERER (1974), bes. S. 216ff.; DÖLLERER (1976).

I. Steuerrechtliche Grundlagen der bilanzpolitischen Entscheidungen in Personengesellschaften

1. „Bilanzbündeltheorie“ und „einheitliche Gewinnfeststellung“ — Gesamtüberblick

a) Herkömmliche Auffassung

Die „Bilanzbündeltheorie“ ist eine Schöpfung der Judikatur und der Steuerrechtslehre, sie ist nicht unmittelbar aus den steuerrechtlichen Vorschriften abzuleiten. Die rechtliche und insbesondere steuerrechtliche Behandlung der Personengesellschaften des Handelsrechts ist deshalb schwierig, weil das Gesamthandeigentum eine „Zwitterform von geteiltem und ungeteiltem Eigentum“ ist[920].

Für den Bereich des Einkommensteuerrechtes wurde folgende Regelung getroffen[921]: Gemäß § 188 BAO werden Einkünfte aus Land- und Forstwirtschaft, aus Gewerbebetrieb, aus selbständiger Arbeit und aus der Vermietung und Verpachtung unbeweglichen Vermögens sowie gemeinsam mit den vorstehenden Einkünften verwaltete andere gemeinschaftliche Einkünfte *einheitlich* und *gesondert* festgestellt, wenn an den Einkünften mehrere Personen beteiligt sind. Die einheitliche Feststellung umfaßt auch die Verteilung des festgestellten Betrages auf die Teilhaber. Gemäß § 23 Z. 2 EStG gehören zu den Einkünften aus Gewerbebetrieb auch „Gewinnanteile der Gesellschafter von Gesellschaften, bei denen die Gesellschafter als Mitunternehmer anzusehen sind (wie insbesondere offene Handelsgesellschaften und Kommanditgesellschaften), sowie die Vergütungen, die die Gesellschafter von der Gesellschaft für ihre Tätigkeit im Dienste der Gesellschaft oder für die Hingabe von Darlehen oder für die Überlassung von Wirtschaftsgütern bezogen haben“[922]. Nach herkömmlicher Auslegung des § 23 Z. 2 EStG werden Leistungsbeziehungen zwischen der Gesellschaft und den Gesellschaftern grundsätzlich nicht anerkannt, auch wenn rechtsgültige schuldrechtliche Vereinbarungen zwischen der Gesell-

---

[920] SCHIMETSCHEK (1967), S. 196.

[921] Die zit. Vorschriften sind den älteren der dt. Reichsabgabenordnung (v. 22. 5. 1931, in: RGBl. 1931 I, S. 161) und des dt. Einkommensteuergesetzes nachgebildet (vgl. u. a. § 65 dt. EStG v. 18. 11. 1925, in: RGBl. 1925 I, S. 189, mit dem die einheitliche Gewinnfeststellung eingeführt wurde).

[922] Analoge Bestimmungen enthalten § 21 Abs. 2 Z. 2 und § 22 Abs. 1 Z. 3 für die Einkünfte aus Land- und Forstwirtschaft sowie aus selbständiger Arbeit.

schaft und dem einzelnen Gesellschafter vorliegen. Wenn daher ein Gesellschafter mit seiner Gesellschaft ein fixes Gehalt oder Zinsen für ein Darlehen oder Miet- und Pachtzahlungen für in seinem Eigentum stehende Wirtschaftsgüter vereinbart, so sind diese Zahlungen zwar für die Handelsbilanz als Aufwand der Gesellschaft zu verrechnen, sie werden jedoch für Zwecke der steuerlichen Gewinnermittlung nicht als Betriebsausgabe anerkannt, vielmehr als Privatentnahme, als Bestandteil des vom Gesellschafter bezogenen Gewinnes aufgefaßt. Generell werden Leistungsbeziehungen zwischen der Gesellschaft und einem Gesellschafter (oder einem Betrieb des Gesellschafters) als Entnahmen und Einlagen qualifiziert[923]. Nur ausnahmsweise werden solche Leistungsbeziehungen wie zwischen Fremden behandelt; die wichtigste Ausnahme ist die Lieferung von Erzeugnissen und Waren genau zu den üblichen Bedingungen des Geschäftsverkehrs[924]. Die einheitliche Gewinnfeststellung dient der Verwaltungsvereinfachung, und dies war auch ein wesentliches Motiv für ihre Einführung.

Während im Gewerbesteuerrecht die Personengesellschaft de facto Steuerschuldner ist[925], wird einkommensteuerrechtlich trotz der einheitlichen Feststellung der Einkünfte der einzelne Gesellschafter zur Steuer veranlagt. Er hat besonders zu beachten, daß er in seinem Veranlagungsverfahren all das nicht mehr vorbringen kann, was bereits bei der einheitlichen Gewinnfeststellung geltend zu machen gewesen wäre, insbesondere auch jene Betriebsausgaben nicht mehr verrechnen kann, welche im Zusammenhang mit dem gemeinsam betriebenen Geschäftsbetrieb stehen. Die Bestimmung der Reichweite der zitierten Vorschriften von § 188 BAO und § 23 Z. 2 EStG ist daher von außerordentlich großer Bedeutung. Die besondere Zurechnungsvorschrift des § 23 Z. 2 EStG ändert zudem möglicherweise die Qualifikation von Vergütungen, die der einzelne Gesellschafter bezieht; mit der Subsumtion von Einkünften unter diese Vorschrift kann Gewerbesteuerpflicht für Tätigkeitsvergütungen, Miet- oder Pachtzahlungen usw. begründet werden[926]. Der Inhalt der von der Rechtsprechung und

---

[923] Vgl. die ausführliche Darstellung bei STOLL (1977a), bes. S. 52ff. und S. 72ff.

[924] Vgl. ebendort, S. 82ff.

[925] Es kann dabei unerörtert bleiben, ob die Gesellschaft selbst Steuerschuldner ist oder nur gemäß § 4 Abs. 1 Satz 3 die Gesamtschuldnerschaft der Gesellschafter für die Gewerbesteuer besteht (vgl. widersprüchlich JIRESCH/LANGER (1972), Anm. 2 und Fn. 13 zu § 4 Abs. 1).

[926] In der neueren Lehre wird dies auch bestritten: vgl. insbes. KEUK (1974), bes. S. 26ff.

Lehre in Auslegung der knappen gesetzlichen Bestimmungen entwickelten „Bilanzbündeltheorie“ ist nach Stoll wie folgt zu charakterisieren: „Die Beteiligung an einer Personengesellschaft (sei) als eigener Betrieb zu betrachten, das Unternehmen der Personengesellschaft als Zusammenfassung dieser Betriebe und die Bilanz der Gesellschaft als ‚Bündel‘ der Teilbilanzen aller Mitunternehmer anzusehen ..., weil die Personengesellschaft nur die Summe der Teilunternehmen ihrer Gesellschafter sei ... Diese Lehre sollte überdies dem Verständnis dienen, daß nur den Gesellschaftern, nicht aber der Gesellschaft Personensteuerrechtssubjektivität zukommt, daß die Gesellschaft wohl aber zu anderen als Personensteuern heranzuziehen ist, weshalb die Personengesellschaft für sich den Gewinn ermitteln muß und daher eine einheitliche Bilanz zu erstellen hat, die die Grundlage für die Betriebssteuern abgibt, daß aber bei der Besteuerung der Gesellschafter von gedanklichen Teilbetrieben und Teilbilanzen auszugehen sei“[927]. Die ursprünglich vertretene Einzelbetriebstheorie, nach der jeder Gesellschafter mit seinem Anteil gedanklich einen einzelnen Betrieb führe, ist im Laufe der Zeit einer Gesamtbetriebstheorie gewichen. Das wird auch formelmäßig so ausgedrückt, daß die Bilanzbündeltheorie nicht „überspitzt“ oder „überspannt“ werden dürfe[928].

b) Kritik an der Bilanzbündeltheorie und Folgerungen

Die Kritik an der Bilanzbündeltheorie verstärkte sich in den letzten Jahren immer mehr. In der BRD ist seit dem Vortrag von Messmer auf dem Steuerberaterkongreß 1972 die Bilanzbündeltheorie eindeutig auf dem Rückzug. Messmer faßt seine Untersuchung dahingehend zusammen, daß die Bilanzbündeltheorie im Gesetz keine Grundlage findet und daß sie überdies nach der bisherigen Rechtsprechung gar „nicht konsequent durchgeführt werden darf, ... schon im gedanklichen Ansatz verfehlt ist, weil sie mit dem ihr vorgegebenen Gesellschaftsrecht nicht übereinstimmt und ... schließlich eine Fülle von widersprüchlichen Aussagen geliefert hat“[929]. In Deutschland wird neuerdings von der Lehre in Übereinstimmung mit der Rechtsprechung

---

[927] Stoll (1977a), S. 7ff., unter Zitierung von zahlreichen Judikaten und einiger Literatur (Einige weitere von Stoll angeführte Merkmale der Bilanzbündeltheorie wurden nicht wiedergegeben.) Zum Inhalt und zur Auslegung der Bilanzbündeltheorie nach österreichischer Auffassung (unter Berücksichtigung der Judikatur des VwGH) vgl. auch Schubert/Pokorny/Schuch (1973), Anm. 14 zu § 23 (S. 673ff.); Werndl (1974).

[928] Vgl. z. B. Schimetschek (1967), S. 200.

[929] Messmer (1973), S. 202.

des BFH überwiegend vertreten, daß nach dem Gesetzeswortlaut der § 15 Abs. 1 Nr. 2 EStG (der dem zit. § 23 Z. 2 öst. EStG entspricht), so auszulegen sei, daß ein zweistufiges Verfahren zur Anwendung komme[930]: In der *ersten* Stufe ist auf der Grundlage der Handelsbilanz der Gesellschaft, aber unter Beachtung der besonderen steuerlichen Gewinnermittlungsvorschriften der §§ 5ff. EStG der Erfolg der Gesellschaft zu ermitteln. Auf dieser Stufe wird somit die Gesamthandschaft anerkannt und es werden auch alle schuldrechtlichen Beziehungen zwischen der Gesellschaft und ihren Gesellschaftern anerkannt, soweit sie sich in der Handelsbilanz niederschlagen. In der *zweiten* Stufe werden die Sondervergütungen der Gesellschaft an die Gesellschafter und die mit den Sondervergütungen verbundenen Sonderbetriebsausgaben der einzelnen Gesellschafter ermittelt. Wie diese Ermittlung erfolgen soll, ist jedoch zwischen Rechtsprechung und Literatur noch umstritten. Abschließend werden die Ergebnisse beider Stufen zusammengestellt[930a]. Hierbei erhält man, zumindest bei Befolgung der BFH-Vorgangsweise für die zweite Stufe, dasselbe Ergebnis wie früher unter der Herrschaft der Bilanzbündeltheorie.

Obwohl in Österreich die Bilanzbündeltheorie bisher im wesentlichen noch nicht erschüttert ist, erfolgte auch hier ebenso wie in Deutschland eine Rückbesinnung auf die gesetzlichen Grundlagen, wobei freilich nicht unbedingt nach dem Wortlaut, sondern in erster Linie nach dem Telos der einschlägigen Bestimmungen gefragt wird[931]; Normzweck ist die Gleichstellung des Mitunternehmers mit einem Einzelunternehmer. Der Bilanzbündeltheorie wird dann, wenn sie nicht überhaupt verworfen wird, nur ein geringer Erklärungswert zugeschrieben[932].

Auf die rechtswissenschaftliche Ablehnung oder Befürwortung der Bilanzbündeltheorie ist hier nicht im einzelnen einzugehen. Betriebswirtschaftlich wesentlich sind die Ergebnisse, die für die Steuerplanung als Datum zu nehmen sind. Leider sind viele Fragen, die im Zusammenhang mit der Besteuerung der Personengesellschaften stehen, durchaus unklar, die rechtliche Beurteilung ist schwankend und im Flusse. Obwohl bisher die Steuerlast-Konsequenzen im wesentlichen dieselben geblieben sind, gleichgültig ob man der Bilanzbündeltheorie oder den neueren

---

[930] Vgl. KEUK-KNOBBE (1975).

[930a] DÖLLERER (1980) schlägt vor, diese Zusammenstellung als „Gesamtbilanz der Mitunternehmerschaft“ zu bezeichnen; in der Literatur wird sie u. a. auch als „Steuerbilanz zweiter Stufe“ bezeichnet.

[931] Vgl. insbes. die systematische Untersuchung von STOLL (1977a), bes. S. 24ff.

[932] Ebendort, S. 129f.

(deutschen) Theorien folgt, kann der Gesamtkomplex derzeit nicht abschließend beurteilt werden. Für Einzelprobleme (z. B. Pensionszusagen an Gesellschafter-Geschäftsführer, Gewinnbeteiligung von Arbeitnehmern, die einen geringfügigen Kommanditanteil übertragen erhalten) besteht mehr denn je Rechtsunsicherheit. Es ist auch noch nicht abzusehen, ob die Rechtsprechung bezüglich der Sondervergütungen und Sonderbetriebsausgaben bzw. bezüglich des Sondervermögens der Gesellschafter bei ihrem derzeitigen Standpunkt bleibt[933].

Insbesondere für allfällige Gesetzesänderungen ist auch der Rechtsvergleich nützlich: In den USA etwa werden Geschäfte zwischen einer Gesellschaft und ihren Gesellschaftern nicht wie in Deutschland und Österreich nach einem „Einheitskonzept", sondern grundsätzlich nach einem „Trennungskonzept" besteuert: Alle Leistungsbeziehungen zwischen einer Partnership und ihren Gesellschaftern werden im Prinzip anerkannt[934]. Es soll hier nicht ohne weiteres das amerikanische Beispiel als Vorbild hingestellt werden, immerhin aber zeigt es, daß die bisher bei uns herrschende Interpretation nicht einer vorgegebenen „Natur der Sache" entspricht.

2. Bilanzpolitisch relevante Sonderprobleme der Bilanzbündeltheorie und der einheitlichen Gewinnfeststellung

a) Sondervergütungen und Sonderbetriebsausgaben

Sowohl nach der traditionellen Bilanzbündeltheorie als auch nach der neueren deutschen zweistufigen Gewinnermittlungstheorie in der vom BFH vertretenen Version sind die Sondervergütungen und die mit ihnen zusammenhängenden Betriebsausgaben bei der *einheitlichen* Gewinnfeststellung für die Gesellschaft zu erfassen. Problematisch ist dies vor allem hinsichtlich der Sonderbetriebsausgaben. Seit dem Jahre 1928 wird jedoch so judiziert, daß auch persönliche Sonderbetriebsausgaben und Sonderverluste bereits bei der einheitlichen Gewinnfeststellung und nicht erst im Veranlagungsverfahren des Gesellschafters zu berücksichtigen seien[935]. Die Konsequenz dieser Auslegung ist, daß jeder Gesellschafter auch seine persönlichen Verhältnisse, wie z. B. die Anschaffungs- und Betriebskosten eines an die Gesellschaft vermieteten Gegenstandes, die Kreditzinsen für den Erwerb von vermietetem

---

[933] Zu gewichtigen Einwendungen vgl. insbes. Fn. 926. — Zur Qualifikation von Gegenständen als Betriebsvermögen vgl. Keuk-Knobbe (1976).

[934] Vgl. Höppner (1976), bes. S. 133f.

[935] RFH vom 22. 2. 1928, VI A 285/27. — Die weitere Rechtsprechung hielt (mit Ausnahmen) an dieser Auffassung fest (vgl. Keuk [1974], S. 40f.).

oder verpachtetem Vermögen, nicht nur dem Finanzamt, sondern auch den anderen Gesellschaftern offenlegen muß. Dies veranlaßt KEUK zu der Feststellung, daß die einheitliche Gewinnfeststellung so lange zu rechtfertigen sei, als es alle Beteiligten berührende Angelegenheiten betreffe. „Daß aber der einzelne Steuerpflichtige in diesem Verfahren auch Dinge soll ausbreiten müssen, die die anderen Beteiligten schlechthin nichts angehen, ist einfach eine Ungeheuerlichkeit“[936]. Ob die Rechtfertigung der Ausdehnung der Einheitlichkeit der Gewinnfeststellung durch Berufung auf das positive Recht[937] zutrifft, muß hier — mangels fachlicher Kompetenz und angesichts des geradezu erbitterten juristischen Meinungsstreites — offengelassen werden[938].

Mindestens de lege ferenda bleibt einzuwenden, daß das Besteuerungsverfahren in unnötiger Weise in die Privatsphäre eingreift und abweichend vom übrigen Abgabenverfahrensrecht das Steuergeheimnis verletzt, wenn die Sonderbetriebsausgaben eines Gesellschafters im einheitlichen Feststellungsverfahren offengelegt werden müssen. Mit der Feststellung der Betriebsausgaben im Rahmen der einheitlichen Gewinnfeststellung ist für den Fiskus zudem keinerlei Vorteil verbunden. Die gemeinsame Feststellung des eigentlichen Gewinnes der Personengesellschaft kann für sich in Anspruch nehmen, daß durch sie die gleichartige steuerliche Behandlung gleichartiger Rechtsverhältnisse verschiedener Steuerpflichtiger und die lückenlose Aufteilung des erzielten Gesamtgewinnes auf die Gesellschafter sichergestellt werde und daß eine beträchtliche Verwaltungsvereinfachung erreicht werden könne. All diese Argumente gelten aber für die Sonderbetriebsausgaben nicht; die Sonderbetriebsausgaben betreffen die anderen Gesellschafter gar nicht und sind diesen i. a. nicht einmal bekannt, außer durch den Zwang, diese Sonderbetriebsausgaben zur Vermeidung steuerschädlicher Folgen in der einheitlichen Gewinnfeststellung offenzulegen[939].

---

[936] KEUK (1974), S. 39.

[937] In diesem Sinne ausführlich STOLL (1977a), S. 43ff. und S. 136f.

[938] Ergänzend ist darauf hinzuweisen, daß diese neuerdings strittigen Fragen weitere bedeutsame Aspekte bzw. Konsequenzen haben: Ist das dem einzelnen Gesellschafter gehörende Vermögen als Betriebsvermögen der Gesellschaft, als Sonderbetriebsvermögen des Gesellschafters oder als Privatvermögen zu qualifizieren? (Im Sinne der ersten beiden Antworten die herrschende Lehre; vgl. u. a. STOLL [1977a], S. 43ff. und S. 137f.). Sind die Sondervergütungen gewerbesteuerpflichtig? (Von der herrschenden Lehre bejaht; zur Darstellung und Kritik vgl. insbes. MESSMER [1973], S. 186ff.; KEUK [1974], S. 27ff.)

[939] Ausführlicher KEUK (1974), S. 41f.

Es ist bemerkenswert, daß die Geheimhaltung persönlicher Rechtsverhältnisse eines Gesellschafters in ganz ähnlichem Zusammenhange als abgabenrechtlich relevant angesehen wird: Bei einer Unterbeteiligung an einem Gesellschaftsanteil wird danach unterschieden, ob die Unterbeteiligung *offen* oder *geheim* ist. Bei offener Unterbeteiligung wird der Gewinnanteil des Unterbeteiligten im Rahmen der einheitlichen Gewinnermittlung bescheidmäßig festgestellt. Bei geheimer Unterbeteiligung hingegen „*kann* eine solche bescheidmäßige Feststellung in der Regel *nicht erfolgen*. Der VwGH hat daher die Auffassung vertreten, daß solche Unterbeteiligungsverhältnisse noch bei der Einkommensteuerveranlagung des betreffenden Gesellschafters geltend gemacht werden können (VwGH v. 8. 2. 1957, Zl. 3564/54, § 15 EStG 1967 E 62).“[940]

Die Auslegung (oder Gesetzesvorschrift), daß die einheitliche Gewinnfeststellung auch auf die Sonderbetriebsausgaben auszudehnen sei, bewirkt einen Eingriff in die wirtschaftlichen Verhältnisse der Gesellschafter untereinander: Die Verhandlungsposition desjenigen Gesellschafters, der mit der Gesellschaft einen schuldrechtlichen Vertrag schließt, mit dem der Gesellschaft die Nutzung eines dem Gesellschafter gehörenden Vermögens gegen Entgelt überlassen wird, ist eine wesentlich andere, je nachdem, ob er seine Aufwendungen für das betreffende Wirtschaftsgut geheimhalten kann oder offenlegen muß. Der Zwang zur Offenlegung bedeutet regelmäßig eine Schwächung der Position des betreffenden Gesellschafters. Da die Sondervergütungen mindestens in gewissem Ausmaße gegen eigentliche Gewinnanteile austauschbar sind und somit durch die Vereinbarung von Sondervergütungen Bilanzpolitik (vor dem Bilanzstichtag) betrieben wird, hat die Lösung der steuerrechtlichen Frage, ob die Sonderbetriebsausgaben in der einheitlichen Gewinnfeststellung geltend gemacht werden müssen, einen beträchtlichen Einfluß auf die Lösung des steuerbilanzpolitischen Kollektiventscheidungsproblems.

b) Betriebs- oder Personenbezogenheit von Steuerbegünstigungen?

Die einheitliche Gewinnfeststellung für die Personengesellschaft einerseits und die traditionelle Vorstellung der Bilanzbündeltheorie, daß jeder einzelne Mitunternehmer quasi mit seinem verselbständigt gedachten Teilbetrieb besteuert wird, andererseits führt zu Rechtsunsicherheit und unterschiedlichen Auffassungen der Literatur, wie die

---

[940] HOFSTÄTTER/REICHEL (1973), Tz. 28 zu § 23 (Hervorhebung und Ergänzung „§ 15 EStG 1967“ von mir).

verschiedenen Steuerbegünstigungsvorschriften auszulegen sind. Zentrale Frage ist hierbei, ob die jeweilige Begünstigungsvorschrift — trotz regelmäßiger gesetzlicher Formulierungen, die sich auf den „Steuerpflichtigen" beziehen — auf den gesamten Betrieb oder die Person des einzelnen Mitunternehmers zu beziehen ist[940a]. Die Beantwortung dieser Frage ist für die steuerbilanzpolitische Kollektiventscheidung wichtig: Sind Begünstigungen an die Person gebunden, so können Wahlrechte von den einzelnen Gesellschaftern unterschiedlich ausgeübt werden und die mögliche Beeinträchtigung der Interessen der anderen Gesellschafter durch einen Zwang zur einheitlichen Wahlrechtsausübung fällt weg.

Die Beurteilung der steuerrechtlichen Begünstigungsnormen müßte jeweils primär vom Begünstigungszweck ausgehen, wie oben bereits mehrfach ausgeführt wurde. Demzufolge wird eine Begünstigung, die der betrieblichen Kapitalbildung bzw. der Förderung betrieblicher Investitionen dient, anders zu beurteilen sein als eine Begünstigung, die etwa der Förderung persönlicher Ersparnisse dient. Die herrschende Auslegung ist jedoch weitgehend an der Bilanzbündeltheorie orientiert. Da andererseits aber immer wieder „Überspitzungen" der Bilanzbündeltheorie abgelehnt werden, ist die Beurteilung uneinheitlich und kasuistisch.

Besonders umstritten ist die Situation bei Begünstigungen, die an Fristenläufe gebunden sind[941]. Weitgehende Einigkeit besteht darüber, daß bei geringwertigen Wirtschaftsgütern, vorzeitigen Abschreibungen, Investitionsfreibeträgen und Investitionsrücklagen einheitlich für die Gesellschaft vorzugehen ist[942].

[940a] Vgl. die umfassenden Darstellungen der Probleme bei Knobbe-Keuk (1979b) und Herrmann/Heuer (1950/77), EStG, § 6b, Anm. 7—63.

[941] Vgl. insbes. die Fristen für die Übertragbarkeit stiller Rücklagen gemäß § 12 EStG (bzw. § 6b dt. EStG).

[942] Vgl. die ausführliche Begründung im Urt. d. BFH v. 14. 1. 1958, I 159/57 U; ausdrücklich für die Bildung, Verwendung und Auflösung von Investitionsrücklagen: Abschn. 56 Abs. 13 EStR 1979; für Deutschland vgl. den Überblick bei Keuk (1974), S. 7. — Allerdings gibt es auch bei diesen Vorschriften Ausnahmen, nach denen die Gerichte an die Person des Steuerpflichtigen anknüpfen: So qualifizierte der IV. Senat des BFH die Möglichkeit, Sonderabschreibungen auf Schiffe vorzunehmen, als *persönliche* Steuerbegünstigung und gestattete daher die unterschiedliche Inanspruchnahme durch die einzelnen Gesellschafter (Nachweise und Kritik bei Keuk, ebendort). Auch der VwGH entschied zur (alten) Investitionsrücklage mit Erk. v. 10. 7. 1957, 2458/56, unter ausdrücklicher Berufung auf die *Bilanzbündeltheorie*, daß jeder *einzelne* Gesellschafter „den auf ihn entfallenden Teil der Investitionsrücklage persönlich bestimmungsgemäß

Andere Begünstigungen jedoch werden überwiegend als personenbezogen interpretiert: So wird für die Spendenbegünstigung des § 4 Abs. 4 Z. 5 EStG als Prototyp der durch Begünstigungsvorschrift zugelassenen, im Ausmaß jedoch an die Höhe des Gewinnes gebundenen Betriebsausgaben aus der Bilanzbündeltheorie gefolgert, daß sie vom einzelnen Gesellschafter entsprechend seinem Gewinnanteil in Anspruch genommen werden könne[943].

Ebenso wendet die Rechtsprechung die Bilanzbündeltheorie auf die gemäß altem EStG begünstigt angeschafften Wertpapiere[944] an: Demnach muß jeder einzelne Gesellschafter die Wertpapiere in seinem Betriebsvermögen behalten; wenn er aus einer Personengesellschaft ausscheidet und die Wertpapiere im Besitz der Personengesellschaft bleiben, so liege demnach eine (steuerschädliche) anteilsmäßige Veräußerung vor; hingegen wäre eine Realteilung der Personengesellschaft mit anteilsmäßiger Übernahme der Wertpapiere durch den Gesellschafter nicht steuerschädlich[945].

Recht diffizil ist die Lage bei der Rücklage für nichtentnommenen Gewinn gemäß § 11 EStG: Sie selbst wird als personenbezogene Begünstigung interpretiert. Sie kann von jedem Gesellschafter gesondert für seinen Gewinnanteil in Anspruch genommen werden. Die Voraussetzungen für Bildung, Auflösung und Besteuerung sind für jeden Gesellschafter getrennt zu beurteilen[946]. Allerdings darf die Rücklage gemäß § 11

---

verwenden muß ... und dies ist eben nur so lange möglich, als er ... Unternehmer (Mitunternehmer) ist". In gleichem Sinne auch EStR 1979 Abschn. 56 Abs. 13: Investitionsrücklagen müssen bei Ausscheiden eines Gesellschafters anteilig aufgelöst werden.

[943] SCHUBERT/POKORNY/SCHUCH (1973), S. 674 (Anm. 14 zu § 23); ebenso HOFSTÄTTER/REICHEL (1973), Tz. 25 zu § 23.

[944] Gemäß § 4 Abs. 4 Z. 5 EStG 1967 konnten die Anschaffungskosten bestimmter Wertpapiere als Betriebsausgabe abgesetzt werden. Die Steuerbegünstigung wurde eine endgültige, wenn die Wertpapiere bis zur Tilgung im Betriebsvermögen verblieben.

[945] Vgl. insbes. VwGH v. 12. 11. 1974, 314/73, zum Gesellschafterwechsel bei Personengesellschaften; VwGH v. 20. 1. 1970, 748/69, zur Realteilung; im selben Sinne HOFSTÄTTER/REICHEL (1973), Tz. 25 zu § 23. Hingegen versucht WERNDL (1975) unter Ablehnung der Bilanzbündeltheorie-Vorstellungen die Betriebsbezogenheit der Wertpapierbegünstigung nachzuweisen, so daß ein Gesellschafterwechsel bei der Personengesellschaft steuerunschädlich sei, sofern die Wertpapiere im Betriebsvermögen der Personengesellschaft verbleiben.

[946] EStR 1979, Abschn. 58 Abs. 10; ebenso unter ausdrücklicher Berufung auf die Bilanzbündeltheorie HOFSTÄTTER/REICHEL (1973), Tz. 2 und 8 zu § 11.

EStG nur dann gebildet werden, wenn weder eine vorzeitige Abschreibung noch ein Investitionsfreibetrag in Anspruch genommen noch eine Investitionsrücklage gebildet oder bestimmungsgemäß verwendet wird. Alle diese Begünstigungen sind aber gemeinsam für den Gesamtbetrieb, d. h. mit Wirkung für alle Gesellschafter, in Anspruch zu nehmen.

Besonders problematisch ist der Sonderfall, daß nur für das Sonderbetriebsvermögen eines Gesellschafters eine der genannten Begünstigungen in Anspruch genommen wird. Hierzu wird einerseits der Standpunkt vertreten, daß dies bereits genüge, um die Bildung der Rücklage gemäß § 11 EStG (auch für alle anderen Gesellschafter) auszuschließen[947], andererseits wird dies (ebenso apodiktisch) verneint[948]. Die Lösung der Einkommensteuer-Richtlinien 1975 wurde allerdings mittlerweile offenbar aufgegeben[949].

Die Auslegung der EStR 1975 war im Ergebnis völlig unbefriedigend, weil nach ihr Gesellschafter einer Personengesellschaft von gesetzlich eingeräumten Begünstigungen ausgeschlossen wurden, ohne daß sie hierauf irgendeinen auch nur indirekten Einfluß hatten. Während nämlich für die Aufstellung der Bilanz der Gesellschaft selbst entweder alle Gesellschafter zuständig sind oder im Gesellschaftsvertrag eine allgemeine Regelung getroffen haben oder (als Kommanditisten) nach der gesetzlichen Normallage mit der Ausübung der Bilanzerstellungsbefugnisse durch die anderen Gesellschafter und mit den hierdurch ausgelösten Rechtswirkungen rechnen mußten, haben die Gesellschafter auf die Bilanzierung des Sondervermögens eines Gesellschafters keinen Einfluß, es sei denn, sie hätten in weiser Voraussicht der Auslegung des Einkommensteuergesetzes anläßlich der Vereinbarung über die Nutzung des Sonderbetriebsvermögens durch die Gesellschaft mit dem Eigentümer Beschränkungen seiner Handlungsfreiheit bei der Inanspruchnahme von Steuerbegünstigungen für sein Sonderbetriebs-

---

[947] EStR 1975, Abschn. 58 Abs. 1, letzter Satz: ausdrücklich genannt wurde nur die bestimmungsgemäße Verwendung einer Investitionsrücklage für einen Gegenstand des Sonderbetriebsvermögens eines Gesellschafters, doch sollten hiermit offenbar auch (erst recht) die übrigen Fälle der Inanspruchnahme einer der Begünstigungen der §§ 8—10 für das Sonderbetriebsvermögen eines Gesellschafters angesprochen werden.

[948] Hofstätter/Reichel (1973), Tz. 2 zu § 11.

[949] In den EStR 1979 fehlt der entsprechende Satz in Abschn. 58, Abs. 1; überdies ist nach Abschn. 58, Abs. 5 für mitunternehmerische Beteiligungen einer Personengesellschaft an einer anderen Personengesellschaft offenbar für die die Beteiligung haltende Gesellschaft eine Rücklage nach § 11 grundsätzlich möglich, obwohl die andere Gesellschaft von den Begünstigungen der §§ 8—10 Gebrauch macht.

vermögen vereinbart. Dieses Ergebnis ist letztlich die Konsequenz der oben aufgezeigten problematischen Auslegung von § 23 Z. 2 EStG, nach der die einheitliche Gewinnfeststellung auf die Sonderbetriebsausgaben der Gesellschafter auszudehnen ist.

Nach der Auslegung der EStR 1975 hätte der steuerbilanzpolitische Aushandlungsprozeß zwischen den Gesellschaftern bereits bei der Verteilung der Kompetenz für die bilanzielle Behandlung des Sonderbetriebsvermögens ansetzen müssen. Vorbehalte im Gesellschaftsvertrag oder gesonderte Vereinbarungen anläßlich der Verträge über die Nutzung des Sonderbetriebsvermögens wären somit wesentliche Komponenten der kollektiven Entscheidung über die (gemeinsame) Steuerbilanz.

Obwohl durch die Neuauslegung der EStR die Problematik entschärft ist, sei nochmals auf Abschnitt G. IV. 2 verwiesen: de lege ferenda wäre es besser, die Begünstigungen nicht in striktem Entweder-Oder zu gewähren, sondern Kombinationen zwischen ihnen (verbunden mit einer Begrenzung des Gesamtbegünstigungsbetrages) zuzulassen. Bei dieser tiefergreifenden Reform würden alle Sonderprobleme bei Personengesellschaften bezüglich des gegenseitigen Ausschlusses der Begünstigungen wegfallen.

Die Frage, ob Begünstigungen betriebs- oder personenbezogen auszulegen sind, hat besondere Bedeutung, wenn der Ablauf von Fristen Voraussetzung für die Einräumung einer Begünstigung ist. Vor allem für die Fristenberechnung bei der begünstigten Übertragung stiller Rücklagen gemäß § 12 EStG (bzw. § 6 b dt. EStG) existiert eine reichhaltige und höchst widersprüchliche Literatur. Virulent wird die Frage immer dann, wenn ein Gesellschafterwechsel eingetreten ist oder auch eine Einzelunternehmung in eine Personengesellschaft eingebracht wurde. Auf der Basis der Bilanzbündeltheorie muß jeder einzelne Gesellschafter für sich die geforderten Fristen hindurch die Wirtschaftsgüter im Betriebsvermögen halten, damit die begünstigte Übertragung der stillen Reserven zulässig ist. In diesem Sinne judiziert der Verwaltungsgerichtshof[950]; seine Ansicht wird von den Einkommensteuer-Richtlinien übernommen und von der maßgeblichen österreichischen Kommentarliteratur z. T. geteilt[951]. Von anderen Kommentatoren wird aber hierin eine „Überspitzung" der Bilanzbündeltheorie gesehen

---

[950] Erk. des VwGH v. 6. 3. 1973, 200/73, zur gleichartigen Bestimmung des § 6 Abs. 2 EStG 1967.

[951] Vgl. EStR 1979, Abschn. 59 Abs. 4; Hofstätter/Reichel (1973), Tz. 6 zu § 12.

und — in ausdrücklicher Ablehnung des zitierten Verwaltungsgerichtshof-Erkenntnisses — die Ansicht vertreten, daß alle Fristenberechnungen für die *Personengesellschaft* und nicht für die einzelnen Gesellschafter vorzunehmen seien[952]. Ähnlich geteilt sind in Deutschland die Meinungen, ob bei Gesellschafterwechsel die Fristen personenbezogen[953] oder betriebsbezogen[954] zu ermitteln seien. Die rechtliche Beurteilung ist also sowohl in Österreich als auch in Deutschland nicht einheitlich, dürfte sich aber in Richtung einer Abkehr von der Bilanzbündeltheorie auf die betriebsbezogene Fristenermittlung hin bewegen. Ein Argument für diese besteht auch darin, daß angesichts des immer häufiger werdenden Gesellschafterwechsels (man denke etwa an die zunehmende Bedeutung der Publikums-KG) die Lösung auf der Basis der Bilanzbündelvorstellungen überhaupt nicht mehr exekutierbar ist.

---

[952] Nach SCHUBERT/POKORNY/SCHUCH (1973), S. 382f. (Anm. 12 zu § 12) hindert ein Gesellschafterwechsel bei einer Personengesellschaft nicht das Weiterlaufen der Frist. Hingegen sei bei Einbringung einer Einzelunternehmung in eine Personengesellschaft keine Unternehmeridentität gegeben, weshalb auch für den einbringenden Gesellschafter ab Einbringung die Frist neu zu laufen beginne. Entgegen der Ansicht des VwGH (27. 6. 1973, 611/72) sei auch bei Realteilung ein Weiterlaufen der Fristen nicht möglich, auch wenn keine stillen Reserven realisiert würden. — Zum selben Ergebnis wie SCHUBERT/POKORNY/SCHUCH kommt hinsichtlich des Gesellschafterwechsels bei der Personengesellschaft WERNDL (1974) (mit grundsätzlicher Kritik an der Bilanzbündeltheorie). Vgl. neuerdings auch die systematische Untersuchung von SCHLAGER (1979), sowie auch PLATZER (1979), bes. S. 204ff. und S. 234ff.

[953] PAULICK, H., Steuerrecht, in: WESTERMANN et al. (1967), III, Tz. 223ff.; LITTMANN (1978), Tz. 110f. zu § 6b; HERRMANN/HEUER (1950/77), EStG, § 6b, Anm. 10: „Nach wohl hM" personenbezogene Anwendung von § 6b, allerdings seien nach neuerer Rechtsprechung des BFH („Aufgabe der sog. Bilanzbündeltheorie" und Betonung der „Einheit der Personengesellschaft") Zweifel möglich; BORDEWIN (1979); Urt. d. BFH v. 26. 1. 1978 — IV R 97/76 unter Hinweis auf den Zusammenhang mit der Tarifbegünstigung der §§ 16, 34 EStG, die auch auf *Mit*unternehmeranteile anzuwenden sei; BLÜMICH/FALK (1977), § 6b, Anm. 6, S. 30f. (mit Hinweis auf Ausnahmen). — Inkonsequenterweise wird von Vertretern der personenbezogenen Fristberechnung andererseits nur die für alle Gesellschafter *einheitliche* Übertragung der Rücklage auf neue Wirtschaftsgüter, die zudem der Gesellschaft und nicht einzelnen Gesellschaftern gehören müssen, gefordert (So etwa BLÜMICH/FALK [1977], § 6b, Anm. 13).

[954] Entgegen herrschender Auslegung insbes. KEUK (1974), S. 5f.; KNOBBE-KEUK (1979b), S. 120f., mit dem entscheidenden Argument, daß bei Personengesellschaften die Gesellschaft als „Steuerpflichtiger" im Sinne des Gesetzes anzusehen sei (S. 112ff.); neuerdings auch SÖFFING (1978), S. 74, der noch (1976/77), S. 286, für eine personenbezogene Ermittlung eingetreten war.

II. Handelsrechtliche Grundlagen der Bilanzfeststellung in Personengesellschaften und ihre Implikationen für die Findung der Kollektiventscheidung

1. Die Bedeutung der Bilanzunterzeichnung

Die Rechnungslegungsvorschriften der §§ 38ff. HGB erlegen dem Vollkaufmann verschiedene, höchstpersönlich zu erfüllende Pflichten auf[955]. U. a. sind Inventar und Bilanz vom Kaufmann persönlich zu unterzeichnen. Gemäß § 41 HGB müssen bei Personengesellschaften alle persönlich haftenden Gesellschafter die Bilanz unterzeichnen. In erster Linie ist die Bilanzunterzeichnung die Erfüllung einer öffentlich-rechtlichen Pflicht. Bei Personengesellschaften wird der Bilanzunterzeichnung darüber hinaus aber auch eine bürgerlich-rechtliche Wirkung zugeschrieben: Sie wird seit jeher als Anerkenntnisvertrag zwischen den Gesellschaftern aufgefaßt; durch die Unterzeichnung der Bilanz bekunden alle Gesellschafter die Richtigkeit der Bilanzansätze[956]. Wie weit diese bürgerlich-rechtliche Wirkung der Bilanzunterschrift reicht, ist rechtlich nicht eindeutig geklärt, insbesondere dann, wenn die Bilanzaufstellung in den Geschäftsführungsbereich einzelner Gesellschafter übertragen wird. Auch die Pflicht zur Unterzeichnung einer Bilanz ist nicht unproblematisch.

Bei der Aufteilung der Geschäftsführung unter den Gesellschaftern, insbesondere durch gesellschaftsvertragliche Regelung, aber auch durch Gesellschafterbeschluß, kann einem oder einigen Gesellschaftern das Rechnungswesen übertragen werden. Hierdurch erwerben die „übrigen persönlich haftenden Gesellschafter ... einen klagbaren Anspruch auf Herstellung eines allen Anforderungen des Gesetzes und des Gesellschaftsvertrages entsprechenden Bilanz*entwurfes*“[957]. Andererseits ist die Aufstellung der Bilanz kein „gewöhnliches“ Geschäft, das durch die Geschäftsführungsbefugnis und die Verteilung der Agenden abgedeckt wäre; vielmehr ist zur Feststellung der Bilanz ein Gesellschafterbeschluß gemäß § 119 HGB erforderlich, an dem alle, auch die nicht geschäftsführenden (persönlich haftenden) Gesellschafter mitwirken sollen[958].

---

[955] HÄMMERLE/WÜNSCH (1976), S. 262f., S. 269f. und S. 277.

[956] Vgl. die Hinweise auf österreichische und deutsche höchstrichterliche Entscheidungen (bis zurück in das Jahr 1891) sowie auf die einhellige Meinung der Literatur bei FROTZ/BAUMANN (1973), S. 119; ferner HÄMMERLE/WÜNSCH (1976), S. 270. — Vgl. auch KASTNER (1979), S. 82f.

[957] OGH v. 30. 8. 1972, 1 Ob 141, 197/72 (Hervorhebung von mir).

[958] Vgl. HASENACK (1970), Sp. 1323. — A. A. offenbar KNOBBE-KEUK (1979b), S. 114, wonach (nur) die Geschäftsführer der Gesellschaft über den Bilanzinhalt entscheiden.

Fraglich ist, wie die Sachlage zu beurteilen ist, wenn ein persönlich haftender Gesellschafter nicht mit dem aufgestellten Bilanzentwurf einverstanden ist. Hierzu stellt der OGH fest: „Eine *ordnungsgemäß* aufgestellte Jahresbilanz *verpflichtet* jeden persönlich haftenden Gesellschafter zur Unterzeichnung dieser Bilanz. Mit der Unterzeichnung ist ein Anerkenntnis ihrer Richtigkeit verbunden, der solcherart festgestellten Bilanz kommt daher der Charakter eines Vertrages unter den Gesellschaftern zu."[957]

„Ordnungsgemäß" können nun sehr verschiedene Bilanzen sein: Alles was sich im Rahmen der weitgespannten Regeln der Rechnungslegungsvorschriften des HGB (einschließlich der Grundsätze ordnungsmäßiger Buchführung) bewegt und nicht ausdrücklich durch Gesellschaftsvertrag ausgeschlossen ist, muß als „ordnungsgemäß" bezeichnet werden[959]. Demnach müssen alle *zulässigen* Bilanzentwürfe, gleichgültig welche Bilanzpolitik die geschäftsführenden Gesellschafter realisiert haben, unterzeichnet und solcherart anerkannt werden. Eine Entscheidung des Reichsgerichts vom 6./30. 4. 1891 sieht in der Unterzeichnung einer Bilanz eine Vereinbarung der darin enthaltenen Unterbewertung. Wenn aber eine Pflicht zur Unterzeichnung besteht, kann nicht zugleich in der Unterzeichnung der Ausdruck eines Vertragswillens gesehen werden. Es ist also problematisch, in der bloßen (verpflichtenden) Unterzeichnung einen Anerkenntnisvertrag zu sehen. Die Rechtsprechung und der überwiegende Teil der handelsrechtlichen Literatur dürften nicht bedenken, daß verschiedenste Arten „ordnungsgemäßer" Bilanzen möglich sind und die Anerkenntnis der *Richtigkeit* einer solchen Bilanz nicht zugleich ein Einverständnis mit der Legung stiller Reserven oder ähnlichem bedeuten muß. Das Spannungsfeld zwischen verpflichtender Bilanzunterzeichnung und dem Vertragswillen umschreiben FROTZ / BAUMANN zutreffend: „Nur soweit die Feststellung der Bilanz ... Ausdruck eines rechtsgeschäftlichen Willens ist, erschöpft sich ihre Bedeutung nicht in der Befolgung einer öffentlich-rechtlichen Ordnungsvorschrift und kommt ihr Vertragscharakter zu"[960]. Diese differenzierte Sicht wird der Interessenlage der verschiedenen Gesellschafter gerecht und berücksichtigt, daß bei der Bilanzerstellung unterschiedliche Ansätze mit beträchtlichen materiellen Folgewirkungen (Gewinnanteil, z. T. auch Anteil am Unternehmen) möglich sind.

---

[959] Anderer Ansicht MOXTER (1976), S. 178f.: Sinn der Entnahmeregel von § 122 HGB sei auch die Sicherstellung einer Mindestausschüttung. Hieraus folge: „Unterbewertungen ... sind nur zulässig mit Zustimmung aller Gesellschafter."

[960] FROTZ/BAUMANN (1973), S. 119.

Wie weit allerdings die Möglichkeit der nicht geschäftsführenden Gesellschafter reicht, sich gegenüber den geschäftsführenden, insbesondere mit der Bilanzerstellung betrauten Gesellschaftern durchzusetzen, muß dahingestellt bleiben. Einerseits haben die mit dem Rechnungswesen betrauten Gesellschafter einen beträchtlichen Informationsvorsprung, andererseits ist durchaus offen, in welchem Ausmaß die Gerichte der Ablehnung einer zulässigen Bilanz durch einen oder durch mehrere gemäß dem Gesellschaftsvertrag nicht mit der Bilanzerstellung betraute Gesellschafter folgen würden.

Die Rechtsfolgen des „Anerkenntnisvertrages Bilanzfeststellung“ sind je nach Gesellschaftsvertrag verschieden[961]. Von besonderer Wichtigkeit ist die Funktion der Kapitalkonten: Nach gesetzlicher Normalregelung bestimmen die (variablen) Konten der persönlich haftenden Gesellschafter ihren Anteil am Gesellschaftsvermögen und ihr Mindestentnahmerecht. Für den Kommanditisten bestimmen die Kapitalkonten, falls er seine Hafteinlage noch nicht voll eingezahlt hat, das Ausmaß seiner persönlichen Haftung, die festgestellten Gewinne bestimmen sein Entnahmerecht. Abweichende gesellschaftsvertragliche Vereinbarungen bewirken eine Änderung der Funktion des Jahresabschlusses und insbesondere der Kapitalkonten für die Darstellung der Rechtsverhältnisse der Gesellschafter untereinander. Die Führung der Kapitalkonten sollte den gesetzlichen und/oder gesellschaftsvertraglichen Regelungen entsprechen. Mangels ausdrücklicher (anderer) gesellschaftsvertraglicher Vereinbarungen entfaltet die Art der Führung der Kapitalkonten selbst materiell-rechtliche Wirkungen[962]. Gesellschaftsvertraglich werden häufig explizit die Entnahmen vom Gewinn abhängig gemacht, womit aber wiederum eine bilanzielle (und damit beeinflußbare) Größe als Grundlage materieller Rechte fixiert wird.

2. Gesellschaftsvertragliche generelle Regelungen der Feststellung des Jahresabschlusses

Da die gerichtliche Austragung von Meinungsverschiedenheiten zwischen den Gesellschaftern in einer Personengesellschaft, bei der das Vertrauen der Gesellschafter untereinander eine wesentliche Geschäftsgrundlage bildet[963], nur die ultima ratio sein kann, sollte der Gesellschaftsvertrag möglichst eingehende Regeln über die Art der Bilanzerstellung, insbesondere über die Bewertung, enthalten.

---

[961] Zu den Arten von Rechtsfolgen, die durch die Bilanz fixiert werden, vgl. S. 209ff.

[962] Vgl. WÜNSCH (1974); EGGER (1978).

[963] HÄMMERLE/WÜNSCH (1978), S. 64.

Bilanzielle Gewinnermittlung ist stets, sobald mehrere Interessenten vorhanden sind, Handhabung eines Konfliktes[964]. Der Bilanzgewinn legt einen Kompromiß zwischen den Beteiligten fest. Der festgestellte Bilanzgewinn entfaltet nicht nur Wirkungen zwischen den im handelsrechtlichen Sinne an der Gesellschaft Beteiligten. An weiteren Wirkungen ist im vorliegenden Zusammenhang die Folgewirkung für die Besteuerung der Gesellschafter hervorzuheben. Diese Folgewirkung tritt auch dann ein, wenn der Gesellschafter keinerlei Einfluß auf die Feststellung der Bilanz hat.

Der Kompromiß kann entweder von außen normativ durch Festlegung von Regeln (möglichst eindeutigen Bilanzvorschriften) oder durch Verhandlung zwischen den Beteiligten gefunden werden[965]. Die Verhandlungen zwischen den Beteiligten führen schließlich in der Gesellschafterversammlung zum Gesellschafterbeschluß über die Bilanz. Die Verhandlungen des Einzelfalles können durch generelle Regelungen im Gesellschaftsvertrag ersetzt werden; hierdurch wird das Konfliktpotential bei aufrechter Gesellschaft wesentlich reduziert. Die generellen Vereinbarungen in der Personengesellschaft mit wenigen, tätigen Mitarbeitern sind nur dann brauchbar, wenn sie von allen Beteiligten — auch bei der späteren Anwendung — als einigermaßen fair empfunden werden. Hier sind letztlich nicht die rechtlichen Regelungen, sondern das Vertrauen und die Überzeugungskraft der beteiligten Personen das Entscheidende. Erhöhtes Gewicht erlangen die rechtlichen Regelungen (einschließlich der gesellschaftsvertraglichen) jedoch immer dann, wenn viele Gesellschafter vorhanden sind, insbesondere auch solche, die nur ein kapitalistisches Interesse an der Unternehmung haben.

Die generellen Regelungen können entweder in genauen Bilanzierungsregeln („Bilanzierung" im weitesten Sinne, insbesondere einschließlich Bewertung) oder in Abstimmungsregelungen für die Gesellschafterversammlung bestehen: die nach dem gesetzlichen Normalfall vorgesehene Einstimmigkeit wird durch die Vereinbarung einfacher oder qualifizierter Mehrheiten abgelöst[966]. Zu beachten ist, daß auch die Geschäftsverteilung — im vorliegenden Zusammenhang interessiert die Zuweisung der Bilanzerstellung an einen Gesellschafter — ebenfalls bereits eine generelle Regelung zur Handhabung des Interessenkonfliktes zwischen den Gesellschaftern darstellt. Soweit nämlich der Gesell-

---

[964] Vgl. KAPPLER (1972), S. 262.

[965] Vgl. SCHILDBACH (1972), bes. S. 241.

[966] Zu den häufigst gewählten vertraglichen Lösungen vgl. KASTNER (1979), S. 69.

schafter, dem die Bilanzerstellung zugewiesen wurde, nicht durch andere Regelungen des Gesellschaftsvertrages in seiner Handlungsfreiheit eingeschränkt wird, wird ihm gleichzeitig ein Teil der Entscheidungen über Gewinn- und Vermögensverteilung übertragen[966a]. Zumindest wird seine Stellung wesentlich gestärkt, zumal ja, wie oben gezeigt, aus Rechtsprechung und juristischer Lehre nicht eindeutig hervorgeht, daß die Kompetenzen des Bilanzerstellers auf die Anfertigung eines *Entwurfes* beschränkt sind.

Abgesehen von den Möglichkeiten der Täuschung und Verschleierung kann der Bilanzaufsteller jedenfalls alle gesetzlichen und nicht vertraglich ausgeschlossenen Wahlrechte weitgehend nach Belieben nutzen. Die Freiheit des geschäftsführenden Gesellschafters bei der Bewertung wird mangels anderer Vereinbarungen nur durch die Grundsätze ordnungsmäßiger Buchführung (GoB) beschränkt[967]. Als GoB sind nach herrschender Auffassung die Bewertungsbestimmungen des österreichischen Aktiengesetzes aufzufassen, nicht jedoch in Deutschland die (wesentlich strengeren) Vorschriften des deutschen Aktiengesetzes. In Deutschland wird z. T. aus den strengeren Bewertungsvorschriften des (dt.) AktG 1965 geschlossen, daß auch die geschäftsführenden Gesellschafter von Personengesellschaften die aktienrechtlichen Wertuntergrenzen beachten müßten[967a]. Inwieweit die Bewertungsvorschriften des dt. AktG auf andere Rechtsformen anzuwenden sind, ist noch umstritten[968]; für österreichische Personengesellschaften müßte jedenfalls argumentiert werden, daß eine weitreichende Bildung stiller Reserven weiter zulässig ist, weil das österreichische AktG 1965 zum Unterschied vom dt. AktG 1965 keine Wertuntergrenzen

---

[966a] Gewinnermittlungs- und Gewinnverwendungskalkül sind jedenfalls auf der Grundlage des geltenden Rechts nicht voneinander trennbar (vgl. STÜTZEL [1967], S. 326ff.). Die strenge Trennung beider Kalküle fordert SCHWEITZER (1972), passim, bes. S. 88ff., weist aber auch auf die Vermischung beider Kalküle im Großteil der betriebswirtschaftlichen Bilanzauffassungen hin.

[967] Vgl. KASTNER (1979), S. 83. — Nach ULMER (1976), S. 219f., muß jeder Bilanz zugestimmt werden, die sich im Rahmen des nach Gesetz oder Gesellschaftsvertrag Zulässigen hält (S. 219). Die Geschäftsführer hätten die Kompetenz zur Legung stiller Reserven aber nur im Rahmen der GoB. Die Forderung nach strengeren Rechnungslegungsvorschriften auch für die Nicht-Aktiengesellschaften wurde schon Anfang der vierziger Jahre aufgestellt, bisher aber weder in Deutschland noch in Österreich verwirklicht. Vgl. KOSIOL (1976), S. 939ff., mit historischen Hinweisen.

[967a] ULMER (1976), S. 220ff. mit Hinweisen auf die Gegenmeinung.

[968] Vgl. die eingehende Diskussion bei SCHMIDT, H. (1978).

enthält. Selbst die Einhaltung der neuen deutschen aktienrechtlichen Vorschriften würde aber noch einen beträchtlichen Spielraum offen lassen. Dieser ist bei den Nicht-Aktiengesellschaften umso bedenklicher, als hier keine den aktienrechtlichen vergleichbaren Schutzvorschriften zugunsten der Gesellschafter bestehen, abgesehen von allgemeinen, schwer konkretisierbaren Pflichten wie „einer Art Treuepflicht" aller Gesellschafter[969].

Wie Erfolge *verteilt* werden sollen, wird in Gesellschaftsverträgen fast immer geregelt, ebenso wichtig ist aber eine möglichst präzise und streitvermeidende Regelung, wie Erfolge zu *ermitteln* sind. Von besonderer Bedeutung ist dies in der KG für die Kommanditisten, weil diesen (nach der dispositiven Regelung des HGB) keine Mitwirkung an der Bilanzerstellung zukommt[969a], sie vielmehr gemäß § 166 HGB nur berechtigt sind, „die abschriftliche Mitteilung der jährlichen Bilanz zu verlangen und ihre Richtigkeit ... zu prüfen".

Aber auch die nicht geschäftsführenden Gesellschafter einer OHG haben oft nicht die fachlichen Fähigkeiten oder die Zeit, die ihnen gemäß § 118 HGB zustehenden Überwachungsmöglichkeiten so zu nutzen, daß sie eine ihren Interessen schädliche Bilanzpolitik verhindern können[970]. Der geschäftsführende Gesellschafter einer Personengesellschaft kann dies durchaus dazu nutzen, bei mangelnden gesellschaftsvertraglichen Vorkehrungen Bilanzpolitik zum Schaden der übrigen Gesellschafter zu betreiben. Erwähnt sei z. B. der Fall, daß in einer OHG die gesetzliche Erfolgsverteilung Gültigkeit hat und der geschäftsführende Gesellschafter einen großen Kapitalanteil besitzt: Eine Bilanzpolitik, die zunächst Verluste und dann erst Gewinne ausweist, schädigt jedenfalls die Gesellschafter mit kleinen Kapitalanteilen, weil zunächst die Verluste nach Köpfen verteilt werden und für die nachfolgende Gewinnverteilung, soweit sie die Vorwegverzinsung des Kapitals betrifft, die Gesellschafter mit kleinen Kapitalanteilen dann einen überproportional kleinen Kapitalanteil, vielleicht überhaupt kein positives Kapital mehr besitzen[971].

Eine brauchbare, grobe handelsrechtliche Regelung ist die Vereinbarung einer Einheitsbilanz (d. h. der Gleichheit von Handels- und Steuerbilanz) und fester Kapitalkonten; insbesondere in Verbindung

[969] Hämmerle/Wünsch (1978), S. 67f., mit weiteren Nachweisen.

[969a] So jüngst wiederum Torggler (1981) in Auseinandersetzung mit Ulmer (1976) und Jud (1978), die der herrschenden Ansicht widersprechen.

[970] Vgl. auch Endres (1969), bes. S. 441.

[971] Vgl. Hasenack (1970), Sp. 1321.

mit der steuerlichen Betriebsprüfung können durch eine derartige gesellschaftsvertragliche Regelung mindestens die ärgsten Benachteiligungen der nicht geschäftsführenden Gesellschafter verhindert werden. Ein Abweichen von Handels- und Steuerbilanz ist für alle nicht geschäftsführenden Gesellschafter, auch für die Kommanditisten mit ihren sehr eingeschränkten Überwachungsrechten, ein Hinweis auf mögliche Übervorteilung durch die geschäftsführenden Gesellschafter[972].

Mit den vorstehenden Ausführungen wurden nur die *besonderen*, aus der Unbestimmtheit der handelsrechtlichen Rechnungslegungsvorschriften resultierenden bilanzpolitischen Möglichkeiten der Geschäftsleitung aufgezeigt. Die Vereinbarung der Einheitsbilanz im Gesellschaftsvertrag kann aber nur die *gröbsten* Unschärfen beseitigen. Auch bei der Vereinbarung, die Steuerbilanz auch als Handelsbilanz zu verwenden, verbleiben den geschäftsführenden Gesellschaftern sämtliche steuerbilanzpolitischen Wahlrechte! Allein die begünstigenden Vorschriften des Steuerrechts reichen häufig völlig aus, durch entsprechende Bilanzgestaltung einzelne Gesellschaftergruppen schwer zu benachteiligen[972a]. Die Vereinbarung der Steuerbilanz als Handelsbilanz müßte daher, wenn ein Schutz der nicht geschäftsführenden Gesellschafter erreicht werden soll, zusätzliche gesellschaftsvertragliche Regelungen über die Nutzung steuerlicher Wahlrechte enthalten. Abgesehen von den handelsrechtlichen Wirkungen unterschiedlicher Bilanzgestaltungen führt die unterschiedliche Steuerbelastung der Gesellschafter dazu, daß hinsichtlich der alternativen Bilanzgestaltungen unterschiedliche Präferenzen bestehen. Dies ist unter III. noch zu analysieren. Die Steuerbelastungskonsequenzen sind jedoch nur ein Teil der umfassenderen Interessengegensätze zwischen den Gesellschaftern einer Personengesellschaft.

---

[972] Nach HASENACK (1970), Sp. 1330 und Sp. 1334f., wäre dies auch für den Kommanditisten ein „wichtiger Grund", im Sinne von § 166 Abs. 2 HGB die Vorlage von Bilanz, sonstigen Aufklärungen, Büchern und Papieren bei Gericht zu erreichen.

[972a] Unterbewertungen zwecks Ausnutzung steuerlicher Sonderabschreibungen gelten allgemein als zulässig. In Extremfällen hat die Rechtsprechung allerdings bei Widerspruch eines überstimmten Gesellschafters entschieden, daß auch die augenblickliche Steuerersparnis nach der Gesamtlage des Unternehmens kaufmännisch vertretbar sein müsse. So BGH Urt. v. 14. 2. 1974 — II ZR76/72: Durch Bildung einer Pensionsrückstellung in einem Betrag war statt eines Gewinnes von 530.000 DM ein Verlust von 280.000 DM ausgewiesen worden.

III. Grundlagen eines Kompromisses für die Steuerbilanzpolitik von Personengesellschaften

In diesem Abschnitt sollen die spezifischen *steuer*bilanzpolitischen Probleme der Bilanzentscheidungen in Personengesellschaften analysiert werden. Die Grundlegung in den Abschnitten I und II zeigte, daß auch weit über die Steuerbelastungswirkung hinausgehende Folgen der Bilanzgestaltung auftreten können. Die Ermittlung des Bilanzgewinns ist zudem nur Spezialfall der Kapitaldispositionen in Personengesellschaften. Schon ohne Steuereinfluß läßt sich zeigen, daß der einzelne Gesellschafter seine Kapitaleinlagen bzw. -entnahmen rationalerweise i. a. nicht am Gewinn- oder Rentabilitätsmaximum der Gesellschaft orientieren will, auch wenn er selbst nach Gewinn- oder Rentabilitätsmaximierung strebt[972b].

Nachstehend werden jedoch, entsprechend der eingeschränkten Fragestellung einer Partialanalyse, die Steuerbelastungswirkungen in den Vordergrund gestellt. Ausgangspunkt für Verhandlungen ist die Nachteiligkeit der steuerbilanzpolitischen Strategien für einzelne Gesellschafter, die zunächst zu quantifizieren ist.

1. Nachteilsquantifizierung für einzelne Gesellschafter

Erstes Erfordernis für die Quantifizierung der den einzelnen Gesellschaftern aus der Steuerbilanzpolitik der Gesellschaft erwachsenden Nachteile ist die Ermittlung der Steuerbelastung der einzelnen Gesellschafter. Für diese wird die spezifische Steuersatzfunktion des Gesellschafters benötigt. Für deren Ermittlung ist zu berücksichtigen, daß die Gewerbesteuer für das Gesamtunternehmen erhoben wird, die einkommensteuerliche Bemessungsgrundlage aber jedem Gesellschafter gesondert zugerechnet wird. Für die Optimierung, die der einzelne Gesellschafter vornimmt, wäre daher ein kombinierter Einkommen- und Gewerbeertragsteuertarif im Sinne von Abschnitt H. III. 5 folgendermaßen zu entwickeln: Der Gesellschafter möge einen Anteil von γ am Erfolg der Gesellschaft haben. Die Grenzen für den kombinierten Tarif $BG_q{}^{\text{komb, eff}}$ werden aus den gewerbeertragsteuerlichen Stufengrenzen $BG_q{}^{\text{gew, eff}}$ und aus den Stufengrenzen $\frac{1}{\gamma} \cdot BG_q{}^{\text{ein, eff}}$ ermittelt. Diese beiden Werte sind in kompatibler Weise auf die gesamtbetriebliche Erfolgsgröße P beziehbar. Modifikationen sind erforderlich, wenn

[972b] Vgl. WAGNER, H. (1971), S. 322ff. für die „Unternehmergesellschaft".

Sondervergütungen und Sonderbetriebsausgaben zugunsten einzelner Gesellschafter vorhanden sind. Insoweit sie fix verrechnet werden, sind diese Bestandteile von P vorweg zu verrechnen. Als P, auf das sich der kombinierte Tarif bezieht, ist nur jener Teil des steuerlichen Gewinns anzusehen, auf den alle Gesellschafter Anspruch haben. Hieraus folgt, daß die Steuersätze von Einkommen- und Gewerbeertragsteuer, die in den kombinierten, der Steuerplanung zugrunde gelegten Tarif eingehen, nicht immer bei Einkommen bzw. Gewerbeerträgen von Null beginnen. Ebenso wirkt die Existenz persönlicher außerbetrieblicher Einkommensbestandteile einzelner Gesellschafter (andere Einkünfte, Sonderausgaben, außergewöhnliche Belastungen).

Unter Benutzung der solchermaßen abgeleiteten individuellen Steuersatzfunktion kann jeder einzelne Gesellschafter sein steuerbilanzpolitisches Optimum bestimmen. Infolge des Vorherrschens der Steuerbarwertminimierung in der Literatur wurde insbesondere die Berechnung der Steuerbarwerte jedes einzelnen Gesellschafters für alternative steuerbilanzpolitische Strategien vorgeschlagen[973]. In analoger Weise ist aber auch für die übrigen steuerbilanzpolitisch sinnvollen Zielfunktionen, insbesondere die Nettoergebniskapitalwertmaximierung, vorzugehen[974].

Ausgehend von der für ihn geltenden Zielfunktion kann jeder Gesellschafter die Nachteile quantifizieren, die ihm bei der Wahl einer anderen als der für ihn optimalen steuerbilanzpolitischen Strategie entstehen. Die Nachteilsquantifizierung wird in jenen Größen vorgenommen, in welchen die jeweilige Zielfunktion ausgedrückt wird. Die Nachteile können bei Geltung der Zielfunktion „Steuerkapitalwertminimierung" als „Steuerkosten", bei Geltung der Zielfunktion „Nettoergebniskapitalwertmaximierung" als „Wohlstandskosten" bezeichnet werden[975].

Bei der Ermittlung der Wohlstandskosten können auch die Sondervergütungen an andere Gesellschafter erfaßt werden. Diese Sondervergütungen sind z. T. bilanzpolitisch bedingt, als bilanzpolitische Maßnahmen (vor dem Bilanzstichtag) aufzufassen. Soweit nämlich die Sondervergütungen über das hinausgehen, was einem Dritten für gleich-

---

[973] So SIEGEL (1973), S. 284; HEIGL/MELCHER (1974), S. 124.

[974] Die Anwendung (auch) der Nettoergebniskapitalwertmaximierung bei der Steuerplanung der Personengesellschaft schlagen HEIGL/MELCHER (1974), S. 124, vor.

[975] HEIGL/MELCHER (1974), S. 124, sprechen im zweiten Falle von „Einkommenskosten". Hiervon wird aufgrund der obigen Analyse (S. 265ff.) abgewichen.

artige Leistungen gewährt worden wäre, sind sie bereits Gegenstand des bilanzpolitischen Bargaining-Prozesses zwischen den Gesellschaftern. Wenn die Zielfunktion „Steuerkapitalwertminimierung" verwendet wird, schlagen sich jedoch steuerbilanzpolitisch motivierte Zahlungen an einzelne Gesellschafter in dieser Zielfunktion noch nicht nieder. Der durch die „Steuerkosten" ausgedrückte Nachteil für den einzelnen Gesellschafter ist in diesem Falle durch die „Vermögenskosten" zu ergänzen, welche die Minderung des abgezinsten End-Vermögens(anteils) des Gesellschafters durch Zahlungen an die anderen Gesellschafter ausdrücken[976].

Dabei muß nach Art der Zahlungen an die anderen Gesellschafter genau unterschieden werden: Sondervergütungen, die für die Handelsbilanz als Aufwand zu verrechnen sind, führen zu einer Vermögensminderung der übrigen Gesellschafter. Hingegen müssen (handelsrechtlich) erfolgsneutrale Entnahmen der übrigen Gesellschafter differenziert betrachtet werden: Wenn die Entnahmen die Kapitalbeteiligungsverhältnisse ändern, so ist ihre Vermögenswirkung i. a. ungleich ihrem Nominalbetrag. Bei Vorhandensein von stillen Reserven werden die Entnahmen der anderen Gesellschafter eher zu einer Vermögensvermehrung der übrigen Gesellschafter führen; eine Gegenwirkung wird lediglich dadurch ausgelöst, daß durch den Entzug finanzieller Mittel der Gesellschaft Opportunitätskosten aus dem Verzicht auf rentable Investitionen u. dgl. erwachsen. Das Konzept der „Vermögenskosten" ist grundsätzlich geeignet, die Konsequenzen *aller* Arten von Entnahmen abzubilden. Allerdings können die durch (handelsrechtlich erfolgsneutrale) Entnahmen induzierten Veränderungen der Vermögensanteile für den isolierten steuerbilanzpolitischen Kalkül nur geschätzt werden; die exakte Ermittlung würde ein wesentlich umfangreicheres Modell erfordern.

2. Die Problematik des Nachteilsvergleichs

Allgemeingültige Aussagen über Verläufe des Verhandlungsprozesses können zwar nicht gemacht werden, weil die Verhandlungen von den ökonomischen Gesamtumständen der Beteiligten und von ihrer Persönlichkeitsstruktur abhängen. Dennoch kann bei einem Kollektiv, das auf Dauer und auf Aufrechterhaltung des Vertrauens zwischen den Beteiligten angelegt ist, davon ausgegangen werden, daß die Einigung weniger durch Drohungen, List und Täuschung, sondern eher durch

---

[976] HEIGL/MELCHER (1974), S. 125.

sozial akzeptable (rationale oder pseudo-rationale) Argumente, durch Appelle an die Einsicht und die Solidarität der übrigen Gesellschafter gefunden wird. Große Bedeutung für die Stabilisierung von Kollektiven besitzt der Versuch, die Beteiligten auf eine Sozialwahlfunktion festzulegen, die zur Bewertung aller denkbaren Handlungsmöglichkeiten benutzt wird[977]. Für die Festlegung von Sozialwahlfunktionen, aber auch für ad hoc-Schlichtungen von Interessengegensätzen ist die Vorstellung der „fairen" Lösung das zentrale Konzept[978]. Es besteht keine strenge Antinomie zwischen den auf dem Fairneß-Konzept aufbauenden normativen Verhandlungsmodellen und empirisch gehaltvollen Verhandlungstheorien. Fairneß- und Gerechtigkeitsvorstellungen bestimmen das tatsächliche Verhalten mit — in welchem Umfang, hängt von der Persönlichkeitsstruktur der Beteiligten und von der sozialen Situation ab[979]. Für die Fairneß einer Lösung kann allgemein nur ausgesagt werden, daß sie gemeinsamen sozialen Wertvorstellungen entsprechen muß. Im folgenden werden einerseits intrapersonal Nachteile verschiedener Art gegeneinander abgewogen, andererseits sind interpersonale Nachteilsvergleiche erforderlich, für die „faire" Lösungen gesucht werden. Als „fair" werden Lösungen akzeptiert, die eine „Gleichbehandlung" der Teilnehmer gewährleisten. Als „Gleichbehandlung" kommt einmal die „demokratische", nivellierende Lösung in Betracht, die jeder Person absolut gleich viel an Vor- und Nachteilen zuteilt. Wahrscheinlicher ist aber die Interpretation der „Gleichbehandlung" in der Form, daß die sozialen Abstände im Kollektiv aufrechterhalten werden; hier wird eine Ausgangslage als Basis benutzt, und von ihr ausgehend wird relativ gleich viel zugeteilt[980].

Die oben ermittelten „Steuerkosten", „Vermögenskosten" und „Wohlstandskosten" sind untereinander nicht unmittelbar vergleichbar, obwohl sie durchwegs auf Geldbeträge lauten. Die Vergleichbarkeit wird insbesondere von der unterschiedlichen Bedeutung des Zinsfußes, der in die Berechnung der genannten „Kosten" eingeht, gestört. Wenn man nur einen einzelnen Gesellschafter betrachtet, so sind für ihn aller-

---

[977] Vgl. z. B. Gäfgen (1974), S. 184ff. und S. 413ff. — Vgl. auch zur Berücksichtigung pluralistischer Interessen (Kapitalgeber, Arbeitnehmer, Kunden usw.) in Entscheidungskalkülen Sieben/Goetzke (1976), bes. S. 31 und S. 47f., mit weiteren Nachweisen.

[978] Vgl. Gäfgen (1974), S. 182.

[979] Anderer Ansicht Bidlingmaier (1968), S. 149f.

[980] Zur sozialen Beeinflussung der Entscheidungsprämissen von Organisationsteilnehmern vgl. Kirsch (1971), S. 161ff.; Reber (1973); Grün (1976).

dings die „Vermögenskosten“ und die „Steuerkosten“ gleichnamig, wenn man als gemeinsame übergeordnete Zielfunktion die Vermögens(endwert)maximierung unterstellt und mit gleichem Kalkulationszinsfuß rechnet. Im allgemeinen aber sind Mehr- und Minderbeträge bei den „Kosten“-Arten nicht einfach 1 : 1 gegeneinander austauschbar, vielmehr muß eine die individuellen Präferenzen wiedergebende Austauschregel formuliert werden. Objektiv wäre die Austauschregel nur dann angebbar, wenn ein vollkommener Kapitalmarkt existierte, der durch Kreditaufnahme bzw. Finanzanlage die beliebige zeitliche Transformierbarkeit von zu verschiedenen Zeitpunkten anfallenden Einkommen bzw. Vermögen erlaubte.

Auch gleichartige „Kosten“ bei verschiedenen Gesellschaftern sind untereinander nicht unmittelbar vergleichbar, wenn die Gesellschafter mit unterschiedlichen Kalkulationszinsfüßen rechnen. Diese sind auf unterschiedliche persönliche Kreditkonditionen oder außerbetriebliche Investitionsmöglichkeiten der Gesellschafter zurückzuführen. Bei Verwendung unterschiedlicher Kalkulationszinsfüße werden gleichnamige „Kosten“ in gleicher Höhe von den Beteiligten nicht ohne weiteres als gleichwertig angesehen. In Verhandlungen über eine Sozialwahlfunktion oder eine Schlichtungsregel muß die Gewichtung gleichnamiger „Kosten“ bei den einzelnen Gesellschaftern einbezogen werden. Eine implizite Gewichtung (mit allerdings schwer durchschaubaren Konsequenzen) wäre auch darin zu sehen, daß sich die Gesellschafter auf einen einheitlichen Kalkulationszinsfuß einigen.

Selbst bei einheitlichem (Brutto-)Kalkulationszinsfuß und einheitlicher Zielfunktion sind die für den einzelnen Gesellschafter ermittelten „Kosten“ nicht direkt miteinander vergleichbar, und zwar auch dann nicht, wenn nivellierende oder sozialstatuserhaltende Gleichbehandlung allgemein akzeptiert wird. Dies soll für den Fall der „Steuerkosten“ anhand eines Modellfalles erläutert werden: Gesellschafter A und Gesellschafter B seien je zu 50 % an Erfolg und Kapital der A & B OHG beteiligt. Falls nun A hohe zusätzliche Einkünfte hat, so wird das unterschiedliche Zusammenwirken von Zinseffekt und Progression für beide Gesellschafter unterschiedliche Bilanzausweise als optimal erscheinen lassen. Der Steuerbarwert von A wird bei jeder Strategie höher als jener von B sein. Ist nun eine Geldeinheit (oder 1 %) Abweichung vom optimalen Steuerkapitalwert von A gleichwertig mit derselben Abweichung vom Steuerkapitalwert von B? B kann als „faire“ Lösung fordern, daß A weiter von seinem Optimum abweiche als B selbst; er kann argumentieren, daß die hohen zusätzlichen Einkünfte von A, die mit der gemeinsamen betrieblichen Sphäre nichts zu tun hätten, das starke Abweichen von der Optimallösung des B bewirkten. Ob sich B mit dieser Argumentation durchsetzt, steht hier nicht zur Diskussion. Der Modellfall sollte nur zeigen, daß auch gleichnamige und betragsgleiche Größen für die Beteiligten i. a. nicht gleich*wertig* sind. Dies ist bei der Beurteilung von vorliegenden Vorschlägen für „faire" Lösungen zu bedenken.

3. Vorschläge zum „fairen" Nachteilsausgleich

Mit der tatsächlichen Findung des Kompromisses im Kollektiv befaßt sich eine außerordentlich verzweigte Literatur, insbesondere in der Preistheorie und in der mathematischen Theorie der Spiele. In den vorliegenden Ansätzen werden vielfältige ökonomische und soziale Faktoren berücksichtigt; besonders werden die Macht der einzelnen Angehörigen des Kollektives, die Bildung von Koalitionen, die Möglichkeit von Kompensationszahlungen sowie Täuschungsmöglichkeiten hervorgehoben. Angesichts der Fülle an Beiträgen sei auf die Hervorhebung einzelner Arbeiten verzichtet. Im folgenden sollen — entsprechend dem Anliegen der Aufrechterhaltung der Vertrauensbasis in der Personengesellschaft — die Grundlagen kooperativer Lösungen analysiert werden.

Jeder Vorschlag zur Konfliktregelung führt in den Problemkreis der Werturteilsfreiheit der Wissenschaft. Für die normative Untersuchung der kollektiven Entscheidungen wurde der Standpunkt vertreten, daß die Betriebswirtschaftslehre hier den wertfreien Standpunkt verlassen und Sozialwahlfunktionen oder Schlichtungsregeln empfehlen bzw. diskutieren müsse, die parteiliche Basisentscheidungen des Forschers enthalten[981]. Auch nach Meinung des Verfassers ist die völlige Wertfreiheit für die Behandlung von kollektiven Entscheidungen nicht durchhaltbar, wenn man zu konkreten Ergebnissen gelangen will. Zumindest Grundvorstellungen über die Art der Lösung entspringen einem Basiswerturteil des Wissenschaftlers; das gilt auch für die nachstehenden Ausführungen zur Findung einer „fairen" Lösung des steuerbilanzpolitischen Entscheidungsproblems.

Allerdings wird im folgenden nur ein schwaches Werturteil benötigt, weil durch die Offenlegung der Wirkungen für alle Beteiligten eine wirkungsorientierte Akzeptanz[982] angestrebt wird. Die interpersonale Bewertung bleibt den Beteiligten anheimgestellt; es werden nur Vor-

---

[981] KIRSCH (1972a), S. 181ff. — Vgl. auch die oben (S. 87ff.) diskutierte offene Begründung von Normen.

[982] Vgl. CHMIELEWICZ (1979), S. 221ff., mit weiteren Nachweisen.

schläge zu rationaler Informationsverarbeitung und -gewinnung gemacht: Für die Konfliktbewältigung ist viel gewonnen, wenn es gelingt, die Beteiligten auf einige elementare Werturteile (allgemeingültige interpersonale „Kosten"-Vergleiche) festzulegen und dann die Implikationen dieser Werturteile für die konkrete Gestaltung der Steuerbilanzen einem formalisierten Kalkül zu überantworten. Dieses Konzept entspricht der Festlegung einer Sozialwahlfunktion. Die allgemeingültige Einigung über den interpersonalen „Kosten"-Vergleich muß aber nicht gelingen, was seinen Grund auch darin haben kann, daß trotz (vermeintlicher) Einigung über die Grundwertungen einem oder mehreren Beteiligten die Implikationen inakzeptabel erscheinen. Dann kann die Einigung noch immer dadurch unterstützt werden, daß in einem iterativen Problemlösungsprozeß auf jeder Stufe der Verhandlungen die Konsequenzen für alle Beteiligten offengelegt und so situationsbedingte Einigungen über interpersonale „Kosten"-Vergleiche erzielt werden.

Für die Steuerbilanzpolitik liegen bisher nur wenige konkrete Vorschläge zum Nachteilsausgleich vor. Ein erster, sehr einfacher Vorschlag stammt von Siegel[983]: Es werden zwei Gesellschafter A und B betrachtet. Für jeden Gesellschafter ist ein anderer Plan optimal, wobei die Optimalität an den Steuerbarwertsummen gemessen wird. Es wird angenommen, daß die Gesellschafter damit einverstanden sind, sich gleich weit vom Zielfunktionswert (hier: von der Steuerbarwertsumme) des für sie jeweils optimalen Plans zu entfernen. Dann wird ihnen vorgeschlagen, jenen von beiden Plänen zu wählen, der die geringste Summe beider Steuerbarwertsummen ausweist. Derjenige Gesellschafter, dessen optimaler Plan hierdurch verwirklicht wird, muß nun dem anderen eine Kompensationszahlung leisten, durch die erreicht wird, daß nach Einbeziehung dieser Kompensationszahlung jeder Gesellschafter gleich weit von seinem Optimum entfernt ist.

Bei kritischer Analyse dieses Vorschlages sei der Einfachheit halber die „demokratische" Regelung akzeptiert. Worin liegen die verbleibenden stillschweigenden Prämissen dieser Regelung? Erstens werden die Kalkulationszinsfüße als „gleichwertig" anerkannt. Zweitens werden die steuermaßgeblichen Einflußfaktoren außerhalb der Gesellschaftssphäre den Einflüssen in der Gesellschaftssphäre gleichwertig erachtet. Sieht man von beidem ab bzw. denkt man sich diese zwei Einflußgrößen bereits um eine einvernehmliche Gewichtung korrigiert, so verbleiben zwei Probleme: Die Kompensationszahlung muß ihrerseits versteuert werden. Es müssen daher Gesamt-Barwerte verglichen

983 Siegel (1973), S. 284.

werden, die sich aus ursprünglichen Steuerbarwerten und *versteuerten* Barwerten der Ausgleichszahlungen zusammensetzen; für den die Ausgleichszahlung leistenden Gesellschafter ist natürlich die Steuer-*entlastung* anzusetzen. Richtigerweise ist außerdem nicht aus den für jeweils einen einzelnen Gesellschafter optimalen Plänen derjenige auszusuchen, der für alle Gesellschafter zusammen die minimale Steuerbarwertsumme ergibt; es ist nämlich möglich, daß ein Plan, der für keinen der Gesellschafter optimal ist, dennoch für alle Gesellschafter zusammen die minimale Steuerbarwertsumme ergibt. Dieser gesamtoptimierende Plan ist rechnerisch leicht zu finden, indem in die Zielfunktion eines Steuerbilanzoptimierungsmodelles die Steuerzahlungen *aller* Gesellschafter (unter Beachtung der unter 1. entwickelten individuellen Steuersatzfunktionen) aufgenommen werden. Im nächsten Schritt werden probeweise die sich aufgrund der soeben erhaltenen Lösung ergebenden Ausgleichszahlungen in das Programm aufgenommen. Wegen der Versteuerung der Ausgleichszahlung muß diese mehrmals verändert werden, bis ein akzeptables Ergebnis erreicht wird.

Weitere Möglichkeiten für eine rationale Konfliktlösung im Kollektiv können der Theorie der Entscheidungen mit mehrfacher Zielsetzung entnommen werden. Diese Theorie ist für den Fall eines einzelnen Entscheidungsträgers, der mehrere Ziele nebeneinander verfolgt, und ebenso auf den Fall mehrerer Individuen, von denen jedes ein oder mehrere Ziele verfolgt, anwendbar. Der Unterschied besteht nur darin, daß an die Stelle der Introspektion, durch die das Individuum seinen Zielkonflikt letztlich löst, bei der Kollektiventscheidung die Verständigung über die Sozialwahlfunktion oder über die Schlichtungsregel treten muß. Da mit einer Handlung nicht nur ein Maximum bezüglich einer einzigen Zielfunktion, sondern bezüglich eines ganzen Vektors von Zielfunktionen erreicht werden soll, spricht man vom „Vektormaximumproblem".

Eine „klassische" Lösung des Vektormaximumproblems besteht darin, die einzelnen Ziele zu gewichten und mit dem gewogenen arithmetischen Mittel der ursprünglichen Zielfunktionen die Optimierungsrechnung durchzuführen. Gegen diese Lösung ist einzuwenden, daß sie zu sinnlosen Größen führen kann[984]. Diese Vorgangsweise kann nur dadurch gerechtfertigt werden, daß unter bestimmten Voraussetzungen die gefundene Lösung funktional effizient in bezug auf die ursprünglichen, einzelnen Zielfunktionen ist und ein Zusammenhang mit der

---

[984] DINKELBACH (1969), S. 23.

mehrparametrischen Programmierung besteht[985]. Durch parametrische Variation der Zielgewichte kann der Lösungsbereich gefunden werden, für den die gefundene Lösung optimal bleibt.

Von verschiedenen neueren Lösungsprinzipien des Vektormaximumproblems[986] sind zwei hervorzuheben, die Benutzung von Distanzfunktionen und die Benutzung einer nur vom Zielsystem abhängigen vollständigen Präferenzrelation.

Das Konzept der Distanzfunktionen wird insbesondere im sogenannten „goal-programming"[987] verwendet. Es werden Zielerreichungsgrade für jedes Ziel vorgegeben. Die Aufgabe des „goal-programming" besteht dann darin, die durch die Distanzfunktion gemessene Abweichung von einem vorgegebenen Vektor der Zielerreichungsgrade (Referenzvektor) z^0 zu minimieren. Wenn m Gesellschafter je ein Ziel verfolgen, ist der Referenzvektor z^0 m-komponentig; es können aber auch die einzelnen Gesellschafter jeweils mehrere Ziele verfolgen, so daß der gesamte Zielvektor l^*-komponentig $(l^* \geqslant m)$ wird. Der Beitrag jeder Handlungsmöglichkeit x_j zum Ziel l $(l = 1, 2, \ldots, l^*)$ sei mit c_{lj} bezeichnet. Es wird nun für jedes der l^* Ziele ein Referenzpunkt $z^0{}_l$ $(l = 1, 2, \ldots, l^*)$ gewählt. Positive oder negative Abweichungen von jedem der Referenzpunkte, d. h. von jedem Element des Referenzvektors, werden mit $d^+{}_l$ und $d^-{}_l$ bezeichnet. Eine Einheit positiver oder negativer Abweichung kann unterschiedlich (insbesondere auch mit Null oder negativ) bewertet werden. Bezeichnet man die Gewichtung einer Einheit positiver (negativer) Abweichung vom Referenzwert $z^0{}_l$ mit $\Delta^+{}_l$ $(\Delta^-{}_l)$, dann ist beim goal-programming folgendes Problem zu lösen: Zu minimieren ist

$$\sum_{l=1}^{l^*} (\Delta^+{}_l \cdot d^+{}_l + \Delta^-{}_l \cdot d^-{}_l)$$

unter den Bedingungen

$$\sum_{j=1}^{n} c_{lj} \cdot x_j - d^+{}_l + d^-{}_l = z^0{}_l \qquad (l = 1, 2, \ldots, l^*)$$

[985] Ebendort, S. 158ff. — Funktional effizient ist die Lösung des Vektormaximumproblems dann, wenn es keinen Vektor gibt, der bezüglich des Wertes wenigstens einer Zielfunktion besser als die Lösung und bezüglich aller anderen Zielfunktionen mindestens gleich gut wie die Lösung ist (vgl. ebendort, S. 152f.).

[986] Vgl. zur Übersicht JOHNSEN (1968); COCHRANE/ZELENY (1973), insbes. auch die ausführliche Bibliographie von M. ZELENY, S. 779ff.; FANDEL (1975).

[987] Vgl. u. a. CHARNES/COOPER (1961), S. 215ff.; IJIRI (1965), S. 43ff.; LEE (1972).

(sowie unter den Nicht-Negativitätsbedingungen für alle Variablen und den üblichen technologischen Bedingungen bezüglich der x_j wie in jedem gewöhnlichen LP-Problem).

Offenbar beschreibt dieses Verfahren eine verallgemeinerte Lösung des oben wiedergegebenen Verfahrens von SIEGEL. Die Distanzfunktion kann hier weitgehend beliebig formuliert werden[988]. Damit können insbesondere Abweichungen vom Referenzpunkt des einen Gesellschafters anders gewichtet werden als Abweichungen vom Referenzpunkt des anderen Gesellschafters. Als Referenzvektor kann insbesondere auch — unabhängig von der Tatsache, daß dieser Vektor wegen der Einheitlichkeit der Bilanzpolitik für die gesamte Gesellschaft nicht realisierbar ist — die Optimalverwirklichung des Zieles jedes einzelnen Gesellschafters gewählt werden. In das goal-programming-Problem können auch variable Kompensationszahlungen einbezogen werden.

Gegen das goal-programming (sowie allgemein gegen die Verwendung von Distanzfunktionen) wurden verschiedene Einwendungen vorgebracht. Von diesen ist ökonomisch vor allem relevant, daß mit der Wahl des Referenzvektors und der Distanzfunktion Annahmen über das Entscheidungsverhalten gemacht werden, die in ihren Konsequenzen nur schwer analysiert werden können[989].

Eine weitere Klasse von Lösungsprinzipien für das Vektormaximumproblem geht von der Existenz einer vollständigen Präferenzrelation zwischen allen Komponenten des Zielerreichungsvektors z aus[990]. Ein Lösungsprinzip auf der Basis einer vollständigen Präferenzrelation fordert aber vom Entscheidenden schwer erlangbare Informationen über diese Präferenzrelation. Während beim einzelnen Entscheidungsträger, der mehrere Ziele nebeneinander verfolgt, die Schwierigkeit nur darauf beruht, daß keine genügend feinen Vorstellungen von den eigenen Präferenzen bestehen, erfordert die Angabe der Präferenzrelation bei mehreren Beteiligten überdies Verhandlungen über die interpersonelle Zielgewichtung. Praktisch erfolgversprechend scheinen aber sogenannte „Diskussionsalgorithmen" zu sein, mit denen die Gesamtpräferenzfunktion iterativ bestimmt werden kann, also nicht von vornherein bekannt sein muß[991]. Ausgehend von einer funktional effizienten Lösung des Vektormaximumproblems kann der Entschei-

---

[988] Zu den Eigenschaften von Distanzfunktionen vgl. REMMERT (1964), S. 292f.

[989] Vgl. insbes. FANDEL (1975), S. 378, wo auch formale Einwendungen vorgetragen werden.

[990] Vgl. ebendort, S. 378ff.

[991] Vgl. ebendort, S. 382ff., mit weiteren Hinweisen.

dungsträger *an der jeweiligen Stelle* des Lösungsraumes seine Präferenzen spezifizieren; dies kann dadurch unterstützt werden, daß der Lösungsalgorithmus die jeweilige Einbuße in den übrigen Zielkomponenten bei einer Variation einer Zielkomponente zur Verfügung stellt. Die Übertragung derartiger „Diskussionsalgorithmen" auf die Kollektiventscheidung kann die Einigung zwischen den Gesellschaftern erleichtern, wenn jeder der Beteiligten für jeden Punkt des Lösungsraumes sieht, in welchem Maße die Verbesserung der Zielerreichung eines Gesellschafters die Zielerreichung der übrigen Gesellschafter beeinträchtigt. Selbstverständlich kann aber auch der Einsatz solcher Algorithmen den Einigungsprozeß nicht ersetzen, sondern nur erleichtern.

Bei HEIGL/MELCHER ist bisher am ausführlichsten der interpersonale Argumentationsprozeß für die Gewinnung der steuerbilanzpolitischen Entscheidung in der Personengesellschaft beschrieben[992]; die Struktur der Vor- und Nachteilsabwägung zwischen den Gesellschaftern entspricht genau den geschilderten Diskussionsalgorithmen. Einzuwenden ist gegen HEIGL/MELCHERS Lösung nur, daß die Verhandlungen auf den Vergleich von je einer jeweils für einen einzelnen Gesellschafter optimalen Strategie beschränkt werden und daß die Aussagen über die wahrscheinliche Einigung zwischen den Gesellschaftern zu pauschal sind. Konkrete Aussagen über die numerische Abwägung von Zielerreichungen der verschiedenen Gesellschafter würden wohl eine differenzierende Berücksichtigung verschiedenster Einflußfaktoren erfordern. Die Verwendung von Diskussionsalgorithmen würde jedoch bei Benutzung einer Mensch-Maschinen-Kommunikation eine operable, umfangreichere Auslotung des Ergebnisraumes ermöglichen. Die auf lange Sicht erforderliche Bewahrung des Vertrauens und die durch die einheitliche steuerliche Gewinnfeststellung erzwungene weitgehende Offenlegung der Verhältnisse der Gesellschafter untereinander läßt die iterative Argumentation unter den Gesellschaftern — unter Offenlegung der Konsequenzen für jeden einzelnen auf jeder Stufe der Verhandlungen — als eine gerechte, stabilisierende Lösung befürworten. Die konkrete Ausgestaltung von Diskussionsalgorithmen zur Nutzbarmachung für kollektive (steuer-)bilanzpolitische Entscheidungen steht allerdings bisher noch aus.

Die Empfehlung der Verwendung formaler Hilfen für die Findung der steuerbilanziellen Kollektiventscheidung entspringt, das sei nochmals betont, einem rationalistischen Werturteil. Nicht Macht, List und

---

[992] HEIGL/MELCHER (1974), S. 145ff.

Täuschung werden als die entscheidenden Komponenten für die Lösung der potentiellen Konfliktsituation angesehen, sondern es wird an Vernunft, Gerechtigkeitsempfinden und Verständnis für die Partner appelliert.

SCHLUSSWORT

Mit steuerbilanzpolitischen Entscheidungsmodellen beschäftigt sich die betriebswirtschaftliche Steuerlehre etwa seit 1970. Das Anliegen war einerseits, über die bloßen Faustregeln, wie sie von älteren Darstellungen empfohlen worden waren, hinauszukommen, andererseits aber im Hinblick auf die praktische Verwendbarkeit möglichst einfach strukturierte Modelle zu konzipieren. Manche problematische Prämisse wurde im Interesse der Isolierung oder Vereinfachung steuerbilanzpolitischer Modelle eingeführt. In der vorliegenden Arbeit wurde versucht, die Steuerbilanzpolitik nicht von vornherein in reduktionistischer Weise aufzubauen, sondern zunächst die Problemverknüpfungen umfassend darzustellen: Das Maßgeblichkeitsprinzip konstituiert eine unlösbare Verbindung von Steuerbilanz und Handelsbilanz; die Bilanz als Gesamtunternehmungsmodell ist mit allen betrieblichen Teilplänen verbunden. Eine Bilanzoptimierung ist daher am einfachsten im Rahmen eines simultanen Unternehmungstotalmodelles vorzunehmen. Gegen diesen gedanklich bestechenden Ansatz sprechen allerdings Gründe der praktischen Durchführbarkeit, insbesondere sind Totalplanungsmodelle, die in allen Bereichen gleich fein strukturiert sind, noch auf längere Zeit rechentechnisch wohl nicht bewältigbar. Im Interesse der Praktikabilität erfolgt daher eine Isolierung steuerbilanzpolitischer Entscheidungsmodelle. Hieraus folgt aber — und das ist eines der zentralen Anliegen der vorliegenden Arbeit — daß die zahlreichen Verknüpfungen mit anderen betrieblichen Teilplanungen, vor allem auch mit der Handelsbilanzplanung, nicht hinwegargumentiert werden sollen, sondern daß die erkannten Beziehungen vergröbert im Partialmodell abzubilden sind. Damit gelangen in das steuerbilanzpolitische Entscheidungsmodell (sowohl in die Zielfunktion als auch in die Restriktionen) eine Reihe von mehr oder weniger grob geschätzten Größen; Partialmodelle, welche die Beziehungen zu anderen Teilplanungen hinwegdiskutieren und sich dann ausschließlich mit den exakten Planungsgrößen des künstlich isolierten Entscheidungsfeldes befassen, sind indessen nur scheinbar exakt.

Die Implikationen verschiedener häufig verwendeter Prämissen steuerbilanzpolitischer Entscheidungsmodelle wurden analysiert; hierzu war es erforderlich, zum Unterschied von der Mehrzahl der vorliegenden

Arbeiten, auch Recht und reale Handhabung des Abgabenverfahrens in die Untersuchung einzubringen. Das materielle Steuerrecht allein reicht nicht für eine hinlängliche Abbildung der Steuerbelastungswirkungen alternativer Gestaltungen aus.

Soweit die Analyse der Entscheidungsmodelle hierfür Anhaltspunkte lieferte, wurden auch Aussagen de lege ferenda gemacht. Maßstab für diese Vorschläge waren vor allem die Gleichbehandlung der Steuerpflichtigen und die Wachstumsförderung; zur Beurteilung im Hinblick auf andere wirtschaftspolitische Ziele ist das verwendete Instrumentarium weniger geeignet.

Ein Fragenkreis, den die vorliegende Untersuchung nicht mehr abdecken konnte, ist der systematische Vergleich der zur Lösung steuerbilanzpolitischer Entscheidungsmodelle in Betracht kommenden Algorithmen. Die Formalisierung der im österreichischen Bilanzsteuerrecht vorhandenen Wahlrechte und der Beziehungen zwischen ihnen konnte nur skizziert werden. Unter dem Gesichtspunkt der gesamtwirtschaftlichen Nützlichkeit wäre aber einer vollständigen Darstellung der überaus komplexen Formalstruktur der vom geltenden Recht eingeräumten Aktionsmöglichkeiten ein Entwurf für eine durchgreifende Vereinfachung der Förderungsmaßnahmen vorzuziehen. Der Verfasser hofft, die Wertungsinkonsistenzen und die Undurchsichtigkeit des geltenden Bilanzsteuerrechts ausreichend aufgezeigt zu haben, so daß der abschließende Appell an den Gesetzgeber gerechtfertigt erscheint: Die begünstigenden, wirtschaftsfördernden Wahlrechte sollten wesentlich vereinfacht werden. Durch Normierungen im Bereich des materiellen Steuerrechts und durch Änderungen des Verfahrensrechts sollten die Rechtssicherheit und die Gleichmäßigkeit der Besteuerung in höherem Maße als bisher erreicht werden.

LITERATURVERZEICHNIS

ADAM, D.: Bedeutung der Restwerte von Investitionsobjekten für die Investitionsplanung in Teilperioden, in: ZfB, 38. Jg. (1968), S. 391ff.

ADLER/DÜRING/SCHMALTZ: Rechnungslegung und Prüfung der Aktiengesellschaft. Handkommentar, 4. Aufl., völlig neu bearbeitet von K. Schmaltz, K.-H. Forster, R. Goerdeler und H. Havermann, Bd. 2: Prüfung/Feststellung/Rechtsbehelfe, Stuttgart 1971; Bd. 1: Rechnungslegung, Stuttgart 1968

ALBACH, H.: Gewinnrealisierungen im Ertragsteuerrecht, in: StbJb 1970/71, Köln 1971, S. 287ff.

ALBACH, H.: Steuersystem und unternehmerische Investitionspolitik, Wiesbaden 1970

ALBACH, H.: Das optimale Investitionsbudget bei Unsicherheit, in: ZfB, 37. Jg. (1967), S. 503ff.

ALBACH, H.: Das optimale Investitionsbudget. Erwiderung auf Moxter, A., Lineares Programmieren und betriebswirtschaftliche Kapitaltheorie, in: ZfbF, 16. Jg. (1964), S. 456ff.

ALBACH, H.: Das Verhältnis der Wirtschaftswissenschaft zur Praxis. Festvortrag, gehalten anläßlich der 15-Jahr-Feier der ASB Heidelberg am 15. November 1963, in: NB, 16. Jg. (1963), S. 205ff.

ALBACH, H.: Investition und Liquidität. Die Planung des optimalen Investitionsbudgets, Wiesbaden 1962

ALBACH, H.: Wirtschaftlichkeitsrechnung bei unsicheren Erwartungen, Köln und Opladen 1959

ALBERT, H.: Wertfreiheit als methodisches Prinzip. Zur Frage der Notwendigkeit einer normativen Sozialwissenschaft, in: Logik der Sozialwissenschaften, hrsg. v. E. Topitsch, 7. Aufl., Köln-Berlin 1971, S. 181ff.

ALTENBURGER, O. A.: Rückstellungen, Ertragsteuerrecht und dynamische Bilanztheorie. Eine Untersuchung im Hinblick auf die Rechtsprechung des VwGH, in: ÖStWK, 51. Jg. (1976), A I, S. 135ff.

AMERICAN INSTITUTE OF ACCOUNTANTS: Accounting Research Bulletin 23, New York 1946

ANGERMANN, A.: Entscheidungsmodelle, Frankfurt a. Main 1963

ANSOFF, H. I.: Managing Surprise and Discontinuity — Strategic Response to Weak Signals (Die Bewältigung von Überraschungen — Strategische Reaktionen auf schwache Signale), in: ZfbF, 28. Jg. (1976), S. 129ff.

ARROW, K. J.: Essays in the Theory of Risk-Bearing, Amsterdam - London 1971

ARROW, K. J.: Social Choice and Individual Values, 2. Aufl., New Haven - London 1963

AUER, F.: Die Ahndung von Verletzungen der kaufmännischen Buchführungspflicht durch strafrechtliche Normen, in: GesRZ, 4. Jg. (1975), S. 84ff. und S. 121ff.

AUER, R.: Automatisierung der Abgabenfestsetzung — 2. Ausbaustufe, in: ÖStZ, 31. Jg. (1978), S. 118ff.

AULT, H. J.: Steuervergünstigungen in der Bundesrepublik Deutschland und den USA. Einige vergleichende begriffliche Aspekte, in: StuW, 51. (4.) Jg. (1974), S. 353ff.

BAETGE, J.: Rechnungslegungszwecke des aktienrechtlichen Jahresabschlusses, in: Bilanzfragen, Festschrift zum 65. Geburtstag von Ulrich Leffson, hrsg. v. J. Baetge, A. Moxter und D. Schneider, Düsseldorf 1976, S. 11ff.

BAETGE, J.: Möglichkeiten der Objektivierung des Jahreserfolges, Düsseldorf 1970

BAETGE, J./BALLWIESER, W.: Zum bilanzpolitischen Spielraum der Unternehmensleitung, in: BFuP, 29. Jg. (1977), S. 199ff.

BAETGE, J./LAMMERSKITTEN, P.: Publizität und Finanzierung, in: HWR (1970), Sp. 1469ff.

BÄHR, G.: Gewinnermittlung ausländischer Zweigbetriebe, München 1971

BAIER, W./FÄHNRICH, H.: Die steuerliche Betriebsprüfung. Ein Handbuch für die Praxis, 2. Aufl., Stuttgart 1963

BAMBERG, G./COENENBERG, A. G.: Betriebswirtschaftliche Entscheidungslehre, 2. Aufl., München 1977

BAREIS, H. P.: Die Steuern in der betrieblichen Planung, Berlin 1969

BARTH, K.: Die Entwicklung des deutschen Bilanzrechts, Bd. II: Steuerrecht, Stuttgart 1955

BARTHOLOMEW, E. G.: Bilanzen in Großbritannien, in: Bilanzen in bedeutenden Industrieländern, hrsg. v. d. Deutschen Gesellschaft für Betriebswirtschaft, Berlin 1973, S. 75ff.

BAUER, J.: Grundlagen einer handels- und steuerrechtlichen Rechnungspolitik der Unternehmung, Wiesbaden 1981

BAUMOL, W. J.: Economic Theory and Operations Analysis, 3rd ed., Englewood Cliffs 1972

BAUMOL, W. J.: On Dividend Policy and Market Imperfections, in: JoB, Vol. 36 (1963), S. 112ff.

BAUMOL, W. J./QUANDT, R. E.: Investment and Discount Rates Under Capital Rationing — A Programming Approach, in: Ec. Jl., Vol. 75 (1965), S. 317ff.

BECHINIE, R.: Kritik der österreichischen Besteuerungsmoral, in: ÖStZ, 30. Jg. (1977), S. 71ff.

BERGER, K.-H.: Bilanzplanung, in: Wirtschaft und Wirtschaftsprüfung, Hubert Rätsch zum 60. Geburtstag, Stuttgart 1965, S. 125ff.

BICKEL, W.: Steuertariflehre, in: HdSW, Bd. 10, Stuttgart - Tübingen - Göttingen 1959, S. 164ff.

BIDLINGMAIER, J.: Zielkonflikte und Zielkompromisse im unternehmerischen Entscheidungsprozeß, Wiesbaden 1968

BIERGANS, E.: Investitionsrechnung. Verfahren der Investitionsrechnung und ihre Anwendung in der Praxis, Nürnberg 1973

BIERGANS, E./SIGLOCH, J.: Die Ableitung der Vermögensaufstellung aus der Steuerbilanz, 2. Aufl., Berlin - Bielefeld - München 1977

BIERMANN, H. jr./SMIDT, S.: The Capital Budgeting Decision, 4th ed., New York - London 1975

BLEICHER, K.: Gewinn- und Bilanzplanung, in: HWR (1970), Sp. 616ff.

BLOHM, H.: Systemanalytischer Ansatz zur Formulierung einer komplexen Führungsgröße, dargestellt am Beispiel der Steuerabteilung, in: Zur Besteuerung der Unternehmung, Festschrift für P. Scherpf zur Vollendung des 65. Lebensjahres, hrsg. v. O. Hintner und H. Linhardt unter Mitwirkung von W. Schubert, Berlin 1968, S. 167ff.

BLOHM, H.: Gewinnplanung, in: Unternehmensplanung, hrsg. v. K. Agthe und E. Schnaufer, Baden-Baden 1963, S. 411ff.

BLUMENTRATH, U.: Investitions- und Finanzplanung mit dem Ziel der Endwertmaximierung, Wiesbaden 1969

BLÜMICH/FALK: Einkommensteuergesetz, begründet von W. Blümich, fortgeführt von L. Falk, A. Uelner und G. Haas, 11. Aufl., München 1977ff. (Stand 8. Ergänzungslieferung Januar 1981)

BOLZE, A.: Die Praxis des Reichsgerichts in Civilsachen, Bd. 12, Leipzig 1892

BOPP, G.: Die einkommensteuerrechtliche Behandlung des negativen Kapitalkontos eines Kommanditisten, in: Raupach, A. (Hrsg.), Das negative Kapitalkonto des Kommanditisten, Köln 1978, S. 11ff.

BORCH, K. H.: Wirtschaftliches Verhalten bei Unsicherheit, Wien - München 1969

BORDEWIN, A.: Rücklagen gem. § 6b EStG und Gesellschafterwechsel bei Personengesellschaften, in: Die Information über Steuer und Wirtschaft, 33. Jg. (1979), S. 556f.

BORDEWIN, A./SÖFFING, G./UELNER, A.: Verlustverrechnung bei negativem Kapitalkonto. Bedeutung des § 15a EStG, Herne - Berlin 1980

BORKOWSKY, R.: Einige Probleme der steuerlichen Unternehmungspolitik. Ein Beitrag zur betriebswirtschaftlichen Steuerlehre auf Grund schweizerischer Verhältnisse, Zürich 1967

BÖRNER, D.: Die Bedeutung von Finanzierungsregeln für die betriebswirtschaftliche Kapitaltheorie, in: ZfB, 37. Jg. (1967), S. 341ff.

BÖRNER, D./KRAWITZ, N.: Steuerbilanzpolitik. Eine entscheidungsorientierte Analyse der Wahlrechte zur steuerlichen Gewinnermittlung, Herne - Berlin 1977

BÖS, D./GENSER, B.: Steuertariflehre, in: HdWW, Bd. 7, 1977, S. 412ff.

BOUFFIER, W.: Handelsbilanz und Steuerbilanz. Gutachten für den 3. Österr. Juristentag Wien 1967, Wien o. J. (1967)

BOUFFIER, W.: Bilanzpolitik, in: HWB³, Bd. I (1956), Sp. 1144ff.

BOULDING, K. E.: A Reconstruction of Economics, New York - London 1950

BRANDNER, W.: Der Investitionsfreibetrag gemäß § 6f EStG, in: Der Wirtschaftstreuhänder, H. 4, 1971, S. 11ff.

BRANDT, H.: Investitionspolitik des Industriebetriebs, 2. Aufl., Wiesbaden 1964

BRÄUER, K.: Umrisse und Untersuchungen zu einer Lehre vom Steuertarif, Jena 1927

BREUKER, P.: Besitzsteuerliche Korrekturen im Rahmen des investitionsrechnerischen Kapitalwert-Modells, in: StuW, 49. (2.) Jg. (1972), S. 239ff.

BREUKER, P.: Betriebswirtschaftlich-steuerliche Modifikationen des Kalkulationszinsfußes für dynamische Investitionsansätze — Ertragsabhängige und insbesondere ertragsunabhängige Modifikationen, in: BFuP, 23. Jg. (1971), S. 673ff.

BROWN, E. C.: Business-Income Taxation and Investment Incentives, in: Readings in the Economics of Taxation, hrsg. v. R. A. Musgrave und C. S. Shoup, London 1959, S. 525ff. (Wiederabdruck aus: Income, Employment and Public Policy, Essays in Honour of A. H. Hansen, New York 1948)

BRUCKMANN, G. (Hrsg.): Langfristige Prognosen, Möglichkeiten und Methoden der Langfristprognostik komplexer Systeme, Würzburg - Wien 1977

BUCHNER, R.: Die Problematik kapitalwertorientierter Investitionsentscheidungen in kapitaltheoretischen dynamischen Planungsmodellen. Ein Beitrag zur Frage der Endwertmaximierung, in: ZfB, 40. Jg. (1970), S. 283ff.

BUCHNER, R.: Bemerkungen zum Fisher-Hirshleifer-Ansatz der simultanen Bestimmung von Gewinnausschüttungs-, Finanzierungs- und Investitionsentscheidungen, in: ZfbF, 20. Jg. (1968), S. 30ff.

BÜHLER, O.: Steuerrecht der Gesellschaften und Konzerne, 3. Aufl., Berlin - Frankfurt a. M. 1956

BÜHLER, O./HASENACK, W.: Die Ermittlung des steuerbaren Gewinns einer ausländischen Fabrikationsgesellschaft mit deutscher Vertriebsgesellschaft. Eine steuerrechtliche und betriebswirtschaftliche Betrachtung, in: ZfhF, 29. Jg. (1935), S. 254ff.

BÜHLER, O./SCHERPF, P.: Bilanz und Steuer, 7. Aufl., München 1971

BUHR, W.: Dualvariable als Kriterien unternehmerischer Planung, Meisenheim a. Gl. 1967

BÜSCHGEN, H. E.: Das Unternehmen im Konjunkturwandel. Strukturgestaltung und Geschäftspolitik zur Unternehmenssicherung, Berlin - Bielefeld - München 1971

BÜSCHGEN, H. E.: Wertpapieranalyse. Die Beurteilung von Kapitalanlagen in Wertpapieren, Stuttgart 1966a

BÜSCHGEN, H. E.: Betriebswirtschaftliche Aspekte des § 6b des Einkommensteuergesetzes für die Industrieunternehmung, in: BFuP, 18. Jg. (1966b), S. 277ff. und S. 341ff.

CANAVAL, Ch.: Beraterstab für Steuerprüfer — Ab 1979 Guthabenzinsen?, in: Die Presse vom 4. 1. 1978

CAPEK, E.: Welche Gewinnausschüttungen bzw. welche Teile von Gewinnausschüttungen sind Berechnungsgrundlage für den Steuersatz gem. § 22 Abs. 2 KStG 1966?, in: ÖStZ, 29. Jg. (1976), S. 163f.

CHAMBERS, R.-J.: Accounting, Evaluation and Economic Behavior, Englewood Cliffs, N. J., 1966

CHARNES, A./COOPER, W. W.: Management Models and Industrial Applications of Linear Programming, Vol. I, New York - London - Sydney 1961

CHARNES, A./COOPER, W. W./MILLER, M. H.: Application of Linear Programming to Financial Budgeting and the Costing of Funds, in: JoB, Vol. 32 (1959), S. 20ff.

CHMIELEWICZ, K.: Forschungskonzeptionen der Wirtschaftswissenschaft. Zur Problematik einer entscheidungsorientierten und normativen Wirtschaftslehre, 2. Aufl., Stuttgart 1979

CHMIELEWICZ, K.: Betriebliche Finanzwirtschaft, Band I: Finanzierungsrechnung, Berlin - New York 1976

COCHRANE, J. L./ZELENY, M. (Hrsg.): Multiple Criteria Decision Making, Columbia, S. C., 1973

COENENBERG, A. G. (unter Mitarbeit von E. BRANDI, G. EIFLER und F. SCHMIDT): Jahresabschluß und Jahresabschlußanalyse, 4. Aufl., München 1979

COENENBERG, A. G.: Unternehmungsexterne Jahresabschlußinformationen. Theoretische und empirische Untersuchungen zum Informationswert des Jahresabschlusses, unveröff. Habil.-Schrift, Köln 1969

COENENBERG, A. G./HILLE, K.: Latente Steuern in Einzel- und Konzernabschluß. Zur Diskussion der 4. und 7. EG-Richtlinie, in: DBW, 39. Jg. (1979), S. 601ff.

CORNIDES, Th.: Ordinale Deontik. Zusammenhänge zwischen Präferenztheorie, Normlogik und Rechtstheorie, Wien - New York 1974

le COUTRE, W.: Grundzüge der Bilanzkunde. Eine totale Bilanzlehre, Teil 1, 4. Aufl., Wolfenbüttel 1949

DANTZIG, G. B.: Lineare Programmierung und Erweiterungen, Berlin - Heidelberg - New York 1966

DEDNER, M./GÜNTHER, R.: Zur Ertragsteuerplanung unter Berücksichtigung des zeitlichen Auseinanderfallens von Steuerschuld und Steuerzahlung auf der Grundlage modellexogener Daten, in: ZfB, 50. Jg. (1980), S. 853ff.

DEDNER, M./GÜNTHER, R./RÜNGER, R.: Die Berücksichtigung der Planungsabhängigkeit von Nettozinssatz und Steuerbilanzgewinn bei der Ertragsteuerplanung, in: ZfB, 50. Jg. (1980), S. 164ff.

DELLMANN, K.: Die optimale Wahl zwischen Auflösung oder Übertragung stiller Rücklagen bei Einbringung eines Betriebes in eine Kapitalgesellschaft, in: StuW, 50. (3.) Jg. (1973), S. 242ff.

DIECKMANN, K.: Steuerbilanzpolitik. Gegenwärtig bestehende Möglichkeiten und Grenzen der Beeinflussung des steuerlichen Jahreserfolges in der Bundesrepublik Deutschland, Wiesbaden 1972

DIETZ, H.: Die Normierung der Abschreibung in Handels- und Steuerbilanz, Opladen 1971

DINKELBACH, W.: Sensitivitätsanalysen und parametrische Programmierung, Heidelberg - New York 1969

DOBRETSBERGER, F.: Investitionsentscheidungen unter dem Einfluß der Steuerbegünstigung des nicht entnommenen Gewinnes, unveröff. Diss., Hochschule für Welthandel (nunmehr Wirtschaftsuniversität) Wien 1972

DÖLLERER, G.: Die Bilanzen der Personenhandelsgesellschaft und ihrer Gesellschafter — Chaos oder System?, in: DStZ, 68. Jg. (1980), S. 259ff.

DÖLLERER, G.: Neuere Entwicklungen im Steuerrecht der Personengesellschaft, in: DStZ (A), 64. Jg. (1976), S. 435ff.

DÖLLERER, G.: Die Steuerbilanz der Personengesellschaft als konsolidierte Bilanz einer wirtschaftlichen Einheit, in: DStZ (A), 62. Jg. (1974), S. 211ff.

DÖLLERER, G.: Maßgeblichkeit der Handelsbilanz in Gefahr, in: BB, 26. Jg. (1971), S. 1333ff.

DORALT, R.: Begriff und handelsrechtliche Zulässigkeit der GmbH & Co, in: Kastner, W./Stoll, G. (Hrsg.), Die GmbH & CoKG im Handels-, Gewerbe- und Steuerrecht, 2. Aufl., Wien 1977, S. 33ff.

DORALT, W.: Umweltschutzanlagen — finanziert durch „Verlustgesellschaften", in: GesRZ, 3. Jg. (1974), S. 114ff.

DORALT, W./RUPPE, H. G.: Grundriß des österreichischen Steuerrechts, Bd. I: Einkommensteuer, Körperschaftsteuer, Gewerbesteuer, Umsatzsteuer, Wien 1978

DORNBACH, E.-G.: Die Mitunternehmereigenschaft eines Gesellschafters aus gesellschaftsrechtlicher und steuerrechtlicher Sicht. Ein Beitrag zur Auslegung und Bedeutung von § 15 Ziff. 2 (§ 15 Abs. 1 Ziff. 2 n. F.) EStG, in: StuW, 53. (6.) Jg. (1976), S. 116ff.

DORNFELD, R.: Zum Umfang der den Kommanditisten einer vermögensverwaltenden Kommanditgesellschaft zuzurechnenden Verluste, in: DB, 34. Jg. (1981), S. 546f.

EGGER, A.: Die Behandlung der Kapitalkonten bei den einzelnen Unternehmungsformen, in: Treuhandwesen. Prüfung, Begutachtung, Beratung, hrsg. v. K. Lechner, Wien 1978, S. 497f.

EGGER, A.: Die Investitionsrücklage als Finanzierungsinstrument, in: ÖStWK, 49. Jg. (1974), A I, S. 73ff.

EGGER, A.: Investitions- und Finanzplanung im Aspekt der Bestimmungen des Einkommensteuergesetzes 1972, in: Wirtschaftlichkeit 1973, S. 24ff.

EGGESIECKER, F./BÄTTENHAUSEN, H./SCHWEIGERT, W. R.: Die ertragsteuerliche Behandlung von Rücklagen nach dem Entwicklungshilfesteuergesetz bei Betriebsveräußerung und -aufgabe. Gehört der Gewinn aus der Auflösung der Rücklage zum laufenden oder zum tarifbegünstigten Veräußerungsgewinn?, in: StuW, 51. (4.) Jg. (1974), S. 204ff.

EGNER, H.: Bilanzen, München 1974

EISENACH, M.: Entscheidungsorientierte Steuerplanung, Wiesbaden 1974

ENDRES, W.: Rechnungslegung und Prüfung der Aktiengesellschaft, in: ZfbF, 21. Jg. (1969), S. 439ff.

ENGELS, W.: Die Macht nicht-hoheitlicher Kollektivvermögen, in: Macht und ökonomisches Gesetz, Verhandlungen auf der Jubiläumstagung des Vereins für Socialpolitik in Bonn 1972, hrsg. v. H. K. Schneider und Ch. Watrin, Bd. I, Berlin 1973, S. 657ff.

ENGELS, W.: Betriebswirtschaftliche Bewertungslehre im Licht der Entscheidungstheorie, Köln und Opladen 1962

FACHSENAT für Aktienrecht und Revision des Instituts für Betriebswirtschaft, Steuerrecht und Organisation der Kammer der Wirtschaftstreuhänder, Fachgutachten Nr. 54: „Ausweis der steuerlichen Sonderabschreibungen im Jahresabschluß", in: Beilage zur „Kammer der Wirtschaftstreuhänder" Nr. 6/1975, S. 2ff.

FANDEL, G.: Lösungsprinzipien und Lösungsalgorithmen zum Vektormaximumproblem bei Sicherheit und Unsicherheit, in: ZfB, 45. Jg. (1975), S. 371ff.

FEDERMANN, R.: Bilanzierung nach Handelsrecht und Steuerrecht, 5. Aufl., Bielefeld 1979

FEDERMANN, R.: Der Jahresabschlußzeitraum als Aktionsparameter steuerbewußter Betriebspolitik. Eine theoretische und empirische Analyse der sich gegenwärtig bietenden und gewählten Jahresabschlußzeiträume und deren Auswirkungen auf die Erreichung gewinnorientierter Betriebsziele, Bern und Frankfurt a. M. 1973

FELIX, G.: Gesetzesvollzug im Massenverfahren. Zur Monographie von Isensee betr. die typisierende Finanzverwaltung, in: StuW, 53. (6.) Jg. (1976), S. 267ff.

FETTEL, J.: Bilanz, steuerrechtliche, in: HWR (1970), Sp. 209ff.

FINDEISEN, F.: Die Reserven der Unternehmung unter besonderer Berücksichtigung der Steuer, Berlin 1922

FISCHER, L.: Zu einigen Problemen einer entscheidungsorientierten Betriebswirtschaftlichen Steuerlehre, in: Besteuerung und Unternehmensführung, SzU, Bd. 19, hrsg. v. H. Jacob, Wiesbaden 1974, S. 5ff.

FISCHER, L./WARNEKE, P.: Grundlagen der internationalen betriebswirtschaftlichen Steuerlehre, 2. Aufl., Berlin 1978

FISCHER-WINKELMANN, W. F.: Anmerkungen zu Marettek's [!] „Bemerkungen zur optimalen Steuerbilanzpolitik — Eine [!] Entgegnung". Kritische Notizen zu dem Versuch eines Pamphletes, in: ZfB, 44. Jg. (1974), S. 619ff.

FISCHER-WINKELMANN, W. F.: Rezension von Marettek, A.: Steuerbilanz- und Unternehmenspolitik, Freiburg i. Br. 1971, in: ZfB, 43. Jg. (1973a), S. 542f.

FISCHER-WINKELMANN, W. F.: Zur Bedeutung methodologischer Reflexionen und Diskussionen für die Lösung von Problemen der Betriebswirtschaftlichen Steuerlehre, in: BFuP, 25. Jg. (1973b), S. 361ff.

FLICK, H.: Steuerplanung in der Unternehmung, in: Moderne Steuerprobleme des Unternehmers — Steuer und Recht, Heft 15, Herne 1963, S. 48ff.

FLUME, W.: Die Vertragsfreiheit — Möglichkeiten und Grenzen — aus der Sicht der Kautelarjurisprudenz, in: Sondersteuerheft der Deutschen Notar-Zeitschrift zum 18. Deutschen Notartag 1969, S. 40ff.

FLUME, W.: Der gesetzliche Tatbestand und die Grenztatbestände in Steuerrecht und Steuerpraxis, in: StbJb 1967/68, Köln 1968, S. 63ff.

FLUME, W.: Mißbrauch der Berlin-Förderung, in: Handelsblatt, 19. Jg., Nr. 150 v. 7./8. August 1964, S. 13.

FORSTER, K.-H./GELHAUSEN, W. D.: Der Jahresabschluß nach dem Vorentwurf eines Bilanzrichtlinie-Gesetzes für Aktiengesellschaften, GmbH, GmbH & Co, Genossenschaften, publizitätspflichtige Unternehmen, Unternehmen mit mehr als 20 Gesellschaftern und andere Unternehmen, 2. Aufl., Düsseldorf 1980

FRANKE, F.: Lehrbuch der politischen Arithmetik, Wien - Leipzig 1928

FRANKE, G./LAUX, H.: Die Ermittlung der Kalkulationszinsfüße für investitionstheoretische Partialmodelle, in: ZfbF, 20. Jg. (1968), S. 740ff.

FRANZ, K.-P.: Die Ausschüttungsentscheidung der Unternehmung. Unternehmungserhaltung und Liquiditätssicherung als Postulate rationaler Gewinnverwendungspolitik, Berlin 1974

FREERICKS, W.: Bilanzierungsfähigkeit und Bilanzierungspflicht in Handels- und Steuerbilanz, Köln - Berlin - Bonn - München 1976

FREUND, M.: Politik, in: HdSW, Bd. 8, Stuttgart - Tübingen - Göttingen 1964, S. 356ff.

FREY, B. S.: Entwicklung und Stand der Neuen Politischen Ökonomie, in: Politische Ökonomie des Wohlfahrtsstaates, hrsg. v. H. P. Widmaier, Frankfurt a. M. 1974, S. 30ff.

FREY, B. S./LAU, L. J.: Towards a Mathematical Model of Government Behavior, in: ZfN, 28. Jg. (1968), S. 355ff.

FRIAUF, K.-H.: Zur Frage der Nichtabzugsfähigkeit von Aufsichtsratsvergütungen im Körperschaftsteuerrecht, in: StuW, 50. (3.) Jg. (1973), S. 97ff.

FROTZ, G./BAUMANN, P.: Bemerkungen zur Entscheidung des OGH vom 30. 8. 1972 (1 Ob 141, 197/72, veröff. in Ev Bl 1973/92, S. 211), in: GesRZ, 2. Jg. (1973), S. 118f.

FUCHS, K.: Kurseinflußfaktoren österreichischer Aktien. Eine empirische betriebswirtschaftliche Fundamentalanalyse, Wien 1973

GÄFGEN, G.: Theorie der wirtschaftlichen Entscheidung. Untersuchungen zur Logik und ökonomischen Bedeutung des rationalen Handelns, 3. Aufl., Tübingen 1974

GAIER, R.: Der „Verlustrücktrag" im österreichischen Steuerrecht, in: ÖStWK, 54. Jg. (1979), A I, S. 87ff.

GASSELSBERGER, F.: Die Unternehmensfinanzierung aus der Sicht der Steuerbegünstigungen des Einkommensteuerrechtes. Eine vergleichende Untersuchung der wichtigsten ertragsteuerlichen Investitionsbegünstigungen und Finanzierungshilfen, Wien 1977

GASSNER, W.: Das negative Kapitalkonto des Kommanditisten im Steuerrecht, in: Bilanz und Rechnungswesen, Festschrift für M. Stadler, hrsg. v. W. Gassner und E. Pointner-Exinger, Wien 1981, S. 45ff.

GASSNER, W.: Die Besteuerung der Kapitalgesellschaften und deren Einfluß auf die Unternehmensstruktur, in: ÖStWK, 52. Jg. (1977a), A I, S. 175ff.

GASSNER, W.: Die Anerkennung der GmbH & Co im Steuerrecht, in: Kastner, W./Stoll, G. (Hrsg.), Die GmbH & Co KG im Handels-, Gewerbe- und Steuerrecht, 2. Aufl., Wien 1977b, S. 67ff.

GASSNER, W.: Abschreibungsgesellschaften und Verlustzuweisungen im Steuerrecht, in: ÖStZ, 29. Jg. (1976a), S. 246ff.

GASSNER, W.: Welche Gewinnausschüttungen bzw. welche Teile von Gewinnausschüttungen sind Berechnungsgrundlage für den Steuersatz gem. § 22 Abs 2 KStG 1966? Eine Erwiderung, in: ÖStZ, 29. Jg. (1976b), S. 214f.

GASSNER, W.: Gewinnausschüttungen aus steuerfreien Gesellschaftereinlagen oder unversteuerten Rücklagen und gespaltener Körperschaftsteuersatz, in: ÖStZ, 29. Jg. (1976c), S. 158ff.

GASSNER, W.: Interpretation und Anwendung der Steuergesetze. Kritische Analyse der wirtschaftlichen Betrachtungsweise des Steuerrechts, Wien 1972

GASSNER, W.: Der Gleichheitsgrundsatz im Abgabenrecht. Eine Aufgabe für Juristen und Wirtschaftswissenschaftler, in: ÖBW, 19. Jg. (1969), S. 191ff.

GEESE, W.: Die Steuern im entscheidungsorientierten Rechnungswesen. Zur Zurechenbarkeit von Steuern in der Deckungsbeitragsrechnung, Opladen 1972

GESSLER, E./HEFERMEHL, W./ECKARDT, U./KROPFF, B.: Aktiengesetz. Kommentar, München 1973ff. (erscheint in Lieferungen)

GINTROWSKI, G./MARETTEK, A.: Bemerkungen zu Entscheidungsmodellen für die betriebliche Steuerfinanz- [richtig: -bilanz-]politik, in: StuW, 49. (2.) Jg. (1972), S. 231ff.

GOODMAN, H./LORENSEN, L.: Illustrations of Interperiod Tax Allocation. A Survey of Applications of APB Opinions Nos. 11, 23, 24, 25 and SEC Release Nr. 149, New York 1974

gr.: Hiag baut das Werk Fischamend aus — Weitere Kapitalerhöhung zur Finanzierung, in: „Die Presse“ vom 29. 7. 1977

GROCHLA, E.: Organisation und Organisationsstruktur, in: HWB[4], Bd. II (1975), Sp. 2846ff.

GROCHLA, E.: Modelle als Instrumente der Unternehmensführung, in: ZfbF, 21. Jg. (1969), S. 382ff.

GRONENBORN, J.: Bilanzänderungen in Verbindung mit Betriebsprüfungen. Die wichtigsten Bilanzierungswahlrechte, in: StbJb 1973/74, Köln 1974, S. 405ff.

GROSSFELD, B.: Zivilrecht als Gestaltungsaufgabe, Heidelberg - Karlsruhe 1977

GRÜN, O.: Zielbildung, Prozesse der, in: HWB[4], Bd. III (1976) Sp. 4719ff.

GÜNTHER, R.: Die Berücksichtigung des zeitlichen Unterschiedes zwischen Entstehung und Entrichtung der Ertragssteuerschulden im Steuerbarwertminimierungsmodell, in: ZfB, 49. Jg. (1979), S. 298ff.

GÜNTHER, R./SIEGEL, Th.: Zur Berücksichtigung von Steuerartenabhängigkeiten in der Steuerbilanzplanung bei Besteuerung der Zinsen. Diskussionspapiere des Fachbereichs Wirtschaftswissenschaften der Universität Hannover, Serie A (Betriebswirtschaftslehre), Nr. 7 — April 1981

Gutachten der Steuerreformkommission, Bonn 1971

GUTENBERG, E.: Grundlagen der Betriebswirtschaftslehre, Dritter Band: Die Finanzen, 8. Aufl., Berlin - Heidelberg - New York 1980; Erster Band: Die Produktion, 23. Aufl., Berlin - Heidelberg - New York 1979; Zweiter Band: Der Absatz, 8. Aufl., Berlin - Heidelberg - New York 1965

GUTENBERG, E.: Untersuchungen über die Investitionsentscheidungen industrieller Unternehmen, Köln und Opladen 1959

HAASE, K. D.: Ertragsteuerbelastung und Ertragsteuerpolitik der Kapitalgesellschaft, Wiesbaden 1976

HAASE, K. D.: Bilanzpolitik als Instrument der Haftungsbegrenzung?, in: BFuP, 24. Jg. (1972), S. 567ff.

HABERSTOCK, L.: Vergleichende Analyse steuerlicher Maßnahmen zur Beeinflussung der konjunkturellen Entwicklung, Vortrag auf der Wissenschaftlichen Tagung des Verbandes der Hochschullehrer für Betriebswirtschaft e. V., Linz 1976a (veröffentlicht in: Personal- und Sozialorientierung der Betriebswirtschaftslehre, hrsg. v. G. Reber, Bd. 2: Steuern/Unternehmungsrechnung, Stuttgart 1977, S. 69—81)

HABERSTOCK, L.: Die Steuerplanung der internationalen Unternehmung, Wiesbaden 1976b

HABERSTOCK, L.: Zur Integrierung der Ertragsbesteuerung in die simultane Produktions-, Investitions- und Finanzierungsplanung mit Hilfe der linearen Programmierung, Köln - Berlin - Bonn - München 1971

HABERSTOCK, L.: Zum Ansatz des Kalkulationszinsfußes vor und nach Steuern in investitionstheoretischen Partialmodellen, in: ZfbF, 22. Jg. (1970), S. 510ff.

HADLEY, G.: Nichtlineare und dynamische Programmierung, Würzburg - Wien 1969

HAEGERT, L.: Der Einfluß der Steuern auf das optimale Investitions- und Finanzierungsprogramm, Wiesbaden 1971

HAHN, D.: Planungs- und Kontrollrechnung, Wiesbaden 1974

HÄMMERLE, H./WÜNSCH, H.: Handelsrecht, 3. Aufl., Bd. 2: Gesellschaften, Genossenschaften, Unternehmensverbindungen, Graz - Wien - Köln 1978; Bd. 1: AllgemeineLehren und Handelsstand, Graz - Wien - Köln 1976

HARDER, U.: Bilanzpolitik. Wesen und Methoden der taktischen Beeinflussung von handels- und steuerrechtlichen Abschlüssen, Wiesbaden 1962

HÄRLE, D.: Finanzierungsregeln und ihre Problematik, Wiesbaden 1961

HASENACK, W.: Personenunternehmungen, Rechnungswesen der, in: HWR (1970), Sp. 1317ff.

HASENACK, W.: Entwicklungsprobleme und Fragestellungen der betriebswirtschaftlichen Steuerlehre (steuerlichen Betriebswirtschaftslehre), in: BFuP, 5. Jg. (1953), S. 266ff.

HAUSCHILDT, J.: Bilanzanalyse, Bilanzkritik und Bilanzpolitik, in: HdWW, Bd. 1, 1977, S. 659ff.

HAUSCHILDT, J.: „Kreditwürdigkeit" — Bezugsgrößen von Verhaltenserwartungen in Kreditbeziehungen, in: Hax, H./Laux, H. (Hrsg.), Die Finanzierung der Unternehmung, Köln 1975, S. 250ff. (Wiederabdruck aus: Hamburger Jahrbuch für Wirtschafts- und Gesellschaftspolitik, Bd. 17 (1972), S. 167ff.)

HAUSCHILDT, J./WACKER, W. (H.): Zum unangemessenen Gewicht steuerlicher Gesichtspunkte in unternehmenspolitischen Entscheidungsprozessen, in: StuW, 51. (4.) Jg. (1974), S. 252ff.

HAUSSMANN, F.: Vom Aktienwesen und vom Aktienrecht, Mannheim - Berlin - Leipzig 1928

HAX, H.: Investitionstheorie, 4. Aufl., Würzburg - Wien 1979

HAX, H.: Entscheidungsmodelle in der Unternehmung. Einführung in Operations Research, Reinbek bei Hamburg 1974

HAX, H.: Bewertungsprobleme bei der Formulierung von Zielfunktionen für Entscheidungsmodelle, in: ZfbF, 19. Jg. (1967), S. 749ff.

HAX, H.: Die Koordination von Entscheidungen, Köln - Berlin - Bonn - München 1965a

HAX, H.: Kostenbewertung mit Hilfe der mathematischen Programmierung, in: ZfB, 35. Jg. (1965b), S. 197ff.

HAX, H.: Investitions- und Finanzplanung mit Hilfe der linearen Programmierung, in: ZfbF, 16. Jg. (1964), S. 430ff.

HAX, H./LAUX, H. (Hrsg.): Die Finanzierung der Unternehmung, Köln 1975

Hax, H./Laux, H.: Flexible Planung — Verfahrensregeln und Entscheidungsmodelle für die Planung bei Ungewißheit, in: ZfbF, 24. Jg. (1972), S. 318ff.

Hax, K.: Unternehmensplanung und gesamtwirtschaftliche Planung als Instrumente elastischer Wirtschaftsführung, in: ZfbF, 18. Jg. (1966), S. 447ff.

Hax, K.: Die Substanzerhaltung der Betriebe, Köln und Opladen 1957

Heidinger, G.: Die Zweckmäßigkeit der Betriebsaufspaltung, in: ÖStWK, 45. Jg. (1970), A VI, S. 25ff.

Heigl, A.: Stellungnahme zur Entgegnung von A. Marettek auf meine Rezension zu seinem Buch „Steuerbilanz- und Unternehmenspolitik", in: ZfbF, 26. Jg. (1974), S. 130ff.

Heigl, A.: Rezension zu Marettek, A., Steuerbilanz- und Unternehmenspolitik, Freiburg i. Br. 1971, in: ZfbF, 25. Jg. (1973), S. 346ff.

Heigl, A.: Bedingungen der unternehmerischen Steuerplanung, in: StuW, 48. (1.) Jg. (1971), S. 127ff.

Heigl, A.: Zur betriebswirtschaftspolitischen Planung der Besitzsteuerbelastung, in: FR, 25. (52.) Jg. (1970), S. 53ff., S. 87ff., S. 113ff.

Heigl, A./Melcher, G.-H.: Betriebliche Steuerpolitik. Ertragsteuerplanung, Köln 1974

Heinen, E.: Einführung in die Betriebswirtschaftslehre, 7. Aufl., Wiesbaden 1980a

Heinen, E.: Handelsbilanzen, 9. Aufl., Wiesbaden 1980b

Heinen, E.: Zur Problembezogenheit von Entscheidungsmodellen, in: WiSt, 1. Jg. (1972a), S. 3ff.

Heinen, E.: Grundtatbestände der Betriebsführung, in: Industriebetriebslehre in programmierter Form, hrsg. v. H. Jacob, Band I: Grundlagen, Wiesbaden 1972b, S. 327ff.

Heinen, E.: Grundlagen betriebswirtschaftlicher Entscheidungen. Das Zielsystem der Unternehmung, 2. Aufl., Wiesbaden 1971

Heinhold, M.: Betriebliche Steuerplanung mit quantitativen Methoden, München 1979

Heister, M.: Rentabilitätsanalyse von Investitionen, Köln und Opladen 1962

Helige, O. (Hrsg.): Dokumentation zur Steuerreformkommission, Wien 1980

Herrmann/Heuer: Kommentar zur Einkommensteuer und Körperschaftsteuer einschließlich Nebengesetze, bearb. v. C. Herrmann, G. Heuer und A. Raupach (unter Mitwirkung von U. Clausen, A. Heining und O. v. Schilling), 18. Aufl., Köln - Marienburg 1950/77 (Stand 31. Lieferung, Mai 1981)

Hintzen, W.: Das Ringen mit der Betriebsprüfung, Neuwied und Berlin (1964)

Hirshleifer, J.: On the Theory of Optimal Investment Decision, in: JPE, Vol. 66 (1958), S. 329ff.

Hobler, O.: Die Aufhebung der vorzeitigen Abschreibung für Gebäude, in: WiPolBl, 22. Jg. (1975), S. 41ff.

Höfer, R.: Aspekte zur Dynamisierung der Teilsteuerrechnung, in: StuW, 48. (1.) Jg. (1971), S. 155ff.

HOFSTÄTTER, F./REICHEL, K.: Die Einkommensteuer, Wien 1973ff. (Loseblatt-Ausgabe in Lieferungen), Bd. III: Kommentar

HÖPPNER, H.-D.: Die einkommensteuerliche Behandlung von Geschäften einer Personengesellschaft mit ihren Gesellschaftern. Ein Vergleich mit der Rechtslage in den USA, in: StuW, 53. (6.) Jg. (1976), S. 132ff.

HORVÁTH, P.: Betriebswirtschaftliche Steuerlehre und Steuerreform. Methodenprobleme in der betriebswirtschaftlichen Steuerlehre im Spiegel der Diskussion um die Reform der steuerlichen Gewinnermittlung, Meisenheim a. Glan 1975

HORVÁTH, P.: Was ist ein „betriebswirtschaftlich zweckmäßiges Besteuerungssystem"? Kritische Bemerkungen zu einem Aufsatz von F. W. Lausberg, in: ZfB, 42. Jg. (1972), S. 746ff.

HUNDT, S./LIEBAU, E.: Zum Verhältnis von Theorie und Praxis — Gegen ein beschränktes Selbstverständnis der Betriebswirtschaftslehre als „Unternehmerwissenschaft", in: Wissenschaftstheorie und Betriebswirtschaftslehre. Eine methodologische Kontroverse, hrsg. v. G. Dlugos, G. Eberlein und H. Steinmann, Düsseldorf 1972, S. 221ff.

IJIRI, Y.: Management Goals and Accounting for Control, Amsterdam - Chicago 1965

ILLETSCHKO, L. L.: Die Bilanz des Praktikers, 5. Aufl., Wien 1967

ISENSEE, J.: Die typisierende Verwaltung. Gesetzesvollzug im Massenverfahren am Beispiel der typisierenden Betrachtungsweise des Steuerrechts, Berlin 1976

JÄÄSKELÄINEN, V.: Optimal Financing and Tax Policy of the Corporation, Helsinki 1966

JACOB, H.: Unsicherheit und Flexibilität. Zur Theorie der Planung bei Unsicherheit, in: ZfB, 44. Jg. (1974), S. 299ff., S. 403ff. und S. 505ff.

JACOB, H.: Neuere Entwicklungen in der Investitionsrechnung, in: ZfB, 34. Jg. (1964), S. 487ff. und S. 551ff.

JACOBS, O. H.: „Die Steuerbelastung der Unternehmung — Grundzüge der Teilsteuerrechnung". Bemerkungen zu dem gleichnamigen Werk von Gerd Rose, in: ZfB, 44. Jg. (1974), S. 197ff.

JACOBS, O. H.: Das Bilanzierungsproblem in der Ertragsteuerbilanz. Ein Beitrag zur steuerlichen Lehre vom Wirtschaftsgut, Stuttgart 1971

JAHRMARKT, M.: Steuervorteile durch Steuergestaltung. Taktik — Vorsorge — Wahlrecht, 4. Aufl., Freiburg i. Br. 1977

JENSEN, R. E.: A Study of Effects of Alternate Accounting Systems on Security Analysis and Portfolio Selection Decisions, Diss., Stanford University, 1966 (zit. nach COENENBERG [1969])

JIRESCH, R./LANGER, R.: Das Gewerbesteuergesetz, 6. Aufl., Wien 1972

JOHNSEN, E.: Studies in Multiobjective Decision Models, Lund 1968

JONAS, H. H.: Investitionsrechnung, Berlin 1964

JONASCH, F.: Die Herstellungskosten im Spannungsfeld des äußeren und inneren Verrechnungskreises, Wien 1961

JUD, W.: Die stille Beteiligung an einer GmbH (GmbH & Still), Habil.-Schrift 1978 (zit. nach TORGGLER [1981] und KASTNER [1979])

JUNG, W.: Jahresabschluß in den USA, in: Bilanzen in bedeutenden Industrieländern, hrsg. v. d. Deutschen Gesellschaft für Betriebswirtschaft, Berlin 1973, S. 147ff.

JUNGER, M.: Die steuerliche Planung in der Unternehmung, Zürich und St. Gallen 1958

KAEFER, W.: Grundlagen und Modelle zu Steuerbelastungsanalysen und -vergleichen mit Hilfe der automatischen Datenverarbeitung, Köln 1974

KAISER, H.: Liquidität und Besteuerung. Der Einfluß der Besteuerung auf die Liquidität unter besonderer Berücksichtigung der vermögen- und schuldabhängigen Steuern, Köln - Berlin - Bonn - München 1971

KALKSTEIN, K.: Beeinträchtigung der Grundsätze ordnungsmäßiger Bilanzierung bzw. — international gesehen — der „principles of good accounting" durch steuerfiskalische Vorschriften, in: Wpg, 6. Jg. (1953), S. 317f.

KAMMER DER WIRTSCHAFTSTREUHÄNDER, Stellungnahme zum Entwurf eines 2. Abgabenänderungsgesetzes 1977, in: Beilage zur „Kammer der Wirtschaftstreuhänder", Nr. 9/1977

KAPPLER, E.: Das Informationsverhalten der Bilanzinteressenten. Ein Beitrag zu einer sozialwissenschaftlich fundierten Theorie der Unternehmungspolitik durch Bilanzinformationen, unveröff. Habil.-Schrift, München 1972

KASTNER, W.: Grundriß des österreichischen Gesellschaftsrechts, 3. Aufl., Wien 1979

KERN, W.: Kennzahlensysteme als Niederschlag interdependenter Unternehmensplanung, in: ZfbF, 23. Jg. (1971), S. 701ff.

KEUK, B.: Die Besteuerung des Gewinns der Personengesellschaft und der Sondervergütungen der Gesellschaft[er], in: StuW, 51. (4.) Jg. (1974), S. 1ff. (Titel durch Klammerausdruck ergänzt)

KEUK, B.: Gewinnausschüttung, Körperschaftsteuertarif und Nachsteuer, in: StuW, 50. (3.) Jg. (1973), S. 258ff.

KEUK-KNOBBE, B.: Das Betriebsvermögen bei Personengesellschaften und ihren Gesellschaftern, in: StuW, 53. (6.) Jg. (1976), S. 211ff.

KEUK-KNOBBE, B.: Zur Besteuerung der Personengesellschaften, in: StuW, 52. (5.) Jg. (1975), S. 252ff.

KIEHNE, H.-E.: Das Verhältnis zwischen Handels- und Steuerbilanz, in: BB, 23. Jg. (1968), S. 553ff.

KILGER, W.: Kritische Werte in der Investitions- und Wirtschaftlichkeitsrechnung, in: ZfB, 35. Jg. (1965), S. 338ff.

KIRSCH, W.: Die entscheidungs- und systemorientierte Betriebswirtschaftslehre. Wissenschaftsprogramm, Grundkonzeptionen, Wertfreiheit und Parteilichkeit, in: Wissenschaftstheorie und Betriebswirtschaftslehre, hrsg. v. G. Dlugos, G. Eberlein und H. Steinmann, Düsseldorf 1972a, S. 153ff.

KIRSCH, W.: „Entscheidungsprozesse." Eine weitere Replik auf die Buchbesprechung meines gleichnamigen Werkes durch H. Blohm, in: ZfB, 42. Jg. (1972b), S. 222ff.

KIRSCH, W.: Entscheidungsprozesse, Bd. III: Entscheidungen in Organisationen, Wiesbaden 1971; Bd. I: Verhaltenswissenschaftliche Ansätze der Entscheidungstheorie, Wiesbaden 1970

KIRSCH, W.: Die Unternehmungsziele in organisationstheoretischer Sicht, in: ZfbF, 21. Jg. (1969), S. 665ff.

KLEINEIDAM, H.-J.: Zum Wissenschaftsprogramm der Betriebswirtschaftlichen Steuerlehre, in: BFuP, 25. Jg. (1973), S. 387ff.

KNIGHT, F. H.: Risk, Uncertainty and Profit, Boston - New York 1921

KNOBBE-KEUK, B.: Der neue § 15a EStG — ein Beispiel für den Gesetzgebungsstil unserer Zeit, in: StuW, 58. (11.) Jg. (1981), S. 97ff.

KNOBBE-KEUK, B.: Die gesetzliche Regelung des negativen Kapitalkontos des Kommanditisten — eine Fehlgeburt, in: NJW, 33. Jg. (1980), S. 2257ff.

KNOBBE-KEUK, B.: Bilanz- und Unternehmenssteuerrecht, 2. Aufl., Köln 1979a

KNOBBE-KEUK, B.: Die Personengesellschaft im Recht der Steuervergünstigungen, in: Kruse, H. W. (Hrsg.), Die Grundlagen der Personengesellschaft im Steuerrecht, Köln 1979b, S. 109ff.

KOCH, H.: Aufbau der Unternehmensplanung, Wiesbaden 1977

KOCH, H.: Planung, betriebswirtschaftliche, in: HWB[4], Bd. II (1975), Sp. 3001ff.

KOCH, H.: Zur Diskussion über die Theorie der Sekundäranpassung — Die Problematik der Risikonutzentheorie, in: ZfbF, 25. Jg. (1973), S. 773ff.

KOCH, H.: Die Grundlagen der Wirtschaftlichkeitsrechnung, Wiesbaden 1970

KOCH, H.: Betriebliche Planung. Grundlagen und Grundfragen der Unternehmungspolitik, Wiesbaden 1961

KÖCK, E.: Besteuerung und Investitionskalkül, unveröff. Diss. Hochschule für Welthandel (nunmehr Wirtschaftsuniversität), Wien 1965

KOFAHL, G.: Bilanztheoretisches und bilanzpolitisches Denken, in: BFuP, 5. Jg. (1953), S. 207ff.

KOFAHL, G./POHMER, D.: Praktische Bilanzgestaltung. Diskussionsbeitrag über Gebiet und Begriff der „Bilanzpolitik", in: Wpg, 3. Jg. (1950), S. 540f.

KOHLMANN, G./SANDERMANN, A.: Die strafrechtliche Bekämpfung von Steuerverkürzungen — Unlösbare Aufgabe für den Gesetzgeber? — Mängel der lex lata — Vorschläge de lege ferenda, in: StuW, 51. (4.) Jg. (1974), S. 221ff.

KOK, H.: Bilanzen in den Niederlanden, in: Bilanzen in bedeutenden Industrieländern, hrsg. v. d. Deutschen Gesellschaft für Betriebswirtschaft, Berlin 1973, S. 131ff.

KOLMS, H.: Finanzwissenschaft II, 4. Aufl., Berlin - New York 1974

KOOPMANS, T. C.: Analysis of Production as an Efficient Combination of Activities, in: Activity Analysis of Production and Allocation, Cowles Commission Monograph 13, New York - London 1951, S. 33ff.

KOSCHMIEDER, K.-D.: Steuerliche Mehrzweckbilanz. Steuerbilanzen unter Einschluß steuerlicher Sonderbilanzen und Planbilanzen, Berlin 1980

KOSIOL, E.: Pagatorische Bilanz, Berlin 1976

KOSIOL, E.: Die Unternehmung als wirtschaftliches Aktionszentrum, rev. u. erg. Neuaufl., Reinbek bei Hamburg 1972

KOSIOL, E.: Modellanalyse als Grundlage unternehmerischer Entscheidungen, in: ZfhF, NF, 13. Jg. (1961), S. 318ff.

KOTRNOCH, H.: Der Konzern im österreichischen Steuerrecht, in: CA-Wirtschaftsberichte, 12. Jg. (1977), H. 5, S. 30ff.

KOTTKE, K.: Bilanzstrategie und Steuertaktik. Der Einsatz steuerbilanzpolitischer sowie sonstiger steuerpolitischer Mittel zur Erreichung unternehmerischer Zielsetzungen, 3. Aufl., Herne - Berlin 1978

KOTTKE, K.: Bilanzstrategie und Steuertaktik. Ratschläge zur Bilanzierung, Bewertung, Abschreibung und Inanspruchname von Steuervergünstigungen, 2. Aufl., Herne - Berlin 1967

KRAFT, V.: Erkenntnislehre, Wien 1960

KRELLE, W.: Preistheorie, Tübingen - Zürich 1961

KROPFF, B.: Aktiengesetz, Düsseldorf 1965

KRÜMMEL, H.-J.: Grundsätze der Finanzplanung, in: ZfB, 34. Jg. (1964), S. 225ff.

KRUSE, H. W.: Liebhaberei, in: JbFfSt 1980/81, S. 165ff.

KRUSE, H. W.: Bilanzierungswahlrechte und Grundsätze ordnungsmäßiger Buchführung. Ein Diskussionsbeitrag zu den betriebswirtschaftlichen, handels- und steuerrechtlichen Aspekten, in: Bilanzfragen. Festschrift zum 65. Geburtstag von Ulrich Leffson, hrsg. v. J. Baetge, A. Moxter und D. Schneider, Düsseldorf 1976a, S. 65ff.

KRUSE, H. W.: Grundsätze ordnungsmäßiger Buchführung. Rechtsnatur und Bestimmung, 2. Aufl., Köln 1976b

KUHLMANN, H.: Zum Entwurf von § 15a des Einkommensteuergesetzes — Zugleich ein Beitrag zur Typologie von Publikums-Kommanditgesellschaften, in: BB, 35. Jg. (1980), S. 257ff.

KUHN, Th. S.: Die Struktur wissenschaftlicher Revolutionen, 2. rev. u. um das Postskriptum von 1969 erg. Aufl., Frankfurt a. M. o. J. (1976 ?)

LAGER, A.: Das Finanzstrafrecht (FinStrG), Eisenstadt 1971

LAGER, A.: Das Recht der Doppelbesteuerung in Österreich. Eine systematische Darstellung des Doppelbesteuerungsrechtes sowie der zwischenstaatlichen Vereinbarungen über die Doppelbesteuerung und Rechtshilfe mit erläuternden Bemerkungen (Loseblattausgabe), Wien 1964ff.

LANG, J.: Systematisierung von Steuervergünstigungen. Ein Beitrag zur Lehre vom Steuertatbestand, Berlin 1974a

LANG, J.: Das Einkommensteuergesetz 1975 — Gewinn an Steuergerechtigkeit und Steuervereinfachung?, in: StuW, 51. (4.) Jg. (1974b), S. 293ff.

LAUSBERG, F.-W.: Zum Problem der Steuersystemkonzeption aus der Sicht der betriebswirtschaftlichen Steuerlehre, in: ZfB, 42. Jg. (1972), S. 421ff.

LAUX, H.: Flexible Investitionsplanung. Einführung in die Theorie der sequentiellen Entscheidungen bei Unsicherheit, Opladen 1971

LAUX, H.: Flexible Planung des Kapitalbudgets mit Hilfe der linearen Programmierung, in: ZfbF, 21. Jg. (1969a), S. 728ff.

LAUX, H.: Kapitalkosten und Ertragsteuern, Köln - Berlin - Bonn - München 1969b

LAUX, H./FRANKE, G.: Der Erfolg im betriebswirtschaftlichen Entscheidungsmodell, in: ZfB, 40. Jg. (1970), S. 31ff.

LECHNER, K.: Scheingewinn und Jahresabschluß, in: WiSt, 5. Jg. (1976), S. 7ff.

LEE, S. M.: Goal Programming for Decision Analysis, Philadelphia - New York - London 1972

LEFFSON, U.: Die Grundsätze ordnungsmäßiger Buchführung, 5. Aufl., Düsseldorf 1980

LEHMANN, M. R.: Leistungsmessung durch Wertschöpfungsrechnung, Essen 1954

LEXA, H.: Die Betriebsaufspaltung aus steuerlicher Sicht, in: JfB, 25. Jg. (1975a), S. 106ff.

LEXA, H.: Grenzen steuerlicher Investitionsförderung. Vortrag auf der Tagung des Verbandes der Hochschullehrer für Betriebswirtschaft e. V. vom 20. bis 24. Mai 1975b in Bonn, maschinschriftl. Autograph

LICHY, W.: Besteuerung und Innenfinanzierung. Finanzierungseffekte der betrieblichen Steuerpolitik, Berlin 1967

LINSEDER, L./TESCHNER, H. (Hrsg.): Die Sozialversicherung der in der gewerblichen Wirtschaft selbständig Erwerbstätigen. Das GSVG und die anderen einschlägigen Vorschriften mit Bundesgesetz über die Sozialversicherung freiberuflich selbständig Erwerbstätiger (FSVG), Wien 1958ff. (Loseblattausgabe) MGA 42. Bd., 27. Ergänzungslieferung, Juli 1981

LITTMANN, E.: Das Einkommensteuerrecht. Kommentar zum Einkommensteuergesetz, 12. Aufl., Bd. I, Stuttgart 1978; Bd. II, Stuttgart 1979

LOESCH, A. v.: Die gemeinwirtschaftliche Unternehmung, Köln 1977

LOITLSBERGER, E.: Steuern in der Investitionsrechnung, in: Investitionstheorie und Investitionspolitik privater und öffentlicher Unternehmen, Bericht von der wissenschaftlichen Tagung des Verbandes der Hochschullehrer für Betriebswirtschaft e. V. vom 20. bis 24. Mai 1975 in Bonn, hrsg. v. H. Albach und H. Simon, Wiesbaden 1976, S. 303ff.

LOITLSBERGER, E.: Zur Theorie der Steuerberatung. Die Steuerberatung als spieltheoretisches Problem, in: JfB, 25. Jg. (1975), S. 81ff., S. 145ff.

LOITLSBERGER, E.: Die Kalkülauswahl im Entscheidungsprozeß als Rückkopplungsproblem, in: Analysen zur Unternehmenstheorie, Festgabe für Leopold L. Illetschko zum 70. Geburtstag, hrsg. v. K. Lechner, Berlin 1972, S. 195ff.

LOITLSBERGER, E.: Zur Theorie und Verifikation der „typischen" Kapitalstruktur (= optimalen Finanzierung), in: ÖBW, 21 Jg. (1971), S. 6ff.

LOITLSBERGER, E.: Die Buchprüfung als spieltheoretisches Problem, in: ÖBW, 18. Jg. (1968), S. 137ff.

LOITLSBERGER, E.: Die Zusammenarbeit zwischen Betriebswirtschaftslehre und Recht. Dargestellt am Beispiel der Entwicklung des steuerrechtlichen und betriebswirtschaftlichen Gewinnbegriffs, in: Das Verhältnis der Wirtschaftswissenschaft zur Rechtswissenschaft, Soziologie und Statistik, Verhandlungen auf der Arbeitstagung des Vereins für Socialpolitik in Würzburg 1963, hrsg. v. L. Raiser/H. Sauermann/E. Schneider, Berlin 1964, S. 154ff.

LOSERT, W./SCHIEMER, K./STADLER, M.: Aktiengesetz 1965, Wien 1966

LÜCKE, W./HAUTZ, U.: Bilanzen aus Zukunftswerten. Ein theoretischer Beitrag zum Inhalt und Aufbau von Planbilanzen, Wiesbaden 1973

LÜTTICKEN, F./WÜRTTEMBERGER, K.: Die Berücksichtigung von Steuern in ausgewählten Verfahren der Investitionsrechnung, in: KRP 1969, S. 115ff., S. 175ff., S. 227ff., S. 277ff.

LUTZ, G.: Die „Schattenquote" — Ein Beitrag zum Verhältnis zwischen Steuersätzen und Bemessungsgrundlagen bei der Körperschaftsteuer, in: StuW, 48. (1.) Jg. (1971), S. 349ff.

MAIER, K. F.: Bilanzpolitik. Interessensbezogene Beeinflussung von Bilanzadressaten. Mit einer empirischen Untersuchung der bilanzbezogenen Attitüden von Kreditwürdigkeitsprüfern, unveröff. Diss., Univ. Wien o. J. (1976), S. 91ff.

MANGOLDT, H. v./KNOPP, K.: Einführung in die höhere Mathematik, 2. Bd., 15. Aufl., Leipzig 1978

MANN, G.: Betriebswirtschaftliche Steuerpolitik als Bestandteil der Unternehmenspolitik, in: WiSt, 2. Jg., (1973), S. 114ff. und S. 151

MARETTEK, A.: Zum instrumentellen Charakter der Steuerbilanzpolitik für die betriebliche Finanzpolitik, in: StuW, 51. (4.) Jg. (1974a), S. 327ff.

MARETTEK, A.: Bemerkungen zur Konzeption für eine optimale Steuerbilanzpolitik — eine Entgegnung —, in: ZfbF, 26. Jg. (1974b), S. 120ff.

MARETTEK, A.: Bemerkungen zur optimalen Steuerbilanzpolitik — eine Entgegnung, in: ZfB, 43. Jg. (1973), S. 881ff.

MARETTEK, A.: Steuerbilanz- und Unternehmenspolitik, Freiburg i. Br. 1971

MARETTEK, A.: Entscheidungsmodelle der betrieblichen Steuerbilanzpolitik — unter Berücksichtigung ihrer Stellung im System der Unternehmenspolitik, in: BFuP, 22. Jg. (1970), S. 7ff.

MARETTEK, A./(G.) GINTROWSKI: Zum Geltungsbereich von Entscheidungsmodellen für die betriebliche Steuerbilanzpolitik, in: StuW, 50. (3.) Jg. (1973), S. 141ff.

MARKER, H. F.: Bilanzfälschung und Bilanzverschleierung, Düsseldorf 1970

MATTESSICH, R.: Messung und Bewertung, in: HWR (1970), Sp. 1105ff.

MAZANEC, J.: Das Konzept des „Decision Calculus" — Fortschrittsfähiger Ansatz der Modellkonstruktion oder Immunisierungsstrategie?, in: WiSt, 4. Jg. (1975), S. 317ff.

MELCHER, G.-H.: Zu den Zielprämissen für eine betriebliche Steuerpolitik, in: StuW, 50. (3.) Jg. (1973), S. 344ff.

MELCHER, G.-H.: Anwendungsbereiche und Mittel betrieblicher Steuerpolitik, in: StuW, 49. (2.) Jg. (1972), S. 327ff.

MELCHER, G.-H.: Planungskonzepte für die betriebliche Steuerpolitik, in: DB, 24. Jg. (1971), S. 108ff.

MELLEROWICZ, K.: Unternehmenspolitik, Bd. III: Operative Teilpolitiken und Konzernführung, 4. Aufl., Freiburg i. Br. 1978

MELLEROWICZ, K.: Unternehmenspolitik, Bd. I: Grundlagen, 3. Aufl., Freiburg i. Br. 1976

MELLEROWICZ, K.: Unternehmenspolitik, Bd. III, Freiburg i. Br. 1964

MELLWIG, W.: Sensitivitätsanalyse des Steuereinflusses in der Investitionsplanung — Überlegungen zur praktischen Relevanz einer Berücksichtigung der Steuern bei der Investitionsentscheidung, in: ZfbF, 32. Jg. (1980), S. 16ff.

MELLWIG, W.: Gewinnsicherung und Auswahlkriterium bei Ungewißheit, in: ZfbF, 25. Jg. (1973), S. 792ff.

MENCK, Th.: Zum Problem des „Grenzverhaltens" im Steuerrecht, in: StuW, 53. (6.) Jg. (1976), S. 113ff.

MENCK, Th.: Grenzverhalten im Steuerrecht, in: DB, 28. Jg. (1975), S. 1859ff.

MENGES, G.: Grundmodelle wirtschaftlicher Entscheidungen. Einführung in moderne Entscheidungstheorien unter besonderer Berücksichtigung volks- und betriebswirtschaftlicher Anwendungen, 2. Aufl., Düsseldorf 1974

MENGES, G.: On the „Bayesification" of the Minimax Principle, in: Ufo, Bd. 10 (1966), S. 81ff.

MERTENS, P.: Ertragsteuerwirkungen auf die Investitionsfinanzierung — ihre Berücksichtigung in der Investitionsrechnung, in: ZfhF, NF, 14. Jg. (1962), S. 570ff.

MESSMER, K.: Die Bilanzbündeltheorie — Eine meisterhafte Schöpfung der Rechtsprechung?, in: StbJb 1972/73, Köln 1973, S. 127ff.

MESTMÄCKER, E.-J.: Verwaltung, Konzerngewalt und Rechte der Aktionäre. Eine rechtsvergleichende Untersuchung nach deutschem Aktienrecht und dem Recht der Corporations in den Vereinigten Staaten, Karlsruhe 1958

MEYHAK, H.: Simultane Gesamtplanung im mehrstufigen Mehrprodukt-unternehmen, Wiesbaden 1970

MILLER, M. A.: Miller's Comprehensive GAAP Guide, New York 1982

MILNOR, J.: Games against Nature, in: Decision Processes, hrsg. v. R. M. Thrall, C. H. Coombs und R. L. Davis, New York - London 1954, S. 49ff.

MINZ, W.: unter Mitarbeit von G. MINZ: Prüfungstechnik, in: Wirtschaftsprüferhandbuch 1973, hrsg. v. Institut der Wirtschaftsprüfer in Deutschland e. V. Düsseldorf 1973, S. 959ff.

MITTELBACH, R.: Angehörige als Arbeitnehmer und Gesellschafter, 3. Aufl., Herne - Berlin 1977

MITTELBACH, R.: Steuereinsparungen bei den Ertragsteuern. Einkommensteuer — Körperschaftsteuer — Gewerbesteuer, Ludwigshafen 1972

MODIGLIANI, F./MILLER, M. H.: The Cost of Capital, Corporation Finance and the Theory of Investment, in: AER, Vol. 48 (1958), S. 261ff.

MORGENSTERN, O.: Wirtschaftsprognose, Wien 1928

MOXTER, A.: Bilanzlehre, 2. Aufl., Wiesbaden 1976

MOXTER, A.: Lineares Programmieren und betriebswirtschaftliche Kapitaltheorie (zugleich Rezension von Albach, H., Investition und Liquidität), in: ZfhF, NF, 15. Jg. (1963), S. 285ff.

MOXTER, A.: Der Einfluß von Publizitätsvorschriften auf das unternehmerische Verhalten, Köln - Opladen 1962

MUGLER, J.: Gebietet die Betriebswirtschaftslehre eine Änderung des Herstellungskostenbegriffes im EStG?, in: ÖStZ, 28. Jg. (1975), S. 258ff.

MÜLLER-KRÖNCKE, G. A.: Entscheidungsmodelle für die Steuerbilanzpolitik, Berlin 1974

MÜNSTERMANN, H.: Bilanzpolitik mit Hilfe der mathematischen Programmierung, in: Dienstleistungen in Theorie und Praxis, Otto Hintner zum 70. Geburtstag, hrsg. v. H. Linhardt, P. Penzkofer, P. Scherpf, Stuttgart 1970, S. 256ff.

MÜNSTERMANN, H.: Die Bedeutung der Opportunitätskosten für unternehmerische Entscheidungen, in: ZfB, 36. Jg. (1966), 1. Ergänzungsheft, S. 18ff.

MUTZE, O.: Zur Systematik bilanzpolitischer Maßnahmen, in: NB, 17. Jg. (1964), S. 107ff. und S. 129ff.

NETH, M.: Die Berechnung der Herstellungskosten als bilanzpolitisches Mittel, Düsseldorf 1971

NEUNER, K.: Die stille Gesellschaft im Abgabenrecht, Wien 1975

NEWELL, A.: Heuristic Programming: Ill-Structured Problems, in: Progress in Operations Research, Vol. III, hrsg. v. J. R. Aronofsky, New York - London - Sidney - Toronto 1969

NICKLISCH, H.: Ertragsverteilungsprozeß, in: HWB², Bd. I (1938), Sp. 1611ff.

NIEMANN, U.: Probleme der Gewinnrealisierung innerhalb des Konzerns, Düsseldorf 1968

NOLZ, W.: Zur automatisierten Anpassung der Einkommensteuervorauszahlungen für 1978, in: ÖStZ, 31. Jg. (1978), S. 152

NURNBERG, H.: Present Value Depreciation and Income Tax Allocation, in: Acc. Rev., Vol. 43 (1968), S. 719ff.

NUSSBAUMER, A.: Kurzfristige Maximierung von Gewinn, Umsatz oder Absatz und langfristiges Gewinnstreben der Unternehmung, in: ZfN, Bd. 22 (1962/63), S. 98ff.

OETTLE, K.: Über den Charakter öffentlich-wirtschaftlicher Zielsetzungen, in: ZfbF, 18. Jg. (1966), S. 241ff.

OKRASS, J.: Zur Praktikabilität des Modells der Steuerbarwertminimierung, in: BFuP, 25. Jg. (1973), S. 492ff.

Österreichische HIAG-Werke AG, Geschäftsbericht 1976, o. O., o. J. (Wien 1977)

ÖSTERREICHISCHES ZENTRUM FÜR WIRTSCHAFTLICHKEIT UND PRODUKTIVITÄT (ÖPWZ) (Hrsg.): Österreichischer Einheitskontenrahmen, überarbeitet und neugestaltet durch L. Mayer/G. Prinz/H. Samer/A. Hübner/ W. Brantner Wien, C 1975

o. V.: Zur Bilanzierung, zur Höhe und zur Nachversteuerung des Investitionsfreibetrages, in: ÖStZ, 26. Jg. (1973), S. 270f.

PANKOW, M.: Keine Bindung der Steuerbilanz an die Handelsbilanz im Falle von Sonderabschreibungen, in: BB, 22. Jg. (1967), S. 112ff.

PERLITZ, M.: Die Prognose des Unternehmenswachstums aus Jahresabschlüssen deutscher Aktiengesellschaften, Wiesbaden 1973

PHILIPP (, A.), Rezension von Stoll, G.: Das Steuerschuldverhältnis in seiner grundlegenden Bedeutung für die steuerliche Rechtsfindung, Wien 1972, in: ÖStZ, 26. Jg. (1973), S. 80ff.

PIEPER, W.: Steuerliche Herstellungskosten. Erzeugnisbewertung in der Ertragsteuerbilanz aus der Sicht der Betriebswirtschaftslehre, Wiesbaden 1975

PLATZER, W.: Handbuch der Sonderbilanzen. Bilanzierungsprobleme anläßlich von Gründungen, Umgründungen, Umwandlungen und Verschmelzungen, Wien 1979

PLATZER, W.: Die Grenzen der Aufwandsfinanzierung des abnutzbaren Anlagevermögens in Inflationszeiten unter besonderer Berücksichtigung der vorzeitigen Abschreibung und des Investitionsfreibetrages, in: ÖStZ, 29. Jg. (1976), S. 130ff.

PLATZER, W./KROS, F. W.: Buchhaltungs- und Bilanzierungs-Handbuch, 5. Aufl., Wien 1980

POHMER, D.: Grundlagen der betriebswirtschaftlichen Steuerlehre, Berlin 1958

POKORNY, W.: Die steuerliche Anerkennung von Verlusten beim Kommanditisten, in: ÖStZ, 29. Jg. (1976), S. 253ff.

POKORNY, W.: Motive und finanzpolitische Konsequenzen der Einkommensteuergesetznovelle 1974, in: WiPolBl, 22. Jg. (1975), S. 16ff.

POLLAN, P.: Das unternehmerische Nachfolgeproblem in einkommen- und verkehrssteuerlicher Hinsicht, in: ÖStWK, 49. Jg. (1974), A I, S. 87ff.

PÖLLATH, R.: Die einkommensteuerliche Behandlung des Kommanditisten als rechtssystematisches Problem (mit Vergleich zum französischen Recht), in: Raupach, A. (Hrsg.), Das negative Kapitalkonto des Kommanditisten, Köln 1978, S. 95ff.

PRIEWASSER, E.: Betriebliche Investitionsentscheidungen, Berlin - New York 1972

QUAST, D.: Steuerbegünstigte Kapitalanlagen in betriebswirtschaftlicher, steuerlicher und zivilrechtlicher Sicht, 2. Aufl., Köln - Bonn 1975

RAFFÉE, H.: Grundprobleme der Betriebswirtschaftslehre, Göttingen 1974

RATHENAU, W.: Vom Aktienwesen. Eine geschäftliche Betrachtung, Berlin 1917

RAUPACH, A.: Bericht über die Diskussionen der Arbeitsgruppe, in: Raupach, A. (Hrsg.), Das negative Kapitalkonto des Kommanditisten, Köln 1978, S. 113ff.

REBER, G.: Personales Verhalten im Betrieb. Analyse entscheidungstheoretischer Ansätze, Stuttgart 1973

REEGER, F./STOLL, G.: Kommentar zur Bundesabgabenordnung, Wien 1966

REIBERT, W.: Die wirtschafts- und finanzpolitische Problematik von Sonderabschreibungen, Bochum 1975

REIMER, O.: Die Zahlungsunfähigkeit — aus rechtlicher Sicht, in: JfB, 27. Jg. (1977), S. 97ff.

REISCH (, R.)/KREIBIG (, J. C.): Bilanz und Steuer, 5. Aufl., 3. Bd.: Die Steuerbilanz, bearb. v. H. Krasensky und R. Stemberger, Wien 1959

REMMERT, R.: Topologie, in: Behnke, H./Remmert, R./Steiner, H.-G./ Tietz, H., Mathematik I, Frankfurt a. M. 1964, S. 292ff.

RICHTER, H.: Einschränkung des negativen Kapitalkontos, Köln 1980

ROESSLER, D./EGGER, G. (Hrsg.): Die Rechtsprechung des Verfassungsgerichtshofes in Steuersachen 1946—1971, Wien 1972

ROSE, G.: Besteuerung nach Wahl, in: StbJb 1979/80, Köln 1980, S. 49ff.

ROSE, G.: Betrieb und Steuer. Grundlagen zur betriebswirtschaftlichen Steuerlehre — Erstes Buch: Die Ertragsteuern, 5. Aufl., Wiesbaden 1978

ROSE, G.: Rezension zu Heigl, A./Melcher, G.-H.: Betriebliche Steuerpolitik. Ertragsteuerplanung, Köln 1974, sowie Heigl, A., Betriebliche Ertragsteuer-Kennzahlen, Köln 1974, in: StuW, 51. (4.) Jg. (1974), S. 373ff.

ROSE, G.: Absatz und Besteuerung, in: Zur Theorie des Absatzes, Erich Gutenberg zum 75. Geburtstag, hrsg. v. H. Koch, Wiesbaden 1973a, S. 381ff.

ROSE, G.: Die Steuerbelastung der Unternehmung. Grundzüge der Teilsteuerrechnung, Wiesbaden 1973b

ROSENBERG, O.: Investitionsplanung im Rahmen einer simultanen Gesamtplanung, Köln - Berlin - Bonn - München 1975

RÜCKLE, D.: Besteuerung des periodenrichtigen Erfolges, unsichere Erwartungen und Konkurs, in: JfB, 27. Jg. (1977), S. 102ff. und S. 129ff.

RÜCKLE, D.: Interessenausgleich und wirtschaftliche Aufgabenteilung bei der Entwicklung von Grundsätzen ordnungsmäßiger Abschlußprüfung, in: ZfbF, 27. Jg. (1975a), S. 517ff.

RÜCKLE, D.: Die Investitionsentscheidung als Problem der Betriebswirtschaftslehre und der Informatik, in: JfB, 25. Jg. (1975b), S. 236ff.

RÜCKLE, D.: Die bücherliche Behandlung des Investitionsfreibetrages gemäß § 6f EStG., in: ÖStWK, 47. Jg. (1972), A I, S. 167ff.

RÜCKLE, D.: Zielfunktion und Rechengrößen der Investitionsrechnung, in: ÖBW, 20. Jg. (1970), S. 39ff.

RÜCKLE, D.: Investition und Marktverhalten, unveröff. Diss. Hochschule f. Welthandel (nunmehr Wirtschaftsuniversität), Wien 1968

RÜCKLE, D.: Zur Diskussion um die Selbständigkeit der betriebswirtschaftlichen Steuerlehre, in: BFuP, 19. Jg. (1967), S. 36ff.

RUFFNER, A.: Zum Normenproblem in der Wirtschaftswissenschaft, Berlin 1970

RUPPE, H. G. (Hrsg.): Familienverträge und Individualbesteuerung — Zivilrechtliche, steuerrechtliche und sozialversicherungsrechtliche Probleme bei Vereinbarungen zwischen Angehörigen, Wien 1976

RUPPE, H. G.: Die Ausnahmebestimmungen des Einkommensteuergesetzes. Probleme der Rechtsanwendung und Rechtsfortbildung bei den „Steuerbegünstigungen" der österreichischen Einkommensteuer, Wien 1971

RUPPE, H. G.: Die Differenzierung der Einkommensteuer nach Einkunftsarten. Verfassungsrechtlicher Spielraum und belastungsmäßige Evidenz, in: QHGZ, H. 2/1970, S. 39ff.

RUPPE, H. G./JUD, W.: Der negative Kapitalanteil des Kommanditisten. Handelsrechtliche und einkommensteuerrechtliche Grundsätze, Wien 1975

SABEL, H.: Die Grundlagen der Wirtschaftlichkeitsrechnungen, Berlin 1965

SANDIG, C.: Bilanzpolitik, in: HWR (1970), Sp. 231ff.

SANDIG, C.: Betriebswirtschaftspolitik, 2. Auflage von „Die Führung des Betriebes. Betriebswirtschaftspolitik", Stuttgart 1966

SAUER, O.: Steuerklauseln — Institutiones iuris tributarii, in: StuW, 52. (5.) Jg. (1975), S. 19ff.

SCHACHT, K.: Die Bedeutung der Finanzierungsregeln für unternehmerische Entscheidungen, Wiesbaden 1971

SCHANZ, G.: Einführung in die Methodologie der Betriebswirtschaftslehre, Köln 1975

SCHERRER, G.: Die Bestimmung optimaler Gewinnausweisstrategien, in: ZfB, 43. Jg. (1973), S. 77ff.

SCHICK, W.: Der Verlustrücktrag, München 1976

SCHIEMER, K. (unter Mitarbeit von W. LOSERT und M. STADLER): Handkommentar zum Aktiengesetz, Wien 1980

SCHILDBACH, Th.: Analyse des betrieblichen Rechnungswesens aus der Sicht der Unternehmungsbeteiligten, dargestellt am Beispiel der Aktiengesellschaft, Wiesbaden 1975

SCHILDBACH, Th.: Der Bilanzgewinn in Unternehmungen mit mehr als einem Beteiligten, in: BFuP, 24. Jg. (1972), S. 237ff.

SCHIMETSCHEK, B.: Die Bilanzbündeltheorie und ihre Grenzen, in: ÖStZ, 20. Jg. (1967), S. 196ff.

SCHLAGER, J.: Die Behandlung von Steuerbegünstigungen (§§ 4 Abs. 7, 8 bis 12, 13 EStG) bei der Veräußerung und dem Erwerb von Mitunternehmeranteilen, in: ÖStWK, 54. Jg. (1979), A I, S. 193ff. und S. 218ff.

SCHLAGER, J.: Die unternehmerische Steuergestaltung. Planung — Durchsetzbarkeit — Grenzen, Wien 1978

SCHLEMBACH, H.: Die Bewertung von Aktien, 3. Aufl., München 1973

SCHMIDT, H.: Bilanzierung und Bewertung. Grundsätze ordnungsmäßiger Buchführung für alle Unternehmen, Wiesbaden 1978

SCHMIDT, R.-B.: Wirtschaftslehre der Unternehmung. Grundlagen, 2. Aufl., Stuttgart 1977

SCHMITT, H. J.: Planungsbuchhaltung. Zur Integration von Buchhaltung und Planung, Berlin 1971

SCHNEELOCH, D. W.: Besteuerung und Investitionsfinanzierung. Eine Analyse bei geplanten Realinvestitionen von Kapitalgesellschaften, Berlin 1972

SCHNEEWEISS, H.: Entscheidungskriterien bei Risiko, Berlin - Heidelberg - New York 1967

SCHNEIDER, D.: „Erkenntnishemmende methodologische Mängel" in der betriebswirtschaftlichen Steuerlehre? Zugleich Besprechnung von Peter Horváth, Betriebswirtschaftliche Steuerlehre und Steuerreform, Meisenheim a. Glan 1975, in: StuW, 54. (7.) Jg. (1977), S. 73ff.

SCHNEIDER, D.: Realisationsprinzip und Einkommensbegriff, in: Bilanzfragen, Festschrift zum 65. Geburtstag von Ulrich Leffson, hrsg. v. J. Baetge, A. Moxter und D. Schneider, Düsseldorf 1976, S. 101ff.

SCHNEIDER, D.: Investition und Finanzierung, 4. Aufl., Opladen 1975a

SCHNEIDER, D.: Sind Steuervergünstigungen günstig?, in: StbJb 1974/75, Köln 1975b, S. 395ff.

SCHNEIDER, D.: Grundzüge der Unternehmensbesteuerung, Opladen 1974a

SCHNEIDER, D.: Betriebswirtschaftliche Steuerlehre als Theorie des Steuerbelastungsvergleichs, in: ZfbF, 26. Jg. (1974b), S. 810ff.

SCHNEIDER, D.: Rezension von Schneeloch, D. W.: Besteuerung und Investitionsfinanzierung (Berlin 1972), in: ZfbF, 26. Jg. (1974c), S. 137f.

SCHNEIDER, D.: »Anpassungsfähigkeit und Entscheidungsregel unter Ungewißheit« in der Diskussion, in: ZfbF, 25. Jg. (1973a), S. 805f.

SCHNEIDER, D.: Renaissance der Bilanztheorie?, in: ZfbF, 25. Jg. (1973b), S. 29ff.

SCHNEIDER, D.: Anpassungsfähigkeit und Entscheidungsregel unter Ungewißheit, in: ZfbF, 24. Jg. (1972), S. 745ff.

SCHNEIDER, D.: Gewinnermittlung und steuerliche Gerechtigkeit, in: ZfbF, 23. Jg. (1971), S. 352ff.

SCHNEIDER, D.: Sieben Thesen zum Verhältnis von Handels- und Steuerbilanz, in: DB, 23. Jg. (1970), S. 1697ff.

SCHNEIDER, D.: Korrekturen zum Einfluß der Besteuerung auf die Investitionen, in: ZfbF, 21. Jg. (1969), S. 297ff.

SCHNEIDER, D.: Der Einfluß der Besteuerung auf die Investitionspolitik der Unternehmungen, in: Optimale Investitionspolitik, SzU, Bd. 4, hrsg. v. H. Jacob, Wiesbaden 1968a, S. 33ff.

SCHNEIDER, D.: Ausschüttungsfähiger Gewinn und das Minimum an Selbstfinanzierung, in: ZfbF, 20. Jg. (1968b), S. 1ff.

SCHNEIDER, D.: Der Einfluß von Ertragsteuern auf die Vorteilhaftigkeit von Investitionen, in: ZfhF, NF, 14. Jg. (1962), S. 539ff.

SCHNEIDER, E.: Einführung in die Wirtschaftstheorie, 2. Teil: Wirtschaftspläne und wirtschaftliches Gleichgewicht in der Verkehrswirtschaft, 13. Aufl., Tübingen 1972

SCHNEIDER, E.: Wirtschaftlichkeitsrechnung. Theorie der Investition, 7. Aufl., Tübingen - Zürich 1968

SCHNEIDER, F.: Politisch-ökonomische Konjunkturzyklen: Ein Simulationsmodell, in: Schweizerische Zeitschrift für Volkswirtschaft und Statistik, 110. Jg. (1974), S. 519ff.

SCHNEIDER, H.: Der Einfluß der Steuern auf die unternehmerischen Investitionsentscheidungen, Tübingen 1964

SCHOCKENHOFF, H.: Betriebswirtschaftliche Steuerplanung, in: Betriebswirtschaftliche Planung in der industriellen Unternehmung, Festgabe für T. Beste, hrsg. v. J. Ries und G. v. Kortzfleisch, Berlin 1959, S. 131ff.

SCHRÖDER, W.: Betriebsanalyse als Instrument der steuerlichen Betriebsprüfung und Wirtschaftsprüfung. Indirekte Prüfungsmethoden, Berlin 1974

SCHUBERT, A./POKORNY, W./SCHUCH, W.: Einkommensteuerhandbuch. Einkommensteuergesetz 1972 samt Kommentierung, Durchführungsverordnungen, Lohnsteuererläuterungen 1972 und Einkommensteuerrichtlinien 1973 des Bundesministeriums für Finanzen, Wien 1973

SCHULT, E.: Die Steuern des Betriebs. Betriebswirtschaftliche Steuerlehre in 3 Bänden. Bd. 2: Steuerbilanz, Freiburg i. Br. 1977a; Bd. 3: Steuerpolitik, Freiburg i. Br. 1977b

SCHULT, E.: Die Wirtschaftlichkeit von Kapitalanlagen in Abschreibungs- und Verlustobjekten, in: BFuP, 25. Jg. (1973), S. 11ff.

SCHULT, E.: Die optimale Ausnutzung des § 6b EStG (Übertragung stiller Reserven), in: Wpg, 25. Jg. (1972), S. 523ff.

SCHULZE-OSTERLOH, J.: Steuerliche Probleme der Abschreibungsgesellschaften und ihrer Gesellschafter, insbesondere das negative Kapitalkonto, in: Kruse, H. W. (Hrsg.), Die Grundprobleme der Personengesellschaft im Steuerrecht, Köln 1979, S. 131ff.

SCHWARZ, H.: Optimale Investitionsentscheidungen, München 1967

SCHWARZ, H.: Zur Berücksichtigung erfolgssteuerlicher Gesichtspunkte bei Investitionsentscheidungen, in: BFuP, 14. Jg. (1962), S. 135ff. und S. 199ff.

SCHWEIM, J.: Integrierte Unternehmungsplanung, Bielefeld 1969

SCHWEITZER, M.: Struktur und Funktion der Bilanz. Grundfragen der betriebswirtschaftlichen Bilanz in methodologischer und entscheidungstheoretischer Sicht, Berlin 1972

SEELBACH, H.: Planungsmodelle in der Investitionsrechnung, Würzburg - Wien 1967

SEICHT, G.: Investitionsentscheidungen richtig treffen. Theoretische Grundlagen und praktische Gestaltung moderner Investitionsrechnungsverfahren, 3. Aufl., Wien 1979

SEICHT, G.: Inflation, Bilanzierungstechnik und Bilanzpolitik, in: ÖStWK, 52. Jg. (1977), C III, S. 1ff.

SEICHT, G.: Buchhaltungs- und Bilanzierungsprobleme, 5. Aufl., Wien 1974

SEICHT, G.: Die Grenze der Gewinnbesteuerung, in: ÖBW, 20. Jg. (1970a), S. 141ff.

SEICHT, G.: Die kapitaltheoretische Bilanz und die Entwicklung der Bilanztheorien, Berlin 1970b

SEIDL, Chr.: Normative Theorien der Steuerdisziplin der Selbständigen. Eine Analyse des Zensitenverhaltens, Wien 1974

SELCHERT, F. W.: Besteuerung und Unternehmungspolitik, in: ZfB, 45. Jg. (1975), S. 429ff. (I), S. 564ff. (II)

SIEBEN, G./GOETZKE, W.: Investitionskalküle unter Berücksichtigung pluralistischer Interessen, in: BFuP, 28. Jg. (1976), S. 27ff.

SIEBEN, G./HAASE, K. D.: Die Jahresabschlußrechnung als Informations- und Entscheidungsrechnung, in: Wpg, 24. Jg. (1971), S. 53ff. und S. 79ff.

SIEBEN, G./MATSCHKE, M. J./NEUHÄUSER, H.-J. (unter Mitarbeit von R. SCHMID): Bilanzdelikte, Wiesbaden 1974

SIEGEL, Th.: Auseinanderfallen von Steuerentstehung und Steuerzahlung bei der Steuerbilanzplanung, in: ZfB, 50. Jg. (1980), S. 377ff.

SIEGEL, Th.: Probleme und Verfahren der Ertragsteuerplanung, in: Unternehmensprüfung und -beratung. Festschrift zum 60. Geburtstag von Bernhard Hartmann, Freiburg i. Br. 1976, S. 223ff.

SIEGEL, Th.: Konzepte zur Ertragsteuerplanung in der Kontroverse, in: StuW, 51. (4.) Jg. (1974), S. 76ff.

SIEGEL, Th.: Zur Zielfunktion und Problemlösung bei der Ertragsteuerplanung, in: ZfB, 43. Jg. (1973), S. 265ff.

SIEGEL, Th.: Verfahren zur Minimierung der Einkommensteuer-Barwertsumme, in: BFuP, 24. Jg. (1972), S. 65ff.

SIEGEL, Th./GÜNTHER, R.: Zur Endwertmaximierung in der Steuerbilanzplanung, in: DB, 34. Jg. (1981), S. 1629ff.

SIMPSON, R. H.: An Empirical Study of Possible Income Manipulations, in: Acc. Rev., Vol. 44 (1969), S. 806ff.

SÖFFING, G.: Korreferat zum Referat Prof. Dr. Kruse, in: JbFfSt 1980/81, S. 185ff.

SÖFFING, G.: Besteuerung der Mitunternehmer, Herne - Berlin 1978

SÖFFING, G.: Zur Abkehr der Rechtsprechung von der Bilanzbündeltheorie, in: StbJb 1976/77, S. 241ff.

SONDEREGGER, F.: Das Prinzip der Erhaltung der Unternehmung als Grundproblem der modernen Betriebswirtschaftslehre, Bern 1950

SORENSEN, J. E.: Bayesian Analysis in Auditing, in: Acc. Rev., Vol. 44 (1969), S. 555ff.

SPITALER, A.: Wandlungen im Steuerrecht, in: StbJb 1960/61, Köln 1961, S. 379ff.

STAEHLE, W. H.: Der situative Ansatz in der Betriebswirtschaftslehre, in: Zum Praxisbezug der Betriebswirtschaftslehre in wissenschaftstheoretischer Sicht, hrsg. v. H. Ulrich, Bern und Stuttgart 1976, S. 33ff.

STAHL, H.: Aktien vor und nach Kapitalerhöhungen. Ausstattung und Kursentwicklung alter und junger Aktien, 2. Aufl., Frankfurt a. M. o. J. (1969)

STEGMÜLLER, W.: Wissenschaftstheorie, in: Philosophie, hrsg. v. A. Diemer und I. Frenzel, Frankfurt a. M. 1958, S. 327ff.

STEINER, J.: Gewinnsteuern in Partialmodellen für Investitionsentscheidungen. Barwert und Endwert als Instrumente zur Steuerwirkungsanalyse, Berlin 1980

STEINMANN, H.: Das Großunternehmen im Interessenkonflikt, Stuttgart 1969

STEINMANN, H./BÖHM, H./BRAUN, W./GERUM, E./SCHREYÖGG, G.: Betriebswirtschaftslehre und Praxis — Vorüberlegungen auf der Grundlage der Konstruktiven Philosophie und Wissenschaftstheorie, in: Zum Praxisbezug der Betriebswirtschaftslehre in wissenschaftstheoretischer Sicht, hrsg. v. H. Ulrich, Bern und Stuttgart 1976, S. 51ff.

STÖBER, K.: Investitionsfreibetrag oder vorzeitige Abschreibung?, in: ÖStWK, 48. Jg. (1973), A I, S. 125ff.

STOLL, G.: Bundesabgabenordnung. Handbuch mit eingehenden Erläuterungen, Verweisungen und Hinweisen auf die Rechtsprechung (nach dem Stand der Gesetzgebung vom 1. 6. 80) in Fortführung der 5. Auflage „Reeger-Stoll, Bundesabgabenordnung", Wien 1980

STOLL, G.: Gewinnanteil und Sondervergütungen der Gesellschafter von Personengesellschaften de lege lata und de lege ferenda (Erstreferat), in: Kruse, H. W. (Hrsg.), Die Grundprobleme der Personengesellschaft im Steuerrecht, Köln 1979, S. 5ff.

STOLL, G.: Ertragsbesteuerung der Personengesellschaften, Wien 1977a

STOLL, G.: Die (Publikums-)GmbH & CoKG als Abschreibungs-(Verlust-) Gesellschaft, in: Kastner, W./Stoll, G. (Hrsg.), Die GmbH & CoKG im Handels-, Gewerbe- und Steuerrecht, 2. Aufl., Wien 1977b, S. 403ff.

STOLL, G.: Verfassungsrechtsprechung zum Steuerrecht. Eine vergleichende Buchbesprechung, in: ÖStZ, 28. Jg. (1975), S. 126ff.

STOLL, G.: Das Steuerschuldverhältnis in seiner grundlegenden Bedeutung für die steuerliche Rechtsfindung, Wien 1972

STRAUBE, M.: Die GmbH & Co — Eine moderne Gesellschaftstype: Entstehung, Entwicklung und Bedeutung, in: Kastner, W./Stoll, G. (Hrsg.), Die GmbH & CoKG im Handels-, Gewerbe- und Steuerrecht, 2. Aufl., Wien 1977, S. 1ff.

STRECK, M.: Die Streichung des negativen Kapitalkontos — über das Verhältnis von Mittel und Zweck einer Gesetzgebungsinitiative, in: Raupach, A. (Hrsg.), Das negative Kapitalkonto des Kommanditisten, Köln 1978, S. 105ff.

STREISSLER, E.: Die Bedeutung von Investitionen für das Wirtschaftswachstum, in: WiPolBl, 18. Jg. (1971), S. 5ff.

STREMITZER, H.: Der Investitionsfreibetrag (gemäß § 6f EStG), Schriftenreihe „Rationalisieren", Merkblätter, Allgemein 40.03, Wien o. J. (1972)

STROBEL, W.: Steuerplanung, betriebliche, in: HdWW, Bd. 7, 1977a, S. 386ff.

STROBEL, W.: Steuerlehre, betriebswirtschaftliche, in: HdWW, Bd. 7, 1977b, S. 270ff.

STROBEL, W.: Zur Reformbedürftigkeit des Jahresabschlusses unter dem Inflationsaspekt, in: Bilanzfragen, Festschrift zum 65. Geburtstag von U. Leffson, hrsg. v. J. Baetge, A. Moxter und D. Schneider, Düsseldorf 1976, S. 217ff.

STÜDEMANN, K.: Rechtsunsicherheit als betriebswirtschaftliches Problem, in: Wissenschaftsprogramm und Ausbildungsziele der Betriebswirtschaftslehre. Bericht von der wissenschaftlichen Tagung des Verbandes der Hochschullehrer für Betriebswirtschaft e. V. in St. Gallen vom 2.—5. Juni 1971, hrsg. v. G. v. Kortzfleisch, Berlin 1971, S. 101ff.

STÜTZEL, W.: Bemerkungen zur Bilanztheorie, in: ZfB, 37. Jg. (1967), S. 314ff.

STÜTZEL, W.: Banken, Kapital und Kredit in der zweiten Hälfte des zwanzigsten Jahrhunderts, in: Strukturwandlungen einer wachsenden Wirtschaft, Verhandlungen auf der Tagung des Vereins für Socialpolitik in Luzern 1962, hrsg. v. F. Neumark, 2. Band, Berlin 1964, S. 527ff.

sug.-: Rechtsauskunft der Finanzämter zweckmäßig — Spannungsverhältnis wäre abzubauen, in: Die Presse vom 28. Oktober 1977, S. 12

SULZBACHER, E./MAREK, E.: Pensionsberechnung leicht gemacht. Für Arbeiter und Angestellte, Gewerbetreibende, Bauern — 1981, Wien o. J. (1981)

SWOBODA, P.: Betriebliche Finanzierung, Würzburg - Wien 1981

SWOBODA, P.: Investition und Finanzierung, 2. Aufl., Göttingen 1977

SWOBODA, P.: Finanzierungstheorie, Würzburg - Wien 1973

SWOBODA, P.: Einflüsse der Besteuerung auf die Ausschüttungs- und Investitionspolitik von Kapitalgesellschaften, in: ZfbF, 19. Jg. (1967), S. 1ff.

SWOBODA, P.: Der Einfluß der steuerlichen Abschreibungspolitik auf betriebliche Investitionsentscheidungen, in: ZfbF, 16. Jg. (1964a), S. 414ff.

SWOBODA, P.: Die betriebliche Anpassung als Problem des betrieblichen Rechnungswesens, Wiesbaden 1964b

SWOBODA, P.: Die Ermittlung optimaler Investitionsentscheidungen durch Methoden des Operations Research, in: ZfB, 31. Jg. (1961), S. 96ff.

SWOBODA, P./HIRSCHBERGER, F./LAUFKE, G./STEPAN, A./TOTTER, B./UHLIR, H.: Bericht über das Forschungsprojekt: Verschuldungsgrad und Verschuldungsstruktur der österreichischen Industrie, Institut für industrielle Unternehmensforschung an der Univ. Graz (hektogr.), Graz 1976

SZYPERSKI, N.: Zur Problematik der quantitativen Terminologie in der Betriebswirtschaftslehre, Berlin 1962

TERSTEGEN, W. O. W.: Unlauterer Wettbewerb durch Steuerhinterziehung, Hannover 1958

THIEL, R.: Zur Reform der Gewinnermittlung — Probleme der neuen Steuerbilanz, in: ZfbF, 23. Jg. (1971), S. 534ff.

THIEL, R.: Die aktienrechtliche Bilanz als Grundlage der Steuerbilanz, in: ZfbF, 18. Jg. (1966), S. 544ff.

THIEL, R.: Der Verlust des Kommanditisten handelsrechtlich, buchhalterisch und steuerrechtlich gesehen, in: DB, 17. Jg. (1964), S. 1166ff.

THIEMEYER, T.: Wirtschaftslehre öffentlicher Betriebe, Reinbek bei Hamburg 1975

TICHY, G. E.: Pensionsrückstellungen. Aktuelle wirtschaftspolitische und steuerwirtschaftliche Aspekte, in: ÖStWK, 52. Jg. (1977), A I, S. 109ff.

TIMM, H.: Bemerkungen zur wirtschaftspolitisch orientierten nichtfiskalischen Besteuerung, in: Finanzarchiv, NF, Bd. 27 (1968), S. 87ff.

TIPKE, K.: Steuerrecht. Ein systematischer Grundriß, 7. Aufl., Köln 1979; 4. Aufl., Köln 1977

TIPKE, K.: Zum steuergesetzlichen Wirtschaftsrecht, in: StuW, 53. (6.) Jg. (1976), S. 162f.

TIPKE, K.: Steuerrecht. Ein systematischer Grundriß, 3. Aufl., Köln 1975

TIPKE, K.: Das Bundesverfassungsgericht zum Nettoprinzip, in: StuW, 51. (4.) Jg. (1974), S. 84ff.

TIPKE, K.: Die dualistische Gewinnermittlung nach Einkommensteuergesetz. Entstehung, Motivation und Berechtigung, in: Festschrift für H. Paulick zum 65. Geburtstag, hrsg. v. H. W. Kruse, Köln 1973a, S. 391ff.

TIPKE, K.: An den Grenzen der Steuerberatung: Steuervermeidung, Steuerumgehung, Steuerhinterziehung, in: StbJb 1972/73, Köln 1973b, S. 509ff.

TIPKE, K.: Steuerliche Betriebsprüfung im Rechtsstaat, München 1968

TISCHER, F.: Die modifizierte Teilsteuerrechnung als anforderungsgerechtes Verfahren der Steuerlastprognose, in: StuW, 52. (5.) Jg. (1975), S. 39ff.

TORGGLER, H.: Zur „Feststellung" der Bilanz der KG, in: Bilanz und Rechnungswesen. Festschrift zum 75. Geburtstag von Max Stadler, hrsg. v. W. Gassner und E. Pointner-Exinger, Wien 1981, S. 299ff.

TRUMBULL, W. P.: Differences between Financial and Tax Depreciation, in: Acc. Rev., Vol. 43 (1968), S. 459ff.

TUBBESING, G.: Möglichkeiten der Einordnung erhöhter steuerlicher Absetzungen für Abnutzung und steuerlicher Sonderabschreibungen in die Systematik der Berichtspflichten gemäß Paragraph 160 Abs. 2 Satz 2, 4 und 5 AktG 1965, in: Wpg, 30. Jg. (1977), S. 576ff.

UELNER, A.: Steuerliche Probleme bei kapitalistisch verfaßten Kommanditgesellschaften, in: JbFfSt 1980/81, S. 359ff.

ULMER, P.: Die Mitwirkung der Kommanditisten an der Bilanzierung der KG, in: Strukturen und Entwicklungen im Handels-, Gesellschafts- und Wirtschaftsrecht. Festschrift für Wolfgang Hefermehl zum 70. Geburtstag, hrsg. v. R. Fischer et al., München 1976, S. 207ff.

VAN HORNE, J. C.: Financial Management and Policy, 5th ed., Englewood Cliffs, N. J., 1980

Verhandlungen des 53. Deutschen Juristentages (Berlin 1980), hrsg. v. d. Ständigen Deputation des Deutschen Juristentages, Bd. II (Sitzungsberichte), München 1980

VETZBERGER, K.: Betriebsprüfung, steuerliche, in: HdWW, Bd. 1, 1977, S. 565ff.

VODRAZKA, K.: Die Grundsätze ordnungsmäßiger Buchführung, das 2. Abgabenänderungsgesetz 1977 und das Erkenntnis des Verfassungsgerichtshofes vom 14. 12. 1978, in: JfB, 29. Jg. (1979), S. 142ff.

VODRAZKA, K.: Wirtschaftlichkeitsprinzip und neuere Entwicklung der Betriebswirtschaftslehre, in: ZfbF, 28. Jg. (1976a), S. 43ff.

VODRAZKA, K.: Die steuerbegünstigte Übertragung offengelegter stiller

Rücklagen — Bedeutung und Vorteilhaftigkeit, in: StuW, 53. (6.) Jg. (1976b), S. 51ff. und S. 146

VODRAZKA, K.: Die steuerbegünstigte Übertragung offengelegter stiller Rücklagen — Bedeutung und Vorteilhaftigkeit, in: StuW, 52. (5.) Jg. (1975a), S. 317ff.

VODRAZKA, K.: Zur Bedeutung der Teilsteuerrechnung, in: JfB, 25. Jg. (1975b), S. 182ff.

VODRAZKA, K.: Diskussionsunterlage (hektogr.) für die Pfingsttagung des Verbandes der Hochschullehrer für Betriebswirtschaft e. V. vom 4. bis 7. Juni 1974a in München (Gegenüberstellung des österreichischen Einkommensteuertarifs und des Lebenshaltungskosten- bzw. Verbraucherpreisindexes zwischen 1954 und 1975)

VODRAZKA, K.: Bilanzpolitik, Sonderdruck (mit Korrekturen) aus: HWB^4, Bd. I (1974b), Sp. 909ff.

VODRAZKA, K.: Die Vergütungsfähigkeit von Abgaben nach den Bestimmungen des GATT, des EWG- und des EFTA-Vertrages unter besonderer Berücksichtigung der Realsteuern, Wien 1972

VOGT, F. J.: Bilanztaktik. Wahlrechte des Unternehmers beim Jahresabschluß, 6. Aufl., Heidelberg 1963

WACKER, W. H.: Steuerliche Verluststrategien der Unternehmung, in: StbJb 1975/76, Köln 1976, S. 389ff.

WACKER, W. H.: Teilsteuerrechnung — ein neues Instrument der betriebswirtschaftlichen Steuerlehre, in: StuW, 52. (5.) Jg. (1975), S. 78ff.

WACKER, W. H.: Zur „Rede von der modernen Logik" in der Betriebswirtschaftlichen Steuerlehre. Meta-wissenschaftliche Anmerkungen zu Fischer-Winkelmanns Kritik, in: BFuP, 25. Jg. (1973), S. 400ff.

WAGNER, F. W.: Der Steuereinfluß in der Investitionsplanung — Eine Quantité négligeable?, in: ZfbF, 33. Jg. (1981), S. 47ff.

WAGNER, F. W./DIRRIGL, H.: Die Steuerplanung der Unternehmung, Stuttgart - New York 1980

WAGNER, H.: Zum Problem der Zielfunktion in einer operationalen Theorie der betrieblichen Kapitaldisposition, unveröff. Habil.-Schrift, Münster 1971

WALDMANN, J.: Optimale Unternehmensfinanzierung. Modelle zur integrierten Planung des Finanzierungs- und Leistungsbereiches, Wiesbaden 1972

WALTHER, A.: Einführung in die Wirtschaftslehre der Unternehmung, Band I: Der Betrieb, Zürich 1947

WALZ, R.: Empfiehlt sich eine rechtsformunabhängige Besteuerung der Unternehmen?, in: Verhandlungen des 53. Deutschen Juristentages (Berlin 1980), hrsg. v. d. Ständigen Deputation des Deutschen Juristentages, Bd. I (Gutachten), München 1980, S. F 1ff.

WEBER, H.: Die Spannweite des betriebswirtschaftlichen Planungsbegriffes, in: ZfbF, 16. Jg. (1964), S. 716ff.

WEBER, M.: Der Sinn der Wertfreiheit der soziologischen und ökonomischen Wissenschaft, in: Weber, M., Gesammelte Aufsätze zur Wissenschaftslehre, hrsg. v. J. Winckelmann, 3. Aufl., Tübingen 1968, S. 489ff.

WEBER, W.: Über die Aushöhlung des gegenwärtigen „Steuersystems".

Veröffentlichungen des Instituts für Finanzwissenschaft und Steuerrecht, Nr. 39, Wien 1965

WEBER-FAS, R.: Verfassungsrechtsprechung zum Steuerrecht. Die Entscheidungen des Bundesverfassungsgerichts der Bundesrepublik Deutschland, Frankfurt a. M. 1971

WEHMEYER, J.: Die steuerliche Planung der Unternehmung, Düsseldorf 1967

WEILER, F.: Kann man seine Steuern investieren?, in: ÖStWK, 52. Jg. (1977), A I, S. 84ff.

WEILER, F.: Sonderheft für die Steuererklärungen 1975, ÖStWK, 51. Jg. (1976), A I, S. 15ff., A II, S. 13ff., A III, S. 1ff.

WEILER, F.: Steuerfälle — praktisch gelöst. Fall 6: Wahl zwischen Investitionsbegünstigungen, in: ÖStWK, 50. Jg. (1975), A I, S. 69ff.

WEILER, F.: Sonderheft für die Steuererklärungen 1972, ÖStWK, 48. Jg. (1973), A I, S. 11ff., A II, S. 1ff., A III, S. 5ff.

WEILER, F.: Steuerlich richtig planen!, Wien o. J.

WERNDL, J.: Hat die Veräußerung eines Gesellschaftsanteiles an einer Personengesellschaft auch eine Nachversteuerung der nach § 4 Abs 4 Z 5 EStG 1967 angeschafften Wertpapiere zur Folge?, in: ÖStZ, 28. Jg. (1975), S. 227ff.

WERNDL, J.: Bilanzbündeltheorie und Einkommensteuergesetz, in: ÖStZ, 27. Jg. (1974), S. 242ff.

WESTERMANN, H./SCHERPF, P./PAULICK, H./BULLA, G. A./HECKBEIL, W.: Handbuch der Personengesellschaften, Köln 1967ff. (Loseblattausg.)

WHEELER, J. E./GALLIART, W. H.: An Appraisal of Interperiod Income Tax Allocation. A research study and report prepared for the Financial Executives Research Foundation, New York 1974

WIESNER, W./WEYRICH, F.: Der gespaltene Körperschaftsteuersatz, in: ÖStZ, 52. Jg. (1973), S. 222ff.

WILD, J.: Grundlagen der Unternehmungsplanung, Reinbek bei Hamburg 1974

WISSENBACH, H.: Die Bedeutung der Finanzierungsregeln für die betriebliche Finanzpolitik, in: ZfbF, 16. Jg. (1964), S. 447ff.

WISSENSCHAFTLICHE ABTEILUNG DER BUNDESWIRTSCHAFTSKAMMER: Betriebs- und volkswirtschaftliche Aspekte der vorzeitigen Abschreibung, Wien 1966

WITTE, E./HAUSCHILDT, J.: Die öffentliche Unternehmung im Interessenkonflikt. Betriebswirtschaftliche Studie zu einer Zielkonzeption der öffentlichen Unternehmung, Berlin 1966

WITTMANN, W.: Unternehmung und unvollkommene Information, Köln und Opladen 1959

WOERNER, L.: Die neuere Rechtsprechung des Bundesfinanzhofs zur Einkommenbesteuerung von Gesellschaftern einer Personengesellschaft, in: BB, 30. Jg. (1975), S. 645ff.

WOERNER, L.: Mitunternehmerbegriff und Bilanzbündeltheorie bei der Gewerbesteuer, in: BB, 29. Jg. (1974), S. 592ff.

WÖHE, G.: Bilanzierung und Bilanzpolitik, 5. Aufl., München 1979

WÖHE, G.: Betriebswirtschaftliche Steuerlehre, Bd. I, 5. Aufl., München 1978a

WÖHE, G.: Einführung in die Allgemeine Betriebswirtschaftslehre, 13. Aufl., München 1978b

WÖHE, G.: Bemerkungen zur Steuerbilanzpolitik, in: BFuP, 29. Jg. (1977), S. 216ff.

WÖHE, G.: Betriebswirtschaftliche Steuerlehre, Bd. I, 4. Aufl., München 1976

WÖHE, G.: Sind die Anforderungen an die Ordnungsmäßigkeit der Buchführung noch zeitgemäß?, in: Steuer-Kongreß-Report 1967, S. 213ff.

WÖHE, G.: Bildung, Auflösung und Übertragung stiller Rücklagen im Steuerrecht aus der Sicht der betriebswirtschaftlichen Steuerlehre, in: ZfbF, 18. Jg. (1966), S. 98ff.

WÖHE, G.: Betriebswirtschaftliche Steuerlehre, Bd. II, 2. Halbbd., 2. Aufl., Berlin und Frankfurt/M. 1965

WÖHE, G./JOHN, G.: Steuerliche Planung, in: AGPLAN-Handbuch zur Unternehmensplanung, hrsg. v. J. Fuchs und K. Schwantag, Berlin 1970ff. (Loseblattwerk in Lieferungen), 1. Erg.-Lfg. 1971, Ordnungszahl 2741

WÜNSCH, H.: Die Gesellschafterkonten einer Personalgesellschaft in juristischer Sicht, in: GesRZ, 3. Jg. (1974), S. 34ff.

WYSOCKI, K. v.: Das Postulat der Fristenkongruenz als Spielregel, Stuttgart 1962

ZACHARIAS, O. H.: Sonderabschreibungen — betriebswirtschaftlich, handelsrechtlich und steuerlich, in: StbJb 1970/71, Köln 1971, S. 321ff.

ZENTES, J.: Die Optimalkomplexion von Entscheidungsmodellen, Köln - Berlin - Bonn - München 1976

ZWEHL, W. v.: Untersuchung zur Erstellung einer Planbilanz als Ergänzung des Jahresabschlusses, Berlin 1968

Amtliche Quellen:

Stenographische Protokolle des Nationalrats, 18. Sitzung, XI. Gesetzgebungsperiode, vom 6. 7. 1966, S. 1385ff.

Beilagen zu den Stenographischen Protokollen des Nationalrats, Nr. 111, XI. Gesetzgebungsperiode

SEC Release No 149 v. 28. 11. 1973

Tätigkeitsbericht des Rechnungshofes — Verwaltungsjahr 1976

Erlaß des BMF v. 4. 5. 1977, 06 1301/2-IV/6/77, in: AÖFV 158/77

Deutscher Bundestag, Drucksache 8/1405 v. 2. 1. 1978 (Regierungsentwurf eines Gesetzes über den Vertrieb von Anteilen an Vermögensanlagen, mit Bundesrat-Stellungnahme)

Erlaß des BMF v. 4. 6. 1978, 06 1301/1-IV/6/78, in: ÖStWK 1978, A VIIa, S. 11

Schreiben des BdF v. 7. 12. 1979, IV B1-S 2253-76/79, in: BStBl., 1980, Teil I, S. 3

Erlaß des BMF v. 21. 1. 1980, 02 0600/6-IV/2/80, 0600 (= Dienstanweisung Veranlagung und Betriebsprüfung [DVB])

BMJ, Entwurf eines Gesetzes zur Durchführung der Vierten Richtlinie des Rates der Europäischen Gemeinschaften zur Koordinierung des Gesellschaftsrechts (Bilanzrichtlinie-Gesetz) v. 18. 5. 1981 - 3507/8 - 30784/81

URTEILSVERZEICHNIS

Datum	Aktenzeichen	Fundstelle
I. Bundesfinanzhof		
14. 1. 1958	I 159/57 U	BStBl. 1958 III, S. 75
4. 8. 1961	VI 269/60 S	BStBl. 1961 III, S. 562
24. 8. 1961	IV 352/59 U	BStBl. 1962 III, S. 112
13. 3. 1964	VI 343/61 S	BStBl. 1964 III, S. 359
25. 8. 1966	IV 307/65	BStBl. 1967 III, S. 69
3. 2. 1969	Gr. S. 2/68	BStBl. 1969 II, S. 291
24. 6. 1969	I R 174/66	BStBl. 1970 II, S. 205
18. 1. 1972	VIII R 125/69	BStBl. 1972 II, S. 344
8. 3. 1973	IV R 77/72	BStBl. 1973 II, S. 398
8. 1. 1975	I R 142/72	BStBl. 1975 II, S. 437
26. 1. 1978	IV R 97/76	BStBl. 1978 II, S. 368
10. 11. 1980	Gr. S. 1/79	BStBl. 1981 II, S. 164
II. Bundesgerichtshof		
14. 2. 1974	II ZR 76/72	BB, 29. Jg. (1974), S. 854f.
III. Handelsgericht Wien		
9. 10. 1980	7 Nc 3/78	ÖStWK, 54. Jg. (1979), A VII a, S. 3
IV. Oberster Gerichtshof		
30. 8. 1972	1 Ob 141, 197/72	EvBl. 1973/92, S. 211
V. Reichsfinanzhof		
22. 2. 1928	VI A 285/27	RStBl. 1928, S. 176
1. 7. 1936	VI A 491/36	RStBl. 1936, S. 779
19. 12. 1939	I 54/39	RStBl. 1940, S. 603
VI. Reichsgericht		
6./30. 4. 1891		Bolze (1892), Randnummer 503
VII. Verfassungsgerichtshof		
3. 7. 1965	V 9/65	Slg. Nr. 5025
14. 12. 1978	G 82/78	ÖStZB 1979, S. 14
26. 1. 1979	B 215/76	ÖStZB 1979, S. 150

VIII. Verwaltungsgerichtshof

28. 6. 1955	2194/53	Slg. Nr. 1202/F
8. 2. 1957	3564/54	Slg. Nr. 1588/F
10. 7. 1957	2458/56	Slg. Nr. 1689/F
29. 5. 1959	1332/58	Slg. Nr. 2025/F
18. 12. 1959	2543/56	Slg. Nr. 2141/F
7. 7. 1961	237/61	Slg. Nr. 2483/F
15. 9. 1961	239/59	ÖStZB 1962, S. 2
8. 6. 1962	172/62	ÖStZB 1962, S. 141
25. 6. 1963	258/61	ÖStZB 1963, S. 205
7. 5. 1965	2208/63	ÖStZB 1965, S. 126
3. 2. 1967	1667/66	ÖStZB 1967, S. 89
26. 6. 1968	1225/65	Slg. Nr. 3765/F
3. 7. 1968	1067/66	ÖStZB 1968, S. 175
20. 1. 1970	847/69	Slg. Nr. 4001/F
21. 12. 1971	285/69	ÖStZB 1972, S. 121
12. 9. 1972	1586/71	Slg. Nr. 4417/F
6. 3. 1973	200/73	Slg. Nr. 4514/F
27. 6. 1973	611/72	Slg. Nr. 4558/F
22. 5. 1974	1676/72	Slg. Nr. 4689/F
12. 11. 1974	314/73	Slg. Nr. 4751/F
15. 1. 1975	1583/74	Slg. Nr. 4778/F
3. 12. 1975	1521/75	Slg. Nr. 4921/F
3. 11. 1976	1345, 1755/76	Slg. Nr. 5037/F
3. 11. 1976	2379, 2430/76	Slg. Nr. 5038/F
22. 12. 1976	1485/74 und 2706, 2707/76	Slg. Nr. 5064/F
17. 5. 1977	1934/76	ÖStZB 1978, S. 7
12. 4. 1978	314/77	ÖStZB 1978, S. 285
25. 4. 1978	813/75	ÖStZB 1978, S. 265
19. 9. 1978	2323, 2351/75	ÖStZB 1979, S. 154
15. 4. 1980	1661/79	ÖStZB 1980, S. 290

SYMBOLVERZEICHNIS

(Nicht in das Symbolverzeichnis aufgenommen wurden Symbole, welche aus fremden Arbeiten übernommen und nur zur Erörterung spezieller Probleme an einer einzigen Stelle der Arbeit verwendet wurden.)

G r o ß b u c h s t a b e n:

$\underline{A}$	(ein) Gliederungskriterium für die Betriebsorganisation
$\underline{A}_1, \underline{A}_2, \ldots$	durch die Anwendung von $\underline{A}$ gewonnene Zerlegung von $\underline{U}$
$\overline{A}_{\bar{i}}$	Menge der zulässigen Aktionen des $\bar{i}$-ten Teilplanes (bei sukzessiver Planung)
A_{ja}	eine zu M_j gehörige steuerbilanzpolitische Aktion ($a = 1, 2, \ldots, \bar{a}$)
A_{tja}	periodenbezogene Wirkungen von A_{ja}
AH_t	Anschaffungs- oder Herstellungskosten der Investitionen der Periode t, von denen Investitionsfreibeträge oder vorzeitige Abschreibungen verrechnet werden können
Au	(als Index:) Ausland
$Au_{(t)}$	begünstigte Ausschüttung (der Periode t)
Au_{tq}	begünstigte Ausschüttung der Periode t, falls $\overline{G}_t$ in die q-te Tarifstufe fällt
$Au_{\max}$	maximale ohne Auflösung von Rücklagen mögliche Ausschüttung
AV	Anlagevermögen
$AV^o{}_t$	Anlagevermögen der Periode t gemäß „Basis"-Bilanz (= vor Einsatz steuerbilanzpolitischer Aktionsparameter)
B	Periodenkapazität einer zugekauften Maschine

$\underline{B}$	(ein) Gliederungskriterium für die Betriebsorganisation
$\underline{B}_1, \underline{B}_2, \ldots$	durch die Anwendung von $\underline{B}$ gewonnene Zerlegung von $\underline{U}$
B_o	Periodenkapazität der bei Beginn des Planungszeitraumes vorhandenen Maschinen
$B^{\bar{k}}{}_{\bar{l}}$	Menge der Restriktionen für den Teilplan $\bar{l}$, die durch die Aufstellung des Teilplanes $\bar{k}$ ($\bar{k} < \bar{l}$) hinzugekommen sind; insbesondere $\overline{B}^{o}{}_{\bar{l}}$: Menge der Restriktionen für $\bar{l}$ bei Beginn der Planung
$\overline{B}^{\bar{j}}{}_{\bar{l}}$	Menge der Restriktionen für den Teilplan $\bar{l}$, die durch die Berücksichtigung der geschätzten Erfordernisse des Planes $\bar{j}$ ($\bar{j} > \bar{l}$) hinzukommen
$\overline{B}'^{\bar{k}}{}_{\bar{l}}$	Menge der (nach Neuaufrollung der Planung) revidierten Restriktionen für den Teilplan $\bar{l}$, die durch die Aufstellung des Teilplanes $\bar{k}$ ($\bar{k} < \bar{l}$) hinzugekommen sind
Bei_t	Beitragsgrundlage des Jahres t
Bem	Bemessungsgrundlage (der GSPVG-Pension)
BG	Bereichsgrenze
$BG_{(t)q}$	Bereichsgrenzen eines (in Periode t geltenden) Stufentarifs ($q = 1, 2, \ldots, \bar{q}$)
C_t	Konsumentnahme der Periode t
$D^{II}{}_t$	(tabellierter) Abzinsungsfaktor für t Perioden
$D^{IV}{}_t$	(tabellierter) Rentenbarwertfaktor für t Perioden
E_t	Entnahmen (Ausschüttungen) der Periode t
$\overline{E}_{tj}$	durch (ertrag-)steuerbilanzpolitische Aktionen ausgelöste periodenbezogene Folgewirkungen auf die Einheitswerte
EK	Eigenkapital
$EK^{o}{}_t$	Eigenkapital der Periode t gemäß „Basis“-Bilanz (= vor Einsatz steuerbilanzpolitischer Aktionsparameter)
FK	Fremdkapital

F_t	die von den im Modell betrachteten Aktionsparametern unabhängigen (fixen) Betriebseinnahmen und Betriebsausgaben
G	(vorläufiger) Gewinn der Steuerbilanz (in isolierten Steuerplanungsmodellen eine modellexogene Konstante)
$\overline{G}$	Gewinn der Steuerbilanz nach Durchführung steuerbilanzpolitischer Aktionen (= zu versteuerndes Einkommen, falls keine anderen Einkünfte oder persönlichen Besteuerungselemente vorhanden sind)
G^{β}	jener Teil des (vorläufigen) Gewinnes der Steuerbilanz, welcher gemäß Tarif β besteuert wird
$\overline{G}^{rest}$	$\overline{G}$ abzüglich dem planungsunabhängigen Teil der Differenz $\overline{G} - G_{hprov}$
$\overline{G}^{parallel}$	jener Teil von $\overline{G}^{rest}$, für den steuerpflichtiges Einkommen und provisorischer handelsrechtlicher Gewinn betragsgleich variieren
$\overline{G}^{allein}$	jener Teil von $\overline{G}^{rest}$, für den nur das steuerpflichtige Einkommen variiert
G_{Ht}	handelsbilanzieller Gewinn (im steuerbilanzpolitischen Partialmodell)
G_{hprov}	provisorischer handelsrechtlicher Gewinn (vor Körperschaftsteuer)
$\overline{G}_{Rt}$	$\overline{G}_t$ nach Reduktion des Anspruchsniveaus
$\overline{G}_t$	Gewinn der Steuerbilanz der Periode t nach Durchführung steuerbilanzpolitischer Aktionen
$\overline{G}_{t*}$	geschätztes Gesamteinkommen jener Periode, in der begünstigte Einkommensteile vorliegen
$G_{t1}, G_{t2}, \ldots$	verschiedene (ungewisse) durch unterschiedliche Konjunkturlagen bewirkte Erfolge der Periode t
$\overline{G}^{b}{}_t$	der einem begünstigten Tarif unterliegende Teil von $\overline{G}_t$
$\overline{G}^{n}{}_t$	der nicht begünstigte Teil von $\overline{G}_t$
$\overline{G}^{bo}{}_t$	Schätzwert für $\overline{G}^{b}{}_t$
$\overline{G}_{tq}$	jener Teil von $\overline{G}_t$, welcher in die q-te Stufe eines Stufentarifs fällt

$\overline{G}^n{}_{tq}$	jener Teil von $\overline{G}^n{}_t$, welcher in die q-te Stufe des Normalsteuertarifs fällt
$\overline{G}^t{}_{tq}$	(Gesamtbetrag von) $\overline{G}_t$, falls in die q-te Stufe eines Stufendurchschnittssatztarifes fallend
GK	Gesamtkapital
In	Inland
J	Indexmenge der Manövrierteilmassen
K	Anzahl der Produktarten
L_{kt}	Absatzhöchstmenge für Produkt k in Periode t
M	Manövriermasse
M_j	eine Manövrierteilmasse
$M^o{}_j$	die der j-ten Manövrierteilmasse artmäßig entsprechende Komponente des „Normal"-(„Basis"-) Gewinns
M_{j*}	eine spezielle Manövrierteilmasse; auch: Zusammenfassung aller steuerbilanzpolitischen Aktionsmöglichkeiten mit Einfluß auf Zähler und Nenner von $\frac{EK}{AV}$
M_{j**}	Zusammenfassung aller steuerbilanzpolitischen Aktionsmöglichkeiten mit Einfluß nur auf den Zähler von $\frac{EK}{AV}$
$M_{\max}$	die im Planungszeitraum (Perioden 1 bis n) vorhandene Manövriermasse
M_t	die in Periode t tatsächlich eingesetzte Manövriermasse (positive Werte = Gewinnminderung)
$M_{t\max}$	die in Periode t maximal einsetzbare Manövriermasse
M_{tj}	die in Periode t tatsächlich eingesetzte j-te Manövrierteilmasse
$M^o{}_{tj}$	die Periode t betreffender Teil von $M^o{}_j$
$M^\beta{}_{tj}$	in der Periode t eingesetzte j-te Manövrierteilmasse, soweit sie den nach dem β-ten Tarif besteuerten Einkommensteil beeinflußt
M_{tj*}	die periodenbezogenen Wirkungen von M_{j*}
M_{tj**}	die periodenbezogenen Wirkungen von M_j**

M^{c}_{tj*}	jener Wert von M_{tj*}, wo gerade c_t erreicht wird, wenn $M_{tj**} = 0$
MaxBei_t	Höchstbeitragsgrundlage des Jahres t
MinBei_t	Mindestbeitragsgrundlage des Jahres t
P	Gewinn aus Gewerbebetrieb + Gewerbeertragsteuer
P_o	Wahrscheinlichkeit des Eintretens eines Verlustes
P_q	jener Teil von P, der in die q-te Stufe eines Stufentarifs fällt (z. T. mit zusätzlichem Zeitindex t)
P_r	Wahrscheinlichkeit für das Eintreten eines „ruinösen" Ereignisses
$P_{t1}, P_{t2}, \ldots$	Wahrscheinlichkeit für das Eintreten des Erfolges $G_{t1}, G_{t2}, \ldots$ in Periode t
$\overline{P_{\bar{i}}}$	(bei Sukzessivplanung:) der Teilplan, welcher als $\bar{i}$-ter aufgestellt wird
R_t	Restwert einer in Periode t angeschafften Maschine zum Planungshorizont
S	Steuerbetrag
$\underline{S}$	der Gegenstand der Steuerbilanzpolitik als Bestandteil einer relativ feinen Zerlegung von $\underline{U}$
S_{ab}	Steuerabsetzbetrag
S_e	Ertragsteuerbetrag
S_k	Körperschaftsteuerbetrag
$\underline{U}$	Universalmenge aller in einem Betrieb zu organisierenden Elemente
U_t	lineares Maß für den Nutzen der Entnahme einer Geldeinheit in Periode t
$\ddot{U}b_t$	Überschreitung von MaxBei_t durch den um Anpassungsfaktoren aufgewerteten Gewinn $\overline{G}_{t-3}$
Unt_t	Unterschreitung von MinBei_t durch den um Anpassungsfaktoren aufgewerteten Gewinn $\overline{G}_{t-3}$
V	Index der Abschreibungsarten ($V = 1, 2, \ldots, \bar{V}$)
$\bar{V}$	Anzahl der Abschreibungsarten, die zusätzlich zur „Basis"- oder „Normal"-Abschreibung möglich sind

W — Indexmenge der wirtschaftsgutabhängigen Manövrierteilmassen

$\overline{W}$ — Indexmenge der ergebnisabhängigen Manövrierteilmassen

Z_t — Zahlungsüberschuß (vor Steuern) der Periode t

Kleinbuchstaben:

a — Index der zu M_j gehörigen steuerbilanzpolitischen Aktionen ($a = 1, 2, \ldots, \bar{a}$)

$\bar{a}$ — Anzahl der zu M_j gehörigen steuerbilanzpolitischen Aktionen

a^* — Index einer bestimmten zu M_j gehörigen steuerbilanzpolitischen Aktion

$a_{B\tau Vt}$ — Abschreibung einer in Periode τ angeschafften Maschine nach dem Abschreibungsverfahren V in der Periode t ($\tau \leqq t$)

$a^t{}_{tq}$ — konstanter Betrag für den Grenzausgleich in der q-ten Stufe eines Stufendurchschnittssatztarifes

a_{tV} — Abschreibung der Periode t nach dem Verfahren V; insbesondere a_{to} = die „Normal"-(„Basis"-)Abschreibung in Periode t

b_k — Produktionskoeffizienten ($k = 1, 2, \ldots, \bar{k}$), die den Bedarf an Kapazitätseinheiten für die Herstellung des k-ten Produktes angeben

c_t — Grenzwert der Kennzahl $\frac{EK_t}{AV_t}$, bei dessen Unterschreitung eine Verschlechterung der Kredit-(Kapitalmarkt-)Konditionen eintritt

c_{lj} — Beitrag der Handlungsmöglichkeit x_j zur Erreichung des l-ten Zieles

d_{Akt} — Deckungsbeitrag einer Einheit von Produkt k in Periode t

$d^+{}_l$ — positive Abweichung vom Referenzwert für das l-te Ziel

$d^-{}_l$ — negative Abweichung vom Referenzwert für das l-te Ziel

e_{Akt}	Erlös einer in Periode t vom Produkt k abgesetzten Einheit
eff	(oberer Index:) effektive Werte, d. h. Werte, die auf die durch die Steuerbilanzpolitik unmittelbar beeinflußbare Größe P umgerechnet sind
ein	(oberer Index:) Kennzeichnung der Einkommensteuer (nur in Gegenüberstellung zur Gewerbeertragsteuer ausdrücklich angegeben)
f_0	Anfangsbestand an finanziellen Mitteln
f_{n+1}	die zum Horizont vorhandenen liquiden Mittel
gew	(oberer Index:) Kennzeichnung der Gewerbeertragsteuer
h_{kt}	steuerliche Herstellungskosten einer Einheit von Produkt k in Periode t
h_{Pkt}	variable Herstellkosten einer Einheit von Produkt k in Periode t
i	Zinssatz, Bruttokalkulationszinsfuß
$\bar{\imath}$	die Reihenfolge der sukzessiven Aufstellung von Teilplänen angebender Index $(\bar{\imath} = 1, 2, \ldots, \bar{k}, \ldots, \bar{l}, \ldots, \bar{n})$
i_{ext}	Zinsfuß der unternehmungsexternen Investition
i_{int}	Zinsfuß der unternehmungsinternen Investition
i_s	Nettokalkulationszinsfuß
i_{st}	Nettokalkulationszinsfuß der Periode t
i_t	Zinssatz, Bruttokalkulationszinsfuß der Periode t
j	Index der Manövrierteilmassen
$\bar{\jmath}$	Anzahl der Manövrierteilmassen
j^*	Index einer speziellen Manövrierteilmasse
k	Index der Produktarten $(k = 1, 2, \ldots, K)$
$\bar{k}$	spezieller Index eines Teilplanes bei sukzessiver Planung $(\bar{k} < \bar{l})$
$k_{k,n+1}$	Bewertungssatz für eine Einheit des Produktes k, die zum Planungshorizont noch vorhanden ist

k_t	Verschlechterung der Kredit-(Kapitalmarkt-)Bedingungen infolge einer Unterschreitung des Wertes c_t für die Kennzahl $\frac{EK_t}{AV_t}$
komb	(oberer Index:) Kennzeichnung der Kombination von Einkommen- und Gewerbeertragsteuer
l	Index der (von mehreren Gesellschaftern) verfolgten Ziele
l^*	Anzahl der (von mehreren Gesellschaftern) verfolgten Ziele
$\bar{l}$	spezieller Index eines Teilplanes bei sukzessiver Planung ($\bar{l} > \bar{k}$)
l_{kt}	Lagerbestand (Menge) von Fertigprodukt k am Ende der t-ten Periode
m	Anzahl der Gesellschafter
$\bar{m}$	Index eines Teilplanes, der in der sukzessiven Planung nach dem $\bar{l}$-ten Plan erstellt wird, dessen Erfordernisse aber schon schätzungsweise bei der Erstellung des $\bar{l}$-ten Planes berücksichtigt werden
n	Anzahl der Perioden (Planungshorizont)
$\bar{n}$	Index des letzten Teilplanes (bei sukzessiver Planung)
nom	(oberer Index:) nominelle Werte, d. h. Werte, wie sie in den Steuergesetzen angegeben sind
p	Zinsfuß für Kredite
p_1, p_2, p_3	verschiedene Zinsfüße für Kredite
p_{Bt}	Anschaffungspreis einer in Periode t gekauften Maschine
p_{const}	konstanter Zinsfuß für Kredite
$p_{\max}$	maximaler Zinsfuß für Kredite (ohne aktive Bilanzpolitik)
$\bar{p}_{\max}$	der durch aktive Bilanzpolitik erreichbare maximale Zinsfuß für Kredite ($\bar{p}_{\max} < p_{\max}$)
$p_{\min}$	minimaler Zinsfuß für Kredite (ohne aktive Bilanzpolitik)

$\bar{p}_{\min}$	der durch aktive Bilanzßolitik erreichbare minimale Zinsfuß für Kredite ($\bar{p}_{\min} < p_{\min}$)
p_{tj*}	Prozentsatz vom Ergebnis, der als erfolgsabhängige Manövrierteilmasse j^* in Periode t zulässig ist
q	Index der Stufen eines Steuertarifs ($q = 1, 2, \ldots, q$)
$\bar{q}$	Anzahl der Stufen eines Steuertarifs
q^*	Index der Stufen eines Steuertarifs, welcher bei konstant gehaltenen begünstigten Einkünften für variierende nicht begünstigte Einkünfte aufgestellt wird
r	Aufzinsungsfaktor
r_{ext}	Aufzinsungsfaktor für unternehmungsexterne Investitionen ($= 1 + i_{ext}$)
r_{int}	Aufzinsungsfaktor für unternehmungsinterne Investitionen ($= 1 + i_{int}$)
r_t	Richtsatz (Aufwertungsfaktor) des Jahres t
s	Steuersatz, insbesondere Erfolgsteuersatz
s'	Grenzsteuersatz; im kontinuierlichen Fall: Ableitung des Durchschnittssteuersatzes
$\bar{s}$	Durchschnittssteuersatz ($= s$; $\bar{s}$ wird nur dort geschrieben, wo der Gegensatz zu s' hervorgehoben werden soll
s_e	Ertragsteuersatz
s_g	Gewerbekapitalsteuersatz
s_k	Körperschaftsteuer-(Normal-)satz beim Einkommen $\overline{G}$
s_{keff}	effektiver Körperschaftsteuersatz für das Einkommen $\overline{G}$ (bei einer bestimmten Ausschüttung)
s_s	Substanzsteuersatz
s_t	abgekürzte Schreibweise für $s_t(G_t - M_t)$
$s_t(x_{Gt})$	(periodenabhängiger) Steuersatz in Abhängigkeit vom ausgewiesenen Gewinn (in Unternehmungstotalplanungsmodellen)
$s_t(G_t - M_t)$	(periodenabhängiger) Steuersatz in Abhängigkeit

	vom ausgewiesenen Gewinn (in steuerbilanzpolitischen Partialmodellen)
$s_{(t)q}$	der laut Steuertarif auf $\overline{G}_{(t)q}$ anzuwendende Steuersatz
s'_{to}	Barwert der Ableitung des Durchschnittssteuersatzes der Periode t zum Zeitpunkt Null
$s^{bo}{}_t$	von $\overline{G}^b{}_{ot}$ mindestens (d. h. bei Nichtvorhandensein nicht begünstigter Einkommensteile) verursachter Steuersatz
$\bar{s}^o{}_{tq*}$	Steuersatz, der die Belastung von $\overline{G}^n{}_{tq}$ und die durch $\overline{G}^n{}_{tq}$ ausgelöste Mehrbelastung von $\overline{G}^{bo}{}_t$ ausdrückt
s_t^{pens}	Beitragssatz an die gesetzliche Pensionsversicherung im Jahre t
$s^t{}_{tq}$	auf ein $\overline{G}^t{}_{tq}$ anzuwendender Steuersatz
s_v	Vermögensteuersatz
s^β	Steuersatz, der dem β-ten Tarif entspricht
t	Periode(nindex) ($t = 1, 2, \ldots, n$)
t_a	Periode, in der sich eine gelegte Reserve zur Gänze wieder auflöst
u	(großteils ganzzahlige) Hilfsvariable (mit diversen Indices)
v	Abzinsungsfaktor $\left(v = \dfrac{1}{1+i}\right)$
$\bar{v}$	kritische Verlustzuweisung (in Prozent des Nominales der Beteiligung)
w^*	Index der Manövrierteilmasse „vorzeitige Abschreibung"
w^{**}	Index der Manövrierteilmasse „Investitionsfreibetrag"
w_{tj*}	Nebenwirkungswert einer Einheit von M_{tj*}
w_{tj**}	Nebenwirkungswert einer Einheit von M_{tj**}
x_{Akt}	Anzahl der in Periode t vom Produkt k abzusetzenden Einheiten
x_{Bt}	Anzahl der in Periode t anzuschaffenden Maschinen

x_{BtV}	Aufspaltung von x_{Bt} in Subvariable entsprechend den für die Maschinenabschreibung möglichen Abschreibungsverfahren $(V = 1, 2, \ldots, \bar{V})$
x_{Dt}	die in Periode t verrechnete Absetzung für Abnutzung (in Unternehmungstotalplanungsmodellen)
x_{Gt}	steuerpflichtiger Gewinn der Periode t (in Unternehmungstotalplanungsmodellen eine modellendogene Variable)
x_{Ht}	handelsrechtlicher Gewinn der Periode t (in Unternehmungstotalplanungsmodellen)
x_j	Handlungsmöglichkeiten einer Gesellschaft (Interpretation je nach verwendetem steuerbilanzpolitischem Modell)
x_{Pkt}	Anzahl der in Periode t vom Produkt k herzustellenden Einheiten
x_{vt}	steuerlicher Verlust in Periode t
z	Vektor der Zielerreichungsgrade
z^o	vorgegebener Wert für den Vektor der Zielerreichungsgrade (Referenzvektor)
$z^o{}_l$	vorgegebener Wert (Referenzpunkt) für das l-te Ziel

Griechische Großbuchstaben:

Δ	Differenz(aktion)
$\Delta^+{}_l$	Bewertung einer Einheit positiver Abweichung vom Referenzwert $z^o{}_l$
$\Delta^-{}_l$	Bewertung einer Einheit negativer Abweichung vom Referenzwert $z^o{}_l$

Griechische Kleinbuchstaben:

α	Höchstverschuldungsgrad (ohne aktive Bilanzpolitik)
$\alpha_1, \alpha_2, \alpha_3$	alternative Höchstverschuldungsgrade in Abhängigkeit von den bewilligten Zinsfüßen p_1, p_2, p_3 (ohne aktive Bilanzpolitik)
$\bar{\alpha}$	durch aktive Bilanzpolitik erreichbarer Höchstverschuldungsgrad

β — (oberer) Index der Steuertarifarten, darunter auch Index für das nicht begünstigte Einkommen ($\beta = 1, 2, \ldots, \bar{\beta}$)

γ — Anteil eines Gesellschafters am Erfolg

λ — Lagrange-Multiplikator

μ — Erwartungswert

π, π_t — (bei der Zielfunktion Einkommensmaximierung gewünschte) feste Relation zwischen den Konsumbeträgen verschiedener Perioden

σ — Standardabweichung

Zahlen:

I, *II*, usw. — 100.000 S, 200.000 S, usw. (gilt als Index von $\bar{s}$ für den angegebenen Betrag, als Index von s' für die Stufe von je 100.000 S, die beim angegebenen Betrag endet)